Die Haftung wegen Rechtsgutsverletzungen in den Fällen der (so) nicht verhinderten und der vorsätzlich herbeigeführten Empfängnis

Europäische Hochschulschriften

Publications Universitaires Européennes
European University Studies

Reihe II
Rechtswissenschaft

Série II Series II
Droit
Law

Bd./Vol. 4247

PETER LANG
Frankfurt am Main · Berlin · Bern · Bruxelles · New York · Oxford · Wien

Sabine Szonn

Die Haftung wegen Rechtsgutsverletzungen in den Fällen der (so) nicht verhinderten und der vorsätzlich herbeigeführten Empfängnis

PETER LANG
Europäischer Verlag der Wissenschaften

Bibliografische Information Der Deutschen Bibliothek
Die Deutsche Bibliothek verzeichnet diese Publikation in der Deutschen Nationalbibliografie; detaillierte bibliografische Daten sind im Internet über <http://dnb.ddb.de> abrufbar.

Zugl.: Berlin, Freie Univ., Diss., 2005

D 188
ISSN 0531-7312
ISBN 3-631-54348-4

www.peterlang.de

Deine Augen sahen mich,
als ich noch nicht bereitet war,
und alle Tage waren in dein Buch
geschrieben, die noch werden sollten
und von denen keiner da war.

Psalm 139, 16

Vorwort

Diese Arbeit lag dem Fachbereich Rechtswissenschaft der Freien Universität Berlin im Wintersemester 2004/2005 als Dissertation vor. Sie ist während meiner Tätigkeit als Wissenschaftliche Mitarbeiterin am Lehrstuhl für Zivilrecht und Methodenlehre von Professor Dr. Detlef Leenen entstanden. Ich bin dankbar für die Arbeitsmöglichkeiten, die mir dort geboten wurden, sowie für das, was ich während meiner fünfjährigen Tätigkeit dort habe lernen dürfen.

Herrn Universitätsprofessor Dr. Detlef Leenen danke ich für die Übernahme der Betreuung und für die Erstellung des Erstgutachtens; Frau Universitätsprofessorin Dr. Cosima Möller danke ich für die Erstellung des Zweitgutachtens.

Meinen ehemaligen Kolleginnen und Kollegen am Fachbereich Rechtswissenschaft der Freien Universität Berlin danke ich für ihre Offenheit, Ermutigung und Diskussionsbereitschaft, die die Zeit für mich zu einer unvergesslichen Erfahrung gemacht haben. Ich danke in diesem Zusammenhang besonders Frau Dr. Dagmar Pommerenke und Frau Dr. Susanne Lenz.

Weiterer besonderer Dank gilt meinen Eltern, Ingeborg-Ursula und Horst Szonn, die mir mein Studium ermöglicht haben.

Berlin, im Mai 2005 Sabine Szonn

Inhaltsverzeichnis

Abkürzungen XVII

Teil 1: Einführung in die Problematik/Grundlagen 1

I. Die Haftung wegen der Verletzung von Rechtsgütern als Teil der „Kind-als-Schaden-Problematik" 1

II. Gesellschaftlicher Kontext 3

III. Politische Entwicklung 7

IV. Die Bedeutung des Schuldrechtsmodernisierungsgesetzes und des Zweiten Gesetzes zur Änderung schadensersatzrechtlicher Vorschriften 8

V. Themeneingrenzung 8
1. Abgrenzung zu anderen Fallgruppen 8
2. Gang der Untersuchung 11

Teil 2: Rechtsprechung: Die Fälle der (so) nicht verhinderten bzw. vorsätzlich herbeigeführten Empfängnis 13

I. Fehlerhafte Sterilisation 13
1. Erfolgreiche Verfahren wegen Behandlungsfehlern 14
2. Ablehnung einer Rechtsgutsverletzung aus rechtlichen Gründen 14
3. Ablehnung eines Behandlungsfehlers 15
4. Weitere Entscheidungen zur fehlerhaften Sterilisation 15

II. Fehlerhafte Vasektomie 17
1. Erfolgreiche Verfahren wegen Behandlungsfehlern 17
2. Ablehnung einer Haftung 18

III. Falsche Beratung bzw. Information über die Risiken einer (so eingetretenen) Schwangerschaft 19
1. Erfolgreiche Verfahren wegen unzulänglicher Beratung über die Restrisiken einer Empfängnis trotz Sterilisation 20
2. Erfolgreiche Verfahren wegen unzulänglicher Beratung über Restrisiken einer Empfängnis trotz Vasektomie 20
3. Ablehnung eines Beratungsfehlers (Sterilisation) 21
4. Ablehnung eines Beratungsfehlers (Vasektomie) 21
5. Falsche Beratung über Gefahr von Erbkrankheiten und anderer gesundheitlicher Gefahren für das Kind 22
6. Beratung über Fortpflanzungsfähigkeit außerhalb von Sterilisationsverträgen 24

IV. Fehlschläge bei Anwendung zeitlich begrenzter Verhütungsmittel 24

V. Herbeiführung einer Schwangerschaft gegen den Willen eines Elternteils 26

VI. Herbeiführung einer („so“) nicht gewollten Schwangerschaft bei Anwendung künstlicher Fortpflanzungsmethoden 26

VII. Die aufgrund einer Aufsichtspflichtverletzung nicht verhinderte Schwangerschaft 27

Teil 3: Die betroffenen Rechtsgüter und der Anknüpfungspunkt für deren Verletzung 29

I. Die betroffenen Persönlichkeitsrechtsgüter 29
1. Rechtsgutsbeeinträchtigung und -verletzung 29
2. Die geschützten Persönlichkeitsrechte 29
3. Beeinträchtigung der Freiheit 30
4. Beeinträchtigung der Gesundheit 31
a) Gesundheitsbeeinträchtigung durch physische Auswirkungen 31
b) Gesundheitsbeeinträchtigung durch psychische Belastungen 32
5. Beeinträchtigung des Körpers 33
a) Normale und überdurchschnittliche Beschwerden als Abgrenzungskriterien? 33
b) Die Beeinträchtigung der körperlichen Befindlichkeit im Fall des (versuchten) Schwangerschaftsabbruchs 35
c) Weite Auslegung des Tatbestandsmerkmals „Körper” 35
6. Das Rechtsgut des Lebens 36
7. Ungestörtheit der ehelichen Lebensgemeinschaft 36
8. Die sexuelle Selbstbestimmung (§§ 253 II, 825) 37
9. Relevanz des allgemeinen Persönlichkeitsrechts bei Fehlschlägen im Bereich der Familienplanung 38
a) Entwicklung und Charakter des allgemeinen Persönlichkeitsrechts und deren Bedeutung für die Bestimmung des verletzten Rechtsguts 40
aa) Persönlichkeitsrechtsschutz vor Geltung des Grundgesetzes 40
bb) Anerkennung des allgemeinen Persönlichkeitsrechts 40
cc) „Motoren” der Anerkennung des allgemeinen Persönlichkeitsrechts 42
dd) Schutzbereich des allgemeinen Persönlichkeitsrechts 43
ee) Kritik an der Herleitung eines generalklauselartigen allgemeinen Persönlichkeitsrechts aus den Grundrechten 45
ff) Kritik an der Einordnung des allgemeinen Persönlichkeitsrechts als „sonstiges Recht” i. S. von § 823 I, alternative Lösungen 45
gg) Die Bedeutung des Persönlichkeitsrechts als „*Rahmenrecht*” 47
hh) Bedeutung des Persönlichkeitsrechts im objektiven Recht, Eigenschaft als „Quellrecht” .. 48
ii) Die Bedeutung des allgemeinen Persönlichkeitsrechts als sogenannter Auffangtatbestand . 50
(1) Die Rechtsprechung zum Charakter des allgemeinen Persönlichkeitsrechts als Auffangtatbestand 51
(2) Einschränkung der These vom Auffangtatbestand 52
(3) Zusammenfassung 53
(4) Übertragung der Abgrenzung auf die Problematik nicht verhinderter Schwangerschaften 54
b) Bedeutung der verfassungsrechtlichen Grundlagen des Persönlichkeitsrechts (Artt. 1 I, 2 I GG) für dessen Auslegung 54
c) Das Recht auf Familienplanung als Ausprägung des allgemeinen Persönlichkeitsrechts 55
aa) Das Interesse an selbstbestimmter Familienplanung 56

bb) Schutzgebotsfunktion der Grundrechte ... 57
cc) Die Ableitung des Rechts auf selbstbestimmte Familienplanung aus dem allgemeinen Persönlichkeitsrecht ... 57
dd) Gefahr uferloser Ausweitung des Persönlichkeitsrechtsschutzes durch Anerkennung eines Rechts auf Familienplanung? ... 58
ee) Eingrenzbarkeit des Schutzbereichs durch Güter- und Interessenabwägung ... 59
(1) Qualität der Beeinträchtigung, betroffene Sphären ... 59
(2) Abwägung der Verursachungsbeiträge ... 60
(3) Die Bedeutung der Motivation und des Zwecks des Handelns des Anspruchsgegners/der Anspruchsgegnerin ... 62
(a) Hinwegsetzen über die Familienplanung durch Dritte ... 63
(b) Elternschaft einer zu beaufsichtigenden Person, Verletzung des Rechts auf sexuelle Selbstbestimmung ... 64
(c) Verschweigen des abredewidrigen Unterlassens der Anwendung von Verhütungsmitteln durch einen Elternteil ... 64
(d) Schutz des Rechts auf Familienplanung der Mutter ... 69
(e) Aktives Herbeiführen einer Schwangerschaft durch künstliche Methoden der Fortpflanzung ... 69
ff) Vergleich mit dem Recht am eingerichteten und ausgeübten Gewerbebetrieb ... 71
gg) Zusammenfassung ... 73
10. Zusammenfassung ... 75

II. Anknüpfungspunkte für die Verletzung der Rechtsgüter ... 75
1. Erst- und Folgeverletzung ... 76
2. Der Behandlungsfehler bei der nicht lege artis durchgeführten ... 76
Sterilisation ... 76
3. Risikoerhöhung als Rechtsgutsbeeinträchtigung? ... 77
a) Die Unbeachtlichkeit der reinen Risikoerhöhung ... 77
b) Die Unbeachtlichkeit des Willens der Eltern ... 79
4. Verschmelzung der Keimzellen und Nidation als Anknüpfungspunkte ... 79
5. Schwangerschaft und Geburt als Anknüpfungspunkt ... 80
6. Beeinträchtigung des Körpers durch einen Schwangerschaftsabbruch ... 81
7. Zusammenfassung ... 81

Teil 4: Anspruchsgrundlagen ... 83

I. Vertragliche Haftung für durch Pflichtverletzungen verursachte „Primärschäden" an Persönlichkeitsrechtsgütern gem. § 280 I ... 84
1. Verträge mit Bezug zur Familienplanung ... 88
a) Der Vertrag über die Durchführung einer Sterilisation ... 89
b) Möglichkeiten der Vertragsgestaltung bei Behandlung im Krankenhaus und deren Relevanz für die Passivlegitimation ... 91
c) Andere Verträge und Absprachen über Verhütungsmaßnahmen und Beratung hinsichtlich familienplanerischer Maßnahmen ... 92
d) Absprachen über Familienplanung zwischen den Elternteilen ... 93
aa) Absprachen über die Anwendung von Verhütungsmitteln durch einen Elternteil ... 93
bb) Absprachen über homologe In-vitro-Fertilisation ... 94
cc) Absprachen über die Vornahme einer künstlichen extrakorporalen Befruchtung ... 96

2. Aktivlegitimation ... 97
3. Objektive Pflichtverletzung (§ 280 I Satz 1) ... 99
a) Behandlungs- und Aufklärungsfehler im Zusammenhang mit Sterilisation und Vasektomie ... 100
aa) Behandlungsfehler bei der Sterilisation und deren Beweis ... 100
bb) Auswahl der Methode ... 103
cc) Fehler im Zusammenhang mit Methoden zur Unterstützung der Fortpflanzung ... 105
dd) Verletzung von Aufklärungs- und Beratungspflichten über Versagerrisiken und andere Risiken durch fortbestehende Fortpflanzungsfähigkeit ... 107
(1) Die Aufklärungspflicht über das Risiko einer Schwangerschaft als vertragliche Nebenpflicht ... 107
(2) Grenzen der Aufklärungs- und Hinweispflicht nach dem aktuellen Stand der Medizin ... 109
(3) Die Aufklärung über die Notwendigkeit von Kontrolluntersuchungen ... 111
(4) Aufklärungspflichtverletzung in den Fällen fehlerhafter Eingriffe und Kontrollmaßnahmen ... 111
(5) Aufklärungsinhalt und -methode ... 112
(6) Beweis der Verletzung der Aufklärungs- und Hinweispflichten ... 113
b) Die fehlerhafte Beratung über die Risiken genetischer Schädigung im Fall einer Zeugung 114
c) Pflichtverletzungen im Zusammenhang mit der Herstellung, Aushändigung und Beratung bei Anwendung empfängnisverhütender Mittel ... 115
d) Verletzung von Aufsichts- und Fürsorgepflichten ... 115
e) Objektive Pflichtverletzung des die Schwangerschaft herbeiführenden Elternteils? ... 115
f) Das Lebensrecht des Kindes als Argument gegen die Pflichtwidrigkeit? ... 116
4. Verschulden ... 117
a) Pflichtwidrigkeit als Voraussetzung ... 117
b) Nicht-Vertreten-Müssen (§ 280 I Satz 2) ... 117
aa) Haftung für eigenes Verschulden ... 118
bb) Erhöhte Bedeutung der Haftung für das Verschulden des Erfüllungsgehilfen durch die Einführung des § 253 II nF ... 121
5. Der Zusammenhang zwischen Pflichtverletzung und „Primärschaden" ... 121
a) Selbstbestimmter Geschlechtsverkehr und biologischer Zusammenhang als Unterbrechung bzw. Hindernis für die Kausalität? ... 125
b) Unterbrechung des Kausalzusammenhangs durch eine sich ändernde Einstellung zum Kind ... 126
aa) Unterbrechung durch die Entscheidung für die Fortsetzung der Schwangerschaft? ... 126
bb) Unterbrechung des Kausalzusammenhangs durch Änderung der Familienplanung? ... 128
c) Unterbrechung des Kausalverlaufs durch die Entscheidung zur Durchführung eines Schwangerschaftsabbruchs? ... 128
d) Allgemeine Gesichtspunkte der Kausalität ... 129
e) Die Kausalität und deren Beweis ... 130
aa) Fehlerhafte Sterilisation/Vasektomie und unterlassene Aufklärung über das Misslingen .. 130
bb) Pflichtverletzungen im Zusammenhang mit eigenverantwortlich angewendeten Verhütungsmitteln ... 130
cc) Verletzung von Aufklärungs- und Hinweispflichten ... 131
(1) Beweiserleichterungen ... 132
(2) Zumutbarkeit der Beweislast ... 135
f) Schwangerschaft und Geburt als adäquate Folgen der objektiven Pflichtverletzung ... 136
6. Objektive Zurechnung, Schutzzweck des Vertrags ... 137

a) Schwangerschaft als biologisch begründetes allgemeines Lebensrisiko? 140
b) Anwendung vertragsunabhängiger Zurechenbarkeitskriterien auf die vertragliche Haftung wegen Rechtsgutsverletzungen 141
aa) Mittelbarkeit der Verursachung 141
bb) Die Zurechnungskriterien in den „Herausforderungsfällen" 142
cc) Vergleichbarkeit mit den sogenannten Schockfällen 144
c) Konkretisierung des zu vermeidenden Risikos 145
d) Gefahrerhöhung 146
e) Qualität der zu verhindernden Gefahr 146
aa) Die Störung der Familienplanung als Voraussetzung für die Verletzung von Rechtsgütern als Primärschaden? 147
(1) Abgrenzung: Störung der Familienplanung und Unerwünschtsein des Kindes 148
(2) Der enge Zusammenhang zwischen Rechtsgutsverletzung und Störung der Familienplanung 149
(3) Die Änderung der Familienplanung 149
bb) Begrenzung des Schutzzwecks auf die Vermeidung besonderer Probleme bei der Schwangerschaft und Geburt? 153
cc) Ausschluss psychisch bedingter Gesundheitsbeeinträchtigungen? 153
dd) Ausschluss der mit dem Haben eines (behinderten) Kindes zusammenhängenden seelischen Dauerbelastung 154
ee) Konkretisierung der geschützten Interessen im Einzelfall 155
(1) Ansätze für eine Konkretisierung der Gefahrvermeidungspflicht 156
(2) Der Fall der medizinisch indizierten Verhütungsmaßnahme 159
(3) Verhindern einer „so" nicht gewollten Schwangerschaft 161
(a) Zeugung und Geburt eines behinderten oder gesundheitlich gefährdeten Kindes 161
(b) Mehrlingsschwangerschaft 163
(4) Beeinträchtigung von Rechtsgütern durch Schwangerschaftsabbruch 164
(a) §§ 218 ff. StGB 164
(b) Rechtsprechung 166
(c) Konkretisierung des Schutzzwecks 166
(aa) Fälle des § 218a I StGB 167
(bb) Fälle des § 218 II, III StGB 170
(5) Vergleich: Schutzzweck bei einem nicht auf die Verhinderung der Empfängnis/Geburt eines Kindes ausgerichteten Behandlungsvertrag 172
f) Zeitraum der Gefahr 174
g) Beweislast 175
h) Einfluss der Werteverwirklichung auf den Schutzzweck der Norm 176
aa) Ablehnung von Ansprüchen wegen Werteverwirklichung („Einheitslehre") 176
bb) Unabhängigkeit der Schadensersatzansprüche von der Werteverwirklichung (Trennungslehre) 180
cc) Differenzierung: Trennungsprinzip nur bei Feststellung der Rechtsgutsverletzung 181
i) Zusammenfassung 183
7. Rechtspolitische Argumente für und gegen die Haftung Angehöriger besonderer Berufsgruppen 184
a) Das Argument der Unangemessenheit eines Haftungsprivilegs zugunsten der Anspruchsgegner 184
b) Berufsethische Grundsätze, Entstehen einer Abtreibungsobliegenheit? 186
8. Zusammenfassung 187

II. Deliktische Ansprüche 188
1. Deliktische Ansprüche nach der Schadensersatzrechtsreform 188
2. Der Anspruch aus § 823 I 189
a) Rechtsgutsverletzung 189
b) Verletzungsverhalten 189
c) Haftungsbegründende (adäquate) Kausalität 190
d) Objektive Zurechnung, Schutzzweck der Norm 191
e) Rechtswidrigkeit 192
f) Verschulden 193
g) Besonderheiten in den Fällen der deliktischen Haftung 195
aa) Deliktische Haftung des Arztes bei Bestehen eines Vertrags 195
(1) Aktivlegitimation 195
(2) Passivlegitimation 196
(3) Vertrag als Grundlage für die Pflicht, eine Schwangerschaft zu verhindern 196
bb) Haftung des Arztes ohne Vorliegen eines Arztvertrags 197
cc) Produzentenhaftung 199
dd) Haftung bei Bestehen von Aufsichts- und Fürsorgepflichten 200
ee) Haftung bei einseitiger „Durchkreuzung" der Familienplanung durch einen Elternteil? 201
(1) Verletzung des Rechts auf Familienplanung 201
(2) Verletzung des Körpers und der Gesundheit der Mutter 203
3. Der Anspruch aus § 823 II i. V. mit einem Schutzgesetz 204
4. Der Anspruch aus § 831 I Satz 1 204
5. Anspruch aus § 825 205
6. Der Anspruch aus § 826 206
a) Schutz materieller und ideeller Interessen 207
b) Sittenwidrige Schädigung 207
c) Rechtswidrigkeit, Vorsatz 210
d) Zusammenfassung: 211

III. Ansprüche aus Gefährdungshaftung (§ 84 I AMG, § 1 ProdHaftG) 211

IV. Einschränkung der Haftung aufgrund allgemeiner rechtpolitischer Erwägungen 213

V. Die Beurteilung der Haftung wegen Rechtsgutsverletzungen unter Berücksichtigung der Grenzen der Rechtsanwendung (Art. 20 II, III GG) 214

VI. Die Berücksichtigung der Grundrechte des Kindes (Artt. 1 I, 2 II GG) 216
1. Grundrechte des Kindes im Verhältnis Anspruchsteller/-gegner 217
2. Das Lebensrecht des Kindes (Art. 2 II GG) 219
3. Die Würde des Kindes (Art. 1 I GG) und sein Recht auf bedingungslose Anerkennung 221
a) Die Objektformel 223
b) Das Recht des Kindes auf uneingeschränkte Anerkennung in Familie und Gesellschaft, Gefahr späterer Stigmatisierung 224
aa) Verstärkende Wirkung des Art. 6 II Satz 1 GG? 227
bb) Verletzung der Würde durch Anerkennung von Ansprüchen der Eltern untereinander? 229
cc) Die Würde des geschädigten Kindes 231
c) Die Entscheidung des *II. Senats* des *Bundesverfassungsgerichts* vom 28.5.1993 233
d) Grundrechtskonformität der Haftung 236

4. Zusammenfassung 240

Teil 5: Inhalt und Umfang des Schadensersatzanspruchs 243

I. Materielle Einbußen 243
1. Unterhaltsaufwendungen 243
a) Unterhaltsaufwendungen als Folge einer Körper-/Gesundheitsverletzung? 244
b) Unterhaltsaufwendungen als Folge einer Verletzung eines Rechts auf Familienplanung 244
2. Behandlungskosten, Aufwendungen 248
3. Kosten eines nicht rechtswidrigen Schwangerschaftsabbruchs 249
4. Kosten bei Versterben der Mutter nach Schwangerschaft oder Geburt 250

II. Argumente gegen die Ersatzfähigkeit materieller Einbußen 250
1. Schutz von Konzeption und Geburt als Hindernis für den Ausgleich der Nachteile wegen der dogmatischen Struktur der Naturalrestitution? 251
2. Berücksichtigung der Komplexität des Eltern-Kind-Verhältnisses und der durch Zeugung und Geburt entstehenden Vorteile 252

III. Der Umfang des Anspruchs unter Berücksichtigung eines Mitverschuldens gem. § 254 254
1. Mitverschulden gem. § 254 254
2. Mitverschulden i. S. von § 254 II Satz 1 Alt. 2 wegen Nichtvornahme eines Schwangerschaftsabbruchs gem. §§ 218a ff. StGB? 256
3. Mitverschulden des anderen Elternteils (§ 254 II Satz 2 i. V. mit § 278) 257
a) Vertragliche Haftung 258
b) Deliktische Haftung 258

Teil 6: Der Ersatz der immateriellen Nachteile 261

I. Grundlagen des Ersatzes immaterieller Schäden vor und nach Inkrafttreten der Schadensersatzrechtsreform 261

II. Ansichten zum Problem der Ersatzfähigkeit immaterieller Schäden bei Herbeiführung einer Schwangerschaft 265
1. Uneingeschränkter Ersatz immaterieller Schäden 265
2. Kein Ersatz der immateriellen Schäden wegen des Daseins des Kindes 267
3. Ablehnung des Ersatzes immaterieller Schäden 267
4. Die Problematik des Vorteilsausgleichs durch Anrechnung immaterieller Vorteile 268
5. Einmalige Geldzahlung anstelle von Unterhaltsaufwendungen 270

III. Kriterien zur Feststellung der Billigkeit des Schmerzensgeldes 270

IV. Die Funktionen des Schmerzensgeldes 273
1. Die Relevanz der Ausgleichsfunktion 274
2. Die Relevanz der Genugtuungsfunktion 277
3. Relevanz der Präventivfunktion bei Persönlichkeitsrechtsverletzungen 279
4. Die Funktionen des Schmerzensgeldes bei der Geburt eines behinderten Kindes 281

V. Zusammenfassung 282

Teil 7: Durchsetzbarkeit von Schadensersatzansprüchen 285

I. Verjährung von Ansprüchen aus § 280 I Satz 1 285

II. Verjährung deliktischer Ansprüche 287

III. Verjährung von Ansprüchen wegen Verletzung des Rechts auf Familienplanung 287

IV. Verjährung von Ansprüchen aus Gefährdungshaftung 288

V. Verjährung von Schmerzensgeldansprüchen 288

Zusammenfassung in Leitsätzen und Thesen 289

I. Zu den beeinträchtigten Rechtsgütern 289

II. Zu den Anspruchsgrundlagen 290

III. Zum Inhalt und Umfang von Schadensersatzansprüchen wegen Rechtsgutsverletzungen 295

IV. Zum Ersatz der immateriellen Nachteile 296

V. Zur Verjährung von Ansprüchen wegen Rechtsgutsverletzungen 297

VI. Konsequenzen für die in Teil 2 genannten Fallgruppen 297
1. Fehlerhafte Sterilisation 297
2. Fehlerhafte Vasektomie 300
3. Falsche Beratung bzw. Information über die Risiken einer (so eingetretenen) Schwangerschaft 300
4. Fehlschläge bei Anwendung zeitlich begrenzter Verhütungsmittel 302
5. Herbeiführung einer Schwangerschaft gegen den Willen des anderen Elternteils 304
6. Herbeiführung einer („so") nicht gewollten Schwangerschaft bei Anwendung künstlicher Fortpflanzungsmethoden 306
7. Die aufgrund einer Aufsichtspflichtverletzung nicht verhinderte Schwangerschaft 306

Literaturverzeichnis 309

Entscheidungsverzeichnis 325

Abkürzungen

aA	anderer Ansicht
aaO	am angegebenen Ort
AcP	Archiv für die civilistische Praxis
aE	am Ende
aF	alte Fassung
AG	Amtsgericht
Allg. Teil	Allgemeiner Teil
Alt.	Alternative
AMG	Arzneimittelgesetz
Anm.	Anmerkung
ArtzR	Arztrecht
Art.	Artikel (Singular)
Artt.	Artikel (Plural)
BB	Betriebsberater
Bd.	Band
BGB	Bürgerliches Gesetzbuch
BGBl.	Bundesgesetzblatt
BGH	Bundesgerichtshof
BGHSt	Entscheidungen des Bundesgerichtshofs in Strafsachen
BGHZ	Entscheidungen des Bundesgerichtshofs in Zivilsachen
BT-Drs.	Bundestagsdrucksache
BVerfG	Bundesverfassungsgericht
BVerfGE	Entscheidungen des Bundesverfassungsgerichts
bzw.	beziehungsweise
bzgl.	bezüglich
DAR	Deutsches Autorecht
DB	Der Betrieb
d. h.	das heißt
DJT	Deutscher Juristentag
DM	Deutsche Mark
DStR	Deutsches Steuerrecht
EFZG	Entgeltfortzahlungsgesetz
EGBGB	Einführungsgesetz zum Bürgerlichen Gesetzbuch
ESchG	Embryonenschutzgesetz
f.	folgende
FamRZ	Zeitschrift für das gesamte Familienrecht

ff.	fortfolgende
FS	Festschrift
FuR	Familie und Recht
gem.	gemäß
GG	Grundgesetz
ggf.	gegebenenfalls
Hrsg.	Herausgeber
hrsg.	herausgegeben
i. H. von	in Höhe von
i. S. von	im Sinne von
i. V. mit	in Verbindung mit
JA	Juristische Arbeitsblätter
JR	Juristische Rundschau
Jura	Juristische Ausbildung
JuS	Juristische Schuldung
KGR	Kammergerichtsreport
JZ	Juristenzeitung
LG	Landgericht
LM	Lindenmaier/Möhring
MDR	Monatszeitschrift für deutsches Recht
MedR	Medizinrecht
MML	Medical Malpractise Law
mwN	mit weiteren Nachweisen
nF	neue Fassung
NJW	Neue Juristische Wochenschrift
NJW-RR	NJW-Rechtsprechungsreport
NJWE-VHR	NJW-Entscheidungsdienst Versicherungs- und Haftungsrecht
Nr.	Nummer
OLG	Oberlandesgericht
OLGR	OLG-Report
PID	Präimplantationsdiagnostik
ProdHaftG	Produkthaftungsgesetz
RGRK	Reichsgerichtsrätekommentar
Rdn.	Randnummer
RG	Reichsgericht
RGZ	Entscheidungen des Reichsgerichts in Zivilsachen
RH	Rhesus
r + s	Recht und Schaden

S.	Seite
SchuldR	Schuldrecht
SGB	Sozialgesetzbuch
sog.	sogenannt(e/r/s)
sub	unter (Punkt)
StGB	Strafgesetzbuch
u. a.	unter anderem
usw.	und so weiter
u. U.	unter Umständen
v.	vom
VersR	Versicherungsrecht
vgl.	vergleiche
wN	weitere Nachweise
z. B.	zum Beispiel
ZEuP	Zeitschrift für Europäisches Privatrecht
ZfL	Zeitschrift für Lebensrecht
ZGS	Zeitschrift für das gesamte Schuldrecht
ZPO	Zivilprozessordnung
ZRP	Zeitschrift für Rechtspolitik
z. T.	zum Teil

Teil 1: Einführung in die Problematik/Grundlagen

Die vorliegende Arbeit untersucht die Voraussetzungen und den Inhalt der Haftung wegen der Verletzung von Persönlichkeitsrechtsgütern (Körper, Gesundheit, Leben, allgemeines Persönlichkeitsrecht) der Mutter und des Vaters in den Fällen der nicht verhinderten, der auf eine bestimmte Art und Weise, also „so" nicht verhinderten, sowie der vorsätzlich verursachten Empfängnis und Schwangerschaft. Ausgenommen ist die Haftung für reine von einer Rechtsgutsverletzung unabhängige Vermögensschäden. Untersucht werden die vertragliche, die deliktische, sowie die Gefährdungshaftung nach Inkrafttreten des Gesetzes zur Reform des Schuldrechts und des Zweiten Gesetzes zur Änderung schadensersatzrechtlicher Vorschriften.

I. Die Haftung wegen der Verletzung von Rechtsgütern als Teil der „Kind-als-Schaden-Problematik"

In Deutschland, Europa und den USA ist die sogenannte „Kind-als-Schaden-Problematik", deren Fallgruppen häufig mit den Begriffen „wrongful conception", „wrongful pregnancy", „wrongful birth" und „wrongful life"[1] bezeichnet werden,

[1] Zu den verschiedenen Begriffen, ihrer Entstehung in der amerikanischen Rechtsprechung ausführlich: *Deutsch*, MDR 1984, 793 ff.; *derselbe*, JZ 1984, 889, 890; *derselbe* in: *Deutsch/Spickhoff*, Medizinrecht Rdn. 342 ff.; *Hauberichs*. S. 3 ff.; sehr ausführlich: *Junker*, S. 30 ff.; *Zimmermann*, JZ 1997, 131 f. Die Begriffe wurden im Laufe der Jahre mit unterschiedlicher Bedeutung verwendet.

Mit *wrongful conception* bezeichnet *Deutsch*, *Deutsch/Spickhoff*, Medizinrecht Rdn. 345; *derselbe*, in: Festschrift Geiß, S. 367, 376, den besonderen Fall, dass die Zeugung eines geschädigten Kindes wegen genetischer Vorbelastung der Eltern hätte unterbleiben sollen. Den Begriff *wrongful birth* verwendet er für den allgemeinen Fall des Fehlschlagens der Familienplanung. Hierunter fasst *Deutsch* die hier diskutierten Fälle der wegen eines Fehlschlagens von Verhütungsmaßnahmen und -mitteln oder falscher Beratung der Eltern pflichtwidrig nicht verhinderten Schwangerschaft, aber auch die Fälle der unterlassenen Tötung der (geschädigten) Leibesfrucht (vgl. *Deutsch/Spickhoff*, Medizinrecht, Rdn. 343; *derselbe*, in: FS Geiß, S. 367, 374). In JZ 1984, 889, 890 verwendet *Deutsch* für die letzte Gruppe noch den Begriff *wrongful pregnancy*, während *wrongful conception* auch für Fälle der pflichtwidrig nicht verhinderten Geburt *gesunder* Kinder herangezogen wurde. *Junker*, S. 30 ff. verwendet für die hier behandelten Fälle der nicht gewollten Empfängnis, aber auch für das Bestehenbleiben einer Schwangerschaft z. B. bei misslungenen Maßnahmen gem. § 218a StGB die Begriffe *wrongful pregnancy* und *wrongful conception*. Nur für die Geburt eines behinderten Kindes verwendet sie *wrongful birth*. Ähnlich unterscheiden *Hauberichs*, S. 3 mwN in Fußnote 11 und *Winter*, S. 14 Fußnote 5, die Begriffe *wrongful birth* und *wrongful conception* danach, dass es nur in der ersten Fallgruppe um die Geburt eines behinderten Kindes geht (so auch *Deutsch*, MDR 1984, 793, 794 sub D). *Waibl* (vgl. S. 370) teilt die Fälle je nachdem ob die Eltern oder das Kind Ansprüche geltend machen, lediglich in *wrongful birth* und *wrongful life* ein. Mit *wrong-*

Gegenstand heftiger Diskussionen. Fälle, in denen Pflichtverletzungen Dritter ursächlich für die Zeugung von Kindern sind, oder in denen es zur Zeugung aufgrund von Pflichtverletzungen bei der präkonzeptionellen Beratung, oder zur Geburt eines Kindes trotz Durchführung von Eingriffen gem. § 218a StGB kommt, ziehen sich seit Ende der sechziger Jahre wie ein roter Faden durch die Rechtsprechung. Grundlage für die Problematik ist nicht nur die Fortentwicklung der medizinischen Möglichkeiten bei der Empfängnisverhütung, sondern auch die Einstellung zum Kind innerhalb der Gesellschaft.[2]

In den hier behandelten Fällen[3] wird auf die englischsprachige Terminologie u. a. wegen ihrer unterschiedlichen Anwendung in der Literatur und Rechtsprechung verzichtet.

Zu den untersuchten Fällen gehören auch diejenigen, in denen es zur Zeugung eines geschädigten Kindes infolge fehlerhafter präkonzeptioneller Beratung kommt, wenn also die Eltern bei richtiger Beratung von der Zeugung Abstand genommen hätten. Auch die Konstellation, dass das „planwidrig" gezeugte Ungeborene[4] nicht geboren wird, sondern einem Schwangerschaftsabbruch zum Opfer fällt, wird behandelt. Fälle, in denen die Schwangerschaft vorsätzlich z. B. durch Täuschung eines Elternteils oder durch Vornahme einer In-Vitro-Fertilisation gegen den Willen des Partners[5] herbeigeführt wird, sind ebenfalls Gegenstand der Untersuchung. Auch wenn solche Fälle kaum Gegenstand ge-

---

ful life wird nach heutiger allgemeiner Ansicht ausschließlich die Problematik beschrieben, dass das missgebildete Kind sein Leben als Grundlage für einen Schadensersatzanspruch geltend macht, was die deutsche Rechtsprechung ablehnt. Vgl. *BGH* v. 18.1.1983, BGHZ 86, 240 ff. (Röteln); *OLG Düsseldorf* v. 14.7.1994, OLGR Düsseldorf 1994, 294 ff. (fehlerhafte präkonzeptionelle genetische Beratung); *Hauberichs*, S. 4; *Sonnenberger*, FamRZ 2001, 1414 ff. mwN zur französischen Rechtsprechung; *Winter*, S. 152 ff, 172; *derselbe*, JZ 2002, 330 ff. mwN zum französischen Recht; *Zimmermann*, JZ 1997, 131 f. Anders: *Picker*, „wrongful life"; *Poll/Jurisic*, JR 1999, 226, 229 sub III. Teilweise wird aber auch hier der Begriff *wrongful birth* verwendet: *Ankermann*, in: FS *Steffen*, S. 1, 11 aE.

[2] Zur Problematik: *Di Fabio*, NJW 2003, 993 sub I: *„Kinder gelten überwiegend als Last, sie werfen die Eltern im Wohlstandswettlauf weit zurück, machen es schwer, die bunten Angebote einer Freizeit- und Selbstverwirklichungsgesellschaft auszukosten. Die Kraft kinderfreundlicher Leitbilder dagegen ist erlahmt. Kinder gelten weder als Segen Gottes noch als Quelle von Reichtum, von Freude oder gar tieferem Lebenssinn."* Ähnlich: *S. Meyer*, Deutschland armes Kinderland. Anders: *Mannsdorfer* Rdn. 1000, S. 354; *Petersen*, „Comeback des Kindersegens", Welt am Sonntag v. 25.5.2003. Vgl. *Eser/Koch*, MedR 1984, 6, 11, die sich gegen eine moralische Verurteilung freiwilliger Kinderlosigkeit aussprechen.

[3] Darstellung der Fälle in Teil 2.

[4] Der Begriff wurde schon im Allg. Preuß. Landrecht verwendet, vgl. auch § 219 StGB.

[5] BGH v. 21.2.2001, BGHZ 146, 391.

richtlicher Praxis gewesen sind, dürften sie jedoch tatsächlich nicht selten vorkommen.[6]

In der Rechtsprechung und Literatur werden die oben genannten Fälle schwerpunktmäßig unter dem Aspekt der Abwälzbarkeit der Unterhaltsaufwendungen für das Kind diskutiert.[7] Dieses Problem wird im Rahmen dieser Arbeit nur insoweit aufgegriffen, als zu klären ist, ob die Belastung mit Unterhaltskosten eine Folge einer ggf. zu bejahenden Rechtsgutsverletzung ist. Die Frage, ob und wann Beeinträchtigungen infolge einer Empfängnis als zum Schadensersatz verpflichtende Rechtsgutsverletzungen anzusehen sind sowie die Frage nach der Ersatzfähigkeit der infolge einer Beeinträchtigung von Rechtsgütern entstehenden materiellen und immateriellen Nachteile können nicht ohne Weiteres wie der Anspruch auf Ersatz der Unterhaltsaufwendungen z. B. wegen eines Arztfehlers beantwortet werden und stellen ein eigenständiges Problem dar, welches in Rechtsprechung und Literatur bisher eher am Rande diskutiert wurde. Die Unterhaltsaufwendungen betreffen das Vermögen der Eltern und knüpfen von Gesetzes wegen an das Leben des geborenen Kindes und dessen Verbleib in der natürlichen Familie an. Eine etwaige durch Schwangerschaft und Geburt eintretende Beeinträchtigung von Rechtsgütern ist zunächst immaterieller Natur, wenn die Existenz des Kindes im Normalfall auch materielle Auswirkungen auf das Vermögen der Eltern hat.

II. Gesellschaftlicher Kontext

Nach Ansicht von *Laufs* wird der Patient immer mehr *„zum Kunden mit dem Willen zur Selbstbestimmung und dem Streben nach Selbstgenuß"*.[8] Diese Tendenz ist jedenfalls im Bereich der Fortpflanzungsmedizin deutlich zu beobachten. Während früher Kinderlosigkeit oder Kinderreichtum in der Regel als Schicksal hingenommen wurden[9], steht dieser Bereich heute, soweit die Möglichkeiten und die finanziellen Mittel vorhanden sind, mehr und mehr unter der Kontrolle der Betroffenen, die um ihre individuelle Lebensplanung zu verwirklichen, die Hilfe der Medizin und der Pharmaindustrie in Anspruch nehmen.[10] Je weiter die Möglichkeiten der Medizin sich entwickeln, um so mehr steigen die Anforderungen an den Arzt.[11] *Picker* spricht von *„Möglichkeiten einer geradezu reißbrettartigen*

---

[6] Vgl. Hinweise zur amerikanischen Rechtsprechung bei *Junker*, S. 39 f. Fußnote 57. *Junker* schlägt für diese Fallgruppe die Bezeichnung *„wrongful parenthood"* vor.

[7] Kritisch: *Schiemann*, JuS 1980, 709, 710 sub II 1.

[8] *Laufs*, NJW 1999, 1758; vgl. auch *Puhl/Dierks*, in: FS Geiß, S. 477, 478 f.

[9] *Picker*, AcP 195 (1995) 483, 485 sub A I 2 a.

[10] Vgl. *G. Müller*, in: FS Steffen, S. 355.

[11] *Laufs*, Fortpflanzungsmedizin und Arztrecht, S. 25.

Planung der Nachkommenschaft" und deutet auf die damit zusammenhängenden Gefahren für die Achtung des Lebens hin.[12] Die Ansprüche der Eltern, ein „perfektes Kind" zu bekommen, können daher mit Klagen gegen die während der Schwangerschaft konsultierten Ärzte enden.[13] Es wird gewarnt vor dem „*Egoismus der Lebenden*", dem „*Rausch neuer Möglichkeiten*" und den Gefahren für die Menschenrechte.[14] In der Tat gibt es eine immer größer werdende Tendenz, biologische Abläufe und Strukturen, die früher im Verborgenen blieben, wie die Entwicklung des Embryos[15] oder dessen genetische Struktur, zu erforschen[16], um die gewonnenen Erkenntnisse bei Entscheidungen, wie z. B. im Bereich der Familienplanung, zu nutzen.[17]

In Deutschland wird über die Präimplantationsdiagnostik[18] (PID) und deren Vereinbarkeit mit dem Embryonenschutzgesetz (ESchG) und Artt. 1 I, 2 GG[19]

---

[12] *Picker*, AcP 195 (1995) 483, 486 sub A I 2 a. Vgl. *Eberle*, „Eier mit der Note Eins", *Süddeutsche Zeitung* v. 3.8.1999.
[13] *Rögener*, Geburt nach Wahl und Kind nach Maß, *Süddeutsche Zeitung* v. 10.8.1999.
[14] *Starck*, JZ 2002, 1065, 1072.
[15] Frucht der Gebärmutter während der Zeit der Organentwicklung in den ersten beiden Schwangerschaftmonaten, vgl. *Mannsdorfer*, S. 504. Zur Definition des Begriffs vgl. auch § 8 I ESchG, *Ipsen*, JZ 2001, 989 sub I.
[16] *Laufs*, NJW 1999, 1758.
[17] So warnte *Laufs* (NJW 1985, 1361, 1364 sub V) bereits 1985, bevor öffentlich ernsthaft über die PID diskutiert wurde: „*Das generative Verhalten des Menschen im hochtechnisierten Wohlfahrtsstaat befindet sich in einem Umbruch, den das Recht widerspiegelt und mit bewirkt. Es sollen weniger Kinder und nur gesunde nach Plan und Auslese zur Welt kommen. Ungewollter Fruchtbarkeit und der Geburt kranken und gebrechlichen Lebens tritt die Medizin entgegen mit ihren breit angewandten Methoden der Empfängnisverhütung, der pränatalen Diagnostik und des Schwangerschaftsabbruchs.*" Ebenso: *Laufs*, NJW 1999, 1760, 1762 sub V. Vgl. auch *D. Zimmer*, „Wir wissen zuviel", *Die Zeit v.* 7.1.1999.
[18] Durch die Präimplantationsdiagnostik wird mindestens eine Zelle aus einem Embryo herausgelöst und auf genetische Defekte hin untersucht, während der Embryo kryokonserviert wird, vgl. *Mannsdorfer*, S. 508 und allgemein: *Deutsch/Spickhoff*, Medizinrecht Rdn. 559 f. Bei der Präimplantationsdiagnostik handelt es sich um eine Selektion, denn die verworfenen bzw. überzähligen Embryonen gelangen nicht zur Reife und werden früher oder später vernichtet werden; vgl. hierzu: *Schlosshauer-Selbach*, NJW 2002, 1776, 1777. Die Vernichtung ist ein Umstand, der Befürwortern der Forschung an embryonalen Stammzellen wiederum ein Argument bietet, gegen die Einschränkungen der Forschung im Stammzellgesetz und dafür zu plädieren, auch die in Deutschland künstlich hergestellten Embryonen für Forschungszwecke benutzen zu dürfen.
[19] Vgl. *Beckmann*, MedR 2001, 169 ff. sub II, III. *Heun*, JZ 2002, 517, 518 ff. will dem Embryo im Frühstadium sowohl Lebensrecht als auch Würde absprechen. *Ipsen*, JZ 2001, 989, 995 sub IV lehnt zwar eine Grundrechtsträgerschaft und damit einen verfassungsrechtlichen Status des Embryos ab; bejaht aber eine Schutzpflicht des Staates. *Losch*, NJW 1992, 2926 sub IV 2, bestreitet ebenfalls einen Schutz für die befruchtete Eizelle. Der Nationale Ethikrat (ethikrat.org/stellungnahmen/ stellungnahmen.html sub 2.4.1.) hat hingegen in seiner Stellung-

diskutiert.[20] Der Mensch strebt danach, schicksalhafte Vorgänge, wie die Geburt eines behinderten Kindes, um jeden Preis zu verhindern. Während hier über die rechtliche Zulässigkeit, sowie die ethische Vertretbarkeit dieser Methode diskutiert wird, bemüht man sich in anderen Ländern (z. B. USA) darum, Embryonen mit der genetischen Veranlagung zu bestimmten Krankheiten, wie z. B. Krebs, auszusondern.[21] Auch in England, Australien, in den Niederlanden, Schweden, Frankreich und Belgien wird die PID bereits praktiziert. Pressemeldungen zeigen, welche Folgen dies haben kann.[22]

In wohlhabenden Ländern wird die Inanspruchnahme künstlicher Fortpflanzungsmethoden immer mehr zur Normalität.[23]

---

nahme zur Diskussion um die Einführung der PID in Deutschland anerkannt, dass Embryonen gem. Art. 1 und Art. 2 GG bereits von der Kernverschmelzung an Würde- und Lebensschutz genießen, da die Kriterien der Potenzialität, Identität und Kontinuität als Voraussetzung für das Menschsein erfüllt sind.

[20] *Beckmann*, MedR 2001, 16 ff.; zur Perspektive eines die PID befürwortenden Wissenschaftlers: Interview von *Haug/Klar* mit *R. Frydman*, der die PID in Frankreich einführte, „Nah am britischen Vorbild", *Die Zeit* v. 23.5.2001; zu den verschiedenen Positionen bzgl. der Biomedizin in den höchsten Ebenen der Politik: *Hofmann*, „Die Schlacht am Rubikon", *Die Zeit* v. 23.5.2001; *Jardine*, „Das perfekte Kind", *Spiegel Reporter* Heft 1/2001, S. 24 ff.; *H. Schuh*, „Erbgut-Check für Embryonen", *Die Zeit* v. 2.3.2000; *Hans-Jochen Vogel, H. Graupner*, „Der Mensch wird zum Ding", Interview in der *Süddeutschen Zeitung* v. 22.1.2003. Zur Problematik der PID vgl. auch *Laufs*, NJW 1999, 1758, 1762 f. sub V, der von einer „Potenzierung der Probleme" im Vergleich zur In-vitro-Fertilisation und Pränataldiagnostik spricht und diese streng ablehnt. Zur Verfassungsmäßigkeit der PID auch im Hinblick auf die Straflosigkeit des Schwangerschaftsabbruchs gem. § 218a StGB: *Sendler*, NJW 2001, 2148 ff.

[21] Vgl. zur Bedeutung der Methode im Ausland: *Beckmann*, MedR 2001, 169 mwN in Fußnote 9 und S. 176 mwN in Fußnoten 110, 111: Für die von Januar 1997 - September 1998 nach Auslese mittels PID in Europa geborenen 79 Kinder mussten bei Zugrundelegung der durchschnittlichen Erfolgsquoten ca. 2940 Embryonen! erzeugt - genauer gesagt „verbraucht" werden.

[22] *Kekulé*, „Wie Wünsche wahr werden", *Der Tagesspiegel* v. 20.2.2002: Mitte Februar 2002 wurde in England ein Mädchen geboren, dass zu dem Zweck gezeugt wurde, als geeignete Nabelschnurblut- bzw. Knochenmarkspenderin das Leben ihres an Leukämie erkrankten Bruders zu retten und aufgrund vorangegangener PID als *„zu diesem Zweck geeignet"* ausgewählt worden war. *Schrader*, „Kinder gezeugt zu einem Zweck", *Süddeutsche Zeitung* v. 10.10.2000: In den USA wurde unter zahlreich erzeugten Embryonen einer zu dem Zweck ausgesucht, als Nabelschnurblutspender für seine todkranke Schwester zu dienen. In Schottland sollen Eltern bereits versucht haben durch die PID das Geschlecht des Kindes auszuwählen.

[23] *Djerassi*, „Der entmachtete Mann", *Die Zeit* v. 1.7.1999. *Carl Djerassi*, Chemieprofessor an der *Stanford University* in Kalifornien, "Erfinder" der Antibabypille und Autor von Sciencefictionliteratur beschreibt in einem Theaterstück „An Immaculate Misconception" das 21. Jahrhundert als „ART-Zeitalter" („ART" steht für Assistierende Reproduktionstechniken), in dem Menschen während ihrer Jugendzeit Reproduktionsbanken mit gefrorenen Keimzellen anlegen, sich dann sterilisieren lassen und bei Bedarf Keimzellen von der Reproduktionsbank wie von

In Fällen (fehlgeschlagener) Familienplanung besteht die Besonderheit, dass Ärzte, Wissenschaftler, Apotheker oder andere Personen nicht zum Zweck der Heilung von Patienten, also der Herstellung des natürlichen Zustands der körperlichen Unversehrtheit, bzw. der Gesundheit tätig werden, sondern um die natürliche Fortpflanzungsfähigkeit zeitweise bzw. endgültig auszuschalten. Die rechtlichen Probleme, die die Fortpflanzungsmedizin und der damit zusammenhängende medizinische Fortschritt aufwerfen, sind vielfältig.[24] Technischer und wissenschaftlicher Fortschritt stellt die Rechtswissenschaft gerade im Bereich des Haftungsrechts oft vor neue Probleme.[25]

Je mehr die Fortpflanzung durch Inanspruchnahme technischer und medizinischer Hilfe beeinflusst wird, um so wahrscheinlicher ist eine Gefährdung der Rechtsgüter derjenigen, die diese Hilfe in Anspruch nehmen. Das ist einer der Gründe, weshalb sich die Untersuchung auf diesen Teilaspekt der Kind-als-Schaden-Problematik konzentriert.

Vor diesem Hintergrund erscheinen die Fälle der nicht verhinderten Empfängnis geradezu unspektakulär. Während die praktische Bedeutung der misslungenen Sterilisation oder der unzureichenden Risikoaufklärung im Laufe der Jahre immer mehr abgenommen hat, bleibt das Problem der „so" nicht verhinderten Schwangerschaft (behindertes Kind, Mehrlinge) bestehen. Eine besondere Gruppe, die vom *VI. Senat* des *BGH*[26] entschieden wurde, bilden Fälle, in denen Eltern sich auf genetische Defekte hin untersuchen lassen, um vom Ergebnis der Untersuchung ihre Entscheidung für oder gegen die Zeugung eines Kindes abhängig zu machen. Interessant im Hinblick auf die vielen denkbaren Risiken der Haftung ist die Frage, ob die Einpflanzung eines Embryos nach einer unzureichenden PID (unter der Voraussetzung, dass diese in Deutschland eines Tages erlaubt wird[27]) Ansprüche wegen einer Rechtsgutsverletzung auslösen kann, weil bei Aufklärung über einen genetischen Defekt die Einpflanzung und somit die Schwangerschaft und Geburt in Bezug auf den „unerwünschten" Embryo unterblieben wäre.

---

einem Bankkonto „abheben". Empfängnisverhütung würde überflüssig, Sex und Fortpflanzung völlig voneinander getrennt.

[24] *Deutsch*, JZ 1978, 532; *Giesen*, JZ 1985, 652 ff.; *Laufs*, Fortpflanzungsmedizin und Arztrecht.

[25] *Sonnenberger*, FamRZ 2001, 1414, 1420. Die Situation ist - wenn auch viel ernsthafter - vergleichbar mit dem Fortschritt im Bereich der Fototechnik, der auch neue Gefährdungen der Rechtssubjekte in ihrem Persönlichkeitsrecht ermöglichte und daher die Rechtswissenschaft zu neuen Lösungen herausforderte. Vgl. hierzu *BVerfG* v. 15.12.1999, NJW 2000, 1021 mwN und unten Teil 3 I 9 a bb, cc.

[26] *BGH* v. 16.11.1993, BGHZ 124, 128 ff.; siehe unten Teil 2 III 5.

[27] Vgl. die Stellungnahme des Nationalen Ethikrates unter www.ethikrat.org.

III. Politische Entwicklung

Die Gesundheitsministerkonferenz der Länder hat im Sommer 1999 die damalige Gesundheitsministerin *Andrea Fischer* aufgefordert, einen Vorschlag für ein Fortpflanzungsmedizingesetz zu machen.[28] Ende Mai 2000 fand eine Debatte über Chancen und Risiken der modernen Fortpflanzungsmedizin in Deutschland statt, in deren Verlauf Vertreter aus verschiedenen Fachgebieten über die Entwicklung auf dem Gebiet der Fortpflanzungsmedizin und die damit zusammenhängenden medizinischen, ethischen, rechtlichen und gesellschaftlichen Fragen diskutierten. Die Veranstaltung diente der Vorbereitung der Frage, ob die Bundesregierung von der seit 1994 bestehenden Gesetzgebungskompetenz[29] Gebrauch machen soll. In diesem Zusammenhang wurde über grundsätzliche Fragen im Bereich der Biomedizin debattiert. Es wurden sieben Leitfragen[30] im Bereich der Fortpflanzungsmedizin erörtert. Der im Jahr 2001 vom damaligen Bundeskanzler *Schröder* eingesetzte *Nationale Ethikrat*[31] hat im Januar 2003 das Erfordernis eines Fortpflanzungsmedizingesetzes[32] bejaht. Ob darin Fragen der Haftung für neues Leben geregelt werden, ist noch nicht entschieden.[33]

---

[28] *Emert*, „Die Auswahl von guten Embryonen empfohlen", *Süddeutsche Zeitung* v. 13.7.1999.

[29] Art. 74 I Nr. 26 GG.

[30] Die Leitfragen waren: Status des Embryos und Fragen des Embryonenschutzes, Fragen der Präimplantationsdiagnostik (PID), Transplantation embryonaler Stammzellen und Klonierung menschlicher Zellen, Eizellspende, gesellschaftliche und rechtliche Fragen der Elternschaft, Rolle der Frau, Kriterien der Sicherheits- und Qualitätsstandards in der Fortpflanzungsmedizin. Quelle: Pressemitteilung des *Bundesministeriums für Gesundheit* v. 19. Mai 2000 (www.bmgesundheit.de).

[31] Vgl. www.ethikrat.org : „*Auf Beschluss der Bundesregierung vom 2. Mai 2001 hat sich der Nationale Ethikrat am 8. Juni 2001 als nationales Forum des Dialogs über ethische Fragen in den Lebenswissenschaften konstituiert. Er soll den interdisziplinären Diskurs von Naturwissenschaften, Medizin, Theologie und Philosophie, Sozial- und Rechtswissenschaften bündeln und Stellung nehmen zu ethischen Fragen neuer Entwicklungen auf dem Gebiet der Lebenswissenschaften sowie zu deren Folgen für Individuum und Gesellschaft. Dem Nationalen Ethikrat gehören bis zu 25 Mitglieder an, die naturwissenschaftliche, medizinische, theologische, philosophische, soziale, rechtliche, ökologische und ökonomische Belange repräsentieren und vom Bundeskanzler auf vier Jahre berufen werden. Die Mitglieder treten in der Regel monatlich in Berlin zu Sitzungen zusammen.*"

[32] Für die Notwendigkeit eines solchen Gesetzes: *Laufs*, NJW 1998, 796, 798 aE; *Spickhoff*, NJW 2002, 1758, 1759 sub I.

[33] Vgl. zur Diskussion und zur Sitzung des Ethikrates am 22.1.2003: *G. Müller*, NJW 2003, 697 ff.

IV. Die Bedeutung des Schuldrechtsmodernisierungsgesetzes und des Zweiten Gesetzes zur Änderung schadensersatzrechtlicher Vorschriften

Das Schuldrechtsmodernisierungsgesetz[34] und das Zweite Gesetz zur Änderung schadensersatzrechtlicher Vorschriften[35] haben nicht unerhebliche Auswirkungen auf das Schadensersatz- und das Arzthaftungsrecht gehabt.[36] Für die hier behandelte Problematik sind der § 280 I als zentrale Anspruchsgrundlage und die Einführung des § 253 II nF relevant, der zu einer Ausweitung des Ersatzes immaterieller Schäden auf die Fälle der vertraglichen und der Gefährdungshaftung führt[37], weshalb die Norm ins allgemeine Schuldrecht verlagert wurde.[38] Voraussetzung ist allerdings wie bisher bei § 847 aF eine Verletzung von Rechtsgütern, die sich zum Teil mit den in § 823 I genannten decken.[39] Veränderungen ergeben sich auch im Verjährungsrecht[40]. Die maximalen Höchstfristen des § 199 II, III sind abhängig von der Art des verletzten Rechtsguts.

V. Themeneingrenzung

Die Kind-als-Schaden-Problematik umfasst verschiedene Fallgruppen und verschiedene Aspekte des Rechtsschutzes, die nicht alle Gegenstand dieser Untersuchung sind.

1. Abgrenzung zu anderen Fallgruppen

Nicht zu der hier behandelten Problematik gehören Fälle, in denen Kinder geboren werden, die einer Pflichtverletzung zu verdanken haben, dass sie als Ungeborene nicht einem Schwangerschaftsabbruch zum Opfer fielen. Die Pflichtverletzung wird in solchen Fällen in einer fehlerhaften pränatalen Diagnostik[41], in

---

[34] BGBl. 2001 I S. 3138, in Kraft seit 1.1.2002.

[35] BGBl. 2002 I S. 2674, in Kraft seit 1.8.2002. Lesenswert zur Geschichte der Reform: *G. Müller*, VersR 2003, 1 ff.

[36] Vgl. *Deutsch/Spickhoff*, Medizinrecht Rdn. 128 ff.; *Spickhoff*, NJW 2002, 1758 ff.; *derselbe*, NJW 2002, 2530 ff.; *Wagner*, NJW 2002, 2049 ff.

[37] *Deutsch/Spickhoff*, Medizinrecht Rdn. 128; vgl. *Katzenmeier*, JZ 2002, 1029 ff.

[38] *Erman/Kuckuk* § 253 Rdn. 12 aE.

[39] Identisch sind Körper, Gesundheit, Freiheit, die bisher auch in § 847 aF genannt waren. In § 253 II tritt die sexuelle Selbstbestimmung hinzu, die bisher in § 847 II mitgeregelt war.

[40] Siehe Teil 7.

[41] *BGH* v. 18.1.1983, BGHZ 86, 240 (Röteln); *BGH* v. 25.1.1982, VersR 1983, 402 (Mongolismus); *BGH* v. 22.11.1983, BGHZ 89, 95 (Mongolismus); *BGH* v. 7.7.1987, NJW 1987, 2923 (Mongolismus); *BGH* v. 8.11.1988, NJW 1989, 1536 (Mongolismus); *BGH* v. 4.3.1997, NJW 1997, 1638 (Mongolismus); *BGH* v. 4.12.2001, NJW 2002, 886 (schwere Fehlbildungen

einer nicht bzw. nicht bis zum Ende der Fristen in § 218a StGB erkannten Schwangerschaft[42] oder im Fehlschlagen einer versuchten Maßnahme gem. § 218a StGB[43] gesehen.[44] In diesen Fällen haben Eltern Ansprüche mit dem Argument geltend gemacht, dass im Falle der umfassenden Aufklärung über die Behinderung bzw. das Bestehen einer Schwangerschaft, oder im Falle der erfolgreichen Durchführung der Maßnahme nach § 218a StGB, die Geburt (straffrei)

---

eines Zwillings, Risiko bei „selektiver Abtreibung"); hierzu Anmerkung von *Gehrlein*, NJW 2002, 870 f.; *BGH* v. 18.6.2002, BGHZ 151, 133 ff. (schwere Fehlbildungen, Vorliegen der Voraussetzungen einer i. S. von § 218a II StGB rechtmäßigen Maßnahme); *BGH* v. 15.7.2003, NJW 2003, 3411 (schwere Fehlbildungen); *OLG München* v. 27.2.1981, NJW 1981, 2012 (Röteln); *OLG Düsseldorf* v. 19.12.1985, VersR 1987, 414 (Röteln); *OLG Düsseldorf* v. 12.7.1990, VersR 1992, 493 (schwere Körperbehinderungen, Taubheit); *OLG Hamm* v. 22.4.1991, VersR 1992, 876 (Mongolismus); *OLG Nürnberg* v. 15.9.1993, MedR 1994, 200 (Mongolismus); *OLG Düsseldorf* v. 27.7.1995, NJW 1995, 3059 (Potter-Syndrom); *OLG Düsseldorf* v. 15.8.1996, OLGR Düsseldorf 1997, 31 (Mongolismus); *LG Köln* v. 10.12.1997, MedR 1999, 323 (schwere Missbildungen); *OLG Hamm* v. 15.11.2000, NJW 2001, 3417 (Mongolismus); *OLG Celle* v. 26.3.2001, RdLH 2001, 87 (Mongolismus); *OLG Düsseldorf* v. 10.1.2002, OLGR Düsseldorf 2002, 402 ff.; *OLG Bamberg* v. 18.2.2002, OLGR Bamberg 2002, 184 f.; Kammergericht Berlin v. 18.3.2002, KGR Berlin 2002, 214 f.; *OLG Stuttgart* v. 25.3.2003, NJW-RR 2003, 1257 f. (schwere Behinderung).

[42] *LG Aachen* v. 4.11.1980, VersR 1981, 443 (Nichtentdecken der Schwangerschaft während einer Vorsorgeuntersuchung); *LG Kiel* v. 29.9.1983, VersR 1984, 451; *LG Berlin* v. 17.1.1985, NJW 1985, 2200; *OLG Hamburg* v. 4.7.1986, VersR 1987, 1145 (Nichtentdecken der Schwangerschaft bei Jugoslawin, die in ihrer Heimat angeblich einen erlaubten Schwangerschaftsabbruch durchgeführt hätte); *OLG Düsseldorf* v. 16.2.1995, NJW 1995, 1620; *OLG Köln* v. 28.9.1995, NJW-VHR 1997, 64 = MedR 1997, 170; *OLG Naumburg* v. 26.5.1998, VersR 1999, 1244; *BGH* v. 15.2.2000, BGHZ 143, 389; *OLG Schleswig*, Beschluss v. 27.6.2001, NJW-RR 2001, 1391 (Behandlungsvertrag über Sterilisation und Ausschabung, Nichtentdecken und Nichtbeenden der bestehenden Schwangerschaft); *BGH* v. 19.2.2002, NJW 2002, 1489 (Geltendmachen der Nichtentdeckung der Schwangerschaft nur durch den unterhaltspflichtigen Vater).

[43] *OLG Braunschweig*, Beschluss v. 11.9.1979, NJW 1980, 643 (Tötung des Ungeborenen nach mehrmaligen Versuchen eines Schwangerschaftsabbruchs nach fehlgeschlagener Vasektomie); *OLG Bremen* v. 18.10.1983, VersR 1984, 288; *OLG Zweibrücken* v. 6.12.1983, NJW 1984, 1824; *LG Kassel* v. 17.1.1984, NJW 1984, 1411; *OLG Oldenburg* v. 24.6.1983, VersR 1984, 691; *BGH* v. 27.11.1984, NJW 1985, 671; *BGH* v. 25.6.1985, NJW 1985, 2749; *OLG Frankfurt* v. 27.6.1985, VersR 1987, 416; *BGH* v. 9.7.1985, BGHZ 95, 199; *BGH* v. 15.4.1986, VersR 1986, 869; *OLG Frankfurt* v. 13.2.1987, VersR 1988, 637; *OLG Braunschweig* v. 13.6.1990, VersR 1992, 91 (zur „Zumutbarkeit" der Wiederholung einer Maßnahme gem. § 218a StGB aF); *OLG Oldenburg* v. 3.3.1993, NJW 1993, 2997; *OLG Düsseldorf*, Beschluss v. 6.7.1994, NJW 1995, 1622; *BGH* v. 28.3.1995, BGHZ 129, 178; *OLG Oldenburg* v. 30.5.1995, OLGR Oldenburg 1996, 100; *OLG Oldenburg* v. 21.5.1996, NJW 1996, 2432.

[44] Kritisch zur Rechtsprechung: *Geigel*, Jura 1987, 60, 61 ff.; *Stürner*, FamRZ 1985, 753, 761 sub VI (*„Schmerzensgeld bei fehlgeschlagener Abtreibung?"*); *derselbe*, Jura 1987, 75 ff.; vgl. auch *Tröndle*, Jura 1987, 66 ff.

durch einen Schwangerschaftsabbruch verhindert worden wäre, wodurch ihnen nicht nur die Belastung ihres Vermögens mit der Unterhaltspflicht, sondern auch eine Beeinträchtigung des Körpers und ggf. der Gesundheit durch die Fortsetzung der Schwangerschaft und Geburt erspart geblieben wäre.[45]

Die Untersuchung und Beratung bzgl. einer Behinderung des bereits gezeugten Ungeborenen ist keine auf die Verhütung einer Schwangerschaft gerichtete Maßnahme. Sie soll der Mutter Informationen verschaffen, auf deren Grundlage sie abwägen können soll, ob sie sich ggf. für den nach §§ 218a, 218b StGB unter bestimmten Voraussetzungen nicht strafbaren Schwangerschaftsabbruch entscheidet. Dieser ist anders zu beurteilen als eine auf die Verhütung einer Schwangerschaft gerichtete Maßnahme, bei der nicht das Leben des Ungeborenen vernichtet wird.[46] Das gleiche gilt für die nicht innerhalb der Fristen des § 218a StGB entdeckte Schwangerschaft.

Der fehlgeschlagene Schwangerschaftsabbruch ist ebenfalls keine Maßnahme der Verhütung.[47] Er hier jedoch insoweit zu berücksichtigen, als er nach Fehlschlagen einer Verhütungsmaßnahme vorgenommen wird, um die Familienplanung letztlich auf diese Weise durchzusetzen.[48]

Zu den hier erörterten Fällen gehört auch nicht der Fall, dass die Familienplanung in entgegengesetzter Richtung fehlschlägt und die Zeugung von Nachwuchs endgültig vereitelt wird. Auch hierin kann eine Rechtsgutsverletzung liegen, die den Ersatz materieller und immaterieller Schäden rechtfertigen kann.[49]

---

[45] Vgl. zur Absurdität eines „Anspruchs" auf erfolgreiche Tötung des Ungeborenen durch Schwangerschaftsabbruch: *Papsthart*, NJW-Echo Heft 19/1998, XXV.

[46] Zur Verletzung des Grundrechts auf Leben des Ungeborenen: *Geigel*, FamRZ 1986, 1, 3 f. sub III.

[47] Vgl. *Hauberichs*, S. 7, 38 („*keine Methode einer verantwortungsbewussten Familienplanung*").

[48] *OLG Braunschweig*, Beschluss v. 11.9.1979, NJW 1980, 643.

[49] *BGH* v. 9.11.1993, BGHZ 124, 52 ff. „*Spermaentscheidung*" mit Anmerkungen von *Emmerich*, JuS 1994, 351; *Pfeiffer*, LM § 823 Aa Nr. 151/1994; *Rohe*, JZ 1994, 465 ff.; *Schnorbus*, JuS 1994, 830 ff.; *Taupitz*, NJW 1995, 745 ff.; vgl. *Voß*, S. 8 ff.; *BGH* v. 4.10.1999 - 5 StR 712/98, NJW 2000, 885 ff. (mutmaßliche Einwilligung bei Operationserweiterung, Sterilisation nach Kaiserschnitt); *OLG Düsseldorf* v. 1.12.1994, VersR 1994, 986 (40.000 DM Schmerzensgeld für ungewollte Sterilisation nach Kaiserschnittentbindung); *OLG München* v. 14.2.2002, VersR 2002, 717 ff. (15.000 DM Schmerzensgeld bei unzureichender Aufklärung über Folgen einer Sterilisation gegenüber Patientin aus türkischem Kulturkreis). Zu den verschiedenen Methoden künstlicher Fortpflanzung: *Deutsch*, MDR 1985, 177 ff.; *derselbe*, NJW 1986, 1971 ff.

2. Gang der Untersuchung

Thema der Untersuchung der Fälle der nicht verhinderten Schwangerschaft ist die Haftung für die Verletzung von Rechtsgütern und deren Folgeschäden, nicht jedoch die Haftung für reine Vermögensschaden, die nicht als Folge einer Rechtsgutsverletzung eintreten. Nach Darstellung der in der gerichtlichen Praxis entschiedenen z. T. sehr unterschiedlichen Fallgruppen in Teil 2 wird in Teil 3 zunächst untersucht, welche Rechtsgüter der Mutter bzw. des Vaters verletzt sein können. Dabei wird erörtert, ob und unter welchen Voraussetzungen neben den Rechtsgütern Körper und Gesundheit auch ein Recht auf Familienplanung der Mutter bzw. des Vaters verletzt ist.

In Teil 4 werden die Anspruchsgrundlagen untersucht, die Rechtsgüterschutz gewähren, wobei nach vertraglichen und deliktischen Ansprüchen und Ansprüchen aus Gefährdungshaftung unterschieden wird. Hierbei liegt ein Schwerpunkt auf dem Schadensersatzanspruch aus § 280 I Satz 1, welcher wegen der Neufassung des § 253 II nun auch Grundlage für Schmerzensgeld wegen Rechtsgutsverletzungen ist. Hier werden zunächst die verschiedenen Möglichkeiten vertraglicher Pflichtverletzungen dargestellt. Ein weiterer Schwerpunkt bei der Untersuchung des Haftungsgrundes ist die Klärung des Zusammenhangs zwischen Pflichtverletzung und der Verletzung von Rechtsgütern als „Primärschaden". Hierbei kommt der Bestimmung des Schutzzwecks der Pflichten des Anspruchsgegners im Hinblick auf die Durchführung von Maßnahmen zur Verhinderung einer Empfängnis und deren Folgen für die beeinträchtigten Rechtsgüter der Eltern besondere Bedeutung zu.

Als deliktische Ansprüche werden §§ 823 I, II, 831, 825 und § 826 untersucht und dort Gemeinsamkeiten und Unterschiede zur vertraglichen Haftung dargestellt. Ferner werden die Fallgruppen näher untersucht, in denen ein vertraglicher Schadensersatzanspruch ausscheidet.

Die Ergebnisse dieser Untersuchung werden unter Berücksichtigung rechtspolitischer Argumente überprüft und anhand ihrer Vereinbarkeit mit der Verfassung, speziell mit den Grundrechten des Kindes, kontrolliert.

Teil 5 beschäftigt sich mit dem Inhalt und Umfang der in Teil 4 behandelten Ansprüche. In diesem Abschnitt wird untersucht, welche materiellen Nachteile die Eltern als Folge der Verletzung von Rechtsgütern geltend machen können und wo die Grenzen liegen, innerhalb derer ein Ersatz angemessen erscheint. Hier liegen besondere Probleme bei der Frage, ob die Unterhaltsaufwendungen für das

Kind als ein (materieller) Folgeschaden der Verletzung bestimmter Rechtsgüter in Betracht kommt.

Ein weiterer Schwerpunkt, der in Teil 6 behandelt wird, ist das Problem, inwieweit die Existenz des Kindes und die sich daraus ergebenden positiven Folgen angesichts der Funktionen des Schmerzensgeldes bei der Billigkeitsabwägung gem. § 253 II nF bzw. § 823 i. V. mit Artt. 1, 2 GG zu berücksichtigen sind.

In Teil 7 wird die Durchsetzbarkeit der unterschiedlichen Ansprüche im Hinblick auf das neue Verjährungsrecht untersucht.

In der sich anschließenden Zusammenfassung werden die Ergebnisse in Leitsätzen und Thesen festgehalten und die Konsequenzen für die in Teil 2 geschilderten Fallgruppen gezeigt.

Teil 2: Rechtsprechung: Die Fälle der (so) nicht verhinderten bzw. vorsätzlich herbeigeführten Empfängnis

Die Problematik der pflichtwidrig (so) nicht verhinderten bzw. vorsätzlich herbeigeführten Empfängnis wird nachfolgend nach der Art und den Umständen der Herbeiführung der Schwangerschaft in verschiedene Fallgruppen unterteilt.

I. Fehlerhafte Sterilisation

Die Schwangerschaft kann infolge eines Behandlungsfehlers bei einer Sterilisation[50] eintreten. Bei den verschiedenen Sterilisationsmethoden[51] werden Eileiter unterbrochen, so dass es zu keiner Verschmelzung der Keimzellen kommen kann.[52] Dennoch schließt eine solche Unterbrechung eine Schwangerschaft nicht 100%ig aus. In seltenen Fällen[53] kann es zu einer Rekanalisation eines oder beider Eileiter (Tuben) und somit zu einer Empfängnis kommen. Bei Eintreten einer Schwangerschaft nach durchgeführter Sterilisation kann daher nicht auf einen ärztlichen Kunstfehler geschlossen werden. Die Versagerquoten liegen laut Literaturberichten zwischen 2 ‰ und 2%. Die Ermittlung einer exakten Fehlerquote trotz ordnungsgemäßen Eingriffs wird kaum möglich sein, da den ermittelten Fällen, in denen es dennoch zu einer Schwangerschaft kam, auch solche zugrunde liegen werden, in denen ein ärztliches Fehlverhalten vorlag, aber nicht festgestellt wurde.[54] Häufige Fehler bei der Sterilisation sind die Verwechslung eines Eileiters mit dem Mutterband[55] und die unvollständige Unterbrechung beider Eileiter.

---

[50] Zu den medizinischen Grundlagen der Sterilisation ausführlich: *Hauberichs*, S. 7 ff. mwN; *Pahmeier*, S. 70 ff. Zur ethischen Problematik: *Laufs*, Fortpflanzungsmedizin und Arztrecht, S. 126 ff.

[51] Die verschiedenen Methoden in der Rechtsprechung: Madlener: *BGH* v. 10.3.1981, NJW 1981, 2002 ff.; *OLG Köln* v. 18.3.1985, VersR 1987, 187 f.; *OLG Düsseldorf* v. 3.6.1985, VersR 1987, 412 ff.; Tubenteilkoagulation: *OLG Hamburg* v. 24.11.1981, VersR 1982, 959 f.; Elektrokoagulation: *OLG Düsseldorf* v. 14.6.1984, NJW 1984, 2635 f.; chirurgische Tubenresektion nach Pomeroy: *OLG Saarbrücken* v. 10.6.1987, VersR 1988, 831; *OLG Hamburg* v. 26.6.1987, VersR 1989, 147; Labhardt: *OLG Nürnberg*, VersR 1988, 1137 , laparoskopische Koagulation der Tuben: *BGH* v. 2.12.1980, NJW 1981, 630; *OLG Düsseldorf* v. 9.7.1992, VersR 1993, 883 f.; *OLG Köln* v. 23.6.1994, VersR 1995, 967, 968; *OLG Hamm* v. 27.1.1999, NJW 1999, 1787 f.; *OLG Düsseldorf* v. 14.12.2000, NJW-RR 2001, 959 f.; Tubenkoagulation mittels Pelviskopie (Verkochung bei gleichzeitiger Bauchspiegelung): *OLG Koblenz* v. 24.6.1982, VersR 1984, 371 ff.

[52] *Laufs/Uhlenbruck/Ulsenheimer*, § 126 Rdn. 1 m.w.N.; *Laufs*, Arztrecht Rdn. 307 mwN. Zur Geschichte dieser Verhütungsmethode: *BGH* v. 29.6.1976, BGHZ 67, 48 ff.

[53] Das *OLG Hamm* bezeichnete die Möglichkeit des Zusammenwachsens als „schicksalhaftes Restrisiko" (Urteil v. 25.6.1986, VersR 1987, 1146).

[54] Vgl. *BGH* v. 2.12.1980, NJW 1981, 630, 631 sub II. 1 I; zur Beweislastverteilung bei fehlgeschlagener Sterilisation: *BGH* v. 10.3.1981, NJW 1981, 2002, 2004. Siehe auch unten Teil 2 I 3 (Unzulässigkeit von Beweisanträgen, die auf Durchführung einer Operation gerichtet sind).

1. Erfolgreiche Verfahren wegen Behandlungsfehlern

In einem der ersten Fälle, der einer der Grundsatzentscheidungen des *VI. Senates* des *BGH*[56] zugrunde liegt, wurde infolge einer fehlerhaften Tubenligatur[57] das siebte Kind der Eheleute geboren. Der mit der Sterilisation betraute Arzt unterband anstelle des rechten Eileiters lediglich eine Bandverbindung zwischen rechtem Eierstock und Gebärmutter. Die Frage, ob eine Verletzung eines der in § 823 I genannten Rechtsgüter vorlag, war erörterungsbedürftig, weil ein Schmerzensgeld wegen körperlicher und seelischer Beschwerden geltend gemacht wurde. In der Entscheidung vom 19.6.1984[58] hielt der *VI. Senat* an der Auffassung[59] fest, dass im Falle eines Behandlungsfehlers ein Schmerzensgeldanspruch wegen Körperverletzung bestehe und die Anerkennung eines solchen Anspruchs Grundrechte des Kindes nicht beeinträchtige. Weitere Fälle fehlerhafter Sterilisationen, bei denen Ansprüche wegen Körperverletzung und Schmerzensgeld bejaht wurden, entschieden das *OLG Düsseldorf*[60] und das *OLG Hamm*[61].

2. Ablehnung einer Rechtsgutsverletzung aus rechtlichen Gründen

Teilweise wurden Ansprüche aus rechtlichen Gründen grundsätzlich unter dem Aspekt abgelehnt, dass die Geburt eines Kindes keine Schadensersatz- bzw. Schmerzensgeldansprüche nach sich ziehen könne.[62] Das *OLG Zweibrücken*

---

[55] *BGH* v. 18.3.1980 - VI ZR 247/78, BGHZ 76, 259 ff., vollständig abgedruckt in NJW 1980, 1452 ff.; zuvor: *LG Freiburg* v. 18.11.1976, NJW 1977, 340 f.; *OLG Karlsruhe* v. 19.10.1978, NJW 1979, 599 ff.; *BGH* v. 18.3.1980, - VI ZR 105/78, BGHZ 76, 249 ff. = NJW 1980, 1450 ff.; zuvor: *OLG Bamberg* v. 6.2.1978, NJW 1978, 1685 f.; *OLG Saarbrücken* v. 25.9.1985, NJW 1986, 1549 f.; vgl. *Hauberichs*, S. 10 mwN.

[56] *BGH* v. 18.3.1980 - VI ZR 247/78, BGHZ 76, 259 ff., vollständig abgedruckt in NJW 1980, 1452 ff.; zuvor: *LG Freiburg* v. 18.11.1976, NJW 1977, 340; *OLG Karlsruhe* v. 19.10.1978, NJW 1979, 599 ff.; vgl. *Ostheide*, S. 29.

[57] Unterbindung der Eileiter.

[58] *BGH* v. 19.6.1984 - VI ZR 76/83, NJW 1984, 2625, 2626 sub 3.

[59] *BGH* v. 18.3.1980 - VI ZR 247/78, BGHZ 76, 259 ff., vollständig abgedruckt in NJW 1980, 1452 ff.

[60] *OLG Düsseldorf* v. 3.6.1985, VersR 1987, 412 ff. In *OLG Düsseldorf* v. 9.6.1992, VersR 1993, 883 ff. war die Bauchhöhle infolge von Verwachsungen nicht hinreichend mit dem Laparoskop (Endoskop zur Untersuchung der Bauchhöhle) überschaubar, so dass der Erfolg der angestrebten Koagulation und Durchtrennung des linken Eileiters, die tatsächlich nicht gelungen waren, von den Ärzten nicht hätten behauptet werden dürfen. *OLG Düsseldorf* v. 15.12.1994, NJW 1995, 788 f.

[61] *OLG Hamm* v. 27.1.1999, NJW 1999, 1787 f.

[62] *OLG Bamberg* v. 6.2.1978, NJW 1978, 1685 ff.; *OLG Frankfurt* v. 1.12.1982, NJW 1983, 341, 342 sub II. *OLG Karlsruhe* v. 19.10.1978, NJW 1979, 599 ff. für den Fall der komplika-

lehnte jedenfalls bei einer ausschließlich medizinisch indizierten Sterilisation, die nicht der Familienplanung habe dienen sollen, *„Ansprüche, die nicht auf dem abzuwendenden Gesundheitsrisiko für die Frau beruhen, insbesondere solche aus einer ungewollten Schwangerschaft"*[63] ab.

3. Ablehnung eines Behandlungsfehlers

In einigen Fällen[64] wurden Behandlungsfehler unter dem Gesichtspunkt der Wahlfreiheit des Arztes bezüglich der Sterilisationsmethode abgelehnt, auch wenn die gewählte Methode das Risiko einer Empfängnis geringfügig erhöht hatte. Darüber hinaus konnten Behandlungsfehler bei der Sterilisation wegen des verbleibenden Restrisikos einer Rekanalisation sowie der dadurch begründeten Nichtanwendbarkeit der Grundsätze eines Anscheinsbeweises oft nicht nachgewiesen werden.[65] Teilweise konnte der Beweis nicht geführt werden, weil er nur durch eine erneute extra zu diesem Zweck durchgeführte Operation hätte erbracht werden können, Anträge auf derartige gesundheitsgefährdende Beweismittel jedoch als unzulässig angesehen werden.[66]

4. Weitere Entscheidungen zur fehlerhaften Sterilisation

Teilweise war eine Entscheidung über einen Schmerzensgeldanspruch bzw. eine Rechtsgutsverletzung nicht notwendig, da die Thematik nicht (mehr) Streitgegenstand war.

---

tionslosen Schwangerschaft. Vgl. zu *OLG Bamberg* v. 6.2.1978, NJW 1978, 1685 ff.: *Ostheide*, S. 29 f.

[63] *OLG Zweibrücken* v. 18.2.1997, NJW-RR 1997, 666 f. Näher hierzu: Teil 4 I 6 e ee (2).

[64] *OLG Hamburg* v. 26.6.1987, VersR 1989, 147 f.; *OLG Düsseldorf* v. 20.12.1990, VersR 1992, 751 f.; *OLG München* v. 3.12.1992, OLGR München 1993, 159 ff.

[65] *OLG Düsseldorf* v. 20.12.1990, VersR 1992, 751 f. (Kein Anscheinsbeweis bei Rekanalisation wegen Versagerquote von 1 - 3 %); *OLG Düsseldorf* v. 14.12.2000, NJW-RR 2001, 959 f. (Kein Anscheinsbeweis bei Schwangerschaft 4 1/2 Jahre nach Tubensterilisation); *OLG Saarbrücken* v. 16.7.1997, MDR 1998, 104 ff. (Kein Anscheinsbeweis durch Schwangerschaft nach Sterilisation); *OLG Düsseldorf* v. 25.10.2001, OLGR Düsseldorf 2002, 352 f. (Schwangerschaft drei Jahre nach Tubensterilisation). Vgl. für den Fall der Vasektomie: *OLG Düsseldorf* v. 31.1.1974, NJW 1975, 595.

[66] *OLG Düsseldorf* v. 14.6.1984, NJW 1984, 2635 (Elektrokoagulation); *OLG Koblenz* v. 24.6.1982, VersR 1984, 371 ff.; *OLG Köln* v. 25.2.1985, VersR 1988, 43, *OLG Köln* v. 18.3.1985, VersR 1987, 187 f. (Aufklärungsfehler); *OLG Düsseldorf* v. 14.12.2000, NJW-RR 2001, 959, 960; *OLG Saarbrücken* v. 10.6.1987, VersR 1988, 831 (Schwangerschaft 9 Monate nach Tubensterilisation nach der Methode *Pommeroy*).

In dem der Entscheidung des *VI. Senates* vom 18.3.1980 - VI ZR 15/78[67] zugrunde liegenden Fall hatte die Klägerin nach fehlerhafter Sterilisation ein viertes Kind geboren. Sie hatte Schadensersatz wegen der Unterhaltsaufwendungen und Schmerzensgeld gefordert, welches durch Teilanerkenntnisurteil des *LG Münster* bereits gewährt worden war, so dass der *VI. Senat*[68] nur noch über die Unterhaltsaufwendungen zu entscheiden hatte.

In der Grundsatzentscheidung des *VI. Senates* vom 18.3.1980 - VI ZR 105/78[69] hatte die zum Zeitpunkt des misslungenen Sterilisationseingriffs 25 Jahre alte Klägerin mit ihrem Mann bereits drei Kinder. Die Sterilisation wurde auch aus medizinischen Gründen durchgeführt, um den Erfolg einer Unterleibsoperation nicht durch eine neue Schwangerschaft zu gefährden. Anstelle des rechten Eileiters wurde das rechte Mutterband unterbunden. Die Klägerin wurde schwanger und musste sich im April 1974 einer Operation unterziehen, um die bevorstehende Geburt zu ermöglichen. Am 21.9.1974 gebar die Klägerin Zwillinge durch Kaiserschnitt. Die Klägerin, die Kassenpatientin war, verlangte neben der Freistellung von Unterhaltsansprüchen die Feststellung, dass der Träger der Frauenklinik, in der die Sterilisation vorgenommen worden war, vorbehaltlich des Übergangs von Ansprüchen auf Sozialversicherungsträger Heilbehandlungskosten zu ersetzen habe. Diese wurden sowohl vom Berufungsgericht, als auch vom *VI. Senat* angesichts der Vertragsverletzung bejaht. Schmerzensgeld wegen der Schwangerschaft und Geburt machte die Klägerin nicht geltend.

Das *OLG Saarbrücken*[70] versagte einer Mutter, bei der der Arzt den linken Eileiter mit dem Mutterband verwechselt hatte, Ersatz des aufgrund der Betreuung des Kindes mittelbar verursachten Verdienstausfalls. Schmerzensgeld war nicht mehr Gegenstand des Verfahrens. Das *OLG Oldenburg*[71] betonte die Notwendigkeit der Verwertung bestimmter Beweismittel, u. a. der während einer erneuten Operation angefertigten Fotodokumentation, zum Beweis, dass nur einseitig Tubenstücke entfernt wurden und nicht wie geboten an beiden Enden Seidenligaturen vorgenommen wurden.

---

[67] *BGH* v. 18.3.1980 - VI ZR 17/78, VersR 1980, 719.
[68] *BGH* v. 18.3.1980 - VI ZR 17/78, VersR 1980, 719.
[69] *BGH* v. 18.3.1980 - VI ZR 105/78, BGHZ 76, 249 ff. = NJW 1980, 1450 ff.; zuvor: *OLG Bamberg* v. 6.2.1978, NJW 1978, 1685 f.
[70] *OLG Saarbrücken* v. 25.9.1985, NJW 1986, 1549 f.
[71] *OLG Oldenburg* v. 16.12.1997, OLGR Oldenburg 1998, 78 f.

II. Fehlerhafte Vasektomie

Eine Besonderheit ergibt sich in Fällen, in denen die Sterilisation beim Mann (*Vasektomie*)[72] aufgrund eines Behandlungsfehlers misslungen ist. Neben der Frage, ob der Mann Ansprüche wegen Verletzung eines Rechts auf Familienplanung hat, ist zu beantworten, ob und in welchen Fällen eine Frau, die infolge der oben genannten Pflichtverletzungen ungewollt schwanger geworden ist, in ihren Rechtsgütern verletzt ist. Die gleiche Frage stellt sich bei Beratungsfehlern über die Versagerquoten bei der *Vasektomie* (dazu siehe III).

1. Erfolgreiche Verfahren wegen Behandlungsfehlern

In einem Fall, den das *OLG Braunschweig*[73] im Jahr 1979 durch Beschluss entschied, war die Ehefrau infolge fehlgeschlagener Vasektomie zum vierten Mal schwanger geworden und hatte daraufhin drei Eingriffe i. S. von § 218a StGB vornehmen lassen. Nach dem ersten Eingriff wurde die Klägerin erneut schwanger, woraufhin sie sich entschloss, auch dieses Ungeborene töten zu lassen, um die Schwangerschaft zu beenden. Dieser Eingriff scheiterte, weil eine Bauchhöhlenschwangerschaft nicht erkannt wurde, woraufhin ein dritter Eingriff vorgenommen wurde. Das Begehren der Klägerin (Schmerzensgeld für die mit den Eingriffen zusammen hängenden körperlichen und seelischen Beeinträchtigungen) wurde als aussichtsreich eingestuft.

In einem 1992 vom *VI. Senat* entschiedenen Fall[74] war bei der Vasektomie im Jahr 1987 nur ein Samenleiter durchtrennt worden. Da sich der Ehemann der Klägerin allerdings nicht zu der erforderlichen Kontrolluntersuchung eingefunden

---

[72] Bei der *Vasektomie* werden ca. 1,5 cm lange Stücke der Samenleiter herausgeschnitten und deren Enden durch Ligatur, Clips oder Elektrokoagulation verschlossen. Anschließend werden die Enden der Samenleiter im Gewebe versenkt und die Schnitte genäht, vgl. *Alken,* in: *Eser/Hirsch,* Sterilisation und Schwangerschaftsabbruch, S. 40 ff.; *Hauberichs,* S. 12. Sterilisation tritt nicht sofort ein, weil vorhandene Samenzellen weiterwandern können. Um die Unfruchtbarkeit sicherzustellen, muss spätestens nach 6 - 8 Wochen eine Kontrolluntersuchung (Spermiogramm) vorgenommen werden. Da es auch bei der Vasektomie ähnlich wie bei der Sterilisation der Frau in seltenen Fällen zu einer Rekanalisation kommen kann, wird diese Untersuchung nach *acht Wochen* und einem weiterem Jahr wiederholt. Das Restrisiko der späteren erneuten Durchlässigkeit (hierzu *Hauberichs,* S. 13) verwirklicht sich in bis zu 6 % der Fälle. Mangels gesicherter medizinischer Erkenntnisse war über die Möglichkeit der Spätrekanalisation bis Ende der achtziger Jahre nicht aufzuklären: so z. B. *OLG Hamm* v. 5.2.1992, VersR 1993, 484, 485.

[73] *OLG Braunschweig,* Beschluss v. 11.9.1979, NJW 1980, 643.

[74] *BGH* v. 30.6.1992, NJW 1992, 2961 f. Siehe dazu Teil 5 III.

hatte, verwies der Senat die Sache zwecks weiterer Feststellungen zur Frage des Mitverschuldens gem. § 254 zurück an das Berufungsgericht.[75]

2. Ablehnung einer Haftung

Die Erfolglosigkeit einiger Verfahren beruhte teilweise auf rechtlichen Gründen, teilweise auf tatsächlichen Gründen bzw. auf Beweisschwierigkeiten.

Entgegen der herrschenden Rechtsprechung der ordentlichen Zivilgerichte lehnte das *Landgericht Düsseldorf*[76] Ende 1993 trotz Vorliegens eines vorwerfbaren Behandlungsfehlers unter Berufung auf das Urteil des *II. Senates* des *Bundesverfassungsgerichts* vom 28.5.1993[77] Ansprüche jeder Art für den Fall der normal verlaufenden Schwangerschaft ab, da kein Schaden vorliege.

In anderen Fällen wurden Behandlungsfehler abgelehnt, weil die Vorgehensweise der Ärzte (noch) den zum jeweiligen Zeitpunkt der Vasektomie geltenden Regeln der ärztlichen Kunst entsprach.[78] Teilweise gelang den beweispflichtigen Klägern weder der Beweis eines Behandlungs- noch eines Beratungsfehlers, weil der Eingriff im Operationsbericht hinreichend dokumentiert war und die Aufklärung aus entsprechend informativen Einverständniserklärungen entnommen werden konnte.[79] In einem der ersten Fälle einer im Jahre 1970 fehlgeschlagenen Vasektomie stellte das *OLG Düsseldorf* 1974 fest, dass aufgrund der Schwangerschaft nicht nach den Grundsätzen des Anscheinsbeweises[80] auf ein Fehlverhalten des Arztes geschlossen werden kann.[81] Teilweise war eine Entscheidung über den

---

[75] *OLG Düsseldorf* v. 26.9.1991 - 8 U 85/90 (nicht veröffentlicht).

[76] *LG Düsseldorf* v. 2.12.1993, NJW 1994, 805 ff.

[77] BVerfGE 88, 203-366. Siehe unten Teil 4 VI 3 c.

[78] Vgl. *OLG Zweibrücken* v. 14.7.1978, NJW 1978, 2340; *OLG Hamm* v. 5.2.1992, VersR 1993, 484 f. = OLGR Hamm 1992, 119 ff. (Entfernung von nur ca. 5 mm langen Abschnitten des Samenleiters ausreichend); *OLG München* v. 24.9.1992, OLGR München 1993, 175 f. (Durchtrennung der Samenleiter, Entfernung von Segmenten, Umschlagen, Vernähen, Koagulieren); *OLG Oldenburg* v. 26.10.1993, VersR 1994, 245; *OLG Oldenburg* v. 3.11.1998, NJW-RR 2000, 240 (Umklappen und Verknoten der Samenleiterenden als sachgerechte Operationsmethode).

[79] Vgl. *OLG Zweibrücken* v. 14.7.1978, NJW 1978, 2340 (weder Kunst- noch Beratungsfehler); *OLG Düsseldorf* v. 14.2.1991, VersR 1992, 317.

[80] Siehe Teil 4 I a aa (4) (f).

[81] *OLG Düsseldorf* v. 31.1.1974, NJW 1975, 595 f. (Leitsatz). Gleichwohl vertrat das Gericht die Auffassung, dass die Unterhaltsaufwendungen einen ersatzfähigen Schaden darstellen würden. Vgl. *Ostheide*, S. 28.

behaupteten Behandlungsfehler auch überflüssig, weil ein Beratungsfehler bewiesen werden konnte.[82]

III. Falsche Beratung bzw. Information über die Risiken einer (so eingetretenen) Schwangerschaft

In vielen Fällen der Empfängnis trotz Sterilisation bzw. Vasektomie lag kein Behandlungsfehler vor, bzw. es konnte oder brauchte ein solcher nicht bewiesen werden.[83] Schadensersatzansprüche wurden in der Regel hilfsweise oder ausschließlich auf die Behauptung einer nicht hinreichenden Beratung über die Erforderlichkeit von Kontrolluntersuchungen bzw. über das Restrisiko einer Schwangerschaft aufgrund einer erneuten Durchlässigkeit der Eileiter (Rekanalisation) gestützt.[84] Dies gilt auch für die Fallgruppe der fehlgeschlagenen Vasektomie.[85]

In der Entscheidung des *BGH* vom 16.11.1993[86] ging es um die falsche Beratung in Bezug auf eine genetische Disposition der Eltern, aufgrund derer sich diese entschlossen, ein weiteres Kind zu zeugen (siehe unten III 5).[87] In zwei Fällen wurde Schadensersatz geltend gemacht, weil der Arzt im Zusammenhang mit einer nicht unmittelbar auf Familienplanung ausgerichteten Maßnahme nicht ausrei-

---

[82] Siehe unten Punkt C. *OLG München* v. 20.2.1992, OLGR München 1992, 68 ff. (6.000 DM Schmerzensgeld).

[83] Siehe oben Punkt II 2.

[84] *BGH* v. 2.12.1980, NJW 1981, 630 ff.; *BGH* v. 10.3.1981, NJW 1981, 2002 ff.; *OLG Bremen* v. 24.11.1981, VersR 1982, 959 f.; *OLG Koblenz* v. 24.6.1982, VersR 1984, 371 ff.; *OLG Hamm* v. 4.4.1984, r + s 1985, 216; *OLG Köln* v. 18.3.1985, VersR 1987, 187; *OLG Schleswig* v. 24.4.1985, VersR 1987, 419, 421; *OLG Düsseldorf* v. 3.6.1985, VersR 1987, 412 ff. insbesondere S. 413 f. sub II; *OLG Hamburg* v. 26.6.1987, VersR 1989, 147 f.; *OLG Hamm* v. 30.11.1988, VersR 1989, 1298 f.; *OLG Hamm* v. 20.3.1991 - 3 U 258/90 (nicht veröffentlicht); *OLG München* v. 3.12.1992, OLGR München 1993, 159 ff.; *OLG Köln* v. 23.6.1994, OLGR Köln 1994, 198 f.; *OLG Hamm* v. 23.6.1997, NJWE-VHR 1997, 281 f.; *OLG Oldenburg* v. 16.12.1997, OLGR Oldenburg 1998, 78 (Zurückverweisung an *LG Osnabrück* - 3 O 94/96 wegen unzureichender Beweiswürdigung).

[85] *OLG Hamm* v. 5.2.1992, OLGR Hamm 1992, 119 ff. = VersR 1993, 484 f.; *OLG München* v. 20.2.1992, OLGR München 1992, 68 ff. = VersR 1992, 1413; *OLG München* v. 24.9.1992, OLGR München 1993, 175 f.; *OLG Oldenburg* v. 26.10.1993, VersR 1994, 1348 f.; *OLG Oldenburg* v. 3.11.1998, NJW-RR 2000, 240, 241 sub 2; *BGH* v. 27.6.1995, NJW 1995, 2407 ff.

[86] BGHZ 124, 128 ff.; *BVerfG*, Beschluss v. 12.11.1997, BVerfGE 96, 375 ff.

[87] Vgl. zum Fall und den Ausführungen des *VI. Senates*: *Hauberichs*, S. 104.

chend über das verbleibende Risiko einer Schwangerschaft aufgeklärt habe (siehe unten III 6).[88]

1. Erfolgreiche Verfahren wegen unzulänglicher Beratung über die Restrisiken einer Empfängnis trotz Sterilisation

In einigen Fällen konnten Aufklärungsfehler bewiesen werden.[89] Der Anspruchsgegner hatte die Klägerin nicht bzw. trotz Aufklärung nicht hinreichend in die Lage versetzt, eigenständig zu entscheiden, ob sie eine bestimmte Misserfolgsquote hinnehmen und ggf. das ihr bekannte Restrisiko durch weitere Maßnahmen ausschalten will.[90] Es wurde u. a. als nicht ausreichend angesehen, wenn der Klägerin vor dem Eingriff mündlich Versagerquoten i. H. von 0,1 - 0,3 % genannt wurden, obwohl die tatsächlichen Quoten viel höher lagen.[91] In einem anderen Fall war die Aufklärung der Klägerin unzulänglich, weil diese in einer extremen Stresssituation kurz vor Durchführung eines Kaiserschnitts erfolgte.[92]

2. Erfolgreiche Verfahren wegen unzulänglicher Beratung über Restrisiken einer Empfängnis trotz Vasektomie

Das *OLG München*[93] bejahte einen Beratungsfehler, weil der Beklagte bereits nach einmaliger Kontrolluntersuchung mitgeteilt hatte, die Operation sei erfolgreich gewesen, was die Klägerin und ihren Ehemann veranlasste, andere Verhütungsmethoden nicht anzuwenden. Auch in Bezug auf den Schmerzensgeldanspruch der Frau schloss sich das *OLG München* der herrschenden Rechtsprechung[94] an, deren Grundsätze im Fall der Sterilisation des Mannes anwendbar seien. Ein Eingriff in die körperliche Unversehrtheit liege darin, dass der Beklagte die Klägerin und ihren Ehemann schuldhaft veranlasst habe, auf weitere Schutzmaßnahmen zu verzichten, worauf die Schwangerschaft zurückzuführen sei.[95]

---

[88] *BGH* v. 3.6.1997, NJW 1998, 155, 156 sub II 3 c; *LG Duisburg* v. 7.3.1974, VersR 1975, 432; *OLG Düsseldorf* v. 16.1.1975, VersR 1975, 432.

[89] *OLG Koblenz* v. 24.6.1982, VersR 1984, 371 ff.; *OLG Köln* v. 18.3.1985, VersR 1987, 187; *OLG Hamm* v. 30.11.1988, VersR 1989, 1298 f.; *OLG Hamm* v. 20.3.1991 - 3 U 258/90 (nicht veröffentlicht); *OLG Hamm* v. 23.6.1997, NJWE-VHR 1997, 281 f.

[90] *BGH* v. 2.12.1980, NJW 1981, 630, 631 f.; *OLG Hamm* v. 4.4.1984, r + s 1985, 216.

[91] *OLG Köln* v. 18.3.1985, VersR 1987, 187.

[92] *OLG Hamm* v. 23.6.1997, NJWE-VHR 1997, 281 f.

[93] *OLG München* v. 20.2.1992, OLGR München 1992, 68 ff. = VersR 1992, 1413.

[94] *BGH* v. 18.3.1980, NJW 1980, 1452 ff.

[95] *OLG München* v. 20.2.1992, OLGR München 1992, 68, 70 sub II a.

3. Ablehnung eines Beratungsfehlers (Sterilisation)

In vielen Fällen konnten Aufklärungsfehler nicht nachgewiesen werden.[96] In einem vom *OLG Hamm*[97] entschiedenen Fall wurde im Jahr 1979 über *„nur eine fast 100prozentige Sicherheit"* vor weiterer Schwangerschaft aufgeklärt, was das Gericht als ausreichende Information ansah. In einem anderen Fall[98] war entscheidend, dass die Versagerquoten der gängigen Sterilisationsmethoden alle unter 1 % lagen. Das *OLG München*[99] stellte fest, der Arzt habe Entscheidungsfreiheit, was die Wahl der Methode angeht. Ein Aufklärungsfehler wurde auch deshalb abgelehnt, weil auf dem Aufklärungsbogen auf die Versagerquoten von 1 - 2 ‰ bei den sichereren Methoden aufmerksam gemacht wurde und der Beklagte auch mündlich darauf hingewiesen hatte, dass es bei *allen* Methoden keine absolute Sicherheit gebe. Vor dem *OLG Köln*[100] hatte eine Klägerin die Beklagten wegen operativen Abbruchs einer Eileiterschwangerschaft auf Zahlung von mindestens 10.000 DM Schmerzensgeld in Anspruch genommen, weil sie über Versagerquoten nicht aufgeklärt worden sei und ihr auch keine alternativen Sterilisationsmethoden außer der *„modernen Koagulationsmethode"* genannt worden seien. Das Gericht lehnte den Anspruch ab, da es sich davon überzeugt hatte, dass die klassischen Sterilisationsmethoden hinreichend erläutert worden waren und auf das Versagerrisiko durch den Hinweis auf eine große, jedoch nicht 100%ige Zuverlässigkeit hinreichend aufmerksam gemacht worden war.

4. Ablehnung eines Beratungsfehlers (Vasektomie)

Auch in den Fällen der Vasektomie scheiterten Ansprüche häufig daran, dass hinreichend über die verbleibende Möglichkeit einer Empfängnis aufgeklärt worden war, weil bestimmte Risiken zum Zeitpunkt der Aufklärung nach dem maßgeblichen Stand der medizinischen Wissenschaft noch nicht hinreichend bekannt waren.[101]

---

[96] *OLG Koblenz* v. 24.6.1982, VersR 1984, 371 ff.; *OLG Schleswig* v. 24.4.1985, VersR 1987, 419 ff.; *OLG Hamburg* v. 26.6.1987, VersR 1989, 147 f.; *OLG Hamm* v. 4.4.1984, r + s 1985, 216 f.; *OLG München* v. 3.12.1992, OLGR München 1993, 159 ff.; *OLG Köln* v. 23.6.1994, VersR 1995, 967 f.; *OLG Düsseldorf* v. 25.10.2001, OLGR Düsseldorf 2002, 352, 353 (Kausalität abgelehnt); *OLG Karlsruhe* v. 11.4.2002, OLGR Karlsruhe 2002, 394 f. (hinreichende Aufklärung trotz leichter Abweichung bei Nennung einer Versagerquote von 2 bis 3 o/oo anstelle von 13,5 o/oo.

[97] *OLG Hamm* v. 4.4.1984, r + s 1985, 216-217.

[98] *OLG Hamburg* v. 26.6.1987, VersR 1989, 147 f.

[99] *OLG München* v. 3.12.1992, OLGR München 1993, 159-161.

[100] *OLG Köln* v. 23.6.1994, VersR 1995, 967 f.

[101] Siehe oben Teil 4 I 3 a aa (4) (b).

In einem Fall des *OLG München*[102] lag keine unzureichende Aufklärung über Versagerquoten vor, weil der Kläger vor dem Eingriff (1981) auf eine Versagerquote von unter 0,5 % hingewiesen worden war. Ein Hinweis auf den Zusammenhang einer Spontanrekanalisation mit einem Spermagranulom, die eingetreten war, war zwar unterblieben, gehörte jedoch 1981 noch nicht zum ärztlichen Standardwissen. Das *OLG Oldenburg* entschied 1993[103] über das gebotene Vorgehen bei einer 1983 vorgenommenen Vasektomie. Es war nach 4 Jahren zu einer Spätrekanalisation gekommen, über deren Möglichkeit nicht aufgeklärt worden war. Das Gericht lehnte angesichts des Stands der Wissenschaft zum Zeitpunkt des Eingriffs bereits das Bestehen einer Aufklärungspflicht über ein derartiges Risiko ab. Ähnlich entschied das *OLG Hamm.*[104] Der Beklagte hatte vor dem Eingriff am 3.4.1987 zwar auf das Risiko einer Frührekanalisation aufmerksam gemacht, nicht aber auf das der Spätrekanalisation. Ansprüche der Klägerin wurden mangels Pflichtwidrigkeit abgelehnt.[105]

In einem vom *VI. Senat* im Jahr 1992 entschiedenen Fall war der Patient hinreichend beraten worden, weil er auf die nach 6 Wochen notwendige Kontrolluntersuchung, sowie auf den Umstand, dass bis dahin die Gefahr der Zeugungsfähigkeit weiterhin bestehe, hingewiesen worden war.[106] Das *OLG Hamm* entschied, dass im Rahmen der Aufklärung über die Notwendigkeit eines Spermiogramms[107] nicht der technische Begriff „Spermiogramm" verwendet werden muss.[108]

5. Falsche Beratung über Gefahr von Erbkrankheiten und anderer gesundheitlicher Gefahren für das Kind

Der *VI. Senat* hatte 1989 über die rechtlichen Folgen der Zeugung und Geburt eines Kindes, welches aufgrund einer Anämie nach der Geburt starb, zu entschei-

---

[102] *OLG München* v. 24.9.1992, OLGR München 1992, 175 f.

[103] *OLG Oldenburg* v. 26.10.1993, VersR 1994, 1348 f.: Neben dem Aufklärungsfehler wurde auch ein Behandlungsfehler behauptet, weil zu kurze Samenleiterabschnitte entfernt worden seien.

[104] *OLG Hamm* v. 5.2.1992, VersR 1993, 484 ff.

[105] *OLG Hamm* v. 5.2.1992, VersR 1993, 484, 485.

[106] *BGH* v. 30.6.1992, NJW 1992, 2961 f. sub II a. Es konnte allerdings ein Behandlungsfehler nachgewiesen werden.

[107] Untersuchung des Ejakulats. Das Spermiogramm macht Aussagen über das Ejakulatsvolumen pro Samenerguss, den ph-Wert, Spermienkonzentration und -gesamtzahl und andere Angaben.

[108] *OLG Hamm* v. 21.2.2001, VersR 2002, 1562.

den.[109] Die Mutter hatte die Blutgruppe 0 Rhesus-Faktor negativ (0 RH -) und brachte 1984 ihr erstes Kind zur Welt, welches (wie der Vater) den Faktor 0 Rhesus-Faktor positiv (0 RH +) hatte. Zur Vorbeugung gegen eine Antikörperbildung wurde der Mutter Immunglobulin injiziert. Im Juni 1986 wurden während der zweiten Schwangerschaft Rhesus-Antikörper im Blut der Mutter festgestellt. Das Kind wurde nach 6-monatiger Schwangerschaft mit Kaiserschnitt entbunden und starb drei Tage nach der Geburt an einer schweren Anämie. Die Mutter machte geltend, dass bei der Geburt des ersten Kindes rhesus-positive Blutkörper in ihr Blut gelangt seien, woraufhin sich Antikörper gebildet hätten. Den Beklagten warf sie vor, sie hätten die Antikörperbildung feststellen und behandeln müssen und sie über die Risiken im Falle einer Schwangerschaft aufklären müssen. Bei Kenntnis von diesen Risiken für das Kind, aber auch für die eigene Befindlichkeit, hätten sie und ihr Mann auf ein Kind verzichtet. Der *VI. Senat* bejahte eine fehlerhafte Aufklärung über die Risiken der Schädigung des Kindes. Die Beweislast, dass die Klägerin das Risiko einer Schwangerschaft nicht eingegangen wäre, wurde der Klägerin auferlegt.[110]

In einem anderen Verfahren ließen sich die Kläger, die bereits eine behinderte Tochter hatten, untersuchen, um feststellen zu lassen, wie hoch im Falle einer erneuten Schwangerschaft die Gefahr von Erbkrankheiten war.[111] Die Beklagtenseite schätzte das Risiko einer vererbbaren Störung aufgrund unzureichender Untersuchungen fälschlicherweise als äußerst unwahrscheinlich ein und informierte die Kläger dementsprechend falsch. Daraufhin entschieden diese sich, ein weiteres Kind zu zeugen. Die Tochter, die daraufhin geboren wurde, hatte die gleichen Behinderungen wie die erste Tochter. Die Kläger machten auch Schmerzensgeld geltend.

Durch Beschluss vom 12.11.1997[112] entschied der *I. Senat* des *Bundesverfassungsgerichts* u. a. in diesem Verfahren[113], dass sich die Bewertung der ungewollten Schwangerschaft als unbefugter erheblicher Eingriff in die körperliche Integrität und somit als Körperverletzung *„im Rahmen herkömmlicher zivilrechtlicher Dogmatik"* bewege.[114] Insbesondere verstoße die Gewährung von Schmerzensgeld nicht gegen den Grundsatz aus § 253 (aF), zumal § 847 Ausnahmen zulasse.

---

[109] *BGH* v. 28.3.1989, NJW 1989, 2320.
[110] *BGH* v. 28.3.1989, NJW 1989, 2320, 2321.
[111] *BGH* v. 16.11.1993, BGHZ 124, 128 ff.; im Anschluss: *BVerfG*, Beschluss v. 12.11.1997, BVerfGE 96, 375 ff. Vgl. *Hauberichs*, S. 104 ff.
[112] *BVerfG*, Beschluss v. 12.11.1997, BVerfGE 96, 375 ff.
[113] Verfahren 1 BvR 307/94, vorgehend *BGH* v. 16.11.1993, BGHZ 124, 128 ff.
[114] *BVerfG*, Beschluss v. 12.11.1997, BVerfGE 96, 375, 396 sub B I 2 b.

6. Beratung über Fortpflanzungsfähigkeit außerhalb von Sterilisationsverträgen

Die Aufklärungspflicht über die Möglichkeit eines unvollständigen Ausschlusses der Fortpflanzungsfähigkeit nach einer Operation gehörte nach Ansicht des *OLG Düsseldorf*[115] nicht zu den vertraglichen Pflichten des Heilbehandlungsvertrages. Eine falsche Auskunft hinsichtlich des möglichen Weiterbestehens der Fortpflanzungsfähigkeit sei nur dann rechtlich relevant gewesen, wenn ein solcher Rat Gegenstand eines weiteren Vertrages geworden wäre, was als nicht bewiesen angesehen wurde. Das *LG Duisburg*[116] hatte die Klage zuvor bereits unter dem Gesichtspunkt als unbegründet abgewiesen, weil die Existenz eines ungewollten Kindes kein Schaden sei.

Der *VI. Senat* entschied im Zusammenhang mit dem Vorwurf eines Beratungsfehlers bei der Verordnung von Hormonsubstitutionspräparaten im Rahmen einer Behandlung zur Behebung eines Hormonmangelzustandes, dass, wenn ein Vertrag zumindest auch die Empfängnisverhütung mitumfasste, Schadensersatz- und Schmerzensgeldansprüche nicht deshalb ausgeschlossen sind, weil der Vertrag in erster Linie auf eine Heilbehandlung ausgerichtet gewesen ist.[117]

IV. Fehlschläge bei Anwendung zeitlich begrenzter Verhütungsmittel

Häufiger als die bei abgeschlossener Familienplanung gewählte Sterilisation werden zeitlich begrenzt anwendbare schwangerschaftsverhütende Präparate benutzt. Die Haftung kann sich hier aus Fehlern beim Verkauf, bei der Aufklärung über die Anwendung und Risiken dieser Verhütungsmittel, als auch durch das In-den-Verkehr-Bringen anderer die Verhütungswirkung beeinträchtigender Präparate ergeben.[118]

Der 1968 vom *LG Itzehoe*[119] entschiedene Fall war einer der ersten Fälle und ist auch heute noch einer der Bekanntesten. Die Eltern hatten bereits 5 Kinder. Sie wollten sowohl aus gesundheitlichen, als auch aus wirtschaftlichen Gründen keine weiteren Kinder, weswegen die Ehefrau sich die Anti-Baby-Pille „Eugynon" verschreiben ließ. Der Angestellte des beklagten Apothekers händigte der

---

[115] *OLG Düsseldorf* v. 16.1.1975, VersR 1975, 432.
[116] *LG Duisburg* v. 7.3.1974, VersR 1975, 432; vgl. *Ostheide*, S. 28.
[117] *BGH* v. 3.6.1997, NJW 1998, 155, 156 sub II 3 c.
[118] Zu dieser Fallgruppe: *Hauberichs*, S. 88 ff. Siehe Teil 4 II 2 c; Teil 4 III.
[119] *LG Itzehoe* v. 21.11.1968, FamRZ 1969, 90 ff. Schmerzensgeld wurde nicht geltend gemacht, obwohl dies nach heutiger Rechtsprechung gewährt werden würde. Vgl. Darstellung bei *Ostheide*, S. 25 f..

Ehefrau stattdessen das Magenpräparat „Enzynorm" aus, woraufhin ein Sohn geboren wurde. Ein ähnlicher Sachverhalt ereignete sich bald darauf in Bayern.[120] Die Ehefrau des Klägers bekam in einer Apotheke anstelle des verordneten „Estirona 21" das weniger sichere „Estirona" ausgehändigt.

Das *Landgericht Limburg*[121] wies die Klage eines ungewollten Vaters gegen den Hersteller der Anti-Baby-Pille Eugynon ab, da das Kind nicht als Schadensereignis anzusehen sei. Der Vater hatte geltend gemacht, es habe ein Hinweis auf eine Versagerquote von 2 % gefehlt. In der Gebrauchsanweisung stand u. a.: *„Wenn Sie Eugynon nach Vorschrift einnehmen, sind Sie mit Sicherheit vor einer Empfängnis geschützt; dieser Schutz beginnt mit dem 1. Einnahmetag und besteht auch während der 7tägigen Einnahmepause."* Das *OLG Köln*[122] bejahte im Grundsatz einen Anspruch auf Schadensersatz und Schmerzensgeld wegen Versagens bzw. unzureichender Aufklärung über die Risiken der Micropille.

In einem vom *OLG Frankfurt*[123] entschiedenen Fall kam es trotz Einnahme der Anti-Baby-Pille zu einer Schwangerschaft, weil deren Wirkung durch das gleichzeitige Verabreichen eines Antibiotikums beeinträchtigt wurde.[124] Die Eltern des 1987 geborenen Kindes verlangten vom Hersteller des Antibiotikums auch Schadensersatz und Schmerzensgeld wegen des fehlenden Hinweises auf diese Wirkung des Präparates. Das Gericht bejahte einen Anspruch aus §§ 823, 847 aF unter der Voraussetzung, dass das Unterlassen eines Hinweises pflichtwidrig war.[125] In einem anderen Fall, in dem es ebenfalls zu Wechselwirkungen mit einem Antibiotikum kam, wurde die Klage abgewiesen, da die Klägerin zum Kausalzusammenhang nicht genügend vorgetragen hatte.[126]

---

[120] *LG München I* v. 27.2.1970, FamRZ 1970, 314 ff. = VersR 1970, 428 ff.; kritisch: *Giesen*, FamRZ 1970, 565, 566 ff.; vgl. Darstellung bei *Ostheide*, S. 26. Schmerzensgeld wurde auch hier nicht geltend gemacht.

[121] *LG Limburg* v. 18.6.1969, NJW 1969, 1574; vgl. *Loewenheim*, NJW 1969, 1754 ff.; *Ostheide*, S. 26.

[122] *OLG Köln* v. 9.1.1997, VersR 1997, 1006.

[123] *OLG Frankfurt* v. 25.6.1992, NJW 1993, 2388 f.

[124] Antibiotika sind geeignet, die Darmflora derart zu beeinflussen, dass die Resorption der Pillenwirkstoffe (*Östrogen*) beeinträchtigt werden kann.

[125] Das Gericht sah in der Herbeiführung einer ungewollten Schwangerschaft - wie der *VI. Senat* - grundsätzlich eine Körperverletzung, setzte allerdings voraus, dass die behauptete Wirkung des Antibiotikums bestand und diese in der medizinischen Wissenschaft hinreichend bekannt war.

[126] *OLG Frankfurt* v. 3.2.1994, ArztR 1995, 118 f.

V. Herbeiführung einer Schwangerschaft gegen den Willen eines Elternteils

Dem vom *BGH*[127] einmalig entschiedenen Fall der Zeugung eines Kindes nach abredewidrigem Unterlassen der Anwendung von Verhütungsmitteln, lag eine Klage wegen Honorarforderungen der Prozessbevollmächtigten gegen einen Vater „wider Willen" vor, in deren Rahmen zu entscheiden war, ob ein biologischer Vater vertragliche oder deliktische Ansprüche gegen seine ehemalige Lebensgefährtin haben konnte, die entgegen einer Vereinbarung Verhütungsmittel heimlich absetzte, woraufhin ein gemeinsames unterhaltsberechtigtes Kind geboren wurde. Die ursprüngliche Klage gegen die Mutter war auf Schadensersatz wegen dieser Unterhaltsverpflichtung gerichtet. Der *IX. Senat* lehnte das Bestehen von Ansprüchen unter sämtlichen Gesichtspunkten ab.

Ebenfalls in diese Kategorie fällt der Fall, den der *BGH* am 21.2.2001 entschied.[128] Eine Frau entschloss sich bewusst gegen den Willen ihres Ehemannes, einen zuvor im beiderseitigen Einverständnis gezeugten Embryo einpflanzen zu lassen, während dieser dabei war, sich von ihr abzuwenden. Nach mehrmaligen zuvor fehlgeschlagenen Versuchen gelang gerade dieser und führte zu einer Schwangerschaft mit einer gesunden Tochter. Der Vater machte zwar keine Persönlichkeitsrechtsrechtverletzung geltend, versuchte aber sich der Unterhaltslast für die Frau nach § 1570 zu entledigen, indem er sich (ohne Erfolg) auf § 1579 berief.

Davon abzugrenzen sind Fälle, in denen die Mutter gegen den Willen des Vaters Keimzellen zur Zeugung eines Embryos benutzt und auf diese Weise eine Schwangerschaft herbeiführt. Fälle dieser Art sind zwar Gegenstand von Presseberichten[129] gewesen, aber nicht gerichtlich entschieden worden.

VI. Herbeiführung einer („so") nicht gewollten Schwangerschaft bei Anwendung künstlicher Fortpflanzungsmethoden

Eine Randgruppe bilden Fälle, in denen die Eltern ähnlich wie bei der fehlerhaften präkonzeptionellen Beratung[130] ein Kind zeugen wollten und nach erfolgreicher Empfängnis und Geburt geltend machen, die Schwangerschaft sei wegen eines Fehlers des Arztes nicht „so wie gewollt", weil zu viele Kinder gezeugt wurden. Als Fehler wurden in diesem Bereich bisher eine nicht den Regeln ärztli-

---

[127] *BGH* v. 17.4.1986, BGHZ 97, 372 ff. Zum Sachverhalt: *Junker*, S. 683.
[128] *BGH* v. 21.2.2001, BGHZ 146, 391 ff. = NJW 2001, 1789 ff.
[129] Z. B. der Fall der Zeugung der Tochter von Boris Becker.
[130] Siehe oben Teil 2 III 5.

cher Kunst entsprechende Hormonbehandlung[131], das Einpflanzen einer zu hohen Anzahl gezeugter Embryonen[132], sowie unzureichende Aufklärung über das Risiko der Mehrlingsgeburt behauptet.[133] Die Klagen waren erfolglos, weil keine Pflichtverletzung nachgewiesen werden konnte.

In diesen Kontext fällt auch der unter V. dargestellte Fall, dass ein bereits gezeugter Embryo gegen den Willen des Vaters auf Initiative der Mutter eingepflanzt wird.[134]

Zu erwähnen ist darüber hinaus der in Deutschland noch nicht entschiedene Fall, dass ein fremder Embryo eingepflanzt wird. 1998 wurde einer Frau in den USA in einer Klinik für künstliche Befruchtung neben dem für sie vorgesehenen zusätzlich der für eine andere Frau (die genetische Mutter) vorgesehene Embryo eingepflanzt.[135] Sie entschied sich, beide Kinder - ihr eigenes und das der genetischen Eltern - auszutragen. Anschließend kam es zum Rechtsstreit über das Umgangsrecht, das die austragende Mutter nicht erhielt.

VII. Die aufgrund einer Aufsichtspflichtverletzung nicht verhinderte Schwangerschaft

In einem der ersten Fälle, in denen die Konzeption eines Kindes Gegenstand einer Schadensersatzklage war, entschied das *Reichsgericht*[136] im Jahr 1924. Der nach damaligem Recht entmündigte Insasse einer Heil- und Pflegeanstalt verlangte Schadensersatz vom Inhaber der Anstalt wegen der Belastung mit der Unterhaltsverpflichtung für ein von ihm mit einer Wärterin gezeugtes Kind. Das *Reichsgericht* bejahte einen Anspruch auf Ersatz der Unterhaltsaufwendungen als Vermögensschaden, da die Wärterin Erfüllungsgehilfin der Anstalt i. S. von § 278 war und Obhuts- und Fürsorgepflichten dem Kranken gegenüber verletzt habe.

---

[131] *OLG Hamm* v. 30.9.1992, NJW 1993, 795 f. ; zuvor: *LG Arnsberg*, NJW 1992, 759 f.; vgl. *BGH*, Beschluss v. 6.7.1993 – VI ZR 291/92 (nicht veröffentlicht).

[132] *OLG Frankfurt* v. 24.4.2001, OLGR Frankfurt 2001, 175 ff. (kein Schmerzensgeld bei Vierlingsschwangerschaft nach Embryonentransfer).

[133] *OLG Frankfurt* v. 24.4.2001, OLGR Frankfurt 2001, 175 ff.

[134] Siehe oben Fußnote 128.

[135] Vgl. Bericht vom 9.5.2001 in www.cnn.com/2001/LAW/05/09/court.embryos.ap/index.html. Über einen 1995 in Japan begangenen Irrtum beim Einpflanzen eines Embryos in die „falsche Frau" ohne Entstehen einer Schwangerschaft berichtete die *Süddeutsche Zeitung* v. 14.5.2000. *Holzwarth*, S. 102 zieht in einem solchen Fall Parallelen zur Fallgruppe der „so" nicht gewollten Schwangerschaft nach fehlerhafter präkonzeptioneller genetischer Beratung (*BGH* v. 16.11.1993, BGHZ 124, 128).

[136] *RG* v. 22.2.1924, RGZ 108, 86 ff. Vgl. Sachverhaltsdarstellung von *Junker*, S. 382 Fußnote 1638 mwN aE; *Ostheide*, S. 23.

Bezüglich der Frage, ob dem Kläger ein Mitverschulden i. S. von § 254 anzulasten war, wurde die Sache zurückverwiesen an das Berufungsgericht.[137] Ein derartiger Fall könnte im Hinblick auf die Frage, ob ein Recht auf Familienplanung des Vaters verletzt ist, interessant sein. Ist die nicht hinreichend beaufsichtigte Person die Mutter eines Kindes, fragt sich, ob Schwangerschaft und Geburt auch eine Körper- bzw. Gesundheitsverletzung darstellen.

---

[137] Das *OLG Celle* hatte nicht festgestellt, ob die Willensfreiheit des Kranken aufgehoben war (vgl. *RG* v. 22.2.1924, RGZ 108, 86, 88).

Teil 3: Die betroffenen Rechtsgüter und der Anknüpfungspunkt für deren Verletzung

I. Die betroffenen Persönlichkeitsrechtsgüter

In den in Teil 2 erörterten Fällen der nicht verhinderten Empfängnis sind sowohl der körperliche bzw. gesundheitliche Bereich, als auch der Bereich der persönlichen Lebensplanung betroffen. Es bedarf der Klärung, ob und inwieweit sich bei der hier denkbaren Beeinträchtigung verschiedener Aspekte der Persönlichkeit die Schutzbereiche verschiedener Rechtsgüter gegenseitig beeinflussen und ob neben den „klassischen" Rechtsgütern (Körper und Gesundheit) ein Recht auf Familienplanung anzuerkennen ist.

1. Rechtsgutsbeeinträchtigung und -verletzung

Bei der Feststellung des für Schadensersatzansprüche relevanten Persönlichkeitsrechtsguts sind zunächst Rechtsguts*beeinträchtigung* und Rechtsguts*verletzung* voneinander abzugrenzen. Keine Verletzung, sondern eine bloße Beeinträchtigung liegt vor, wenn die Verschlechterung bzw. Veränderung des Rechtsguts nicht durch ein Verhalten des Schädigers oder einen Umstand, der in dessen Verantwortungsbereich fällt, adäquat kausal und zurechenbar herbeigeführt wurde. Dies kann bei einem schicksalhaften Geschehen (z. B. Blitzschlag), aber auch beim Eintritt von Rechtsgutsbeeinträchtigungen als Folge einer Empfängnis, der Fall sein, wenn die Beeinträchtigungen dem allgemeinen Lebensrisiko der Eltern zuzurechnen sind.

2. Die geschützten Persönlichkeitsrechte

Bei der Feststellung der beeinträchtigten Persönlichkeitsrechtsgüter ist zu differenzieren zwischen den in §§ 823 I, 253 II nF genannten Rechtsgütern Körper, Gesundheit, Freiheit und dem allgemeinen Persönlichkeitsrecht bzw. dessen Ausprägungen. Leben, Körper, Gesundheit und Freiheit, an denen im Gegensatz zu den „Herrschaftsrechten" Eigentum und Besitz nicht möglich ist, werden als „Persönlichkeitsgüter"[138] oder auch als „besondere Persönlichkeitsrechte"[139] bezeichnet.

---

[138] *Jauernig/Teichmann* § 823 Rdn. 66; vgl. MünchKomm/*Wagner*, 4. Aufl., § 823 Rdn. 68. Nach Ansicht von *Deutsch*, AcP 192 (1992), 161, 173 geht die Person vom Körper aus.

[139] *Staudinger/Dilcher* § 90 Rdn. 14. Zu den besonderen Persönlichkeitsrechten siehe auch: *Brox*, Allg. Teil Rdn. 573; *Köhler*, Allg. Teil § 17 Rdn. 8. Weitere besonders geregelte Fälle

Auf die Persönlichkeitsrechte trifft die Bezeichnung für subjektive Rechte als „Herrschafts-" bzw. „Rechtsmacht"[140] nur mit Einschränkung zu. Sie räumen dem Betroffenen nicht (Rechts-)"Macht" über seine Person ein, sondern Schutz bezüglich der Bewahrung seiner Interessen. Die Funktion der Persönlichkeitsrechte liegt somit in erster Linie im Schutz vor Beeinträchtigungen eines Bereiches, der der Person in ihrer Eigenschaft als Rechtssubjekt zukommt.

3. Beeinträchtigung der Freiheit

Teilweise wird die Freiheit i. S. von § 823 I[141] zwar als eine „geistige Freiheit", eine „Entschließungsfreiheit"[142] interpretiert, die dem Menschen ermögliche, zwischen Vornahme und Nichtvornahme einer Handlung zu wählen.[143] „Freiheit" ist jedoch nicht als allgemeine Handlungsfreiheit i. S. von Art. 2 I GG zu verstehen, also nicht als „Freiheit", sich durch bestimmte Aktivitäten „frei zu entfalten".[144] Nach dem vergeistigten Freiheitsbegriff wäre möglicherweise eine Verletzung in Bezug auf die Freiheit zum Unterlassen der Zeugung eines Kindes denkbar.

Ein solcher Freiheitsbegriff passt nicht in das Schema der bestimmten absoluten Rechtsgüter des § 823 I und der besonderen Freiheiten menschlicher Betätigung (z. B. Freiheit der Meinungsäußerung, Glaubensfreiheit, Versammlungsfreiheit). Dieses System würde geradezu aufgelöst, wenn sich die betroffene Person auf eine allgemeine Freiheit in dem oben genannten Sinne berufen könnte. Ausgehend vom Schutz der Integritätsinteressen ist mit der herrschenden Ansicht die körperliche Bewegungsfreiheit[145] bzw. die Freiheit, ohne Drohung oder Zwang

---

der Persönlichkeitsrechte sind z. B. das Namensrecht (§ 12), das Recht am eigenen Bild (§§ 22 ff. KunstUrhG). Das Urheberpersönlichkeitsrecht gem. §§ 12 ff. UrhG ist das Recht am eigenen Werk und bietet Schutz vor Verfälschungen wie auch das Erfinderpersönlichkeitsrecht. Das Bundesdatenschutzgesetz (BDSG) schützt personenbezogene Daten, die in Dateien gespeichert, verändert, gelöscht oder aus Dateien übermittelt werden.

[140] *Larenz/Wolf*, Allg. Teil § 14 Rdn. 11.

[141] Auch in § 253 II nF wird die Freiheit als geschütztes Rechtsgut genannt.

[142] Vgl. *Reinelt*, FamRZ 1970, 572, 575, 576 sub IV, der eine Verletzung der Entschließungsfreiheit als Verletzung der Freiheit i. S. von § 823 I grundsätzlich bejaht, von einer Verletzung allerdings nur im Fall von Hypnose, Verabreichung von Drogen oder Zwang ausgeht, nicht bei Irrtumserregung in Bezug auf den Erfolg einer Verhütungsmaßnahme.

[143] *Ernst Wolf*, in: FS für von Hippel, S. 665, 684; *derselbe*, Allg. Teil, S. 131; ähnlich: *Eckert*, JuS 1994, 625, 631 sub 3.

[144] *Soergel/Zeuner* § 823 Rdn. 27; MünchKomm/*Mertens*, 3. Aufl., § 823 Rdn. 82; vgl. *Palandt/Sprau* § 823 Rdn. 6.

[145] *BGH* v. 14.2.1958, BGHZ 26, 349, 356 (Herrenreiter); *Brox/Walker*, Besonderes SchuldR § 41 Rdn. 4; *Bruns*, S. 78 f.; *Deuchler*, S. 187; *Harrer*, S. 234; *Jauernig/Teichmann* § 823

(Nötigung) zu handeln[146], gemeint. Dieser Bereich ist durch die Schwangerschaft nicht direkt betroffen, mag auch zum Zeitpunkt der Geburt oder bereits davor eine Beeinträchtigung der körperlichen Bewegungsfreiheit gegeben sein. Die durch eine Pflichtverletzung herbeigeführte Schwangerschaft verletzt also nicht die Freiheit der Eltern.

4. Beeinträchtigung der Gesundheit

Die Gesundheitsverletzung wird definiert als eine durch ein Verletzungsverhalten hervorgerufene „*Störung der physischen, psychischen oder mentalen Befindlichkeit eines Menschen mit Krankheitscharakter*"[147] bzw. als das „*Hervorrufen oder Steigern eines von den normalen körperlichen Funktionen nachteilig abweichenden Zustandes*", wobei unerheblich ist, ob Schmerzzustände auftreten oder bereits eine tiefgreifende Veränderung der Befindlichkeit eingetreten ist.[148]

a) Gesundheitsbeeinträchtigung durch physische Auswirkungen

In der Literatur wird eine Gesundheitsverletzung teilweise auch bei einer normal verlaufenden Schwangerschaft bejaht und § 823 I direkt bzw. analog angewendet.[149] Der *VI. Senat* des *BGH* hat eine Gesundheitsbeeinträchtigung bei der Geburt des sechsten Kindes einer Mutter u. a. damit begründet, dass gerade in dem Fall, dass die Frau bereits mehrere Kinder geboren habe, eine weitere Schwangerschaft zu einem verstärkten physiologischen Abbau und einer Minderung der physischen Lebensqualität führe. Diese Umstände seien einer Frau „*nach heutiger Anschauung (...) gegen ihren ausdrücklichen Willen nicht*" zuzumuten.[150]

Eine Gesundheitsbeeinträchtigung ist jedoch bei einer normal verlaufenden Schwangerschaft trotz der üblichen körperlichen und seelischen Beschwerden

---

Rdn. 5; *Kolb*, S. 166; MünchKomm/*Mertens*, 3. Aufl., § 823 Rdn. 82; RGRK/*Steffen* § 823 Rdn. 14; aA: *Eckert*, JuS 1994, 625; *Reinelt*, FamRZ 1970, 572, 575, 576 sub IV.

[146] *Palandt/Sprau* § 823 Rdn. 6; MünchKomm/*Mertens*, 3. Aufl., § 823 Rdn. 82; vgl. *Reinelt*, FamRZ 1970, aaO; aA *Harrer* S. 235, der die Nötigung unter § 823 II i. V. mit § 240 StGB subsumiert.

[147] *Larenz/Canaris* SchuldR II/2 § 76 II 1 a, S. 377; vgl. auch *Holzwarth*, S. 92; MünchKomm/*Mertens*, 3. Aufl., § 823 Rdn. 74.

[148] *BGH* v. 30.4.1991, NJW 1991, 1948, 1950 sub II 1 mwN

[149] *Mertens*, FamRZ 1969, 251, 252 sub II; *Heldrich*, JuS 1969, 455, 460; *Sigel*, S. 146, 151 (§ 823 analog).

[150] *BGH* v. 18.3.1980 - VI ZR 247/78, NJW 1980, 1452, 1453 sub 2 c. Vgl. *LG Berlin* v. 17.1.1985, NJW 1985, 2200.

abzulehnen.[151] Sie stellt keine Krankheit, insbesondere keine „Störung" bzw. Verschlechterung der inneren körperlichen Vorgänge dar, sondern ist sogar Ausdruck einer gewissen Vitalität.[152] Im Fall einer Sterilisation oder auch bei einer nur vorübergehend wirkenden Maßnahme stellen vielmehr diese selbst eine vom Normalzustand abweichende Einschränkung der natürlichen körperlichen Funktion der Zeugungsfähigkeit dar.[153] Etwas anderes gilt, wenn die Betroffene eine Schwangerschaft gerade aufgrund der damit für sie verbundenen Gefahren für ihre Gesundheit verhindern wollte.[154] Darauf, dass die Schwangerschaft Folge eines Fehlers bei einer Sterilisation ist, kommt es nicht an.[155] Auch ein gewisser Abbau ist eine natürliche Begleiterscheinung und nicht als „krankhafte Gesundheitsstörung" einzuordnen. Gehen die Beschwerden allerdings deutlich über ein normales durchschnittliches Maß[156] hinaus, dass einen Krankheitswert annimmt, liegt eine Beeinträchtigung der Gesundheit vor.[157] An das Vorliegen eines krankhaften Zustandes sind allerdings besondere Anforderungen zu stellen. Gelegentliche Übelkeit, Schwächegefühl und dergleichen normale Symptome reichen nicht aus.

b) Gesundheitsbeeinträchtigung durch psychische Belastungen

Psychische Belastungen können als Folge einer unerlaubten Handlung eine Gesundheitsverletzung darstellen, wenn sie einen medizinisch feststellbaren Krank-

---

[151] So *OLG Karlsruhe* v. 19.10.1978, NJW 1979, 599, 601 sub C. Vgl. entsprechende Zweifel am Vorliegen einer Körperverletzung: *Adomeit*, Jura 1981, 196, 199. Gegen eine Gesundheitsverletzung und *für* eine Körperverletzung: *Harrer*, S. 230. *Reinelt*, FamRZ 1970, 572, 574, sieht die Gesundheits*beeinträchtigung* als Folge der Beeinträchtigung der Selbstbestimmung und verneint eine *Verletzung* der Gesundheit; *Reinhart*, S. 78.

[152] Vgl. *Adomeit*, Jura 1981, 196, 199 sub 6, der davor warnt, Regel und Ausnahme zu verwechseln, daher eine Körperverletzung ablehnt und vermutlich aus den gleichen Gründen eine Gesundheitsverletzung nicht in Erwägung zieht. Vgl. auch *Harrer*, S. 230; *Reinelt*, FamRZ 1970 aaO, *Selb*, JZ 1971, 201, 207 sub X: *„Empfängnis (...) und Geburt sind, (...) biologisch betrachtet, für die gesunde Frau Erfüllung, nicht Störung von Baugesetzen der Natur"*.

[153] *Adomeit*, Jura 1981, 196, 199 sub 6 hebt daher hervor, dass auch wenn das Erstreben von Sterilität und das Verhindernwollen einer Schwangerschaft nicht verboten sei, dies dennoch *„kein Maßstab"* sei. Siehe auch *Schiemann*, JuS 1980, 709, 710 sub II 1.

[154] Vgl. *OLG Karlsruhe* v. 19.10.1978, NJW 1979, 599, 601 sub C.

[155] So jedoch MünchKomm/*Mertens*, 3. Aufl., § 823 Rdn. 80.

[156] Ob dies der Fall ist, wird je nach Einzelfall anhand des Ergebnisses einer Gesamtbetrachtung eines medizinischen Gutachters festgestellt werden müssen. Zu den gesundheitlichen Beeinträchtigung im Rahmen einer Schwangerschaft: *Sigel*, S. 149 ff.

[157] Kritisch: *Erman/Schiemann*, § 823 Rdn. 18, der eine Gesundheitsverletzung auf den Fall psychischer Beeinträchtigungen der Mutter beschränkt, ansonsten eher für die Verletzung des Persönlichkeitsrechts plädiert. Ebenfalls kritisch: *Selb*, JZ 1971, 201, 207 sub X, der auch bei „irregulären Schwangerschaftsbeschwerden" an einer Gesundheitsverletzung zweifelt.

heitswert haben.[158] Eine Schwangerschaft kann unter negativen Umständen auch seelische Belastungen, z. B. behandlungsbedürftige Depressionen hervorrufen.[159] Das gilt insbesondere im Zusammenhang mit der Geburt eines geschädigten Kindes[160] oder im Fall der ungewollten Mehrlingsgeburt, wenn die Kinder nicht lebensfähig sind und (möglicherweise alle) Mehrlinge sterben. Belastungen können auch aus sich im Nachhinein als unbegründet erweisenden Befürchtungen, während der Schwangerschaft aber als realistische Gefahr empfundenen subjektiven Wahrnehmungen resultieren.[161] Unabhängig davon können seelische Beeinträchtigungen als Folge einer anderen Rechtsgutsverletzung im Rahmen der Billigkeit des Ersatzes immaterieller Nachteile Berücksichtigung finden.[162]

5. Beeinträchtigung des Körpers

Unter „Körperverletzung" versteht man die „*Verletzung der äußeren Integrität*"[163], den „physischen Eingriff" in die äußerliche Unversehrtheit.[164]

a) Normale und überdurchschnittliche Beschwerden als Abgrenzungskriterien?

Weniger problematisch scheint auf den ersten Blick die Einordnung körperlicher Beschwerden, die über das bei einer Schwangerschaft normalerweise auftretende Maß hinausgehen und mit einer Beeinträchtigung der Gesundheit einhergehen. Die Beurteilung einer normal bzw. optimal verlaufenden Schwangerschaft als Körperverletzung fällt nicht wesentlich anders aus. Auch wenn die Beschwer-

---

[158] *BGH* v. 16.11.1999, NJW 2000, 862 (Psychische Auswirkungen eines Schleudertraumas); vgl. *OLG Hamm* v. 22.4.1991, VersR 1992, 876 (seelische Belastung durch Geburt eines behinderten Kindes nach unterlassener Tötung vor Geburt); *Holzwarth*, S. 92. Vgl. *Erman/Schiemann* § 823 Rdn. 19.

[159] *BVerfG* v. 28.5.1993, BVerfGE 88, 203, 295 f. Vgl. *BGH* v. 10.3.1981, NJW 1981, 2002; *Winter*, S. 52 mwN.

[160] Vgl. *OLG Hamm* v. 22.4.1991, VersR 1992, 876 (seelische Belastung durch Geburt eines behinderten Kindes nach unterlassener Tötung vor Geburt); vgl. *LG Osnabrück* v. 28.11.1985, NJW 1986, 2377 (Verkehrsunfall während der Schwangerschaft); *Deuchler*, S. 184 f.; vgl. *Winter*, S. 52 f.

[161] Vgl. *OLG Schleswig*, Beschluss v. 27.6.2001, NJW-RR 2001, 1391, 1392 aE = VersR 2001, 1559 f., wo an die Darlegungs- und Beweislast in Bezug auf Ängste im Zusammenhang mit einer möglichen vorgeburtlichen Schädigung besondere Anforderungen gestellt wurden.

[162] *Winter*, S. 53; *Palandt/Heinrichs* § 253 Rdn. 15; *Palandt/Thomas*, 61. Auflage, § 847 Rdn. 8; vgl. allerdings *BGH* v. 27.11.1984, NJW 1985, 671, 673 f.

[163] *Jauernig/Teichmann* § 823 Rdn. 3; *Palandt/Sprau* § 823 Rdn. 4; vgl. *Junker*, S. 518; *Winter*, S. 32.

[164] MünchKomm/*Mertens*, 3. Aufl., § 823 Rdn. 73.

den ein „normales Maß"[165] nicht überschreiten, sind sie erheblich genug, um von einer Beeinträchtigung des Rechtsguts „Körper" auszugehen.

Nach Auffassung des *VI. Senats*[166] macht es für die Frage, ob eine Körperverletzung vorliegt, keinen Unterschied, ob die mit einer Schwangerschaft einhergehenden Beschwerden oder Komplikationen (z. B. Kaiserschnitt) besondere sind oder die Schwangerschaft „normal" verläuft. Die Herbeiführung einer ungewollten Schwangerschaft könne auch ohne „*pathologische Begleiterscheinungen*" einen Schmerzensgeldanspruch auslösen.[167] Bei anderer Betrachtung sei das „*Recht am eigenen Körper als gesetzlich ausgeformter Teil des allgemeinen Persönlichkeitsrechts nicht angemessen geschützt*".[168] Das *OLG Karlsruhe* ging in einem der ersten Urteile nicht auf die Verletzung des Körpers ein, sondern verneinte nur die Gesundheitsverletzung (siehe oben).[169]

Festzuhalten ist, dass auch die ohne Komplikationen verlaufende Schwangerschaft den Körper nicht unerheblich beeinflusst, so dass unabhängig von der Frage, ob der Körper unbefugterweise *verletzt* wurde, eine *Beeinträchtigung* jedenfalls bejaht werden kann.[170] Dass darin gleichzeitig ein Ausdruck vitaler gesunder Funktionen[171], sowie Erfüllung freiwilliger Sexualität liegen kann[172], spricht eher

---

165 Bereits die Feststellung, wann bei einer Schwangerschaft die Grenzen zur überdurchschnittlichen Komplikation überschritten sind, ist kaum zu ziehen. *Schramm*, S. 156, sieht z. B. in „Begleiterscheinungen" wie Übelkeit, Erbrechen und hormonellen Störungen Umstände mit Krankheitswert, die „*eine körperlich relevante Beeinträchtigung i.S.d. § 823 Abs. 1 BGB vermitteln*", jedoch keine Komplikationen darstellten.

166 *BGH* v. 18.3.1980 - VI ZR 247/78, NJW 1980, 1452 f.; *BGH* v. 19.6.1984, NJW 1984, 2625. Offen gelassen: *LG Düsseldorf* v. 2.12.1993, NJW 1994, 805, 807.

167 *BGH* v. 10.3.1981, NJW 1981, 2002, 2003 sub B I 1.

168 *BGH* v. 18.3.1980 - VI ZR 247/78, NJW 1980, 1452, 1453 sub 2 c.

169 *OLG Karlsruhe* v. 19.10.1978, NJW 1979, 599, 601 sub C. Im Verfahren 479/92 (*BVerfG*, Beschluss v. 12.11.1997, BVerfGE 96, 375) machte der Beschwerdeführer (ohne nähere Begründung) geltend, die Schwangerschaft sei kein Eingriff in die körperliche Integrität der Frau: aaO S. 380 sub A I 3 aE.

170 *Dannemann*, VersR 1989, 676, 683 sub II; *Deuchler*, S. 121 f., S. 183; *Debo*, S. 72; *Giesen*, JR 1984, 221, 223 Fußnote 29 mit Hinweis auf Genesis (1. Mose) Kapitel 3, Vers 16; *Junker*, S. 518; *Geigel/Kolb*, S. 158 Rdn. 12; *Kolb*, S. 170 f. (Körperverletzung der Frau bei Schwangerschaft infolge einer Täuschung über die Unfruchtbarkeit des Mannes); *Poll/Jurisic*, JR 1999, 226, 228 sub II 2; *Reinhart*, S. 77; *Winter*, S. 32.

171 *Schramm*, S. 156; *Selb*, JZ 1971, 207; *Stieglitz*, S. 117.

172 *OLG Frankfurt* v. 1.12.1982, NJW 1983, 341, 342; vgl. *Adomeit*, Jura 1981, 196, 199; vgl. *Laufs*, Arztrecht Rdn. 319 Fußnote 24; *Reinelt*, FamRZ 1970, 572, 574; *Schiemann*, JuS 1980, 709 f. geht davon aus, die Schwangerschaft falle in das allgemeine Lebensrisiko, wodurch nicht die *Beeinträchtigung* des Körpers widerlegt wird. Daran wird deutlich, dass es schwerpunktmäßig um die Zurechenbarkeit geht. Gegen Körperverletzung auch: *Selb*, JZ

gegen eine Beeinträchtigung der *Gesundheit*. Bei Beeinträchtigung des Körpers geht es gerade nicht darum, ob physiologische Abläufe auf krankhafte Weise gestört werden. Auch die mit Zeugung und Geburt gleichzeitig eintretende Werteverwirklichung[173] steht der objektiv festzustellenden Beeinträchtigung des Körpers nicht entgegen.

b) Die Beeinträchtigung der körperlichen Befindlichkeit im Fall des (versuchten) Schwangerschaftsabbruchs

In dem Fall, dass nach einer fehlgeschlagenen Verhütungsmaßnahme die Mutter einen Schwangerschaftsabbruch vornimmt[174], ist eine körperliche und in der Regel auch gesundheitliche Beeinträchtigung zu bejahen.

c) Weite Auslegung des Tatbestandsmerkmals „Körper"

Die Bejahung des Schadensersatz- und Schmerzensgeldanspruchs wegen Körperverletzung basiert u. a. auf dem in einer der Grundsatzentscheidungen des *VI. Senats* vom 18.3.1980[175] genannten Argument, jedenfalls in der Herbeiführung einer Schwangerschaft und Geburt gegen den Willen der Betroffenen liege auch ohne besondere Beschwerden ein unbefugter Eingriff in die Integrität der körperlichen Befindlichkeit, weil nur auf diese Weise ein angemessener Schutz des Rechts am eigenen Körper *„als gesetzlich ausgeformter Teil des allgemeinen Persönlichkeitsrechts"* gewährleistet sei.

Offen gelassen hat der Senat die Frage, ob bereits in dem durch pflichtwidriges Unterlassen belassenen Zustand der Zeugungsfähigkeit eine Körperverletzung zu sehen ist.[176] Dies hätte zur Folge, dass die Empfängnis und die sich anschließende Schwangerschaft Folgeschäden wären. Die meisten Oberlandesgerichte[177] schlos-

---

1971, 201, 207; *Stürner*, Jura 1987, 75, 78 f.; *derselbe*, JZ 1986, 122, 124 f.; *derselbe*, FamRZ 1985, 753, 761 sub VI 2; kritisch: *Stieglitz*, S. 117.

[173] Vgl. dazu unten Teil 4 I 6 h.

[174] *OLG Braunschweig*, Beschluss v. 11.9.1979, NJW 1980, 643 sub II 1. Vgl. *Reinhart*, S. 76, der eine dahingehende Beeinträchtigung wegen der Freiwilligkeit des Entschlusses nicht als eigenständige Verletzung ansieht, hingegen einen Folgeschaden bejaht, der bei der Schadensberechnung zu berücksichtigen sei.

[175] *BGH* v. 18.3.1980 - VI ZR 247/78, NJW 1980, 1452, 1453 sub 2 c; vgl. zum Verhältnis des Schutzes des Körpers zum Persönlichkeitsrechtsschutz: MünchKomm/ *Mertens*, 3. Aufl., § 823 Rdn. 73. Für eine Körperverletzung auch: MünchKomm/ *Wagner*, 4. Aufl., § 823 Rdn. 83; *Staudinger/Hager* § 823 Rdn. B 14, B 18.

[176] Siehe Teil 3 II.

[177] *OLG Köln* v. 25.2.1985, VersR 1988, 43 f. (4.000 DM Schmerzensgeld bei komplikationsloser Schwangerschaft und anschließendem neuen Sterilisationseingriff); *OLG Saarbrücken* v. 25.9.1985, NJW 1986, 1549 f.; *OLG Düsseldorf* v. 9.7.1992, VersR 1993, 354 f.; *OLG Düs-*

sen sich der Ansicht an, dass es lediglich auf den Zusammenhang zwischen Behandlungsfehler und der Entstehung einer Schwangerschaft ankomme.

Festzuhalten ist, dass ein Schwerpunkt der Beeinträchtigung der Schwangeren unabhängig vom Verlauf der Schwangerschaft im Bereich der körperlichen Befindlichkeit liegt.[178] Für die Frage der *Verletzung* kommt es nach Ansicht der Rechtsprechung auf den entgegenstehenden Willen der Mutter an.

6. Das Rechtsgut des Lebens

Nicht zu vergessen ist die Verletzung des Lebens als mögliche Folge einer vorangehenden Köper- bzw. Gesundheitsverletzung. In seltenen Fällen kann diese so erheblich sein, dass sie zum Tod der Schwangeren während der Schwangerschaft oder Geburt führt.[179]

7. Ungestörtheit der ehelichen Lebensgemeinschaft

Auch die Ehe genießt deliktischen Rechtsgüterschutz. Dieser ist jedoch nach heute überwiegender Ansicht beschränkt auf den räumlich gegenständlichen Bereich.[180] In der Literatur wird teilweise ein darüber hinaus gehender Schutz am ungestörten Fortbestand der ehelichen Gemeinschaft[181] bzw. an der Ungestörtheit der ehelichen Gemeinschaft[182] befürwortet. Unabhängig davon, ob solche Ausprägungen sinnvoll sind, ist im Fall der fahrlässigen Herbeiführung einer Schwan-

---

seldorf v. 15.12.1994, NJW 1995, 788 f.; *OLG Hamm* v. 27.1.1999, NJW 1999, 1787 f. (10.000 DM Schmerzensgeld).

[178] In der älteren Literatur wird die Körperverletzung teilweise nicht diskutiert: z. B. *Selb*, JZ 1971, 201, 207 f.

[179] Teil 3 II 1; Zum Ersatz daraus folgender matierieller Schäden: Teil 5 I 4.

[180] *BGH* v. 26.6.1952, BGHZ 6, 360 (Schutz der Ehewohnung gegen Ehebrecherin); *BGH* v. 16.12.1960, BGHZ 34, 80, 84 f. (Schutz des Lebensbereichs der Ehefrau); vgl. *Deuchler*, S. 187; *Hauberichs*, S. 149; *Palandt/Thomas*, 62. Aufl., § 823 Rdn. 17 f.; RGRK/*Steffen* § 823 Rdn. 66 f.; vgl. *D. Schwab*, Familienrecht Rdn. 133, 138 aE; *Staudinger/Hager* § 823 B 175 mwN; zu den Ansätzen der dogmatischen Begründung: *derselbe* § 823 B 176 mwN und RGRK/*Steffen* § 823 Rdn. 65.

[181] *Aden*, MDR 1978, 536 ff.; *Beitzke*, MDR 1957, 408 ff. (Schadensersatz bei Ehestörung durch Ehebruch); *Gernhuber/Coester-Waltjen*, Familienrecht § 17 III 1 mwN; MünchKomm/*Mertens*, 3. Aufl., § 823 Rdn. 156; wN bei *Staudinger/Hager* § 823 Rdn. B 182.

[182] Vgl. *Hauberichs*, S. 149; *Jayme*, S. 254 sub IV 1; *Lüderitz* § 12 II 1 d; *Soergel/Zeuner* § 823 Rdn. 66 (Schutz von Vermögensinteressen, kein Bestandsschutz); *Staudinger/Hager* § 823 Rdn. B 182; vgl. Nachweise bei *Staudinger/Voppel*, § 1353 Rdn. 116 ff. 131 ff. AA: *Reinelt*, FamRZ 1970, 572, 574 f. sub IV.

gerschaft der Schutzzweck solcher Rechte grundsätzlich nicht berührt. Von einem Angriff auf die Ehe selbst kann keine Rede sein. Diese ist mittelbar insoweit betroffen, als dass eine Änderung der Lebensplanung notwendig wird. Die Zielsetzung der Eheleute ist nicht Gegenstand des Rechtsgüterschutzes durch das Deliktsrecht.[183]

Relevanz entfaltet der Schutz der Ehe hingegen möglicherweise in den Fällen der Herbeiführung einer Empfängnis außerhalb der geschützten Ehe. Der durch Art. 6 I GG gewährte Schutz der Ehe und Familie ist nicht auf eine Institutsgarantie beschränkt, sondern enthält eine auch im Zusammenhang mit anderen Rechtsfragen zu berücksichtigende Wertentscheidung.[184] Dies spricht möglicherweise für einen Schutz des Ehegatten vor der Störung der Ehe durch die Herbeiführung einer Schwangerschaft, welche sich ehestörend auswirken würde. Die Ehe ist durch die Zeugung eines Kindes außerhalb der Ehe mittelbar betroffen.

Fraglich ist, ob sich der Ehegatte, der durch eine Beziehung mit dem anderen Elternteil die Ehe gebrochen hat, auf den Eheschutz berufen kann. Er würde schließlich besser stehen als der nicht verheiratete Elternteil, der keine Schwangerschaft wollte.[185]

8. Die sexuelle Selbstbestimmung (§§ 253 II, 825)

Durch § 253 II nF und § 825 nF[186] wird die sexuelle Selbstbestimmung ausdrücklich zivilrechtlich geschützt. Dem § 825 kommt geringe Bedeutung zu, da die sexuelle Selbstbestimmung auch gem. § 823 I (durch das allgemeine Persönlichkeitsrecht als sonstiges Recht) und § 823 II i. V. mit den einschlägigen strafrechtlichen Bestimmungen in §§ 177 ff. StGB geschützt ist.[187]

---

[183] Vgl. *Deuchler*, S. 187; *Harrer*, S. 236 f.; *Hauberichs*, S. 149; *Mertens*, FamRZ 1969, 251, 252; *Heldrich*, JuS 1969, 455, 460; *Reinelt*, FamRZ 1970, 572, 574; *Sigel*, S. 158; RGRK/*Steffen* § 823 Rdn. 68 (insbesondere für Entstehung der Unterhaltslast).

[184] *BVerfG* v. 7.6.1967, BVerfGE 22, 93, 98; *Jayme*, S. 254 f. mwN in Fußnote 167.

[185] Hierzu siehe Teil 3 I 9 c ee (3) (c) (Verschweigen des abredewidrigen Unterlassens der Anwendung von Verhütungsmitteln).

[186] Geändert durch das Zweite Gesetz zur Änderung schadensersatzrechtlicher Vorschriften. Zum ehemaligen Wortlaut: MünchKomm/*Wagner*, 4. Aufl., § 825 Rdn. 1.

[187] BT-Drs. 14/7752, S. 26 zu Art. 2 Nr. 3; *Palandt/Sprau* § 825 Rdn. 1. Der Gesetzgeber gab zu, dass die Vorschrift hätte gestrichen werden können. Es habe jedoch der Eindruck vermieden werden sollen, dass der sexuellen Selbstbestimmung der Frau, die in § 825 aF ausschließlich geregelt war, keine Bedeutung mehr zukäme, siehe BT-Drs. aaO; vgl. auch MünchKomm/*Wagner*, 4. Aufl., § 825 Rdn. 4. Zu den Anspruchsgrundlagen § 823 II, 825 siehe oben Teil 4 II 3, 5.

Für eine Verletzung der sexuellen Selbstbestimmung genügt nicht die Vornahme sexueller Handlungen[188], hinzu kommen muss auch eine Nötigung bzw. die Überlistung[189] oder Ausnutzung eines Abhängigkeitsverhältnisses.[190] Denkbar sind der Missbrauch von Personen, die in einem Ausbildungs- oder Betreuungsverhältnis standen, oder der Missbrauch nach Verabreichung von bewusstseinstrübenden Stoffen.[191]

Die Empfängnis kann Folge einer Verletzung der sexuellen Selbstbestimmung sein; sie selbst stellt jedoch keine Verletzung dieses Rechtes dar.

9. Relevanz des allgemeinen Persönlichkeitsrechts bei Fehlschlägen im Bereich der Familienplanung

Neben bzw. anstelle des Rechts auf körperliche Unversehrtheit, das nur von der Mutter geltend gemacht werden kann, werden in der Literatur andere (freiheitsähnliche) Rechte in Erwägung gezogen.[192] Zu erwähnen sind ein „(Selbstbestimmungs-)Recht auf Familienplanung"[193], die „Entschließungsfreiheit"[194], bzw. das „körperliche Selbstbestimmungsrecht der Persönlichkeit".[195] *Junker* definiert

[188] Vgl. § 184 c Nr. 1 StGB; MünchKomm/*Wagner*, 4. Aufl., § 825 Rdn. 5.

[189] Zur Definition der Hinterlist: MünchKomm/*Wagner*, 4. Aufl., § 825 Rdn. 9.

[190] Vgl. hierzu MünchKomm/*Wagner*, 4. Aufl., § 825 Rdn. 5, 10.

[191] Nachweise bei MünchKomm/*Wagner*, 4. Aufl., § 825 Rdn. 9.

[192] Vgl. *Hauberichs*, S. 150 ff.

[193] *Debo*, S. 81; *Diederichsen*, VersR 1981, 693, 695 f.; *Erman/Schiemann*, § 823 Rdn. 18; *Fischer*, JuS 1984, 435, 437 f. (nur für die Mutter); *Giesen*, FamRZ 1970, 565, 569 sub VII; *Harrer*, S. 241, 245; *Heldrich*, JuS 1969, 455, 460; *Holzwarth*, S. 113 ff., 155 f. („Recht auf ungestörte Familienplanung"); *Junker*, S. 582 ff.; *Lange*, § 6 IX 7 f., S. 339 f.; *Lankers*, FamRZ 1970, 384 f.; *Poll/Jurisic*, JR 1999, 226, 228 sub I 2; *A. Roth*, FuR 1993, 305, 309 sub III 5; *Reinhart*, S. 83; *Schiemann*, JuS 1980, 709, 711; *Schünemann*, JZ 1981, 574, 576; *Schramm*, S. 159 f.; vgl. *Staudinger/Hager* § 823 Rdn. C 245 mwN und B 14 ff., der neben der Körperverletzung die „Freiheit der Familienplanung" als Ausprägung des Persönlichkeitsrechts anerkennt, jedoch eine Verletzung des allgemeinen Persönlichkeitsrechts u. a. wegen seines Rahmenrechtscharakters ablehnt; *Stieglitz*, S. 134 ff.; für die Schweiz: *Thür*, S. 92 ff.; *gegen* ein solches Recht bereits *Mertens*, FamRZ 1969, 251, 253 sub II; vgl. wN in Fußnote 295 und 296; gegen ein Recht auf Familienplanung ebenfalls: *Palandt/Sprau* § 823 Rdn. 17/18; vgl. auch *Ostheide*, S. 98 ff.

[194] *Bruns*, S. 79 ff. („Entscheidungsfreiheit"); *Lankers*, FamRZ 1969, 384, 385 sub 2 a („Freiheit zum Kind", „Entschließungsfreiheit, ein Kind zu zeugen"); vgl. *Reinelt*, FamRZ 1970, 572, 575 f., der eine Verletzung allerdings ablehnt, wenn wie im Fall des *LG Itzehoe* v. 22.11.1968, FamRZ 1969, 70, lediglich ein Irrtum über die Geeignetheit eines Verhütungsmittels vorliegt.

[195] *Schiemann*, LM § 249 BGB (A) Nr. 109/1995, lehnt eine Verletzung der leiblichen Integrität ab und wirft dem *BGH* vor, *„auf das Ergebnis fixiert"* zu sein, *„in der ungewollten*

dieses Recht als *„Recht jedes Menschen, im Rahmen des rechtlich Erlaubten über die Zeugung oder Geburt von Nachkommen frei zu entscheiden".*[196] Ein solches Recht wird überwiegend als Ausprägung des allgemeinen Persönlichkeitsrechts der Eltern verstanden.[197]

Zweifelhaft ist, ob die Herausbildung und Anerkennung solcher Rechte für den Schutz der Rechtsgüter der Eltern, insbesondere für den Schutz der Mutter notwendig bzw. zweckmäßig ist. Schließlich liegt der Schwerpunkt der Beeinträchtigung beim Körper und im Fall einer mit Komplikationen belasteten Schwangerschaft ggf. auch bei der Gesundheit (s. o.).

Für die Frage, ob die Heranziehung des allgemeinen Persönlichkeitsrechts in der Ausgestaltung eines "Rechts auf Familienplanung" notwendig ist, kommt es darauf an, ob die Rechtsgüter Körper und Gesundheit das Phänomen der nicht verhinderten Schwangerschaft für beide Elternteile abschließend regeln, oder ob der Rechtsgüterschutz durch die Heranziehung des allgemeinen Persönlichkeitsrechts bzw. einer besonderen Ausgestaltung in Form eines Rechts auf Familienplanung zu vervollständigen ist.

Durch die Betrachtung von Entstehung, Wesen und Schutzbereich des allgemeinen Persönlichkeitsrechts, sowie der verschiedenen Ansätze zu seiner dogmatischen Einordnung soll untersucht werden, welche Rolle persönlichkeitsrechtliche Aspekte bei der Feststellung der Beeinträchtigung bzw. der zurechenbaren Verletzung des Körpers spielen.

Schwangerschaft eine Körperverletzung zu sehen". Ein Beispiel für diese „Fixiertheit" sei die Spermaentscheidung (*BGH* v. 9.11.1993, BGHZ 124, 52).

[196] *Junker*, S. 586, vgl. auch S. 593 f., 702 f. (wrongful parenthood).

[197] *Diederichsen*, VersR 1981, 693, 696 sub 3; *Giesen*, FamRZ 1970, 565, 569; *Harrer*, S. 237 ff., *Heldrich*, JuS 1969, 455, 460; *Holzwarth*, S. 113 ff.; vgl. *Junker*, S. 574 ff.; vgl. *Kamps*, MedR 1994, 339, 347 sub VIII; *Lankers*, FamRZ 1970, 384, 388. Für eine Verletzung des allgemeinen Persönlichkeitsrechts wegen der *„Enttäuschung über das Mißlingen der Geburtenregelung"*: *Erman/Schiemann* § 823 Rdn. 18; vgl. auch *Lange*, § 6 IX 7 h, S. 339; *Reinhart*, S. 83 ff., 134, 169; vgl. *Schiemann*, JuS 1980, 709, 711 sub III; *Schünemann*, JZ 1981, 574, 576 sub II 2.

a) Entwicklung und Charakter des allgemeinen Persönlichkeitsrechts und deren Bedeutung für die Bestimmung des verletzten Rechtsguts

aa) Persönlichkeitsrechtsschutz vor Geltung des Grundgesetzes

Das BGB enthält keine ausdrückliche Regelung über das allgemeine Persönlichkeitsrecht. Die bei Inkrafttreten des BGB am 1.1.1900 geltende Reichsverfassung enthielt ebenfalls keine Regelung, aus der man ein allgemeines Persönlichkeitsrecht hätte ableiten können, zumal sie keine Grundrechte enthielt. Auch die Weimarer Reichsverfassung bot keinen effektiven Grundrechtsschutz, da die dort geregelten Rechte lediglich die Funktion von „Programmsätzen"[198] hatten. Außerhalb des Rechtsgüterschutzes durch § 823 I wurde die Persönlichkeit durch besondere Persönlichkeitsrechte geschützt. Hierzu gehörten auch damals die in § 12, §§ 22 ff. KunstUrhG, §§ 12 ff. UrhG geregelten Rechte. Daneben boten § 823 II, § 185 ff. StGB, sowie § 826, der teilweise extensiv ausgelegt wurde[199], Schutz. Darüber hinaus wurde kein allgemeines Persönlichkeitsrecht als „sonstiges Recht" im Sinne von § 823 I anerkannt.[200]

bb) Anerkennung des allgemeinen Persönlichkeitsrechts

Heute ist das allgemeine Persönlichkeitsrecht nach überwiegender Ansicht ein auf Art. 1 I GG und Art. 2 I GG basierendes absolutes Recht.[201] Umstritten sind die unmittelbare Geltung unter Privatrechtssubjekten und die Einordnung als „sonstiges Recht" i. S. von § 823 I.[202] Der immaterielle Schadensersatz bei Verletzung des Persönlichkeitsrechtes wird nicht aus § 253 II[203] abgeleitet, sondern aus Artt. 1 I, 2 I GG.[204]

---

[198] *Larenz/Canaris*, SchuldR II/2 § 80 I 2.

[199] *Gottwald*, S. 41 ff., 195.

[200] *RG* v. 7.11.1908, RGZ 69, 401, 403 f. (Nietzschebriefe); *RG* v. 8.6.1912, RGZ 79, 397, 398 (Sirenen); *RG* v. 12.5.1926, RGZ 113, 413, 414; vgl. MünchKomm/*Rixecker* § 12 Anhang Rdn. 10.

[201] *Lepa*, in: FS Steffen, S. 261, 267; MünchKomm/*Rixecker* § 12 Anhang Rdn. 2 f.; *Palandt/Sprau* § 823 Rdn. 84; *Stieglitz*, S. 129 ff. AA: *Ernst Wolf*, Allg. Teil, S. 144 ff., der die Existenz eines allgemeinen Persönlichkeitsrechts bestreitet. Vgl. hierzu *Palandt/Thomas*, 62. Aufl., § 823 Rdn. 177; aA MünchKomm/*Schwerdtner*, 3. Auflage, § 12 Rdn. 156 (gegen unmittelbare verfassungsrechtliche Grundlage); zurückhaltend *Soergel/Zeuner* § 823 Rdn. 71.

[202] *Junker*, S. 574; vgl. *Larenz/Canaris*, SchuldR II/2 § 80 I 3. Dazu unten Teil 3 I 9 a.

[203] Siehe dazu Teil 6.

[204] *Palandt/Heinrichs* § 253 Rdn. 10 mwN.

In der Schachtbriefeentscheidung des *BGH* vom 25.5.1954[205] sind Art. 1 und Art. 2 GG als Rechtsgrundlage für das allgemeine Persönlichkeitsrecht anerkannt worden.[206] Die Entscheidung steht im Zusammenhang mit weiteren Entscheidungen, in denen der *BGH* die Menschenwürde in das Zivilrecht hat einfließen lassen.[207] Der *BGH* ordnete neben der verfassungsrechtlichen Anerkennung das allgemeine Persönlichkeitsrecht als ein absolutes, also jedermann gegenüber geltendes Recht[208] ein und erkannte es später neben den besonderen Persönlichkeitsrechten, wie dem Recht am eigenen Bild und dem Namensrecht, als weiteres *„sonstiges Recht"* i. S. von § 823 I an.[209] Das *Bundesverfassungsgericht* leitet das allgemeine Persönlichkeitsrecht ebenfalls aus Art. 2 I i. V. mit Art. 1 I GG ab.[210] Es hebt dabei die Schutzgebotsfunktion der Grundrechte hervor.[211] Die Anerkennung des Persönlichkeitsrechts als *„subjektives Recht im Sinne des § 823 Abs. 1 BGB"* wird u. a. damit begründet, dass der Schutz des allgemeinen Persönlichkeitsrechts durch das bürgerliche Recht nicht geringer als der durch das

---

[205] *BGH* v. 25.5.1954, BGHZ 13, 334, 338 (Schachtbriefe). Die Beklagte, die eine Wochenzeitung herausgab, hatte 1952 einen Artikel über den ehemaligen Reichsbankpräsidenten Schacht und seine Tätigkeit während der NS-Zeit herausgebracht. Der Kläger, ein Rechtsanwalt, hatte daraufhin im Namen seines Mandanten Schacht einen Brief an die Beklagte geschrieben, worin er eine Berichtigung gem. § 11 PresseG verlangte. Dieser Brief wurde unter der Rubrik „Leserbriefe" in der Zeitung abgedruckt, wobei Teile weggelassen wurden. Der Rechtsanwalt sah darin eine Verletzung seines Persönlichkeitsrechts, weil durch die Veröffentlichung und die Verfälschung der Anschein erweckt werde, er habe eine eigene politische Stellungnahme abgegeben und einen Leserbrief an die Beklagte geschickt. Er klagte auf Widerruf dieser Behauptung. Das *LG Hamburg*, welches den Widerrufsanspruch aus § 823 II i. V. mit §§ 186, 187 StGB herleitete, gab der Klage statt. Das *OLG Hamburg* wies die Klage ab. Vgl. *Gottwald*, S. 172 und *Larenz*, NJW 1955, 521, nach dessen Ansicht der Senat das Persönlichkeitsrecht als sonstiges Recht i. S. von § 823 eingeordnet hat.

[206] *BGH* v. 25.5.1954, BGHZ 13, 334, 338 (Schachtbriefe): *„Nachdem nunmehr das Grundgesetz das Recht des Menschen auf Achtung seiner Würde (Art. 1 GG) und das Recht auf freie Entfaltung seiner Persönlichkeit auch als privates, von jedermann zu achtendes Recht anerkennt (...) muß das allgemeine Persönlichkeitsrecht als verfassungsmäßig gewährleistetes Grundrecht angesehen werden"*.

[207] WN in: MünchKomm/*Säcker*, Einl. Rdn. 54 Fußnote 137; vgl. *Medicus*, NJW 2000, 2921, 2922 sub II 1.

[208] *BGH* v. 25.5.1954, BGHZ 13, 334, 338 (Schachtbriefe).

[209] *BGH* v. 2.4.1957, BGHZ 24, 72; *BGH* v. 14.2.1958, BGHZ 26, 349, 354 (Herrenreiter); vgl. auch *BVerfG* v. 31.10.1984, BVerfGE 68, 226, 231.

[210] *BVerfG* v. 14.2.1973, BVerfGE 34, 269, 281 (*Soraya*); *BVerfG* v. 15.12.1983, BVerfGE 65, 1, 41 (Volkszählung); *BVerfG* v. 31.10.1984, BVerfGE 68, 226, 231 (Anerkennung des allgemeinen Persönlichkeitsrechts als Recht i. S. von § 823 I); *BVerfG* v. 14.9.1989, BVerfGE 80, 367, 373 (Verwertung von Tagebuchaufzeichnungen eines Beschuldigten im Strafverfahren).

[211] *BVerfG* v. 5.6.1973, BVerfGE 35, 202, 221 sub B II 1.

Grundgesetz sein dürfe und das Recht auf freie Entfaltung der Persönlichkeit auch die „Rechtsgenossen" binde.[212]

Die Frage nach Ausmaß und Art der Berücksichtigung der Grundrechte bei der Auslegung des Privatrechts, kann nicht einheitlich schematisch beantwortet werden.[213] Das allgemeine Persönlichkeitsrecht entfaltet durch die Anerkennung als sonstiges absolutes Recht sowie durch die Schutzgebotsfunktion der Grundrechte aus denen es abgeleitet wird, Wirkungen im Verhältnis der Bürger untereinander. Verletzungen des Persönlichkeitsrechts ziehen Abwehr- und Unterlassungsansprüche, in besonderen Fällen auch Ersatzansprüche in Geld bzgl. der immateriellen und materiellen Schäden nach sich.

Ob die Schutzgebotsfunktion der Grundrechte eine Anerkennung eines weiteren besonderen „Persönlichkeitsrechts auf Familienplanung" gebietet, hängt u. a. davon ab, ob ein Schutz für Eltern durch die Rechtsgüter „Körper" bzw. „Gesundheit" ausreicht.

cc) „Motoren" der Anerkennung des allgemeinen Persönlichkeitsrechts

Es gab im Wesentlichen zwei Faktoren, die sozusagen „Motoren" für die Anerkennung des allgemeinen Persönlichkeitsrechts im Wege richterlicher Rechtsfortbildung[214] waren: Der Wertewandel[215] durch verbindliche Grundrechte, sowie die „Änderung der Normsituation" durch eine Änderung der äußeren Lebensumstände[216] infolge technischen Fortschritts[217], der sich u. a. durch Veränderungen der Berichterstattung der Massenmedien zeigte. Die ersten Entscheidungen der obersten Gerichte hatten Fragen des Ehrenschutzes sowie des Schutzes der Privat- und Intimsphäre zum Inhalt.[218] Der durch § 823 II, §§ 185 ff. StGB gewährte Ehrenschutz reichte angesichts des technischen Fortschritts und des Wandels beim Stil der Berichterstattung nicht mehr aus, die Persönlichkeitsrechte teilweise prominenter Persönlichkeiten zu schützen.[219]

---

212 *Enneccerus/Nipperdey*, Allg. Teil, 2. Halbband, S. 580 ff., 582.

213 MünchKomm/*Säcker*, Einl Rdn. 59.

214 Vgl. zur Anerkennung der „*schöpferischen Rechtsfindung*" im Wege der richterlichen Rechtsfortbildung im speziellen Bereich des allgemeinen Persönlichkeitsrechts: *BVerfG* v. 14.2.1973, BVerfGE 34, 269 (*Soraya*).

215 *Larenz/Canaris*, SchuldR II/2 § 80 I 2; *Larenz*, Allg. Teil § 8 II, S. 128 ff.

216 *Larenz/Canaris*, SchuldR II/2 § 80 I 2; MünchKomm/*Säcker*, Einl. Rdn. 131; *BVerfG* v. 3.6.1980, BVerfGE 54, 148, 153 sub B II 2 a; *BVerfG* v. 15.12.1999, NJW 2000, 1021.

217 *Jauernig/Teichmann* § 823 Rdn. 65; *Giesen*, FamRZ 1970, 565, 570 sub 3 b.

218 *BGH* v. 14.2.1958, BGHZ 26, 349 (Herrenreiter); *BGH* v. 19.6.1961, BGHZ 35, 363 (Ginseng); *BVerfG* v. 14.2.1973, BVerfGE 34, 269 (*Soraya*).

219 Zum „Technik-Argument": *Gottwald*, S. 133; vgl. auch MünchKomm/*Schwerdtner*, 3. Auflage § 12 Anhang Rdn. 166.

Auch durch die aufgrund des Fortschritts im Bereich der Fortpflanzungs- und Verhütungsmedizin entstehenden Möglichkeiten und Gefährdungen werden Rechtsprechung und Literatur vor neue Herausforderungen gestellt.[220] Gerade auf diesem Gebiet ist zweifelhaft, ob ausschließlich die klassischen Rechtsgüter der körperlichen Integrität, der Gesundheit oder des Eigentums[221] betroffen sind, oder nicht vielmehr rein persönlichkeitsrechtliche Aspekte.

dd) Schutzbereich des allgemeinen Persönlichkeitsrechts

Wichtig für die Frage, ob neben Körper und Gesundheit das allgemeine Persönlichkeitsrecht bzw. ein besonderer Aspekt dieses Rechts verletzt sein kann, ist der Schutzbereich der Persönlichkeitsrechtsgüter. Bei der Konkretisierung des Schutzbereichs ist zu unterscheiden zwischen dem Schutz gegenüber dem Staat und dem Schutz gegenüber anderen als Anspruchsgegner in Betracht kommenden Privatrechtssubjekten.[222]

Das allgemeine Persönlichkeitsrecht schützt die Person in ihren schützenswerten Äußerungen und vor dem Eindringen anderer in verschieden stark geschützte persönliche Sphären.[223] Die Individualsphäre beinhaltet den Schutz des Selbstbestimmungsrechts und den Schutz des Menschen im Zusammenhang mit seinen Beziehungen und sozialen Kontakten zur Umwelt, insbesondere das Auftreten in der Öffentlichkeit sowie in der Berufs- und Geschäftswelt.[224] Die Privatsphäre betrifft den häuslichen und privaten Bereich.[225] Die Intimsphäre schützt u. a. die innere Gedanken- und Gefühlswelt. In diese Sphäre gehört auch der sexuelle und gesundheitliche Bereich.[226] Die Intimsphäre genießt absoluten Persönlichkeitsschutz.[227] Eingriffe sind daher grundsätzlich unbefugt.

Es bereitet bereits Schwierigkeiten, die Betroffenheit von Mutter und Vater im Fall der Herbeiführung einer (ungewollten) Schwangerschaft einer dieser auf den

---

[220] *BVerfG*, Beschluss v. 12.11.1997, BVerfGE 96, 375, 395 sub B I 2 a; *Giesen*, JR 1984, 221 ff. Siehe auch Teil 1 I und I.

[221] Hierzu insbesondere *BGH* v. 9.11.1993, BGHZ 124, 52 ff. (Spermaentscheidung).

[222] *Larenz*, NJW 1955, 521, 522 sub II; *Larenz/Canaris*, SchuldR II/2 § 80 I 3.

[223] *Larenz*, Allg. Teil § 8 II, S. 129.

[224] *Palandt/Sprau* § 823 Rdn. 87 mwN.

[225] *BVerfG* 15.12.1999, NJW 2000, 1021, 1026 (Veröffentlichung von Fotos aus Privatleben der *Caroline von Monaco*); *BGH* v. 26.9.1999, NJW 1999, 2893 f. (Veröffentlichung über Scheidungsgrund eines Angehörigen des Hochadels ohne Nennung von Einzelheiten als Eingriff in Privatsphäre); *Palandt/Sprau* § 823 Rdn. 87, 96 mwN.

[226] *Palandt/Sprau* § 823 Rdn. 87 mwN.

[227] *BGH* v. 24.11.1987, NJW 1988, 1984, 1985 (Schutz der Intimsphäre bei Zeitungsberichterstattung); *Palandt/Thomas* § 823 Rdn. 178.

persönlichen Geheimnis- und Ehrschutzbereich[228] zugeschnittenen Sphären zuzuordnen, zumal auch die persönliche Lebensplanung betroffen ist. In der Literatur wird zum Teil vertreten, bei Eingriffen in die Familienplanung, in die das Sexualleben und möglicherweise auch die Gesundheit mit hineinreichen, könnten die Privat- bzw. die Intimsphäre berührt sein.[229] Das Selbstbestimmungsrecht am Körper ist jedenfalls dem Schutzgut Körper und nicht der Individualsphäre zuzuordnen. Andernfalls stellte jeder Eingriff in die körperliche Integrität zugleich mindestens auch einen Eingriff in die Individualsphäre dar. Die Heranziehung der für den Ehren- und Geheimnisschutz sicherlich aufschlussreichen Sphären ist bei der Frage, ob ein Recht auf Familienplanung anzuerkennen ist, wenig hilfreich. Daraus ist jedoch nicht zu schließen, dass deshalb ein solches Recht abzulehnen wäre.

Das allgemeine Persönlichkeitsrecht schützt darüber hinaus die Person in ihrem Recht, sich frei zu entfalten sowie in ihrer Entschließungs- und Handlungsfreiheit.[230] Teilweise werden den Persönlichkeitsrechten zwei verschiedene Schutzaspekte entnommen. Ein aktiver/dynamischer Aspekt äußere sich darin, dass es dem Einzelnen überlassen bleibe, sich aktiv zu bestimmten Handlungsweisen zu entschließen, also tätig zu werden.[231] Ein weiterer passiver Aspekt enthalte ein „Abwehrrecht" in engerem Sinne und komme im Recht des Einzelnen zum Ausdruck, „in Ruhe gelassen" zu werden.[232] Dabei ist der aktive bzw. dynamische Aspekt nicht als Schutz der allgemeinen Handlungsfreiheit zu verstehen. Das allgemeine Persönlichkeitsrecht bietet keinen umfassenden Schutz der Aktivitäten, sondern Integritätsschutz.[233] Niemand kann zu bestimmten Aktivitäten gezwungen werden.

Die Integrität der Persönlichkeit kann dadurch berührt sein, dass das Recht, nicht mit einer Schwangerschaft bzw. dem Elternsein belastet zu werden (passiver Aspekt) beeinträchtigt wird. Das Aufzwängen einer ungewollten Elternschaft betrifft ein auch im Bereich der Familienplanung möglicherweise bestehendes Recht, vor einer Elternschaft bewahrt zu werden.

---

[228] Vgl. *Deuchler*, S. 188 f.
[229] *Giesen*, FamRZ 1970, 565, 569 sub VII 1 („*zentralen Bereich der Intim- und Privatsphäre*"); *Harrer*, S. 244 (Intim- und Privatsphäre); *Holzwarth*, S. 115 (Intimsphäre); *Lankers*, FamRZ 1969, 384, 385 (Intimsphäre), *Reinhart*, S. 81.
[230] *Palandt/Thomas*, 62. Aufl., § 823 Rdn. 177.
[231] *BGH* v. 14.2.1958, BGHZ 26, 349, 355 (Herrenreiter).
[232] *BGH* v. 20.12.1988, BGHZ 106, 229, 233 (Briefkastenwerbung); *Palandt/Sprau* § 823 Rdn. 86.
[233] Vgl. zur Argumentation gegen ein Recht auf Familienplanung: *Holzwarth*, S. 117 f. Allgemein: *Laufs/Reiling*, NJW 1994, 775, 776; MünchKomm/*Rixecker* § 12 Anhang Rdn. 3.

ee) Kritik an der Herleitung eines generalklauselartigen allgemeinen Persönlichkeitsrechts aus den Grundrechten

Teilweise wird vertreten, im Hinblick darauf, dass die Grundrechte nicht unmittelbar zwischen den Privatrechtssubjekten wirkten, sei es zweckmäßiger, weitere besondere Persönlichkeitsrechte ausdrücklich im Gesetz zu regeln.[234] Aus dem Grundgesetz sei ein zwischen den Privatrechtssubjekten wirkendes allgemeines Persönlichkeitsrecht jedenfalls nicht herzuleiten.[235] Verfassungsrechtliche Grundlage für den Schutz der Persönlichkeit durch das Deliktsrecht sei die Schutzgebotsfunktion der Grundrechte.[236] Wegen der dem Deliktsrecht innewohnenden Bestimmtheit stelle es einen „Bruch" dar, den anderen ausdrücklich geregelten Rechtsgütern Leben, Körper, Gesundheit, Freiheit, sowie den hinreichend bestimmten sonstigen Rechten (z. B. dem Namensrecht)[237], ein generalklauselartiges allgemeines Persönlichkeitsrecht hinzuzufügen und auf diese Art und Weise auf eine ausdrückliche Regelung zu verzichten.[238]

Stimmt man dieser Ansicht zu, erscheint es ebenso unzweckmäßig, dem allgemeinen Persönlichkeitsrecht verschiedene Aspekte wie ein Recht auf Familienplanung zu entnehmen, anstatt ein weiteres besonderes Persönlichkeitsrecht zu regeln. Solange eine solche Regelung nicht besteht, zum Schutz dieses Aspektes des Persönlichkeitsrechts jedoch notwendig erscheint, führt die Kritik an der dogmatischen Herleitung des Persönlichkeitsrechtes jedoch nicht weiter. Es kommt nicht darauf an, ob man ein Recht auf Familienplanung aus der Schutzgebotsfunktion der Grundrechte herleitet oder als Aspekt des allgemeinen Persönlichkeitsrechts betrachtet.

ff) Kritik an der Einordnung des allgemeinen Persönlichkeitsrechts als „sonstiges Recht" i. S. von § 823 I, alternative Lösungen

Die Einordnung des allgemeinen Persönlichkeitsrechts als „sonstiges Recht" ist in der Literatur teilweise als nicht notwendig bzw. unzweckmäßig hinterfragt worden.[239] Zu untersuchen ist, ob und wenn ja welche Bedeutung die Einordnung in den hier untersuchten Fällen auf die Frage nach dem verletzten Rechtsgut hat. *Larenz*[240] hob die Bedeutung der Unterscheidung zwischen einem sonstigen Recht i. S. von § 823 I und anderen genau konkretisierten Rechten unter dem

[234] *Larenz/Canaris*, SchuldR II/2 § 80 I 3 b; so auch *Soergel/Zeuner* § 823 Rdn. 72.
[235] *Larenz/Canaris*, SchuldR II/2 § 80 I 3 b.
[236] *Larenz/Canaris*, SchuldR II/2 § 80 I 3 a.
[237] *Larenz/Canaris*, SchuldR II/2 § 80 I 1; vgl. auch § 76 I 1 b.
[238] *Larenz/Canaris*, SchuldR II/2 § 80 I 3 b.
[239] Nachweise bei *Gottwald*, S. 179 Fußnote 131.
[240] *Larenz*, NJW 1955, 521 ff., 525.

Aspekt hervor, dass bei der Beeinträchtigung letzterer eine fahrlässige Verletzung genüge, um einen Ersatzanspruch auszulösen. Bei nicht genau konkretisierten Rechten sei es jedoch unter Umständen sinnvoll, eine Ersatzpflicht vom Vorliegen besonderer Umstände wie z. B. Sittenwidrigkeit oder Vorsatz abhängig zu machen. Darüber hinaus sei das allgemeine Persönlichkeitsrecht wegen seines „generalklauselartigen Charakters" eine „Rechtsfortbildung gesetzesübersteigender Art", die zwar nicht in die Systematik des § 823 passe, aber trotzdem gewohnheitsrechtlich anerkannt sei.[241] Nach anderer Ansicht[242] ist eine gesetzliche Regelung notwendig. Eine Einordnung als „sonstiges Recht" sei jedenfalls nicht zwingend. *Medicus* bezeichnet das „Persönlichkeits*recht*" als „*juristische Missgeburt*"[243], weil die verschiedenen Aspekte der Persönlichkeit (z. B. die Ehre) zum Rechtssubjekt selbst gehörten und deswegen nicht Gegenstand besonderer sonstiger Rechte werden könnten. Sonstige Rechte seien hingegen mit dem Sacheigentum vergleichbare Rechte. Wie *Schwerdtner*[244] und *Teichmann*[245] ist er der Ansicht, dass das Persönlichkeitsrecht zu der Gruppe der ersten vier Rechtsgüter gehört.[246] Diese Rechte stellten das „Substrat für die Entfaltung" des Menschen dar, während die sonstigen Rechte „Mittel" dieser Entfaltung seien.[247] *Teichmann* betont, diese Frage sei für das Ergebnis ohne Bedeutung.[248]

Unabhängig davon, ob man das Persönlichkeitsrecht in Analogie zu den in § 823 I genannten Rechtsgütern herleitet oder als sonstiges Recht bezeichnet, besteht eine größere Ähnlichkeit zu den in § 823 I genannten Rechtsgütern als z. B. zum Besitz oder dem Recht am ausgeübten Gewerbebetrieb. Während die ersten vier Rechtsgüter unmittelbar mit der Person verbunden sind, sozusagen ihr „Sein" ausmachen, beschreiben Eigentum und Besitz das Rechtsverhältnis zu Sachen. Eine Ähnlichkeit eines Rechts auf Familienplanung zu dem Recht am eingerichteten und ausgeübten Gewerbebetrieb liegt allerdings darin, dass es auch dort um eine auf eigenem Willen beruhende mit Planungen zusammenhängende Tätigkeit geht.[249]

Das allgemeine Persönlichkeitsrecht ist den o. g. vier Persönlichkeitsrechtsgütern wesensähnlich. Die Klassifizierung ist jedoch im Wesentlichen dogmatischer

---

[241] *Larenz*, Allg. Teil § 8 II, S. 128.
[242] *Larenz/Canaris*, SchuldR II/2 § 80 I 3 b; *Soergel/Zeuner* § 823 Rdn. 72.
[243] *Medicus*, BürgR Rdn. 615.
[244] MünchKomm/*Schwerdtner*, 3. Auflage, § 12 Anhang Rdn. 202.
[245] *Jauernig/Teichmann* § 823 Rdn. 66.
[246] So auch *Brüggemeier* Rdn. 218 ff.; *Stieglitz*, S. 130 sub 1 mwN in Fußnote 530.
[247] MünchKomm/*Schwerdtner*, 3. Auflage § 12 Rdn. 202; *Schwerdtner*, JuS 1978, 289 ff., 292.
[248] *Jauernig/Teichmann* § 823 Rdn. 66.
[249] Siehe hierzu Teil 3 I 9 c ff.

Natur und führt bei der Frage, ob ein Recht auf Familienplanung überhaupt anzuerkennen ist, nicht weiter.

gg) Die Bedeutung des Persönlichkeitsrechts als „*Rahmenrecht*"

Während der Schutzbereich der in § 823 I genannten Rechtsgüter abgrenzbar ist[250] und Rechtsgutsverletzungen in der Regel ohne Schwierigkeiten feststellbar sind, gibt es beim allgemeinen Persönlichkeitsrecht keine genau festgelegten Grenzen.[251] Da der Schutz einer Person regelmäßig die Entfaltung einer anderen behindert, ist der Schutzumfang grundsätzlich anhand einer Güter- und Interessenabwägung im Einzelfall unter Berücksichtigung von Grundrechten (z. B. Art. 5 GG)[252] festzustellen.[253] Das Persönlichkeitsrecht gibt einen Rahmen vor, innerhalb dessen eine Interessenabwägung vorzunehmen ist, bevor Tatbestand[254] und Rechtswidrigkeit, deren Prüfung zusammenfallen, bejaht werden können.[255] Aus diesen Gründen wird das Persönlichkeitsrecht als „Rahmenrecht" bezeichnet.[256]

Das Erfordernis einer Interessenabwägung wird in der Literatur teilweise kritisch betrachtet: Einige Schutzbereiche des allgemeinen Persönlichkeitsrechts seien hinreichend bestimmt, so dass eine Güter- und Interessenabwägung überflüssig sei.[257] Hierzu gehörten der Schutz vor Entstellung, Herabsetzung und kommer-

---

250 *Medicus*, SchuldR II Rdn. 814.

251 *BGH* v. 25.5.1954, BGHZ 13, 334, 338 (Schachtbriefe): „*Es bedarf hier keiner näheren Erörterung, ob und inwieweit der Schutz dieses allgemeinen Persönlichkeitsrechts, dessen Abgrenzung in besonderem Maße einer Güterabwägung bedarf, im Einzelfall durch berechtigte private oder öffentliche Belange eingeschränkt ist, die gegenüber dem Interesse an der Unantastbarkeit der Eigensphäre der Persönlichkeit überwiegen; (...)*". *Medicus*, SchuldR II Rdn. 814; *Stieglitz*, S. 131, 133 sub 2.

252 Zu Art. 5 GG: *Grimm*, NJW 1995, 1697, 1702 sub III 3 b.

253 Weitgehend herrschende Rechtsprechung: *BGH* v. 2.4.1957, BGHZ 24, 72 (Bekanntgabe von Krankenpapieren); *BGH* v. 24.10.1961, BGHZ 36, 77, 80 ff. (Beeinträchtigung des Persönlichkeitsrechts durch Presseberichte über Waffengeschäfte); *BGH* v. 21.6.1966, BGHZ 45, 296, 307 (Höllenfeuer); BGH v. 15.12.1987, VersR 1988, 405 (unwahrer Pressebericht über katholischen Geistlichen) und Literatur: *Deutsch*, AcP 192 (1992), 161, 163; *Erman/Schiemann* § 823 Rdn. 48; *Jauernig/Teichmann* § 823 Rdn. 67; *Medicus*, BürgR Rdn. 615; *Palandt/Sprau* § 823 Rdn. 95; *Stieglitz*, S. 133; *Taupitz*, AcP 191 (1991), 201, 211.

254 Vgl. *BGH* v. 21.6.1966, BGHZ 45, 296, 307 (Höllenfeuer).

255 Etwas anderes kann gelten bei Verletzungen der Privat- und Intimsphäre und Eingriffen in das Recht am gesprochenen Wort (vgl. MünchKomm/*Schwerdtner*, 3. Auflage, § 12 Anhang Rdn. 203).

256 Der Begriff „*Rahmenrecht*" stammt von *Fikentscher* § 103 II 2, Rdn. 1216, S. 757. Vgl. auch *Erman/Schiemann* § 823 Rdn. 48; *Medicus*, SchuldR II Rdn. 814; MünchKomm/*Schwerdtner*, 3. Auflage, § 12 Rdn. 201.

257 *Canaris* (*Larenz/Canaris*, SchuldR II/2 § 80 III 1 und 2) schlägt statt dessen die Präzisierung von Schutzbereichen vor.

zieller Ausnutzung, der Schutz vor Erlangung von Äußerungen und Daten durch Täuschung, vor durch rechtswidrige Taten erlangten oder unter Verletzung der Verschwiegenheitspflichten weitergereichten Informationen.[258]

Sollte man ein Recht auf Familienplanung als Aspekt des Persönlichkeitsrechts anerkennen, so wäre eine Güter- und Interessenabwägung jedenfalls im Hinblick auf potenzielle Rechte Dritter, also Personen, die nicht Vater oder Mutter sind, als Anspruchsgegner nicht notwendig. Es sind nämlich anders als z. B. bei Eingriffen in das Persönlichkeitsrecht durch die Presse keine Interessen erdenklich, die es rechtfertigen könnten, auf die Familienplanung einzuwirken.[259] Diese Einwirkung dürfte auch kaum im Interesse Dritter stehen, da sie aus einem Fehlschlagen keine Vorteile ziehen.

Der überwiegend akzeptierte Charakter des allgemeinen Persönlichkeitsrechts als Rahmenrecht spricht im Ergebnis weder für noch gegen eine Anerkennung eines besonderen Persönlichkeitsrechts im Zusammenhang mit der Familienplanung. Erkennt man ein besonderes Persönlichkeitsrecht der Eltern auf Familienplanung an, können mangels berechtigter Interessen des die Familienplanung störenden Dritten vor allem Grundrechte eines die Schwangerschaft vorsätzlich herbeiführenden Elternteils[260] in die Güter- und Interessenabwägung eingestellt werden.

hh) Bedeutung des Persönlichkeitsrechts im objektiven Recht, Eigenschaft als „Quellrecht"

Das allgemeine Persönlichkeitsrecht beschreibt zum Einen das umfassende subjektive Recht des Einzelnen auf Achtung und Entfaltung der Persönlichkeit.[261] Daneben wird es wegen der verschiedenen besonderen Ausgestaltungen[262] auch als „Quellrecht"[263] bezeichnet.

---

[258] Zu den einzelnen Fallgruppen: *Palandt/Thomas*, 62. Aufl., § 823 Rdn. 185 - 195d.

[259] *Stieglitz*, S. 138 ff.

[260] Siehe Teil 3 I 9 c ee.

[261] *BGH* v. 25.5.1954, BGHZ 13, 334, 338 (Schachtbriefe); *BGH* v. 2.4.1957, BGHZ 24, 72, 76 sub 3 a.

[262] *BGH* v. 2.4.1957, BGHZ 24, 72, 78; in *BVerfG* v. 31.10.1984, BVerfGE 68, 226, 228 (Ironische Kritik an privatem Bewachungsunternehmen) werden das Namensrecht und das Recht am eigenen Bild als *„besondere Ausformungen des allgemeinen Persönlichkeitsrechts"* eingeordnet.

[263] *Erman/Schiemann* § 823 Rdn. 48; *Harrer*, S. 239; *Larenz*, NJW 1955, 521, 525; MünchKomm/*Mertens*, 3. Aufl., Vor § 823 Rdn. 5; *Palandt/Thomas*, 62. Aufl., § 823 Rdn. 176; *BGH* v. 2.4.1957, BGHZ 24, 72, 78.

Das (besondere) Persönlichkeitsrecht am eigenen Bild stellt z. B. eine besondere Form des Persönlichkeitsrechtsschutzes dar, ist also Teil des allgemeinen Schutzes.[264] Besondere Persönlichkeitsrechte können als „Konkretisierung" des allgemeinen Persönlichkeitsrechts[265] im Hinblick auf spezielle Arten der Gefährdung des Persönlichkeitsrechts aufgefasst werden. Auch wenn das allgemeine Persönlichkeitsrecht zeitlich nach Kodifizierung anderer besonderer Persönlichkeitsrechte aufgrund von Art. 1 und 2 GG anerkannt wurde, ist es als „Quelle" für diese besonderen Ausprägungen anzusehen.

Mittlerweile sind Erscheinungsformen des allgemeinen Persönlichkeitsrechts anerkannt, ohne dass sie gesetzlich in Form besonderer Persönlichkeitsrechte geregelt worden wären.[266] Am häufigsten entschieden sind u. a. das Eindringen[267], Ausforschen[268] und optische oder akustische Fixieren bestimmter nicht öffentlicher Situationen[269] in Bezug auf den persönlichen Bereich.

Diese Offenheit für den Schutz besonderer Erscheinungsformen des allgemeinen Persönlichkeitsrechts spricht im Grundsatz dafür, dem technischen und medizinischen Fortschritt auch weiterhin dadurch zu begegnen, bei Bedarf besondere gefährdete Aspekte der Persönlichkeit durch Anerkennung weiterer Ausprägungen zu schützen.

Der Schutz besonderer Aspekte des allgemeinen Persönlichkeitsrechts ist allerdings nicht notwendig, wenn der Schutz der Person durch entsprechend weite

---

[264] *BGH* v. 14.2.1958, BGHZ 26, 349 ff. (Herrenreiter). S. 355: „*Ebenso folgt aus dem Grundgesetz die Notwendigkeit, bei Verletzung dieses Bereiches*" (des Persönlichkeitsbereichs) „*Schutz gegen die der Verletzung wesenseigentümlichen Schäden zu gewähren. Auf dem Gebiet des Bildnisschutzes ist dies von dem Gesetzgeber übrigens bereits lange vor Inkrafttreten des Bonner Grundgesetzes und zu einer Zeit, als man das bürgerlichrechtlich zu schützende allgemeine Persönlichkeitsrecht noch nicht anerkannte, durch die Sonderregelung der §§ 22 ff. des Kunstschutzgesetzes aus dem Jahre 1907 ausdrücklich festgelegt worden.*"

[265] *Larenz/Wolf*, BGB Allg. Teil § 15 Rdn. 4.

[266] Vgl. *BVerfG* v. 3.6.1980, BVerGE 54, 148, 153 f. (Betroffenheit des sozialen Geltungsanspruchs eines Politikers durch Unterstellung bestimmter Äußerungen); *BVerfG* v. 13.5.1986, BVerfGE 72, 155, 170 (Grenzen finanzieller Verpflichtung Minderjähriger durch Eltern kraft elterlicher Vertretungsmacht gem. § 1629).

[267] *BGH* v. 6.10.1972, BGHZ 59, 317 (Telexwerbung).

[268] *BGH* v. 19.6.1970, NJW 1970, 1848 (Verletzung Intimsphäre durch Belauschen in der Wohnung); *BGH* VersR 1990, 532 (Öffnen von Briefen).

[269] *BGH* v. 10.5.1957, BGHZ 24, 201, 208; *BGH* v. 15.11.1994, BGHZ 128, 1 ff. (*Caroline von Monaco*) ; *BVerfG* 15.12.1999, NJW 2000, 1021, 1023 sub I 1 b (Veröffentlichung von Fotos aus Privatleben der *Caroline von Monaco*); *BGH* v. 13.10.1987, NJW 1988, 1017 (Abwehranspruch gem. §§ 823, 1004, Art. 1, 2 GG wegen eines Tonbandes); *BGH* v. 25.4.1995, NJW 1995, 1956 (Videoüberwachung).

Auslegung anderer gesetzlich geregelter Persönlichkeitsrechtsgüter angemessen und in ausreichender Form zu erreichen ist. In Bezug auf den Vater, dessen Körper nicht betroffen ist, scheint ein ausreichender Schutz nicht gewährleistet zu sein. Vorschnell kann behauptet werden, die Zeugung eines Kindes falle in dessen allgemeines Lebensrisiko oder es gebe keinen Schutz vor einer Vaterschaft. Diese Sicht ist jedoch zu eng auf die Fälle fahrlässiger Verursachung von Schwangerschaften ausgerichtet. Am Fall vorsätzlichen Handelns wird deutlich, dass ein Schutz der Rechtsgüter des Vaters durch den Schutz der Gesundheit (z. B. im Fall behandlungsbedürftiger Depressionen) allein nicht ausreichen kann, sondern darüber hinaus persönlichkeitsrechtliche Aspekte betroffen sind, die langfristig beeinträchtigt sind. Dies gilt aber auch im Hinblick auf den Rechtsgüterschutz der Mutter. Die Beeinträchtigung des Körpers ist nur ein (zeitlich begrenzter) Aspekt. Wird ihr eine Elternschaft durch Fahrlässigkeit oder Vorsatz aufgezwungen, so betrifft die dadurch hervorgerufene Beeinträchtigung qualitativ einen anderen Bereich ihrer Persönlichkeit. Theoretisch ist sogar der Fall denkbar, dass nicht ihr Körper, sondern ausschließlich das Selbstbestimmungsrecht auf Familienplanung betroffen ist, wenn nämlich gegen ihren Willen eine Eizelle zur Zeugung eines Kindes verwendet wird.[270]

ii) Die Bedeutung des allgemeinen Persönlichkeitsrechts als sogenannter Auffangtatbestand

Im Zusammenhang mit dem Problem, inwieweit persönlichkeitsrechtliche Aspekte bei der Auslegung des konkreteren Schutzgutes „Körper" und ggf. auch der Gesundheit heranzuziehen sind, oder als besondere Aspekte des allgemeinen Persönlichkeitsrechts eigenständig[271] neben Körper und Gesundheit geschützt werden sollen, ist das Verhältnis zwischen besonderen Persönlichkeitsrechtsgütern und dem allgemeinen Persönlichkeitsrecht von Bedeutung. Hat das allgemeine Persönlichkeitsrecht lediglich die Funktion eines mangels einschlägiger Regelungen heranzuziehenden „Auffangtatbestandes"[272], weil die Rechtsgüter Körper und Gesundheit das Phänomen der nicht verhinderten Schwangerschaft für beide Elternteile abschließend regeln, ist ggf. eine weite Auslegung der Rechtsgüter Körper und Gesundheit einer Herausbildung eines (Persönlichkeits-) Rechts auf

---

[270] Vgl. *Holzwarth*, S. 155 f., der nur die Befruchtung einer fremden Frau mit Samen des Vaters ohne dessen Einwilligung als Persönlichkeitsrechtsverletzung wertet, nicht die Verwendung der Eizelle der biologischen Mutter bei einer anderen Frau. Wird die befruchtete Eizelle einer anderen Frau eingepflanzt, ist diese Handlung strafbar gem. § 1 I Nr. 1 ESchG v. 13.12.1990, BGBl. I, S. 2747.

[271] Eigenständig heißt in diesem Zusammenhang durch das allgemeine Persönlichkeitsrecht bzw. die Anerkennung eines Rechts auf Familienplanung.

[272] So z. B. *Larenz*, Allg. Teil § 8 II S. 131.

Familienplanung aus dem allgemeinen Persönlichkeitsrecht als Quellrecht vorzuziehen.

(1) Die Rechtsprechung zum Charakter des allgemeinen Persönlichkeitsrechts als Auffangtatbestand

In der Herrenreiterentscheidung[273] hat der *BGH* das besondere Persönlichkeitsrecht am eigenen Bild aus § 22 KunstUrhG als Sonderregelung[274] gegenüber dem allgemeinen Persönlichkeitsrecht bezeichnet. Dabei hat er Persönlichkeitsschutz aus § 22 KunstUrhG, Artt. 1, 2 GG[275] hergeleitet und so das besondere Persönlichkeitsrecht in Zusammenhang mit den Grundlagen des allgemeinen Persönlichkeitsrechts (Artt. 1, 2 GG) genannt. Demgegenüber hat er in anderen Entscheidungen das allgemeine Persönlichkeitsrecht als Auffangtatbestand bezeichnet, bei dessen Heranziehung Zurückhaltung geboten sei.[276] In zwei späteren Entscheidungen[277] auf dem Gebiet des Datenschutzes wurde dies bestätigt und darüber hinaus bezüglich besonderer Regelungen angenommen, das allgemeine Persönlichkeitsrecht trete gegenüber einer Spezialregelung grundsätzlich zurück.[278] Zunächst seien die besonderen Schutzgesetze im Sinne von § 823 II einschlägig.

---

[273] *BGH* v. 14.2.1958, BGHZ 26, 349 ff. (Herrenreiter).
[274] *BGH* v. 14.2.1958, BGHZ 26, 349, 355 (Herrenreiter).
[275] *BGH* v. 14.2.1958, BGHZ 26, 249, 353 (Herrenreiter).
[276] *BGH* v. 21.6.1966, BGHZ 45, 296, 307 (Höllenfeuer): *„Der erkennende Senat ist ferner (...) dazu übergegangen, bei dem in der Rechtsprechung herausgebildeten ‚Auffangtatbestand' der rechtswidrigen Beeinträchtigung der gewerblichen Tätigkeit und bei der Verletzung des allgemeinen Persönlichkeitsrechs die Rechtswidrigkeit erst aus der zu mißbilligenden Art der Schädigung abzuleiten, (...)"*; *BGH* v. 20.3.1968, BGHZ 50, 133, 143 (*Mephisto*): *„Indem bei der inhaltlichen Präzisierung dieses generalklauselartigen ‚Auffangtatbestandes' auf verfassungsrechtliche Wertentscheidungen zurückgegriffen wird, ist freilich zu beachten, dass das Persönlichkeitsrecht nicht nur in Art. 2 GG eine ausdrückliche Begrenzung durch die Rechte anderer, die verfassungsmäßige Ordnung und das Sittengesetz erfährt. Vielmehr sind darüber hinaus bereits bei der Prüfung, ob überhaupt tatbestandsmäßig eine rechtswidrige Persönlichkeitsbeeinträchtigung vorliegt, auch die weiteren Wertentscheidungen des Verfassungsgebers heranzuziehen, die sich gerade bei der verfassungskonformen Auslegung von Generalklauseln auswirken (...)"*.
[277] *BGH* v. 19.5.1981, BGHZ 80, 311 ff.; *BGH* v. 22.5.1984, BGHZ 91, 233 ff.
[278] *BGH* v. 19.5.1981, BGHZ 80, 311, 319: *„Bei der Anerkennung dieses Rechts handelt es sich jedoch nur um einen sog. Auffangtatbestand, der gegenüber einer Spezialregelung des Persönlichkeitsrechts grundsätzlich zurücktritt."*; *BGH* v. 22.5.1984, BGHZ 91, 233, 237 *„Soweit jedenfalls das Bundesdatenschutzgesetz die Rechte des Betroffenen aus unzulässiger Datenverarbeitung abschließend regelt, muss § 823 Abs. 1 BGB als Anspruchsgrundlage für Schadensersatzansprüche ausscheiden, da (...) die Verletzung gegenüber einer Spezialregelung des Persönlichkeitsrechts zurücktritt."*

Larenz[279] betonte, rechtslogisch gesehen gingen die besonderen Persönlichkeitsrechte dem allgemeinen Persönlichkeitsrecht als „*Abspaltungen*" zwar vor; dennoch sei es ein Auffangtatbestand, der die Rechtsanwendung erleichtere. Wenn ein besonderes Rechtsgut betroffen sei, bedürfe es anders als beim allgemeinen Persönlichkeitsrecht keiner Güterabwägung mehr, um eine rechtswidrige Verletzung festzustellen. Nur wenn im Einzelfall kein besonderes Persönlichkeitsrecht verletzt sei, sei eine Verletzung des allgemeinen Persönlichkeitsrechts zu prüfen.[280]

Der Auffangcharakter kann dafür sprechen, den Schutz der Mutter auf das Rechtsgut „Körper" zu beschränken. Im Hinblick auf den Vater spricht ein Auffangcharakter für eine Verletzung des Persönlichkeitsrechts und möglicherweise für Ansprüche wegen der daraus resultierenden immateriellen Nachteile. Dies würde dazu führen, dass Mutter und Vater in Bezug auf ihren Persönlichkeitsrechtsschutz unterschiedlich behandelt werden. Die Mutter ist jedoch nicht ausschließlich in ihren Rechtsgütern Körper und Gesundheit betroffen, sondern darüber hinaus auch in ihrer Lebens- und Familienplanung. Es wäre inkonsequent, ihr im Hinblick darauf, dass sie bereits in einem Persönlichkeitsrechtsgut betroffen ist, weiteren Schutz unter Hinweis auf den Auffangcharakter des Persönlichkeitsrechts zu versagen.

(2) Einschränkung der These vom Auffangtatbestand

Die Ansicht des *BGH*[281] über den Auffangcharakter des allgemeinen Persönlichkeitsrechts wurde in der Literatur[282] kritisiert. Sie sei in der dort vertretenen Form missverständlich, da sie nur zwei verschiedene mögliche Bedeutungen haben könne, von denen jedoch keine einzige haltbar sei. Gehe man davon aus, der *BGH* habe klarstellen wollen, dass das Bundesdatenschutzgesetz (BDSchG) als abschließende Spezialregelung gegenüber der allgemeinen Regelung vorgehe[283], dann sei die Berufung auf die These vom Auffangtatbestand überflüssig, denn dass abschließende Spezialregelungen allgemeinen Regelungen vorgehen, sei selbstverständlich, ob hingegen das BDSchG abschließend sei, könne der These vom Auffangtatbestand nicht entnommen werden.[284] Vertrete der *BGH* hingegen, das BDSchG sei nicht abschließend und das allgemeine Persönlichkeitsrecht den-

---

[279] *Larenz*, Allg. Teil § 8 II S. 130 f.
[280] *Larenz*, Allg. Teil § 8 II S. 131.
[281] *BGH* v. 19.5.1981, BGHZ 80, 311 ff. (Datenschutz).
[282] *Larenz/Canaris*, SchuldR II/2 § 80 I 6 a; vgl. zum Ansatz von *Canaris*: MünchKomm/*Rixecker* § 12 Anhang Rdn. 5.
[283] *BGH* v. 22.5.1984, BGHZ 91, 233, 237 sagt nichts darüber, ob das BDSchG abschließend ist oder nicht.
[284] *Larenz/Canaris*, SchuldR II/2 § 80 I 6 b Fußnote 14.

noch daneben grundsätzlich nicht anwendbar, dann würde dies bedeuten, dass der Persönlichkeitsschutz in ausdrücklich - jedoch nicht abschließend - geregelten Bereichen schwächer als in gar nicht geregelten Bereichen ist. Dies sei nicht haltbar, denn wenn eine nicht abschließende Teilregelung des Persönlichkeitsschutzes vorliege, dann sei aus der Tatsache, dass überhaupt eine spezielle Regelung getroffen wurde, eher auf einen stärkeren Persönlichkeitsschutz zu schließen.[285] *Schwerdtner*[286] sieht das allgemeine Persönlichkeitsrecht immer dann als Auffangtatbestand an, wenn Gesetze abschließende Bestimmungen enthalten und der Schutzzweck der besonderen Regelung mit der des allgemeinen Persönlichkeitsrechts deckungsgleich ist.

Daraus folgt, dass zwischen einer besonderen Regelung des Persönlichkeitsrechts und dem allgemeinen Persönlichkeitsrecht in dem Fall, dass die besondere Regelung nicht abschließend ist, Anspruchskonkurrenz besteht. Im Fall, dass sie abschließend ist, besteht hingegen Spezialität. Subsidiarität scheidet aus.

Davon zu unterscheiden ist die Rechtsfolgenseite: Auch wenn eine besondere Regelung lex specialis ist, sind die für die Verletzung des allgemeinen Persönlichkeitsrechts geltenden Rechtsfolgen wie der Ersatz des immateriellen Schadens auch bei Verletzung eines besonderen Persönlichkeitsrechts[287] einschlägig. Der Verletzte darf wegen der Spezialregelung nicht schlechter gestellt werden als bei einer Verletzung des allgemeinen Persönlichkeitsrechts.[288]

(3) Zusammenfassung

Nur bei spezielleren abschließenden Regelungen kann eine Verletzung des allgemeinen Persönlichkeitsrechts neben dem besonderen Persönlichkeitsrecht nicht als weitere Anspruchsgrundlage geltend gemacht werden. Das allgemeine Persönlichkeitsrecht tritt in solchen Fällen hinter die spezielleren Regeln als Anspruchsgrundlage zurück. Ist die Regelung nicht abschließend, besteht kein Grund, das Persönlichkeitsrecht nicht als Anspruchsgrundlage heranzuziehen. Diese kann sogar geboten sein, um den Persönlichkeitsrechtsschutz zu vervollständigen. Das eigentliche Problem ist somit die Feststellung, ob eine spezielle Regelung abschließend ist, oder nur unvollständigen Persönlichkeitsrechtsschutz gewährt.

---

[285] Vgl. *Larenz/Canaris*, SchuldR II/2 § 80 I 6 b.
[286] MünchKomm/*Schwerdtner*, 3. Auflage § 12 Anhang Rdn. 204.
[287] Z. B. § 22 KunstUrhG, §§ 823 II i. V. mit § 186 StGB, § 12.
[288] *Larenz/Canaris*, SchuldR II/2 § 80 I 6 b.

(4) Übertragung der Abgrenzung auf die Problematik nicht verhinderter Schwangerschaften

Die unterschiedliche Qualität der Beeinträchtigung, die Notwendigkeit über die bloße Beeinträchtigung der körperlichen und gesundheitlichen Vorgänge hinaus die Entscheidungsfreiheit in Bezug auf die Elternschaft effektiv zu schützen, sowie die Notwendigkeit, Vater und Mutter diesbezüglich gleich zu behandeln, sprechen für die Möglichkeit, neben den Beeinträchtigungen an Körper und Gesundheit in Anspruchskonkurrenz zu diesen ein Recht auf Familienplanung anzuerkennen. Der durch die klassischen Rechtsgüter Körper und Gesundheit gewährte Schutz ist für beide Elternteile, insbesondere aber für den Vater, dessen Körper nicht beeinträchtigt ist, nicht als abschließend zu betrachten.

b) Bedeutung der verfassungsrechtlichen Grundlagen des Persönlichkeitsrechts (Artt. 1 I, 2 I GG) für dessen Auslegung

Das allgemeine Persönlichkeitsrecht weist einen geringeren Grad an Spezialität auf als die konkreten in §§ 823 I und nun auch in § 253 II nF geregelten Rechtsgüter. Geht man von einer analogen Herleitung aus, so fragt sich, ob es zu einer Art „Rückkoppelung" in der Art kommen kann, dass das allgemeine Persönlichkeitsrecht bei der Auslegung der besonderen Persönlichkeitsrechte - aus denen es abgeleitet wurde - heranzuziehen ist.

Das Problem der Auslegung spezieller Rechtsgüter anhand eines unbestimmteren Rechtsgutes tritt in den Hintergrund, wenn man bei der Auslegung primär die verfassungsrechtlichen Grundlagen (hier: Artt. 1 I, 2 I GG) heranzieht. Der Schutzbereich der Rechtsgüter Körper und Gesundheit orientiert sich dann nicht am (allgemeineren) allgemeinen Persönlichkeitsrecht, sondern an dem in den Grundrechten wurzelnden Persönlichkeitsrechtsschutz. Die Art. 1 I und Art. 2 I GG sind nicht nur die Basis für die Anerkennung des allgemeinen Persönlichkeitsrechts.[289] Sie sind Grundlage für den Persönlichkeitsschutz schlechthin und somit zweckmäßigerweise auch bei der Bestimmung des Schutzbereichs der besonderen Persönlichkeitsrechtsgüter im Wege der verfassungskonformen Auslegung heranzuziehen.

Der Richter hat gem. Art. 1 I Satz 2 GG die Pflicht, die Würde des Menschen zu achten und zu schützen und gem. Art. 1 III GG die Grundrechte bei der Auslegung von Gesetzen und bei der Rechtsfortbildung zu beachten.[290] Der Auslegung von Gesetzen anhand der in der Verfassung zugrunde gelegten Prinzipien und

---

[289] Siehe oben Teil 3 I 9 a bb.

[290] *Canaris*, JuS 1989, 161, 163 sub 3 a; vgl. *BVerfG* v. 25.1.1984, BVerfGE 66, 116, 131 sub B I (*Wallraff*).

Grundrechte kommt eine besondere Bedeutung zu.[291] Dies gilt nicht nur für Generalklauseln[292], sondern auch für das einfache Gesetzesrecht, soweit dies einer solchen Auslegung zugänglich ist.[293] Unter mehreren möglichen Auslegungen hat der Rechtsanwender diejenige zu wählen, die mit der Verfassung am besten übereinstimmt.[294]

c) Das Recht auf Familienplanung als Ausprägung des allgemeinen Persönlichkeitsrechts

Die weite Auslegung der Rechtsgüter Körper und Gesundheit unter Berücksichtigung des in der Verfassung verankerten Persönlichkeitsrechtsschutzes spricht für sich genommen nicht dagegen, über diesen Schutz hinaus weitere Aspekte in Gestalt eines Rechts auf Familienplanung durch Anerkennung als besondere Ausprägung des allgemeinen Persönlichkeitsrechts zu schützen. Die Rechtsprechung[295] und ein Teil der Literatur[296] lehnen die Anerkennung eines solchen Rechts ab. Der überwiegende Teil der Befürworter[297] leitet aus seiner Verletzung den Ersatz der Unterhaltsaufwendungen ab.[298] Der *VI. Senat* des *BGH* argumentiert dagegen, dass bei einer solchen Betrachtung der immaterielle

---

[291] *Larenz/Canaris*, Methodenlehre, S. 159.

[292] Die Heranziehung der Werteordnung des Grundgesetzes bei der Auslegung von Normen ist in erster Linie einschlägig bei Generalklauseln wie §§ 138, 242, 826, § 1 UWG, die von vornherein einer Konkretisierung bedürfen, weil ihr Inhalt erst ermittelt werden muss. Der Inhalt unbestimmter Rechtsbegriffe wie der „guten Sitten" oder „Treu und Glauben" kann sich im Laufe der Zeit verändern. Die Anpassung unbestimmter Begriffe wie das Anstandsgefühl aller billig und gerecht Denkenden (vgl. *RG* v. 11.4.1901, RGZ 48, 114, 124, Unterlassungsklage bei illoyalen Handlungen); die herrschende Sozialmoral (vgl. *Teubner*, S. 23); der *ordre public* (vgl. *Teubner*, S. 36 ff); oder der Schutzzweck im Hinblick auf das geschützte Rechtsgut (vgl. *Teubner*, S. 39 ff.) an die jeweils geltende Werteordnung geschieht durch die Heranziehung der jeweiligen Verfassung, insbesondere durch die Grundrechte.

[293] *Canaris*, JuS 1989, 161, 163 sub 3 b; *Larenz/Canaris*, Methodenlehre, S. 160.

[294] *Larenz/Canaris*, Methodenlehre, S. 160.

[295] *OLG Karlsruhe* v. 19.10.1978, NJW 1979, 599, 601 sub C 1 b; *BGH* v. 18.1.1983, BGHZ 86, 240 (Röteln); *OLG Düsseldorf* v. 12.7.1990, VersR 1992, 493, 494 sub I; *OLG Düsseldorf* v. 12.7.1990, VersR 1992, 493, 494; *OLG Frankfurt* vom 25.6.1992, NJW 1993, 2388 f.; *BGH* v. 16.11.1993, BGHZ 124, 128, 141 sub 3 c bb b1. Vgl. allerdings *OLG Düsseldorf* v. 1.12.1994, VersR 1995, 1316 f., wo im Fall der ohne Einwilligung vorgenommenen Sterilisation einer 25 Jahre alten Patientin eine Verletzung eines Rechts auf *„eigene und selbständige Familienplanung"* bejaht wurde.

[296] *Deuchler*, S. 188 ff.; *Deutsch*, NJW 1994, 776, 777 sub V; *Geigel/Schlegelmilch* Rdn. 250 aE; vgl. *Laufs/Reiling*, NJW 1994, 775, 776 sub III; *Mertens*, FamRZ 1969, 251, 252 f.; MünchKomm/*Mertens*, 3. Aufl., § 823 Rdn. 80; *Reinelt*, FamRZ 1970, 572, 575; RGRK/*Steffen* § 823 Rdn. 68; *Selb*, JZ 1971, 201, 207; *Waibl*, S. 197 f.

[297] Siehe oben Fußnoten 193 ff.

[298] Vgl. Fußnote 1341.

Nachteil der Eltern eher in der Person des Kindes gesucht wird, als bei einer getrennten Betrachtung der Unterhaltsbelastung.[299] Zu Recht wies er auf die Gefahr hin, dass der Unterschied zwischen Vermögens- und Nichtvermögensschaden verwischt würde.[300] Hier geht es nicht um die Unterhaltsaufwendungen, sondern allein um den Persönlichkeitsrechtsschutz. Dieser ist unabhängig von den Unterhaltsaufwendungen.

aa) Das Interesse an selbstbestimmter Familienplanung

Eine Anerkennung eines Rechts auf selbstbestimmte Familienplanung hätte den Vorteil, dass auch der Vater, dessen Entscheidungsfreiheit mitbetroffen ist, u. U. Ansprüche geltend machen kann. Seine Gesundheit ist zwar bei psychisch vermittelter schwerer Gesundheitsverletzung[301] auch ohne ein solches Recht geschützt. Doch wird es im Regelfall nicht zu einer spürbaren Beeinträchtigung der Gesundheit kommen, geschweige denn, dass daraus ein Ersatz immaterieller Schäden abgeleitet werden könnte. Eine Verletzung des Körpers kommt beim Vater grundsätzlich nicht in Betracht.[302] Auch die Mutter kann ein Interesse daran haben, über die bloße Beeinträchtigung ihres Körpers und ihrer Gesundheit hinaus eine Persönlichkeitsverletzung wegen der aufgezwungenen Mutterschaft sowie ggf. einen daraus resultierenden Anspruch auf Schmerzensgeld geltend zu machen. Die Folgen des Aufzwängens einer ungewollten Elternschaft sind weitreichend. Trotz der bekannten Fehlerquoten auch bei relativ sicheren Verhütungsmethoden wird bei den Personen, die sich solcher Maßnahmen bedienen und dafür eine Gegenleistung erbringen, der Eindruck erweckt, die Familienplanung vollkommen steuern zu können. Dieser Eindruck kann anderen wesentlichen Entscheidungen wie der Planung der Ausbildung, größerer finanzieller Anschaffungen usw., zugrunde gelegt werden, während ohne das Vertrauen in die Sicherheit solcher Methoden möglicherweise „Fehlschläge" einkalkuliert worden wären.

Ein Fehlschlagen der ursprünglichen Lebensplanung kann zwar aus Sicht der Eltern im Rückblick als positiv empfunden werden. Es kann aber auch eine gravierende Beeinträchtigung der Lebensgestaltung bedeuten.

---

[299] *BGH* v. 16.11.1993, BGHZ 124, 128, 141, 142 sub 3 c bb b1. Kritisch: *Lange*, LM § 823 (Aa) BGB Nr. 154/1994 sub 2 c.

[300] *BGH* v. 16.11.1993, BGHZ 124, 128, 142 sub 3 c bb b1 aE; siehe auch *Deutsch*, NJW 1994, 776, 777 sub V („*Etikettenschwindel*"); vgl. *Junker*, S. 575. AA: *Lange*, LM § 823 BGB (Aa) Nr. 154/1994; *Schiemann*, LM § 249 BGB (A) Nr. 109 wirft dem Senat vor, wie in der Spermaentscheidung auf das Ergebnis einer Körperverletzung fixiert zu sein.

[301] Teil 3 I 4 b.

[302] Hypothetisch denkbar sind mit *BGH* v. 30.6.1987, BGHZ 101, 215 (Nierenspende) vergleichbare Fälle, in denen es zu einer bewussten Schädigung des Körpers infolge psychisch vermittelter Kausalität kommt, um die Gesundheit des (ungewollten) Kindes zu retten.

bb) Schutzgebotsfunktion der Grundrechte

Grundrechte können Einfluss auf die Anerkennung eines Selbstbestimmungsrechts im Bereich der Familienplanung haben. Ihnen kommt im Rahmen der Auslegung und der Rechtsfortbildung auch die Funktion von Schutzgeboten zu: Beeinträchtigt ein Privatrechtssubjekt Rechtsgüter, so passt die Bezeichnung „Abwehrrecht" für das herangezogene Grundrecht nicht.[303] Die Schutzgebotsfunktion ist auch maßgeblich für die Entwicklung des allgemeinen Persönlichkeitsrechts aus Artt. 1, 2 GG als unter Privatrechtssubjekten geltendes Recht.[304] In einer der Grundsatzentscheidungen betonte der *VI. Senat,* die weite Auslegung des Tatbestandsmerkmals „Körper" sei verfassungsmäßig geboten, um die Rechte der Betroffenen hinreichend zu schützen.[305] Die Berücksichtigung persönlichkeitsrechtlicher Schutzaspekte im Hinblick auf die Familienplanung ist nicht nur zweckmäßig, sondern geboten, wenn deren Außerachtlassung gegen ein notwendiges Mindestmaß an Schutz[306] und somit gegen Grundrechte (Artt. 1 und 2 GG) verstoßen würden.

cc) Die Ableitung des Rechts auf selbstbestimmte Familienplanung aus dem allgemeinen Persönlichkeitsrecht

Das allgemeine Persönlichkeitsrecht kann Grundlage für weitere Ausgestaltungen sein.[307] Es ist nicht auf den Ehren- und Geheimnisschutz beschränkt[308], wenn auch dort ein Schwerpunkt seines Anwendungsbereiches liegt.[309] Der Schutz der Persönlichkeitssphären kann erfordern, dass eine Beeinträchtigung außerhalb der bisher anerkannten Fallgruppen durch Verursachung einer den Eltern nicht zuzurechnenden Schwangerschaft bzw. Geburt als Rechtsgutsverletzung anerkannt wird.[310]

---

[303] *Canaris,* AcP 184 (1984), 201, 231; *derselbe,* JuS 1989, 161, 168 sub b.

[304] Vgl. *BVerfG* v. 14.2.1973, BVerfGE 34, 269, 282; *BVerfG* v. 5.6.1973; BVerfGE 35, 202, 221 (*Lebach*); *Canaris,* AcP 184 (1984), 201, 245.

[305] *BGH* v. 18.3.1980 - VI ZR 247/78, NJW 1980, 1452 ff.

[306] Vgl. zum sog. Untermaßverbot: *Canaris,* AcP 184 (1984), 201, 228; *Medicus,* AcP 192 (1992), 35, 52.

[307] Siehe oben Teil 3 I 9.

[308] *Heldrich,* JuS 1969, 455, 460 sub II: *„ (...) so sollte man nicht zögern, den persönlichkeitsrechtlichen Schutz auch auf diese Entscheidung zu erstrecken."* Vgl. *Larenz,* Allg. Teil § 8 II, S. 129 Fn. 14: *„Seine Weite und relative Unbestimmtheit macht die Problematik des ‚allgemeinen Persönlichkeitsrechtes' aus".* Gegen eine Ausweitung des Schutzes auf den Bereich der „ungestörten Familienplanung": *Deuchler,* S. 188 f.

[309] *Larenz,* Allg. Teil § 8 II, S. 129.

[310] *Lankers,* FamRZ 1969, 384, 385 sub 2 a; *Heldrich,* JuS 1969, 460, 461 sub II; *Schiemann,* JuS 1980, 709, 711 sub III: *„Man kann sich aber fragen, ob das bisher in der Rechtsprechung verwendete Bild der Persönlichkeit nicht immer noch zu statisch ist und zu wenig die dynami-*

Auch die Betroffenheit anderer besonderer Persönlichkeitsrechtsgüter, die im Normalfall nur bei der Mutter vorkommen wird, spricht nicht gegen eine gleichzeitig vorliegende Verletzung weiterer besonderer Aspekte des allgemeinen Persönlichkeitsrechts. Die im Gesetz und insbesondere in § 823 I geregelten besonderen Persönlichkeitsrechte sind zwar geeignet, den Persönlichkeitsrechtsschutz im Sinne einer höheren Rechtssicherheit zu erleichtern. Dennoch sind sie angesichts der vielen denkbaren Fallkonstellationen u. a. im Zusammenhang mit dem Fortschritt bei der Fortpflanzungs- und Verhütungsmedizin nicht als abschließende Regelungen aufzufassen.

dd) Gefahr uferloser Ausweitung des Persönlichkeitsrechtsschutzes durch Anerkennung eines Rechts auf Familienplanung?

Der Rechtsgüterschutz ist auf die Integrität der geschützten Rechtsgüter beschränkt und beinhaltet keinen Schutz der allgemeinen Handlungs- und Entschließungsfreiheit.[311] Gegen die Anerkennung eines Rechts auf Familienplanung wird eingewendet, es sprenge den Schutzbereich des Deliktsrechts als „Bestandsschutz" bzw. als Schutz der Integrität der Persönlichkeitsrechtsgüter.[312] Im Bereich der Familienplanung sei lediglich die freie Willensentscheidung betroffen.[313] Darin liege kein Eingriff in den Kernbereich der Persönlichkeit.[314] Das Recht, Nachwuchs zu zeugen, wird hingegen geschützt, obwohl der *VI. Senat* interessanterweise auch hier die Anerkennung eines Rechts im Bereich der Familienplanung als Ausprägung des Persönlichkeitsrechts vermieden und in seiner Entscheidung vom 9.11.1993 (Spermaentscheidung) eine Körperverletzung angenommen bzw. konstruiert hat.[315]

Gegen die Gefahr einer uferlosen Ausweitung des Rechtsschutzes im Bereich der Familienplanung wird vorgebracht, das Recht stehe ausschließlich den Eltern zu und schütze auch nur vor solchen Schäden, die konkret durch die Beeinträchti-

---

sche Komponente der Persönlichkeitsentfaltung, wie sie gerade die Planung der Elternschaft enthält, berücksichtigt."; *Sigel*, S. 166.

311 Für das Deliktsrecht: *Deuchler*, S. 188; *Holzwarth*, S. 117; *Mertens*, FamRZ 1969, 251, 252 sub II; *Ostheide*, S. 98 ff.; *Selb*, JZ 1971, 201, 207 sub XI; *Waibl*, S. 197 f.; ablehnend bgzl. *LG Itzehoe*: *Reinelt*, FamRZ 1970, 572, 575.

312 *OLG Karlsruhe* v. 19.10.1978, NJW 1979, 599, 601 sub C 1 b; *Deuchler*, S. 188 ff., 190 f.; *Mertens*, FamRZ 1969, 251, 252 sub II; *Laufs/Reiling*, NJW 1994, 775, 776; *Ostheide*, S. 98 ff.; vgl. *Selb*, JZ 1971, 201, 207; *Waibl*, S. 197 f.

313 *Deuchler*, S. 190; *Ostheide*, S. 99; *Waibl*, S. 198.

314 *Mertens*, FamRZ 1969, 251, 252; *Ostheide*, S. 99. Nur für den Fall eines Irrtums über die Wirkung als Verhütungsmittel: *Reinelt*, FamRZ 1970, 572, 575; *Selb* JZ 1971, 201, 207 f. sub X - XII.

315 *BGH* v. 9.11.1993, BGHZ 124, 52, 54 (Spermaentscheidung); für eine Verletzung des Persönlichkeitsrechts: *Jauernig/Teichmann* § 823 Rdn. 71 mwN.

gung der familienplanerischen Entscheidungsfreiheit eingetreten seien.[316] Ein Recht auf selbstbestimmte Familienplanung können natürlich nur die Eltern geltend machen. Dadurch allein wird allerdings nicht die Gefahr beseitigt, dass diesem (eingegrenzten) Personenkreis ein Schutz zukommt, der die Haftung für diese Rechtsgutsverletzung ins Grenzenlose ausufern lässt.

Die Gefahr, dass der Persönlichkeitsrechtsschutz uferlos ausgeweitet wird, spricht für sich genommen nicht gegen die Anerkennung eines Rechts auf Familienplanung, da einer solchen Gefahr durch besondere Voraussetzungen sowie die Güter- und Interessenabwägung[317], die für die Feststellung der Rechtswidrigkeit von Bedeutung ist, begegnet werden kann.

ee) Eingrenzbarkeit des Schutzbereichs durch Güter- und Interessenabwägung

Bei der Frage der Zweckmäßigkeit einer Anerkennung eines Rechts auf Familienplanung sowie der Bestimmung der Voraussetzungen einer Verletzung sind die Kriterien für die Güter- und Interessenabwägung zur Feststellung der Verletzung des allgemeinen Persönlichkeitsrechts zu untersuchen: Der Schutz, den die betroffene Sphäre genießt, die Schwere des Eingriffs und seiner Folgen, das eigene der Beeinträchtigung vorausgehende Verhalten des Verletzten, sowie die Motivation und Zielrichtung für das Verhalten.[318]

(1) Qualität der Beeinträchtigung, betroffene Sphären

Kommt eine Schwangerschaft in einer den Eltern nicht allein zuzurechnenden Weise zustande, kann darin über die bloßen körperlichen Folgen hinaus grundsätzlich eine schwerwiegende Beeinträchtigung liegen. Zu Recht weist die Literatur darauf hin, dass bereits die Veröffentlichung eines privaten Geheimnisses in einem Brief Persönlichkeitsschutz auslöst.[319] Ein etwaiger Schutz im Bereich der eigenverantwortlichen Familienplanung kann daher jedenfalls nicht am Ausmaß der Beeinträchtigung scheitern. Auch stehen keine gewichtigen Interessen des Anspruchsgegners wie etwa die Meinungs- und Pressefreiheit in den anderen Fallgruppen entgegen. Da jedoch nicht in jedem Fall in der Herbeiführung einer Schwangerschaft durch Dritte oder einen Elternteil eine Verletzung eines beson-

---

[316] *Harrer*, S. 243.

[317] *Junker*, S. 588.

[318] Zu den Kriterien bei der Güter- und Interessenabwägung: *Palandt/Sprau*, § 823 Rdn. 96 - 100.

[319] *Debo*, S. 84; *Giesen*, FamRZ 1970, 565, 569 sub VII 1; *Harrer*, S. 240; vgl. *Junker*, S. 577; vgl. *Lankers*, FamRZ 1970, 384, 385 sub II 2 a; *Reinhart*, S. 83; *Staudinger/Hager* § 823 Rdn. C 245 mwN.

deren Persönlichkeitsrechts liegt, ist das Ausmaß allein nicht entscheidend. Vielmehr ist eine Verletzung besonderer Aspekte des Persönlichkeitsrechts nur anzunehmen, wenn die Schwangerschaft auf eine bestimmte Art und Weise herbeigeführt wurde.

Die Empfängnis und die Geburt lassen sich nicht ohne Weiteres in die anerkannten Sphären des Persönlichkeitsrechtsschutzes (Individualsphäre, Privatsphäre und Intimsphäre) einordnen.[320] Jene sind zugeschnitten auf die Fallgruppen der Verletzung des Ehren- und des Geheimnisschutzes. Zeugung und Geburt eines Kindes unterscheiden sich vom Preisgeben eines privaten oder intimen Geheimnisses ebenso wie von ehrverletzenden Äußerungen. Sie lassen sich auch nicht vergleichen mit dem Nach-außen-Gelangen von Informationen z. B. über die Zeugung/Geburt als solche. Das Verbreiten von Informationen über die Anzahl von Kindern mag die Individualsphäre oder auch die Privatsphäre betreffen. Die Zeugung eines Kindes selbst liegt jedoch außerhalb dieses Bereiches.

Mit der Familienplanung ist jedoch ein Bereich berührt, der eine äußerst persönliche Angelegenheit der Eltern ist und weitestgehend durch deren persönliche Entscheidungen beeinflusst werden soll, was für ein hohes Maß an Schutz spricht.[321]

(2) Abwägung der Verursachungsbeiträge

Die Verletzung eines Rechts auf Familienplanung scheidet aus, wenn die Eltern oder ein Elternteil nicht berechtigterweise auf das Ausbleiben einer Schwangerschaft vertrauen konnten und das Scheitern der Planung in ihr eigenes Lebensrisiko fällt. Fehler der Eltern, die zu einer Pflichtverletzung[322] bzw. zu einem Verletzungsverhalten des Dritten hinzutreten (z. B. die Anwendung eines offensichtlich ungeeigneten Präparates in dem Glauben, es handele sich um eine Anti-Baby-Pille[323] oder das Unterlassen einer Nachuntersuchung im Fall der Sterilisation[324])

---

[320] *Junker*, S. 588 hält eine unmittelbare Einordnung eines Rechts auf Familienplanung in die anerkannten Sphären nicht für möglich, sieht jedoch die Privat- oder Intimsphäre als betroffen an.

[321] Vgl. *Schramm*, S. 159 f., der ebenso wie *Lankers*, FamRZ 1969, 385 die Intimsphäre als berührt ansieht. Vgl. auch *Junker*, S. 588 (siehe oben).

[322] Die Pflichtverletzung bei einem Vertrag liegt nach neuerer Definition darin, dass der Dritte hinter dem vertraglich geschuldeten Pflichtenprogramm zurückbleibt. Während die Schlechterfüllung der Hauptleistungspflicht im Rahmen des Dienstvertrages bisher nach den Regeln der positiven Vertragsverletzung gelöst wurden, greift seit 1.1.2002 § 280 I ein.

[323] *LG Itzehoe* v. 21.11.1968, FamRZ 1969, 90 ff. (*Enzynorm* statt *Eugynon*).

[324] *BGH* v. 30.6.1992, NJW 1992, 2961 f. (Nichtinanspruchnahme der Nachuntersuchung nach fehlerhafter Vasektomie).

sind für einen etwaigen Anspruch auf Ersatz der Unterhaltsaufwendungen sowie für die Verletzung der in § 823 I, § 253 II genannten Rechtsgüter unter dem Gesichtspunkt des Umfangs eines Anspruchs gem. § 254 von Bedeutung.[325] Das Verletzungsverhalten und die Feststellung, ob Körper bzw. Gesundheit beeinträchtigt sind, sind unabhängig von einer Güter- und Interessenabwägung festzustellen. Bei der Frage, ob ein Recht auf Familienplanung verletzt ist, ist hingegen das eigene Verhalten bereits bei der Güter- und Interessenabwägung zur Feststellung der Rechtsgutsbeeinträchtigung zu berücksichtigen. Eine Quotenbildung in Form einer abstufenden Differenzierung wie bei § 254 ist nicht möglich. Erforderlich ist vielmehr eine Einzelfallentscheidung für oder gegen eine Verletzung eines solchen Rechts.

Ein möglicher Ansatz ist, unabhängig von einem „falschen" oder „richtigen" Umgang mit Verhütungsmaßnahmen, bereits im freiwilligen Geschlechtsverkehr einen so wesentlichen eigenen Verursachungsbeitrag zu sehen, dass eine Verletzung eines Rechts auf Familienplanung grundsätzlich ausscheidet. Die Ende der siebziger Jahre vertretene Ansicht des *OLG Bamberg*[326], wonach dem Geschlechtsverkehr die Zeugung neuen Lebens so „wesensimmanent" sei, dass es auf die Hilfe Dritter bei der Verwirklichung der Familienplanung nicht ankomme, läuft auf diesen Ansatz hinaus, wenn auch das Gericht zu einem Recht auf Familienplanung nicht Stellung nahm. Die Güterabwägung würde in den Fällen freiwilligen Geschlechtsverkehrs im Sinne einer einseitigen Risikotragung zu Lasten der Eltern ausfallen.

Es bleiben auch bei dieser Betrachtung Fälle, in denen eine Verletzung eines Rechts auf Familienplanung in Betracht kommt. Zu nennen ist der eher hypothetische Fall des Missbrauchs von Ei- oder Samenzelle, der unfreiwillige Geschlechtsverkehr oder die Zeugung infolge einer Aufsichtspflichtverletzung über Personen, die aufgrund ihres geistigen Zustandes von Dritten zu beaufsichtigen sind[327]. In den anderen Fällen hingegen ist eine weitere Eingrenzung geboten, weil ansonsten jede von Dritten oder einem Elternteil zurechenbar verursachte Schwangerschaft zugleich eine Verletzung des Rechts auf Familienplanung darstellen würde.

Je höher der eigene Verursachungsbeitrag[328] oder der des Partners ist, d. h. je weniger die Eltern die Schutzmaßnahmen, die einigermaßen vernünftige, sorgfäl-

---

[325] *LG Itzehoe* v. 21.11.1968, FamRZ 1969, 90 ff.; *BGH* v. 30.6.1992, NJW 1992, 2961.
[326] *OLG Bamberg* v. 6.2.1978, NJW 1978, 1685.
[327] Vgl. *RG* v. 22.2.1924, RGZ 108, 86, Teil 2 VII; Teil 4 I 3 a dd; Teil 4 II 2 g dd.
[328] So anzunehmen in *LG Itzehoe* v. 21.11.1968, FamRZ 1969, 90 ff.; *Löwe*, VersR 1969, 573, 574 und *Michalski*, JA 1979, 186, 190 sub D II 1 erwägen wegen des „groben eigenen Ver-

tig handelnde Personen ergriffen hätten, beachtet haben, desto unwahrscheinlicher ist eine Verletzung eines Rechts auf Familienplanung. Der eigene Beitrag ist allerdings im Gesamtzusammenhang mit den anderen Faktoren zu sehen. Hier ist keine einfache schematische Rechnung der Art angebracht, dass z. B. bei einem auf 50 % geschätzten Mitverursachungsbeitrag keine Verletzung mehr anzunehmen sei. Vielmehr können auch schon geringere aber nicht unwesentliche Beiträge gegen eine Verletzung eines Rechts auf Familienplanung sprechen.

(3) Die Bedeutung der Motivation und des Zwecks des Handelns des Anspruchsgegners/der Anspruchsgegnerin

Im Rahmen der Güter- und Interessenabwägung bei der Feststellung einer rechtswidrigen Verletzung des Persönlichkeitsrechts sind auch das Motiv bzw. der Zweck des Verletzungshandelns und somit die Willensrichtung mit zu berücksichtigen.[329] Es erscheint befremdlich, eine Verletzung des Rechts auf Familienplanung zu bejahen, wenn die mittelbare Verursachung der Empfängnis auf einem Verhalten eines Dritten beruht, welcher gerade der Familienplanung dienen wollte, dessen Willen also gerade auf das Gegenteil einer Beeinträchtigung der Familienplanung ausgerichtet war. Andererseits erkennt die Rechtsprechung auch eine fahrlässige Verletzung des Persönlichkeitsrechts an.[330] Der Schutz durch Artt. 1 I, 2 I GG ist schließlich nicht geringer als der der Freiheit (Art. 2 II GG)[331], die fahrlässig verletzt werden kann.[332] Dennoch liegt bei fahrlässigem Verletzungsverhalten eine das Persönlichkeitsrecht des Anderen missachtende Motivation gerade nicht vor. Fraglich ist, wie hoch bei dieser Frage die Anforderungen an eine Verletzung eines Rechts auf Familienplanung zu stellen sind.

Teilweise wird vertreten, die Anforderungen an eine Verletzung dürften nicht zu hoch sein, um das grundsätzlich anzuerkennende Recht auf Familienplanung nicht auszuhöhlen, so dass z. B. zielgerichtetes Handeln[333] nicht erforderlich sei.[334] Zum Teil wird auf eine solche Einschränkung des Rechts auf Familienpla-

---

schuldens" ein Entfallen des Anspruchs auf Ersatz der Unterhaltsaufwendungen im Rahmen von § 254.

[329] *Palandt/Sprau* § 823 Rdn. 99 mwN.

[330] *BGH* v. 8.5.1956, BGHZ 20, 345; *BGH* v. 19.9.1961, BGHZ 35, 363, 366; vgl. zum Schutz der Freiheit: *BVerfG* v. 11.10.1978, BVerfGE 49, 304, 319 f. sub B II 2a (Entmündigung aufgrund eines fahrlässig falsch erstellten Arztgutachtens).

[331] *Canaris*, JuS 1989, 161, 170 sub b.

[332] *BVerfG* v. 11.10.1978, BVerfGE 49, 304, 319 f. sub B II 2 a.

[333] Siehe unten Fußnote 336.

[334] Gegen das Erfordernis der Zielgerichtetheit der Verletzungshandlung beim Recht auf Familienplanung: *Harrer*, S. 243 f.

nung verzichtet, da die Gefahr einer „uferlosen Ausweitung" wegen der Betroffenheit der Intimsphäre abgelehnt wird.[335] Auch dies könnte dafür sprechen, auf das strenge Erfordernis zielgerichteten Handelns grundsätzlich zu verzichten.

Nach anderer Auffassung sei wegen fehlender Zielgerichtetheit des Verhaltens eine Verletzung eines Rechts auf Familienplanung abzulehnen.[336]

Das Argument, das Recht auf Familienplanung könne durch zu enge Anforderungen „ausgehöhlt" werden, ist zweifelhaft. Die Festlegung von Grenzen durch eine Güter- und Interessenabwägung stellt keine Aushöhlung dar, sondern dient in diesem Fall der notwendigen Konkretisierung eines Rechts ohne feste Konturen. Es ist kein Grund ersichtlich, die Motivation bzw. das Ziel, welches dem Verletzungsverhalten zugrunde liegt, anders als bei der Verletzung des allgemeinen Persönlichkeitsrechts nicht zu berücksichtigen. Schließlich geht es auch nicht um einen Verstoß gegen die Menschenwürde des Verletzten, der auch bei anerkennenswerter Motivation nicht gerechtfertigt sein könnte.

Überzeugender ist, wie auch in den Fällen der Feststellung der Verletzung des Persönlichkeitsrechts, anhand einer Güter- und Interessenabwägung im Einzelfall festzustellen, ob aufgrund der Motivation und des Zwecks des Handelns eine (rechtswidrige) Verletzung eines Rechtes auf Familienplanung zu bejahen ist. Ist Ziel des Verhaltens gerade die Förderung der Familienplanung gewesen, kann von einer Verletzung dieses Rechtsguts nicht ausgegangen werden.

(a) Hinwegsetzen über die Familienplanung durch Dritte

Ein unmittelbarer und zielgerichteter Eingriff eines Dritten liegt vor, wenn die Schwangerschaft vorsätzlich gegen den Willen beider Elternteile oder eines Elternteils herbeigeführt wird. Ein solches Verhalten Dritter, welches als Verletzung eines Rechts auf Familienplanung der Eltern anzuerkennen ist, ist jedoch in der Praxis bisher bedeutungslos gewesen, da dem Dritten dadurch keine Vorteile entstehen. Denkbar, wenn auch bisher noch nicht entschieden ist, dass bei einer Schwangerschaft durch In-Vitro-Fertilisation der Wille der Keimzellenspender nicht mehr berücksichtigt wird und der Arzt einen Embryo zeugt, nachdem jemand seine Einwilligung zurückgezogen hat.

---

[335] *Holzwarth*, S. 118 ff.

[336] Zur Ablehnung einer Verletzung eines Rechts auf Familienplanung bzw. der fehlenden Relevanz wegen fehlender Zielgerichtetheit des Verletzungsverhaltens: *Deuchler*, S. 192; *Hauberichs*, S. 152; *Sigel*, S. 167 ff., 169: *„(...) Arzt will aber mit seiner Handlung diese Entscheidung gerade fördern und verwirklichen"*; *derselbe*, NJW 1978, 2341 aE.

(b) Elternschaft einer zu beaufsichtigenden Person, Verletzung des Rechts auf sexuelle Selbstbestimmung

Im Fall der Herbeiführung einer Schwangerschaft mit einer Person, die der Beaufsichtigung bedarf[337], ist die Schutzbedürftigkeit bei der Güter- und Interessenabwägung besonders zu berücksichtigen. Hier kann es nicht wie bei gleichberechtigten Partnern darauf ankommen, dass eine Schwangerschaft zielgerichtet herbeigeführt wurde. Ähnlich wie in den Fällen der Berufshaftung muss genügen, dass die vertragliche Pflicht (hier also die Aufsicht) vorsätzlich verletzt wurde, wenn diese Pflicht (auch) auf die Verhinderung einer Persönlichkeitsrechtsverletzung gerichtet war. Ist das der Fall, ist auch davon auszugehen, dass die Empfängnis in Kauf genommen wurde. Ein ggf. vorliegender Wunsch der Aufsichtsperson, ein Kind zu bekommen, ist nicht als Ausdruck des eigenen Persönlichkeitsrechts[338] zu berücksichtigen, da dieser Wunsch keineswegs auf Kosten dessen, der eines besonderen Schutzes bedarf, durchgesetzt werden darf. Ein freiwilliges Mitwirken der zu beaufsichtigenden Person steht der Verletzung des Persönlichkeitsrechts allerdings entgegen, wenn die Person einsichtsfähig ist (vgl. §§ 827 S. 1, 828 III).

Eine Verletzung des Rechts auf Familienplanung kann darüber hinaus auch bei der Schwangerschaft infolge einer Verletzung des Rechts auf sexuelle Selbstbestimmung (§§ 253 II, 825) eintreten. Die Empfängnis stellt selbst keine Verletzung der sexuellen Selbstbestimmung dar. Sie stellt jedoch nach Abwägung der Güter und Interessen eine Verletzung des Rechts auf Familienplanung als Folge der Verletzung dieses Rechtsguts dar.[339]

(c) Verschweigen des abredewidrigen Unterlassens der Anwendung von Verhütungsmitteln durch einen Elternteil

Das Verschweigen der abredewidrigen Unterlassung der Anwendung von Verhütungsmitteln ist eine praktisch sicher häufig vorkommende Art der Herbeiführung einer Schwangerschaft gegen den Willen eines Elternteils, in der Regel des Vaters. Während *Diederichsen*[340] Fälle dieser Art bereits im Jahr 1981 prophezeite und vor Eindämmungsschwierigkeiten im Hinblick auf Schadensersatzansprüche warnte, entschied der *IX. Senat* des *BGH* schließlich zugunsten einer Mutter, die eine Schwangerschaft vorsätzlich herbeigeführt hatte. Der *IX. Senat* wollte die Mutter auch im Interesse des Kindes, welches sonst *„die finanzielle*

[337] *RG* v. 22.2.1924, RGZ 108, 86 ff.
[338] Siehe dazu unter (c): Elternteil mit einseitigem Kinderwunsch.
[339] Siehe oben Teil 3 II.
[340] Die „Eindämmungsschwierigkeiten" ergeben sich nach Auffassung von *Diederichsen*, VersR 1981, 693 sub 1 durch das Kriterium der Durchkreuzung der Familienplanung.

und seelische Belastung der Mutter miterleben und mitempfinden"[341] müsste, weder vertraglichen noch deliktischen Ansprüchen des Vaters aussetzen.[342] Die Entscheidung ist in der Literatur teilweise auf heftige Kritik gestoßen.[343] Umstritten ist, ob und unter welchen Umständen Ansprüche des Vaters bei abredewidrigem Unterlassen der Anwendung von Verhütungsmitteln durch die Mutter in Betracht kommen.[344]

---

[341] *BGH* v. 17.4.1986, BGHZ 97, 372, 380.

[342] *BGH* aaO S. 380 sub 2. Vgl. auch *Looschelders*, Jura 2000, 169, 173 sub III 3 b, der den Schutzanspruch des Kindes über das Selbstbestimmungsrecht des Vaters stellt. Anders: *Ramm*, JZ 1986, 1011, 1013 sub 4, der die Befürchtungen des *IX. Senats* als „hypothetisch" zurückweist. Vgl. auch *Fischer*, in: FS Rolland, S. 103, 107, nach dessen Ansicht der *IX. Senat* nicht den Schaden des Vaters verneint habe, sondern die Ersatzpflicht der Mutter im Interesse des Kindes ausgeschlossen habe.

[343] Vgl. *Palandt/Brudermüller* Einl v § 1297 Rdn. 21 (für § 826 bei bewusster Täuschung); *Depping*, JuS 1988, 922; *Fehn*, JuS 1988, 602, 605 sub II 2 c lehnt bereits die Möglichkeit einer Berücksichtigung der Grundrechte des Kindes ab. *Grunsky*, Jura 1987, 82, 84 sub 2 a bb vertritt eine Mitteilungspflicht der Mutter aufgrund der Abrede, die zwar jederzeit kündbar bleibt, solange sie besteht, ansonsten aber verbindlich sein soll. Vgl. auch *Erman/Heckelmann* vor §§ 1353-1362 Rdn. 15 (Deliktsschutz für nichteheliche Lebensgemeinschaft); *Junker*, S. 685 ff. (für Rechtsbindungswillen bei Vorliegen entsprechender Willenserklärungen und der Wahl sicherer Verhütungsmethoden und gleichzeitiger Kündbarkeit der Abrede); *Ostheide*, S. 145 ff. (für vertraglichen und deliktischen Schadensersatzanspruch in Bezug auf die Unterhaltsaufwendungen); *Staudinger/Oechsler* § 826 Rdn. 458; *Ramm*, JZ 1986, 1011 ff.; *derselbe*, JZ 1989, 861, 866 sub IV 2 e cc; *Roth-Stielow*, JR 1987, 7 ff.; *Schlund*, JR 1986, 455 ff. (für Bindungswirkung und -willen, für Mitteilungspflicht, gegen ein Betroffensein der Menschenwürde durch Abwälzung der Unterhaltsaufwendungen auf die Mutter); *Soergel/Zeuner* Vor § 823 Rdn. 63.

[344] *BGH* v. 17.4.1986, BGHZ 97, 372 ff.; siehe oben Teil 2 V. Ebenso: *Dunz*, VersR 1986, 819 ff. (Ausschließlichkeit des Familienrechts); *Erman/Heckelmann* Vor §§ 1353-1362 Rdn. 15 (keine rechtsgeschäftliche Regelung mit Ausnahme von § 826, Deliktsschutz in nichtehel. Lebensgemeinschaft); *Gernhuber/Coester-Waltjen*, Familienrecht § 18 V 7 (für Verbindlichkeit von Absprachen in der Ehe) mwN in Fußnote 26; MünchKomm/*Wacke* § 1353 Rdn. 32 (Abreden sowohl in als auch außerhalb der Ehe im rechtsfreien Raum). Zum Problem des verletzten Rechtsguts: *Kolb*, S. 166 ff. (keine Persönlichkeitsrechtsverletzung i. S. von § 823 I, sondern Verletzung der Entscheidungsfreiheit durch sittenwidrige Handlung i. S. von § 826, siehe S. 172 ff.); *Lange*, § 6 IX 7 b dd, S. 332; *Larenz/Canaris*, SchuldR II/2 § 80 II 6 e, S. 515 aE; *Looschelders*, Jura 2000, 169, 172 sub III 1 b, 174 f.; *Lüderitz*, Rdn. 103, 214, 697 stellt sowohl bei nicht ehelicher als auch ehelicher Lebensgemeinschaft allein auf das Wohl des Kindes ab, bejaht allerdings eine - im Ergebnis leer laufende - Pflicht zur Mitteilung des Absetzens der Verhütungsmittel; MünchKomm/*Mertens*, 3. Aufl., § 826 Rdn. 117; *Soergel/Hönn/Dönneweg* § 826 Rdn. 101a (Ausschließlichkeit des Familienrechts); *Thür*, S. 104 f. (für abschließende Lösung nach Familienrecht). Anders: *Bruns*, S. 79 ff., die bei Täuschung unter Ehegatten eine Verletzung der „Entscheidungsfreiheit" als Bestandteil des allgemeinen Persönlichkeitsrechts bejaht; *Roth-Stielow*, JR 1987, 7 ff.

Deliktische Ansprüche (in diesem Fall aus § 826) lehnte der *IX. Senat* mit der Begründung ab, *„der Intimbereich zweier volljähriger Partner, die beim freiwilligen Geschlechtsverkehr (...) das Entstehen von Leben verantworteten, unterlieg(e) im Falle der Geburt eines Kindes grundsätzlich auch dann nicht dem Deliktsrecht, wenn der eine Partner dabei den anderen über die Anwendung empfängnisverhütender Maßnahmen getäuscht"* habe.[345]

Dadurch kommt u. a. auch zum Ausdruck, dass eine Verletzung jeglicher schützenswerter Interessen des Vaters, dem die Elternschaft aufgedrängt wurde, verneint wird. Über eine Verletzung eines Rechts auf Familienplanung wurde nicht diskutiert.

Teilweise wird die Anwendung des § 826[346] u. a. mit dem Argument befürwortet, dass die Mutter auf schwere Art und Weise mit egoistischer Motivation die Würde des Vaters verletzt habe, indem sie ihn benutzt habe, um an ein Kind zu kommen.[347] Diese Argumentation könnte für eine Persönlichkeitsrechtsverletzung des Vaters sprechen.

Das Persönlichkeitsrecht von Ehegatten ist im Bereich der Familienplanung problematisch, da es im Zusammenhang mit dem Persönlichkeitsrecht des anderen Ehegatten zu sehen ist.[348] Das Recht auf eigenen Nachwuchs[349] als Aspekt

---

[345] *BGH* aaO S. 379, 380.

[346] § 826 ist auch bei Eingriffen in die Persönlichkeitssphäre anwendbar: *Soergel/Hönn/Dönneweg* § 826 Rdn. 61. Für § 826 in Bezug auf einen Vermögensschaden: *Fehn*, JuS 1988, 602, 605; *Junker*, S. 697; *Ostheide*, S. 146 ff.; *Ramm*, JZ 1986, 1011, 1012. Für § 826 in Bezug auf den Rechtsgüterschutz und den Schutz des Vermögens des getäuschten Partners: *Junker*, S. 704 f.

[347] Vgl. *Ostheide*, S. 146 f.; *Ramm*, JZ 1986, 1011, 1012 sub 3; *derselbe*, JZ 1989, 861, 866; *Roth-Stielow*, JR 1987, 7, 8 sub II 1: *„Denn jene Frau hat den Vater (...) gegen Art. 1 Abs. 1 GG als ‚Objekt' zur Durchsetzung höchst egoistisch bestimmter Wünsche mißbraucht. Dieser Mann wurde (...) nur als ‚Mittel zum Zweck' benutzt und ausgenutzt."*

[348] Für die nichteheliche Gemeinschaft: *Larenz/Canaris*, SchuldR II/2 § 80 II 6 e. Für die eheliche Lebensgemeinschaft: *OLG Stuttgart* v. 14.1.1999, FamRZ 1999, 1136, 1138; *Looschelders*, Jura 2000, 169, 173 sub III 1 b. Anders für die eheliche Lebensgemeinschaft: *Bruns*, S. 84, die die Interessen der Elternteile als gleichwertig ansieht und deshalb die Rechtswidrigkeit eines Eingriffs in das Persönlichkeitsrecht des getäuschten Ehegatten annimmt. Zur Bedeutung der Ehe für das Persönlichkeitsrecht vgl. *Jayme*, S. 255.

[349] Vgl. zur Bedeutung des Rechts, eigene Nachkommen zu zeugen: *BFH* v. 18.6.1997, NJW 1998, 854, 855 sub II 2 c cc (Kosten der künstlichen Befruchtung als außergewöhnliche Belastung); *Landessozialgericht Baden-Würtemberg* v. 31.1.2003 - L 4 KR 3130/02 (Anspruch auf Maßnahmen zur künstlichen Befruchtung nach Sterilisation); *Beckmann*, MedR 2001, 169, 172 sub 2. Nach einem römischen Gerichtsurteil enthalte das verfassungsrechtlich geschützte Persönlichkeitsrecht ein Recht auf Nachwuchs, welches sogar den Einsatz einer Leihmutter decke, vgl. NJW 2000, LI.

des Persönlichkeitsrechts gewinnt dadurch an Bedeutung, dass trotz gesellschaftlicher, finanzieller und beruflicher Nachteile, die eine Entscheidung für die Zeugung eines Kindes heute zu erschweren scheinen[350], gerade innerhalb einer bestehenden Ehe der Wunsch nach gemeinsamen Kindern noch überwiegen dürfte.[351]

Gegen eine Verletzung des Persönlichkeitsrechts durch die Herbeiführung einer Schwangerschaft im Rahmen der Ehe spricht, dass die Zeugung von Kindern in der Ehe grundsätzlich „normal" ist. Auch wenn der Partner, der keine Kinder möchte, durch die Ehe nicht seine Entscheidungsfreiheit einbüßt und sein Persönlichkeitsrecht nicht aufgehoben[352] wird, so kann seiner Freiheit kein höheres Gewicht beigemessen werden, als dem Recht des anderen auf Nachwuchs.[353] Der Schwerpunkt der Vorwerfbarkeit liegt in solchen Fällen nicht in einer aktiven, zielgerichteten Handlung der Mutter. Den Geschlechtsverkehr hat (auch) der Vater gewollt und aktiv mitbestimmt.

Das Recht auf eigene Nachkommenschaft, ein anerkanntes Persönlichkeitsrecht[354], ist bei der Abwägung zu berücksichtigen. Angesichts dieses Persönlichkeitsrechts kann jedenfalls weder im Unterlassen der Unterdrückung der eigenen Fruchtbarkeit aber auch nicht in der Täuschung über die angebliche Verwendung solcher Mittel eine (sittenwidrige) Verletzung des Persönlichkeitsrechts des anderen Ehegatten gesehen werden. Dessen Wunsch, keine Kinder zu haben, hat kein höheres Gewicht als der Wunsch, Kinder zu haben. Eine solche Verletzung wäre anzunehmen, wenn das Recht, keine Nachkommen zu zeugen, gegenüber dem Recht des Partners mit Kinderwunsch mehr Gewicht hätte.

Auch bei nichtehelichen Beziehungen sind, um eine Einmischung der Gerichte in den Intimbereich der Eltern zu vermeiden, strengere Anforderungen als zielgerichtetes Unterlassen der Anwendung von Verhütungsmitteln oder diesbezügli-

---

[350] Siehe oben Teil 1 I Fußnote 2. *S. Meyer*, Deutschland, armes Kinderland.

[351] Vgl. *Junker*, S. 688; vgl. *Ostheide*, S. 148, der jedoch auch bei Täuschungen unter Ehegatten § 826 bejaht.

[352] Vgl. *Junker*, S. 689, die betont, dass die Entscheidungsautonomie der Eheleute nicht aufgegeben werde.

[353] Dazu *Looschelders*, Jura 2000, 169, 173 sub III 3 mwN. Zum hohen Stellenwert des Rechts, eigene Nachkommen zu zeugen; vgl. Fußnote 354.

[354] Die erhebliche Bedeutung des Interesses, eigene Nachkommen zu zeugen, wird auch deutlich in der Spermaentscheidung des *VI. Senats* (*BGH* v. 9.11.1993, BGHZ 124, 52, 56 sub II 2 b) und bei Ehegattten in der Regelung des § 27a SBG V (Leistungsanspruch von Ehegatten auf künstliche Befruchtung). Vgl. auch *Larenz/Canaris*, SchuldR II/2 § 80 II 6 e: *„Wenn z. B. eine Frau ihrem (...) Partner vortäuscht, daß sie ein empfängnisverhütendes Mittel genommen habe, verletzt sie zwar dessen personale Entscheidungsfreiheit, verwirklicht aber zugleich ihren Wunsch nach einem Kind und übt damit ihre eigene ebenso höchstpersönliche Entscheidungsfreiheit aus (...)"*.

cher Aufklärung zu stellen. Es genügt nicht, dass die Eltern ernsthafte Absprachen über eine konkrete, ausreichend Sicherheit bietende Verhütungsmaßnahme getroffen und darauf vertraut haben, dass der andere sich an die Absprache hält.[355]

In eine falsche Richtung geht die anlässlich des vom *IX. Senat* entschiedenen Falls von einem Teil der Literatur vorgenommene moralische Verurteilung des Verhaltens der Mutter. Sie sei egoistisch motiviert und darauf ausgerichtet gewesen, den Vater als „Mittel zum Zweck" zu benutzen.[356] Es ist fragwürdig, ob und inwieweit Außenstehende überhaupt in der Lage sind, in Fällen dieser Art ein zutreffendes Urteil über angeblichen Egoismus des die Geburt eines Kindes wünschenden Elternteiles zu fällen.[357] Die Geburt kann für die Mutter - gerade im Fall, dass diese alleinerziehend ist - neben den körperlichen auch noch mit finanziellen, beruflichen und zeitlichen Opfern verbunden sein. Beschränkt auf das Verhältnis zwischen Mutter und Vater können viele verschiedene Umstände eine Rolle spielen, deren Bewertung sich dem Beurteilungsspielraum des Richters entziehen dürften. Es ist eher zweifelhaft, ob es hier Aufgabe der Rechtsprechung ist, innere Vorgänge, wie die Motivation, ein Kind zu haben, zu beurteilen.

Ist der getäuschte Partner verheiratet und wird er von dem (dritten) Geschlechtspartner getäuscht, stellt sich die Frage, ob der Schutz der Ehe eine andere Abwägung erforderlich macht. Die durch Art. 6 I GG geschützte Ehe kann durch die Zeugung eines unehelichen Kindes erheblich gestört werden - wenn diese nicht sogar daran zerbricht. Die Persönlichkeit wird durch die Eigenschaft als Partner einer ehelichen Gemeinschaft mitgeprägt.[358] Dennoch ist zweifelhaft, ob der Schutz der Ehe auch bei der Abwägung der Persönlichkeitsrechte der Eltern im Hinblick auf die Familienplanung zu berücksichtigen ist. Schwerlich ließe sich vertreten, dem Ehegatten, der aufgrund einer außerehelichen Beziehung ungewollt Vater wird, eine Verletzung des Persönlichkeitsrechtes zuzugestehen,

[355] So aber *Junker*, S. 703 f.; *Ostheide*, S. 147 f.

[356] *Ostheide*, S. 147; *Roth-Stielow*, JR 1987, 7, 8 siehe Fußnote 347. Zunächst verließ der Kläger die Mutter gleich nach Eintritt der Schwangerschaft. Hierüber verlieren die „Gegner der Mutter" in der Literatur kein Wort. Dem Vater ging es ferner darum, sich der Unterhaltspflicht für das Kind zu entziehen, indem er die Aufwendungen zunächst (zum Nachteil des Kindes) der bereits zum Unterhalt verpflichteten Mutter und anschließend seinen Anwälten aufbürden wollte. Auch entzog er sich den sich aus Art. 6 II Satz 1 GG ergebenden Fürsorgepflichten.

[357] Anders: *Looschelders*, Jura 2000, 169, 174, der bei der Frage der Sittenwidrigkeit gem. § 826 vertritt, dass ein Urteil durch subjektive Wertung mit Hilfe der Begriffe „Anständigkeit", „Loyalität" und „Fairness" möglich sei und bei der Beurteilung der inneren Motivation der Mutter für die Frage nach der Sittenwidrigkeit anders als beim Problem der Rechtsgutsverletzung (S. 173) deren Recht auf Zeugung eigener Kinder nicht (mehr) ausdrücklich erwähnt. Ebenfalls auf die individuelle Motivation abstellend: *Staudinger/Oechsler* § 826 Rdn. 53.

[358] Vgl. Teil 3 I 7.

dem nicht verheirateten hingegen nicht. Der Elternteil, dem die Elternschaft aufgezwungen wurde, kann sich auch deshalb nicht auf den Schutz seiner Ehe berufen, weil er selbst diese durch sein Verhalten gestört hat. Vom „Einbrechen" des anderen Elternteils „in die Ehe" kann also keine Rede sein. Vielmehr ist bereits die Ehe durch die Aufnahme der außerehelichen Beziehung als gestört anzusehen.[359]

(d) Schutz des Rechts auf Familienplanung der Mutter

Das Interesse des Vaters, Nachwuchs zu zeugen, wiegt im Fall freiwilligen Geschlechtsverkehrs nicht weniger als das Interesse der verheirateten oder ledigen Mutter, kein Kind zu zeugen. Eine andere Sicht wäre auch mit dem Gleichheitsgrundsatz aus Art. 3 I GG nicht zu vereinbaren, da das Persönlichkeitsrecht auf Nachwuchs bei Vater und Mutter gleich zu bewerten ist. Täuscht der Vater die Mutter über das Bestehen einer angeblichen Unfruchtbarkeit, so liegt darin ebenfalls keine Verletzung eines Rechts auf Familienplanung.[360] Die Verletzung der Rechtsgüter Körper und Gesundheit wird dadurch allerdings nicht ausgeschlossen und ist unabhängig zu beurteilen.[361]

(e) Aktives Herbeiführen einer Schwangerschaft durch künstliche Methoden der Fortpflanzung

Die Grenzen zur Verletzung eines Rechts auf Familienplanung können dann überschritten sein, wenn ein Elternteil die Schwangerschaft durch aktives täuschendes Handeln in einer dem anderen nicht zurechenbaren Weise herbeigeführt hat. Die Lüge über eine angebliche Unterdrückung der Fruchtbarkeit (siehe oben) genügt nicht. Hätte es ohne Anwendung zusätzlicher aktiver (künstlicher) Maßnahmen nicht zu einer Empfängnis kommen können, kann diese schwerlich noch dem allgemeinen Lebensrisiko des anderen Elternteils zugerechnet werden. Das kann z. B. der Fall sein, wenn die Mutter durch künstliche Befruchtung eine Empfängnis herbeiführt.[362] Diese kann auch in der Weise geschehen, dass der Vater, der zunächst eine Empfängnis wollte und Sperma gespendet hat, sein Einverständnis mittlerweile zurückgezogen hat und sich die Mutter über diesen Wunsch bewusst hinwegsetzt. Denkbar sind auch Fälle, in denen ein Elternteil heimlich die durch den Anderen angewendeten Verhütungsmittel so manipu-

---

[359] Vgl. zum Problem der Ehestörung: *Schwab*, Familienrecht Rdn. 141 mwN, der seine ältere Auffassung von dem „in die Ehe einbrechenden Dritten" aufgegeben hat.
[360] Anders: *Junker*, S. 702 ff. (für die Möglichkeit einer Verletzung des Persönlichkeitsrechts der Eltern untereinander).
[361] Siehe dazu Teil 4 II 2 g dd (2).
[362] Ein Verhalten wie das der Mutter des unehelichen Kindes des Tennisstars *Boris Becker*, welches in der Boulevardpresse als „Samenklau" tituliert wurde, ist sicher kein Einzelfall.

liert[363], dass diese ungeeignet werden, um auf diese Weise eine Schwangerschaft herbeizuführen.

In solchen Fällen spricht *für* eine Verletzung des Rechts auf Familienplanung, dass das Persönlichkeitsrecht desjenigen, der ein Kind zeugen will, kein Verhalten rechtfertigen kann, bei dem der Kinderwunsch durch Herbeiführen einer ohne „aktives Nachhelfen" nicht bestehenden Möglichkeit zur Empfängnis gegen den Willen des anderen Partners erzwungen wird. Ähnlich wie bei § 826 die Anwendung eines besonderen Mittels die Verwerflichkeit bzw. Sittenwidrigkeit des schädigenden Handelns ausmachen kann[364], ist auch hier „die Art und Weise", wie die Empfängnis herbeigeführt wurde, ein geeignetes Kriterium für die Abgrenzung. Geht es anders als in den oben genannten Fällen nicht mehr nur darum, dass die eigene Fruchtbarkeit nicht weiterhin künstlich unterdrückt wird, bzw. über die bestehende Fruchtbarkeit nicht aufgeklärt wird, spricht dies für eine Verletzung des Rechts auf Familienplanung des Anderen. Wenn das Mittel, sowie möglicherweise hinzutretende weitere Umstände, mit deren Hilfe der Kinderwunsch „um jeden Preis" durchgesetzt wird, jenseits der Grenzen der Sozialmoral, sowie der Risiken liegt, die nach wertender Betrachtung noch einkalkuliert werden müssen, ist die Entscheidungsfreiheit ähnlich verletzt wie bei der aktiven Herbeiführung einer Schwangerschaft durch ein Sexualdelikt. Ob der andere dabei als „Mittel zum Zweck" ausgenutzt wird[365] ist nicht entscheidend und muss - wenn dies überhaupt möglich ist - auch nicht zum Gegenstand richterlicher Untersuchung gemacht werden.[366] Auch wenn die Person, die die Schwangerschaft aktiv und einseitig herbeigeführt hat, damit bezweckt, dem Anderen „zu seinem eigenen Besten" zu eigenem Nachwuchs zu verhelfen[367], schließt dies eine Persönlichkeitsrechtsverletzung nicht aus, wenn die Methode, deren sich der Partner bedient, eindeutig die Grenzen dessen sprengt, was zur Verwirklichung des Kinderwunsches noch hinzunehmen wäre.

---

[363] Beispiele: Austauschen der Pille durch unwirksame Präparate, Perforation eines Kondoms; hierzu vgl. *Junker*, S. 688.

[364] Siehe Teil 4 II 6 b.

[365] Vgl. *Roth-Stielow*, JR 1987, 7, 8 sub II 1.

[366] Vgl. *Looschelders*, Jura 2000, 169, 174, der jedenfalls bei *„krass egoistischen Beweggründen, etwa mit dem Ziel, den eigenen Kinderwunsch auf Kosten des anderen zu verwirklichen"* eine sittenwidrige Schädigung i. S. von § 826 und eine Missachtung der Würde des Partners durch *„Degradieren"* zum *„Objekt für die eigene Lebensplanung"* bejaht. Vgl. auch *Ramm*, JZ 1986, 1011, 1012 sub 3 f., der die Behandlung des Mannes durch die Frau mit einer Vergewaltigung einer Frau vergleicht; *derselbe*, JZ 1989, 861, 866 sub IV 2 e cc; *Roth-Stielow*, JR 1987, 7, 8. Zu den Grenzen der Beurteilung, ob ein Verhalten der Mutter auf egoistischen Motiven beruht, vgl. oben.

[367] *Looschelders*, Jura 2000, 169, 174 beurteilt eine solche innere Haltung jedenfalls im Hinblick auf die Sittenwidrigkeit gem. § 826 als Umstand, aufgrund dessen „Zurückhaltung geboten" sei. Vgl. auch *Dunz*, VersR 1986, 819, 820.

Der Fall des Einpflanzens des bereits gezeugten Embryos gegen den Willen des Vaters[368] ist eindeutig abzugrenzen von der Zeugung des Embryos durch Missbrauch der Keimzellen. Hier liegt bereits menschliches und daher unter den Schutz der Rechtsordnung[369] fallendes Leben vor.[370] Über das gezeugte menschliche Leben kann der Vater nicht mehr einseitig verfügen, indem er dessen Implantation verhindert.[371] Unabhängig davon, ob man dem Leben Grundrechtsträgereigenschaften zuerkennt oder nicht[372] kann von der Mutter nicht verlangt werden, dass sie dieses gezeugte Leben, das in ihren Augen möglicherweise bereits „ihr Kind"[373] darstellt, wegen der geänderten Einstellung des späteren Vaters preisgibt. Um die Verwirklichung ihres Kinderwunsches allein geht es dabei nicht. Durch das Einverständnis in die künstliche Zeugung des Embryos haben die Eltern Verantwortung übernommen. Wünscht nun die Mutter weiterhin, dass das gezeugte Leben bestimmungsgemäß zur Entfaltung kommt und verwirklicht sie diesen Wunsch, so liegt darin keine Verletzung des Persönlichkeitsrechts auf Familienplanung des Vaters.

Alternativ zur Verletzung eines Rechts auf Familienplanung ist an eine Körperverletzung wegen des Missbrauchs von Körperbestandteilen mit anhaftendem Persönlichkeitsrecht zu denken.[374] Mit der Trennung vom Körper werden Körperbestandteile jedoch grundsätzlich zur Sache.[375] Auch hat das Sperma anders als in dem Fall, der der Spermaentscheidung[376] des *VI. Senats* zugrunde lag, nicht mehr die Funktion der Aufrechterhaltung der Fortpflanzungsfähigkeit, da die Fortpflanzung von dem Elternteil (i. d. Regel der Vater), der die Rechtsgutsverletzung geltend macht, gerade nicht gewollt ist.

ff) Vergleich mit dem Recht am eingerichteten und ausgeübten Gewerbebetrieb

Das Recht am eingerichteten und ausgeübten Gewerbebetrieb - ein „sonstiges Recht" i. S. von § 823 II - ist ein Beispiel dafür, wie ein unbestimmtes Rahmen-

---

[368] *BGH* v. 21.2.2001, BGHZ 146, 391, *OLG Stuttgart* v. 14.1.1999, FamRZ 1999, 1136 f.; siehe oben Teil 2 VI.

[369] Art. 2 I GG, § 218a StGB ff.

[370] *Coester-Waltjen*, LM § 1353 BGB Nr. 36/2001; *Foerste*, JZ 2001, 986, 988 sub III.

[371] *Coester-Waltjen*, LM § 1353 Nr. 36/2001; *Foerste*, JZ 2001, 986, 988 sub III. Diesen wesentlichen Umstand des Falls übersehen oder übergehen *Koch*, JR 2002, 105 f. und *Hohloch*, JuS 2001, 711, die so tun, als gehe es um die Verwendung konservierten Spermas.

[372] Gegen die Grundrechtsträgerschaft des Embryos, aber für staatlichen Schutz z. B. *Ipsen*, JZ 2001, 989, 995 sub IV.

[373] Diesen Ausdruck benutzt *Foerste*, JZ 2001 986, 988 sub III.

[374] *BGH* v. 9.11.1993, BGHZ 124, 52.

[375] *Palandt/Heinrichs* § 90 Rdn. 3.

[376] *BGH* v. 9.11.1993, BGHZ 124, 52, 56.

recht durch besondere Kriterien eingeschränkt werden kann und auf diese Weise eine Ausuferung des dadurch gewährten Rechtsschutzes vermieden wird. Das allgemeine Persönlichkeitsrecht ist ebenfalls ein „sonstiges Recht" und ein Rahmenrecht, dessen Verletzung anhand einer Güter- und Interessenabwägung festzustellen ist. Das Recht auf Familienplanung ist methodisch nicht nur mit dem allgemeinen Persönlichkeitsrecht, sondern auch mit dem Recht am Gewerbebetrieb zu vergleichen. Die Verletzung des Rechts am eingerichteten und ausgeübten Gewerbebetrieb erfordert ebenfalls eine Güter- und Interessenabwägung.[377] Wie oben festgestellt wurde, ist nicht bereits aufgrund der Intensität einer Beeinträchtigung die Gewährung von Ansprüchen wegen „Verletzung eines Rechts auf Familienplanung" geboten.[378] Der Vergleich zeigt, dass die Schwere der Beeinträchtigung nicht allein ausschlaggebend sein muss. So kann z. B. ein Betrieb direkt und schwerwiegend betroffen sein, ohne dass eine Verletzung vorliegen muss. Diese ist abzulehnen, wenn sich das schädigende Ereignis nur mittelbar auf den Gewerbetrieb auswirkt.[379] Bleiben z. B. durch die Unterbrechung von Stromzufuhr[380] oder Telefonleitung[381] die Maschinen/Telefone im Betrieb stehen, so kann dies beachtlichere Auswirkungen auf diesen haben als ein zielgerichteter Eingriff. Der Betrieb ist in seiner Funktionstüchtigkeit, wenn auch nur vorübergehend, direkt betroffen. Dennoch wird in diesen Fällen ein Eingriff durch die erforderliche unmittelbare Beeinträchtigung verneint.[382] Selbst die Tötung oder Verletzung eines Inhabers oder Mitarbeiters ist, wenn sie eine mittelbare Folge anderer schädigender Ereignisse darstellt, kein Eingriff in den Gewerbebetrieb.[383]

Im Vergleich hierzu ergeben sich Zweifel daran, ob beim Recht auf Familienplanung aus den gravierenden Folgen für die Eltern bereits auf eine Verletzung dieses Rechts geschlossen werden muss. Dann wäre in allen Fällen, auch bei fahrlässig herbeigeführter Schwangerschaft durch denjenigen, der der Familienplanung dienen will, eine Verletzung dieses Rechts anzunehmen.

---

[377] *BGH* v. 21.4.1998, BGHZ 138, 311, 317, 319; einschränkend: *Erman/Schiemann* § 823 Rdn. 66; vgl. zur Interessenabwägung als Korrektiv der Haftung: MünchKomm/*Wagner*, 4. Aufl., § 823 Rdn. 186.

[378] Siehe oben Teil 3 I 9 c ee (1). Vgl. *Debo*, S. 84; *Harrer*, S. 241.

[379] Für das Recht am eingerichteten und ausgeübten Gewerbebetrieb: *Medicus*, SchuldR II Rdn. 820 mwN und Beispielen.

[380] Vgl. *BGH* v. 12.7.1977, BB 1977, 1419.

[381] *OLG Oldenburg* v. 21.11.1974, VersR 1975, 866 (kein gegen den Betrieb als solchen gerichteter Eingriff).

[382] *BGH* v. 12.7.1977, BB 1977, 1419 sub I a; zum Erfordernis der Betriebsbezogenheit des Eingriffs: MünchKomm/*Wagner*, 4. Aufl., § 823 Rdn. 185.

[383] *BGH* v. 21.11.2000, NJW 2001, 971, 972 sub II 1 a bb.

Die Verletzung des Rechts am Gewerbebetrieb setzt voraus, dass sich Eingriffe gegen den Betrieb als solchen richten.[384] Einige der Befürworter des Rechts auf Familienplanung machen eine Verletzung dieses Rechts ebenfalls vom Vorliegen eines solchen unmittelbaren Eingriffs abhängig.[385] Da Ziel des Anspruchsgegners im Normalfall sei, die Familienplanung der Eltern zu verwirklichen, fehle es in den Streitfällen regelmäßig an der Unmittelbarkeit des Eingriffs. Eine Verletzung sei daher abzulehnen.[386]

Fraglich ist, ob der Umstand, dass der Anspruchsgegner im Gegensatz zu den Fällen des Eingriffs in den Gewerbebetrieb eine Verhaltenspflicht hatte, an der erfolgreichen Empfängnisverhütung mitzuwirken, diese Beurteilung ändert. Dieser Umstand ist von Bedeutung für die Verletzung der Vertragspflichten bzw. für das Verletzungsverhalten, nicht aber für die Frage, ob ein unmittelbarer Eingriff in ein Recht auf Familienplanung vorliegt.

gg) Zusammenfassung

Die Intensität der Folgen einer Beeinträchtigung des Selbstbestimmungsrechts, die regelmäßig vorliegende alleinige Verantwortlichkeit des Anspruchsgegners, sowie der Charakter der Familienplanung als höchstpersönliche Entscheidung sprechen für die Notwendigkeit, ein Recht auf selbstbestimmte Familienplanung grundsätzlich anzuerkennen.

Gleichzeitig sind die Gefahren einer uferlosen Ausweitung des Persönlichkeitsrechtsschutzes gerade bei einer nicht zielgerichtet hervorgerufenen Empfängnis zu berücksichtigen.

Die Einschränkungen eines solchen Rechts sind durch eine umfassende, die Besonderheiten des Einzelfalls berücksichtigende Güter- und Interessenabwägung vorzunehmen, die gerade in den Fällen der durch einen Elternteil herbeigeführten Schwangerschaft gegen eine rechtswidrige Rechtsgutsverletzung sprechen kann. Das Recht des Partners, ein Kind zu zeugen und das Interesse des anderen, vor der Elternschaft bewahrt zu bleiben, sind gleichwertig, keines der Rechte überwiegt, so dass das Hinwegsetzen über Willen des anderen allein noch keine

---

[384] *BGH* v. 29.1.1985, NJW 1985, 1620 (unzulässiger Aufruf zum Mietboykott); *BGH* v. 21.4.1998, BGHZ 138, 311, 317 sub 3 a: „*(...) der sich nach seiner objektiven Stoßrichtung gegen den betrieblichen Organismus oder die unternehmerische Entscheidungsfreiheit richten muß.*" Siehe auch *BGH* v. 21.11.2000, NJW 2001, 971, 972 sub II 1 a bb (Tötung des Inhabers oder Mitarbeiters eines Unternehmens kein Eingriff in den Gewerbebetrieb). Kritisch zum Begriff „Betriebsbezogenheit": *Erman/Schiemann* § 823 Rdn. 63.

[385] Vgl. *Deuchler*, S. 192; *Sigel*, S. 177 ff.

[386] Vgl. Fußnote 336.

Rechtsgutsverletzung darstellt. Eine Verletzung eines Rechts auf Familienplanung setzt grundsätzlich einen zielgerichteten Eingriff[387] in die Familienplanung voraus. Ein weiterer Anhaltspunkt ist ähnlich wie bei der Beurteilung der Sittenwidrigkeit gem. § 826 die die Mittel-Zweck-Relation, mit der die Schwangerschaft herbeigeführt wird. Sie darf nicht lediglich auf einer unterlassenen Anwendung von Verhütungsmitteln bzw. einer unterlassenen Aufklärung über die Fruchtbarkeit beruhen. Das Gewicht des eigenen Rechts auf Fortpflanzung rechtfertigt nicht ein aktives Tun, bei dem bei wertender Betrachtung aller Umstände die Schwangerschaft nicht mehr in das Lebensrisiko des anderen Partners fällt und die Grenzen dessen, was jemand tun darf, um sich seinen Kinderwunsch zu erfüllen, eindeutig gesprengt worden sind.

Die Berücksichtigung persönlichkeitsrechtlicher Aspekte erschöpft sich nicht darin, dass der Rechtsgüterschutz der Mutter mit der Anerkennung der Verletzung von Körper und Gesundheit geregelt ist. Dies würde dazu führen, dass bei Mutter und Vater ein unterschiedliches Ergebnis im Hinblick auf den Schutz rein persönlichkeitsrechtlicher Aspekte angenommen werden müsste. Während der Rechtsgüterschutz der Mutter abschließend wäre, würden die Rechtsgüter des Vaters im Hinblick auf den persönlichkeitsrechtlichen Aspekt der Familienplanung besonderen Schutz erfahren. Die Entschließungsfreiheit der Mutter ist jedoch ebenso betroffen, wie die des Vaters. Da die Mutter zusätzlich über ihre körperliche und ggf. gesundheitliche Beeinträchtigung betroffen ist, muss sich dies auch durch einen erhöhten Schutz ausdrücken.

Bei ungewollter Elternschaft aufsichtsbedürftiger Personen, bzw. bei Verletzung des Rechts auf sexuelle Selbstbestimmung, steht ein Persönlichkeitsrecht auf Nachwuchs des anderen Elternteils der Verletzung eines Rechts auf Familienplanung nicht entgegen. Hier kommt es auf die vorsätzliche Verletzung der Aufsichtspflicht bzw. des Rechts auf sexuelle Selbstbestimmung an.

Da die Fälle vorsätzlichen Verhaltens abgesehen vom Verhalten der Partner untereinander selten auftauchen und die Anforderungen an eine Haftung streng sind, kann von einer Gefahr der „Sprengung" oder „uferlosen" Ausweitung der Haftung für ungewollte Schwangerschaften nicht die Rede sein.

---

[387] Vgl. *Junker*, S. 704, die fahrlässiges Verhalten bei der Güter- und Interessenabwägung berücksichtigt.

10. Zusammenfassung

Ausgehend von den oben angestellten Erwägungen kommen in den Fällen der Herbeiführung einer ungewollten Schwangerschaft die Verletzung der Gesundheit und des Körpers, sowie die Verletzung eines Rechts auf Familienplanung in Betracht.

Eine Gesundheitsverletzung liegt nur in den Fällen vor, in denen bedingt durch Schwangerschaft oder Geburt besondere physische oder psychische Komplikationen aufgetreten sind, die einen Krankheitswert aufweisen. Die normalen mit jeder Schwangerschaft einhergehenden Beeinträchtigungen einschließlich eines körperlichen Abbaus aufgrund mehrerer früherer Schwangerschaften sind keine Gesundheitsbeeinträchtigungen. Gesundheitsverletzungen des Vaters können in seltenen Fällen psychisch vermittelt sein.

Die Bejahung einer körperlichen Beeinträchtigung durch Schwangerschaft und Geburt bereitet keine Probleme. Ob daraus eine Rechtsgutsverletzung resultiert, ist eine Frage der Zurechnung.

Zusätzlich kommt unter strengen Voraussetzungen eine Verletzung des Rechts auf selbstbestimmte Familienplanung als besondere Ausprägung des allgemeinen Persönlichkeitsrechts in Betracht, wobei Vater und Mutter diesen Schutz gleichermaßen genießen. Der Schutz der Rechtsgüter der Mutter ist also im Hinblick auf ihren Körper und ihre Gesundheit nicht abschließend.

II. Anknüpfungspunkte für die Verletzung der Rechtsgüter

Das Fehlschlagen einer Sterilisation oder Verhütungsmaßnahme, die sich erhöhende Wahrscheinlichkeit einer Schwangerschaft, die Zeugung durch Verschmelzung der Keimzellen[388] zu einem entwicklungsfähigen Embryo, die Beeinträchtigung des Körpers und der Gesundheit und die Geburt stellen verschiedene Aspekte des Lebenssachverhaltes in den Fällen pflichtwidrig nicht verhinderter bzw. vorsätzlich herbeigeführter Schwangerschaften dar. Neben der oben erörterten Frage, welche Rechtsgüter verletzt sein können, bedarf es der Präzisierung, an welche konkreten Umstände Beeinträchtigungen von Rechtsgütern anzuknüpfen sind.

---

[388] Siehe Fußnote 404.

1. Erst- und Folgeverletzung

Die Beschwerden, die durch Schwangerschaft und Geburt eintreten, sind bedingt durch die Empfängnis. Diese knüpft in der Regel an den Umstand an, dass ein Dritter aufgrund einer objektiven Pflichtverletzung bzw. eines Verletzungsverhaltens i. S. von § 823 I das Risiko einer Empfängnis gar nicht bzw. nicht in ausreichendem Maße reduziert bzw. durch vorsätzliches Verhalten herbeigeführt hat. Zusätzlich zur Geburt können verschiedene weitere Beschwerden eintreten oder weitere Eingriffe (z. B. Kaiserschnitt) notwendig werden. Im Extremfall kann die Schwangerschaft oder die Geburt sogar zum Tod der Mutter führen. Es stellt sich die Frage, ob mehrere Rechtsgutsverletzungen vorliegen und welcher Zusammenhang zwischen verschiedenen eigenständig eintretenden Beeinträchtigungen besteht.[389]

2. Der Behandlungsfehler bei der nicht lege artis durchgeführten Sterilisation

Ein nicht lege artis vorgenommener körperlicher Eingriff bei einer Sterilisation stellt unabhängig von einer daraufhin eintretenden Schwangerschaft bereits eine rechtswidrige Körperverletzung dar[390], weil sich die Einwilligung nur auf einen den Regeln der ärztlichen Kunst entsprechenden Eingriff bezieht.

Die infolge einer fehlerhaften Sterilisation eintretende Empfängnis beruht jedoch nicht auf dem Eingriff in die körperliche Integrität als solchem, sondern darauf, dass dieser nicht lege artis durchgeführt wurde, also auf einem Behandlungsfehler.[391] Die (wegen fehlender Einwilligung) in der fehlerhaften Sterilisation liegende Rechtsgutsverletzung ist daher nicht als „Erstverletzung" im Verhältnis zu einer daraufhin eintretenden Schwangerschaft als „Zweitverletzung" anzusehen. Auch sind die infolge der Schwangerschaft eingetretenen Nachteile, wie z. B. ein Vermögensschaden wegen der Unterhaltsverpflichtungen keine Folge der allein in der fehlerhaften Sterilisation liegenden Körperverletzung.

---

[389] *Junker*, S. 519 f. bejaht die Konstellation der Schwangerschaft als Folgeverletzung der fehlerhaften ärztlichen Maßnahme nur bei der fehlerhaften Sterilisation der Frau. Diese Frage sei aber ohne Bedeutung für das Ergebnis und rein dogmatischer Natur.

[390] Vgl. *Laufs/Uhlenbruck/Ulsenheimer* § 126 Rdn. 8.

[391] So *Laufs/Uhlenbruck/Ulsenheimer* § 126 Rdn. 8.

3. Risikoerhöhung als Rechtsgutsbeeinträchtigung?

Eher ein Randproblem ist die in der Entscheidung vom 18.3.1980[392] beim deliktischen Anspruch diskutierte Frage, ob das Unterlassen der Eileiterunterbindung bereits deshalb eine Körperverletzung darstellt, weil dadurch die körperliche Befindlichkeit in einer gefährlichen, dem Willen der Betroffenen widersprechenden Weise gestaltet werde. Das Belassen eines körperlichen Zustands, der nicht dem Willen der Betroffenen entspricht und das Risiko in sich birgt, gegen den eigenen Willen ein Kind zu zeugen, liegt auch bei der unzureichenden Aufklärung über die Versagerquoten bestimmter Sterilisationsmethoden vor. Die Betroffenen werden dadurch in falscher Sicherheit gewogen und unterlassen weitere Verhütungsmaßnahmen, wodurch eine Schwangerschaft ermöglicht wird. Der *VI. Senat* hat die Frage offen gelassen.[393] In dem entschiedenen Fall war eine Schwangerschaft eingetreten, die als Körperverletzung eingeordnet wurde, so dass es nicht darauf ankam, ob die Risikoerhöhung bereits eine Rechtsgutsverletzung darstellt. Nach Auffassung des *VI. Senats* stellt die Schwangerschaft entweder einen Folgeschaden einer (durch pflichtwidriges Unterlassen verursachten) Körperverletzung dar, oder die Schwangerschaft ist wegen der damit einhergehenden Beschwerden als Körperverletzung zu beurteilen.[394] Nach Ansicht des *OLG Köln*[395] ist Ansatzpunkt für den Tatbestand der Körperverletzung sowohl bei Behandlungs- als auch bei Aufklärungsfehlern bzgl. der „Versagerquote" nicht die fehlerhafte Sterilisation, sondern die Herbeiführung der Schwangerschaft. Die bloße Erhöhung des Risikos einer ungewollten Empfängnis kommt aus verschiedenen Gründen (noch) nicht als Anknüpfungspunkt für eine Rechtsgutsverletzung in Betracht.

a) Die Unbeachtlichkeit der reinen Risikoerhöhung

Die Unbeachtlichkeit der reinen Risikoerhöhung lässt sich anhand des folgenden Beispiels verdeutlichen: P lässt sich von A gegen bestimmte Tropenkrankheiten impfen. A begeht einen Fehler, wodurch die Impfung nicht die angestrebte Wirkung hat und nicht dem medizinischen Standard entspricht. In dem Irrtum, die Impfung sei lege artis und somit erfolgreich durchgeführt worden, unterlässt P weitere Maßnahmen und fährt in die Tropen, wo sie eine Tropenkrankheit bekommt, die durch die Impfung verhindert worden wäre. Zunächst wird der Körper

---

[392] *BGH* v. 18.3.1980 - VI ZR 247/78, BGHZ 76, 259 ff. = NJW 1980, 1452, 1453.

[393] *Adomeit*, Jura 1981, 196, 199 sub 6 nimmt an, der *VI. Senat* neige dazu, die Körperverletzung durch Unterlassen der Unterbindung des Eileiters zu bejahen.

[394] *BGH* v. 18.3.1980 - VI ZR 247/78, BGHZ 76, 259 ff. = NJW 1980, 1452, 1453.

[395] *OLG Köln* v. 18.3.1985, VersR 1987, 187 f., vgl. auch *OLG Köln* v. 25.2.1985, VersR 1988, 43 (Bejahung der BGH-Rechtsprechung).

der P durch den medizinischen Eingriff in die körperliche Integrität verletzt. In dem Moment, wo sich die Gefahren verwirklichen, tritt eine weitere Rechtsgutsverletzung (an der Gesundheit) ein. In dem dazwischen liegenden Zeitraum und auch nach Einreise in die Tropen, wo mangels weiterer Impfungen die Gefahr einer Infektion bestand, liegt noch keine Beeinträchtigung ihrer körperlichen Integrität und auch keine Verschlechterung der inneren Vorgänge vor. Die Art und Weise der Entstehung einer Schwangerschaft durch nicht lege artis durchgeführte Sterilisation – nicht der Erfolg der Entstehung neuen Lebens! - ist vergleichbar mit diesem Beispiel.

Die Rechtsgutsverletzung kann zwar in besonders gelagerten Fällen auch schon bei Schaffung eines Risikos einer sich später verwirklichenden Beeinträchtigung absoluter Rechtsgüter bejaht werden. Dies ist z. B. der Fall bei dem Hervorrufen einer AIDS-Infektion. Eine Gesundheitsverletzung liegt hier bereits in der bloßen Infektion, auch wenn die eigentlichen Krankheitssymptome in der Regel erst zu einem späteren Zeitpunkt (oftmals mehrere Jahre später) eintreten.[396]

In einer Infektion, die in den weitaus meisten Fällen in der Zukunft ohne weitere Maßnahmen Krankheitssymptome auslöst, kann jedoch anders als bei der misslungenen Sterilisation ohne Weiteres eine Beeinträchtigung der inneren Funktionen, also ein Abweichen vom „Normalzustand" gesehen werden, da sich Antikörper bilden und bereits mit der Infektion ein Zeitraum beginnt, der aller Wahrscheinlichkeit nach früher oder später zum Ausbruch von Krankheiten führt. Die Rechtsprechung bejaht auch deshalb Schmerzensgeld, da bereits die Kenntnis von der Infektion die psychische Befindlichkeit und die Beziehungen zur Umwelt so stark beeinträchtige, dass ein Ausgleich der immateriellen Nachteile gerechtfertigt sei.[397]

Bei einer misslungenen Sterilisation wären zusätzliche Faktoren wie z. B. die temporäre Zeugungsfähigkeit oder der Geschlechtsverkehr notwendig, um über den misslungenen Eingriff hinaus eine weitere Rechtsgutsverletzung annehmen zu können. Je nach Häufigkeit dieser weiteren Faktoren müsste möglicherweise eine Vielzahl immer wieder eintretender Rechtsgutsverletzungen durch Risikoerhöhung bejaht werden. Will man die Pflichtverletzung und das dadurch eintretende Risiko ausreichen lassen, wäre von einem „Dauerzustand" auszugehen. Beide Betrachtungsvarianten sind nicht lebensnah.

---

[396] *BGH* v. 30.4.1991, NJW 1991, 1948, 1950 sub II 1 aE; vgl. *Deutsch*, NJW 1991, 1937, der wegen der Wirkungsweise des AIDS-Virus, der seine Erbinformation „deponiert", eine Körperverletzung in Betracht zieht.

[397] *BGH* v. 30.4.1991, NJW 1991, 1948, 1951 sub II 5 a.

b) Die Unbeachtlichkeit des Willens der Eltern

Bei objektiver Betrachtung stellt das Belassen eines Eileiters in seiner natürlichen Durchlässigkeit keinen Eingriff in die körperliche Integrität dar. Es fragt sich, ob die Risikoerhöhung allein deshalb eine Rechtsgutsverletzung darstellt, weil das Bestehenbleiben der Fruchtbarkeit nicht dem Willen und den Vorstellungen der Betroffenen entspricht, die in Ausübung ihres Selbstbestimmungsrechts im Hinblick auf die Familienplanung die Fruchtbarkeit beenden wollten. Eine „Beeinträchtigung der körperlichen Integrität"[398] bzw. ein „physischer Eingriff in die körperliche Unversehrtheit"[399] setzt normalerweise eine Verschlechterung des bisherigen Zustandes voraus. Dies ist beim Bestehenbleiben der Fruchtbarkeit nicht der Fall (s. o.). Der *VI. Senat* begründete schließlich das Vorliegen einer Körperverletzung, indem er auf der Ebene der Rechtsgutsverletzung den Willen der Eltern, die Fruchtbarkeit zu beenden, im Hinblick auf deren Persönlichkeitsrecht berücksichtigte. Diese Betrachtungsweise rechtfertigt hingegen nicht die Annahme einer Körperverletzung vor Eintritt der Schwangerschaft. Das Persönlichkeitsrecht führt nicht zu einer Erweiterung bzw. Vorverlagerung des Rechtsgüterschutzes in der Art, dass Gefahren bereits als Verletzung anzusehen sind.

4. Verschmelzung der Keimzellen und Nidation als Anknüpfungspunkte

Bei der Empfängnis als Anknüpfungspunkt für verschiedene Rechtsgutsverletzungen sind zwei Abstufungen zu unterscheiden: Die Verschmelzung der Keimzellen und damit die Entstehung neuen Lebens[400], sowie die Nidation[401], der eigentliche Beginn der Schwangerschaft.[402]

In der Regel soll durch die Verhütungsmaßnahme (z. B. die Sterilisation oder die Einnahme von Ovulationshemmern) bereits die Entstehung neuen Lebens verhindert werden, nicht erst die Einnistung der befruchteten Eizelle. Die „Pille da-

---

[398] *Larenz/Canaris*, SchuldR II/2 § 76 II 1, S. 377.

[399] *Medicus*, SchuldR II Rdn. 779.

[400] Für den Schutz des ungeborenen Lebens ab diesem Zeitpunkt: *Puhl*, in: *Wolter/Riedel/Taupitz*, S. 197, 207 mwN in Fußnote 69; vgl. *Winter*, S. 107.

[401] Die Nidation ist der Vorgang der Einnistung der befruchteten Eizelle in die Gebärmutterschleimhaut, vgl. *Mannsdorfer*, S. 507. Im Alter von fünf bis sechs Tagen heftet sich der Embryo im Stadium der Blastozyste (12 - 16 Zellen) an die Schleimhaut an. Anschließend nistet er sich ein. Dieser Vorgang ist im Alter von ca. 14 Tagen abgeschlossen. Vgl. zur Nidation und den daran anknüpfenden Schutz durch das Strafrecht: *Laufs*, Arztrecht, Rdn. 335.

[402] Vgl. *BVerfG* v. 25.1.1975, BVerfGE 39, 1, 37: *„Leben im Sinne der geschichtlichen Existenz eines menschlichen Individuums besteht nach gesicherter biologisch-physiologischer Erkenntnis jedenfalls vom 14. Tage nach der Empfängnis (Nidation, Individuation) an."*; *BVerfG* v. 28.5.1993, BVerfGE 88, 203, 251 sub D 1 a.

nach" und die Spirale, die lediglich die Einnistung verhindern, unterscheiden sich in diesem Punkt von den anderen Verhütungsmitteln. Da bereits mit dem Verschmelzen der entwicklungsfähigen Keimzellen menschliches Leben entsteht (vgl. § 8 I ESchG)[403], ist bei der Frage nach einer Verletzung persönlichkeitsrechtlicher Aspekte in engerem Sinne bereits an diesen Umstand anzuknüpfen. Die körperliche Integrität der Mutter ist hingegen erst berührt, wenn es zur Nidation oder zu besonderen Komplikationen wie z. B. einer Eileiterschwangerschaft kommt.

In der Praxis kann die Unterscheidung dieser Anknüpfungspunkte im hypothetischen Fall relevant werden, dass die Keimzellen[404] gegen/ohne den Willen eines oder beider Spender künstlich (in vitro) verschmolzen werden[405], oder nach der Verschmelzung eine Schwangerschaft zu einem Zeitpunkt herbeigeführt wird, in dem ein Elternteil (der Vater) diese nicht mehr möchte.

5. Schwangerschaft und Geburt als Anknüpfungspunkt

Die Beschwerden, die während der Schwangerschaft, spätestens mit Beginn der Geburt[406] akut werden, hängen unmittelbar mit der Empfängnis und der daraufhin einsetzenden Entwicklung des Kindes zusammen. Symptome einer Rechtsgutsverletzung stellen nach der Rechtsprechung keinen (nach § 287 ZPO zu beweisenden) Folgeschaden dar, sondern konkretisieren die Ausprägung des durch die Verletzungshandlung verursachten (nach § 286 ZPO) zu beweisenden Primärschadens.[407] Beeinträchtigungen infolge von Schwangerschaft und Geburt stellen daher grundsätzliche keine Folgeverletzung dar. Sie sind körperliche, ggf. auch gesundheitliche Auswirkungen der in der Empfängnis liegenden Betroffenheit des Körpers. Anders zu beurteilen sind z. B. ein Kaiserschnitt oder andere eigenständige Eingriffe in die körperliche Substanz. Diese kommen als Folge- bzw. Zweitverletzungen der Empfängnis als Erstverletzung[408] in Betracht.

Tritt die Empfängnis infolge einer Verletzung der durch § 825, § 253 II nF besonders geschützten sexuellen Selbstbestimmung ein, stellt diese eine Erstverletzung dar. Die dadurch herbeigeführte Beeinträchtigung des Körpers und der Gesundheit kommt folglich als Zweitverletzung in Betracht.

---

[403] Embryonenschutzgesetz v. 13.12.1990, BGBl. I, S. 2747. Vgl. auch *Kienle*, ZRP 1998, 186, 188 sub IV.
[404] Weibliche Eizellen und männliche Spermien, vgl. *Mannsdorfer*, S. 506.
[405] Vgl. zur Strafbarkeit missbräuchlicher Fortpflanzungstechniken: § 1 ESchG.
[406] Zum medizin. Begriff der Geburt, die einen Vorgang darstellt: *Mannsdorfer*, S. 505.
[407] Vgl. *BGH*, 21.7.1998, 3417, 3418 sub II 1 b (sich in verschiedenen Symptomen äußernder Primärschaden in Form eines Hirnschadens).
[408] Zu den Begriffen siehe Teil 3 II 2.

6. Beeinträchtigung des Körpers durch einen Schwangerschaftsabbruch

Ebenfalls als Folgeverletzung kommen die Beeinträchtigungen durch einen Schwangerschaftsabbruch in Betracht.[409]

7. Zusammenfassung

Als Persönlichkeitsrechtsverletzung bzw. als Körper-/Gesundheitsverletzung durch Herbeiführung einer Empfängnis kommen in Betracht: Die Verschmelzung der Keimzellen[410] (innerhalb oder außerhalb des Körpers), die Einnistung des Embryos, sowie besondere Eingriffe, sofern sie sich vom normalen Verlauf der Schwangerschaft abheben und somit als selbständige Folgeverletzungen anzusehen sind. Als selbständige Folgeverletzung kommt auch der Tod der Schwangeren[411] in Betracht.

---

[409] Hierzu: Teil 4 I 6 e ee (4).
[410] Siehe Fußnote 404.
[411] Siehe Teil 3 I 6.

Teil 4: Anspruchsgrundlagen

Bei der Haftung für Rechtsgutsverletzungen wegen nicht verhinderter oder vorsätzlich herbeigeführter Empfängnis kommen vertragliche Ansprüche (§ 280 I), deliktische Ansprüche (§§ 823, 826, 831, 847 aF[412]) und solche aus Gefährdungshaftung (§§ 84, 87 AMG, § 1 ProdHaftG) in Betracht. § 253 II nF regelt sowohl bei der vertraglichen und deliktischen Verschuldens- als auch bei der Gefährdungshaftung den Ersatz der immateriellen Schäden.[413]

Staatshaftung (§ 839 i. V. mit Art. 34 GG) kommt bei fehlgeschlagener Familienplanung nicht zur Anwendung. Die medizinische Behandlung stellt auch dann, wenn Anspruchsgegnerin eine Körperschaft öffentlichen Rechts (z. B. Träger/in eines Krankenhauses) ist, keine hoheitliche Tätigkeit nach dem haftungsrechtlichen Beamtenbegriff dar, sondern schlicht hoheitliches Handeln in privater Rechtsform.[414] Die Eigenhaftung des Beamten gem. § 839 kommt zum Tragen bei verbeamteten Ärzten[415] und verbeamtetem medizinischen Personal (Beamte im staatsrechtlichen Sinn). Das Beamtenprivileg (§ 839 I 2) führt dazu, dass die Anspruchsinhaber bei Fahrlässigkeit des Beamten zunächst auf den Krankenhausträger zurückgreifen müssen.[416]

In der Vergangenheit lag der Schwerpunkt der Haftung für Rechtsgutsverletzungen im Deliktsrecht, da nur hier Schmerzensgeld verlangt werden konnte. Der materielle Schaden war in der Regel unproblematisch, da dieser (im Gegensatz zum Schmerzensgeld) von den Versicherungsträgern übernommen wurde, ohne dass Ärzte in Regress genommen wurden.[417] Dies wird sich voraussichtlich ändern, da nun auch der durch die vertragliche Pflichtverletzung verursachte Primärschaden Grundlage für den Ersatz der immateriellen Schäden sein kann.

---

[412] § 847 wurde aufgehoben durch Art. 2 Nr. 7 des Zweiten Gesetzes zur Änderung schadensersatzrechtlicher Vorschriften vom 19.7.2002, BGBl. I, S. 2674 ff.

[413] Zur Frage, ob § 253 eine Anspruchsgrundlage darstellt: Siehe unten Teil 6.

[414] Vgl. *Hauberichs*, S. 46; *Jauernig/Teichmann* § 839 Rdn. 31.

[415] *BGH* v. 30.11.1982, BGHZ 85, 393, 395.

[416] *BGH* v. 30.11.1982, BGHZ 85, 393 ff.; *BGH* v. 10.1.1984, BGHZ 89, 263; *Hauberichs*, S. 46.

[417] *Katzenstein*, S. 83 f.

I. Vertragliche Haftung für durch Pflichtverletzungen verursachte „Primärschäden" an Persönlichkeitsrechtsgütern gem. § 280 I

Die vertragliche Haftung für Pflichtverletzungen ist seit der Schuldrechtsreform in § 280 I geregelt.[418] § 280 I gewährt u. a. Schadensersatz für die durch die Pflichtverletzung verursachten reinen, also nicht durch Personen- oder Sachschäden vermittelten Vermögensschäden.[419] Dies sind in den hier diskutierten Fällen nach überwiegender Ansicht z. B. die Unterhaltsaufwendungen für ein ungewolltes Kind.[420] Nicht zu vernachlässigen ist jedoch, dass die Norm auch Anspruchsgrundlage für vertragliche Ansprüche wegen Verletzung von Rechtsgütern des Vertragspartners ist[421] und die Rechtsgutsverletzung in diesem Zusammenhang nach überwiegender Ansicht mit zum Haftungsgrund gehört.

Neben § 280 I „pur" sind als Anspruchsgrundlage für die Verletzung von Erhaltungsinteressen § 280 I, III, § 281 (Schadensersatz statt Leistung) zu diskutieren, wenn leistungsbezogene Pflichten i. S. von § 241 I, also Pflichten, die sich auf die rechtzeitige, vertragsgemäße Erfüllung beziehen[422], verletzt wurden. Grundsätzlich kann auch die Pflicht, Rechtsgüter vor einer Verschlechterung zu bewahren, Inhalt einer Leistungspflicht sein.[423] Insbesondere bei der ärztlichen Behandlung ist der Schutz des Lebens und der Gesundheit Inhalt der vertraglichen Leistungspflicht.[424] Unabhängig davon sind §§ 280 I, III, 281 auf den Ersatz des positiven Leistungsinteresses gerichtet, gewähren also Schadensersatz für den nicht mehr zu realisierenden Leistungsanspruch.[425] Der Schadensersatz *neben* der ggf. nicht oder schlecht erbrachten Leistung hingegen knüpft an das Interesse an der Erhaltung der Rechtsgüter an.[426]

Im Zusammenhang mit nicht verhinderten Schwangerschaften ist zu bemerken, dass die Leistungspflicht darin bestehen kann, eine Sterilisation nach den Regeln der ärztlichen Kunst ordentlich durchzuführen, oder z. B. im Apothekerfall, das richtige Verhütungsmittel auszuhändigen. Bei Erfüllung dieser Pflicht wird eine

---

[418] *Jauernig/Stadler* § 280 Rdn. 1.

[419] Zur Anwendbarkeit des § 287 ZPO auf den haftungs*ausfüllenden* Kausalzusammenhang zwischen Vertragsverletzung und (Vermögens-)Schaden: *BGH* v. 22.5.1985, NJW 1985, 2595, 2596; *BGH* v. 15.6.1993, NJW 1993, 3075, 3076.

[420] Siehe Fußnote 987 bis 991.

[421] *Deutsch*, JZ 2002, 588, 589 sub II 1.

[422] Zum Begriff der leistungsbezogenen Pflichten i. S. von § 241 I: *Schwab*, in: *Schwab/Witt* S. 76 mwN, der nach der Zweckrichtung differenziert.

[423] *Medicus*, SchuldR I Rdn. 5.

[424] *Katzenmeier*, Arzthaftung, S. 82 mwN in Fußnote 37; *Erman/Schiemann* § 823 Rdn. 131.

[425] *Hirsch*, Jura 2003, 289.

[426] *Katzenstein*, Jura 2004, 584, 595.

Schwangerschaft – wenn sich nicht die Versagerquote verwirklicht – verhindert. Die Erteilung sachgerechter Informationen zur Benutzung von Kaufgegenständen, die als Leistungsnebenpflicht angesehen wird[427], kann ebenfalls zur Verhinderung der Empfängnis und dadurch bedingten Rechtsgutsbeeinträchtigungen beitragen. Die leistungsbezogenen Pflichten weisen die Besonderheit auf, dass sie der Erfüllung des Anspruchs, sowie deren Absicherung dienen.[428] Zum Teil wird für die Unterscheidung auf die Klagbarkeit abgestellt.[429] Ist jedoch die Empfängnis eingetreten, so nützt der Anspruch auf Leistung und deren Absicherung dem oder der Betroffenen insoweit nicht, als weder die Leistung, noch der Anspruch auf Schadensersatz statt Leistung die bereits eingetretene Rechtsgutsbeeinträchtigung beseitigt. Auch ist die Verhinderung der Schwangerschaft nicht einklagbar. Der Zusammenhang zwischen Leistungspflicht und Schutz der Rechtsgüter beschränkt sich auf die ursprüngliche Pflicht, eine fehlerhafte Sterilisation ggf. ordentlich nachzuholen, oder z. B. „die richtige Pille" nachträglich auszuhändigen.

Problematisch ist, ob Schäden an Rechtsgütern, die durch die Verletzung von Leistungs- oder Schutzpflichten verursacht wurden, unter §§ 280 I, III, 281 fallen können, oder immer unter § 280 I „pur". In der Literatur wird die Frage der Anwendung von §§ 280 I, III, 281 oder § 280 I im Zusammenhang mit den Fällen diskutiert, in denen die Leistungspflicht nicht gerade auf den Schutz der Rechtsgüter gerichtet ist, sondern z. B. auf die Lieferung einer Sache oder die Herbeiführung eines Erfolgs. Zum Teil wird vertreten, Schadensersatz statt Leistung gem. §§ 280 I, III, 281 umfasse auch Begleitschäden an Rechtsgütern außerhalb des Leistungsinteresses. Nach Ansicht von *Hirsch* ist soweit die Voraussetzungen des Schadensersatzes statt Leistung vorlägen, nicht zwischen Ansprüchen aus § 280 I „pur" und solchen auf Schadensersatz statt Leistung zu unterscheiden, da dieser schließlich auch ein § 280 I – Anspruch sei, der lediglich Zusatzvoraussetzungen beinhalte, wie § 280 III deutlich mache.[430] Zum Teil wird die Ersatzfähigkeit nach §§ 280 I, III, 281 damit begründet, Schadensersatz statt Leistung sei wie Schadensersatz wegen Nichterfüllung zu bestimmen, wobei Begleit- und Folgeschäden in den Gesamtvermögensvergleich einzubeziehen seien; § 280 I sei „Ausgangs- und Auffangtatbestand" wenn weder Verzug noch Schadensersatz statt Leistung vorliegen.[431] *Ernst* differenziert nach dem in § 281 IV geregelten Zeitpunkt. *Nach* dem Verlangen von Schadensersatz statt Leistung eintretende

---

[427] *Schwab/Witt* S. 76 f.
[428] *Schwab/Witt* S. 76 f.
[429] MünchKomm/*Kramer* § 241 Rdn. 17.
[430] *Hirsch*, Jura 2003, 289, 290.
[431] *Recker*, NJW 2002, 1247.

Folgeschäden fielen unter §§ 280 I, III, 281, andere folglich unter den „statischen" § 280 I.[432]

Keiner dieser Ansätze nennt Argumente, die zwingend dagegen sprechen, Beeinträchtigungen der Rechtsgüter immer unter § 280 I „pur" zu subsumieren, also auch dann, wenn sie durch Verletzung von Leistungs(neben)pflichten i. S. von § 241 I verursacht wurden. Die zusätzlichen Voraussetzungen des § 281, wie z. B. die Fristsetzung, berühren bei der ungewollten Empfängnis nicht die Beeinträchtigung der Rechtsgüter. Bereits der Begriff „Schadensersatz statt Leistung", der Zusatzvoraussetzungen im Hinblick auf den Ersatz des Erfüllungsinteresses erfordert, die für Schadensersatz wegen Verletzung von Rechtsgütern gerade nicht erforderlich sind, spricht für eine Ersatzfähigkeit nach § 280 I.

Im Bereich der Arzthaftung ist ferner zu berücksichtigen, dass es sich auch bei Verträgen über Sterilisation und Vasektomie um Dienstversträge handelt.[433] Hauptpflicht ist die Behandlung lege artis, nicht ein konkreter Erfolg. Auch wenn Inhalt des Arztvertrags u. a. ist, auf die Rechtsgüter in bestimmter Weise (lege artis) positiv einzuwirken[434], so stellt dennoch der Ersatz der Schäden wegen Rechtsgutsverletzungen aufgrund der Nichteinhaltung medizinischer Standards keine ersatzweise Durchsetzung des ursprünglichen Leistungsanspruchs dar. Dieser könnte durch eine nochmalige fehlerfreie Behandlung oder den Ersatz der Kosten für eine andernorts durchgeführte Maßnahme erfüllt werden. Sind Schäden an den Rechtsgütern eingetreten, sind diese durch Schadensersatz gem. § 280 I auszugleichen.[435] Dies gilt unabhängig davon, ob nach § 241 I nF geregelte Leistungspflichten, die ggf. gerade auf den Schutz der verletzten Rechtsgüter abzielten[436], oder „weitere Verhaltenspflichten" im Sinne von § 241 II verletzt wurden.[437]

---

[432] MünchKomm/*Ernst* § 280 Rdn. 68.

[433] Siehe oben Fußnote 461.

[434] *Wagner*, in: Das neue Schuldrecht in der Praxis, S. 204.

[435] Im Ergebnis: *Wagner*, in: Das neue Schuldrecht in der Praxis, S. 204.

[436] Siehe oben Fußnote 423 f.

[437] Weder in der älteren Rechtsprechung, noch in der neueren Literatur zur Arzthaftung nach dem SchuldrechtsmodernisierungsG wird daher ausführlich auf die Unterscheidung zwischen Pflichten i. S. von § 241 I nF und § 241 II nF Bezug genommen. Vgl. z. B. *Deutsch*, JZ 2002, 588, 590 sub II 3, 4, der die §§ 241 I, II bei den Änderungen durch das SchuldrechtsmodernisierungsG nicht erwähnt. *Wagner*, in: Das neue Schuldrecht in der Praxis, S. 204, weist darauf hin, dass sowohl bei der Verletzung von Pflichten i. S. von § 241 I, als auch § 241 II der § 280 I die einschlägige Anspruchsgrundlage für Schadensersatz bildet, wenn ein Delikt im Rahmen einer vertraglichen Beziehung begangen wird.

Wichtiger ist gerade im Hinblick auf die Beweislast die Unterscheidung des Bezugspunkts der Aufklärungspflichten bei Sterilisation und Vasektomie.[438] Die Unterscheidung zwischen Pflichten i. S. von § 241 I und § 241 II[439] hingegen ist für den Ersatz von Schäden an sonstigen Rechtsgütern wegen ungewollter Empfängnis rein dogmatischer Natur.

Grundvoraussetzung für die Haftung ist eine schuldhafte Pflichtverletzung. Dadurch unterscheidet sich die vertragliche Haftung vom Eingriffstatbestand § 823 I[440], der ausdrücklich die Verletzung bestimmter Rechtsgüter voraussetzt. Dennoch ist die vertragliche Haftung als Grundlage für Schadensersatz wegen Primärschäden an Rechtsgütern nicht zu vernachlässigen. Dies gilt um so mehr, als die Norm seit 1.8.2002 auch Grundlage für Schmerzensgeld gem. § 253 II nF[441] ist, wenn Rechtsgüter verletzt wurden.

Geht es wie beim vorliegenden Untersuchungsgegenstand um Schadensersatzansprüche wegen einer Verletzung von Persönlichkeitsrechtsgütern, ist Haftungsgrund nach der neueren[442] Rechtsprechung und herrschenden Lehre auch der Zusammenhang zwischen der vertraglichen Pflichtverletzung und dem dadurch herbeigeführten *„Primärschaden“*[443], dem *„ersten Verletzungserfolg“* der in diesen Fällen in der Rechtsgutsverletzung liegt.[444] Die dogmatische Einordnung beim

---

438 Siehe unten Teil 4 I 3 a dd (1): Selbstbestimmungsaufklärung einerseits und therapeutische Aufklärung andererseits.

439 *Wilhelm*, JZ 2001, 861, 866 bezeichnet die Neufassung des § 241 II als *„leere Floskel“*. Vgl. zur alten Rechtslage: MünchKomm/*Kramer* § 241 Rdn. 1 *„theoretisierende Bestimmung ohne große Aussagekraft“*.

440 Vgl. MünchKomm/ZPO/*Prütting*, § 287 Rdn. 11; *Rosenberg/Schwab/Gottwald*, ZPO, § 113 Rdn. 12.

441 *Coester-Waltjen*, Jura-Kartei 10/02, BGB § 249/33 sub II; *Palandt/Heinrichs* § 280 Rdn. 32; *Wagner*, in: Das neue Schuldrecht in der Praxis, S. 219 sub V 1.

442 Die ältere Rechtsprechung und Literatur ging noch davon aus, dass ein „Betroffensein“ des Geschädigten haftungsbegründend (und nach § 286 ZPO zu beweisen) sei: Nachweise bei *Arens*, ZZP 88 (1975), 1, 8 mwN in Fußnote 29 und bei *Prölls*, S. 54 f. in Fußnote 160. Der Zusammenhang zwischen dem Betroffensein und dem Erstschaden bzw. weiteren Schäden war demnach nach § 287 zu beweisen. *Prölls*, S. 55, kritisiert diesen Ansatz dahingehend, dass nur die Höhe von Schäden nach § 287 ZPO zu beweisen sei, der *„Kausalzusammenhang zwischen Unfall und Schaden“* bzw. das *„Entweder – Oder eines Kausalzusammenhangs“* hingegen nicht.

443 *Larenz*, SchuldR I, § 27 II, S. 428, differenziert allgemein zwischen *„konkretem (realem)“* Schaden, den er in der Einbuße an Gütern sieht und dem *„rechnerischen“* Schaden. Ähnliches meint die Abgrenzung zwischen *„unmittelbarem (Objekt-) und Vermögensfolgeschaden“* (§ 27 II, S. 429).

444 Grundlegend zum sog. *„ersten Verletzungserfolg“*: *BGH* v. 24.6.1986, NJW 1987, 705, 706; vgl. auch *BGH* v. 21.7.1998, NJW 1998, 3417, 3418 (Hirnschaden durch ärztlichen Fehler bei Geburt); *BGH* v. 4.11.2003 VI ZR 28/03 (Haftungsgrund bei Verkehrsunfall). Im We-

Haftungsgrund ist abgesehen von den Fällen der mangelnden Selbstbestimmungsaufklärung, bei der bereits der Eingriff eine Körperverletzung darstellt[445], praktisch relevant für die Anwendung der strengeren Beweisanforderungen des § 286 ZPO anstelle der des § 287 ZPO[446], wenn auch durch die Anerkennung von Beweiserleichterungen beim Beweis des Haftungsgrundes eine Relativierung der Streitfrage eintritt.[447]

Da sich das Thema auf die Haftung wegen Verletzung von Rechtsgütern beschränkt, wird nachfolgend die vertragliche Haftung, die zu einem Primärschaden in Form einer Rechtsgutsverletzung geführt hat, untersucht.

Anspruchsvoraussetzung ist die Verletzung vertraglicher Leistungs- oder Schutzpflichten. Wird durch die Verletzung einer solchen vertraglichen Pflicht aus § 241 I bzw. § 241 II eines der in § 253 II aufgezählten Rechtsgüter des in den Schutzbereich des Vertrages Einbezogenen verletzt, kann neben dem Ersatz für materielle Schäden (§ 249 II Satz 1) auch Ersatz der immateriellen Schäden gem. §§ 280 I Satz 1, 253 II verlangt werden.[448] Daraus ergeben sich, was den Eintritt von Personenschäden betrifft, gleiche Anspruchsinhalte beim vertraglichen und deliktischen Schadensersatzanspruch.[449]

1. Verträge mit Bezug zur Familienplanung

Die Pflicht, eine Sterilisation oder Vasektomie lege artis durchzuführen, über die Versagerrisiken von Verhütungsmaßnahmen und die Notwendigkeit von

---

sentlichen wie Rechtsprechung: *Deutsch/Spickhoff*, Medizinrecht, Rdn. 125; *Katzenmeier*, Arzthaftung, S. 428; *Laufs*, Arztrecht Rdn. 594; MünchKomm/ZPO/*Prütting* § 287 Rdn. 10; *Schellhammer* Rdn. 1285; *Stein/Jonas/Leipold*, § 287 Rdn. 14; *Stoll*, AcP 176 (1976), S. 145 ff., 185 ff.; *Thomas/Putzo* § 287 Rdn. 4; *Zöller/Greger* § 287 Rdn. 3.

445 *Deutsch/Spickhoff*, Medizinrecht Rdn. 125.

446 *Giesen*, Arzthaftungsrecht Rdn. 354 f.; *Jauernig/Teichmann* Vor §§ 249-253 Rdn. 25; *Katzenmeier*, Arzthaftung, S. 425; *Soergel/Mertens* Vor§ 249 Rdn. 283. Der Vorteil der Beweismaßreduzierung des § 287 ZPO liegt darin, dass das Gericht von der Entstehung eines Schadens nicht voll überzeugt sein muss und der Kläger nur solche Tatsachen angeben muss, die sich als Grundlage einer Schätzung eignen. Es genügt, wenn eine „erhebliche Wahrscheinlichkeit“ für die Richtigkeit der Behauptungen spricht. Kann der Richter den Schaden schätzen, kann er z. B. auf ein umfangreiches Sachverständigengutachten verzichten. Vgl. hierzu auch *Prölls*, S. 47 ff.

447 Vgl. *BGH* v. 4.11.2003 VI ZR 28/03 (Haftungsgrund bei Verkehrsunfall); MünchKomm/ZPO/*Prütting* § 287 Rdn. 12; *Rosenberg/Schwab/Gottwald*, ZPO, § 113 Rdn. 14.

448 Siehe oben Teil 4 und unten Teil 6.

449 *Wagner*, in: Das neue Schuldrecht in der Praxis, S. 219 sub V 1; *Katzenmeier*, Arzthaftung, S. 82 f. Zum Inhalt der Schadensersatzansprüche: Teil 5.

Kontrolluntersuchungen aufzuklären, eine genetische Beratung korrekt durchzuführen und die Pflicht, das richtige Verhütungspräparat auszuhändigen, basieren in der Regel auf Verträgen zwischen einem oder beiden Elternteil(en) und Dritten. Auch wird diskutiert, ob zwischen den Elternteilen eine vertragliche Verpflichtung z. B. zur Information über die Absetzung von Verhütungsmaßnahmen anzunehmen ist.[450]

a) Der Vertrag über die Durchführung einer Sterilisation

In vielen Fällen beruhte die Haftung auf Pflichtverletzungen bei der Durchführung einer Sterilisation bzw. Vasektomie, denen ein Behandlungsvertrag zugrunde lag. Das Schuldrechtsmodernisierungsgesetz vom 26.11.2001[451] hat keinen eigenständigen Typus des Arztvertrags in das BGB eingeführt.[452] Behandlungsverträge, in denen die Sterilisation einer Frau oder eines Mannes vereinbart werden, sind grundsätzlich wirksam und nicht sittenwidrig.[453] Eine spezielle gesetzliche Regelung gibt es nicht. Wer geschäftsfähig[454] ist, kann auf Grund seines Selbstbestimmungsrechts und im Rahmen der Privatautonomie grundsätzlich einen Behandlungsvertrag mit dem Inhalt abschließen, dass seine Fortpflanzungsfähigkeit dauerhaft beseitigt wird.[455] Umstritten sind die Fälle der reinen Gefälligkeitssterilisation, d. h. Fälle, in denen keine sozialen oder sonstigen vernünftigen Gründe vorliegen. Für die Notwendigkeit einer Indikation wird argumentiert, dass ansonsten das Rechtsgut der menschlichen Fertilität gefährdet und der ärztliche Heilauftrag nicht hinreichend berücksichtigt werde.[456] Im Vordringen ist die Ansicht, dass es auf die Motive nicht ankommt.[457] Die Rechtmäßigkeit solcher Ver-

---

[450] Siehe Teil 4 I 1 d.

[451] BGBl. I 2001, S. 3138.

[452] *Spickhoff*, NJW 2001, 1757, 1759 sub III; vgl. zur Diskussion über die Regelung des Arztvertrags im BGB: *Katzenmeier*, Arzthaftung, S. 85 sub 3 a.

[453] *BGH* v. 27.6.1995, NJW 1995, 2407, 2409 sub II 2 a mwN zur älteren Rechtsprechung; vgl. *Eser/Koch*, MedR 1984, 6, 10 f. sub IV 1 b; *Franzki*, VersR 1990, 1181, 1182 f.; *Waibl*, NJW 1987, 1513, 1514 sub II 4.

[454] § 1631c verbietet die Sterilisation Minderjähriger. Zur Sterilisation geistig Behinderter vgl. § 1905; siehe auch *Laufs*, Arztrecht Rdn. 316 mwN.

[455] *BGH* v. 29.6.1976, BGHZ 67, 48, 49 ff.; *BGH* v. 16.11.1993, BGHZ 124, 128, 137 sub 3 c aa; *BGH* v. 27.6.1995, NJW 1995, 2407, 2409.

[456] Vgl. Nachweise bei *Laufs*, Arztrecht Rdn. 311 aE; *derselbe*, Fortpflanzungsmedizin und Arztrecht, S. 128 f. sub 2. § 6 Muster-Berufsordnung bestimmt: „*Sterilisationen sind aus medizinischen, genetischen oder sozialen Gründen gerechtfertigt.*" Vgl. auch *Dreihaupt*, S. 101 sub 3; *Ostheide*, S. 80 f.

[457] Vgl. zur sog. Gefälligkeitssterilisation: *Waibl*, NJW 1987, 1513, 1515 sub II 4; vgl. auch Nachweise bei *Laufs*, Arztrecht Rdn. 308 f. *Laufs*, Fortpflanzungsmedizin und Arztrecht, S. 127 ff. lehnt diese Form selbst ab, da sie ausschließlich auf dem Willen des Patienten beruht.

träge ist nach herrschender Ansicht zu bejahen.[458] Das gilt - abgesehen von der Präimplantationsdiagnostik[459] - auch für Verträge über die genetische Beratung vor Zeugung eines Kindes.[460]

Nach herrschender Ansicht handelt es sich um einen Dienst-, nicht um einen Werkvertrag.[461] Der Vertrag ist auch dann privatrechtlicher Natur, wenn die Behandlung im Krankenhaus stattfindet und dieses öffentlich-rechtlich organisiert ist (z. B. Universitätsklinik, Stadt oder Landkreis als Träger/in).[462]

Beim Kassepatienten besteht die Besonderheit, dass für Leistungsumfang und Abrechnung die Abreden zwischen den Kassenverbänden und den Krankenhäusern bzw. Ärzteverbänden maßgeblich sind. Auf die Entscheidung des Streits, ob das Behandlungsverhältnis zwischen dem Patienten und dem Arzt öffentlich-rechtlich oder privatrechtlich ist[463], wird hier verzichtet, zumal sich gem. § 76 IV SGB V die Haftung gegenüber dem Versicherten nach bürgerlichem Recht richtet.[464] Zu bemerken ist außerdem, dass mit Inkrafttreten der Gesundheitsreform

---

[458] *BGH* v. 29.6.1976, BGHZ 67, 48; *Ankermann*, in: FS Steffen, S. 1, 9 sub III 1 a; *Dannemann*, VersR 1989, 676 sub I 1 mwN; *Franzki*, VersR 1990, 1182 f.; *G. Müller*, in: FS Steffen, S. 355, 356 sub I 1 a aa; *Ostheide*, S. 81; *Schramm*, S. 155 mwN in Fußnoten 114 - 119.

[459] Siehe Teil 2 II.

[460] *BVerfG*, Beschluss v. 12.11.1997, BVerfGE 96, 375, 385; *G. Müller*, in: FS Steffen, S. 355, 357

[461] *OLG Düsseldorf* v. 31.1.1974, NJW 1975, 595; *BGH* v. 2.12.1980, NJW 1981, 630, 631 sub II 1; *BGH* v. 10.3.1981, NJW 1981, 2002, 2003 sub B II 1 b; *Deuchler*, S. 107; *Holzwarth*, S. 69; *Laufs/Uhlenbruck* § 39 Rdn. 10; *Palandt/Putzo* Einf v § 611 Rdn. 18; *Waibl*, S. 9 ff.; *dieselbe*, NJW 1987, 1513; zum Streit vgl. *Hauberichs*, S. 42, 136; *Stieglitz*, S. 127. *Adomeit*, Jura 1981, 196, 197, geht davon aus, dass bei einer fehlerhaften Sterilisation bereits keine Sterilisation im eigentlichen Sinne vorliege. Tendenziell für Werkvertrag: *Fehn*, JuS 1988, 602 Fußnote 5, *Roth-Stielow*, MDR 1971, 265, 266 aE; *Ströfer*, VersR 1981, 796, 804 sub II 1 b; *Taupitz*, NJW 1986, 2851, 2857 mwN in Fußnote 86.

[462] *Gehrlein*, S. 2; *Hauberichs*, S. 42.

[463] Das *Bundessozialgericht* nimmt an, dass ein öffentlich-rechtlich zu beurteilender Behandlungsanspruch des Versicherten gegen die gesetzliche Krankenversicherung bestehe, welcher sich mit Beginn der Behandlung in einen (ebenfalls öffentlich-rechtlichen) Anspruch auf Übernahme der Kosten umwandle: *BSG* v. 20.1.1982, BSG 53, 62, 64 f. Der Streit zwischen einem Krankenhausträger und einem Versicherungsträger über die Übernahme der Behandlungskosten war somit öffentlich-rechtlicher Natur. Der *BGH* geht von einem privatrechtlichen Rechtsverhältnis aus.

[464] Nach überwiegender Ansicht ist der Patient selbst Vertragspartner. Vgl. *BGH* v. 18.3.1980 - VI ZR 247/78, BGHZ 76, 259, 261 f. = NJW 1980, 1452, 1453 sub 2. Die Revison der Beklagten sub 1 mwN. *Deutsch/Spickhoff*, Medizinrecht Rdn. 18; *Gehrlein*, S. 11; *Lange*, LM § 823 (Aa) BGB Nr. 154/1994 sub 2 a. Zum Problem: *Junker*, S. 228 sub 2 a aa; *Krauskopf*, in: FS Lange, S. 523 ff., 530 ff. Zur Frage, ob der Patient Begünstigter eines echten Vertrages zugunsten Dritter i. S. von § 328 ist: vgl. *BGH* v. 11.4.1951, BGHZ 1, 383, 386; *BGH* v.

am 1.1.2004 Sterilisation und Vasektomie nur noch bei medizinischer Notwendigkeit zum Leistungsumfang der Krankenkassen gehören. Für die Frage, wer Anspruchsgegner bei Behandlungs- oder Aufklärungsfehlern ist, kommt es auf die Art des Vertrags[465] an.

b) Möglichkeiten der Vertragsgestaltung bei Behandlung im Krankenhaus und deren Relevanz für die Passivlegitimation

Es werden verschiedene Möglichkeiten der Vertragsgestaltung bei Aufnahme in ein Krankenhaus unterschieden[466]: Der totale Krankenhausvertrag, der gespaltene Arzt-/Krankenhausvertrag und der Krankenhausvertrag mit Arztzusatzvertrag über chefärztliche Wahlleistungen.

Vertragliche Ansprüche kommen bei einem „totalen Krankenhausvertrag"[467] nur gegen den Krankenhausträger, nicht gegen den behandelnden Arzt in Betracht.[468] Nach dem Vertrag, der zwischen Patient(in) und dem Krankenhausträger zustande kommt, hat dieser eine Gesamtheit von Leistungen zu erbringen. Er enthält schwerpunktmäßig Elemente des Dienstvertrags, sowie zusätzlich Elemente des Kauf-, Miet- und Werkvertrags.[469] Der Krankenhausträger kann vertraglich für das Verhalten der Ärzte gem. § 278 bzw. deliktisch gem. §§ 31, 89 haften.[470] Ist der handelnde Arzt weisungsgebunden, ist § 831[471] einschlägig. Der behandelnde Arzt kann auch selbst deliktisch in Anspruch genommen werden.[472]

Beim gespaltenen Arzt-/Krankenhausvertrag[473] ist zu unterscheiden zwischen dem Belegarztvertrag bzw. dem Vertrag mit einem selbstliquidierenden leitenden Arzt auf der einen und dem Krankenhausvertrag auf der anderen Seite. Ansprüche aus dem Arztvertrag, der die Erbringung der Leistungen des Arztes[474] regelt, können ausschließlich gegen diesen selbst geltend gemacht werden. Der Kran-

---

13.12.1951, BGHZ 4, 138, 149; *Gehrlein*, S. 11; zustimmend: *Dreihaupt*, S. 114; *Waibl*, NJW 1987, 1513, 1514 sub II.

[465] Hierzu: *Gehrlein*, S. 1.

[466] *Dreihaupt*, S. 111 ff.; *Gehrlein*, S. 1 ff.; vgl. *Giesen*, Arzthaftungsrecht Rdn. 13 ff.; *Harrer*, S. 154 ff.; *Hart*, Jura 2000, 14 ff.; *Hauberichs*, S. 42 Fußnote 7, S 44, S. 136; *Uhlenbruck*, NJW 1973, 1399, 1400.

[467] Vgl. *Giesen*, Arzthaftungsrecht Rdn. 15.

[468] *Deutsch/Spickhoff*, Medizinrecht Rdn. 128.

[469] *Hart*, Jura 2000, 14, 17 sub 4.

[470] *Giesen*, Arzthaftungsrecht Rdn. 15 aE; *Hauberichs*, S. 45.

[471] Zu § 831 siehe Teil 4 II 4.

[472] *Deutsch/Spickhoff*, Medizinrecht Rdn. 128; *Gehrlein*, S. 22 Rdn. 40. Dazu Teil 4 II 2.

[473] *Giesen*, Arzthaftungsrecht Rdn. 16; *Hart*, Jura 2000, 14, 17 sub 3; *Hauberichs*, S. 45.

[474] Die Leistungen fallen nicht in den Leistungsumfang der Krankenkasse: vgl. *Hauberichs*, S. 45.

kenhausvertrag bezieht sich auf sonstige (ärztliche und nichtärztliche) Leistungen.[475]

Eine weitere Gestaltungsmöglichkeit ist eine Kombination zwischen einem totalen Krankenhausvertrag und einem Arztvertrag. Der Regelfall bei einer solchen Kombination ist der Krankenhausvertrag mit Arztzusatzvertrag über chefärztliche Wahlleistungen[476], bei dem der Krankenhausträger und der behandelnde Arzt im Hinblick auf vertragliche Ansprüche (Gesamt-)Schuldner sind.[477] Dieses Modell setzt voraus, dass der Patient selbst zahlt (gleichgültig ob er privat oder gesetzlich ggf. mit privater Zusatzversicherung versichert ist). Der Vorteil für die Patienten liegt darin, dass bezüglich der ärztlichen Leistung auch der Krankenhausträger Haftungsschuldner ist.[478]

Bestehen Zweifel, ob ein kombinierter Krankenhausvertrag mit Arztzusatzvertrag oder ein gespaltener Arzt-/Krankenhausvertrag abgeschlossen wurde, liegt im Regelfall der gespaltene Vertrag als für den Patienten ungünstigere Variante nur dann vor, wenn dies dem Patienten (z. B. durch allgemeine Geschäftsbedingungen) hinreichend deutlich gemacht wird.[479]

c) Andere Verträge und Absprachen über Verhütungsmaßnahmen und Beratung hinsichtlich familienplanerischer Maßnahmen

Andere Verträge, die die Grundlage für die Haftung im Fall fehlgeschlagener Verhütungsmaßnahmen bilden, sind der Arztvertrag über die Beratung bzgl. eigenverantwortlich angewendeter Verhütungsmittel und der Kaufvertrag über den Kauf der vom Arzt verordneten Verhütungsmittel.[480]

Der Vertrag über die genetische Beratung, um die Zeugung eines Kindes mit defekten Erbanlagen zu verhindern, ist Geschäftsbesorgungsvertrag i. S. von § 675.[481]

---

[475] *Giesen*, Arzthaftungsrecht Rdn. 14; *Hart*, Jura 2000, 14, 17 sub 3; *Hauberichs*, S. 45.
[476] *Hart*, Jura 2000, 14, 18 sub 5.; *BGH* v. 18.6.1985, BGHZ 95, 63, 67 ff. (Klinikhaftung bei Chefarztvertrag); *BGH* v. 22.12.1992, BGHZ 121, 107, 110 ff. (gespaltener Krankenhausvertrag); *BGH* v. 19.2.1998, VersR 1998, 728, 729 f.
[477] *Waibl*, NJW 1987, 1513, 1514 sub II 1; *Hart*, Jura 2000, 14, 15 ff. sub II; vgl. *Uhlenbruck*, NJW 1973, 1399, 1400 sub 3.
[478] *Hart*, Jura 2000, 14, 17 sub 3.
[479] *BGH* v. 18.6.1985, BGHZ 95, 63, 67 ff. (Klinikhaftung bei Chefarztvertrag); *BGH* v. 22.12.1992, BGHZ 121, 107, 111 ff. sub b (gespaltener Krankenhausvertrag).
[480] Vgl. *Holzwarth*, S. 68 (Vertragstypen und Haftungsgrundlagen).
[481] *Palandt/Sprau* § 675 Rdn. 42.

d) Absprachen über Familienplanung zwischen den Elternteilen

Im Zusammenhang mit Absprachen unter den Eltern sind bisher zwei Fallkonstellationen aufgetreten: Das abredewidrige Weglassen von Verhütungsmitteln durch die Mutter sowie die Vornahme einer In-Vitro-Fertilisation nach zurückgezogenem Einverständnis durch den Vater (siehe Teil 2 V).

aa) Absprachen über die Anwendung von Verhütungsmitteln durch einen Elternteil

Die Rechtsprechung und ein Teil der Literatur lehnen Ansprüche des Vaters bei abredewidrigem Unterlassen der Anwendung von Verhütungsmitteln durch die Mutter im Rahmen einer nichtehelichen Lebensgemeinschaft ab.[482]

Abreden über den Gebrauch empfängnisverhütender Mittel berührten nach Auffassung des *IX. Senats* den engsten persönlichen Freiheitsbereich und seien daher *„einer rechtsgeschäftlichen Regelung nicht zugänglich"*.[483] Gegen die vertraglichen Ansprüche wurden drei Argumente vorgebracht: Die Ungeeignetheit derartiger Absprachen, Rechtswirkungen zu entfalten, der fehlende Rechtsbindungswille, sowie davon unabhängig die Wirkungslosigkeit wegen der Bedeutung der höchstpersönlichen Entscheidungsfreiheit.[484] Ein Teil der Literatur bejaht hin-

---

[482] *BGH* v. 17.4.1986, BGHZ 97, 372 ff.; siehe oben Teil 2 V. Ebenso: *Dunz*, VersR 1986, 819 ff. (Ausschließlichkeit des Familienrechts); *Gernhuber/Coester-Waltjen*, Familienrecht § 18 V 7 (für Verbindlichkeit von Absprachen in der Ehe) mwN in Fußnote 26; MünchKomm/*Wacke* § 1353 Rdn. 32. Zum Problem des verletzten Rechtsguts: *Kolb*, S. 166 ff. (keine Persönlichkeitsrechtsverletzung i. S. von § 823 I, sondern Verletzung der Entscheidungsfreiheit durch sittenwidrige Handlung i. S. von § 826, siehe S. 172 ff.); *Lange*, § 6 IX 7 b dd, S. 332; *Larenz/Canaris,* SchuldR II/2 § 80 II 6 e, S. 515 aE; *Looschelders,* Jura 2000, 169, 172 sub III 1 b, 174 f.; *Lüderitz*, Rdn. 103, 214, 697 stellt sowohl bei nicht ehelicher als auch ehelicher Lebensgemeinschaft allein auf das Wohl des Kindes ab, bejaht allerdings eine - im Ergebnis leer laufende - Pflicht zur Mitteilung des Absetzens der Verhütungsmittel; MünchKomm/*Mertens*, 3. Aufl., § 826 Rdn. 117; *Soergel/Hönn/Dönneweg* § 826 Rdn. 101a (Ausschließlichkeit des Familienrechts); *Thür*, S. 104 f. (für abschließende Lösung nach Familienrecht). Anders: *Bruns*, S. 79 ff., die bei Täuschung unter Ehegatten eine Verletzung der „Entscheidungsfreiheit" als Bestandteil des allgemeinen Persönlichkeitsrechts bejaht. MünchKomm/*Wagner*, 4. Aufl., § 826 Rdn. 124, scheint eine rechtserhebliche Verpflichtung der Mutter, bei der Verhinderung einer Empfängnis mitzuwirken zu bejahen. Vgl. auch *Roth-Stielow*, JR 1987, 7 ff.

[483] *BGH* aaO. Anders: *Bruns*, S. 56, 116, nach deren Ansicht jedenfalls Absprachen unter Ehegatten Verträge „sui generis" mit einseitiger Leistungspflicht darstellen; ebenso: *Grunsky*, Jura 1987, 82, 84 sub 2 a bb; *Kolb*, S. 93, 99 ff.; *Ostheide*, S. 146.

[484] *BGH* v. 17.4.1986, BGHZ 97, 372, 379 sub II 2 b aa; vgl. zur Nichtigkeit einer Zusage einer Arbeitnehmerin, während der Laufzeit des Arbeitsvertrages Verhütungsmittel einzunehmen: *LAG Hamm*, DB 1969, 2353 f.; *Köhler*, Allg. Teil § 6 Rdn. 2.

gegen grundsätzlich die Möglichkeit einer rechtsverbindlichen vertraglichen Absprache, die jedoch jederzeit kündbar sei.[485]

Der Literatur ist insoweit zuzustimmen, als dass die Vorwerfbarkeit nicht in dem Absetzen des Verhütungsmittels zu sehen ist, sondern in dem Verschweigen gegenüber dem Partner. Vertragliche Aufklärungs- oder Wahrheitspflichten in Bezug auf das Absetzen der Verhütungsmittel sind jedoch zweifelhaft, da im Rahmen persönlicher Beziehungen nicht anzunehmen ist, dass die Folgen von Intimität Gegenstand rechtsgeschäftlicher Regelungen sein sollen und dies abgesehen davon auch nicht möglich wäre.[486] Der Partner, der eine Verhütungsmethode unterlässt, kann kaum so behandelt werden, wie jemand, der im Rahmen eines Dienst- oder Werkvertrags seine Leistung schlecht erbracht hat. Eine Kontrolle der Verhütung und damit der praktizierten Sexualität von Paaren ist (auch wenn einer der Partner gerichtliche Hilfe in Anspruch nähme) abgesehen von Fällen, in denen Sexualdelikte oder schwere Gesundheitsverletzungen durch Übertragung von Krankheiten (z. B. AIDS) vorliegen, in einem Rechtsstaat[487] undenkbar. Der Umstand, dass der Verstoß gegen Abreden erhebliche Folgen für die Lebensplanung des anderen Partners haben kann, ändert daran nichts, zumal er auf Ansprüche aus §§ 823 ff., insbesondere § 826 verwiesen werden kann. Sind die Absprachen selbst nicht als Vertrag zu qualifizieren und mangels Ausrichtung auf den Abschluss eines solchen Vertrags auch nicht als „ähnlicher geschäftlicher Kontakt" i. S. von § 311 II Nr. 3 anzusehen, bedarf es auch keiner „Kündigung", um sich davon ohne Haftungsrisiko zu lösen. Auch das Unterlassen der Aufklärung über das Absetzen von Verhütungsmitteln stellt folglich keine Verletzung „weiterer Verhaltenspflichten" im Sinne von § 241 II dar, die eine Haftung gem. § 280 I begründen könnte.

bb) Absprachen über homologe In-vitro-Fertilisation

Eine weitere Frage ist, ob und wenn ja inwieweit Abreden über die Durchführung einer homologen In-vitro-Fertilisation bzw. die Implantation eines gezeugten Embryos zwischen den Eltern rechtlich verbindlich sind.

Der Familiensenat des *OLG Stuttgart* entschied im Zusammenhang mit der Frage, ob sich die Mutter gem. § 1579 Nr. 3 mutwillig unterhaltsbedürftig gemacht habe, oder sich über schwerwiegende Vermögensinteressen des Ehepart-

---

485 Vgl. Fußnote 343.

486 So zu Recht: *BGH* v. 17.4.1986, BGHZ 97, 372; anders: Nachweise in Fußnote 483.

487 Eine solche Einmischung erinnert an China, wo die Familienplanung Gegenstand staatlicher Kontrollen ist.

ners i. S. von § 1579 Nr. 4 mutwillig hinweggesetzt habe[488], dass sich ein Partner (hier der Vater) von einer Abrede über die Durchführung einer In-vitro-Fertilisation nicht einseitig lossagen könne.[489] Auch wenn es nicht um vertragliche oder deliktische Ansprüche des Vaters wider Willen ging[490], nahm der Familiensenat Stellung zur Frage, wie das Lossagen von der gemeinsamen Planung zu beurteilen sei. Wie z. B. auch *Gernhuber*[491] vertritt der Senat, dass eine solche Absprache, solange die eheliche Lebensgemeinschaft noch nicht gescheitert sei, eheliche Pflichten begründen könne. Ob eine Verletzung einer vertraglichen Pflicht seitens der Ehefrau zu bejahen war, wurde - da nicht notwendig - nicht entschieden. Die Verpflichtung des Ehemannes wirke sich aber insoweit aus, als sich derjenige, der an der ursprünglichen Absprache (auch gegen den Willen des anderen) festhalte, sich jedenfalls nicht ins Unrecht setze.[492] Somit habe die Mutter ihre Unterhaltsbedürftigkeit nicht mutwillig herbeigeführt.

Der *BGH* verneinte, dass sich im Hinblick auf das Selbstbestimmungsrecht der Partner eine dauerhafte Bindung an Absprachen über die Fortpflanzung ergeben könne.[493] Ebenso wie Abreden über den Gebrauch aber auch das Unterlassen der Verwendung von Verhütungsmitteln, die nicht rechtsverbindlich seien, so gehörten auch Absprachen über die Vornahme einer In-Vitro-Fertilisation zu den Entscheidungen für oder gegen Nachkommenschaft, welche *„zum nicht justiziablen engsten persönlichen Intimbereich der Partner"* gehörten und daher einer rechtsgeschäftlichen Regelung nicht zugänglich seien.[494] Ebenso wie der Vater seine Einwilligung zurückziehen konnte, konnte auf der anderen Seite von der Mutter nicht verlangt werden, auf die Verwirklichung des Kinderwunsches durch die Nutzung der künstlichen Fortpflanzungsmethode zu verzichten.[495] Daraus ergab sich im entschiedenen Fall die Ablehnung der Voraussetzungen des § 1579[496], der daher dem Unterhaltsanspruch der Mutter (§ 1570) wegen Betreuung des gegen den Willen des Vaters gezeugten Kindes nicht entgegenstand.[497]

---

[488] Zum Sachverhalt siehe oben Teil 2 V.

[489] *OLG Stuttgart* v. 14.1.1999, FamRZ 1999, 1136, 1137 f.

[490] *OLG Stuttgart* v. 14.1.1999, FamRZ 1999, 1136, 1137 sub 2. Vgl. *Hohloch*, JuS 2001, 711, 712, der bereits die Anwendbarkeit des § 1579 unter dem Gesichtspunkt hinterfragt, dass diese einem Schadensersatzanspruch gerichtet auf Befreiung von der Unterhaltsverpflichtung gleichkäme.

[491] *Gernhuber/Coester-Waltjen*, Familienrecht § 18 IV 7.

[492] *OLG Stuttgart* v. 14.1.1999, FamRZ 1999, 1136, 1138.

[493] *BGH* v. 21.2.2001, BGHZ 146, 391 sub 3 a.

[494] *BGH* v. 21.2.2001, BGHZ 146, 391 sub 3 c.

[495] *Hohloch*, JuS 2001, 711, 712.

[496] Voraussetzungen sind die „mutwillige Herbeiführung der Bedürftigkeit", was im Regelfall eine unterhaltsbezogene Leichtfertigkeit voraussetzt.

[497] Zustimmend: *Born*, MDR 2001, 693, 694.

Die Ansicht des *BGH* ging insoweit fehl, als er die freie Widerruflichkeit der Einwilligung des Vaters bejahte, auch wenn sich daraus seiner Ansicht nach keine rechtlichen Folgen für die Mutter ergaben. Nicht berücksichtigt wurde der Umstand, dass der Embryo bereits gezeugt war und somit Entscheidungen über dessen Implantation nicht mehr zur freien Disposition des Vaters standen.[498]

Für die hier untersuchte Relevanz des Verhaltens der Mutter im Hinblick auf einen möglichen Verstoß gegen vertragliche Pflichten ist von Bedeutung, dass die Implantation eines bereits gezeugten Embryos – anders als die Zeugung des Embryos - keines *noch* vorliegenden Einverständnisses des Vaters bedarf, denn mit der Zeugung besteht bereits menschliches Leben, über das der Vater nicht mehr einseitig dahingehend verfügen kann, dass er seine Implantation verhindern kann.[499] Eine andere Sicht ist nicht mit dem Schutz menschlichen Lebens bereits im Stadium nach der Zeugung vereinbar.[500] Überzeugend ist das Argument, dass niemand schließlich auf die Idee käme, das Unterlassen eines Schwangerschaftsabbruchs durch die Mutter auf Drängen des Vaters, der kein Kind wollte und dies auch mit der Mutter vereinbart hatte, als Vertragsverstoß zu behandeln.[501] Ebensowenig wie das Verhalten der Mutter eine Rechtsgutsverletzung darstellt, kommt daher ein Verstoß gegen vertragliche Pflichten in Betracht.

Das Abstandnehmen vom Kinderwunsch durch den Vater begründet daher weder eine vertragliche noch eine deliktisch relevante Pflicht der Mutter, die Einpflanzung eines gezeugten Embryos zu unterlassen.

cc) Absprachen über die Vornahme einer künstlichen extrakorporalen Befruchtung

Absprachen über die Vornahme einer künstlichen extrakorporalen Befruchtung sind bereits unter dem Aspekt der freien und nicht einschränkbaren Entscheidung für aber auch gegen die Zeugung eines Kindes[502] nicht rechtsverbindlich. Jeder Partner kann sich von ihnen daher ohne Weiteres lösen und seine Zustimmung

---

[498] Siehe oben Teil 3 I 9 c ee (3) (e). Widersprüchlich: *OLG Stuttgart* v. 14.1.1999, FamRZ 1999, 1136, 1138. Einerseits wird ein Persönlichkeitsrecht der befruchteten Eizelle mit in die Abwägung einbezogen, andererseites wird die Möglichkeit des Vaters gegenüber dem Arzt, das Einverständnis in die IVF zu widerrufen, bejaht.

[499] Siehe oben Teil 3 I 9 c ee (3) (e), dort insbesondere Fußnote 371.

[500] *Coester-Waltjen*, LM § 1353 Nr. 36/2001. Widersprüchlich daher: *OLG Stuttgart* v. 14.1.1999, FamRZ 1999, 1136, 1138, siehe Fußnote 498.

[501] Vgl. *Coester-Waltjen*, LM § 1353 Nr. 36/2001, die eine Pflichtwidrigkeit u. a. auch im Hinblick auf § 1579 ablehnt.

[502] *BGH* v. 21.2.2001, NJW 2001, 1789, 1790 sub 3; *Born*, MDR 2001, 693 sub 2; *Foerste*, JZ 2001, 986 sub I; *Hohloch*, JuS 2001, 711, 712;

zurücknehmen. Darüber hinaus bewegen sich Abreden unter den Partnern insoweit im nicht justiziablen Bereich, als eine Art „Zwangsverpflichtung" zur Zeugung eines Kindes selbstverständlich zu verneinen ist.

2. Aktivlegitimation

Primär ist die Mutter wegen ihrer eindeutigen körperlichen und ggf. gesundheitlichen Belastung Anspruchsinhaberin. Der Vater kommt selten als Verletzter in Betracht. Das ist z. B. der Fall bei psychischen Beeinträchtigungen, die die Relevanz einer Gesundheitsbeschädigung annehmen, oder im Hinblick auf die Verletzung eines ggf. zu bejahenden Rechts auf Familienplanung als besondere Ausformung des allgemeinen Persönlichkeitsrechts.

Ist der Elternteil, dessen Rechtsgüter beeinträchtigt sind, Vertragspartner, oder genießt er als Ehegatte[503] aufgrund von § 1357 oder nach den Grundsätzen des Vertrags mit Schutzwirkung[504] vertraglichen Schutz, sind auch seine Rechtsgüter dem Vertragpartner gegenüber geschützt.[505]

Beim Kauf von Verhütungsmitteln ist der Ehegatte nach § 1357 vertraglich mitgeschützt.[506] Auch andere Maßnahmen, die als Standardverhütungsmaßnahmen bezeichnet werden können, sind als Geschäfte zur angemessenen Deckung des Lebensbedarfs i. S. von § 1357 anzusehen.[507] Die Sterilisation stellt jedoch anders als der Kauf von Verhütungsmitteln oder ähnliche Maßnahmen einen höchstpersönlichen operativen Eingriff dar. § 1357 dient dazu, dass der Ehegatte seine haushaltsführenden Aufgaben mit der dazu notwendigen Freiheit wahrnehmen kann, andererseits bewirkt dies einen gewissen Gläubigerschutz.[508] Da derart

---

[503] Der *I. Senat* hat im Verfahren 1 BvR 479/92 betont, dass *nur* der Ehepartner in den Schutzzweck des Behandlungsvertrages einbezogen sei: *BVerfG*, Beschluss v. 12.11.1997, BVerfGE 96, 375, 382 sub A I 4 b.

[504] *Dannemann*, VersR 1989, 676, 682 sub I 7; *Ostheide*, S. 142 (auf die Unterhaltspflicht des Partners abstellend); *Waibl*, S. 45 ff. Allgemein zu den Voraussetzungen der Einbeziehung in den Schutzbereich: *Palandt/Heinrichs*, § 328 Rdn. 13 ff., 34 § 311 Rdn. 60 aE, der die Konstruktion nicht unter § 311 III fasst, aA: *Ehmann/Sutschet* § 6 III 1, S. 157; *Huber/Faust*, S. 71 Rdn. 12; *M. Schwab*, JuS 2002, 1, 4 sub 2 h.

[505] Vgl. zuletzt: *OLG Hamm* v. 21.2.2001, VersR 2002, 1562 (Einbeziehung der Ehefrau in Schutzbereich des Vertrages über Vasektomie).

[506] Vgl. *LG Itzehoe* v. 21.11.1968, FamRZ 1969, 90; *LG München I* v. 27.2.1970, VersR 1970, 428 = FamRZ 1970, 315; *Harrer*, S. 263, *Hauberichs*, S. 142; *Heldrich*, JuS 1969, 455, 457 sub I 2; *Holzwarth*, S. 79; *Ostheide*, S. 141; *Sigel*, S. 46; *Waibl*, NJW 1987, 1513, 1514 sub II 3 a. Vgl. zur Bedeutung von § 1357: *Hauberichs*, S. 142.

[507] Vgl. *Holzwarth*, S. 79.

[508] *BGH* v. 2.12.1980, NJW 1981, 630, 631 sub II; *Palandt/Budermüller* § 1357 Rdn. 1.

gravierende Maßnahmen regelmäßg vorher abgesprochen werden und die Anwendung allgemein zu einer beachtlichen Ausweitung des ärztlichen Haftungsrisikos führen kann, ist die Anwendung des § 1357 abzulehnen.[509]

Außerhalb des Anwendungsbereichs des § 1357 ist der Ehegatte vertraglich geschützt durch die Einbeziehung in den Schutzbereich des Vertrags. Die Einbeziehung ist bei einem Vertrag zwischen dem Vater und einem Dritten relevant dafür, ob die in ihren Rechtsgütern beeinträchtigte Mutter geschützt ist.[510] Ist die Mutter Vertragspartnerin, kommt es darauf an, ob der Vater, der eine Verletzung seiner Rechtsgüter geltend macht, mitgeschützt ist.

Für den nicht verheirateten Partner findet § 1357 keine (analoge) Anwendung.[511] Die Einbeziehung in den Schutzbereich des Vertrags hängt jedoch nicht vom Bestehen einer Ehe ab, sondern von den allgemeinen Kriterien, die bei Verträgen im Zusammenhang mit der Verhütung von Schwangerschaften Anwendung finden. Wie bei der Einbeziehung in den Schutzbereich des Vertrags aufgrund eines personenrechtlichen Fürsorgeverhältnisses[512] kann eine Einbeziehung bejaht werden, wenn die Kriterien Leistungsnähe, Schutzinteresse des Gläubigers, Erkennbarkeit für den Anspruchsgegner, zu bejahen sind. Eigene gleichwertige Ansprüche werden normalerweise nicht bestehen. Das ist bei Ehegatten der Normalfall, bei nicht verheirateten Paaren nach der heutigen Sozialmoral nicht ausgeschlossen.[513] Angesichts der Unüberschaubarkeit für den Vertragspartner ist die

---

[509] Zweifelnd: *BGH* v. 2.12.1980, NJW 1981, 630, 631 sub II. Gegen die Anwendung von § 1357: *Harrer*, S. 264; *Holzwarth*, S. 79; *Ostheide*, S. 141; *Sigel*, S. 46 f.; *Waibl*, NJW 1987, 1513, 1514 sub II 3 b; *dieselbe*, S. 45 ff. (§ 1357 bei *medizinisch* indizierter Empfängnisverhütung). Zum Problem vgl. *Hauberichs*, S. 142. Für Anwendung des § 1357 bei ärztlicher Behandlung, da die ganze Familie bei Krankheit eines Mitglieds mitleide: *Debo*, S. 44; einschränkend: *Peter*, NJW 1993, 1949 ff.

[510] Hierzu insbesondere *Schiemann*, JuS 1980, 709 ff.

[511] *Holzwarth*, S. 81; *Ostheide*, S. 143.

[512] Vgl. zum Vertrag mit Schutzwirkung: *BGH* v. 18.3.1980 - VI ZR 247/78, BGHZ 76, 259, 262 = NJW 1980, 1452, 1453 sub 2 I 2; *BGH* v. 27.6.1995, NJW 1995, 2407; *OLG München* v. 20.2.1992, OLGR München 1992, 68, 69 sub I (Schutz der Ehefrau bei Aufklärungsfehler bzgl. der Risiken einer Schwangerschaft nach Vasektomie); *Harrer*, S. 264 ff., der den Schutz auch beim unverheirateten Sexualpartner für möglich hält. *Hauberichs*, S. 142; *Sigel*, S. 47; *Waibl*, NJW 1987, 1513, 1514 sub II 2 b; Für den Sterilisationsvertrag zugunsten des Ehegatten: *Palandt/Heinrichs* § 328 Rdn. 22.

[513] Vgl. *Dannemann*, VersR 1989, 676, 682 sub I 7; *Harrer*, S. 264 f.; *Holzwarth*, S. 81; *Poll/Jurisic*, JR 1999, 226, 228 sub II 1 c; *Waibl*, S. 48 f. (für vertragliche Schutzwirkung gegenüber Nichtehegatten wenn Leistungsnähe für Vertragspartner erkennbar). Vgl. die (richtige) Entscheidung des *BGH* v. 19.2.2002, NJW 2002, 1489, 1490 sub II 1, 2 (kein vertraglicher Schutz für den nicht mit der Mutter verheirateten unterhaltspflichtigen Vater bei einem Vertrag über gynäkologische Untersuchung und Beratung).

Einbeziehung von ihm nicht bekannten (potenziellen) Sexualpartnern mangels Erkennbarkeit jedoch abzulehnen.[514]

3. Objektive Pflichtverletzung (§ 280 I Satz 1)

Die der Herbeiführung einer Schwangerschaft zugrunde liegenden Pflichtverletzungen i. S. von § 280 I sind vielseitig.[515] Im Mittelpunkt steht hier die Verletzung nicht einklagbarer Schutzpflichten (§ 241 II), die Rechtsgüter nicht durch die Herbeiführung einer ungewollten Schwangerschaft zu schädigen.

Der Arzt schuldet wie auch bei einer Heilungszwecken dienenden Behandlung objektiv Maßnahmen, die dem aktuellen medizinischen Standard entsprechen und von einem gewissenhaften, aufmerksamen Arzt erwartet werden können.[516] Vertragliche berufstypische (Sorgfalts-)Pflichten des Arztes decken sich insoweit mit den deliktischen, als die vertraglichen Pflichten den Maßstab für das gebotene Verhalten vorgeben und vertraglich und deliktisch relevante Pflichten gleichermaßen auf den Schutz des Patienten abzielen.[517]

Da es sich beim Arztvertrag um einen Dienstvertrag handelt, ist zweifelhaft, ob im Zusammenhang mit dem Fehlschlagen ärztlicher Maßnahmen zur Verhütung, wie z. B. der Sterilisation, von einer erfolgsbezogenen Pflicht auszugehen ist.[518] Ein Beispiel für eine solche Pflicht ist z. B. die Pflicht, den Patienten so zu lagern, dass er nicht vom OP-Tisch fallen kann.[519] Tritt der Erfolg ein, d. h. fällt der Pati-

---

[514] So im Ergebnis: *Holzwarth*, S. 82.

[515] Vgl. Darstellung *Dannemann*, VersR 1989, 676, 677 sub I 2; *Hauberichs*, S. 131 ff.

[516] *BGH* v. 29.11.1995, NJW 1995, 776, 777 sub II 1 b mwN. Zu den Pflichten des Arztes siehe auch *Giesen*, Arzthaftungsrecht Rdn. 68 ff., 73; *Hart*, Jura 2000, 64 sub I 1: „*Standardgemäß ist ein allgemein im Hinblick auf eine Erkrankung beschriebenes ärztliches Handeln, das nach medizinisch-wissenschaftlicher Erkenntnis und/oder ärztlicher Erfahrung innerhalb der Profession akzeptiert ist*".

[517] *BGH* v. 24.6.1986, NJW 1987, 705, 706 sub II 2 b aa: „*Stimmen aber vertragliche und deliktische Verhaltenspflichten völlig überein bzw. besteht Strukturgleichheit von vertraglichen und deliktischen Sorgfaltspflichten, dann muss auch der Haftungsgrund in gleicher Weise abgegrenzt werden*"; *BGH* VersR 1986, 1121; vgl. auch *BGH* v. 20.9.1988, NJW 1989, 767, 768 sub II a b aa; *BGH* v. 29.11.1994, NJW 1995, 776; *OLG Saarbrücken* v. 26.8.1998, NJW-RR 1999, 176, 177 sub I 1; *Deutsch/Spickhoff*, Medizinrecht Rdn. 125 (erstes Beispiel); *Gehrlein*, S. 31 Rdn. 3 f.; *Palandt/Thomas*, 62. Aufl., § 823 Rdn. 66; *Palandt/Sprau* § 823 Rdn. 135; *Stoll*, AcP 176, 145, 192 ff.

[518] Allgemein zu dieser Problematik im Arzthaftungsrecht: *Deutsch/Spickhoff*, Medizinrecht Rdn. 129.

[519] *Deutsch/Spickhoff*, Medizinrecht Rdn. 129.

ent hinunter, so könnte daraus automatisch auf eine objektive Pflichtverletzung geschlossen werden.

Erfolgsbezogene Pflichten sind jedoch die Ausnahme, nicht die Regel. Im Zusammenhang mit fehlgeschlagenen Verhütungsmaßnahmen kann von einer erfolgsbezogenen Pflicht nicht die Rede sein. Hier schuldet der Arzt wie auch sonst vielmehr die Einhaltung medizinischer aktueller Verhaltensstandards, nicht die Vermeidung einer Empfängnis als „Erfolg".

Folgende Pflichtverletzungen sind zu untersuchen[520]: Die Durchführung einer fehlerhaften nicht lege artis vorgenommenen ärztlichen Maßnahme (Sterilisation bzw. Vasektomie[521]), das teilweise oder vollständige Unterlassen der Maßnahme[522], die Auswahl einer bestimmten Methode, Fehler im Zusammenhang mit einer auf den Eintritt einer Schwangerschaft ausgerichteten Behandlung, die zu einer Mehrlingsgeburt führen, die fehlerhafte Aufklärung bzw. Beratung über das Fehlschlagen einer durchgeführten Maßnahme, bzw. das Versagerrisiko trotz einer einwandfreien Maßnahme, falsche Informationen über die Fortpflanzungsfähigkeit[523], die fehlerhafte (präkonzeptionelle) Beratung über die Risiken einer genetischen Schädigung des Kindes im Fall einer Empfängnis bei genetisch „vorbelasteten" Eltern, die Aushändigung oder Verordnung eines falschen oder ähnlichen Präparates als Verhütungsmittel, welches zu diesem Zweck ungeeignet oder weniger sicher ist, die künstliche Zeugung eines Embryos nach zurückgezogenem Einverständnis eines oder beider Elternteile.

a) Behandlungs- und Aufklärungsfehler im Zusammenhang mit Sterilisation und Vasektomie

aa) Behandlungsfehler bei der Sterilisation und deren Beweis

In den Fällen fehlerhafter Sterilisation wurden Maßnahmen durchgeführt, die nicht den Regeln der ärztlichen Kunst entsprachen (z. B. Unterlassen oder Feh-

---

[520] Allgemein: *Hauberichs*, S. 46 ff. Vgl. auch Übersicht bei *Eser/Koch*, MedR 1984, 6, 11 sub IV 1 c. Allgemein zu den im Arzthaftungsrecht vorkommenden Pflichtverletzungen: *Deutsch/Spickhoff*, Medizinrecht Rdn. 130.

[521] Z. B. Unterbinden nur eines Samenstranges bzw. Übersehen eines dritten Samenstrangs (vgl. Nachweise bei *Eser/Koch*, MedR 1984, 6, 11 sub IV 1 c Fußnote 48).

[522] Vgl. Nachweise bei *Eser/Koch*, MedR 1984, 6, 11 sub IV 1 c Fußnote 46; *Stürner*, Jura 1987, 75, 78 sub III 2 erwähnt im Zusammenhang mit der Körperverletzung ausschließlich ein Unterlassen.

[523] *LG Duisburg* v. 7.3.1974, VersR 1975, 432; *OLG Düsseldorf* v. 16.1.1975, VersR 1975, 432 (Ablehnung einer Aufklärungspflicht über Empfängnisfähigkeit).

ler[524] bei der Unterbindung/Durchtrennung eines Eileiters)[525] und daher ungeeignet waren, eine Schwangerschaft mit ausreichender Sicherheit zu verhüten. Die Verletzung dieser Pflicht i. S. von § 241 I ist geeignet, weitere selbständige Rechtsgutsbeeinträchtigungen (durch die ungewollte Schwangerschaft) hervorzurufen. Unter diesem hier relevanten Gesichtspunkt ist sie Schutzpflicht i. S. von § 241 II.

Die Darlegungs- und Beweislast für den Behandlungsfehler und seine Ursächlichkeit für den Schaden hat abgesehen von gewissen Beweiserleichterungen[526] zur Bewahrung der Waffengleichheit auch in den Fällen der fehlerhaften Sterilisation grundsätzlich die klagende Partei[527], die die Voraussetzungen aller anspruchsbegründenden Normen zu beweisen hat. Bei der Einschaltung eines Gutachters zur Klärung der Frage, ob eine Sterilisation ordnungsgemäß durchgeführt wurde, ist das Gericht aufgrund seiner Pflicht zur Sachverhaltsaufklärung gem. § 286 ZPO verpflichtet, die Begutachtung sowie die Unterlagen, die dem Gutachten zugrunde lagen, selbst zu überprüfen und auch den Parteien dazu Gelegenheit zu geben.[528]

Der Beklagte - im Regelfall der Arzt bzw. Krankenhausträger - hat die Darlegungs- und Beweislast für die Voraussetzungen anspruchshindernder, anspruchsvernichtender und -hemmender Normen.[529] Dass die Sterilisation überhaupt vor-

---

[524] Ausführlich zu medizinischen Besonderheiten bei den Behandlungsfehlern: *Hauberichs*, S. 131 ff. sub 3.1.1.1.

[525] *LG Freiburg* v. 18.11.1976, NJW 1977, 340, 341 sub II 1; *OLG Karlsruhe* v. 19.10.1978, NJW 1979, 599, 601 sub C 1; *BGH* v. 18.3.1980 - VI ZR 247/78, BGHZ 76, 259 ff. = NJW 1980, 1452, 1453 sub 2 c.

[526] Vgl. *BVerfG* v. 25.7.1979, BVerfGE 52, 131; *BGH* v. 27.6.1978, BGHZ 72, 132, 139; *Giesen*, Arzthaftungsrecht Rdn. 362 ff., 399 ff.; *Schramm*, S. 256 ff.

[527] Zum alten Recht: *OLG Düsseldorf* v. 14.2.1991, VersR 1992, 317 sub II 2 (fehlgeschlagene Vasektomie); allgemein zur Beweislast des Klägers: *OLG Saarbrücken* v. 26.8.1998, NJW-RR 1999, 176, 177 sub II; *Deutsch/Spickhoff*, Medizinrecht Rdn. 383 ff.; *Giesen*, Arzthaftungsrecht Rdn. 357; vgl. zu den verschiedenen Beweiserleichterungen: *Giesen*, Arzthaftungsrecht Rdn. 360 ff.; *Hart*, Jura 2000, 64, 69 sub VI mwN in Fußnote 86 ff.; *Hauberichs*, S. 154; *Musielak*, Beweislast S. 145 ff., 153 ff.; *Schramm*, S. 254; *Waibl*, NJW 1987, 1513, 1520 sub II.

[528] *OLG Oldenburg* v. 16.12.1997, OLGR Oldenburg 1998, 78 f. (Überprüfung der Grundlage eines Sachverständigengutachtens über eine Sterilisation im Arzthaftungsprozess durch das Gericht).

[529] *BGH* v. 8.11.1951, BGHZ 3, 343, 346; *Rosenberg*, S. 90 ff.; vgl. *Baumgärtel*, JA 1979, 113, 114 sub III; *Kerschbaum*, S. 11. Zu den heute vertretenen Modifizierungen der Normentheorie *Musielak*, NJW 1997, 1736, 1737 f. sub II 3.

genommen wurde, hat wie auch sonst bei ärztlichen Eingriffen der Arzt (z. B. durch eine vollständige Dokumentation) zu beweisen.[530]

Es besteht kein Anscheinsbeweis zugunsten der Eltern, dass im Fall eines Fehlschlagens der Sterilisation ein fehlerhafter Eingriff vorliegt.[531] Ein Anscheinsbeweis setzt einen sich unter Berücksichtigung aller Umstände nach der Lebenserfahrung ergebenden „typischen Geschehensablauf" voraus.[532] Da eine gewisse Misserfolgsquote trotz einwandfreier Maßnahme nicht auszuschließen ist, kann im Fall einer Durchlässigkeit der Tuben nicht typischerweise aufgrund der Lebenserfahrung auf ein ärztliches Fehlverhalten geschlossen werden.[533] Dies gilt um so mehr, wenn die Rekanalisation erst nach einem längeren Zeitraum eintritt (Spätrekanalisation).[534] Behandlungsfehler sind daher häufig schwierig bzw. gar nicht zu beweisen. Ist ein ärztlicher Eingriff fehlerhaft dokumentiert, greift eine Umkehr der Beweislast im Hinblick auf den Behandlungsfehler[535] und unter Umständen auch für den Ursachenzusammenhang[536] ein, wenn dem Patienten der Beweis nicht mehr zuzumuten ist.[537] In einigen erfolgreichen Klagen konnte anlässlich einer erneuten Operation nachgewiesen werden, dass anstelle eines Eileiters das Mutterband[538] durchtrennt wurde.[539] Der Klägerseite kommt zugute,

---

[530] *BGH* v. 10.3.1981, NJW 1981, 2002, 2004 sub II 2 b; *Deutsch/Spickhoff*, Medizinrecht Rdn. 383; *Waibl*, NJW 1987, 1513, 1520. Zur Dokumentationspflicht des Arztes: *Schramm*, S. 262 ff.

[531] Ständige Rechtsprechung: *OLG Düsseldorf* v. 31.1.1974, NJW 1975, 595; vgl. *OLG Koblenz* v. 24.6.1982, VersR 1984, 371; *OLG Saarbrücken* v. 10.6.1987, VersR 1988, 831; *OLG Düsseldorf* v. 20.12.1990, VersR 1992, 751 sub I 2 c und Urteil v. 14.12.2000, NJW-RR 2001, 959 sub 1; *OLG Düsseldorf* v. 25.10.2001, OLGR Düsseldorf 2002, 352, 353; Hierzu: *Deutsch/Spickhoff*, Medizinrecht Rdn. 387; *Dannemann*, VersR 1989, 676, 677 sub I 2; vgl. *Hauberichs*, S. 155 sub 3.1.3.1. mwN in Fußnote 181. Allgemein zur Bedeutung des Anscheinsbeweises im Arzthaftungsrecht: *Giesen*, Arzthaftungsrecht Rdn. 402.

[532] *BGH* v. 19.3.1996, NJW 1996, 1828 sub II (Anscheinsbeweis bei Verkehrsunfall durch Ausweichmanöver); *Kerschbaum*, S. 28; *Musielak*, Beweislast, § 6 I S. 87 mwN in Fn. 179; *Thomas/Putzo* § 286 Rdn. 12 f.

[533] *OLG Düsseldorf* v. 20.12.1990, VersR 1992, 751 sub I 2 c; *OLG Düsseldorf* v. 14.12.2000, NJW-RR 2001, 959 sub 1 (laparoskopische Eileitersterilisation); *Dannemann*, VersR 1989, 676, 677 sub I 2; *Waibl*, NJW 1987, 1513, 1520 sub II 7 b.

[534] *OLG Saarbrücken* v. 10.6.1987, VersR 1988, 831 (Schwangerschaft 9 Monate nach Eingriff); *OLG Hamm* v. 30.11.1988, VersR 1989, 1298, 1299; *OLG Düsseldorf* v. 14.12.2000, NJW-RR 2001, 959 sub 1 (Schwangerschaft 4 1/2 Jahre nach Eingriff).

[535] *Schramm*, S. 263 mwN.

[536] *BGH* v. 3.2.1987, BGHZ 99, 391, 396 f., 399; *Giesen*, Arzthaftungsrecht Rdn. 421.

[537] *BGH* v. 27.6.1978, BGHZ 72, 132, 139; *BGH* v. 9.11.1982, NJW 1983, 332; *Dannemann*, VersR 1989, 676, 677 sub I 2; *Hart*, Jura 2000, 64, 69 sub VI; *Waibl*, S. 37; *dieselbe*, NJW 1987, 1513, 1520 sub II 7 b. Zur Bedeutung der hinreichenden Dokumentation vgl. auch *Giesen*, Arzthaftungsrecht Rdn. 384, 420.

[538] *Ligamentum rutundum*.

dass an ihre Pflicht, den Fehler substantiiert vorzutragen, keine zu strengen Anforderungen gestellt werden.[540] Die Beklagtenseite muss zum Vorwurf unsachgemäßen Vorgehens substantiiert vortragen, dass der Fehlschlag nicht auf einem Behandlungsfehler beruht.[541]

Unzulässig ist ein Beweisantrag der Klägerseite, den behaupteten Fehler bei der Sterilisation durch einen erneuten operativen Eingriff feststellen zu lassen, der mit Risiken für die Gesundheit oder gar das Leben verbunden ist.[542] Nach der Rechtsprechung darf Inhalt einer gerichtlichen Entscheidung nicht sein, einer Partei eine Gefährdung der körperlichen Integrität zu empfehlen, um wirtschaftliche Ansprüche durchzusetzen.[543] Dem ist zuzustimmen, zumal es der klagenden Partei überlassen bleibt, eine Untersuchung auf eigene Initiative durchführen zu lassen und die dabei gewonnenen Erkenntnisse in den Rechtsstreit einzuführen.[544]

bb) Auswahl der Methode

Der Arzt muss über die verschiedenen Methoden und deren Erfolgschancen und Risiken aufklären, um den Betroffenen eine angemessene Abwägung und Entscheidung zu ermöglichen.[545] Häufig wurden Klagen darauf gestützt, der Anspruchsgegner habe eine Sterilisationsmethode ausgewählt, die weniger Sicherheit als eine andere wissenschaftlich anerkannte und in der Praxis angewendete Methode geboten hätte.[546] Unter mehreren anerkannten Methoden kann der Arzt jedoch grundsätzlich auch dann wählen, wenn die bevorzugte Methode ein höheres Risiko der Schwangerschaft (z. B. Unterbindung der Eileiter mit einem Faden)

---

[539] *BGH* v. 18.3.1980 - VI ZR 105/78, BGHZ 76, 249 ff. = NJW 1980, 1450 ff.; *BGH* v. 18.3.1980 - VI ZR 247/78, BGHZ 76, 259 ff. = NJW 1980, 1452 ff.; *OLG Saarbrücken* v. 25.9.1985, NJW 1986, 1549; vgl. *Dannemann*, VersR 1989, 676, 677 sub I 2; *Eser/Koch*, MedR 1984, 6, 11 sub IV 1 c; *Harrer*, S. 195 sub V 1 a; *Hauberichs*, S. 131 sub 3.1.1.1.; *Stieglitz*, S. 126.

[540] *BGH* v. 2.12.1980, NJW 1981, 630, 631 sub 1 I aE.

[541] *OLG Braunschweig*, Beschluss v. 11.9.1979, NJW 1980, 643 sub II 1.

[542] *OLG Düsseldorf* v. 14.6.1984, NJW 1984, 2635; *OLG Düsseldorf* v. 14.12.2000, NJW-RR 2001, 959, 960 sub 2; *OLG Saarbrücken* v. 10.6.1987, VersR 1988, 831 f. sub I 2; vgl. *Hauberichs*, S. 156 f.; *Steffen/Dressler*, Arzthaftungsrecht Rdn. 281. Der erneute Eingriff würde eine Öffnung der Bauchhöhle erforderlich machen.

[543] *OLG Düsseldorf* Urteile v. 14.6.1984, NJW 1984, 2635 und v. 14.12.2000, NJW-RR 2001, 959, 960 sub 2; *OLG Saarbrücken* v. 10.6.1987, VersR 1988, 831 f. sub I 2.

[544] So auch *OLG Hamm* v. 27.1.1999, NJW 1999, 1787; *OLG Düsseldorf* v. 14.12.2000, NJW-RR 2001, 959, 960; *Steffen/Dressler*, Arzthaftungsrecht Rdn. 281.

[545] *BGH* v. 2.12.1980, NJW 1981, 630, 631 f.; *BGH* v. 14.2.1989, NJW 1989, 1533, 1535; *OLG Düsseldorf* v. 20.12.1990, VersR 1992, 751, 752 sub II 1.

[546] Vgl. *Hauberichs*, S. 133 mwN.

beinhaltet.[547] Der Arzt hat insoweit Entscheidungsfreiheit, als er eine wissenschaftlich anerkannte Methode anwendet.[548] Dies gilt auch, wenn nach begründeter Auffassung eine andere sicherere Methode wegen der körperlichen Konstitution der Person zu hohe Risiken mit sich gebracht hätte.[549] Wählt der Arzt also eine bewährte und anerkannte Sterilisationsmethode und verwirklicht sich das Versagerrisiko, ist die Anwendung der Methode auch dann nicht fehlerhaft, wenn es neben ihr noch weitere mit geringeren Versagerquoten gab.[550]

In einem Fall der Schwangerschaft trotz Sterilisation lehnte das *OLG München* mit Hinweis auf die Entscheidungsfreiheit einen Aufklärungsfehler ab, weil die Klägerin ein Aufklärungsmerkblatt unterschrieben hatte, in dem die verschiedenen Methoden (Eileiterdurchtrennung/-unterbindung) beschrieben waren. Die Klägerin hatte ihre Einwilligung in die angewandte Methode durch Ankreuzen ausgedrückt. Zusätzlich fand ein Aufklärungsgespräch von 1/2 bis 3/4 Stunde statt.[551] Ein Aufklärungsfehler wurde auch deshalb abgelehnt, weil auf dem Aufklärungsbogen auf die Versagerqoten von 1 - 2 ‰ bei den noch sichereren Methoden hingewiesen worden war und der Beklagte zusätzlich mündlich mitgeteilt hatte, dass es bei allen Methoden keine absolute Sicherheit gebe. Darauf, dass die angewandte Methode weniger sicher gewesen sei und die Klägerin auf dieses erhöhte Risiko nicht gesondert hingewiesen wurde, kam es nach Ansicht des Gerichts nicht an. Die Klägerin konnte darüber hinaus nicht davon überzeugen, dass sie bei intensiverer Aufklärung über das erhöhte Risiko auf den Eingriff verzichtet und statt dessen die Pille genommen hätte.[552]

In einer anderen Entscheidung kam es darauf an, dass die Versagerquoten der gängigen Methoden alle unter 1 % lagen. Daher sei der beklagte Arzt bei der Ste-

---

547 *OLG Hamburg*.v. 26.6.1987, VersR 1989, 147, 148 (zum damaligen Zeitpunkt angenommene Erhöhung der Versagerquote von 1,5 ‰ auf 4,6 ‰ durch Eingriff nach der Methode *Pomeroy* keine fehlerhafte Sterilisation); *OLG Düsseldorf* v. 20.12.1990, VersR 1992, 751 sub I 1 (schonende Sterilisation durch Verwendung einer Bikoagulationszange sachgerecht bei Annahme einer Misserfolgsquote von 1-3 % bei allen gängigen Sterilisationsmethoden).

548 *OLG Hamburg* v. 26.6.1987, VersR 1989, 147 f.; *OLG Düsseldorf* v. 20.12.1990, VersR 1992, 751 sub I 1; *OLG München* v. 3.12.1992, OLGR 1993, 159, 160; *OLG Oldenburg* v. 3.11.1998, NJW-RR 2000, 240 sub 1; *Harrer*, S. 198; *Hart*, Jura 2000, 64, 67 sub II 3; *Hauberichs*, S. 48, 140; *Laufs*, Arztrecht Rdn. 196; *G. Müller*, in: FS Steffen, S. 355, 358 sub I 1 a bb.

549 *OLG München* v. 3.12.1992, OLGR München 1993, 159 ff.

550 Die Festlegung, welche Art der Behandlung den aktuellen Regeln der Kunst entspricht, kann sich im Laufe der Zeit ändern und erfordert grundsätzlich ein medizinisches Gutachten.

551 *OLG München* v. 3.12.1992, OLGR 1993, 159, 160.

552 Die Klägerin hatte zuvor die Pille kategorisch abgelehnt und war deshalb bereits zweimal schwanger geworden.

rilisation im März 1978 nicht verpflichtet gewesen, über weitere Sterilisationsmethoden aufzuklären.[553]

Die Rechtsprechung zur Entscheidungsfreiheit berücksichtigt, dass dem Arzt eine Haftung nicht unter dem Gesichtspunkt zugemutet werden kann, dass er nicht die allerneueste Methode angewendet bzw. darüber nicht informiert hat. Der Arzt hat grundsätzlich einen Entscheidungsspielraum bzgl. der Wahl der Behandlungsmethode. Ausnahmen gelten unter Berücksichtigung des Patienteninteresses, wenn sich die Schädlichkeit oder Unsicherheit der Methode herausgestellt hat, wenn sie noch keine zum Standard gehörende Maßnahme darstellt, oder wenn aufgrund wesentlich unterschiedlicher Risiken eine echte Wahlmöglickeit besteht.[554] Dieser Grundsatz gilt im gesamten medizinischen Bereich.[555]

cc) Fehler im Zusammenhang mit Methoden zur Unterstützung der Fortpflanzung

Pflichtverletzungen sind auch im Zusammenhang mit den die Fortpflanzung der Eltern unterstützenden Methoden[556] denkbar. Entschieden sind bisher Fälle ungeplanter Mehrlingsgeburten. In einem Fall, den das *OLG Hamm*[557] 1992 entschied, verlangten Eltern, die nach einer Hormonbehandlung Vierlinge bekamen, ohne Erfolg Ersatz von Unterhalt für den „überzähligen" Nachwuchs mit dem Argument, sie hätten nur *ein* Kind gewollt. Das *OLG Frankfurt*[558] lehnte im Jahr 2001 Schmerzensgeld wegen der infolge einer Vierlingsschwangerschaft aufgetretenen gesundheitlichen und körperlichen Belastungen der Eltern ab. Problematisch sind hier sowohl der Behandlungsfehler, der z. B. im Einpflanzen zu vieler Embryonen liegen kann, als auch die Aufklärungspflicht über Risiken einer Mehrlingsgeburt. Das Einpflanzen der richtigen Anzahl Embryonen gehört mit zur vertraglichen Hauptpflicht (§ 241 I), während die Aufklärung über Risiken einer Mehrlingsgeburt, die nicht als Selbstbestimmungsaufklärung, sondern als therapeutische Aufklärung anzusehen ist, eine Schutzpflicht i. S. von § 241 II darstellt.

---

553 *OLG Hamburg* v. 26.6.1987, VersR 1989, 147, 148 letzter Absatz.
554 *Greiner*, in: FS Geiß, S. 411 f.
555 Vgl. *BGH* v. 6.12.1988, BGHZ 106, 153, 157 sub II 1 c cc; *Deutsch*, NJW 1976, 2289, 2291 sub III; *Giesen*, Jura 1981, 10, 15 sub B I; *Laufs*, Arztrecht, Rdn. 484 ff.
556 Vgl. zu den durch die künstliche Fortpflanzung entstehenden Problemen und Gefahren: *Laufs*, Arztrecht Rdn. 368 ff.; *derselbe*, Fortpflanzungsmedizin und Arztrecht, S. 60 ff.
557 *OLG Hamm* v. 30.9.1992, NJW 1993, 795 f.; zuvor: *LG Arnsberg*, NJW 1992, 759 f.; vgl. *BGH*, Beschluss v. 6.7.1993 – VI ZR 291/92 (nicht veröffentlicht).
558 *OLG Frankfurt* v. 24.4.2001, OLGR Frankfurt 2001, 175 ff.

In dem vom *OLG Frankfurt*[559] entschiedenen Fall machten die Eltern geltend, bei Behandlung nach dem IVF-Verfahren[560] seien *vier* anstatt der nach § 1 I Nr. 3 ESchG[561] erlaubten *drei* Embryonen eingepflanzt worden. Beim Einpflanzen von Embryonen besteht jedoch die Möglichkeit einer - nicht nachweisbaren - parallel stattfindenden Spontankonzeption. Kann die Beklagtenseite glaubhaft darlegen, dass sie auch im Hinblick auf das Embryonenschutzgesetz nur drei Eizellen befruchtet und anschließend übertragen hat, bleiben die Eltern beweisfällig. Da der Körper unberechenbar auf eine Hormonbehandlung reagieren kann und anders als bei einer Sterilisation der Arzt erkennbar keine Erfolgsgarantie übernimmt, wird es auch hier kaum gelingen, Fehler zu beweisen.[562]

Der Beweis eines Aufklärungsfehlers im Rahmen künstlicher Methoden der Fortpflanzung ist in der Praxis noch nicht gelungen. Aufklären muss der Arzt insbesondere über die Gefahr von Mehrlingsschwangerschaften und die damit zusammenhängenden Risiken. Die in diesem Zusammenhang in der Regel verwendeten professionell gestalteten Merkblätter und Broschüren, die regelmäßig im Rahmen von Beratungsgesprächen erörtert werden, gewährleisten eine hinreichende Aufklärung. Der Beweis, dass die Informationen erteilt wurden, hat daher in der Praxis bisher keine Schwierigkeit bereitet.[563] Dabei ist auch nicht erforderlich, dass sich die aufklärenden Personen genau an das einzelne Gespräch mit den Klägern erinnern. Es genügt, darzulegen, dass sie solche Aufklärungsgespräche regelmäßig in einer den Anforderungen genügenden Art vornehmen und Anhaltspunkte dafür vorhanden sind, dass es auch im konkreten Fall im Rahmen des Gespräches nicht anders gewesen ist.

---

[559] *OLG Frankfurt* v. 24.4.2001, OLGR Frankfurt 2001, 175 ff.

[560] In-vitro-Fertilisation. Bei diesem Verfahren werden Eizellen entnommen und extern befruchtet. Die so entstandenen Embryonen werden anschließend wieder eingepflanzt (nicht mehr als 3). Die Wahrscheinlichkeit einer Schwangerschaft erhöht sich mit der Anzahl der eingepflanzten Embryonen. Zum Verfahren: *Keller/Günther/Kaiser*, S. 37 f.; *Mannsdorfer*, S. 505. Vgl. zur rechtlichen Problematik und den Grenzen bei diesem Verfahren: *Kamps*, MedR 1994, 339; *Laufs*, Fortpflanzungsmedizin und Arztrecht, S. 60 ff.; zur Verbreitung des Verfahrens vgl. *Schulz*, „Optimierte Produkte", *Der Tagesspiegel* v. 11./12.6.2000. Das Verfahren wird von der katholischen Kirche abgeleht, da die Zeugung Ergebnis einer technischen Manipulation sei: siehe Hinweise bei *Laufs*, Fortpflanzungsmedizin und Arztrecht, S. 63.

[561] Embryonenschutzgesetz v. 13.12.1990, BGBl. I 1990, S. 2747. Der Sinn liegt darin, einen allzu hohen Untergang von Embryonen zu verhindern. Auf ein geborenes Retortenbaby kommen ca. 29 Embryonen, deren Tod der Gesetzgeber und die Beteiligten billigend in Kauf nehmen; vgl. *Laufs*, Fortpflanzungsmedizin und Arztrecht, S. 65.

[562] Vgl. *G. Müller*, in: FS Steffen, S. 355, 359 sub I 1 c.

[563] *OLG Frankfurt* v. 24.4.2001, OLGR Frankfurt 2001, 175, 176 ff.

Über die Gefahr einer Spontankonzeption parallel zum IVF-Verfahren ist seit 1993 aufzuklären gewesen, da erst zu diesem Zeitpunkt diesbezügliche Informationen erhältlich waren.[564]

Das zusätzliche Einpflanzen eines fremden Embryos (siehe Teil 2 VI) stellt eine vertragliche Pflichtverletzung und Verletzungsverhalten i. S. von § 823 I dar. Eine „Leihmutterschaft" ist in Deutschland zudem nicht erlaubt[565], so dass ein unzulässiger Eingriff in den Körper vorliegt. Dieser dürfte noch gravierender sein, wenn nur „der falsche Embryo" eingepflanzt wird.

dd) Verletzung von Aufklärungs- und Beratungspflichten über Versagerrisiken und andere Risiken durch fortbestehende Fortpflanzungsfähigkeit

Im Mittelpunkt der Problematik der nicht verhinderten Empfängnis stehen die Fälle, in denen die notwendige Aufklärung und Beratung[566] über Restrisiken einer (ordnungsgemäß) durchgeführten Maßnahme, oder ein (hinreichender) Hinweis auf die Notwendigkeit einer bzw. weiterer[567] Nachuntersuchung(en) nicht erfolgt waren.[568] Daneben gab es auch Fälle, in denen eine ärztliche Maßnahme nicht geeignet war, die Fortpflanzungsfähigkeit zu beenden, die Eltern aber irrtümlich davon ausgingen.[569]

(1) Die Aufklärungspflicht über das Risiko einer Schwangerschaft als vertragliche Nebenpflicht

Die Pflicht, über den Eingriff und seine Bedeutung, sowie über seine Risiken nach dem „Grundsatz der Selbstbestimmung" aufzuklären[570], ist zu unterscheiden

---

[564] Vgl. *OLG Frankfurt* v. 24.4.2001, OLGR Frankfurt 2001, 175, 177.
[565] § 1 I Nr. 1, 2 ESchG.
[566] Zur Terminologie: *Ströfer*, VersR 1981, 796, 802 sub I 2 b und S. 803 sub I 3.
[567] *OLG München* v. 20.2.1992, OLGR München 1992, 68 ff. = VersR 1992, 1413.
[568] *BGH* v. 2.12.1980, NJW 1981, 630 ff.; *BGH* v. 10.3.1981, NJW 1981, 2002 ff.; *BGH* v. 19.6.1984, NJW 1984, 2625 f.; vorgehend: *OLG Frankfurt* v. 1.12.1982, NJW 1983, 341 ff.; *Harrer*, S. 199 ff.; vgl. *Ankermann*, in: FS Steffen, S. 1, 9; *G. Müller*, in: FS Steffen, S. 355, 358. Kritisch zu der Tendenz, sich im Prozess grundsätzlich (auch) auf den Haftungsgrund der Aufklärungspflichtsverletzung zu berufen: *Ströfer*, VersR 1981, 796, 799.
[569] *BGH* v. 3.6.1997, NJW 1998, 155 f.; *LG Duisburg* v. 7.3.1974, VersR 1975, 432; *OLG Düsseldorf* v. 16.1.1975, VersR 1975, 432 (Irrtum über Ausschluss der Fortpflanzungsfähigkeit nach einer Unterleibsoperation); *OLG Düsseldorf* v. 17.6.1993, VersR 1995, 542 (Unterlassen der Sterilisation eines verwachsenen Eileiters wegen Gefahr einer Darmverletzung).
[570] *Harrer*, S. 200 sub a mwN; vgl. *Hart*, Jura 2000, 64, 66 sub II; *Laufs*, Arztrecht Rdn. 168 ff.

von der Nebenpflicht[571], über Versagerquoten trotz ordentlicher Sterilisation aufzuklären. Diese Aufklärung ist keine Selbstbestimmungsaufklärung über das Risiko des Eingriffs, sondern als therapeutische Aufklärung einzuordnen[572]; sie wird z. T. auch als Sicherheitsaufklärung[573] bezeichnet. Die Pflicht, therapeutisch aufzuklären, ist vergleichbar mit anderen Schutzpflichten, die bei der Lieferung einer Sache oder einer anderen Leistung auftreten können.[574] Sie ist damit eine unter § 241 II fallende Pflicht, die dem Schutz der Rechtsgüter dient. Der Patient soll die Möglichkeit haben, sein Verhalten auf die vorhandenen Risiken einzustellen.[575] Die Klägerseite hat anders als bei der Selbstbestimmungsaufklärung[576] die unzureichende Aufklärung, nämlich die über die Versagerquoten und die Notwendigkeit von Kontrolluntersuchungen, zu beweisen.[577] Das Bestehen einer solchen Aufklärungs- bzw. Schutzpflicht hängt von der Art des Behandlungsvertrags ab. Ist der Vertrag nicht auf eine familienplanerische Maßnahme gerichtet, so kann eine Aufklärungspflicht durch Erteilung richtiger Informationen abzulehnen sein.[578] Geht es den Eltern jedoch für den Arzt erkennbar auch um die Verhütung einer Empfängnis, so ist die Pflicht, über die Risiken aufzuklären, Bestandteil des Vertrags.[579] Bei der Aufklärung ist nicht notwendig, den Patienten ungefragt über

---

571 *BGH* v. 2.12.1980, NJW 1981, 630, 631 sub II 1; *BGH* v. 10.3.1981, NJW 1981, 2002, 2003 sub II 1 b; *OLG Bremen* v. 24.11.1981, VersR 1982, 959, 960; *OLG Düsseldorf* v. 3.6.1985, VersR 1987, 412 ff.; insb. 413 f. sub II und Urteil v. 14.2.1991, VersR 1992, 317 sub II c (Hinweispflicht bei Vasektomie); *OLG Hamm* v. 30.11.1988, VersR 1989, 1298 f. und Urteil v. 20.3.1991 - 3 U 258/90 (nicht veröffentlicht); *OLG München* v. 3.12.1992, OLGR München 1993, 159 ff.; *OLG Oldenburg* v. 26.10.1993, VersR 1994, 1348 f.; *OLG Oldenburg* v. 3.11.1998, NJW-RR 2000, 240, 241 sub 2; *Fischer*, JR 1981, 501, 502; *Harrer*, S. 199, 201 ff.; *Hauberichs*, S. 154 sub 3.1.3.; *Waibl*, NJW 1987, 1513, 1520 sub II 7 c.

572 *OLG München* v. 3.12.1992, OLGR München 1993, 159, 161; *Fischer*, JR 1981, 501, 502.

573 *Deutsch/Spickhoff*, Medizinrecht Rdn. 210.

574 Vgl. *BGH* v. 10.3.1981, NJW 1981, 2002, 2003 sub II 1 b.

575 *Deutsch/Spickhoff*, Medizinrecht Rdn. 210.

576 Zur Abgrenzung bzgl. der Beweislast bei Selbstbestimmungsaufklärung und Sicherungsaufklärung im Hinblick auf die Geltung der §§ 286, 278 ZPO: *Deutsch/Spickhoff*, Medizinrecht Rdn. 125.

577 Vgl. Fußnote 571; zuletzt: *OLG Oldenburg* v. 3.11.1998, NJW-RR 2000, 240, 241 sub 2; *OLG Hamm* v. 21.2.2001, VersR 2002, 1562, 1563; *Fischer*, JR 1981, 501, 502; *Franzki*, VersR 1990, 1181, 1183 sub I; *Ströfer*, VersR 1981, 796, 801 ff. Gegen die Differenzierung der Rechtsprechung und deren Folgen für die Beweislast: *Deuchler*, S. 107 f. Kritisch im Zusammenhang mit der Pränataldiagnose: *Waibl*, S. 39, 336; gegen diese Kritik: *Harrer*, S. 203 f.

578 *OLG Düsseldorf* v. 16.1.1975, VersR 1975, 432: *„Dagegen zählte die für die Familienplanung gewünschte Belehrung der Kl. darüber, ob und welche Schutzmaßnahmen sie ergreifen müsse, um keine Kinder mehr zu empfangen, nicht zu den Vertragspflichten dieses Heilbehandlungsvertrages."*

579 *BGH* v. 3.6.1997, NJW 1998, 155, 156 sub II 3 c.

die genauen Quoten zu unterrichten.[580] Nennt der Arzt jedoch Quoten, müssen diese dem Stand der Wissenschaft zum Zeitpunkt der Aufklärung entsprechen, um falsche Vorstellungen beim Patienten zu vermeiden.[581]

Die Pflicht, über eine bewusst unvollständig vorgenommene Sterilisation aufzuklären, wird praktisch relevant, wenn der Arzt bei der Operation bemerkt, dass die Sterilisation aus medizinischen Gründen nur unvollständig oder gar nicht durchgeführt werden kann, ohne die Gesundheit der Patientin oder des Patienten unverhältnismäßig stark zu gefährden.[582] Auch diese Aufklärung ist keine „Eingriffs-„ bzw. „Selbstbestimmungsaufklärung", sondern wie die über Versagerquoten eine Aufklärung über die Art des verbleibenden Schwangerschaftsrisikos.[583]

(2) Grenzen der Aufklärungs- und Hinweispflicht nach dem aktuellen Stand der Medizin

Inhalt und Grenzen der Aufklärungspflicht über die Risiken, dass trotz einer Sterilisation eine Schwangerschaft eintritt, sowie der Pflicht, auf notwendige Kontrolluntersuchungen hinzuweisen, orientieren sich am aktuellen Wissensstand der Medizin zum Zeitpunkt der Sterilisation. Nach dem heutigen Stand der Medizin sind die Art und Weise, sowie Wahrscheinlichkeit wie die Zeugungsfähigkeit wieder eintreten kann, weitgehend bekannt. Bei einer Maßnahme im Jahr 1979 wurde eine Aufklärung über *„nur eine fast 100prozentige Sicherheit"* vor weiterer Schwangerschaft noch als ausreichende Information angesehen.[584] Das *OLG Frankfurt* und das *OLG Hamm* verneinten eine Pflicht des Arztes, von sich aus über die Erfolgssicherheit der ausgewählten Methode zu informieren bzw. andere sicherere Methoden vorzuschlagen.[585] Das *OLG Hamm*[586] hielt bei einer 1980

---

[580] *OLG Schleswig* v. 24.4.1985, VersR 1987, 419, 420 sub 2 a (kein Aufklärungsfehler bei Hinweis, *„daß es keine Sterilisationsmethode gebe, die eine Kinderlosigkeit garantiere oder garantieren könne"* und *„eine absolute Sicherheit oder eine Garantie nicht gegeben werden könne."*); vgl. *OLG Oldenburg* v. 3.11.1998, NJW-RR 2000, 240, 241 sub 2. Offiziell richtige Versagerquoten sind schwierig festzustellen, vgl. zur Zuverlässigkeit der Methoden bei Sterilisation und Vasektomie: *Pahmeier*, S. 77 ff.

[581] Vgl. *OLG Köln* v. 18.3.1985, VersR 1987, 187 (Information über eine 0,1 - 0,3%ige Versagerquote anstelle einer Quote von 1 % bei Durchtrennung der Eileiter nach der Methode *Madlener*); vgl. auch *BGH* v. 2.12.1980, NJW 1981, 630; *Hauberichs*, S. 140.

[582] *OLG Düsseldorf* v. 17.6.1993, VersR 1995, 542 (Unterlassen der Sterilisation eines verwachsenen Eileiters wegen Gefahr einer Darmverletzung).

[583] *OLG Düsseldorf* v. 17.6.1993, VersR 1995, 542.

[584] *OLG Hamm* v. 4.4.1984, r + s 1985, 216, 217; vgl. auch *OLG Oldenburg* v. 3.11.1998, NJW-RR 2000, 240, 241 sub 2 (*„keinesfalls eine 100%ige Sicherheit biete"*).

[585] *OLG Frankfurt* v. 22.4.1982, VersR 1983, 879, 880 (Schwangerschaft trotz Sterilisation); *OLG Hamm* v. 4.4.1984, r + s 1985, 216, 217. AA: *Harrer*, S. 207, der im Vorenthalten von

durchgeführten Sterilisation einen schriftlichen Nachweis über die Aufklärung über Versagerquoten für entbehrlich und lies die Aussage der Beklagten genügen, man habe regelmäßig mündlich über Versagerrisiken aufgeklärt. Das *OLG Köln*[587] lehnte eine Schmerzensgeldklage wegen Abbruchs einer Eileiterschwangerschaft nach einer im Mai 1987 erfolgten Sterilisation ab, weil die „klassischen Sterilisationsmethoden" hinreichend erläutert worden waren und auf das Versagerrisiko durch den Hinweis auf eine große, jedoch nicht 100%ige Zuverlässigkeit hinreichend aufmerksam gemacht worden sei.[588]

Bis Ende der achtziger Jahre war die Möglichkeit der Spätrekanalisation[589] nach Vasektomie nicht bekannt. Schadensersatz- und Schmerzensgeldansprüche scheiterten teilweise daran, dass die behauptete Verletzung der Aufklärungspflicht über Restrisiken bei der Vasektomie schon mangels Bestehens einer solchen Pflicht abzulehnen war.[590] Die Ärzte mussten solche Risiken (noch) nicht kennen, denn sie wurden in der Fachliteratur erst 1988/89 erwähnt und erst 1990 ernsthaft diskutiert. Ist eine Aufklärungs- bzw. Hinweispflicht abzulehnen, liegt im Unterlassen der Aufklärung über solche Risiken und dem Unterlassen eines Hinweises auf eine später notwendige Kontrolluntersuchung weder eine vertragliche Pflichtverletzung noch eine Verletzung deliktsrechtlich relevanter Gefahrvermeidungspflichten. Eine nachträgliche Pflicht, ab Bekanntwerden des Risikos der Spätrekanalisation die ehemaligen Patienten aufzuklären, ist allerdings zu bejahen.[591] Sind die Risiken jedoch in der Wissenschaft schon bekannt, nur noch nicht hinreichend in den Fachmagazinen veröffentlicht, so dass von einem sorgfältig handelnden Angehörigen der Berufsgruppe nicht zweifellos Kenntnis verlangt werden könnte, scheitert der Anspruch spätestens bei der subjektiven Vorwerfbarkeit im Rahmen des Verschuldens (näher hierzu: Teil 4 I 5 a).

Auskünften eine die eigenverantwortliche Planungsentscheidung verhindernde Zurückhaltung wesentlicher Informationen sieht.

[586] *OLG Hamm* v. 30.11.1988, VersR 1989, 1298, 1299.

[587] *OLG Köln* v. 23.6.1994, VersR 1995, 967 f.

[588] Der Hinweis auf dem Merkblatt lautete *„Die Zuverlässigkeit der Methode hinsichtlich des Sterilisationseffekts ist groß, aber nicht 100%ig"*.

[589] Wiederdurchlässigwerden der Samenleiter nach einem Jahr.

[590] *OLG München* v. 24.9.1992, OLGR München 1992, 175 f. (Hinweis auf Versagerquote von 0,5 % ohne Hinweis auf Gefahr einer Spontanrekanalisation mit Spermagranulom im Jahr 1981); *OLG Oldenburg* v. 26.10.1993, VersR 1994, 1348 f. und *OLG Hamm* v. 5.2.1992, VersR 1993, 484 ff. (Spätrekanalisation nach Eingriff, Aufklärung über Gefahr einer Frührekanalisation).

[591] *OLG Oldenburg* v. 3.11.1998, NJW-RR 2000, 240, 241 sub 2.

(3) Die Aufklärung über die Notwendigkeit von Kontrolluntersuchungen

Zur Überprüfung des Erfolgs einer Vasektomie muss auf die Notwendigkeit der Durchführung mehrerer Kontrollspermiogramme[592] hingewiesen werden.[593] Auch diese Pflicht ist wie die Nebenpflicht zur Aufklärung über das verbleibende Schwangerschaftsrisiko vertragliche Nebenpflicht.[594] Sie ist im Grunde eine besondere Ausprägung der Aufklärungspflicht im Fall der Vasektomie. Der Patient darf auch nach einmaliger Aspermie[595] nicht in falscher Sicherheit gewogen werden. Ihm darf nicht der Eindruck vermittelt werden, der Erfolg des Eingriffs sei damit belegt.[596] Auch darf der Arzt die Notwendigkeit der Kontrollen nicht so darstellen, dass dem medizinischen Laien die Notwendigkeit der Untersuchung und das ernst zu nehmende Risiko einer fortbestehenden Zeugungsfähigkeit nicht hinreichend bewusst gemacht werden.[597] Dabei müssen nicht bestimmte medizinische Ausdrücke verwendet werden.[598] Nimmt der Betroffene die vorgesehenen Kontrolluntersuchungen allerdings trotz Hinweises nicht wahr, so kann ihm bzw. seiner Ehefrau ein Mitverschulden i. S. von § 254 I anzulasten sein.[599]

(4) Aufklärungspflichtverletzung in den Fällen fehlerhafter Eingriffe und Kontrollmaßnahmen

Die Aufklärungspflichtverletzung kann auch Folge einer unzureichenden Nachuntersuchung und eines dadurch entstehenden Irrtums über den angeblichen Erfolg einer ansonsten lege artis durchgeführten Verhütungsmaßnahme sein.[600]

In den Fällen, in denen ein Kunstfehler nachgewiesen werden kann, bleibt die Verletzung der Aufklärungs- und Hinweispflicht über die Notwendigkeit einer

---

592 Im Rahmen eines (Kontroll-)Spermiogramms wird geprüft, ob noch lebende Samenzellen vorhanden sind. Die Untersuchungen finden einige Wochen (üblicherweise 4-8) nach dem Eingriff statt und werden nach weiteren 4 Wochen und im Anschluss nach einem längeren Zeitraum (ca. 1 Jahr) wiederholt, um die Risiken einer Spätrekanalisation auszuschließen. Vgl. *Hauberichs*, S. 135.

593 Vgl. *G. Müller*, in: FS Steffen, S. 355, 358 sub I 1 a bb.

594 *OLG Oldenburg* v.26.10.1993, VersR 1994, 1348 f.

595 Zustand, in dem keine (lebenden) Spermien mehr vorhanden sind.

596 *OLG München* v. 20.2.1992, OLGR München 1992, 68 ff.

597 Hierzu: *BGH* v. 27.6.1995, NJW 1995, 2407, 2409 sub II 1 a; *BGH* v. 2.12.1980, NJW 1981, 630, 631 f. sub II 2.

598 *OLG Hamm* v. 21.2.2001, VersR 2002, 1562, 1563 (Ausreichend ist z. Bsp. der Begriff „Ejakulatsuntersuchung" anstelle von „Spermiogramm").

599 *BGH* v. 30.6.1992, NJW 1992, 2961 sub II a. Zum Mitverschulden gem. § 254: Siehe Teil 5 III.

600 *LG Duisburg* v. 13.7.1977, VersR 1978, 262 f. (Irrtum über den Erfolg einer Sterilisation durch Hysteroskopie, unsorgfältig durchgeführte Nachuntersuchung und Falschberatung über angebliche Sterilität).

Kontrolluntersuchung relevant, weil bei Beachtung dieser Pflichten dem Anspruchsgegner oder seiner Partnerin u. U. ein Mitverschulden durch eine unterlassene Kontrolluntersuchung vorzuwerfen sein kann.[601]

(5) Aufklärungsinhalt und -methode

Um den Anforderungen an eine hinreichend umfassende Aufklärung gerecht zu werden, wird in der Regel eine Kombination aus schriftlichen Informationen (Aufklärungsbogen/Merkblatt) mit einem Beratungsgespräch angewendet.[602] In dem schriftlichen Teil werden die verschiedenen (nach dem aktuellen Stand bekannten) Versagerquoten der Methoden dargestellt bzw. darauf hingewiesen, dass es in Ausnahmefällen insbesondere in den ersten Monaten nach der Sterilisation trotzdem zu Schwangerschaften kommen kann.[603] Dieses Schriftstück wird anschließend bzw. zuvor ausführlich in einem Gespräch erläutert.[604] Die schriftliche Information allein ist keineswegs ausreichend, denn sie bietet, so anschaulich sie sein mag, keine Gewissheit, dass der Patient sie auch verstanden hat.[605] Beim Gespräch muss der Arzt sich so ausdrücken, dass sein Gegenüber ihn versteht.[606] Genaue statistische Angaben sind nicht notwendig, vielmehr muss die Bedeutung des Versagerrisikos deutlich werden.[607] Wenn der Arzt Zahlen nennt, müssen diese im Großen und Ganzen richtig sein,[608] unwesentliche Abweichungen sind jedoch unerheblich.[609] Die Dokumentation, dass die schriftliche Information mitgeteilt und Gegenstand der Beratung war, wird regelmäßig schriftlich fixiert, z. B. indem in die Einverständniserklärung über den Eingriff ein Hinweis auf den je-

---

[601] *BGH* v. 30.6.1992, NJW 1992, 2961. Vgl. Teil 5 III.

[602] Vgl. *OLG Karlsruhe* v. 11.4.2002, OLGR Karlsruhe 2002, 394, 395 (Aufklärungsbogen mit Skizze); *Franzki*, VersR 1990, 1181, 1183; *Hauberichs*, S. 158; *Sigel*, Anhang zu § 2 (S. 8a ff.).

[603] *OLG Hamm* v. 21.2.2001, VersR 2002, 1562, 1563.

[604] Vgl. *OLG München* v. 3.12.1992, OLGR München 1993, 159, 161; *OLG Köln* v. 23.6.1994, VersR 1995, 967, 968; allgemein zur Notwendigkeit des Beratungsgespräches: *Erman/Schiemann* § 823 Rdn. 140 mwN; *Spickhoff*, NJW 2001, 1757, 1761 sub IV.

[605] *Ostheide*, S. 79 mwN in Fußnote 393. Vgl. zu den Anforderungen an eine hinreichende Risikoaufklärung: *Lepa*, in: FS Geiß, S. 449, 453 sub 3.

[606] *Ankermann*, in: FS Steffen, S. 1, 10; vgl. die ähnlichen Anforderungen an eine hinreichende Risikoaufklärung: *Lepa*, in: FS Geiß, S. 449, 453 sub 3.

[607] Vgl. *OLG Hamm* v. 4.4.1984, r + s 1985, 216 f.; *OLG Karlsruhe* v. 11.4.2002, OLGR Karlsruhe 2002, 394, 395 (Arzt muss sicher sein, dass Patientin sich des Risikos bewusst ist); *Ankermann*, in: FS Steffen, S. 1, 10.

[608] *OLG Köln* v. 18.3.1985, VersR 1987, 187 (Nennung einer Quote von 0,1 - 0,3 % anstatt von größer als 1 %).

[609] *OLG Karlsruhe* v. 11.4.2002, OLGR Karlsruhe 2002, 394, 395 (Nennung einer Quote von 2 - 3 ‰ anstelle von 13,5 ‰).

weiligen Aufklärungsbogen aufgenommen oder der Bogen selbst unterschrieben wird.

(6) Beweis der Verletzung der Aufklärungs- und Hinweispflichten

Im Fall der Verletzung einer Beratungspflicht, die (wie hier) nicht der Selbstbestimmungsaufklärung dient, hat der Patient die Beweislast für die Verletzung der Beratungspflicht[610] und ihre Ursächlichkeit.[611] Die Unterzeichnung eines Merkblattes bzw. eines Aufklärungsbogens ist wie auch in den Fällen der Risikoaufklärung über den Eingriff[612] ein Anhaltspunkt mit indizieller Wirkung für die pflichtgemäße Erfüllung der Beratungspflicht, jedoch kein Beweis dafür, dass der Betreffende das Merkblatt gelesen und seinen Inhalt verstanden hat, sowie dass der Inhalt Gegenstand eines grundsätzlich notwendigen Aufklärungsgespräches gewesen ist.[613] Finden sich auf dem Merkblatt handschriftliche Ergänzungen, verstärkt dies den Eindruck, dass ein Aufklärungsgespräch tatsächlich stattgefunden hat.[614] Nach der Rechtsprechung genügt im Fall, dass der Anspruchsteller behauptet, eine hinreichende Aufklärung sei nicht erfolgt (z. B. weil ein Merkblatt nicht gezeigt/besprochen worden sei), eine glaubhaft gemachte Aussage des Anspruchsgegners, dass ein den Anforderungen genügender Aufklärungsbogen regelmäßig verwendet werde und auf die nicht 100%ige Sicherheit des Eingriffs regelmäßig hingewiesen werde.[615] Erforderlich ist nach der Rechtsprechung, dass „einiger Beweis" dafür erbracht wird, dass die Aufklärung auch im Einzelfall erfolgt ist.[616] Hat sich der Arzt die Aufklärung nicht schriftlich bestätigen lassen, gilt dies jedoch immerhin als Indiz dafür, dass keine Aufklärung stattgefunden

---

610 *Baumgärtel*, Beweislastpraxis, Rdn. 543; *Deutsch/Spickhoff*, Medizinrecht Rdn. 210; vgl. Nachweise in Fußnote 577.

611 Siehe Teil 4 I 5 e cc.

612 Hierzu: *Lepa*, in: FS Geiß, S. 449, 455 sub 3 a.

613 *BGH* v. 8.1.1985, NJW 1985, 1399; *OLG Oldenburg* v. 26.10.1993, VersR 1994, 1348 f.; *Kerschbaum*, S. 175; vgl. für den Beweis der Risikoaufklärung: *Lepa*, in: FS Geiß, S. 449, 453 sub 3 a; *Steffen/Dressler* Rdn. 435, 437 mwN.

614 Vgl. für den Beweis der Risikoaufklärung: *Lepa*, in: FS Geiß, S. 449, 455 sub 3 a.

615 Vgl. *OLG Frankfurt* v. 22.4.1982, VersR 1983, 879, 880; *OLG Köln* v. 23.6.1994, VersR 1995, 967, 968; *Hauberichs*, S. 158; *Steffen/Dressler* Rdn. 435 mwN. Bis Anfang der achtziger Jahre waren auch schriftliche Hinweise in Aufklärungsbögen noch nicht gängige Praxis, so dass hier der Hinweis der Beklagten genügte, man habe in mündlichen Gesprächen regelmäßig über die Versagerrisiken gesprochen: So z. B. *OLG Hamm* v. 30.11.1988, VersR 1989, 1298, 1299.

616 In diesem Zusammenhang verwies das *OLG Köln* (aaO) auf die Entscheidung des *BGH* v. 8.1.1985, NJW 1985, 1399. Obwohl es in der Entscheidung des *BGH* um die Aufklärung über den Eingriff selbst ging, meinte der Senat, dass die Grundsätze auch für die therapeutische Aufklärung gelten.

hat.[617] In der Praxis kommen Beratungsfehler im Zusammenhang mit den Risiken bei der Sterilisation allerdings kaum noch vor.[618]

b) Die fehlerhafte Beratung über die Risiken genetischer Schädigung im Fall einer Zeugung

Einen besonderen Fall eines Beratungsfehlers stellt die falsche Beratung über eine erkennbare genetische Disposition der Eltern dar[619], aufgrund derer sich diese entschließen, ein (weiteres) Kind zu zeugen, welches behindert zur Welt kommt.[620] Eine Pflichtverletzung im Rahmen des auf die Beratung gerichteten Geschäftsbesorgungsvertrags[621] liegt vor, wenn die genetische Veranlagung der Eltern und das dadurch bestehende Risiko, ein behindertes Kind zu zeugen, nach dem Stand der Wissenschaft hätte erkannt und den Eltern mitgeteilt werden müssen. Die Pflicht, die Untersuchung anhand des aktuellen Stands der Forschung durchzuführen und dann über das gefundene Ergebnis richtige Auskunft zu geben, ist als Leistungspflicht i. S. von § 241 I anzusehen, denn das Gutachten und die Mitteilung des Ergebnisses sind Hauptleistungen, für die ein entsprechendes Entgelt gezahlt wird. Ein fehlerhaftes Gutachten stellt eine Schlechtleistung dar. Dennoch betrifft die Pflicht, die Eltern vor einer Schwangerschaft mit einem geschädigten Kind zu bewahren nicht nur ihr Interesse an der Leistung, also ihr Interesse „für gutes Geld“ ein den Tatsachen entsprechendes Gutachten zu erhalten, sondern in der Regel auch den Schutz ihrer Rechtsgüter, sowie ihres Vermögens. Ähnlich wie die therapeutische Aufklärung dem Schutz der Rechtsgüter dient und den Erfolg der Maßnahme absichern soll[622], besteht auch bei der Untersuchung auf genetische Defekte die Pflicht, die Rechtsgüter nicht durch falsche Gutachten zu beeinträchtigen. In diesem Zusammenhang aufmerksam zu beobachten ist die Entwicklung der in Deutschland (noch) nicht zulässigen Präimplantationsdiagnostik[623]. Fehler bei der Auslese der Embryonen kommen dann ebenfalls als Pflichtverletzung gegenüber den Eltern, die sich dieser Methode bedienen, in Betracht und zwar auch in Bezug auf den Rechtsgüterschutz.

---

[617] *BGH* v. 10.3.1981, NJW 1981, 2002, 2004; *Dannemann*, VersR 1989, 676, 677 sub I 2.

[618] Vgl. *G. Müller*, NJW 2003, 697 ff.

[619] Siehe oben Teil 2 III 6; *G. Müller*, in: FS Steffen, S. 355, 358 sub I 1 b.

[620] Das *OLG Stuttgart* (Urteil v. 19.3.1992 – 14 U 57/89) hielt angesichts einiger Komplikationen (Kaiserschnitt u. a.) 10.000 DM für angemessen. Der *BGH* hatte die Revision nur in Bezug auf die materiellen Ansprüche angenommen (*BGH* v. 16.11.1993, BGHZ 124, 128). Vgl. *G. Müller*, in: FS Steffen, S. 355, 366 sub I 1 c.

[621] Siehe Teil 4 I 1 c.

[622] Vgl. *Deutsch/Spickhoff*, Medizinrecht Rdn. 210 mwN und Beispielen aus der Rechtsprechung.

[623] Siehe Teil 1 II, dort insbes. Fußnote 18.

c) Pflichtverletzungen im Zusammenhang mit der Herstellung, Aushändigung und Beratung bei Anwendung empfängnisverhütender Mittel

In den in Teil 2 IV genannten Fällen liegt das die Haftung begründende Verhalten in der Aushändigung falscher Präparate.[624] Durch einen Apotheker oder Arzt ausgehändigte falsche Präparate können völlig ungeeignet sein, eine Schwangerschaft zu verhüten[625] oder weniger Sicherheit[626] bieten. Die Aushändigung des richtigen Präparats ist Hauptleistungspflicht i. S. von § 241 I.

d) Verletzung von Aufsichts- und Fürsorgepflichten

Entsteht eine Schwangerschaft infolge der Verletzung von Fürsorgepflichten gegenüber Minderjährigen oder gegenüber Personen, die wegen ihres geistigen oder körperlichen Zustands beaufsichtigt werden[627], kann dieses Verhalten vertragliche Ansprüche[628] gegen den Aufsichtspflichtigen begründen. Die vertraglichen Obhuts- und Fürsorgepflichten können auch beinhalten, die Person vor Schäden an Rechtsgütern zu bewahren.[629] Sie sind Schutzpflichten i. S. von § 241 II. Handelte die Person freiwillig, so liegt darin keine Änderung der vertraglichen Fürsorgepflichten. Es dürfte bereits an einer mit Rechtsbindungswillen abgegebenen Willenserklärung fehlen. Darüber hinaus würde die Wirksamkeit der Vereinbarung bereits an §§ 104 Nr. 1, 105, 107 bzw. 108 scheitern. Hier käme allerdings ein Mitverschulden i. S. von § 254 i. V. mit § 827 S. 1, 828 III in Betracht[630] (hierzu näher Teil 5 III 1).

e) Objektive Pflichtverletzung des die Schwangerschaft herbeiführenden Elternteils?

Eine Sonderstellung nehmen die in Teil 2 V erörterten Fälle ein, in denen ein Elternteil die Schwangerschaft gegen bzw. ohne den Willen des anderen Elternteils herbeiführt. Anknüpfungspunkt für eine Pflichtverletzung wären hier das Verschweigen des abredewidrigen Absetzens von Verhütungsmitteln[631], der abredewidrige Gebrauch von Keimzellen[632] zum Zweck der Zeugung eines Kindes

---

[624] Vgl. *Junker*, S. 284 sub f.
[625] *LG Itzehoe* v. 21.11.1968, FamRZ 1969, 90 ff.
[626] *LG München I* v. 27.2.1970, VersR 1970, 428 ff. = FamRZ 1970, 314 ff.
[627] Siehe *RG* v. 22.2.1924, RGZ 108, 86 ff. (Teil 1 VII).
[628] Zu den deliktischen Ansprüchen: siehe Teil 4 II 2 g dd, 3.
[629] *RG* v. 22.2.1924, RGZ 108, 86.
[630] *RG* v. 22.2.1924, RGZ 108, 86, 88.
[631] *BGH* v. 17.4.1986, BGHZ 97, 372.
[632] Siehe Fußnote 404.

außerhalb des herkömmlichen Geschlechtsverkehrs[633] oder die Implantation des Embryos nachdem der Vater seine Einwilligung zurückgezogen hat. Da Abreden dieser Art aufgrund des Bestehenbleibens der Entscheidungsfreiheit zur Fortpflanzung bzw. aufgrund der Schutzbedürftigkeit des bereits gezeugten Embryos keine vertraglichen Pflichten begründen[634], scheidet eine objektive Pflichtverletzung aus.

f) Das Lebensrecht des Kindes als Argument gegen die Pflichtwidrigkeit?

Nach älterer Rechtsprechung wurde im Hinblick auf den durch Artt. 1, 2 II GG verfassungsrechtlich abgesicherten hohen Stellenwert des menschlichen Lebens vereinzelt verneint, Dritten den Vorwurf zu machen, das Leben eines Kindes pflichtwidrig nicht verhindert zu haben.[635] Aus Sicht der Eltern stelle sich das Verhalten zwar als Fehler dar, aus Sicht des geborenen Kindes jedoch als „*Glücksfall*", der „*ihm zum Leben verholfen*" habe. Aus diesem Grund könne das Kind sich nicht auf die Argumentationsebene der Eltern stellen und einen Vorteil daraus ziehen wollen, dass der Arzt sein Leben nicht verhindert habe.[636] Daher könne auch die Mutter wegen der mit dem Leben des Kindes zusammenhängenden Schwangerschaft keine (deliktischen) Ansprüche wegen Körperverletzung geltend machen.[637]

Die Argumentation kann so zu verstehen sein, dass zwar eine Pflichtwidrigkeit vorliegt, diese jedoch keinen „Primärschaden" in Form einer Rechtsgutsverletzung begründet, oder dass bereits eine Pflichtverletzung nicht vorliegt bzw. nicht zu berücksichtigen ist. Ob das Verhalten, das die Schwangerschaft ermöglicht hat, pflichtwidrig war, ist jedoch unabhängig von der Existenz des Kindes allein aufgrund einer Betrachtung des Pflichtengefüges zwischen Anspruchsgegner und Anspruchssteller zu beurteilen. Ferner hat das Kind davon, dass seine Eltern ggf. Ersatz für erlittene materielle oder immaterielle Nachteile infolge seiner Geburt erhalten, keinen eigenen unmittelbaren Vorteil. Die Grundrechte des Kindes sprechen wenn überhaupt gegen die Bejahung einer Rechtsgutsverletzung oder zumindest für eine Beschränkung der Möglichkeit, materielle oder immaterielle Nachteile ersetzt zu verlangen.

---

[633] Diese erst in neuerer Zeit aufgetretene Variante wird in der Boulevard- und Regenbogenpresse als „*Samenklau*" bezeichnet (vgl. oben Fußnote 362).

[634] Siehe oben Teil 3 I 9 c ee (3) (e); Teil 4 I 1 a bb. Anders: *Bruns*, S. 56, 116; *Grunsky*, Jura 1987, 82, 84 Fußnote 20; *Junker*, S. 687 f.; *Kolb*, S. 93, S. 99 ff.; *Schlund*, JR 1986, 455, 456.

[635] *OLG Frankfurt* v. 1.12.1982, NJW 1983, 341, 342 sub I.

[636] *OLG Frankfurt* v. 1.12.1982, NJW 1983, 341, 342 sub I.

[637] *OLG Frankfurt* v. 1.12.1982, NJW 1983, 341, 342 sub I.

Dies wird besonders deutlich am Beispiel der medizinisch indizierten Verhütungsmaßnahme. Tritt genau *die* körperliche oder gesundheitliche Beeinträchtigung des Rechtsguts ein, die durch die Maßnahme verhindert werden sollte, so kann die Pflichtverletzung nicht mit dem Argument abgelehnt werden, diese stelle aus der Sicht des Kindes einen „Glücksfall" dar, wenn dies auch der Fall ist. Das akzeptiert auch das *OLG Frankfurt*, indem es bei medizinisch indizierten Maßnahmen, sowie bei Maßnahmen, die die Geburt eines geschädigten Kindes vermeiden sollten, ausdrücklich betont, dass die aufgestellten Wertungen dort nicht gelten sollten.[638]

4. Verschulden

a) Pflichtwidrigkeit als Voraussetzung

Eine ungeschriebene Voraussetzung für Schadensersatzansprüche im Allgemeinen ist zunächst die Rechtswidrigkeit[639] des schädigenden Verhaltens. Verschuldenshaftung ist nur dort möglich, wo ein Verhalten auch rechtswidrig ist.[640] Im Vertragsrecht ist allerdings die (objektive) Pflichtwidrigkeit das Pendant zur Rechtswidrigkeit.[641]

b) Nicht-Vertreten-Müssen (§ 280 I Satz 2)

Der Schuldner hat Vorsatz und Fahrlässigkeit zu vertreten (§ 276 I). Bezugspunkt des Vertretenmüssens ist die jeweilige Pflichtverletzung[642], die in einer Verletzung des positiven Leistungsinteresses bzw. in einer Verletzung von Schutzpflichten (§ 241 II) liegen kann.[643] Anders als bei § 823 I ist Bezugspunkt des Verschuldens nicht die Rechtsgutsverletzung[644], wenn diese auch nach überwiegender Ansicht zum Haftungsgrund gehören kann.[645] Da in den Fällen der

---

[638] *OLG Frankfurt* v. 1.12.1982, NJW 1983, 341, 344 sub V.

[639] Vgl. *Deutsch/Ahrens* Rdn. 6; vgl. MünchKomm/*Grundmann* § 276 Rdn. 52. Zum engen Zusammenhang zwischen Rechtswidrigkeit und Pflichtwidrigkeit: *Medicus*, SchuldR I Rdn. 301 und *Spickhoff*, NJW 2002, 2530, 2534 sub III 2 c.

[640] *Brox/Walker*, Allgemeines SchuldR § 28 Rdn. 2, 4; *Deutsch/Spickhoff*, Medizinrecht Rdn. 131; *Palandt/Heinrichs* § 276 Rdn. 5, 8. Vgl. auch *Fikentscher*, Rdn. 492 f., S. 315 f.

[641] *Medicus*, SchuldR I Rdn. 301; *Palandt/Heinrichs* § 276 Rdn. 8; vgl. *Wilmowsky*, Beilage zu JuS 1/2002, 3, 5; vgl. auch *Deutsch/Spickhoff*, Medizinrecht Rdn. 131 (Vermutung der Rechtswidrigkeit bei Pflichtwidrigkeit bzw. Rechtswidrigkeit in der Pflichtwidrigkeit enthalten).

[642] BT-Drs. 14/6040, S. 136; Medicus SchuldR I Rdn. 316.

[643] MünchKomm/*Ernst* § 280 Rdn. 21 f.

[644] *Deutsch*, JZ 2002, 588, 589 sub II 1.

[645] Eingehend dazu: Teil 4 I 5.

Verletzung von Schutzpflichten bereits auf objektiver Ebene ein Abweichen vom geschuldeten Verhalten festzustellen ist, bleibt für die Prüfung des § 280 I Satz 2 nicht viel übrig.[646]

aa) Haftung für eigenes Verschulden

Der Anspruchsgegner hat gem. § 276 I Vorsatz und Fahrlässigkeit zu vertreten.[647] Vorsätzliches Verhalten seitens eines Arztes oder Dritten ist jedenfalls in den Fällen der nicht verhinderten Schwangerschaft[648] bisher nie nachgewiesen worden, obwohl im Zusammenhang mit der Verletzung von Aufklärungspflichten[649] ein bewusstes Unterlassen nicht völlig abwegig ist, wenn auch keine Schädigungsabsicht vorliegt. Ein abweichender Verschuldensgrad wird in den Fällen der Herbeiführung einer Empfängnis durch einen Elternteil erwogen: Die Abrede, deren rechtliche Verbindlichkeit nach der hier vertretenen Auffassung abgelehnt wird, sei dahingehend auszulegen, dass der Partner, der die Empfängnis fahrlässig (z. B. durch Nachlässigkeit bei der Anwendung des Verhütungsmittels) verursacht habe, bei vertraglichen (als auch deliktischen) Ansprüchen nur für Vorsatz hafte.[650]

Bei der Bestimmung der im Verkehr erforderlichen Sorgfalt (§ 276 II) gilt ein objektiv-abstrakter Sorgfaltsmaßstab.[651] Maßgeblich ist die Sorgfalt, die ein besonnener und gewissenhafter Angehöriger des jeweiligen Verkehrskreises zum Zeitpunkt des schädigenden Verhaltens zu beachten gehabt hätte.[652] Dieser objektivierte Sorgfaltsbegriff gilt auch für die Arzthaftung, so dass es nicht auf das

---

[646] MünchKomm/*Ernst* § 280 Rdn. 22 erwähnt die Fälle des Rechtsirrtums, sowie der mangelnden Zurechnungsfähigkeit.

[647] Vgl. *Jauernig/Vollkommer* § 276 Rdn. 5. Dies gilt auch, wenn der Begriff des Schuldners in engerem Sinne nur bei Vorliegen eines Schuldverhältnisses passt.

[648] Vorsatz ist durchaus denkbar in den hier nicht untersuchten Fällen, in denen der Arzt aus Gewissensgründen die Aufklärung über eine denkbare Gefahr einer Schädigung des bereits gezeugten Ungeborenen unterlässt. Im Röteln-Fall (*BGH* v. 18.1.1983, BGHZ 86, 240, 244) hatte der beklagte Arzt die Mutter wissentlich nicht über die Untersuchungsergebnisse unterrichtet, aus denen die Gefahr einer Schädigung hervorging.

[649] Vgl. zum Vorsatz im Rahmen der Aufklärung über Risiken des Eingriffs als solchen: *G. Müller*, in: FS Geiß, S. 461, 473 f. sub 4.

[650] ***Junker***, S. 690 f., 701.

[651] *BGH* v. 13.2.2001, NJW 2001, 1786 f.; *Jauernig/Vollkommer* § 276 Rdn. 29 mwN; MünchKomm/*Ernst* § 280 Rdn. 22; vgl. *Spickhoff*, NJW 2002, 1758, 1763 sub V mwN.

[652] *BGH* v. 27.9.1983, BGHZ 88, 248, 259 („Anfängeroperation"); *BGH* v. 29.11.1994, NJW 1995, 776, 777 sub II b; *Jauernig/Vollkommer* § 276 Rdn. 29. ***Wagner***, in: Das neue Schuldrecht in der Praxis, S. 223 sub V, stellt auf die Sicht eines „*objektiven Beobachters in der Lage des jeweiligen Akteurs*" ab.

Können des behandelnden Arztes ankommt.[653] Vom Arzt wird verlangt, was „im medizinischen Verkehr" üblich ist, so dass es bei Fachärzten darauf ankommt, wie sich ein solcher in einer entsprechenden Situation verhalten hätte.[654] Da nur rechtswidriges bzw. pflichtwidriges Verhalten schuldhaft sein kann[655] ist Verschulden ein objektiv rechts- bzw. pflichtwidriges und subjektiv vorwerfbares Verhalten.[656]

Zum Teil wird vertreten, dass jedenfalls bei der Arzthaftung die Sorgfaltsanforderungen durch die Untersuchung der objektiven Pflichtverletzung (bzw. bei § 823 durch die Untersuchung der Verletzung der Verkehrspflichten) auf der Tatbestandsebene vollständig erfasst seien und damit für die Prüfung des § 280 I Satz 2 nichts übrig bliebe.[657] Die im Rahmen von § 280 I Satz 1 relevante Pflichtverletzung beinhalte hier auch eine Verletzung der Sorgfaltspflichten, da der Arzt sorgfältiges Verhalten schulde und keinen Heilungserfolg.[658] Das Ergebnis dieser Auffassung ist, dass an den Beweis der Haftungsvoraussetzungen bzgl. des Anspruchs aus § 280 I Satz 1 und § 823 I gleiche Anforderungen zu stellen wären und sich aus dem Wortlaut des § 280 I Satz 2 keine entscheidenden Beweiserleichterungen zugunsten des Geschädigten im Hinblick auf den vertraglichen Anspruch ergäben.[659]

Die Feststellung des Verschuldens bereitet in der Tat, wenn ein Behandlungsfehler oder eine andere Pflichtwidrigkeit erwiesen ist, in der Regel kaum Schwierigkeiten.[660] Dies ist ein Prinzip bei der Haftung bestimmter Berufsgruppen, denen eine gewisse Sorgfalt abverlangt werden kann.[661] Sinnvoll erweist sich möglicherweise eine Differenzierung in eine äußere und eine innere Sorgfalt.[662] Die objektive Pflichtverletzung entspräche dabei der äußeren Sorgfalt.[663] Der Stand der Medizin zum Zeitpunkt des schädigenden Verhaltens ist relevant für die ob-

---

[653] *Deutsch*, JZ 2002, 588, 589 sub I 2 mwN.

[654] *Deutsch*, JZ 2002, 588, 589 sub I 2 mwN in Fußnote 7.

[655] Siehe Teil 4 I 4 a.

[656] *Palandt/Heinrichs* § 276 Rdn. 5.

[657] *Wagner*, in: Das neue Schuldrecht in der Praxis, S. 222 sub V 3. Zum Problem: *Deutsch*, JZ 2002, 589, 591. Kritisch im Zusammenhang mit dem alten Recht: *Schramm*, S. 161.

[658] *Wagner*, in: Das neue Schuldrecht in der Praxis, S. 220 sub V 2. Siehe auch oben Teil 4 I 3.

[659] *Wagner*, in: Das neue Schuldrecht in der Praxis, S. 221 sub V 3.

[660] Vgl. *G. Müller*, in: FS Geiß, S. 461, 472 sub 4.

[661] Vgl. zum engen Zusammenhang zwischen Pflichtverletzung und Verschulden bei der Anwaltshaftung: *BGH* v. 29.11.2001, NJW 2002, 1117 ff. sub e; weitere Beispiele: *Palandt/Heinrichs* § 276 Rdn. 22 ff. Zur schuldhaften Verletzung von Verkehrssicherungspflichten eines Reiseveranstalters: *BGH* v. 25.2.1988, NJW 1988, 1380, 1381 sub III 2 und 1383 sub III 5 aE (Balkonsturz).

[662] Vgl. *Deutsch/Spickhoff*, Medizinrecht Rdn. 136.

[663] Wie Fußnote zuvor.

jektive Pflichtverletzung.[664] Tritt z. B. eine Schwangerschaft ein, weil eine unsicherere Sterilisationsmethode angewendet wurde, obwohl es bereits modernere, sicherere Methoden gab, liegt bereits objektiv keine Pflichtverletzung vor, wenn die Wahl der Methode innerhalb des zulässigen Entscheidungsspielraums lag.[665] Meist würde eine Differenzierung in die äußere und innere Sorgfalt sich kaum auswirken: Im Fall eines Verstoßes gegen die medizinischen Standards, die der Patient erwarten kann, liegt regelmäßig auch subjektiv ein Verstoß gegen die erforderliche Sorgfalt i. S. von § 276 vor.[666]

Nennt der Arzt im Rahmen der Aufklärung über die Versagerquoten bei einer Sterilisation eine objektiv zu niedrige Versagerquote, weil zum damaligen Zeitpunkt die tatsächliche (höhere) noch nicht in den jeweiligen Fachmagazinen veröffentlicht war, liegt objektiv eine Pflichtverletzung (bzw. ein Verstoß gegen die äußere Sorgfalt) vor, wenn die Risiken schon einem Teil der Wissenschaft bekannt waren. Allerdings muss der Arzt Risiken, die in der Wissenschaft noch nicht hinreichend diskutiert werden, nicht kennen.[667] Subjektiv kann dem Arzt in solchen Fällen der unterlassenen Aufklärung kein Vorwurf gemacht werden. so dass er darlegen kann, dass er gem. § 280 I Satz 2 den Pflichtverstoß nicht verschuldet hat und ein Verstoß gegen die innere Sorgfalt nicht vorliegt. An diesem Beispiel wird deutlich, dass sich objektive und subjektive Pflichtverletzung nicht decken müssen, wenn es auch fast immer so sein wird.

Teilweise wird davor gewarnt, die Sorgfaltsanforderungen unrealistisch hoch anzusetzen, was zu einer „Erosion des Verschuldensprinzips" führe.[668] Das Mitleid mit dem Patienten und der Versicherungsschutz des Anspruchsgegners sind allerdings Faktoren, die - ohne dass dies offen ausgesprochen wird - dazu führen können, dass das Gericht als Ergebnis eines „deep-pocket-Denkens"[669] im Zweifel die Sorgfaltsanforderungen zugunsten des Patienten hoch ansetzt.[670] Dies hätte

---

[664] Hierzu siehe Teil 4 I 3.

[665] Siehe Teil 4 I 3 a bb.

[666] *G. Müller*, in: FS Geiß, S. 461, 472 sub 4. *Deutsch/Spickhoff*, Medizinrecht Rdn. 136 und 143 (Anscheinsbeweis oder Beweilastumkehr bzgl. des Verstoßes gegen die innere Sorgfalt bei Vorliegen eines Verstoßes gegen die äußere Sorgfalt).

[667] Siehe oben Teil 4 I 3 a dd (2); *G. Müller*, in: FS Geiß, S. 461, 472 f. sub 4; *Steffen/Dressler* Rdn. 391 mwN.

[668] *Katzenmeier*, Arzthaftung, S. 170 mwN in Fußnote 134 und S. 355. *Deutsch*, JZ 2002, 788, 789 sub I 2, sieht eine solche Gefahr nicht, da die herrschende Meinung immer noch dem Verschuldensprinzip folge.

[669] Vgl. *Fuchs*, AcP 191 (1991), 318, 326; *Rohe*, AcP 201 (2001), 117, 147 f.

[670] *Katzenmeier*, Arzthaftung, S. 170 mwN in Fußnoten 135 ff.; *Larenz/Canaris*, SchuldR II/2 § 76 III 7, S. 426 f.

nunmehr zur Folge, dass der Beweis des Anspruchsgegners, dass er die Pflichtverletzung nicht zu vertreten hat, kaum gelingen wird.

bb) Erhöhte Bedeutung der Haftung für das Verschulden des Erfüllungsgehilfen durch die Einführung des § 253 II nF

Die Bedeutung des § 278 hat durch § 253 II nF im Hinblick auf den Ersatz immaterieller Nachteile bei einem Fehler eines Dritten, der Erfüllungsgehilfe des Anspruchsgegners ist, zugenommen: Selbst wenn sich der Anspruchsgegner gem. § 831 I Satz 2 entlasten kann, haftet er nunmehr bei einem Verschulden seines Erfüllungsgehilfen unter Umständen auf vertraglicher Grundlage (§§ 280 I, 253 II) für die immateriellen Schäden.

5. Der Zusammenhang zwischen Pflichtverletzung und „Primärschaden"

Wesentliche Voraussetzung für die vertragliche Haftung ist der Eintritt eines Schadens.[671] Bei der Untersuchung, ob eine vertragliche Haftung wegen eines Schadens in Form einer Verletzung von Persönlichkeitsrechtsgütern dem Grunde nach besteht, stellt sich die Frage, ob der Zurechnungszusammenhang und die Verletzung der Rechtsgüter wie auch bei § 823 I zum Haftungsgrund gehören oder zur haftungsausfüllenden Kausalität, was Folgen für das Beweismaß (§ 286 oder § 287 ZPO) hat. Unkomplizierter ist der Haftungsgrund beim Zusammenhang zwischen Pflichtverletzung und dadurch hervorgerufenem Vermögensschaden. Ein „rechnerischer" bzw. „reiner" Vermögensschaden[672] kann, ohne dass ein (Persönlichkeits-)Rechtsgut verletzt sein muss, Folge einer Verletzung vertraglich geschützter Vermögensinteressen sein. Dass allerdings auch hier die Übertretung der Verhaltensnorm, also die Pflichtverletzung, nicht für den Haftungsgrund genügt, begründet z. B. *Stoll* damit, dass die Übertretung nur im Zusammenhang mit der dadurch herbeigeführten Verletzung von Interessen des Einzelnen haftungsbegründend sei.[673]

Wie bereits ausgeführt, ist nach der Rechtsprechung und herrschenden Ansicht im Schrifttum auch der Zusammenhang zwischen vertraglicher Pflichtverletzung

---

[671] *Bamberger/Roth/Grüneberg* § 280 Rdn. 79; *Stoll*, AcP 176 (1976), 145, 180 ff.

[672] Zur Terminologie siehe *Larenz*, SchuldR I § 27 II b. Im Versicherungsrecht spricht man von unechtem (durch Personen-/Sachschaden vermittelten) und echtem Vermögensschaden, vgl. *Arens*, ZZP 88 (1975), 1, 25 mwN in Fußnote 90.

[673] *Stoll*, AcP 176 (1976), 145, 188 sub b. Die konkreten Auswirkungen auf das Gesamtvermögen seien hingegen nach § 287 ZPO zu beweisen. Ebenso: *BGH* v. 15.6.1993, NJW 1993, 3073, 3076 sub 4 „*von dem Verstoß so betroffen worden, daß nachteilige Folgen für ihn eintreten konnten.*"

und Rechtsgutsverletzung haftungsbegründend und somit nach § 286 ZPO zu beweisen.[674] Werden Vermögenseinbußen z. B. durch die Verletzung von Rechtsgütern vermittelt, grenzen Teile der Literatur und Rechtsprechung ab zwischen „realem" und „unmittelbarem" Schaden auf der einen und „rechnerischem" bzw. „mittelbarem" Schaden[675] auf der anderen Seite, bzw. zwischen „Primärschaden" und dessen „Weiterentwicklung".[676] Aus der neueren Literatur zu § 253 II lässt sich z. T. andeutungsweise entnehmen, dass die später bei § 253 II relevante Rechtsgutsverletzung bereits zur Schadensersatzpflicht auf vertraglicher Grundlage gehört.[677]

In der älteren Literatur wurde z. T. zwischen Eingriffstatbeständen (§ 823 I) und der Haftung für die Verletzung von Verhaltenspflichten (Vertrags-/Amtspflichtverletzung) so differenziert, dass nur bei letzteren die Pflichtverletzung den Haftungsgrund bilde mit der Folge, dass nur diese nach § 286 ZPO zu beweisen sei.[678]

Diese Differenzierung wird von der Rechtsprechung[679] und überwiegenden Literatur[680] abgelehnt. Beim Haftungsgrund wird mindestens eine die bloße Gefährdung übersteigende „Betroffenheit" verlangt, wobei z. T. nicht klar ist, wann diese vorliegen soll.[681] „Schadensstiftendes Ereignis" sei jedenfalls die Verletzung – nicht bereits die Gefährdung - des von der (vertraglichen bzw. deliktischen) Haftungsnorm geschützten Rechtsguts.[682] Ausgangspunkt der Haftung sei nicht das

---

[674] Siehe oben Fußnote 444.

[675] *Larenz* SchuldR I § 27 II.

[676] *BGH* v. 24.6.1986, NJW 1987, 705, 706.

[677] MünchKomm/*Oetker* § 253 Rdn. 17 aE; *Erman/Kuckuk* § 253 Rdn. 11 („*wegen dieser Verletzung Schadensersatz zu leisten ist*").

[678] *Arens*, ZZP 88 (1975), 1, 20 ff., 27 differenziert nach Eingriffs- und Verhaltensnormtatbeständen: (Nur) bei ersteren gehöre eine Verletzung des Rechtsguts zum Haftungsgrund. So auch *BGH* v. 20.2.1975, VersR 1975, 540, 541 sub 3 für den Fall der Amtspflichtverletzung. Ähnlich: *Hanau*, S. 117 ff., 135 ff., der allerdings bei Eingriffstatbeständen bereits eine unmittelbare Gefährdung des Rechtsguts für den Haftungsgrund für ausreichend hält. *Gottwald*, Schadenzurechnung, S. 78 ff.; *Rosenberg/Schwab/Gottwald*, ZPO, § 113 Rdn. 12 aE, 18 aE ordnen die Kausalität zwischen Handlung und Erfolg immer § 287 ZPO zu, in der Sache gehe es auch bei Folgeschäden um einen haftungs*begründenden* Zusammenhang. Gegen alle drei Ansichten ausdrücklich: *BGH* v. 4.11.2003 VI ZR 28/03 sub II 2 b. Zum Streitstand: *Stein/Jonas/Leipold* § 287 Rdn. 15; MünchKomm/ZPO/*Prütting* § 287 Rdn. 13.

[679] *BGH* v. 24.6.1986, NJW 1987, 705, 706; *BGH* v. 4.11.2003 VI ZR 28/03 sub II 2 b.

[680] Ausführlich: *Stoll*, AcP 176 (1976), 145, 185 ff. Vgl. auch MünchKomm/ZPO/*Prütting* § 286 Rdn. 47; *Stein/Jonas/Leipold* § 287 Rdn. 14 ff.; *Zöller/Greger* § 287 Rdn. 3; *Thomas/Putzo* § 287 Rdn. 4.

[681] *Soergel/Mertens* Vor § 249 Rdn. 283 mwN in Fußnoten 2 f.; vgl. oben Fußnote 442.

[682] Für Delikt: *BGH* v. 4.11.2003 VI ZR 28/03 sub II 2 b; allgemein: *Stoll*, AcP 176 (1976), 145, 185 ff.

Verbot bestimmter Verhaltensweisen, sondern der Schutz bestimmter Rechtsgüter.[683] So stelle z. B. die falsche Behandlung eines Patienten durch einen Arzt noch keinen konkreten Haftungsgrund dar. Dieser sei erst mit Verschlechterung des Gesundheitszustandes gegeben, die der Patient gem. § 286 ZPO zu beweisen habe.[684] Wie später der *BGH*[685] betont *Stoll*, dass bei Verletzung *vertraglich* geschützter Interessen nichts anderes gelten könne: *„Dient die Leistungspflicht der Vermeidung eines Schadensereignisses, so ist Haftungsgrund der vom Schuldner zu vertretende Eintritt des Schadensereignisses, gleichviel, ob nun die Leistungspflicht erfolgsbezogen oder verhaltensbezogen ist"*. „Schadensstiftendes Ereignis" sei auch bei Vertragsverletzungen *„die vom Schuldner zu verantwortende Rechtsverletzung"*, die den Haftungsgrund bilde.[686]

Die Auswirkungen des Streits zeigen sich bei der Anwendbarkeit der §§ 286, 287 ZPO, weshalb er vorwiegend in der Literatur zu §§ 286, 287 ZPO behandelt wird.[687] Eine grundlegend andere Behandlung der Zusammenhänge zwischen vertraglicher und deliktischer Verhaltenspflicht und dadurch entstandenen Rechtsgutsverletzungen hätte im Ergebnis unterschiedliche Beweisanforderungen zur Folge. Wegen der Strukturgleichheit der vertraglichen und deliktischen Haftung im Bereich der Arzthaftung, die Auswirkungen auf Beweislastfragen (z. B. Beweislastumkehr in bestimmten Fallgruppen) bei vertraglicher und deliktischer Haftung[688] hat, erscheint eine Andersbehandlung fragwürdig. Das Gericht hätte im Rahmen der vertraglichen Haftung zum Beweis der Rechtsgutsverletzung den milderen Maßstab des § 287 ZPO anzuwenden, bei Eingriffstatbeständen wie § 823 I hingegen § 286 ZPO. Gerade bei den Eingriffstatbeständen, die einen umfassenden Schutz der Rechtsgüter gewährleisten sollen, würde die „Vorverlagerung" der Haftungsgrenze nicht gelten, so dass der Verletzte den Primärschaden nach strengeren Beweismaßstäben als beim vertraglichen Anspruch nachzuweisen hätte.[689] Zu erwägen ist, ob eine Beweiserleichterung zugunsten des Geschädigten im Rahmen der vertraglichen Haftung dadurch gerechtfertigt ist, dass der vertraglich Haftende strenger zu behandeln ist und daher das mildere Beweismaß des § 287 ZPO gegen sich gelten lassen müsste. Die Rechtsprechung und Literatur zur Strukturgleichheit der Haftung[690] wäre mit diesem Argument jedenfalls nicht zu vereinbaren. Die strengere Haftung kommt zwar durch § 280 I

---

683 *Stoll*, AcP 176 (1976), 145, 185 ff.
684 *Stoll*, AcP 176 (1976), 145, 187 sub a.
685 *BGH* v. 24.6.1986, NJW 1987, 705, 706.
686 *Stoll*, AcP 176 (1976), 145, 190 f. sub c.
687 Siehe auch *Soergel/Mertens* Vor§ 249 Rdn. 283 ff. („Die Schadensfrage im Prozeßrecht").
688 *Jauernig/Stadler* § 280 Rdn. 27 mwN.
689 Überzeugend: *Stoll*, AcP 176 (1976), 145, 187 sub b, 188, der u. a. auch vor den durch eine solche Ungleichbehandlung entstehenden Zufallsergebnissen warnt.
690 Nachweise bei *Jauernig/Stadler* § 280 Rdn. 27. Siehe Fußnoten 517, 1038, 1044, 1086.

Satz 2 zum Ausdruck. Diese Norm entfaltet jedoch über die Beweislast bzgl. des Vertretenmüssens hinaus keine Wirkung auf den Zusammenhang zwischen Verletzungsverhalten und Primärschaden. Die Neuregelung des § 253 II hat ferner gezeigt, dass der Gesetzgeber jedenfalls den Inhalt der Haftung für Rechtsgutsverletzungen angleichen wollte. Entscheidend sollte sein, dass ein Haftungsgrund vorliegt, welcher auch in einer vertraglichen Haftung oder einer Gefährdungshaftung liegen kann. Die Formulierung des § 253 II („*Ist wegen einer Verletzung [...] Schadensersatz zu leisten*") legt nahe, dass die vorausgesetzte Rechtsgutsverletzung zuvor festgestellt werden muss und der Ersatz immaterieller Nachteile den Inhalt der Haftung regelt. Der Gesetzgeber hat in der Begründung vertragliche, deliktische und Gefährdungshaftung in einem Atemzug genannt: Die Formulierungen „*ein umfassender (...) vom Haftungsgrund unabhängiger Anspruch auf Schmerzensgeld bei Verletzung dieser Rechtsgüter*"[691] sowie „*bei all diesen Haftungsgründen*"[692] sind ein Indiz dafür, die Rechtsgutsverletzung einheitlich als Teil des bei der jeweiligen Anspruchsgrundlage festzustellenden Haftungsgrundes zu behandeln, auch wenn die vertragliche Haftung grundsätzlich (z. B. bei reinen Vermögensschäden) keine Rechtsgutsverletzung voraussetzt. Andernfalls müsste beim Haftungsgrund „vertragliche Haftung" die Prüfung, ob die Verletzungshandlung zu einer Rechtsgutsverletzung geführt hat, bei § 253 II erfolgen. Mag auch der Gesetzgeber sich über dogmatische Einzelheiten keine so intensiven Gedanken gemacht haben, so besteht jedenfalls für eine solche Andersbehandlung zwischen Eingriffstatbeständen und der Verletzung von Verhaltenspflichten nicht genügend Anlass.

Der Zusammenhang zwischen Pflichtverletzung und dem („Primär-") Schaden der Rechtsgutsverletzung gehört also auch im Rahmen von § 280 I zum Haftungsgrund, der nach § 286 ZPO zu beweisen ist.

Im Übrigen gelten für die Feststellung der haftungsbegründenden Kausalität die allgemeinen Erwägungen: Im Fall eines Tuns ist jede Ursache kausal, die nicht hinweggedacht werden kann, ohne dass der Geschehensablauf so nicht, bzw. zu einem späteren Zeitpunkt eingetreten wäre (*conditio sine qua non*-Formel).[693] Ein Unterlassen ist kausal, wenn das pflichtgemäße, also das objektiv gebotene und mögliche Handeln, den Erfolg in seiner konkreten Ausgestaltung mit an Sicherheit grenzender Wahrscheinlichkeit verhindert oder verringert hätte.[694] Die bloße

---

[691] BT-Drs. 14/7752 S. 24 rechte Spalte, fünfter Absatz.

[692] BT-Drs. 14/7752 S. 25 linke Spalte, zweiter Absatz.

[693] *BGH* v. 11.5.1951, BGHZ 2, 138, 141; *BGH* v. 24.10.1985, BGHZ 96, 157, 172; ***Schellhammer*** Rdn. 1287 ff.; ***Palandt/Heinrichs*** Vorb v § 249 Rdn. 57; ***Winter***, S. 56.

[694] *BGH* v. 30.1.1961, BGHZ 34, 206, 215 (Umstürzender Grabstein); ***Deutsch***, Haftungsrecht Rdn. 120.

Möglichkeit genügt nicht.[695] Grundsätzlich sind diese Kriterien auch auf den Fall der pflichtwidrig nicht verhinderten Empfängnis anzuwenden[696], wobei sowohl ein Tun, als auch ein Unterlassen ursächlich sein kann. Dennoch sind hier einige Besonderheiten zu untersuchen.

a) Selbstbestimmter Geschlechtsverkehr und biologischer Zusammenhang als Unterbrechung bzw. Hindernis für die Kausalität?

In Rechtsprechung[697] und Literatur[698] werden vereinzelt Ansätze vertreten, wonach die Zurechnung der Existenz des Kindes bzw. der damit zusammenhängenden Umstände allgemein daran scheitere, dass für die Existenz des Kindes *„immer die Eltern – moralisch und juristisch – verantwortlich"* seien.[699] Nach dieser Ansicht sind die Risiken einer Empfängnis also auch dann nicht auf Dritte abwälzbar, wenn diese sich vertraglich verpflichtet hatten, Schwangerschaften durch präkonzeptionelle Maßnahmen (z. B. eine Sterilisation) zu verhindern.[700] Zudem wird argumentiert, dass der Gebrauch von Verhütungsmitteln und -maßnahmen auch ohne Vorliegen einer Pflichtverletzung keine 100%ige Sicher-

---

[695] *BGH* v. 30.1.1961, BGHZ 34, 206, 215 (Umstürzender Grabstein).

[696] Vgl. *Harrer*, S. 246; *Hauberichs*, S. 191; ausführlich: *Junker*, S. 286 ff.

[697] *OLG Bamberg* v. 6.2.1978, NJW 1978, 1685, 1687 sub c aa.

[698] *Adomeit*, Jura 1981, 196, 199, vertritt, dass nach den üblichen Kausalitätserwägungen die Kausalität zu bejahen ist; dennoch sei der aus dem freiwilligen Geschlechtsverkehr resultierende Verursachungsbeitrag dominant: *„wird man überlegen, ob nicht die aus dem Zusammensein von Mann und Frau folgende Verantwortlichkeit für das Kind die ‚Zeugung durch Unterlassen' verdrängt oder überdeckt"*. Zum Problem vgl. *Dannemann*, VersR 1989, 676, 678 sub I 3 mwN; *Deuchler*, S. 116 f. (adäquater Kausalzusammenhang); *Hauberichs*, S. 239. *Stürner*, Jura 1987, 75, 78 f. kritisiert die Einordnung der Schwangerschaft als Ursache für eine Haftung. Dadurch komme ein Verständnis von Sexualität zum Ausdruck, *„das neues Leben als Sinngebung sexueller Begegnung völlig"* hintansetze *„und die zu nichts verpflichtende Selbstverwirklichung der geschlechtlichen Partner allein gelten"* lasse. Unklar ist, ob sich die Kritik bereits bei der Frage der Beeinträchtigung oder erst beim Zurechnungszusammenhang auswirkt. Vgl. *Winter*, S. 56, für den Fall der Geburt infolge misslungenen Schwangerschaftsabbruchs mwN zur Literatur in Frankreich in Fußnote 200: Er sieht die Geburt nicht als Folge der Pflichtverletzung an. Nur im Zusammenhang mit den Unterhaltsaufwendungen erörtert, wohl aber als allgemeines Prinzip gemeint: *Roth*, NJW 1994, 2402, 2403 f. sub III: *„Soweit es um die Existenz eines Kindes geht, unterbricht diese Verantwortlichkeit, die sich in der Zeugung äußert, den Kausalzusammenhang des ärztlichen Fehlers."* Vgl. auch *Roth*, NJW 1995, 2399, 2400.

[699] *Roth*, NJW 1994, 2402, 2403 sub III.

[700] *OLG Bamberg* v. 6.2.1978, NJW 1978, 1685, 1687; *Löwe*, VersR 1969, 573 f.; unklar: *Roth-Stielow*, MDR 1971, 265, 267; *Roth*, NJW 1994, 2402, 2403 sub III. AA: *Ostheide*, S. 53 ff.

heit aufweise, so dass auch unter diesem Gesichtspunkt die mit der Empfängnis verbundenen Nachteile nicht auf Dritte abwälzbar seien.[701]

Zur Unterbrechung des Kausalverlaufs kommen sowohl ein aktives Handeln des Geschädigten oder eines Dritten, als auch ein Unterlassen in Betracht.[702] Angesichts der Gleichwertigkeit der Ursachen genügt es, dass der Erfolg bei pflichtgemäßem Verhalten mit an Sicherheit grenzender Wahrscheinlichkeit nicht eingetreten wäre. Bietet die Verhütungsmaßnahme eine solche Sicherheit, die nicht 100%ig sein muss, dann ist diese Voraussetzung zu bejahen. Die nicht 100%ige Sicherheit ist lediglich dahingehend zu berücksichtigen, dass bei Eintritt einer Schwangerschaft trotz der Maßnahme nicht nach den Grundsätzen des Anscheinsbeweises von einem Behandlungsfehler auszugehen ist.[703] Einer Unterbrechung des Zusammenhangs steht auch entgegen, dass die fehlgeschlagene Maßnahme gerade dazu diente, die Zeugung zu verhindern.[704] Der eigenverantwortliche Geschlechtsverkehr und der biologische Zusammenhang können demnach den Kausalzusammenhang zwischen dem pflichtwidrigen Verhalten und der Zeugung sowie der dadurch hervorgerufenen Umstände (Schwangerschaft, Geburt, Unterhaltspflicht) weder hindern, noch unterbrechen[705] bzw. abbrechen[706].

b) Unterbrechung des Kausalzusammenhangs durch eine sich ändernde Einstellung zum Kind

aa) Unterbrechung durch die Entscheidung für die Fortsetzung der Schwangerschaft?

In seiner Entscheidung vom 27.11.1984[707] hat der *VI. Senat* die Frage diskutiert, ob eine Unterbrechung des Kausalverlaufs eintritt, wenn die Mutter nach

---

[701] *OLG Bamberg* v. 6.2.1978, NJW 1978, 1685, 1687.

[702] Vgl. im Zusammenhang mit deliktischen Ansprüchen: *Deutsch*, Unerlaubte Handlungen Rdn. 65.

[703] Siehe Teil 4 I 3 a aa.

[704] *Dannemann*, VersR 1989, 676, 678 sub I 3; *Junker*, S. 294.

[705] *LG Freiburg* v. 18.11.1976, NJW 1977, 340 sub I 2 c; *Junker*, S. 291; *Winter*, S. 56.

[706] Vgl. zur Terminologie der Begriffe: *Deutsch*, Unerlaubte Handlungen Rdn. 63.

[707] *BGH* v. 27.11.1984, NJW 1985, 671, 672. Vgl. *OLG Braunschweig* v. 13.6.1990, VersR 1992, 91, 92 (fehlgeschlagener Schwangerschaftsabbruch, Unterbrechung des Haftungszusammenhangs durch Entschluss, keine weitere Maßnahme i. S. von § 218a StGB durchzuführen, Ablehnung von Schadensersatz, wenn Notlage nachträglich nicht eingetreten, Schmerzensgeld war nicht Gegenstand des Urteils). *Lange*, § 6 IX 7 f., S. 337 vermutet, die Richter hätten Bedenken gehabt, hier § 254 anzuwenden, weshalb mit Arglist und widersprüchlichem Verhalten argumentiert worden sei. Vgl. mit anderer Begründung: *Dannemann*, VersR 1989, 676, 680.

einem misslungenen Schwangerschaftsabbruch einen weiteren straffrei möglichen Schwangerschaftsabbruchsversuch unterlässt.[708]. Für den Fall einer möglichen medizinischen Indikation bei zuerst vorliegender Notlagenindikation lehnte der *VI. Senat* eine Unterbrechung des Kausalverlaufs ab. Hingegen sei eine Wiederholung der Maßnahme aufgrund einer Notlagenindikation innerhalb der ersten zwölf Wochen zumutbar - die Mutter handele sogar *„widersprüchlich und damit arglistig"*, wenn sie eine erneute Maßnahme unterlasse, und gleichzeitig Schadensersatz wegen des Fehlers des Arztes verlange.[709] Unabhängig davon, ob dieser Ansicht nach dem alten Recht der §§ 218a ff. StGB gefolgt werden konnte[710], ist sie ohne Berücksichtigung des Umstandes, dass der Schwangerschaftsabbruch außerhalb der besonderen Fälle der § 218a II, III StGB nicht mehr rechtmäßig ist[711], auf die Fälle der nicht verhinderten Zeugung nie - weder nach altem noch nach neuem Recht - anzuwenden gewesen. Dort wird der unterlassene Schwangerschaftsabbruch unter dem Gesichtspunkt eines etwaigen Mitverschuldens diskutiert und ein solches abgelehnt.[712] In diesen Fällen kann eine Bereitschaft der Mutter zu einer solchen Maßnahme nicht verlangt werden. Diese kann bei objektiver Betrachtung eine erhebliche körperliche Belastung darstellen und neben gesundheitlichen Risiken auch schwere seelische Beeinträchtigungen nach sich ziehen. Bereits aufgrund des Schutzes des ungeborenen Lebens kann der Entschluss keine Unterbrechung des Kausalverlaufs darstellen. Ein aufgezwungenes Opfer für das eigene Kind ist bereits dann als Rechtsgutsverletzung anzusehen, wenn es nicht nur um die Lebenserhaltung geht, sondern um die Erleichterung des Lebens des Kindes.[713]

---

[708] *BGH* v. 27.11.1984, NJW 1985, 671, 673 sub 4 aE.

[709] *BGH* v. 27.11.1984, NJW 1985, 671, 672 sub II 3. In diesem Fall wurde aufgrund der besonderen Umstände eine Obliegenheit der Mutter, einen erneuten Versuch zu unternehmen, abgelehnt. Letztendlich wurde auch ein Schmerzensgeldanspruch bejaht.

[710] Gegen die Ansicht des *VI. Senats*: *Stürner*, FamRZ 1985, 753, 758 sub IV, der auf die dadurch entstehende Obliegenheit zur Durchführung eines Schwangerschaftsabbruchs hinweist. Allgemein zu verschiedenen Möglichkeiten der Einstellung zur Durchführung eines Schwangerschaftsabbruchs und den sich daraus ergebenden Folgen für die Haftung: *Hauberichs*, S. 199 ff.

[711] Dazu eingehend Teil 4 I 6 e ee (4) (c).

[712] *BGH* v. 18.3.1980 – VI ZR 247/78, BGHZ 76, 259, 264 = NJW 1980, 1452, 1454 sub sub 2 a; vgl. *Deutsch*, NJW 1985, 674; *Giesen*, JZ 1985, 334, 335 f. (im Rahmen des Zurechnungszusammenhangs); *derselbe*, MML, § 19 V, Rdn. 473, mit Hinweisen in Fußnote 205. Vgl. *Grunsky*, Jura 1987, 82, 85 f. sub 4, der das Problem ausschließlich im Rahmen des § 254 erörtert. Zum Mitverschulden siehe Teil 5 III 2.

[713] *BGH* v. 30.6.1987, BGHZ 101, 215, 219 sub II 2 b (Nierenspende zugunsten der eigenen Tochter, um diese vor Abhängigkeit von Dialysegeräten zu bewahren).

bb) Unterbrechung des Kausalzusammenhangs durch Änderung der Familienplanung?

Die Rechtsprechung hat als Zurechnungsvoraussetzung für die Beurteilung der Unterhaltspflicht als Schaden die Durchkreuzung der Familienplanung hervorgehoben.[714] Bei der Frage einer Rechtsgutsverletzung durch Herbeiführung einer Schwangerschaft stellte der *VI. Senat* allgemein auf den Willen der Mutter ab.[715] In der Literatur wird erörtert, ob die Akzeptanz des Kindes - *Giesen*[716] spricht in ähnlichem Zusammenhang in Anlehnung an die Apostelgeschichte[717] von einem „Damaskuserlebnis" - zu einer Unterbrechung des Kausalzusammenhangs führt.[718] Für den naturwissenschaftlichen Kausalzusammenhang ist eine Akzeptanz des Kindes vor oder nach Eintritt der Empfängnis, sowie nach der Geburt nicht relevant. Die innere Einstellung der Eltern zum Kind oder die Unerwünschtheit im Rahmen der Familienplanung sind Kriterien, die möglicherweise maßgebend für eine Einbeziehung der Gefahr einer Rechtsgutsbeeinträchtigung in den Schutzbereich der Norm (siehe unten Punkt Teil 4 I 6 e aa) sprechen könnten.[719]

c) Unterbrechung des Kausalverlaufs durch die Entscheidung zur Durchführung eines Schwangerschaftsabbruchs?

In dem einem Beschluss des *OLG Braunschweig*[720] zugrunde liegenden Fall, in dem der Tod des infolge fehlgeschlagener Vasektomie des Ehemannes gezeugten Ungeborenen erst nach zwei misslungenen Schwangerschaftsabbruchsversuchen erfolgte, hat der Senat den Zurechnungszusammenhang im Hinblick auf die durch die Maßnahmen nach § 218a StGB aF verursachten Rechtsgutsbeeinträchtigungen bejaht. Immaterielle Nachteile im Zusammenhang mit einer Schwangerschaftsunterbrechung fielen in den Schutzbereich des § 823. Der Sterilisationseingriff beim Mann habe bezweckt, den „*Funktionszusammenhang von Geschlechtsverkehr und Zeugung*" zu unterbrechen und sei „*damit auf den Nicht-*

---

714 *BVerfG*, Beschluss v. 12.11.1997, BVerfGE 96, 375, 398 ff. sub B II 3, *BGH* v. 18.3.1980 - VI ZR 105/78, NJW 1980, 1450, 1451 sub 5; *BGH* v. 18.3.1980 - VI ZR 247/78, BGHZ 76, 259 ff. = NJW 1980, 1452, 1454 sub 2 a; *BGH* v. 19.6.1984, NJW 1984, 2526 sub 3; *OLG Saarbrücken* v. 16.7.1997, MDR 1998, 104, 105 = OLGR Saarbrücken 1997, 302 ff.

715 Vgl. *BGH* v. 18.3.1980, VI ZR 247/78, NJW 1980, 1452, 1453 sub 2 c; ebenso: *LG Berlin* v. 17.1.1985, NJW 1985, 2200.

716 *Giesen*, JZ 1985, 334, 336 sub II 3.

717 Apostelgeschichte, Kapitel 9.

718 Vgl. die Darstellung bei *Hauberichs*, S. 202 unter dem Gliederungspunkt der Unterbrechung des Kausalzusammenhangs; *Stürner*, FamRZ 1985, 753, 759 sub 3.

719 Vgl. die Erwägungen zur Bedeutung der Familienplanung für den Schutzzweck des Vertrages: *Debo*, S. 28; *Deuchler*, S. 126 f.; *Harrer*, S. 97, 104 ff.; *Waibl*, S. 187 f.

720 *OLG Braunschweig*, Beschluss v. 11.9.1979, NJW 1980, 643.

eintritt einer Schwangerschaft als eines potentiellen Schadenstatbestandes ausgerichtet" gewesen.[721]

Die Maßnahmen i. S. von § 218a StGB wären nicht erfolgt, wenn die Vasektomie fehlerfrei durchgeführt worden wäre. Grundsätzlich können auch Schädigungen, die durch einen Entschluss des Geschädigten hervorgerufen wurden (psychische Kausalität) in den Zurechnungszusammenhang fallen. Etwas anderes kann jedoch gelten, wenn sie außerhalb des Schutzzwecks der Norm liegen.[722] Eine Unterbrechung des Kausalverlaufs tritt dadurch nicht ein.

d) Allgemeine Gesichtspunkte der Kausalität

In Fällen der nicht verhinderten Empfängnis kommt es darauf an, mit welcher Wahrscheinlichkeit die Schwangerschaft im Fall pflichtgemäßen Vorgehens des Arztes, des Apothekers[723], des Aufsichtspflichtigen[724], deren Gehilfen, bzw. bei Vornahme der unterlassenen Handlung verhindert worden wäre. Diese Feststellung kann besonders bei Arzthaftungsprozessen schwierig sein. Hier besteht oft die Möglichkeit, dass auch bei richtiger Diagnose oder bei Anwendung einer anderen Behandlungsmethode die Schwangerschaft und die hier untersuchte Rechtsgutsverletzung in gleicher Art und Weise eingetreten wären.[725] Der Grundsatz, dass der Anspruchsteller die Kausalität für den Erfolg[726] bzw. den Schaden zu beweisen hat, gilt darüber hinaus auch hier. Zunächst kann die Schwangerschaft zum Zeitpunkt der Pflichtverletzung bereits bestanden haben.[727] Ist dies nicht auszuschließen und kann das Gegenteil nicht bewiesen werden, bleibt die Klägerseite beweisfällig. In den anderen Fällen ist - da auch die relativ sicheren Verhütungsmaßnahmen keine absolute Sicherheit bieten - zu untersuchen, wie hoch das Maß der Wahrscheinlichkeit sein muss, dass die Schwangerschaft bei pflichtgemäßem Vorgehen bzw. bei Vornahme einer pflichtwidrig unterlassenen Handlung verhindert worden wäre. Dies ist gerade bei fehlerhafter Aufklärung über die Versagerquoten wichtig, denn diese ist nicht kausal für die Empfängnis, wenn die Eltern auch bei richtiger Aufklärung das höhere Risiko eingegangen wären.[728]

---

[721] *OLG Braunschweig*, Beschluss v. 11.9.1979, NJW 1980, 643 sub II 2.
[722] Zum Schutzzweck der Norm: Teil 4 I 6 e ee (4).
[723] Zur Kausalität bei nichtärztlichen Pflichtverletzungen: *Junker*, S. 333.
[724] Vgl. *RG* v. 22.2.1924, RGZ 108, 86 ff.; Teil 2 VII; Teil 4 I 3 d.
[725] Allgemein für den Arzthaftungsprozess: *Kötz/Wagner*, Deliktsrecht Rdn. 149.
[726] *Erman/Schiemann* § 823 Rdn. 87; *Lepa*, in: FS Geiß, S. 449; *Palandt/Heinrichs* Vorb v § 249 Rdn. 162; *Palandt/Sprau* § 823 Rdn. 80.
[727] *OLG Koblenz* v. 24.6.1982, VersR 1984, 371 ff..
[728] Vgl. *Hauberichs*, S. 191 f.; vgl. zu der hier geltenden Kausalitätsvermutung: *G. Müller*, in: FS Steffen, S. 355, 361; vgl. *Schramm*, S. 160.

e) Die Kausalität und deren Beweis

Innerhalb der einzelnen Fallgruppen treten typische Probleme der Kausalität und ihrer Beweisbarkeit auf.

aa) Fehlerhafte Sterilisation/Vasektomie und unterlassene Aufklärung über das Misslingen

Bei einer nach einem Kunstfehler im Rahmen einer Sterilisation oder einer Vasektomie bzw. nach einer aufgrund unterlassener Aufklärung über das Misslingen einer Maßnahme eingetretenen Schwangerschaft ist grundsätzlich anzunehmen, dass diese trotz des geringen Restrisikos bei einem lege artis vorgenommenen Eingriff bzw. bei hinreichender Aufklärung über das Misslingen nicht eingetreten wäre.[729] Zwar kann auch bei einer lege artis durchgeführten Operation eine Schwangerschaft eintreten, wenn sich das Versagerrisiko verwirklicht. Doch ist die Wahrscheinlichkeit so gering, dass diese Möglichkeit nicht gegen die Kausalität spricht. Es genügt, dass der zu vertretende Fehler geeignet war, die Schwangerschaft zu ermöglichen.[730] Schwierigkeiten bestehen in diesen Fällen allerdings in Bezug auf den Beweis der Pflichtverletzung (siehe oben Teil 4 I 3 a aa).

Besteht die Pflichtverletzung in einer unzulänglichen Aufklärung über das Misslingen einer Maßnahme[731], ist die Kausalität zu bejahen, wenn die Eltern bei ausreichender Belehrung über das Misslingen andere Verhütungsmittel benutzt hätten, die eine Empfängnis mit an Sicherheit grenzender Wahrscheinlichkeit verhütet hätten. Eine Behauptung der Eltern in dieser Richtung kann unglaubwürdig sein, wenn sie nach der nicht verhinderten Schwangerschaft weiterhin keine Maßnahmen wählen, die hinreichende Sicherheit bieten.[732]

bb) Pflichtverletzungen im Zusammenhang mit eigenverantwortlich angewendeten Verhütungsmitteln

Bei der Verabreichung falscher oder weniger geeigneter Verhütungsmittel ist die Pflichtverletzung kausal, wenn davon auszugehen ist, dass die Betreffenden die richtigen Mittel sorgfältig und regelmäßig angewendet hätten und dabei eine Schwangerschaft mit an Sicherheit grenzender Wahrscheinlichkeit verhindert

---

729 *LG Duisburg* v. 13.7.1977, VersR 1978, 262, 263; *Deuchler*, S. 116; *Winter*, S. 56.

730 *LG Duisburg* v. 13.7.1977, VersR 1978, 262, 263.

731 *OLG München* v. 20.2.1992, OLGR München 1992, 68 ff.; VersR 1992, 1413 (Beklagte teilte nach einmaliger Kontrolluntersuchung wahrheitswidrig mit, die Operation sei erfolgreich gewesen).

732 *OLG Düsseldorf* v. 25.10.2001, OLGR Düsseldorf 2002, 352, 353 (Enthaltsamkeit an fruchtbaren Tagen nach ungewollter Schwangerschaft als Indiz gegen die Kausalität eines etwaigen Aufklärungsfehlers für die Schwangerschaft).

worden wäre.[733] In der Entscheidung des *LG Itzehoe* wurde ein Kausalzusammenhang zwischen der Pflichtverletzung im Zusammenhang mit der Abwicklung des Kaufvertrags über die Antibabypille *Eugynon* und der Schwangerschaft bejaht, da das Präparat *Eugynon* die Schwangerschaft mit 99,8%iger Sicherheit verhindert hätte und davon auszugehen war, dass die Klägerin das Präparat ordnungsgemäß angewendet hätte.[734] Der Mutter war nach Vorzeigen der leeren Schachtel in der Apotheke zum zweiten Mal *Enzynorm* ausgehändigt worden. Dieser Vorgang beruhte gerade auf dem ersten Irrtum, dass es sich bei *Enzynorm* um das auf dem Rezept notierte Präparat gehandelt habe.[735] Daher ist eine Unterbrechung des Kausalzusammenhangs abzulehnen.

cc) Verletzung von Aufklärungs- und Hinweispflichten

Die Verletzung von Aufklärungs- und Hinweispflichten über Versagerrisiken ist kausal, wenn die Geschädigten bei pflichtgemäßer Beratung eine andere sichere Verhütungsmethode oder zusätzliche Maßnahmen ergriffen hätten, die die Schwangerschaft mit an Sicherheit grenzender Wahrscheinlichkeit verhindert hätten.[736] Kausalität besteht also nicht, wenn die Eltern das Risiko des Fehlschlagens der Sterilisation eingegangen wären und zur Ausschaltung des Risikos keine weiteren Verhütungsmethoden angewendet hätten.[737] Hier bestehen praktische Schwierigkeiten, zumal unklar sein kann, ob die Betroffenen sich bei hinreichender Aufklärung entsprechend verhalten hätten[738] und die Gerichte überfordert sind, Feststellungen in einem derart persönlichen Bereich zu treffen.[739]

---

733 *LG Itzehoe* v. 21.11.1968, FamRZ 1969, 90, 91; *LG München I* v. 27.2.1970, VersR 1970, 428 ff. = FamRZ 1970, 314 ff.; *Heldrich*, JuS 1969, 455, 459 sub I 6.

734 *LG Itzehoe* v. 21.11.1968, FamRZ 1969, 90, 91. Schadensersatz und Schmerzensgeld wegen der körperlichen Beeinträchtigung der Mutter waren nicht geltend gemacht worden. Die Ausführungen zum Kausalzusammenhang bezogen sich auf den durch Geburt des Sohnes verursachten Vermögensschaden. Hinzu kam die Besonderheit, dass die Schwangerschaft erst eintrat, nachdem das falsche Präparat ein zweites Mal ausgehändigt wurde, da die Klägerin die leere Schachtel *Enzynorm* bei der Nachbeschaffung mit in die Apotheke brachte und die neue Schachtel anhand der alten hervorgeholt wurde. Im Ergebnis ebenso: *Heldrich*, JuS 1969, 455, 459 sub I 6, der allerdings vom damaligen Standpunkt noch davon ausging, dass entsprechend der Anpreisung der Broschüre der Firma *Schering* eine absolute Sicherheit des Produktes *Eugynon* vorlag.

735 Im Ergebnis ebenso: *Heldrich*, JuS 1969, 455, 459 I 6.

736 Vgl. *BGH* v. 2.12.1980, NJW 1981, 630, 631 f. sub II 2; vgl. *Ankermann*, in: FS Steffen, S. 1, 16; *Hauberichs*, S. 191 f.; vgl. *G. Müller*, in: FS Steffen, S. 355, 361.

737 *BGH* v. 2.12.1980, NJW 1981, 631, 632.

738 *Winter*, S. 57.

739 *OLG Frankfurt* v. 1.12.1982, NJW 1983, 341, 343 sub 4.

Um den Schwierigkeiten eines Geschädigten, die Kausalität in den Fällen einer Verletzung von Aufklärungs- und Beratungspflichten im Arzthaftungsrecht zu beweisen, zu begegnen, hat die Rechtsprechung außerhalb der „Kind-als-Schaden-Fälle" zum Teil die Grundsätze des Anscheinsbeweises, zum Teil auch eine *Umkehr der Beweislast* angenommen.[740] Dadurch soll vermieden werden, dass sich der Schädiger seiner Haftung dadurch entzieht, dass er behauptet, der Erfolg wäre auch bei pflichtgemäßem Verhalten eingetreten. Das Risiko eines nicht mehr aufzuklärenden Sachverhaltes wurde in bestimmten Fällen dem auferlegt, der Aufklärungspflichten verletzt hat.[741]

(1) Beweiserleichterungen

Der Geschädigte trägt in den Fällen der Verletzung beruflicher Aufklärungs- und Beratungspflichten durch den Arzt grundsätzlich die Beweislast für den Zusammenhang zwischen Pflichtverletzung und Schaden.[742] Es stellt sich die Frage, ob ähnlich wie in anderen von der Rechtsprechung anerkannten Fällen besondere Beweiserleichterungen bei den Fällen der nicht verhinderten Schwangerschaft eingreifen.

Im Fall eines groben Behandlungs-/Beratungsfehlers hat die Rechtsprechung die Beweislast zugunsten des Patienten umgekehrt, wenn sich das Risiko verwirklicht hat, welches für die Grobheit des Behandlungsfehlers ausschlaggebend war.[743] So legte z. B. der *VI. Senat*[744] einem Krankenhausträger die Beweislast dafür auf, dass der Kläger, wenn er über die schlechten hygienischen Verhältnisse in dem Krankenhaus aufgeklärt worden wäre, sich dennoch entschlossen hätte, sich dort behandeln zu lassen („*Vermutung aufklärungsrichtigen Verhaltens*").[745] In einem anderen Fall lies der *BGH* genügen, dass sich der Patient bei hinreichender Aufklärung zumindest in einem „echten Entscheidungskonflikt" befunden hätte.[746]

---

[740] *G. Müller*, in: FS Steffen, S. 355, 361 mwN.

[741] *BGH* v. 5.7.1973, BGHZ 61, 118, 120, 122.

[742] Vgl. *BGH* v. 28.3.1989, NJW 1989, 2320, 2321 sub II 2; *Baumgärtel*, Beweislastpraxis Rdn. 543; *Hauberichs*, S. 54; kritisch bei fehlendem Hinweis auf Versagerrisiken der Antibabypille: *Loewenheim*, NJW 1969, 1754, 1756 sub II; *Thomas/Putzo* § 284 Vorbem Rdn. 36.

[743] *Baumgärtel*, Beweislastpraxis Rdn. 543; Nachweise bei: *G. Müller*, NJW 1997, 3051, 3052 Fn. 56 ff.; *Waibl*, NJW 1987, 1513, 1520 sub II 7 d. Vgl. auch *Hauberichs*, S. 55 f.

[744] *BGH* v. 10.11.1970, NJW 1971, 241, 242; vgl. *BGH* v. 5.7.1973, BGHZ 61, 118, 122 sub I 2 a.

[745] WN in *BGH* v. 28.3.1989, NJW 1989, 2320, 2321 sub II 2. Vgl. *G. Müller*, in: FS Steffen, S. 355, 361 und RGRK/*Steffen*, § 823 Rdn. 527.

[746] *BGH* v. 7.2.1984, NJW 1984, 1397, 1399 sub II 4; vgl. zu der Pflicht diesbezüglich substantiiert vorzutragen: *BGH* v. 22.11.1983, BGHZ 89, 95, 103 f.; *BGH* v. 16.11.1993, BGHZ 124, 128, 135; vgl. *Deutsch*, NJW 1989, 2313 sub II.

Auch außerhalb der Arzthaftung gibt es Fälle, in denen eine Beweislastumkehr bejaht wird. Der *VII. Senat* legte einem Architekten, der pflichtwidrig nicht auf Bedenken gegen eine Dachkonstruktion hingewiesen hatte, die Beweislast dafür auf, dass sich der Auftraggeber auch bei ausreichender Aufklärung für diese Konstruktion entschieden hätte.[747] In einem anderen Fall hatte die Klägerin, eine Werbeagentur, versäumt, ihre Auftraggeberin über Bedenken gegen die wettbewerbsrechtliche Zulässigkeit einer von ihr geplanten Werbemaßnahme (Bastelwettbewerb) aufzuklären. Der *VII. Senat* zog die oben genannten Entscheidungen, sowie die Rechtsprechung über die Beweislast bei Verletzungen der ärztlichen Aufklärungspflicht im Rahmen körperlicher Eingriffe[748] als Vergleich heran. Der Werbeagentur wurde die Beweislast für die Tatsache auferlegt, dass sich die Auftraggeberin auch bei hinreichender Aufklärung für die Durchführung des Bastelwettbewerbs entschieden hätte.[749] Es komme entscheidend auf den Zweck der Aufklärungs-, Hinweis- und Beratungspflicht an. Der Zweck dieser Pflichten bestehe nicht nur darin, dem Vertragspartner Klarheit über das Risiko bestimmter Maßnahmen zu verschaffen, damit er sich unter Abwägung dieser Risiken entscheiden könne, ob er eine Maßnahme durchführt oder nicht, sondern auch darin, einer eventuellen Beweisnot vorzubeugen, die regelmäßig dadurch entstehen kann, dass im Nachhinein nicht mehr aufzuklären sei, wie sich der Vertragspartner verhalten hätte.[750]

Die hier zu beurteilende Situation der durch Pflichtverletzung herbeigeführten Schwangerschaft führt die Eltern in eine ähnliche Beweisnot. Wenn ihnen die Beweislast auferlegt würde, hätten sie ein hypothetisches Verhalten ihrerseits zu beweisen, über das sie sich, da sie mit keiner Gefahr rechneten, keine Gedanken zu machen brauchten. Dennoch hat die Rechtsprechung die oben genannten Grundsätze zur Umkehr der Beweislast grundsätzlich nicht auf Fälle der Verletzung der Beratungspflicht im Zusammenhang mit der Familienplanung übertragen.[751] Zum einen sei die hier verletzte Beratungspflicht - eine vertragliche Ne-

---

[747] *BGH* v. 5.7.1971, WM 1971, 1271, 1272 sub 6.

[748] *BGH* v. 9.12.1958, BGHZ 29, 46, 57 sub II 3; wN in *BGH* v. 5.7.1973, BGHZ 61, 118, 123.

[749] *BGH* v. 5.7.1973, BGHZ 61, 118, 123.

[750] *BGH* v. 5.7.1973, BGHZ 61, 118, 121 f.

[751] *BGH* v. 2.12.1980, NJW 1981, 630, 631 f. sub II 2 II 1; *OLG Koblenz* v. 24.6.1982, VersR 1984, 371, 373; *OLG Hamburg* v. 26.6.1987, VersR 1989, 148: Beweislast für die Auswahl einer sichereren Sterilisationsmethode und die zusätzliche Anwendung anderer Verhütungsmittel; *BGH* v. 28.3.1989, NJW 1989, 2320, 2321 sub II 2; vgl. Anmerkung von *Matthies*, JR 1990, 25 ff.; *OLG Hamm* v. 20.3.1991 - 3 U 258/90 (nicht veröffentlicht), Leitsatz 2: *„Ist ein fehlerhafter Eingriff nicht erwiesen, fehlt es aber an der Aufklärung über das Versagerrisiko einer Sterilisation, haben die Eltern nachzuweisen, daß sie bei Belehrung zusätzlich Verhütungsmittel angewandt hätten."* *OLG Hamm* v. 23.6.1997, NJWE-VHR 1997, 281, 282. Vgl. *Schramm*, S. 287 ff.

benpflicht[752]- anders zu beurteilen als die Aufklärungspflicht über die Risiken durch operative Eingriffe. Diese habe der Arzt zu beweisen, da es um den Grundsatz der Selbstbestimmung des Patienten gehe.[753] Zum anderen seien die Grundsätze der Entscheidung des *VII. Senats* vom 5.7.1973[754] (s. o.) über die Umkehr der Beweislast nicht anwendbar, da der beratungspflichtige Arzt keinen *„auf eine bestimmte Verhaltensweise des Adressaten ausgerichteten Rat"* schulde, *„über den sich dieser nur unvernünftigerweise hinweg setzen"* könne.[755] Die Entscheidung, keine andere noch sicherere bzw. weitere Verhütungsmaßnahme zu ergreifen, sei nicht *„objektiv unvernünftig"*.

Anders entschied der *VI. Senat* im Zusammenhang mit der Aufklärungspflicht über erb- und pränatale Schädigungen des Kindes. Hier wurde dem Arzt die Beweislast dafür aufgebürdet, dass sich die Mutter im Fall richtiger Aufklärung über die Möglichkeit einer Fruchtwasseruntersuchung (Amniozentese) *gegen* deren Durchführung entschieden hätte.[756] Hätte der Patient sich aller Wahrscheinlichkeit nach aufklärungsrichtig verhalten, muss der Arzt beweisen, dass der Patient sich anders entschieden hätte.[757] Die „Aufklärungsrichtigkeit" anzunehmen, ist nicht unproblematisch, da die Amniozentese einerseits ein erhebliches Risiko für das Ungeborene darstellt und die körperliche und seelische Belastung für die Mutter auch nicht unerheblich sind. Dennoch ist es zweckmäßig, die Mutter hier durch das Argument, die Durchführung stelle „aufklärungsrichtiges Verhalten" dar, zu entlasten, zumal der überwiegende Teil der werdenden Mütter ab einem gewissen Alter diese Maßnahme in Anspruch nehmen dürfte. Wäre auch eine andere Entscheidung „vernünftig und nachvollziehbar", wie z. B. das Unterlassen weiterer risikosenkender Verhütungsmittel, ist es Sache des Anspruchsstellers, zu beweisen, dass er sich anders verhalten hätte.[758]

Der *VI. Senat* räumt die Möglichkeit ein, dass sich Eltern generell oder aufgrund einer bestimmten Situation, wie einer bevorstehenden Trennung, mit einer

---

[752] Siehe oben Fußnote 571.
[753] *BGH* v. 2.12.1980, NJW 1981, 630, 631 f. sub II 2 II 1 a; *BGH* v. 10.3.1981, NJW 1981, 2002, 2004 sub II 1 b; *OLG München*, OLGR 1993, 159, 161. Siehe Teil 4 I 3 a dd (1).
[754] BGHZ 61, 118 ff.
[755] *BGH* v. 2.12.1980, NJW 1981, 630, 632 sub 2 a; im Ergebnis: *OLG Hamburg* v. 26.6.1987, VersR 1989, 148; vgl. *BGH* v. 28.3.1989, NJW 1989, 2320, 2321 sub II 2., wo der *BGH* zwecks Beweisaufnahme bzgl. des Umstandes, dass die Klägerin sich „aufklärungsrichtig" verhalten hätte, an das Berufungsgericht zurückverwies. Anders: *Matthies*, JR 1990, 25, 26 f.
[756] *BGH* v. 22.11.1983, BGHZ 89, 95, 103; vgl. *G. Müller*, in: FS Steffen, S. 355, 361; *Winter*, S. 57.
[757] *Ankermann*, in: FS Steffen, 1, 16.
[758] *Ankermann*, in FS Steffen, aaO.

Fehlerquote wie bei der Sterilisation nicht abgefunden hätten und zwecks Ausschaltung des Restrisikos zusätzlich andere Verhütungsmethoden angewandt hätten.[759] Einen Anscheinsbeweis zugunsten der Eltern lehnt er jedoch ab.[760]

Die Grundlagen des Anscheinsbeweises sind zwar auch für den Ursachenzusammenhang anwendbar[761]; sie gelten hingegen nicht für individuelle Verhaltensweisen, denen eine persönliche Entscheidung vorausgeht.[762] Selbst wenn man dies annimmt, so ist es nach der Lebenserfahrung nicht „typisch", nach einer Sterilisation oder einer anderen Maßnahme mit höchstmöglicher Sicherheit weitere Verhütungsmaßnahmen anzuwenden, um das ohnehin schon geringe Risiko noch weiter zu verringern. In Einzelfällen kann dies zwar der Fall sein, doch kann dann der Klägerseite zugemutet werden, entsprechende Beweise beizubringen, die das Gericht davon überzeugen, dass bei hinreichender Aufklärung weitere Maßnahmen ergriffen worden wären. Im Normalfall ist hingegen eher zu vermuten, dass körperliche Eingriffe wie die Sterilisation häufig gerade deswegen vorgenommen werden, *weil* die Betroffenen auf andere Verhütungsmaßnahmen wegen Unverträglichkeit oder nicht genügender Sicherheit verzichten wollen. Wahrscheinlich ist eher, dass ein gewisses verbleibendes Risiko auch bei hinreichender Aufklärung hingenommen wird.[763]

Anders zu beurteilen sind die Fälle fehlerhafter Aufklärung über erhebliche Risiken. Werden die Eltern bei der Vasektomie pflichtwidrig nicht darauf hingewiesen, dass auch bei einmaliger Aspermie noch keine Gewissheit für den Erfolg der Maßnahme besteht, und verhalten sich diese ansonsten entsprechend der Anweisungen des Arztes, so besteht die Vermutung zugunsten der Eltern, dass sie bei richtiger Aufklärung weitere Verhütungsmaßnahmen ergriffen hätten.[764]

(2) Zumutbarkeit der Beweislast

Die Eltern können den Beweis des Ursachenzusammenhangs zwischen Pflichtverletzung und Empfängnis durch glaubhafte Aussagen und Argumente in zumutbarer Weise erbringen. Weder durch die Ablehnung einer Beweislastumkehr noch durch die Ablehnung der Anwendbarkeit der Grundsätze des Anscheinsbeweises zugunsten der Eltern werden diese daher unangemessen benachteiligt. Indizien für

---

[759] *BGH* v. 2.12.1980, NJW 1981, 631, 632 sub II 2; *BGH* v. 10.3.1981, NJW 1981, 2002, 2004 sub B II 1 b.
[760] *BGH* v. 10.3.1981, NJW 1981, 2002, 2004 sub II 1 b.
[761] *Thomas/Putzo* § 286 Rdn. 14.
[762] *BGH* v. 26.1.1983, NJW 1983, 1548, 1551 sub II 1 c mwN; *BGH* v. 18.3.1987, BGHZ 100, 214, 216 (kein Beweis des ersten Anscheins für Freitod); *Thomas/Putzo* § 286 Rdn. 15.
[763] *OLG Frankfurt* v. 1.12.1982, NJW 1983, 341, 343 sub III 4.
[764] *OLG München* v. 20.2.1992, OLGR München 1992, 68, 69 sub I d.

die Anwendung weiterer Maßnahmen können sein: Eine hohe Anzahl von Schwangerschaften, eine prekäre finanzielle oder beengte räumliche Situation, das Ergreifen weiterer Maßnahmen nach Eintritt der ungewollten Schwangerschaft.[765] Auch im Fall der Nichtaufklärung über die Risiken einer Anämie trotz Immunglobulinbehandlung[766] ist den Eltern zumutbar, zu beweisen, dass sie sich in einem Entscheidungskonflikt befunden hätten. Wie sich ein falsch aufgeklärter Anspruchssteller tatsächlich entschieden hätte, ist unerheblich.[767] An den Beweis dürfen keine allzu hohen Anforderungen gestellt werden[768], zumal die Eltern sich des Risikos nicht bewusst waren. Im Fall der Untersuchung über die Risiken einer genetischen Schädigung bei Zeugung eines Kindes dürfte bereits aus der Vornahme der Untersuchung als solcher zu schließen sein, dass die Eltern bei richtiger Aufklärung über die Risiken sich nicht nur in einem Entscheidungskonflikt befunden hätten, sondern auch von der Zeugung Abstand genommen hätten.

f) Schwangerschaft und Geburt als adäquate Folgen der objektiven Pflichtverletzung

Adäquat kausal herbeigeführt ist ein im naturwissenschaftlichen Sinne kausaler Erfolg, wenn er aus der ex ante - Sicht eines erfahrenen Beobachters[769] nicht nur aufgrund eines ungewöhnlichen Zusammentreffens ganz besonderer Umstände eingetreten ist[770] oder die Wahrscheinlichkeit des Erfolgseintritts *„in nicht unerheblicher Weise erhöht hat.*"[771]

Dass aufgrund eines Fehlers eines Arztes oder Apothekers bzw. ihrer Hilfspersonen das Risiko einer Schwangerschaft nicht unbeträchtlich erhöht und letzten Endes auch verwirklicht wird, liegt im Bereich der allgemeinen Lebenserfah-

---

[765] *OLG Hamm* v. 23.6.1997, NJWE-VHR 1997, 281, 282.
[766] Siehe Sachverhalt Teil 2 III 5.
[767] *Schramm*, S. 290 mwN in Fußnote 55.
[768] Zur Substantiierungspflicht: *Schramm*, S. 290 f.
[769] Hierzu: *BGH* v. 23.10.1951, BGHZ 3, 261, 266; *Coester-Waltjen*, Jura 2001, 412, 413.
[770] *RG* v. 15.2.1913, RGZ 81, 359 (Schleppvertrag); *BGH* v. 23.10.1951, BGHZ 3, 261, 267; *Larenz*, SchuldR I § 27 III b; *Palandt/Heinrichs* Vorb v § 249 Rdn. 58 ff.
[771] *BGH* v. 19.11.1971, BGHZ 57, 245, 255 und: *BGH* v. 23.10.1951, BGHZ 3, 261, 266; vgl. *Kötz/Wagner*, Rdn. 151. Nach anderer Ansicht sind die Kriterien für die Zurechenbarkeit relevant: *Von Caemmerer*, DAR 1970, 283, 285 sub II, der eine „vernünftige Interessenbewertung" bei der Begrenzung der Haftung entsprechend dem amerikanischen Grundsatz der *question of policy* befürwortet. Nach anderer Ansicht ist die Wahrscheinlichkeit bestimmter Gefahren schwerpunktmäßig im Bereich des Verschuldens anzusiedeln: *Deutsch*, Haftungsrecht Rdn. 21 ff. dort insbesondere Rdn. 22; vgl. *derselbe*, JZ 2002, 588 sub A I 2; *Huber*, JZ 1969, 677, 680; *W. Lorenz*, JZ 1964, 179 ff.

rung.[772] Dies gilt auch, wenn sich wie bei der Vasektomie ein Behandlungs-/Beratungsfehler auf eine Maßnahme beim anderen Partner bezieht.[773]

Ein adäquater Zusammenhang besteht sowohl in Bezug auf die Empfängnis, als auch hinsichtlich der damit zusammenhängenden Beschwerden, die natürliche Folgen der Schwangerschaft sind.[774] Nach allgemeiner Ansicht können auch solche Schäden adäquat kausal verursacht sein, die auf einer besonders schwachen Konstitution des Verletzten beruhen.[775] Auch wenn überdurchschnittliche Komplikationen oder erhebliche körperliche bzw. gesundheitliche Beeinträchtigungen eintreten, die weit über das normale Maß bei einer Schwangerschaft hinausgehen, ist die adäquate Kausalität zu bejahen.

6. Objektive Zurechnung, Schutzzweck des Vertrags

Da auch die auf die Wahrscheinlichkeit des Erfolgs abstellende Adäquanztheorie nicht immer zu vertretbaren Ergebnissen führt, haben sich Literatur und Rechtsprechung seit jeher bemüht, die vertragliche Haftung (und die deliktische Haftung[776], sowie die Gefährdungshaftung[777]) durch weitere wertende Zurechnungskriterien zu begrenzen.[778] Nach der ursprünglich nur für das Vertragsrecht entwickelten Schutzzwecklehre[779] sind nur die Schäden zu ersetzen, die in den

---

772 *Harrer*, S. 102; vgl. auch *Heldrich*, JuS 1969, 455, 459 der für den Pillenfall des *LG Itzehoe* betont, dass es im Bereich der Lebenserfahrung liegt, dass ein Kunde in der Apotheke eine leere Schachtel des zuvor unrichtig ausgesuchten Medikaments vorlegt und so weiterhin das falsche Präparat benutzt.

773 *OLG Braunschweig*, Beschluss v. 11.9.1979, NJW 1980, 643 sub II 2, wobei die Adäquanz auch in Bezug auf die im Anschluss durchgeführten Maßnahmen zum Abbruch der Schwangerschaft bejaht wurde.

774 Vgl. *Deuchler*, S. 116; *Hauberichs*, S. 192; *Giesen*, JZ 1985, 334, 335.

775 *BGH* v. 19.5.1970, VersR 1970, 814, 815; *BGH* v. 11.6.1974, VersR 1974, 1030, 1031; *BGH* v. 12.11.1985, VersR 1986, 240, 241; *BGH* v. 6.6.1989, BGHZ 107, 359, 363 (Schlaganfall nach Verkehrsunfall); *Jauernig/Teichmann*, Vor §§ 249 - 253 Rdn. 30 mwN; *Kötz/Wagner* Rdn. 154.

776 Vgl. zu den Parallelen bei der Schutzzweckproblematik zwischen vertraglicher und deliktischer Haftung am Beispiel der Arzthaftung: *Medicus*, SchuldR I Rdn. 599.

777 Zur Anwendbarkeit auf alle Arten der Haftung: *Erman/Kuckuk* Vor §§ 249-253 Rdn. 37.

778 Grundlegend: *BGH* v. 22.4.1958, BGHZ 27, 137 (kein Schutz durch § 823 I bzgl. der Gefahr, nach Verkehrsunfall in ein Strafverfahren verwickelt zu werden); *Coester-Waltjen*, Jura 2001, 412 sub I; *Erman/Kuckuk* Vor §§ 249-253 Rdn. 36 ff.; *Jauernig/Teichmann* Vor §§ 249-253 Rdn. 32, 33; § 823 Rdn. 26; *Palandt/Heinrichs* Vorb v § 249 Rdn. 66 ff.

779 *Coester-Waltjen*, Jura 2001, 412 sub I Fn. 1; *Rabel*, Recht des Warenkaufs, S. 495 ff.; zu der Entwicklung der Normzwecklehre: *Schramm*, S. 3 ff. Das hier auftauchende Problem wird durch verschiedene Begriffe (Schutzumfang, Schutzbereich, Schutzzweck der Norm, Rechtswidrigkeitszusammenhang, Normzwecklehre) umschrieben. Gravierende Änderungen in der

Schutzbereich der vertraglichen Pflichten (bzw. beim Deliktsrecht[780] und bei Gefährdungshaftung in den der gesetzlichen Haftungsnorm) fallen.[781] Die Schutzzwecklehre findet Anwendung sowohl bei der Feststellung des haftungsbegründenden, als auch im Rahmen des haftungsausfüllenden Tatbestands.[782] Sie ist hier für die Lösung des Problems relevant, ob eine vertragliche Pflichtverletzung zu einem Primärschaden in Form einer (zurechenbaren) Rechtsgutsverletzung geführt hat. Die im Zusammenhang mit Empfängnis, Schwangerschaft und Geburt eintretenden aufeinanderfolgenden Beeinträchtigungen sind hier als ein Primärschaden zu betrachten, der sich in verschiedenen Ausprägungen konkretisiert.[783]

Besondere Bedeutung gewinnt dieses Problem dadurch, dass Ersatz immaterieller Schäden nun auch bei Bestehen eines vertraglichen Schadensersatzanspruchs möglich ist, allerdings unter der Voraussetzung, dass die Vertragspflichten dem Schutz der Rechtsgüter dienen.[784]

Beurteilung ergeben sich dadurch nicht. Ähnlich: *Harrer*, S. 103. Für eine strengere Abgrenzung der Begriffe: *Deutsch*, Unerlaubte Handlungen Rdn. 108; *Schramm*, S. 14 ff. Für eine Ergänzung der Adäquanz durch den Schutzbereich der Norm: *Deutsch*, Unerlaubte Handlungen Rdn. 56; *Schramm*, S. 21.

780 Siehe Teil 4 II.

781 *BGH* v. 22.4.1958, BGHZ 27, 137, 140; *BGH* v. 30.3.1956, BGHZ 32, 194, 205; *BGH* v. 24.3.1964, BGHZ 57, 25, 29; *von Caemmerer*, DAR 1970, 283, 286; *Deutsch*, NJW 1989, 2313 sub I; *derselbe*, Unerlaubte Handlungen Rdn. 106 ff.; *derselbe*, in: FS Geiß, S. 367, 369 ff.; allgemein: *Ehrman/Kuckuk* Vor §§ 239-253 Rdn. 36; *Jauernig/Teichmann* vor §§ 249-253 Rdn. 31 ff.; § 823 Rdn. 26; *Larenz*, SchuldR I § 27 III b 2, S. 440 ff. mwN; *Larenz/Canaris*, SchuldR II/2 § 76 III 6; *Medicus*, SchuldR I Rdn. 599 ff.; MünchKomm/*Oetker*, § 249 Rdn. 155; *Ostheide*, S. 75; *Palandt/Heinrichs*, Vorbem v § 249 Rdn. 62 ff.; *Rabel*, Recht des Warenkaufs, S. 495 ff.; RGRK/*Steffen* § 823 Rdn. 90; *Schramm*, S. 20 ff.; *Soergel/Mertens* Vor § 249 Rdn. 123; *Stoll*, Kausalzusammenhang und Normzweck; wN bei *Winter*, S. 61 Fn. 226. *Larenz/Canaris*, SchuldR II/2 § 75 II 2 b, S. 362 aE hebt hervor, dass das *Verhalten* des Schädigers in den Schutzbereich fällt.

782 Vgl. für die Vertragshaftung: *BGH* v. 15.2.2000, BGHZ 143, 389; *OLG Naumburg* v. 26.5.1998, VersR 1999, 1244, 1245: *„Der Schaden muß sich, um ersatzfähig zu sein, als das Ergebnis einer sich realisierenden Gefahr darstellen, deren Begründung bzw. Verwirklichung gerade durch die verletzte Verhaltenspflicht zu verhindern war."*

Allgemein: *Erman/Kuckuk* Vor §§ 249-253 Rdn. 36; *Larenz*, SchuldR I § 27 III 2., S. 441; *Palandt/Heinrichs* Vorb v § 249 Rdn. 64; nur für Haftungsbegründung: *Stoll*, Kausalzusammenhang und Normzweck, S. 14, 25, 27. Deliktsrecht: *Brox/Walker*, Besonderes SchuldR § 41 Rdn. 31; *Jauernig/Teichmann* § 823 Rdn. 20 ff. („Zurechenbarkeit der Rechtsgutsverletzung"); *Junker*, S. 520 Fußnote 2175; *Lange*, § 3 IX 11, S. 124 ff.; *Kötz/Wagner* Rdn. 160 aE; vgl. auch *Larenz/Canaris*, SchuldR II/2 § 76 II c, S. 389; *Soergel/Zeuner* § 823 Rdn. 279.

783 Vgl. *BGH*, 21.7.1998, 3417, 3418 sub II 1 b (sich in verschiedenen Symptomen äußernder Primärschaden).

784 *Erman/Kuckuk* § 253 Rdn. 13.

Der Zurechnungszusammenhang hängt u. a. davon ab, wer im Einzelfall das Risiko der adäquat herbeigeführten Folgen der Pflichtverletzung zu tragen hat: der Schädiger, dem der Erfolg aufgrund einer unzulässigen Gefahrerhöhung zuzurechnen ist, weil sich eines der Risiken verwirklicht hat, vor denen die (vertragliche) Pflicht schützen sollte, oder der Geschädigte, der die Folgen trotz des Verhaltens des Schädigers als allgemeines Lebensrisiko[785] ersatzlos hinzunehmen hat. Die Risikotragung kann nicht ohne Berücksichtigung aller besonderen Umstände und Möglichkeiten der Fallgestaltung pauschal bejaht werden. Bei der vertraglichen Haftung ist „Norm" die vertragliche Pflicht, die Verhütungsmaßnahme ordentlich durchzuführen und sich entsprechend konkreter beruflicher Standards sorgfältig zu verhalten.[786] Der Schutzzweck ist grundsätzlich weit zu fassen.[787] In den Fällen der Rechtsgutsverletzung aufgrund nicht verhinderter Schwangerschaft soll der Ausdruck der Gefahrvermeidungs- und –abwendungspflichten[788] verwendet werden. „Gefahr" ist in diesem Zusammenhang nicht in moralisch abwertenden Sinn zu verstehen. Es geht nicht darum, ein Unwerturteil über die Schwangerschaft oder das Kind zu fällen, sondern wie auch sonst im Schadensersatzrecht um die „Zuweisung von Schadenslasten".[789]

Bei der Bewertung, wie die Risiken zu verteilen sind, sind die der Familienplanung zugrunde liegenden Interessen wie sie für das Rechtsverhältnis zwischen den Vertragspartnern maßgeblich geworden sind[790] und die daraus erwachsenden Gefahrvermeidungspflichten maßgeblich. Außerdem sind die Besonderheiten, die sich aus der Natur der familiären Bindungen und dem ideellen Wert des Kindes ergeben, zu berücksichtigen. Zwar sind die Verträge, z. B. über die Sterilisation

---

785 Zum allgemeinen Lebensrisiko: *Erman/Kuckuk* Vor §§ 249-253 Rdn. 77; *Jauernig/Teichmann* Vor §§ 249-253 Rdn. 32; *BGH* v. 4.5.1993, NJW 1993, 2234 (Beinbruch eines Feuerwehrmannes nach Beendigung von Löscharbeiten); *Coester-Waltjen*, Jura 2001, 412, 413 sub II 1.

786 Anschaulich: Beispiele bei *Deutsch/Spickhoff*, Medizinrecht Rdn. 339: *„So ist es etwa Sinn und Zweck der Forderung einen Gipsverband nicht zu eng anzulegen, den Patienten vor Durchblutungsstörungen zu schützen - mit der Folge, daß bei Verletzung dieses Gebots nur solche Schäden zu ersetzen sind, die aus den Durchblutungsstörungen resultieren; (...), nicht aber andere gesundheitliche Mängel."*

787 Vgl. *Larenz*, SchuldR I § 27 III b 2, S. 442 f.; für das Deliktsrecht: *Deutsch*, Unerlaubte Handlungen Rdn. 109 f.

788 Allgemein: *Larenz/Canaris*, SchuldR II/2 § 76 III 3 d, S. 402. Zur Herkunft des Begriffs "Verkehrs(sicherungs)pflichten" aus dem Strafrecht: *Deckert*, Jura 1996, 348 sub 1 b; *Deutsch*, Unerlaubte Handlungen, Rdn. 253.

789 *Steffen*, VersR 1980, 409, 410 sub II; siehe auch *Jansen*, AcP 202 (2002), 517, 534; RGRK/*Steffen*, § 823 Rdn. 124.

790 Vgl. *Dannemann*, VersR 1989, 676, 678 sub I 5; vgl. *Lange* § 3 IX 5, S. 110 f. (Schutzzweck bei vertraglicher Arzthaftung im Zusammenhang mit misslungenen Maßnahmen gem. § 218a StGB oder misslungener Sterilisation).

bzw. die genetische Beratung[791] und der damit angestrebte Erfolg selbst als Ausdruck der elterlichen Entscheidungsfreiheit[792] anerkannt und nicht anstößig[793]. Dies genügt jedoch für die Zurechenbarkeit aller kausal adäquat herbeigeführten Nachteile nicht.

a) Schwangerschaft als biologisch begründetes allgemeines Lebensrisiko?

Nach einem Teil der Literatur und der älteren Rechtsprechung werden die schwangerschaftsbedingten Beeinträchtigungen wegen des biologischen Zusammenhangs mit dem Geschlechtsverkehr sowie der Tatsache, dass Verhütungsmaßnahmen keine 100%ige Sicherheit garantieren können, im Ergebnis als haftungsrechtlich irrelevant angesehen.[794] Dies ist problematisch, weil der Anspruchsgegner die Möglichkeit einer Empfängnis (trotz Geschlechtsverkehrs) gerade ausschließen sollte.[795]

Adomeit[796] erwägt, ob nicht *„die aus dem Zusammensein von Mann und Frau folgende Verantwortlichkeit für das Kind*" die *„Zeugung durch Unterlassen"* *„verdrängt oder überdeckt"*. *Picker* und *Roth* lehnen z. B. den Ersatz der Unterhaltsaufwendungen u. a. im Hinblick auf die biologische Verknüpfung mit der Kindesexistenz ab, an der auch der Inhalt des auf Verhütungsmaßnahmen gerichteten Vertrags nichts ändere.[797] Dieser Gedanke ist insoweit auf die Zurechnung des Primärschadens der Rechtsgutsverletzung übertragbar, als dass auch diese „biologisch" mit der Existenz des Kindes verknüpft ist.

Bereits das Berufen auf den biologischen Zusammenhang ist problematisch. Der zum Schadensersatz verpflichtende Umstand muss andere Schadensursachen nicht wesentlich überwiegen.[798] Auch wenn der freiwillige Geschlechtsverkehr mitursächlich für die Empfängnis ist, hindert dies nicht die Zurechnung der Beeinträchtigungen als „Primärschaden". Auch wenn der Mensch sich der Verantwortung für die Folgen seiner Sexualität nicht umfassend entziehen kann, folgt daraus noch keine allgemeine biologisch begründete Risikoverlagerung. Dies gilt um so weniger, wenn die Betroffenen nach bestem Gewissen alles ihnen Mögliche getan haben, um keinen Nachwuchs zu zeugen und die Verantwortlichen die

---

[791] *BVerfG*, Beschluss v. 12.11.1997, BVerfGE 96, 375, 402; *BGH* v. 16.11.1993, BGHZ 124, 128, 137 f.; vgl. *Waibl*, NJW 1987, 1513, 1514; *Winter*, S. 27.
[792] Hierzu: *Stürner*, JZ 1998, 317, 324 sub 2.
[793] *Winter*, S. 27, 62.
[794] Siehe Teil 4 I 5 a (Unterbrechung des Kausalzusammenhangs).
[795] *Dannemann*, VersR 1989, 676, 678 sub I 3.
[796] *Adomeit*, Jura 1981, 196, 199 sub 6.
[797] *Roth*, NJW 1994, 2402, 2403f. sub III; *Picker*, AcP 195 (1995), 483, 519 sub B II 2.
[798] *BGH* v. 10.5.1990, NJW 1990, 2882, 2883 f. sub I 3 mwN.

Schwangerschaft adäquat kausal verursacht haben. Eine einseitige Risikoverlagerung ohne Berücksichtigung der Pflichten aufgrund des biologischen Zusammenhangs führt zu einer unangemessenen Benachteiligung der Eltern als Vertragspartner. Konsequent angewendet führt diese Position dazu, dass z. B. im Fall einer aus medizinischen Gründen durchgeführten Sterilisation die Mutter auch schwerste körperliche Beeinträchtigungen als Lebensrisiko hinnehmen müsste und zwar auch dann, wenn gerade *diese* Risiken durch die Maßnahme hätten verhindert werden sollen. Die Quote der Wahrscheinlichkeit, mit der die Schwangerschaft bei pflichtgemäßer Ausführung der Maßnahmen verhindert worden wäre[799], ist kein geeignetes Kriterium für die Einschränkung des Schutzzwecks der Norm. Haben sich die Verantwortlichen vertraglich verpflichtet, durch eine entsprechende Maßnahme das biologische Risiko einer Schwangerschaft mit größtmöglicher Wahrscheinlichkeit auszuschalten, ist der Schutzzweck der Norm mit Hinweis auf eben diesen (pflichtwidrig nicht unterbrochenen) Zusammenhang nicht einzuschränken.[800]

b) Anwendung vertragsunabhängiger Zurechenbarkeitskriterien auf die vertragliche Haftung wegen Rechtsgutsverletzungen

Unabhängig vom Vorliegen einer vertraglichen Haftung sind in besonderen Fällen besondere Zurechnungskriterien (vor allem im Bereich der deliktischen Haftung) entwickelt worden. Zu untersuchen ist, inwieweit diese Kriterien nun auch auf die Zurechnung von Rechtsgutsverletzungen wegen der Herbeiführung einer Empfängnis im Bereich der vertraglichen Haftung anzuwenden sind.

aa) Mittelbarkeit der Verursachung

Für die Zurechnung bei mittelbarer Verursachung einer Rechtsgutsverletzung kommt es darauf an, ob eine Pflicht vorlag, die auch vor der Verwirklichung von Gefahren schützen sollte, die Dritte infolge freiwilliger Entschlüsse erleiden.[801] Solche Fälle sind keineswegs ungewöhnlich. So kann z. B. bei (freiwilliger) Inbetriebnahme eines Fahrzeugs aufgrund einer mangelhaften Reparatur ein Unfallschaden eintreten.[802] Die mangelhafte Reparatur in dem oben genannten Beispiel stellt eine Verletzung einer (vertraglichen und deliktischen) Pflicht dar, denn der Unternehmer hat die Reparatur so vor(zu)nehmen (zu lassen), dass diese keine

---

[799] Vgl. Argumentation des *OLG Bamberg* v. 6.2.1978, NJW 1978, 1685.

[800] Vgl. *Deutsch*, JZ 1978, 532, 533 sub 3.

[801] Vgl. *Larenz/Canaris*, SchuldR II/2 § 76 III 3 c, S. 401 ff. Ebenso: *Deckert*, Jura 1996, 348, 349 sub 2 c (objektive Zurechnung); *Fischer*, JuS 1984, 434, 437 sub II 2 b; *Medicus*, BürgR Rdn. 647.

[802] *BGH* v. 15.12.1992, NJW 1993, 655 (Handbremse).

Unfälle bei normaler Inbetriebnahme des Fahrzeugs verursacht.[803] Auch durch aktives Handeln - nicht nur durch Unterlassen - können Pflichten verletzt werden.[804] Der Unterscheidung zwischen Tun und Unterlassen kommt allerdings keine besondere Bedeutung zu, zumal beide häufig kaum voneinander abzugrenzen sind und fließend ineinander übergehen können.[805] Der Umstand, dass eine Schwangerschaft nicht nur durch den Fehler eines Dritten verursacht wurde, sondern mittelbar durch freiwilliges Handeln der Eltern, steht der Zurechnung nicht entgegen. Entscheidend ist vielmehr, ob die vertragliche Pflicht des Anspruchsgegners gerade auch auf die Vermeidung der Risiken ausgerichtet war, die eingetreten sind.[806]

bb) Die Zurechnungskriterien in den „Herausforderungsfällen"

Das *Reichsgericht*[807], der *BGH*[808] und andere Obergerichte[809] haben mit dem Ziel, eine Ausuferung der Haftung, insbesondere eine Haftung für das Handeln auf eigene Gefahr zu vermeiden, in Fällen mit „Herausforderungsproblematik" haftungsbeschränkende Kriterien entwickelt.[810] Auch wenn es sich bei diesen Fällen regelmäßig um die Frage der deliktischen Haftung für Rechtsgutsverletzungen handelt, ist die Herausforderungsproblematik auch bei der vertraglichen Haftung anwendbar.[811] Die Rechtsgutsverletzung beruht in diesen Fällen auch auf einem Verhalten des Verletzten. Dieser kann z. B. durch ein Verhalten des Schädigers veranlasst worden sein, sich freiwillig der Gefahr eigener Verletzungen auszusetzen („Verfolger-/Nothilfefälle")[812], oder diese Verletzungen für das Erreichen eines anderen Ziels (z. B. die Rettung einer Person), bewusst in Kauf ge-

---

[803] *Larenz/Canaris*, SchuldR II/2 § 76 III 3 c, S. 402.

[804] *Von Caemmerer*, in : FS Dt. Juristentag 1960, Bd. 2, S. 49, 72 ff.; *Deckert*, Jura 1996, 348, 349 sub 2 b; vgl. *Fikentscher* Rdn. 1058 aE, S. 669.

[805] Vgl. das Beispiel des nicht abgesicherten Blumentopfs von *von Caemmerer*, in : FS Dt. Juristentag 1960, Bd. 2, S. 49, 75.

[806] Hierzu: Teil 4 I 6 c.

[807] *RG* v. 21.3.1892, RGZ 29, 120 ff. ; *RG* v. 20.2.1902, RGZ 50, 219, 223; *RG* v. 6.6.1940, RGZ 164, 125, 126.

[808] *BGH* v. 24.3.1964, NJW 1964, 1363 ff.; *BGH* v. 3.2.1967, VersR 1967, 580; *BGH* v. 13.7.1971, BGHZ 57, 25, 29; *BGH* v. 29.10.1974, BGHZ 63, 189, 192 ff.; *BGH* v. 3.7.1990, NJW 1990, 2885; *BGH* v. 12.3.1996, NJW 1996, 1533.

[809] *OLG Stuttgart* v. 24.11.1964, NJW 1965, 112 ff.; *OLG Köln* v. 25.2.1987, NJW-RR 1987, 857 f.; *OLG München* v. 28.1.1998, NJW-RR 1999, 1358, 1360; *OLG Düsseldorf* v. 22.4.1994, NJW-RR 1994, 1310, 1311.

[810] Vgl. hierzu auch die Literatur: *Von Caemmerer*, DAR 1970, 283, 291; *Deutsch*, Haftungsrecht Rdn. 123, 161 ff.; *Medicus*, BürgR Rdn. 653 ff.; MünchKomm/*Oetker* § 249 Rdn. 163 ff.; *Palandt/Heinrichs* Vorbem v § 249 Rdn. 72, 77 f.; *Soergel/Mertens* Vor § 249 Rdn. 138; *Stoll*, Kausalzusammenhang und Normzweck, S. 32 f.

[811] *Erman/Kuckuk* Vor §§ 249-253 Rdn. 64 mwN.

[812] *Palandt/Heinrichs* Vorb v § 249 Rdn. 77 - 82; *Coester-Waltjen*, Jura 2001, 412, 414 sub II.

nommen haben[813]. Großzügig behandelte das *OLG Düsseldorf*[814] einen Bauarbeiter, der aus Bequemlichkeit und um Zeit zu sparen, einen gefährlichen Kletterakt über ein nicht nach DIN-Normen konstruiertes Baugerüst vornahm und dabei abstürzte. Das Gericht bejahte eine im Ansatz billigenswerte Motivation, über das Gerüst zu klettern, obwohl der Arbeiter weder jemanden retten noch verfolgen wollte.

Beruht der Erfolg auf einer Entscheidung des Anspruchstellers, so kann er dem Anspruchsgegner zuzurechnen sein, wenn die Entscheidung nicht „frei" war, sondern „herausgefordert" wurde.[815] Allerdings müssen die *„Selbstgefährdung und die in Kauf genommene eigene Verletzung in angemessenem Verhältnis zum möglichen Erfolg des Eingreifens stehen und in ihrer Motivation nach den anerkannten gesellschaftlichen Verhaltensregeln wenigstens zu billigen sein"*.[816]

Zu klären ist zunächst, ob der Entschluss des geschädigten Elternteils, auf weitere Verhütungsmaßnahmen zu verzichten, der Zurechenbarkeit entgegensteht. Selbst wenn man - was sehr zweifelhaft ist - aufgrund der nicht 100%igen Sicherheit der Verhütungsmaßnahme eine Art Willensentschluss der Eltern annehmen würde, eine Schwangerschaft zu riskieren, so wäre die Motivation des geschädigten Elternteils, keine weiteren Verhütungsmaßnahmen anzuwenden, billigenswert. Schließlich mussten die Eltern anders als z. B. im oben genannten Baugerüstfall, nicht mit dem Eintritt einer Gefahr rechnen. Auch ist das Verhalten der Eltern nicht weniger billigenswert als das der oben genannten Nothelfer bzw. Verfolger. Da bestimmte Verhütungsmittel wie die Sterilisation gerade angewendet werden, um einen Verzicht auf weitere ggf. unverträgliche Maßnahmen zu ermöglichen, steht das Unterlassen weiterer Verhütungsmittel im Vertrauen auf das pflichtgemäße Verhalten des Schädigers der Zurechenbarkeit nicht entgegen.

Ein anderes Problem stellt sich, wenn sich die Mutter nach Eintritt der Empfängnis freiwillig entschließt, einen Schwangerschaftsabbruch durchzuführen[817] und für die hierfür entstehenden Körper- und Gesundheitsbeeinträchtigungen Ersatz verlangt. Fraglich ist, ob es sich hier um eine Art „Nothilfe" der Mutter zu eigenen Gunsten handelt, mit dem Ziel sämtliche Nachteile, die mit einer Empfängnis einhergehen, abzuwenden. Die Entscheidung zum Schwangerschaftsabbruch wäre nicht „vollkommen frei", sondern durch die Pflichtverletzung des

---

[813] *BGH* v. 30.6.1987, BGHZ 101, 215, 220, 223 (Nierenspende).

[814] *OLG Düsseldorf* v. 22.4.1994, NJW-RR 1994, 1310, 1311.

[815] *BGH* v. 13.7.1971, BGHZ 57, 25, 28; *BGH* v. 29.10.1974, BGHZ 63, 189, 191.

[816] *BGH* v. 30.6.1987, BGHZ 101, 215, 221. In den oben genannten Entscheidungen des *Reichsgerichts* wurde ebenfalls häufig die sittliche und moralische Pflicht bzw. die Rechtfertigung zum Eingreifen hervorgehoben.

[817] Dazu unten Teil 4 I 6 e ee (4).

Dritten und die dadurch eingetretene Empfängnis mit „herausgefordert". Allerdings ist hier zu berücksichtigen, dass z. B. gerade im Fall der medizinischen und kriminologischen Indikation nicht die durch Pflichtverletzung mitverursachte Empfängnis allein die Entscheidung mitbestimmen wird, sondern weiter hinzutretende u. U. schicksalhafte Faktoren. Problematisch ist auch, dass die durch den Schwangerschaftsabbruch eintretende Rechtsgutsverletzung sicher ist, es also hier nicht um das bloße Eingehen eines Risikos geht. Zum Teil wird vertreten, in Fällen, in denen jemand *„bewusst, nach entsprechender Beratung, in eigener Verantwortung über ein (...) Rechtsgut disponiere"*, sei die Selbstschädigung nicht zurechenbar.[818] Dient die bewusste Selbstschädigung der Abwendung einer anders nicht zu vermeidenden Gefahr, ist diese Ansicht jedoch zweifelhaft. Die Fälle des Schwangerschaftsabbruchs unterscheiden sich von den Verfolger- und Nothilfefällen entscheidend dadurch, dass es bereits fragwürdig ist, einen Schwangerschaftsabbruch als „billigenswert" im Sinne der Herausforderungskriterien anzusehen, da dieser doch immerhin mit der Verletzung des Rechts auf Leben des Ungeborenen einhergeht. Somit ist auch kaum festzustellen, ob die in Kauf genommene Verletzung in einem aus objektiver Sicht „angemessenen Verhältnis" zum Erfolg steht. Erfolg ist hier schließlich nicht die Rettung einer Person, bzw. die Hilfe für eine Person oder die Festnahme eines Verfolgten, sondern eine komplexe Summe materieller und immaterieller Vor- und Nachteile, die sich aus dem Schwangerschaftsabbruch ergeben. Angesichts dessen erscheint die Anwendung der Herausforderungskriterien, welche für die Fälle eines eindeutig positiven Erfolgs ausgerichtet sind, für die Fälle des Schwangerschaftsabbruchs nicht sinnvoll. Die besondere Regelung in den §§ 218a ff. StGB spricht eher dafür, die Zurechnung allein anhand der dort vom Gesetzgeber festgesetzten Maßstäbe und nicht der allgemeineren Herausforderungsrechtsprechung zu beurteilen.

cc) Vergleichbarkeit mit den sogenannten Schockfällen

Im Zusammenhang mit der sich abzeichnenden Geburt bzw. der Geburt eines behinderten Kindes aufgrund falscher Beratung wird diskutiert, ob für die Beurteilung einer Gesundheitsbeeinträchtigung durch seelisches Leid der Eltern die Rechtsprechung zu den sogenannten „Schockfällen" heranzuziehen ist.[819] Danach liegt eine Gesundheitsverletzung vor, wenn eine (unerlaubte) Handlung an einem Geschädigten gravierende psychische Auswirkungen bei einem Dritten hat, die nicht mehr innerhalb dessen normalen Lebensrisikos liegen (z. B.: Schock durch Miterleben des Unfalls eines nahen Angehörigen).[820] Die Anforderungen an das

---

[818] *Stoll*, JZ 1988, 153 ff. Anders: *BGH* v. 30.6.1987, BGHZ 101, 215, 220, 223.

[819] *Fischer*, JuS 1984, 434, 437 sub II 2 b; *Harrer*, S. 232; vgl. *Schramm*, S. 157.

[820] *BGH* v. 11.5.1971, BGHZ 56, 163; *BGH* v. 5.2.1985, NJW 1985, 1390, 1391 (Gesundheitsschaden eines Kindes durch Schock der Mutter während der Schwangerschaft); *BGH* v.

Ausmaß der Beeinträchtigung sind allerdings hoch. So genügt z. B. die starke Trauer, die beim Tod eines Angehörigen normalerweise empfunden wird, nicht.[821] In den Fällen der Herbeiführung einer Schwangerschaft besteht jedoch die Besonderheit, dass die Eltern nicht durch eine unerlaubte Handlung am Kind[822] beeinträchtigt sind, sondern selbst als Geschädigte in Betracht kommen.[823] Auch hier wird deutlich, dass es darauf ankommt, den Schutzzweck des Vertrags näher zu untersuchen.

c) Konkretisierung des zu vermeidenden Risikos

Ist der beeinträchtigte Elternteil trotz Inkaufnahme eines bestimmten Restrisikos einer Schwangerschaft geschützt, bedarf es für die Beantwortung der Frage, ob Beeinträchtigungen dem Schutzbereich der Norm bzw. dem allgemeinen Lebensrisiko zuzuordnen sind, einer Konkretisierung der durch die vertraglichen Pflichten zu vermeidenden Gefahren. Bei der pflichtwidrigen Herbeiführung einer Schwangerschaft kommt es u. a. maßgeblich darauf an, vor welchen konkreten Gefahren der Anspruchsgegner die betroffenen Eltern aufgrund der Übernahme der Hilfe zur Realisierung der Familienplanung bewahren musste. Bei der Schwangerschaft aufgrund fehlerhafter Sterilisation kommt es auf den Schutzzweck der Pflicht zur Vornahme eines den Regeln ärztlicher Kunst entsprechenden Eingriffs an, bei der fehlerhaften Aufklärung über die Versagerquote oder das Risiko der Zeugung eines durch einen genetischen Defekt geschädigten Kindes auf den Schutzzweck der Aufklärungspflicht.[824] Bei der Aushändigung eines falschen Präparates durch den Apotheker kommt es auf den Schutzzweck der Pflicht an, das vom Arzt verordnete Präparat auszuhändigen.

Im Hinblick auf die Empfängnis können drei Arten zu vermeidender Risiken unterschieden werden: Die Pflicht, die Erhöhung einer Gefahr der Empfängnis zu verhindern (dazu Punkt d), die Pflicht, eine bestimmte Qualität der Gefahr im Zusammenhang mit der Empfängnis zu verhindern (Punkt e), sowie die Pflicht, die Gefahr einer Empfängnis während eines gewissen Zeitraums zu verhindern (Punkt f).

4.4.1989, NJW 1989, 2317; *OLG Nürnberg* v. 27.2.1998, NJW 1998, 2293; weiter: *BGH* v. 30.4.1996, BGHZ 132, 341 (Haftung für psychische Folgeschäden eines Unfalls); *BGH* v. 11.11.1997, NJW 1998, 810 (Zurechnung einer Neurose bei besonderer Schadensanlage); *Erman/Schiemann* § 823 Rdn. 20 mwN; *Palandt/Heinrichs* Vor § 249 Rdn. 71 (*Körper*verletzung durch Schock).

[821] *Erman/Schiemann* § 823 Rdn. 19.

[822] Das Kind hat nach herrschender Ansicht keine Ansprüche gegen den Dritten, der seine Geburt nicht verhindert hat; vgl. Teil 1 I „wrongful life" - Problematik.

[823] *Deuchler*, S. 184 f.; *Harrer*, S. 232.

[824] Vgl. *Palandt/Sprau* § 823 Rdn. 159.

d) Gefahrerhöhung

Händigt z. B. der Apotheker ein anderes jedoch ebenso wirksames Verhütungspräparat aus, und tritt daraufhin eine Schwangerschaft ein, so ist zweifelhaft, ob die dadurch entstehende Folgen, wie z. B. die Beeinträchtigung der Rechtsgüter, einen Schaden darstellen. Die Anwendung des ausgehändigten falschen und dennoch ebenso wirksamen Präparates mag die Empfängnis nicht verhindert haben, jedoch beruht sie mangels Risikoerhöhung nicht auf der der Verletzung zum Aushändigen des richtigen Mittels zugrunde liegenden Pflicht.[825] Lehnt man nicht bereits die Äquivalenz ab, weil man unterstellt, bei Anwendung des richtigen Präparates wäre der Erfolg in gleicher Weise eingetreten, so ist jedenfalls die Zurechnung zu verneinen. Der Zurechnungszusammenhang ist abzulehnen, wenn durch die Pflichtverletzung das Risiko der Schwangerschaft nicht wesentlich erhöht wurde.

e) Qualität der zu verhindernden Gefahr

In der Rechtsprechung gibt es verschiedene Ansätze, den Zurechnungszusammenhang neben dem Eintritt der Empfängnis von bestimmten inneren oder äußeren Umständen abhängig zu machen. Zum einen kann die Zurechnung davon abhängig gemacht werden, dass eine Schwangerschaft überhaupt (gleich aus welchen Gründen) verhindert werden sollte, so dass *alle* mit der Empfängnis zusammenhängenden natürlichen Beeinträchtigungen grundsätzlich in den Schutzbereich der auf den Rechtsgüterschutz abzielenden Normen fielen.[826] Dieser Ansatz wird in der Rechtsprechung dahingehend präzisiert, dass maßgebliche Voraussetzung für die Gewährung von Ansprüchen (neben der Rechtsgutsbeeinträchtigung und der Pflicht, überhaupt eine Empfängnis zu verhindern) allein die Störung der Familienplanung sei.[827] Dieser Begriff dient der Abgrenzung zur rein medizinisch

---

[825] Vgl. *Giesen*, FamRZ 1970, 565, 566 Fn. 13, der darauf abstellt, dass die Schadensfolge in solchen Fällen nicht auf der Widerrechtlichkeit des Handelns beruht und den Rechtswidrigkeitszusammenhang ablehnt.

[826] Kritisch im Zusammenhang mit dem Anspruch auf Ersatz der Unterhaltsaufwendungen nach fehlgeschlagener Sterilisation: *Ströfer*, Schadensersatz und Kommerzialisierung, S. 232 f. sub (2): „*Denn beim vertraglichen Anspruch kann alleinige Frage die sein, ob die Unterhaltsverpflichtung von den Vertragsinteressen umfaßt wird. Sähe man den (...) Zweck des Sterilisationsvertrages allgemein in der Beseitigung der Empfängnis- bzw. Zeugungsfähigkeit, so wäre der Schutz praktisch unbegrenzt (...). Eine derart weitherzige Betrachtung wird Besonderheiten des Sterilisationsvertrages nicht gerecht, die darin begründet sind, daß eine Sterilisation typischerweise nicht allgemein, sondern nur bei Vorliegen besonderer, darzulegender Gründe durchgeführt wird.*“ Für einen umfassenden Schutz in Anlehnung an die *BGH*-Rechtsprechung: *Holzwarth*, S. 94 f.

[827] *BGH* v. 2.12.1980, NJW 1981, 630, 632 sub III 1 (nur in Bezug auf den Unterhaltsanspruch). Das *OLG Zweibrücken* v. 18.2.1997, NJW-RR 1997, 666, 667 lässt genügen, dass die Vermeidung bestimmter Gefahren (in diesem Fall die Vermeidung der Vermögensbelastung)

motivierten Maßnahme. Als Gegensatz dazu ist eine Einschränkung im Hinblick auf solche Arten von Beeinträchtigungen zu erwägen, die nach dem Inhalt des zwischen Eltern und Anspruchsgegner vorliegenden Rechtsverhältnisses *ausdrücklich* verhindert werden sollten.[828] Unabhängig von solchen Regelungen kommt eine Differenzierung nach „normalen" und „besonderen" Beschwerden in Betracht.

aa) Die Störung der Familienplanung als Voraussetzung für die Verletzung von Rechtsgütern als Primärschaden?

In der Rechtsprechung wird die Bedeutung der Durchkreuzung der Familienplanung als maßgebliche Voraussetzung für vertragliche Ansprüche auf Ersatz der Unterhaltsaufwendungen hervorgehoben.[829] Diese Argumentation soll im Hinblick auf die Zurechnung einer Rechtsgutsverletzung als „Primärschaden" übertragen werden.[830]

Die Rechtsprechung stellte vor der Schadensersatzrechtsreform im Zusammenhang mit deliktischen Ansprüchen die Durchkreuzung der Familienplanung als Tatbestandsmerkmal auf.[831] Die Durchkreuzung der Familienplanung soll als Kriterium für die Frage untersucht werden, ob die Rechtsgutsbeeinträchtigung „Primärschaden" bei der vertraglichen Haftung ist, wie dies u. a. auch bei der deliktischen Haftung diskutiert[832] wird.

---

wenigstens als Nebenpflicht vertraglich übernommen wurden. In der Literatur: *Deutsch* stellt unabhängig von inhaltlichen Vereinbarungen auf das Vertrauen der Eltern ab: Medizinrecht Rdn. 343; *derselbe*, in: FS Geiß; ähnlich: *Quass*, MedR 1997, 361, 362. Für eine weite Auslegung des Schutzzwecks des Vertrages: *Deuchler*, S. 127; nach Auffassung von *Waibl*, S. 188, sind Unterhaltsaufwendungen (nur dann) vom Schutzzweck des Vertrages umfasst, wenn im konkreten Fall wirtschaftliche Erwägungen „mitspielten".

[828] Zur Bedeutung des Behandlungsverhältnisses auch für den deliktischen Anspruch: *Schramm*, S. 168.

[829] *BVerfG*, Beschluss v. 12.11.1997 - 1 BvR 479/92 u. 307/94, BVerfGE 96, 375, 398 ff. sub B II 3, *BGH* v. 19.6.1984, NJW 1984, 2526 sub 3; *OLG Saarbrücken* v. 16.7.1997, MDR 1998, 104, 105.

[830] Dies gilt gerade im Hinblick darauf, dass der *VI. Senat* (*BGH* v. 18.3.1980 - VI ZR 247/78, NJW 1980, 1452, 1453 sub 2 c) maßgeblich auf den Willen der Mutter abstellt.

[831] Siehe Fußnote 827.

[832] Vgl. *Dannemann*, VersR 1989, 676, 680; *Ostheide*, S. 114; *Stürner*, FamRZ 1985, 753, 759; *derselbe*, JZ 1986, 122, 124.

(1) Abgrenzung: Störung der Familienplanung und Unerwünschtsein des Kindes

Nach der neueren Rechtsprechung ist ein *Unerwünschtsein* des Kindes für die Haftung nicht erforderlich[833]; vielmehr komme es auf die *Familienplanung* an, die gestört sein müsse.[834] Voraussetzung von Schadensersatzansprüchen sei auch keine Abwendung vom Kind.[835] Insbesondere beseitige die Akzeptanz des Kindes nach Zeugung und Geburt nicht zwangsläufig die Störung der Familienplanung.[836]

Diese Art der Abgrenzung zwischen Erwünschtsein des Kindes und Erwünschtsein nach der Familienplanung in Form eines „rein technisch" zu verstehenden Begriffs der Familienplanung[837] ist zweifelhaft. Die dauerhafte Geltendmachung der anhaltenden Störung der Familienplanung ist widersprüchlich, wenn das Kind vom zunächst unerwünschten zum erwünschten wird.[838] Die Klarstellung, es komme nur darauf an, ob die Eltern auf das Kind verzichtet hätten, wenn die Störung der Planung nicht eingetreten wäre[839], kann diesen Widerspruch nicht zufriedenstellend erklären. Bleibt das Kind in der Familie, spricht dies dafür, dass die Eltern, sei es auch nur, um das Eltern-Kind-Verhältnis bzw. den natürlichen Familienverband aufrechtzuerhalten, ihre Familienplanung geändert haben.[840] Die Überbewertung der Störung der Familienplanung sollte nicht davon ablenken, dass es letztendlich doch um die Existenz des Kindes und seine Akzeptanz geht. Mag man auch einwenden, dass die Eltern schließlich keine „Wahl" in engerem Sinne hatten, als das Kind zu akzeptieren, so kann doch das Kind nicht länger als „Störer" oder „Ursache der gestörten Familienplanung angesehen werden. Eine Abgrenzung der Voraussetzungen „Störung der Familienplanung"/ Unerwünschtsein des Kindes ist eine künstliche Konstruktion.

---

[833] Missverständlich: *BGH* v. 18.3.1980 – VI ZR 105/78, NJW 1980, 1452, 1453 sub II 5: *„wenn also die Empfängnis nicht nur (...) unerwartet, sondern den Eltern (...) unerwünscht war*"; kritisch: *Adomeit*, Jura 1981, 196, 198 f. sub 5 f.; *Schlund*, JR 1980, 369.

[834] *BGH* v. 19.6.1984, NJW 1984, 2625, 2626 sub 1 c; vgl. hierzu *Engelhardt*, VersR 1988, 540, 543; *Hauberichs* S. 203.

[835] *BVerfG*, Beschluss v. 12.11.1997, BVerfGE 96, 375, 402 sub B II 3 b (2). Vgl. *BGH* v. 18.3.1980 – VI ZR 105/78, BGHZ 76, 249, 258 = NJW 1980, 1450, 1442 sub 6; *BGH* v. 18.3.1980 – VI ZR 247/78, BGHZ 76, 259, 264 = NJW 1980, 1452, 1454 sub II 2 a; im Ergebnis ähnlich: *Holzwarth*, S. 63; vgl. *Schramm*, S. 167, der die Durchkreuzung der Familienplanung als Problem des Zwecks und des Schutzbereichs des Behandlungsverhältnisses ansieht. Ebenso *Deuchler*, S. 126 f.

[836] Siehe Fußnote 835; vgl. *Waibl*, NJW 1987, 1513, 1516 sub II 5 a,1519 sub II 6.

[837] Für eine Unterscheidung zwischen einer rein technischen Maßnahme und der Motivation, die der Maßnahme zugrunde liegt: *Waibl*, NJW 1987, 1513, 1516 sub II 5 a bb, 1521 sub III.

[838] Vgl. *Laufs*, NJW 1998, 796, 797.

[839] Vgl. *BGH* v. 19.6.1984, NJW 1984, 2625, 2626 sub 1 c.

[840] *OLG Frankfurt* v. 1.12.1982, NJW 1983, 341, 343 sub III 3.

(2) Der enge Zusammenhang zwischen Rechtsgutsverletzung und Störung der Familienplanung

Dem *VI. Senat* kam es bei der Frage, ob die Unterhaltslast einen ersatzfähigen Schaden darstellt, darauf an, ob die Sterilisation der Familienplanung diente oder ausschließlich medizinisch indiziert war.[841] Während er in den Fällen medizinisch indizierter Verhütungsmaßnahmen den Schutzbereich eingrenzt, ist seiner Ansicht nach in Fällen, in denen die Familienplanung finanziell oder sozial motiviert war, auch für die Rechtsgutsverletzung die Durchkreuzung der Planung als solche entscheidend.

Soweit finanzielle Gründe ausschlaggebend für die Maßnahme sind, ist es jedoch nicht selbstverständlich, die Rechtsgutsbeeinträchtigungen mit in den Schutzbereich der Pflicht, eine Schwangerschaft zu verhindern, einzubeziehen. Denkbar ist, dass die Mutter sich ein Kind wünschte und bereit war, die Rechtsgutsbeeinträchtigung auf sich zu nehmen, sich aber allein aufgrund ihrer sozialen bzw. finanziellen Lage, oder einer ablehnenden Haltung ihres Partners entschieden hat, zu verzichten. Da der Wunsch, die mit der Zeugung eines Kindes zusammenhängenden Rechtsgutsbeeinträchtigungen als solche zu vermeiden, nicht als Hauptmotiv für Verhütungsmaßnahmen unterstellt werden kann, ist eine Konkretisierung der Motivation sinnvoll.[842]

(3) Die Änderung der Familienplanung

Die Änderung der Familienplanung in der Art, dass das zunächst nach der Familienplanung unerwünschte Kind nachträglich zum erwünschten wird, ist in der höchstrichterlichen Rechtsprechung und in der Literatur lebhaft diskutiert worden.[843] Zum Teil wird die nachträgliche Akzeptanz nach der Zeugung als „Planungsänderung" von vornherein ausgeschlossen, da von einer Planung nur insoweit die Rede sein könne, als eine solche noch möglich und nicht etwa durch die Zeugung unwiderruflich fehlgeschlagen sei.[844] Der *VI. Senat* schränkt hingegen lediglich die Voraussetzungen für eine nachträgliche Änderung der Planung - die

---

[841] *BGH* v. 2.12.1980, NJW 1981, 631, 632 sub II 2 III 1; *BGH* v. 10.3.1981, NJW 1981, 2002, 2003 sub B I 1.

[842] Für eine Differenzierung nach Funktionen und der Motivation der familienplanerischen Maßnahme: *Deuchler*, S. 126 ff.; vgl. auch *Waibl*, NJW 1987, 1513, 1519 sub II 6.

[843] *BGH* v. 18.3.1980 – VI ZR 105/78, BGHZ 76, 249, 256 ff. = NJW 1980, 1450, 1452 sub 6; *BGH* v. 18.3.1980 – VI ZR 247/78, BGHZ 76, 259, 263 f. = NJW 1980, 1452, II 2; *BGH* v. 19.6.1984, NJW 1984, 2625, 2626; *OLG Frankfurt* v. 1.12.1982, NJW 1983, 341, 343; *Giesen*, JZ 1985, 334, 336, spricht vom „*Damaskuserlebnis*"; *Hauberichs*, S. 202 ff.; *Ostheide*, S. 114; *Selb*, JZ 1971, 201, 205 sub VI; vgl. *Schramm*, S. 178; *Stürner*, FamRZ 1985, 753, 759; *derselbe*, Jura 1987, 75, 77 sub III 1 b; vgl. *Waibl*, NJW 1987, 1513, 1519; *Winter*, S. 72 f.

[844] *Waibl*, NJW 1987, 1513, 1519 sub II 6.

grundsätzlich möglich sei - ein. Weder der Verzicht auf Maßnahmen i. S. von § 218a StGB, noch das Behalten des Kindes in der Familie, noch elterliche Fürsorge und Liebe sprechen seiner Ansicht nach gegen eine Änderung der Planung.[845] So stellt sich die Frage, wann denn überhaupt eine solche Änderung *nach* der Geburt vorliegen soll. In einem Fall deutlich nachweisbarer geänderter Familienplanung *vor* der Geburt nach einer Sterilisation hat das *OLG Saarbrücken*[846] die wegen Behinderung der geborenen Kinder geltend gemachten Ansprüche unter dem Gesichtspunkt abgelehnt, dass die Schwangerschaft von den Eltern aufgrund ihrer geänderten Familienplanung gewünscht war. Dass sich der Kinderwunsch nur auf gesunde Kinder bezogen habe, sei unerheblich. Voraussetzung für Schadensersatz sei in jedem Fall, dass die „*Schwangerschaft nicht nur unerwartet, sondern darüber hinaus den Eltern nach ihrer Familienplanung unerwünscht war*".[847] Die Behinderung der Kinder sei damit zum allgemeinen Lebensrisiko der Eltern geworden.[848]

Der Wunsch, trotz zuvor entgegengesetzter Familienplanung nunmehr doch ein (weiteres) Kind zu haben, kann nach dem Entstehen der Pflicht zur Vermeidung dieses Risikos (z. B. nach einer Sterilisation), nach der Empfängnis sowie auch nach der Geburt des Kindes einsetzen.

Auch *nach* der Empfängnis ist eine Änderung der Planung möglich.[849] In einer Entscheidung für das Kind und dem objektiven Umstand, dass es in der Familie bleibt, kann auch eine Änderung der vorherigen Planung liegen.[850] Es macht keinen Unterschied, dass diese Planungsänderung durch das Verhalten Dritter hervorgerufen wurde und um des Kindes willen geschieht. Werden die eingetretenen Umstände akzeptiert und mit in eine neue Planung einbezogen, so spricht dies

---

[845] *BGH* v. 18.3.1980 - VI ZR 107/78, BGHZ 76, 249, 258 = NJW 1980, 1450, 1452 sub 6; *BGH* v. 18.3.1980 - VI ZR 247/78, BGHZ 76, 259, 263 f. sub II 2 = NJW 1980, 1452, 1454; *Hauberichs*, S. 203.

[846] *OLG Saarbrücken* v. 16.7.1997, MDR 1998, 104 ff. = OLGR Saarbrücken 1997, 302 ff. Die Klägerin hatte die Sterilisation bereut und versucht, im November 1989 ihren nun doch wieder gehegten Kinderwunsch zu verwirklichen. Im Juli 1990 wurden stark behinderte, auf ständige Pflege angewiesene Zwillinge geboren. Die Klägerin berief sich auf eine angeblich fehlerhaft durchgeführte Sterilisation, bzw. auf unzureichende Aufklärung über das Restrisiko bei der Sterilisationsmethode und forderte Schadensersatz und Schmerzensgeld.

[847] *OLG Saarbrücken* v. 16.7.1997, MDR 1998, 104, 105 = OLGR Saarbrücken 1997, 302, 303.

[848] *OLG Saarbrücken* v. 16.7.1997, MDR 1998, 104, 105 = OLGR Saarbrücken 1997, 302, 303.

[849] Anders: *Waibl*, NJW 1987, 1513, 1519 sub II 6 siehe oben Fußnote 844.

[850] Vgl. zur Normalität der Änderung der Planung bedingt durch das „*elementare (...) auf Urinstinkte zurückgehende Gefühl der Zuwendung zum Kind*": *OLG Frankfurt* v. 1.12.1982, NJW 1983, 340, 343 sub III 3.

allerdings nur dagegen, dass *neu* entstehende Unterhaltskosten immer noch einen „Schaden“ darstellen. Anders zu beurteilen ist die Frage des Rechtsgüterschutzes: Machen die Eltern aus der Situation „das Beste” und entscheiden sich für das „ungeplant gezeugte” Kind, so kann aufgrund dieser nicht nur billigenswerten, sondern auch wünschenswerten Entscheidung der Schutz ihrer Rechtsgüter nicht verschlechtert werden, indem rückwirkend eine andere Risikoverteilung zu ihrem Nachteil vorgenommen wird.[851] Die Änderung der Familienplanung nach der Empfängnis ist ohne Einfluss auf den Schutz der Rechtsgüter durch vertragliche Pflichten.[852] Als Haftungsvoraussetzung ist das Fortbestehen der ursprünglichen Planung zu unbestimmt.

Fraglich ist, ob die Eltern sich widersprüchlich verhalten, wenn sie trotz erfüllten Kinderwunsches geltend machten, die Pflichtverletzung, die ursächlich für die Zeugung war, umfasse dennoch den Schutz ihrer Rechtsgüter vor Beeinträchtigungen infolge der Schwangerschaft mit ihrem Wunschkind. Beschränkt man jedoch die innere Einstellung auf das Eltern-Kind-Verhältnis, so steht eine positive Einstellung zum Kind der Zurechnung von Primärschäden nicht entgegen. Dieses Ergebnis ist auch unter Berücksichtigung von Art. 6 II Satz 1 GG sowie aus rechtspolitischen Erwägungen sinnvoll[853], weil ansonsten Voraussetzung für Ansprüche im Allgemeinen (sowohl Ersatz der Unterhaltsaufwendungen, als auch Schmerzensgeld) davon abhängig gemacht würden, dass die Eltern vom Zeitpunkt der Empfängnis an geltend machten, die Durchkreuzung ihrer Familienplanung bestehe fort. Wenn auch darin keine Abwendung vom Kind liegen mag, so besteht doch die Gefahr, dass das Geltendmachen der fortwährenden Störung der Planung die uneingeschränkte Akzeptanz des Kindes beeinträchtigt. Unabhängig davon, ob sie Grundrechte des Kindes[854] verletzen kann, ist bereits aus diesem Grund eine Lösung vorzuziehen, wonach die Fortdauer der Störung nicht Voraussetzung für einen Anspruch ist.[855] Wird die Planwidrigkeit auch noch durch ein Urteil festgestellt, wird der Zustand der dauerhaften Planwidrigkeit öffentlich do-

---

[851] Vgl. zum Argument der Bestrafung eines ethisch wünschenswerten Verhaltens: *Hauberichs*, S. 202; *Stürner*, FamRZ 1985, 753, 759 sub IV 3 a: „*Die Wendung zur Bejahung der Mutterschaft als ethisch wünschenswerte Haltung und Sinngebung stellt schlechter als das Verharren in unmütterlicher, aber tolerierender Ablehnung.*“ Ähnlich: *OLG Frankfurt* v. 1.12.1982, NJW 1985, 341, 343; *Giesen*, JZ 1985, 334, 337 (Unterlassen einer weiteren Maßnahme gem. § 218a StGB).

[852] Vgl. *Schramm*, S. 178, nach dessen Ansicht die Änderung der Planung nach der Geburt die Ersatzpflicht nicht entfallen läßt, weil sonst eine „*permanente Mißbilligung der Existenz des Kindes*“ Voraussetzung für den Anspruch wäre.

[853] Vgl. *Winter*, S. 72, 123.

[854] Dazu Teil 4 VI.

[855] Auch der *I. Senat* des *Bundesverfassungsgerichts* hebt hervor, dass der Schadensersatzanspruch keine Abwendung vom Kind voraussetzt: *BVerfG*, Beschluss v. 12.11.1997, BVerfGE 96, 375, 402 (siehe oben).

kumentiert.[856] Auch wenn sich die Rechtsprechung[857] noch so sehr bemüht, diesem Eindruck entgegenzusteuern, indem sie hervorhebt, dass es Gang und Gebe sei, dass planwidrig geborene Kinder anschließend genauso viel Liebe und Zuwendung erführen wie planmäßig Geborene und es vom Einzelfall abhänge, ob den Eltern gelinge, das Eltern-Kind-Verhältnis positiv zu gestalten[858]: das Erfordernis des Unerwünschtseins „nur nach der Familienplanung" bleibt eine nicht notwendige Voraussetzung, deren Geltendmachung sich negativ auf das Gefühl der Akzeptanz des Kindes auswirken kann. Es kann außerdem nicht darauf ankommen, ob es den Eltern gelingt, diese Gefahr durch geschickte Erziehung zu neutralisieren. Ob dies gelingt, ist unsicher. Die finanziellen Vorteile für die Eltern, die ihnen die Akzeptanz des Kindes möglicherweise erleichtern, können über diesen Umstand nicht hinwegtäuschen. Bei Vorliegen echter Elternliebe wäre es auch nicht wahrhaftig, weiterhin zu behaupten, das Kind verstoße bis zum aktuellen Zeitpunkt gegen die Familienplanung. Wie sonst sollte sich schließlich die Familienplanung ändern, wenn nicht dadurch, dass das Kind sein Recht auf bedingungslose Anerkennung erfährt, die die Eltern dem Kind auch unter Berücksichtigung von Art. 6 II, III GG schulden. Vielmehr werden die Eltern durch die Voraussetzung der dauerhaften Störung der Familienplanung geradezu gedrängt, eine Störung gerichtlich geltend zu machen[859], um nicht auf die in Aussicht stehenden finanziellen Vorteile verzichten zu müssen.[860]

---

[856] Vgl. zur Bedeutung der gerichtlichen Feststellung für das Persönlichkeitsrecht des Kindes: *Winter*, S. 122. Anders: *Grunsky*, Jura 1987, 82, 83 sub II 1 b cc, der zwar die Möglichkeit einer seelischen Beeinträchtigung des Kindes bei Kenntnis der Umstände seiner Zeugung bejaht, diese Möglichkeit aber unabhängig von der gerichtlichen Geltendmachtung betrachtet.

[857] *BGH* v. 16.11.1993, BGHZ 124, 128, 143 f. sub II 3 c bb cl; *BVerfG*, Beschluss v. 12.11.1997, BVerfGE 96, 375, 402 sub B II 3 b (2).

[858] Vgl. *Losch/Radau*, NJW 1999, 821, 826 sub 3 aE, die darüber hinausgehend die Gefahr negativer Auswirkungen beim Kind bestreiten und behaupten, die Planwidrigkeit *„gehöre zur Normalität des Alltags"* und sei *„als Tatsache zu akzeptieren"*; differenzierter: *Mertens*, FamRZ 1969, 251, 255 f. sub V; *Winter*, S. 123.

[859] Zu den Schwierigkeiten einer Feststellung der Grenzen zwischen Tolerierung des Kindes und Änderung der Familienplanung vgl. *OLG Frankfurt* v. 1.12.1982; NJW 1983, 341, 343 sub III 3; *Stürner*, FamRZ 1985, 753, 759 sub IV 3 b.

[860] Dies gilt im Übrigen auch in den Fällen, in denen um einen misslungenen Schwangerschaftsabbruch oder um die Nichtvornahme einer solchen Maßnahme aufgrund fehlerhafter genetischer Beratung gestritten wird. Es stellt letztendlich sowohl für die Eltern selbst, als auch für das Verhältnis zum Kind eine enorme Belastung dar, im Nachhinein behaupten zu müssen, dass sie das Kind im Entwicklungsstadium getötet hätten, wenn sie über seine Existenz oder seine Schädigung beraten worden wären. Der Wunsch, auch im Interesse des Kindes eine bessere finanzielle Absicherung zu erhalten, dürfte in den meisten Fällen über Bedenken der Eltern, diese Umstände öffentlich vorzutragen, siegen.

Ein Einfluss der Planungsänderung auf die Zurechenbarkeit von Primärschäden, also über eine mögliche Änderung des Pflichtenumfangs hinaus, ist daher abzulehnen.

bb) Begrenzung des Schutzzwecks auf die Vermeidung besonderer Probleme bei der Schwangerschaft und Geburt?

Als ein objektives die Zurechnung einschränkendes Kriterium kommt die „Normalität" der Beeinträchtigung von Rechtsgütern in Betracht. Gehen die Beeinträchtigungen nicht über das bei einer Schwangerschaft „normal Übliche" hinaus, fallen sie möglicherweise nicht in den Schutzbereich der verletzten Pflicht, empfängnisverhütende Maßnahmen ordentlich durchzuführen. Das *OLG Karlsruhe*[861] lehnte 1978 in einem Fall misslungener Sterilisation nicht nur eine Gesundheitsbeeinträchtigung in Fällen einer „normal verlaufenden" Schwangerschaft ab[862], darüber hinaus seien nur die über ein „normales Maß" hinausgehenden Beschwerden vom Schutzbereich des Vertrags erfasst.[863] Dieser Weg ist im Hinblick auf die Verletzung des Körpers wenig überzeugend. Bereits die Abgrenzung zwischen normalen Beschwerden und solchen, die über das „normale Maß" hinausgehen, ist problematisch, da eine problemlose Geburt nicht unbedingt der „Normalfall" ist.[864] Nicht einzusehen ist auch, warum nur „besondere Beschwerden", die im Gegensatz zu den „normalen Beschwerden" unerwartet auftreten können und daher möglicherweise ohne Einfluss auf die Entscheidung über die Verhütungsmaßnahme waren, vom Schutzzweck der Norm erfasst sein sollen, normale Beeinträchtigungen hingegen nicht. Eine Differenzierung nach „normalen" und „besonderen" Beschwerden ist nicht geeignet, um den Schutzzweck angemessen zu konkretisieren.

cc) Ausschluss psychisch bedingter Gesundheitsbeeinträchtigungen?

Zu erwägen ist, ob besondere psychisch bedingte Gesundheitsbeeinträchtigungen nicht vom Schutzzweck der Pflicht zur ordentlichen Durchführung einer Verhütungsmaßnahme umfasst sind. Im Haftungsrecht steht der Umstand, dass es nur aufgrund einer besonderen psychischen Veranlagung des Geschädigten zu einer

---

[861] *OLG Karlsruhe* v. 19.10.1978, NJW 1979, 599, 601 sub II C 1.

[862] Siehe Teil 3 I 5 a. Anders *BGH* v. 18.3.1980 – VI ZR 247/78, NJW 1980, 1452, 1453 sub 2 c für den Fall, dass eine Mutter mittleren Alters bereits mehrere Kinder hat und die Schwangerschaft mit einem körperlichen Abbau einhergeht.

[863] Vgl. auch *Ströfer*, Schadensersatz und Kommerzialisierung, S. 233, der den Vertragszweck bei der Sterilisation darin sieht, dass nur vor *besonderen* gesundheitlichen oder finanziellen Belastungen geschützt werden solle und daher eine individuelle Interessenbestimmung im Einzelfall für notwendig hält.

[864] Siehe oben Teil 3 I 5 a.

Beeinträchtigung von Rechtsgütern bzw. zu Schäden kommt, der Zurechenbarkeit als Schaden nicht entgegen.[865] Wenn ein Elternteil aufgrund der Schwangerschaft bzw. der Geburt z. B. eine psychisch vermittelte Gesundheitsbeeinträchtigung wegen einer besonderen seelischen Labilität erleidet, ist kein Grund ersichtlich, warum diese Beeinträchtigung aus dem Schutzbereich der Haftungsnorm fallen sollte.

Etwas anderes kann wie sonst auch bei ganz außergewöhnlichen Kausalverläufen gelten, bei denen geringe Einwirkungen völlig unvorhersehbare schwerwiegende Auswirkungen (z. B. Herzinfarkt, Schlaganfall) verursachen.[866] Eine leichte bis mittlere Gesundheitsbeeinträchtigung der Mutter oder des Vaters ist keine außergewöhnliche Folge einer Schwangerschaft. Ein (in der Praxis noch nicht aufgetretener) Tod durch Herz- oder Schlaganfall infolge eines Schocks nach der Mitteilung der Schwangerschaft wäre demnach dem allgemeinen Lebensrisiko zuzurechnen. Gerade wenn die Verhinderung der „so nicht gewollten" Schwangerschaft die Eltern (z. B. durch eine präkonzeptionelle genetische Beratung) vor bestimmten seelischen Beeinträchtigungen bewahren sollte, darf die Schwelle, ab der eine Gesundheitsverletzung durch psychische Beeinträchtigung anzunehmen ist, nicht zu hoch angesetzt werden.[867]

dd) Ausschluss der mit dem Haben eines (behinderten) Kindes zusammenhängenden seelischen Dauerbelastung

Diskutiert wird auch, ob psychisch vermittelte Gesundheitsbeeinträchtigungen, die nicht mehr mit der Schwangerschaft und Geburt, sondern allein mit dem Haben eines (geschädigten) Kindes begründet werden, Schadensersatzansprüche auslösen können.[868] Besonders bei der fehlerhaften genetischen Beratung vor Zeugung könnte man an die Einbeziehung solcher seelischen Beeinträchtigungen durch das Haben eines behinderten Kindes denken. Hier wollen die Eltern gerade auch die damit zusammenhängenden seelischen Belastungen, die je nach persönlicher Veranlagung behandlungsbedürftige Ausmaße annehmen können, verhindern. Bei Geburt eines geistig bzw. körperlich geschädigten Kindes wird zum

---

[865] *RG* v. 30.11.1938; RGZ 159, 257, 260; *RG* v. 29.4.1942, RGZ 169, 117, 120; *BGH* v. 29.2.1956, BGHZ 20, 137, 139, 141; *BGH* v. 10.4.1963, BGHZ 39, 313, 315; *Palandt/Heinrichs* Vorb v § 249 Rdn. 67, 69.

[866] *BGH* v. 3.2.1976, NJW 1976, 1143, 1144 sub II 2 b aa (Gehirnblutung nach Ehrverletzung); *Kammergericht Berlin* v. 3.5.1985, VersR 1987, 105 (Herzinfarkt nach Streit).

[867] *Fischer*, JuS 1984, 434, 437 sub II 2 b; *Schramm*, S. 157.

[868] *BGH* v. 30.5.1995, NJW 1995, 2412, 1413 mwN; *Junker*, S. 571 ff. Für Schmerzensgeld: MünchKomm/*Stein* § 847 Rdn. 10 aE.

Teil im Hinblick auf die damit zusammenhängenden Belastungen ein Schmerzensgeld bejaht.[869]

Die Bewertung der allein mit dem Haben des Kindes zusammenhängenden Belastungen als Rechtsgutsverletzung ist unter folgenden Gesichtpunkten zu hinterfragen. Belastungen mit Krankheitswert nach der Geburt beruhen im Normalfall nicht allein darauf, ein behindertes Kind zu haben. Sie sind in der Regel die Folge eines Zusammentreffens mehrerer ungünstiger Faktoren, z. B. der Reaktion des Partners, welcher die Mutter womöglich verlässt, oder der Reaktion der Familie, der Freunde, des Arbeitgebers oder der Umwelt. Die daraus folgenden Gesundheitsstörungen dem Arzt oder Wissenschaftler zuzurechnen, der die Empfängnis nicht verhindert hat, hieße ihn für diese anderen negativen Umstände indirekt mit verantwortlich zu machen. Aber selbst wenn man davon ausgehen könnte, dass weitere Umstände nicht ursächlich waren, ist die Zurechnung solcher Nachteile als Gesundheitsverletzung im Hinblick auf die Würde des Kindes zweifelhaft.[870] Würden aufgrund der Schädigung des Kindes Beeinträchtigungen der Rechtsgüter ohne Einschränkung automatisch als Rechtsgutsverletzung qualifiziert, so würde die Existenz des Kindes „so wie es ist" negativ bewertet werden. Zuzurechnen sind daher zwar psychisch bedingte Gesundheitsstörungen[871] aufgrund der nicht verhinderten Empfängnis. Später mit einigem Abstand zum Zeitpunkt der Geburt auftauchende seelische Beeinträchtigungen, die nicht mehr mit der Schwangerschaft und Geburt, sondern allein mit dem Haben des Kindes zusammen hängen und die vermutlich fast alle Eltern im Laufe ihres Lebens einmal durchmachen, gehören daher grundsätzlich zum Lebensrisiko der Eltern.

ee) Konkretisierung der geschützten Interessen im Einzelfall

Sinnvollerweise ist die Frage, welche Risiken und dadurch hervorgerufenen Beeinträchtigungen vom Schutzzweck der Pflicht, eine Schwangerschaft zu verhüten, umfasst sind, ausgehend vom individuellen Einzelfall nach dem Zweck der Maßnahme, soweit er Inhalt/Grundlage des Vertrags geworden ist, zu beantwor-

---

[869] Vgl. für den Fall eines nicht durchgeführten Schwangerschaftsabbruchs nach unzureichender genetischer Beratung: *LG Köln* v. 10.12.1997, MedR 1999, 323, 326. Vgl. auch *Debo*, S. 92: *„Immaterielle Einbußen (...) an Lebensfreude und Glück durch ein schwerbehindertes Kind werden mit dem Ersatz des erhöhten Unterhalts nicht ausgeglichen*"; *Reinhart*, S. 175, bejaht eine Verletzung eines Rechts auf Familienplanung und Schmerzensgeld wegen der Geburt eines behinderten Kindes. Vgl. auch *Schünemann*, JZ 1981, 574, 577 sub II 2: *„Hier* (bei fehlerhafter genetischer Beratung*) sind die immateriellen Einbußen der Eltern an Lebensfreude und Glück durch ein schwerbehindertes Kind durch den Ersatz des erhöhten Unterhalts nicht ausgeglichen.*"

[870] Siehe unten Teil 4 VI 3 b cc.

[871] Siehe Teil 3 I 4 b.

ten.[872] Die Verhütungsmaßnahme kann sogar auf einen anderen Zweck als auf die Verhinderung der Empfängnis gerichtet gewesen sein; diese kann gerade bei medizinisch notwendigen Maßnahmen sogar von den Eltern gewünscht gewesen sein. Die Maßnahme oder die Aufsichtspflicht kann (allein) zum Ziel gehabt haben, eine besonders schwerwiegende Beeinträchtigung der Rechtsgüter durch die Schwangerschaft, die Geburt eines behinderten Kindes, oder nur die Zeugung im Moment unter den jeweiligen Lebensumständen zu verhindern.

Ist Ziel der Maßnahme ausschließlich die Abwendung wirtschaftlicher Engpässe durch die Unterhaltsaufwendungen für ein Kind, ist die Einbeziehung von Persönlichkeitsrechtsgütern in den Schutzbereich der Verhaltensnorm nicht selbstverständlich. Die Beeinträchtigung solcher Güter ist zwar zwangsläufig Folge der Empfängnis, die verhindert werden sollte; dennoch verwirklichen sich in solchen Fällen mit der Beeinträchtigung möglicherweise nicht *die* Gefahren, vor denen der Anspruchsgegner die Eltern zu bewahren hatte. Auch wenn ein Persönlichkeitsrechtsgüterschutz und nicht primär ein Schutz vor unterhaltsbedingten wirtschaftlichen Einbußen angestrebt war, was z. B. bei einer ideellen Motivation[873] oder einer medizinisch indizierten Maßnahme zum Schutz der Gesundheit der Mutter der Fall sein kann, müssen nicht alle Beeinträchtigungen in den Schutzbereich fallen. Wollte die Mutter an sich ein Kind haben und war Ziel der Maßnahme das Verhindern eines bestimmten gesundheitlichen Risikos, ist selbst bei Verwirklichung dieser Gefahr zu hinterfragen, ob auch andere allgemein mit einer Schwangerschaft einhergehende Beeinträchtigungen einen Primärschaden in Form einer Rechtsgutsverletzung darstellen. Dies gilt erst Recht, wenn die zu vermeidende Gefahr am Ende gar nicht, oder in wesentlich geringerem Ausmaß eintritt, welches allein die Klägerin nicht zu der Maßnahme veranlasst hätte.

(1) Ansätze für eine Konkretisierung der Gefahrvermeidungspflicht

In der Rechtsprechung werden Zweckmäßigkeit und Ausmaß einer Eingrenzung des Schutzbereichs bei auf Verhütungsmaßnahmen gerichteten Verträgen[874],

---

[872] Vgl. *Dulitz*, JA 2000, 619, 620 sub 4; *Junker*, S. 521, 587; *Ströfer*, Schadensersatz und Kommerzialisierung, S. 233 mwN in Fußnote 277, der sich allerdings auf die reinen Vertragsinteressen beschränkt.

[873] *Deuchler*, S. 130 spricht von „*ideellen Interessen*" und meint wahrscheinlich alle Aspekte, die nicht wirtschaftlicher Natur sind.

[874] *BGH* v. 18.3.1980 - VI ZR 247/78, BGHZ 76, 259, 269 sub III 4 a = NJW 1980, 1452, 1455; *OLG Zweibrücken* v. 18.2.1997, NJW-RR 1997, 666, 667 sub II 4 a (kein Schutz von Vermögensinteressen bei ausschließlich medizinisch indizierter Maßnahme).

aber auch bei anderen Verträgen[875] unter dem Gesichtspunkt der Qualität der zu verhindernden Gefahr diskutiert.

Im Hinblick auf vertragliche Ansprüche wurde in Erwägung gezogen, die finanziellen Belastungen durch das ungewollte Kind unter gewissen Voraussetzungen aus dem Schutzbereich der Norm auszugrenzen. Die Ersatzfähigkeit des Unterhaltsaufwands wurde z. B. dahingehend untersucht, ob sie auf Fälle zu beschränken sei, in denen die vereitelte Familienplanung durch eine sonst drohende wirtschaftliche Notlage objektiv geboten war und diese dann auch eingetreten ist.[876] Der *VI. Senat* hat den Schutz jedoch weit gefasst: Auch „*jenseits der wirtschaftlichen Notlage*" sei „*die Vermeidung weiteren Unterhaltsaufwandes nicht nur ein - wie immer erlaubtes sondern auch ein aus den verschiedensten Gründen achtbares Ziel*".[877]

Hier wird deutlich, dass auch der *VI. Senat* bestrebt war, den Schutzzweck des Behandlungsvertrags zu bestimmen, indem er auf die Inhalt der Pflichten gewordene Zielsetzung der Parteien einging und danach fragte, ob diese billigenswert ist. Diese Wertung wurde jedoch beim haftungsbegründenden Tatbestand (im Rahmen des deliktischen Anspruchs) zur Feststellung der Rechtsgutsverletzung nur ansatzweise berücksichtigt. Die Vermögensnachteile durch die Geburt wurden in einem anderen Fall nur deshalb aus dem Schutzbereich ausgeklammert, weil die verletzte Pflicht, eine Schwangerschaft zu erkennen und darüber aufzuklären, nicht auch auf die Aufklärung als Grundlage einer Entscheidung zum Schwangerschaftsabbruch abzielte, sondern auf den Schutz des Ungeborenen vor einer Schädigung durch Röntgenstrahlen.[878]

Es wird vertreten, eine Begrenzung der Haftung nach der Schutzzwecklehre sei nur dann sinnvoll, wenn ein bestimmtes Interesse überhaupt nicht geschützt werden sollte (z. B. weil es eindeutig nicht vom Vertragszweck umfasst war); wenn aber mehrere Nebeninteressen bestanden, hafte der andere auch für Verletzungen in diesem Bereich.[879] So wird z. B. eine weite Ausdehnung des Schutzbereichs

[875] *BGH* v. 5.2.2000, NJW 2000, 1782 (Nichtentdeckung einer Schwangerschaft im Rahmen eines Vertrages über eine röntgenologische Untersuchung), siehe dazu Teil 4 I 6 e ee (5).
[876] *BGH* v. 18.3.1980 - VI ZR 247/78, BGHZ 76, 259, 269 sub III 4 a = NJW 1980, 1452, 1455 sub 4 a.
[877] *BGH* v. 18.3.1980 - VI ZR 247/78, BGHZ 76, 259, 269 f. sub III 4 a = NJW 1980, 1452, 1455 sub 4 a.
[878] *BGH* v. 5.2.2000, NJW 2000, 1782; Siehe Teil 4 I 6 e ee (5).
[879] *Deuchler*, S. 130 f.; vgl. auch *Waibl*, NJW 1987, 1513, 1519 sub II 6; *Schramm*, S. 168.

eines Vertrags bereits dann angenommen, wenn die Eltern auf das Ausbleiben bestimmter Nachteile berechtigterweise vertrauen durften.[880]

Ausschlaggebend ist, ob derartige „Nebeninteressen" Inhalt des Vertrags geworden sind. Gerade die Verhinderung der Rechtsgutsbeeinträchtigungen kann Nebeneffekt der Verhütungsmaßnahme[881] sein, ohne zum Kreis der zu verhindernden Gefahren zu gehören. Aufgrund der vielseitigen Betroffenheit diverser Interessen kann in den Fällen der nicht verhinderten Schwangerschaft nicht ohne Weiteres angenommen werden, dass der Anspruchsgegner unbegrenzt und langfristig für alle Folgen der Empfängnis für Rechtsgüter und Vermögen einzustehen hat.[882] Dennoch kann ein umfassenderer Schutz gerade in den Fällen abgeschlossener Familienplanung bezweckt gewesen sein.

Ist die Pflicht auf die Vermeidung ganz bestimmter Gefahren ausgerichtet, ist auch bei der Konkretisierung des Schutzzwecks der Pflicht, die Schwangerschaft zu verhindern, nur auf diese Gefahren abzustellen, wenn nicht die Nebeninteressen ausdrücklich oder erkennbar Inhalt der Pflichten des Anspruchsgegners geworden sind.[883] Ein nicht geäußertes Interesse oder Vertrauen der Eltern allein genügt nicht. Auch besteht kein dringendes Bedürfnis, den Schutzzweck zu Lasten des Anspruchsgegners weit auszudehnen. Sind bestimmte Risiken nicht erkennbar Gegenstand des Rechtsverhältnisses, stellt deren Verwirklichung grundsätzlich ein allgemeines Lebensrisiko der Eltern dar.

---

[880] *Deutsch/Spickhoff*, Medizinrecht Rdn. 343, der auch bei medizinisch indizierter Sterilisation der Mutter einen weiten Schutzbereich annimmt, weil sich die Eltern auf deren Wirksamkeit verlassen. *Derselbe*, NJW 2003, 26, 27 sub I, für den Fall eines Schwangerschaftsabbruchs unter den Voraussetzungen des § 218a II StGB (medizinische Indikation), wo aufgrund einer „stillschweigenden Abrede" und eines dadurch geschaffenen Vertrauens eine Erweiterung des Schutzbereichs der Norm anzunehmen sei. Ähnlich: *Quass*, MedR 1997, 361, 362; *Schramm*, S. 165, 169, unterstellt, dass der Arzt regelmäßig davon ausgehen müsse, dass die Eltern zumindest als Nebenmotiv wirtschaftliche Erwägungen miteinbeziehen wollten. AA: *OLG Zweibrücken* v. 18.2.1997, NJW-RR 1997, 666, 667 sub II 4 a, das darauf abstellt, ob bestimmte Interessen zumindest als Nebenpflicht im Vertrag geregelt wurden. *Gegen* eine konkludente Erweiterung des Schutzzwecks ärztlicher Verträge in Bezug auf die Vermeidung von Unterhaltspflichten: *Gehrlein*, NJW 2000, 1771, 1772 sub IV.

[881] Anders: *Deutsch*, siehe Fußnote 880.

[882] *OLG Celle* v. 8.5.1978, NJW 1978, 1688 ff.; kritisch : *Sigel*, NJW 1978, 2340, 2341.

[883] Ähnlich: *Sigel*, NJW 1978, 2340, 2341.

(2) Der Fall der medizinisch indizierten Verhütungsmaßnahme

Eine Einschränkung der Haftung ist nach Ansicht des *VI. Senats* im Fall der medizinisch indizierten Verhütungsmaßnahme möglich.[884] In seiner Entscheidung vom 10.3.1981 führt er aus, dass ein Ersatz der Unterhaltsaufwendungen wegen einer Störung der Familienplanung „*dann nicht selbstverständlich*" ist, „*wenn die Sterilisation (...) in erster Linie die Gefährdung der Frau durch eine weitere Schwangerschaft verhüten sollte.*"[885] In Bezug auf die Rechtsgutsverletzung trennt er jedoch nicht außergewöhnliche und normale Beschwerden, sondern führt noch einmal ausdrücklich aus, dass auch eine Schwangerschaft „*ohne pathologische Begleiterscheinungen*" einen Schmerzensgeldanspruch nach sich ziehen kann.[886]

Das *OLG Zweibrücken*[887] lehnte bei einer medizinisch indizierten Sterilisation sowohl immaterielle, als auch materielle „*Ansprüche, die nicht auf dem abzuwendenden Gesundheitsrisiko für die Frau beruhen, insbesondere solche aus einer ungewollten Schwangerschaft*" ab.[888] Die Klägerin hatte neben dem Unterhaltsaufwand für das Kind Schmerzensgeld wegen der postoperativen Komplikationen wegen angeblich unzulänglicher Beratung verlangt. Voraussetzung für Ansprüche auf Unterhaltsaufwendungen sei, dass „*der Arzt im Behandlungsvertrag, wenigstens als Nebenpflicht, derartige Vermögensinteressen der Eltern eines ungewollten Kindes übernommen*" habe.[889] Nach Ansicht des Gerichts lagen jedoch die geltend gemachten materiellen, aber auch - und darauf kommt es hier an - die immateriellen Nachteile außerhalb des Schutzzwecks des Vertrags.[890] Das Gericht unterstellte nicht, die Familienplanung habe zum Schutzzweck des Ver-

---

[884] *BGH* v. 10.3.1981, NJW 1981, 2002, 2003 sub B I 1; vgl. zur Unterscheidung zwischen „*socio-economic reasons*" und „*therapeutic reasons*": *Giesen*, MML § 19 V Rdn. 472 mwN in Fußnote 204. Vgl. allerdings *Deutsch*, Fußnote 880.

[885] *BGH* v. 10.3.1981, NJW 1981, 2002, 2003 sub B I 1.

[886] *BGH* v. 10.3.1981, NJW 1981, 2002, 2003 sub B I 1 mit Hinweis auf *BGH* v. 18.3.1980-VI ZR 247/78, NJW 1980, 1452, 1453.

[887] *OLG Zweibrücken* v. 18.2.1997, NJW-RR 1997, 666. Aufgrund der schwachen körperlichen Konstitution der Klägerin konnte eine weitere Schwangerschaft vom damaligen Standpunkt aus lebensgefährlich werden. Ob darüber hinaus die Sterilisation auch der Familienplanung dienen sollte, hatten die Kläger nicht geltend gemacht. Sie lebten in geregelten Verhältnissen und hatten zwei Kinder. Zwei Jahre nach der Sterilisation wurde die Klägerin erneut schwanger und gebar im September 1993 durch Kaiserschnitt ihr drittes Kind. Hierin verwirklichte sich das Risiko bei der angewandten Methode der *Tubenligatur*. Durch eine Krankenhausinfektion brach die Operationsnarbe auf und die Klägerin musste über mehrere Monate ärztlich betreut werden.

[888] Vgl. *Ströfer*, Schadensersatz und Kommerzialisierung, S. 234, der den Ersatz von Unterhaltsaufwendungen im Fall der medizinisch indizierten Sterilisation ablehnt.

[889] *OLG Zweibrücken* v. 18.2.1997, NJW-RR 1997, 666 (Leitsatz) und S. 667 sub 4.

[890] *OLG Zweibrücken* v. 18.2.1997, NJW-RR 1997, 666, 667 sub II 4 a.

trags gehört. Aus diesen Gründen bedurfte es auch keiner Auseinandersetzung mit der auf die Familienplanung abstellenden Rechtsprechung des *BGH*.[891] Was die Unterhaltsaufwendungen angeht, habe die Bewahrung vor solchen Belastungen auch nicht teilweise zum Schutzumfang des Vertrags gehört, der weder eindeutig auf Familienplanung noch auf Schutz vor Unterhaltsaufwendungen ausgerichtet gewesen sei. Werde eine Sterilisation wie auch ein Schwangerschaftsabbruch nur aus medizinischen Gründen vorgenommen, seien „*weitergehende Wünsche und Absichten, auch über die gesundheitliche Gefährdung hinaus, kein Kind mehr zu wollen, grundsätzlich unerheblich*".[892]

Es fragt sich nun, ob die immateriellen Nachteile, in diesem Fall Schwangerschaftsbeschwerden und die nachgeburtlichen Beschwerden durch das Aufbrechen der Operationsnarbe, unter den Schutzzweck des Vertrags fielen. Geht man von der Argumentation des *VI. Senats* in der Grundsatzentscheidung vom 18.3.1980[893] aus, wonach auch einfache Schwangerschaftsbeschwerden einen Schmerzensgeldanspruch rechtfertigen sollen, weil die Verursachung einer Schwangerschaft gegen den Willen der Betroffenen einen Eingriff in deren körperliche Integrität darstelle, läge hier, wo die Verhinderung der Schwangerschaft sogar den Schutz des Körpers bezweckte, erst recht eine Körperverletzung vor. Das *OLG Zweibrücken* geht aber davon aus, nur solche körperlichen Beschwerden, die eine ernsthafte Gefahr für die Betroffene mit sich brächten und die durch die Sterilisation gerade verhindert werden sollten (in diesem Fall die Lebensgefahr), seien vom Schutzzweck des Vertrags (und damit auch des § 823) umfasst. Wenn das Gericht darauf verweist, es sei nicht davon auszugehen, dass kein Kinderwunsch mehr bestanden habe, so gilt dies auch für die mit der Schwangerschaft zusammenhängenden „ungefährlichen" Rechtsgutsbeeinträchtigungen. Nicht diese sind dann zu verhindern, sondern nur lebensgefährliche Beeinträchtigungen. Alle „normalen" Beschwerden oder auch überdurchschnittliche Beschwerden, die nicht für den Arzt erkennbar zu verhindern waren, wären nach dieser Ansicht nicht vom Schutzzweck der Norm umfasst, sondern als allgemeines Lebensrisiko hinzunehmen.

Festzuhalten ist, dass anhand des Einzelfalls genau zu untersuchen ist, vor welchen Gefahren die Pflicht, die Verhütungsmaßnahme und Beratung fehlerlos durchzuführen, schützen sollte. Gerade wenn spezifische Gefahren (z. B. Lebensgefahr) verhindert werden sollten und keine erkennbaren Anhaltspunkte vorlagen,

---

[891] Ständige Rechtsprechung seit *BGH* v. 18.3.1980 - VI ZR 105/78, BGHZ 76, 249 ff. = NJW 1980, 1450, 1451 II 5.

[892] *OLG Zweibrücken* v. 18.2.1997, NJW-RR 1997, 666, 667 sub II 4 a. Anders: *Deutsch*, siehe Fußnote 880.

[893] *BGH* v. 18.3.1980 – VI ZR 247/78, BGHZ 76, 259 ff. = NJW 1980, 1452 ff.

dass darüber hinaus auch weitere Umstände vermieden werden sollten, besteht kein Grund, die Haftung auf alle mit der Empfängnis zusammenhängenden Rechtsgutsbeeinträchtigungen zu erstrecken.

(3) Verhindern einer „so" nicht gewollten Schwangerschaft

Sowohl bei der Zeugung eines behinderten oder gefährdeten Kindes, als auch bei einer ungewollten Mehrlingsschwangerschaft stößt man auf das Problem der „so" nicht gewollten Schwangerschaft.[894]

(a) Zeugung und Geburt eines behinderten oder gesundheitlich gefährdeten Kindes

Problematisch ist die Beurteilung der Zeugung und Geburt eines behinderten oder gesundheitlich gefährdeten Kindes als Rechtsgutsverletzung, wenn die Eltern zwar ein Kind, aber kein behindertes oder gesundheitlich stark gefährdetes zeugen wollten.[895] Der Anspruchsgegner hat in diesen Fällen die Pflicht, über die Gefahr der Behinderung oder Gefährdung eines gezeugten Kindes zu informieren, um den Eltern eine Entscheidung auf der Basis richtiger Informationen zu ermöglichen, von der Zeugung Abstand zu nehmen.[896] Zum Teil wird hier eine Körperverletzung der Mutter mit dem Argument bejaht, dass die tatsächlich eingetretene Schwangerschaft, also die mit dem geschädigten Kind, insgesamt ungewollt sei.[897] Hätten die Eltern auf ein Kind verzichtet, wären in der Tat keinerlei Beeinträchtigungen eingetreten. Bei Geburt eines gesunden Kindes wären die durch Schwangerschaft und Geburt bedingten Beeinträchtigungen (wenn auch möglicherweise nicht in so hohem Ausmaß) jedoch ebenfalls eingetreten.

Bei zivilrechtlicher Betrachtung[898] ist die zu vermeidende Gefahr nicht die körperliche und gesundheitliche Beeinträchtigung, soweit diese auch bei Geburt eines gesunden Kindes entstanden wäre.[899] Ähnlich wie im Fall der medizinisch

---

[894] Vgl. zu den immer höher werdenden Ansprüchen der Eltern auf ein perfektes Kind: Teil 1 II; zu den Fällen: Teil 2 III 5, VI.

[895] Vgl. *Holzwarth*, S. 102 ff. (Körperverletzung bei „so" nicht gewollter Schwangerschaft); vgl. *Pahmeier*, S. 37; *Schünemann*, JZ 1981, 574, 575.

[896] Vgl. oben Teil 2 III 6, *BGH* v. 28.3.1989, NJW 1989, 2320 (Tod des Kindes durch Anämie); *BVerfG*, Beschluss v. 12.11.1997, BVerfGE 96, 375, 382 ff. sub A II; zuvor: *BGH* v. 16.11.1993, BGHZ 124, 128 ff.; *OLG Stuttgart* v. 19.3.1992 – 14 U 57/89.

[897] *Holzwarth*, S. 103.

[898] Zu den verfassungsrechtlichen Problemen bei der Geburt eines geschädigten Kindes: Teil 4 VI 3 b cc.

[899] Vgl. *Deuchler*, S. 184, der eine Körperverletzung verneint, da die Eltern eine Schwangerschaft wollten. Vgl. zum Problem des Schutzbereichs bei Bereitschaft der Eltern Unterhaltsla-

indizierten Maßnahme geht es darum, außergewöhnliche Belastungen zu vermeiden, in diesem Fall die seelische und finanzielle Belastung, die bei Zeugung und Geburt eines behinderten Kindes auftritt. Die körperliche Mehrbelastung z. B. durch einen heute nicht mehr komplizierten Kaiserschnitt dürfte im Normalfall dahinter deutlich zurücktreten.

Der Wille der Eltern, die Zeugung eines geschädigten bzw. eines gefährdeten[900] Kindes zu verhindern, beeinträchtigt anders als in den Fällen des Schwangerschaftsabbruchs aufgrund einer Behinderung[901] nicht dessen Recht auf Leben. Bedenklich ist jedoch, ob der Vergleich der Belastungen durch ein normales Kind mit der Belastung durch ein behindertes Kind mit dessen Recht auf bedingungslose Annahme zu vereinbaren ist.[902] Bringt man jedoch die gesamte Belastung in Ansatz, käme dadurch zum Ausdruck, dass diese gerade deshalb eine Rechtsgutsverletzung darstellt, weil die Mutter kein Kind in diesem Zustand wollte, während sie sie für ein gesundes Kind ersatzlos auf sich genommen hätte.

Mit zu berücksichtigen ist der Umstand, dass die Rechtsordnung den Eltern eine Schwangerschaft mit einem behinderten Kind nicht zumutet. Diese haben das Recht, durch genetische präkonzeptionelle Beratung schon die Zeugung des behinderten Kindes zu verhindern. Besonderer Gründe bedarf es dafür anders als z. B. im Fall des Schwangerschaftsabbruchs wegen medizinischer Indikation[903] nicht, so dass die Eltern auch geltend machen könnten, dass sie die normalen Schwangerschaftsbeschwerden für ein behindertes Kind nicht auf sich nehmen wollen. Unter diesen Umständen wäre es bedenklich, wenn sich der Arzt, der den Eltern verspricht, die Zeugung eines behinderten Kindes zu vermeiden, der Haftung mit dem Argument entziehen wollte, die Eltern müssten sämtliche Beeinträchtigungen im Hinblick auf die Würde des Kindes ersatzlos akzeptieren. Es fragt sich außerdem, ob eine Trennung zwischen *sämtlichen* Belastungen und der körperlichen und gesundheitlichen *Mehr*belastung, die durch die Schwangerschaft ausgelöst wurden, möglich ist und die Haftung auf die körperlichen (Mehr-)Belastungen zu beschränken ist. Dies sind die Belastungen, die gerade nur durch die Empfängnis eines *behinderten* Kindes entstehen. Diese Frage bedarf einer einge-

---

sten für ein gesundes Kind zu tragen: *Lange*, LM § 823 (Aa) BGB Nr. 154/1994 sub 2 b mwN.

[900] *BGH* v. 28.3.1989, NJW 1989, 2320 (Tod des Kindes infolge Anämie): Teil 2 III 5.

[901] Nach Abschaffung der embryopathischen Indikation kann die Schädigung als Grund für einen Schwangerschaftsabbruch heute u. U. auf § 218a II StGB (medizinische Indikation) gestützt werden. Siehe Teil 4 I 6 e (4) (c) (bb).

[902] Aus diesem Grund verneint jedenfalls *Hennies*, ArztR 1998, 263, 265 f. eine Aufteilung des Unterhalts.

[903] Zu § 218 a II StGB: Teil 4 I 6 e ee (4) (c) (bb).

henderen Untersuchung, inwieweit hier die Grundrechte eines behinderten Kindes zu berücksichtigen sind, weshalb diesbezüglich nach unten verwiesen wird.[904]

Unproblematischer ist die Einbeziehung psychisch bedingter gesundheitlicher Beeinträchtigungen infolge der Behinderung des Kindes. Die präkonzeptionelle Untersuchung (z. B. auf genetische Defekte bei den Eltern) soll auch solche in unmittelbarem Zusammenhang mit der Schwangerschaft und Geburt entstehenden Beeinträchtigungen vermeiden. Sollte die Geburt bei den Eltern seelische Beeinträchtigungen mit Krankheitswert (z. B. behandlungsbedürftige Depressionen) ausgelöst haben[905], so liegt darin eine Gesundheitsverletzung.

(b) Mehrlingsschwangerschaft

Bei der Herbeiführung einer Mehrlingsschwangerschaft durch einen Behandlungsfehler[906] kann nicht automatisch angenommen werden, dass die Gefahr, dass „überzählige" Kinder gezeugt werden, vermieden werden sollte. Je nach Einzelfall ist denkbar, dass die Geburt mehrerer Kinder bei Eltern, die sich aufgrund ihrer Vertilitätsprobleme und möglicherweise auch aufgrund ihres Alters moderner Methoden bedient haben, um ein Kind zu bekommen, einen Vorteil darstellt, weil so eine weitere Schwangerschaft erspart würde. Der erhöhte finanzielle Betreuungsaufwand ist für die Rechtsgutsverletzung nicht ausschlaggebend. Eine Rechtsgutsverletzung ist daher nur anzunehmen, wenn infolge der Mehrlingsschwangerschaft überdurchschnittliche Beeinträchtigungen der Mutter eintreten, die gerade durch eine ordentliche Maßnahme vermieden werden sollten.

Das Austragen eines fremden Kindes infolge einer Verwechselung der Embryonen (siehe oben Teil 4 I 3 a cc) betrifft die Rechtsgüter der Mutter insoweit, als es ihr unzumutbar ist, für ein Kind, welches nicht ihr eigenes ist, die Beeinträchtigungen einer Schwangerschaft auf sich zu nehmen. Die Leihmutterschaft verstößt außerdem gegen § 1 I ESchG. Die Schwangerschaft mit einem fremden Embryo gehört daher bei Verträgen über künstliche Befruchtung auch im Hinblick auf den Schutz der Rechtsgüter zu den zu vermeidenden Gefahren, ohne dass darüber ausdrücklich verhandelt werden muss. Das gilt nicht nur für den Schutz von Körper und Gesundheit, sondern auch für den Schutz des Persönlichkeitsrechts der Mutter.

---

[904] Siehe hierzu: Teil 4 VI 3 b cc.
[905] Siehe Teil 3 I 4 b. Wie hier auch *Deuchler*, S. 185.
[906] Vgl. die Sachverhalte in Teil 2 VI.

(4) Beeinträchtigung von Rechtsgütern durch Schwangerschaftsabbruch

Entscheidet sich die Mutter nach der ungewollten Empfängnis bzw. nach Entstehen einer unerwünschten Mehrlingsschwangerschaft[907] zum Schwangerschaftsabbruch, tritt eine Beeinträchtigung ihres Körpers bzw. ihrer Gesundheit ein.[908] Diese beruht nicht unmittelbar auf der Pflichtverletzung, sondern folgt auf die durch die Pflichtverletzung eingetretene Empfängnis. Sie stellt damit eine eigenständig zu beurteilende Rechtsgutsbeeinträchtigung dar, die nicht mehr zum Haftungsgrund gehört, sondern als Folgeverletzung in Betracht kommt und daher nach überwiegender Ansicht[909] nach § 287 ZPO zu beweisen wäre.

Zweifelhaft ist, ob solche Beeinträchtigungen vom Schutzzweck der Norm, die vertragliche Pflicht lege artis bzw. ordnungsgemäß zu erfüllen, erfasst sind. Die Maßnahme beruht auf dem freien Entschluss der Mutter.[910] Auch ist zu berücksichtigen, ob sich Unterschiede bei den verschiedenen Indikationsmodellen des § 218a StGB ergeben.

(a) §§ 218 ff. StGB

Nach der zur Zeit geltenden Fassung der §§ 218a ff. StGB[911] gibt es folgende rechtliche Varianten des straflosen Schwangerschaftsabbruchs: § 218a I StGB regelt die Abtreibung des Ungeborenen innerhalb der 12-Wochen-Frist, die ein Arzt nur nach Vorlage einer Bescheinigung[912] über eine Beratung im Sinne von § 219 II Satz 2 vornehmen darf. § 218a II regelt die „medizinische Indikation" und § 218a III die „kriminologische Indikation".

Im Jahr 1992 hatte sich der Gesetzgeber[913] im Zuge der Wiedervereinigung für eine Fristenlösung entschieden, wonach der Schwangerschaftsabbruch innerhalb der Frist nach entsprechender Beratung rechtmäßig sein sollte. Diese Regelung

---

[907] Siehe Teil 4 I 3 a cc.

[908] Siehe Teil 3 I 5 b; für Gesundheitsverletzung: *Reinhart*, S. 76.

[909] Anders *Stoll*, AcP 176 (1976), 145 ff., 193 sub 4, der auch Folgeverletzungen dogmatisch als „Schadensereignis" und damit beim Haftungsgrund einordnet.

[910] *Reinhart*, S. 76, bejaht die Zurechenbarkeit als Folgeschaden, verneint diese jedoch im Hinblick auf die Pflichtverletzung bzw. das Verletzungsverhalten. Vgl. *Winter*, S. 62.

[911] Vgl. die Entwicklung der strafrechtlichen Vorschriften: *Eser*, NJW 1992, 2913 ff.; *G. Müller*, NJW 2003, 697, 700 sub 3 – 5; *Schönke/Schröder/Eser*, § 218 Rdn. 1 ff., *Tröndle*, NJW 1995, 3009 ff.

[912] Die umstrittene Bescheinigung wird u. a. auch als *„Lizenz zum Töten"* bezeichnet.

[913] §§ 218a, 218b StGB wurden neugefasst durch Art. 13 des Schwangeren- und Familienhilfegesetzes v. 27.6.1992 (BGBl. I, S. 1398). § 218° I – III StGB wurden neugefasst, § 218b I S. 1 und 2, II StGB geändert durch Art. 8 des Schwangeren– und Familienhilfegesetzes v. 21.8.1995 (BGBl. I, S. 1050).

war verfassungswidrig.[914] Mit Beschluss vom 25.1.1993 wurde die Regelung vorläufig ausgesetzt. Während einer Übergangsphase vom 16.6.1993 bis zum 30.9.1995 war der Schwangerschaftsabbruch bei medizinischer, embryopathischer und kriminologischer Indikation rechtmäßig.[915] Durch das sogenannte Schwangeren- und Familienhilfegesetz v. 21.8.1995 wurde die heute geltende Fassung eingeführt. Die embryopathische Indikation im engeren Sinne gibt es nicht mehr.[916] Sie lebt in gewissen Grenzen weiter in der medizinischen Indikation[917] gem. § 218a II StGB, wonach die Abtreibung sogar bei Lebensfähigkeit des Ungeborenen straflos durchgeführt werden kann.[918] Die Schwangere muss darlegen, dass die Geburt eines geschädigten Kindes unter Berücksichtigung der gegenwärtigen und zukünftigen Lebensverhältnisse eine schwere Beeinträchtigung des körperlichen oder seelischen Gesundheitszustandes darstellt, die nicht auf andere für sie zumutbare Weise als durch die Beendigung der Schwangerschaft abzuwenden sei.[919] Bei medizinischer und kriminologischer Indikation, die bei Straftaten i. S. von §§ 176 – 179 StGB möglich ist[920], gilt die Maßnahme als

---

[914] Vgl. Urteil v. 4.8.1992, BVerfGE 86, 390; eindeutig für die Verfassungswidrigkeit: *BVerfG* v. 28.5.1993, BVerfGE 88, 203 ff.

[915] Vgl. *G. Müller*, NJW 2003, 697, 700 sub 4.

[916] Vgl. zur *embryopathischen Indikation* nach § 218a II StGB aF: *BGH* v. 4.12.2001, BGHZ 149, 236, 239 f. sub II (Zwillingsschwangerschaft, unterlassene Tötung eines missgebildeten Zwillings). Zu den Gründen der Abschaffung der *embryopathischen Indikation*: *BGH* v. 18.6.2002, BGHZ 151, 133, 139 sub II 3 a; *G. Müller*, NJW 2003, 697, 701. Der Gesetzgeber wollte u. a. klarstellen, dass eine Behinderung des Kindes als solche nicht zu einer Minderung des Lebensschutzes führt (BT-Dr. 13/1850, S. 26). Im Ergebnis führt die neue Regelung jedoch nur auf anderem Wege dazu, dass das geschädigte Ungeborene geringeren Lebensschutz erfährt. Dennoch sind die Anforderungen bei der medizinsischen Indikation strenger als bei der früheren *embryopathischen Indikation*, hierzu: *G. Müller*, NJW 2003, 697, 703 sub 3 mwN in Fußnote 76. Kritisch: *Tröndle*, NJW 1995, 3009, 3015.

[917] Vgl. *Beckmann*, MedR 2001, 168, 173 sub 4 b; *Jakobs*, JR 2000, 404, 405: *„(...) die als soziale oder medizinische Indikation kaschierte embryopathische Indikation"*; *Tröndle*, NJW 1995, 3009, 3015.

[918] *Stürner*, JZ 2003, 155 sub 2, bemerkt zu den Hintergründen für die Regelung des *„missglückten"* § 218a II StGB: *„Die Gesellschaft wollte sich vom Makel befreien, schwer geschädigtes kindliches Leben schutzlos zu stellen, staatlich für rechtmäßig erklärte Tötung ‚lebensunwerten' Lebens war ihr unheimlich und ließ das schlechte Gewissen erwachen. Man konnte sich andererseits auch nicht (...) durchringen, die embryopathische Indikation ganz abzuschaffen oder doch zeitlich noch einschneidender als bisher nach der Lebensfähigkeit des Kindes abzustufen (...)."* Die in der Deutschen Gesellschaft für Gynäkologie und Geburtshilfe organisierten Gynäkologen haben zuletzt im Juni 2003 anlässlich einer Fachtagung für härtere Regeln in den Fällen der sogenannten *„Spätabtreibungen"* und für eine Reform der §§ 218a ff. StGB plädiert. Vgl. *Müller-Lissner*, „Schutz für Ungeborene", Tagesspiegel v. 26.6.2003; *Wormer*, „Gesundes Kind als Anspruch", Süddeutsche Zeitung v. 26.6.2003.

[919] Vgl. *Gehrlein*, NJW 2002, 870 sub II und IV.

[920] *G. Müller*, NJW 2003, 697, 704 sub VII. Diese Indikation hat in der Praxis kaum Bedeutung.

„nicht rechtswidrig".[921] Die Abtreibung gem. § 218a I StGB ist zwar straffrei, aber rechtswidrig.[922] Dies hat zur Folge, dass die Betroffene diesbezüglich keine Schadensersatzansprüche bei Überleben des Ungeborenen oder wegen einer nicht rechtzeitigen Entdeckung der Schwangerschaft geltend machen kann.[923]

(b) Rechtsprechung

Das *OLG Braunschweig*[924] bejahte in einem Fall fehlgeschlagener Vasektomie die Zurechnung von Beeinträchtigungen durch Schwangerschaftsabbrüche unter Berücksichtigung des Schutzzwecks der Norm (§ 823 I), weil die Vasektomie den „*Funktionszusammenhang von Geschlechtsverkehr und Zeugung*" habe unterbrechen und eine Schwangerschaft als „*potentiellen Schadenstatbestand*" verhindern sollen.[925] Damals lag ein Fall der sogenannten„Notlagenindikation" vor.

(c) Konkretisierung des Schutzzwecks

Die infolge einer fehlgeschlagenen Verhütungsmaßnahme eintretenden schwangerschafts- und geburtsbedingten Beeinträchtigungen und die, die infolge eines Eingriffs i. S. von § 218a StGB entstehen, unterscheiden sich wesentlich. Der Entschluss, eine bestehende Schwangerschaft „abzubrechen", ist keine Maßnahme der Familienplanung und kein „normaler sozialer Vorgang"[926], sondern Folge einer höchstpersönlichen Entscheidung der Mutter, die ebenso wie der Vater angehalten ist, das Lebensrecht des Ungeborenen zu achten (§ 219 StGB). Nicht zu verkennen ist hierbei auch der Charakter der Maßnahme, die eine Tötungshandlung darstellt[927], durch die die Rechte des Ungeborenen auf Leben und körperliche Unversehrtheit verletzt werden.[928]

---

[921] So der Wortlaut des § 218a II Satz 1 StGB.

[922] Die Norm spricht von Straffreiheit, während in § 218a II, III StGB geregelt ist, dass die Maßnahmen nicht rechtswidrig sind. Die Rechtswidrigkeit betont auch *BVerfG* v. 28.5.1993, BVerfGE 88, 203, wonach nur eine schwere, mit der medizinischen und embryopathischen Indikation vergleichbare Konfliktlage zum Ausschluss der Rechtswidrigkeit führt; vgl. *G. Müller*, NJW 2003, 697, 701 sub IV 5 und V 1.

[923] *G. Müller*, NJW 2003, 697, 704 sub VII; vgl. *Winter*, S. 63; aA *Koch*, JR 2000, 466.

[924] *OLG Braunschweig*, Beschluss v. 11.9.1979, NJW 1980, 643.

[925] *OLG Braunschweig*, Beschluss v. 11.9.1979, NJW 1980, 643 sub II 2.

[926] Vgl. *Dannemann*, VersR 1989, 676, 679 sub I 5; *Starck*, JZ 1993, 816, 821 sub VIII, der betont, dass etwaige andere Ansichten in der Bevölkerung dem Schutz des Ungeborenen „keinen Abbruch" tun; *Stürner*, Jura 1987, 75 sub I. Unhaltbar, weil grundlegende Werte wie der Schutz des Ungeborenen missachtet werden: *LG Berlin* v. 17.1.1985, NJW 1985, 2200, nach dessen Ansicht der Schwangerschaftsabbruch nach fehlgeschlagener Verhütungsmaßnahme „naheliegend und verständlich" sei.

[927] Vgl. *BVerfG* v. 25.1.1975, BVerfGE 39, 1, 43, 46.

[928] *OLG München* vom 27.2.1981, NJW 1981, 2012, 2013 sub III 1 a γ.

(aa) Fälle des § 218a I StGB

Eine Maßnahme i. S. von § 218a I StGB bleibt auch dann rechtswidrig, wenn die Schwangerschaft durch die Pflichtwidrigkeit eines Dritten hervorgerufen wurde. In den Schutzzweck der Pflicht, eine Empfängnis zu verhindern, fallen keine Beeinträchtigungen durch eine willentlich vorgenommene rechtswidrige Maßnahme i. S. von § 218a I StGB[929], auch wenn die Empfängnis nicht in das allgemeine Lebensrisiko der Eltern fällt.

Auch bei Verträgen, die auf die Entdeckung etwaiger Schädigungen des Ungeborenen durch pränatale Diagnostik gerichtet sind, sind Nachteile für die Mutter durch unterlassenen bzw. misslungenen Schwangerschaftsabbruch nur dann vom Schutzzweck des Vertrags umfasst, wenn dieser rechtmäßig gewesen wäre.[930] Auch gibt es keine Obliegenheit i. S. von § 254 II Satz 1, einen Schwangerschaftsabbruch durchführen zu lassen.[931] Die in der Rechtsordnung angelegte Förderung der Maßnahmen durch Nichtanerkennung der Voraussetzungen der Nothilfe zugunsten des Ungeborenen[932], Gewährung von Sozialhilfe[933], ja sogar Entgeltfortzahlung[934], sowie Anerkennung im Hinblick auf die Berufsausübung durch den Arzt[935] führen nicht dazu, dass die Frau, die sich zum Schwangerschaftsabbruch entschließt, die Folgen der rechtswidrigen Maßnahme schadensersatzrechtlich auf den Arzt abwälzen kann.

Die Beratung soll gem. § 219 I Satz 2 StGB unter dem Gesichtspunkt erfolgen, dass die Frau zur Fortsetzung der Schwangerschaft ermutigt wird und Perspektiven für das Leben mit dem Kind eröffnet werden. In § 219 I Satz 3 StGB wird ausdrücklich auf das Lebensrecht des Ungeborenen in jedem Stadium der Schwangerschaft hingewiesen und daraus der Ausnahmecharakter des Schwangerschaftsabbruchs abgeleitet. Sowohl die Ausrichtung der Beratung als auch der

---

[929] Vgl. *BGH* v. 28.3.1995, BGHZ 129, 178, 185; vgl. *Junker*, S. 585 (kein Recht auf Familienplanung bei rechtswidriger Maßnahme); *Winter*, S. 93. Zu den Auswirkungen der Rechtswidrigkeit auf den Fall, dass Eltern einer Minderjährigen Hilfe bei einer Maßnahme gem. § 218a I StGB verweigern: *Scherer*, FamRZ 1997, 589, 593.

[930] Vgl. *BGH* v. 28.3.1995, BGHZ 129, 178, 185; *BGH* v. 4.12.2002, NJW 2002, 886 sub II 2; vgl. *BGH* v. 19.2.2002, NJW 2002, 1489, 1490 sub II 3 a; zuletzt: *BGH* v. 18.6.2002, BGHZ 151, 133, 138 sub II 3; *OLG Stuttgart* v. 25.3.2003, NJW-RR 2003, 1257 f.

[931] Siehe Teil 5 III 2.

[932] *BVerfG* v. 28.5.1993, BVerfGE 88, 203, 279, 321 ff.

[933] Art. 1 § 21b I SGB I.

[934] § 3 II Satz 2 EFZG begründet eine unwiderlegbare Vermutung zugunsten der Mutter, dass sie bei Vorliegen der Voraussetzungen der rechtswidrigen! Maßnahme des § 218a I StGB kein Verschulden trifft. Siehe hierzu *Kaiser/Dunkl/Hold/Kleinsorge* § 3 EFZG Rdn. 102 f.

[935] *Dreier*, ZRP 2002, 377, 380 sub III 2 b mwN spricht hier von einem „Etikettenschwindel", da die Rechtsordnung den Schwangerschaftsabbruch zwar als rechts*widrig* deklariere, de facto jedoch als recht*mäßig* behandle.

Ausnahmecharakter des Schwangerschaftsabbruchs sprechen dagegen, eine durch einen Schwangerschaftsabbruch eintretende Rechtsgutsbeeinträchtigung bei einem auf eine Verhütungsmaßnahme gerichteten Vertrag in den Schutzzweck der Norm einzubeziehen.[936]

Der Schwangerschaftsabbruch gehört darüber hinaus auch nicht zum normalen Aufgabenfeld des Arztes; dieser muss sich gem. Art. 1 § 12 I SFHÄndG[937] grundsätzlich nicht daran beteiligen.[938] Zwar ist der Schwangerschaftsabbruch ein Weg, den körperlichen Zustand vor der ungewünschten Empfängnis wiederherzustellen.[939] Dies ist jedoch nicht ausschlaggebend.[940] Eine Behandlung dieser Problematik nach den Grundsätzen der Naturalrestitution berücksichtigt nicht das Lebensrecht des Kindes. Gerade weil der Schwangerschaftsabbruch, der die Tötung des Ungeborenen voraussetzt, keine Maßnahme der Verhütung ist, wäre es verfehlt, ihn so zu behandeln, als stelle er eine Wiederherstellung des vorherigen Zustandes dar. Die Maßnahme als Folge einer höchstpersönlichen Entscheidung für ein wenn auch strafloses, so doch rechtswidriges Verhalten[941] spricht dagegen, Beeinträchtigungen durch den (rechtswidrigen) Schwangerschaftsabbruch unter den Schutzzweck der verletzten Norm zu fassen und als Rechtsgutsverletzung anzuerkennen.

Vereinzelt wird vertreten[942], rechtswidrige Maßnahmen sollten bereits wegen der Straflosigkeit zivilrechtliche Schadensersatzansprüche nach sich ziehen. In diesem Zusammenhang wird behauptet, die Begrenzung zivilrechtlicher Schadensersatzansprüche stelle eine Sanktionierung der straflosen Maßnahme gem. § 218 I StGB dar.[943] Hier geht es jedoch nicht um die Sanktionierung des Schwangerschaftsabbruchs, sondern um eine angemessene Konkretisierung des Schutzbereichs der Pflicht, den Eintritt einer Empfängnis im Zusammenhang mit (ärztlichen) Maßnahmen einer verantwortungsvollen Familienplanung zu vermeiden. Dabei dürfen der Schutz des Ungeborenen und der sich daraus ergebende

---

936 Schon nach altem Recht bedenklich: *LG Berlin* v. 17.1.1985, NJW 1985, 2200.

937 Schwangeren- und FamilienhilfeänderungsG v. 21.8.1995, BGBl. 1995, S. 1050.

938 *Geiger*, Jura 1987, 60, 62 sub III, meint, aus diesem Grund seien Arztverträge nicht auf die Beschaffung einer „Schwangerschaftsabbruchsindikation" ausgerichtet. Nur wenn die Mitwirkung notwendig ist, um die Gefahr des Todes oder schwerster Gesundheitsschädigung der Frau abzuwenden, besteht eine Mitwirkungspflicht (Art. 1 § 12 II SFHÄndG).

939 *Winter*, S. 49.

940 Vgl. *Winter*, S. 93 f.

941 Vgl. *Hoerster*, JuS 1995, 192 ff., der kritisch auf Widersprüche im Zusammenhang mit der Beurteilung der Rechtswidrigkeit bei gleichzeitiger Straflosigkeit sowie der Anerkennung des Lebensrechts des Ungeborenen bei gleichzeitiger Möglichkeit der Straflosigkeit seiner Tötung hinweist. Ähnlich: *Jakobs*, JR 2000, 404, 407.

942 *Koch*, JR 2000, 465, 466.

943 *Koch*, JR 2000, 465, 466.

Ausnahmecharakter des Schwangerschaftsabbruchs (§ 219 I S. 3 StGB) nicht ignoriert werden.

Dass die Kriterien der Zurechnung wegen Herausforderung durch den Schädiger hier nicht passend sind, wurde bereits oben erörtert.[944] Die geschädigte Person, die die Beweislast für die die Herausforderung begründenden Umstände hätte[945], müsste nicht nur beweisen, dass ihre Reaktion nicht ungewöhnlich ist, was schwer mit dem nunmehr in § 219 I Satz 3 StGB geregelten Ausnahmecharakter des Schwangerschaftsabbruchs zu vereinbaren ist.[946] Die Selbstgefährdung müsste außerdem im Verhältnis zum möglichen Erfolg nach den anerkannten gesellschaftlichen Verhaltensregeln zu billigen sein.[947] Die Erfolge, die in den von der Rechtsprechung entschiedenen Fällen von Seiten des Nothelfers oder Verfolgers angestrebt wurden, waren jedoch auf einen wünschenswerten, positiven Erfolg ausgerichtet, wie z. B. die Rettung aus Notsituationen und Gefahren oder die berechtigte Festnahme eines Flüchtenden.[948] Grundsätzlich[949] wurde darüber hinaus mit einem Ausbleiben einer Verletzung gerechnet, oder zumindest darauf gehofft. Entscheidend ist jedoch, dass das Kriterium der Billigkeit auf die hier vorliegenden Fälle wegen der Besonderheit eines Interessenkonflikts nicht anwendbar ist, abgesehen davon jedoch wegen der Rechtswidrigkeit auch nicht bejaht werden könnte.[950]

Durch die vertragliche Pflicht zur ordentlichen Durchführung von Maßnahmen der Familienplanung wird somit keine Gefahrvermeidungspflicht in Bezug auf Beeinträchtigungen durch einen rechtswidrigen Schwangerschaftsabbruch begründet.

---

[944] Vgl. Teil 4 I 6 b.

[945] *BGH* v. 4.11.1980, NJW 1981, 570 sub II 1; *Palandt/Heinrichs* Vorb v § 249 Rdn. 77.

[946] Siehe Fußnote 936.

[947] *RG* v. 21.3.1892, RGZ 29, 120 ff. (Verletzung bei Rettungsversuch); *RG* v. 20.2.1902, RGZ 50, 219, 223 (Verletzung bei Rettungsversuch); *RG* v. 6.6.1940, RGZ 164, 125, 126 (Verletzung bei Rettungsversuch); *OLG Stuttgart* v. 24.11.1964, NJW 1965, 112 ff. (Verbrennung bei Rettungsversuch); *OLG Köln* v. 25.2.1987, NJW-RR 1987, 857 (Versuch, Gegenstand von Autobahn zu räumen); *BGH* v. 30.6.1987, BGHZ 101, 215, 221 (Nierenspende); *OLG München* v. 28.1.1998, NJW-RR 1999, 1358, 1360 (Rettungsversuch nach Tierangriff bei Safari). Abzulehnen: *OLG Düsseldorf* v. 22.4.1994, NJW-RR 1994, 1310, 1311 (Verletzung durch Sturz von Baugerüst).

[948] Siehe oben Fußnoten 807 ff.

[949] Ausnahme: *BGH* v. 30.6.1987, BGHZ 101, 215, 221 (Nierenspende).

[950] So auch *Junker*, S. 529, für Maßnahmen gem. § 218a I StGB.

(bb) Fälle des § 218 II, III StGB

Der Schwangerschaftsabbruch bei medizinischer Indikation i. S. von § 218 II StGB ist nach dem Gesetz nicht rechtswidrig, wenn er *„unter Berücksichtigung der gegenwärtigen und zukünftigen Lebensverhältnisse der Schwangeren nach ärztlicher Erkenntnis angezeigt ist, um eine schwerwiegende Gefahr für den körperlichen oder seelischen Gesundheitszustand der Schwangeren abzuwenden.*" Eine solche schwerwiegende Gefahr ist nur in Ausnahmefällen zu bejahen.[951] Ob die Voraussetzungen des § 218a II StGB vorliegen, ist unter Berücksichtigung der zum Zeitpunkt der Schwangerschaft bestehenden Lebensverhältnisse zu entscheiden. Auch darf die Gefahr nicht anders abzuwenden sein.

Fälle, in denen auf eine pflichtwidrig verursachte Zeugung ein Schwangerschaftsabbruch aufgrund medizinischer Indikation folgt, sind noch nicht entschieden.[952] Eine Einbeziehung der Beeinträchtigungen kann schwerlich verneint werden, wenn bereits die Verhütungsmaßnahme darauf ausgerichtet war, die Entstehung der in § 218a II StGB genannten Gefahren (z. B. durch die Geburt eines geschädigten Kindes) zu vermeiden und nicht auszuschließen war, dass die in § 218 II StGB genannten Voraussetzungen eintreten würden, und die Schwangere sich darauf berufen würde.[953] Dann liegt die Beeinträchtigung der Rechtsgüter der Mutter im Bereich der nach dem Schutzzweck der Pflicht, eine Schwangerschaft mit einem geschädigten Kind zu verhüten, zu verhindernden Gefahren. Die Verletzung des Rechts auf Leben des Ungeborenen kann zwar niemals als „billigenswert" bezeichnet werden. Der Gesetzgeber hat sich jedoch bezüglich des Schwangerschaftsabbruchs nach §§ 218a II, III StGB für die Rechtmäßigkeit solcher Maßnahmen entschieden. Die §§ 218a II, III StGB erwähnen ausdrücklich den Schutz des Lebens, des Körpers und der Gesundheit der Mutter. Das Lebensrecht des Ungeborenen tritt nach dem Willen des Gesetzgebers dahinter zurück. Daher ist unabhängig davon, ob der rechtmäßige Schwangerschaftsabbruch „billigenswert" ist, eine dadurch eintretende Rechtsgutsbeeinträchtigung vom Schutzzweck der Norm umfasst.[954]

---

[951] Vgl. *BGH* v. 4.12.2001, BGHZ 149, 236, 241 f. (Voraussetzungen verneint) sub II 3 b; *BGH* v. 18.6.2002, BGHZ 151, 133, 138 ff. sub II 3 (Voraussetzungen bejaht); *OLG Stuttgart* v. 25.3.2003, NJW-RR 2003, 1257, 1258 (Depressionen mit Weinkrämpfen, Schlaflosigkeit und Kopfschmerzen genügen nicht für Unzumutbarkeit); vgl. *Gehrlein*, NJW 2002, 870, 872.

[952] Vgl. *Mannsdorfer* Rdn. 1091, S. 389, der für den Fall einer erneuten Maßnahme des Schwangerschaftsabbruchs eine Genugtuung (nach schweizerischem Recht) bejaht.

[953] Vgl. für den Fall, dass der Arzt die Mutter bei einer Beratung vor der Geburt eines behinderten Kindes bewahren soll: *Ostheide*, S. 95.

[954] Im Ergebnis so: *Junker*, S. 529 für den Fall der rechtmäßigen Maßnahmen i. S. von § 218a II, III StGB.

In den Fällen, in denen keine deutlichen Hinweise dafür vorhanden sind, dass im Fall des Misslingens der Verhütungsmaßnahme die Schwangere sich für einen Schwangerschaftsabbruch entscheiden würde, kann eine solche Gefahr möglicherweise nicht ohne Weiteres in den Risikobereich dessen fallen, der die Schwangerschaft pflichtwidrig nicht verhindert hat. Auch hier ist wie im Fall des § 218a I StGB zu berücksichtigen, dass der Schwangerschaftsabbruch kein „normaler Vorgang" ist und abgesehen davon auch nicht zum eigentlichen Tätigkeitsfeld von Ärzten gehört.[955]

Dass die unerwünschte Schwangerschaft in einer Weise eintritt, die der Mutter die Möglichkeit eröffnet, einen rechtmäßigen Schwangerschaftsabbruch durchzuführen, ist jedoch nicht außergewöhnlich. Der Arzt sollte eine Schwangerschaft an sich verhindern. Entsteht eine Schwangerschaft, durch die Rechtsgüter der Mutter i. S. von § 218a II StGB in einer Weise gefährdet werden, die einen rechtmäßigen Schwangerschaftsabbruch ermöglichen, dann kann trotz Freiwilligkeit des Entschlusses der Mutter der Arzt nicht geltend machen, hier habe sich ein „ungewöhnliches Risiko" verwirklicht, welches nach dem Willen der Parteien nicht vom Schutzzweck seiner Pflicht erfasst gewesen sei. Dass der Entschluss der Mutter freiwillig war, steht der Zurechnung der dadurch eingetretenen Beeinträchtigungen nicht entgegen. Die Herausforderungskriterien sind hier wegen der ausdrücklichen gesetzlichen Regelung nicht uneingeschränkt anwendbar, außerdem könnte eine Selbstschädigung auch nach diesen Kriterien grundsätzlich eine zurechenbare Rechtsgutsverletzung darstellen.[956] Da der Entschluss dadurch bedingt ist, dass die Mutter die aufgrund der Pflichtwidrigkeit eingetretenen Gefahren in rechtmäßiger Weise verhindern will, ist die dadurch eintretende Beeinträchtigung als Rechtsgutsverletzung zuzurechnen.

Fälle der kriminologischen Indikation gem. § 218a III StGB in Kombination mit dem Versagen einer Verhütungsmaßnahme sind bis heute ebenfalls nicht entschieden.[957] Nach § 218a III StGB besteht eine Vermutung für das Vorliegen einer Gefahrenlage für die Gesundheit der Schwangeren i. S. von Absatz 2 für den Fall, dass dringende Gründe dafür sprechen, dass die Schwangerschaft auf einer Sexualstraftat beruht. Bei Abschluss eines Vertrags über eine Verhütungsmaßnahme oder bei Übernahme einer solchen Maßnahme wird zwar im Normalfall an die Herbeiführung einer Schwangerschaft durch eine Straftat nicht gedacht. Andererseits ist die Herbeiführung einer Empfängnis durch eine Straftat auch nicht so ungewöhnlich, dass hier der Schutz generell zu versagen wäre.

---

[955] Siehe oben Fußnote 938.
[956] *BGH* v. 30.6.1987, BGHZ 101, 215, 221 (Nierenspende).
[957] Vgl. zur Bedeutungslosigkeit der kriminologischen Indikation in der Praxis: *G. Müller*, NJW 2003, 697, 704 sub VII.

Da die Möglichkeit eines Schwangerschaftsabbruchs gem. § 218a II, III StGB infolge einer Pflichtwidrigkeit bei einer Verhütungsmaßnahme nach dem Strafgesetzbuch rechtmäßig ist, darf der Vertragspartner vor diesem Haftungsrisiko nicht die Augen verschließen.

(5) Vergleich: Schutzzweck bei einem nicht auf die Verhinderung der Empfängnis/Geburt eines Kindes ausgerichteten Behandlungsvertrag

Ist Hauptzweck einer ärztlichen Maßnahme die medizinische Behandlung, nicht die Verhütung bzw. Entdeckung einer Schwangerschaft, um einen Schwangerschaftsabbruch nach § 218a I StGB zu ermöglichen, lehnt der *VI. Senat* des *BGH*[958] im Bereich der vertraglichen Haftung eine Zurechnung der Folgen der Schwangerschaft und Geburt unter dem Aspekt, dass sie nicht vom Schutzzweck des Vertrags umfasst sind, ab.[959]

Die Klägerin hatte sich wegen einer bevorstehenden orthopädischen Operation und der dadurch notwendigen röntgenologischen Untersuchungen u. a. auf eine Schwangerschaft hin untersuchen lassen. Diese lag vor, wurde jedoch zunächst nicht bemerkt, sondern erst zu einem Zeitpunkt, zu dem ein Schwangerschaftsabbruch gem. § 218a StGB strafbar gewesen wäre. Die Klägerin machte geltend, sie hätte sich bei früherem Bemerken der Schwangerschaft für einen (straflosen) Schwangerschaftsabbruch entschieden, da sie und ihr Ehemann aufgrund ihrer körperlichen Behinderungen nicht in der Lage gewesen seien, hinreichend für das Kind zu sorgen.

Das Berufungsgericht[960] hatte den Schutzzweck des Vertrags weit ausgedehnt. Die Pflicht zur richtigen Diagnose sollte nicht nur die Mutter und ein möglicherweise gezeugtes Ungeborenes vor Schäden durch die röntgenologische Untersuchung schützen, sondern darüber hinaus der Mutter eine Entscheidung für einen straflosen Schwangerschaftsabbruch ermöglichen. Die Ärzte hätten aufgrund der körperlichen Behinderungen der Klägerin sowie ihres Ehemannes erkennen können, dass sie nur schwer ein Kind würden aufziehen können. Daraus sei eine Verpflichtung entstanden, im Rahmen des Behandlungsvertrags auch darüber aufzuklären, dass eine Schwangerschaft besteht, damit die Klägerin dies *„im Hin-*

---

958 *BGH* v. 15.2.2000, BGHZ 143, 389; Vgl. Anmerkung von *Emmerich*, JuS 2000, 919, 920.

959 Vgl. *Dulitz*, JA 2000, 619 ff.; *Rehborn*, MDR 2000, 1108 sub VI; *Spickhoff*, NJW 2001, 1757, 1763 sub V.

960 *OLG Karlsruhe* v. 10.3.1999 - 7 U 204/96, OLGR 1999, 424, 427.

blick auf einen Wunsch (...) nach einem Schwangerschaftsabbruch" berücksichtigen konnte.[961]

Der *VI. Senat* hingegen erstreckte die Haftung der Beklagtenseite weder auf den Unterhaltsaufwand für die Tochter, noch auf die durch deren Geburt veranlassten materiellen Schäden, da diese vom Schutzzweck des Behandlungsvertrags nicht umfasst gewesen seien.[962] Der Senat interpretierte anders als das *OLG Karlsruhe* nicht mehr in den Vertrag hinein, als vereinbart worden war: Die durch die Pflicht zur richtigen Diagnose entstehende Gefahrvermeidungspflicht wurde auf Gefährdungen für die Mutter und das nicht entdeckte Kind durch die Voruntersuchungen und die Operation beschränkt. Solche Gefahren hatten sich hingegen nicht verwirklicht.

Voraussetzung für (vertragliche) Schadensersatzansprüche ist also, dass sich gerade eines der Risiken verwirklicht, welches nach dem Vertrag eindeutig verhindert werden sollte, ohne dass es auf die subjektiven Erwartungen und möglichen jedoch nicht Vertragsinhalt gewordenen subjektiven Interessen der Eltern ankomme. Ärzte haften - auch wenn sie eine ordnungsgemäße Diagnose schulden und diese nicht leisten - nicht unbedingt für alle kausal adäquat herbeigeführten Folgen einer derartigen Pflichtverletzung.[963] Die Abwägungen, die dem Urteil zugrunde liegen, sind Anhaltspunkte für eine angemessene Bestimmung des Schutzzwecks bei Maßnahmen zur Empfängnisverhütung und zur Verhinderung „so nicht gewollter" Schwangerschaften. Auch dort müssen nicht alle durch die Schwangerschaft kausal herbeigeführten Nachteile, wie z. B. Rechtsgutsbeeinträchtigungen, in den Schutzzweck einbezogen werden. Vielmehr müssen diese einigermaßen deutlich erkennbar zumindest auch zu den zu vermeidenden Gefahren gehört haben. Die Gefahr, dass subjektive Interessen sich nicht verwirklichen, fällt auch dann in das allgemeine Lebensrisiko der Eltern, wenn der Arzt mit solchen Interessen möglicherweise rechnen konnte.

---

[961] Vgl. Wiedergabe des Urteils des *OLG Karlsruhe* v. 10.3.1999 - 7 U 204/96 in *BGH* v. 15.2.2000, BGHZ 143, 389, 391 sub I .

[962] *BGH* v. 15.2.2000, BGHZ 143, 389, 394 sub II 3 (erörtert wurden nur Ansprüche aus positiver Vertragsverletzung).

[963] *OLG Düsseldorf* v. 16.2.1995, NJW 1995, 1620 (Nichterkennen einer Schwangerschaft bei minderjähriger Patientin anlässlich einer wegen anderer Beschwerden veranlassten Untersuchung); *OLG Zweibrücken* v. 18.2.1997, NJW-RR 1997, 666, 667 (medizinisch indizierte Maßnahme); *OLG Naumburg* v. 26.5.1998, VersR 1999, 1244, 1245 (Nichterkennen einer Schwangerschaft bei allgemeiner, auf Erhalt der Gesundheit ausgerichteten gynäkologischen Untersuchung); *BGH* v. 15.2.2000, BGHZ 143, 389, 395 sub II 3.

f) Zeitraum der Gefahr

Ein weiterer Aspekt, der bei der Zurechenbarkeit von Rechtsgutsbeeinträchtigungen als Primärschaden zu untersuchen ist, ist der Zeitfaktor. Ist eine Schwangerschaft ausschließlich während eines besonderen Zeitraums zu verhindern, später aber gewünscht, dann stellt sich die Frage, ob die Rechtsgutsbeeinträchtigungen, die schließlich später hingenommen worden wären, in den Schutzbereich der Verhaltenspflicht bzw. der Norm fallen. Schließlich wollten die Vertragspartner ein Kind, nur nicht zum aktuellen Zeitpunkt. Die Maßnahme dient dann in erster Linie der Verwirklichung einer bestimmten zeitlichen Lebensplanung.

Fraglich ist, ob diese Situation vergleichbar ist mit der (zeitlich bedingten) Veränderung der Familienplanung dahingehend, dass das Kind nunmehr auch zu einem *„nach der Familienplanung gewollten"*[964] wird, oder mit der Änderung der wirtschaftlichen Situation im Fall des Misslingens des Schwangerschaftsabbruchs und Überleben des Ungeborenen bei vorliegender „Notlagenindikation" i. S. von § 218a II Nr. 3 StGB aF. Diese zeitlich bedingten Änderungen der Situationen hätten Auswirkungen auf die Beurteilung der Unterhaltsaufwendungen als Schaden ab dem Zeitpunkt der Änderung der Lebenssituation.[965]

Gegen eine Übertragbarkeit der Beurteilung dieser Fälle spricht, dass gerade bei der Frage, ob eine Rechtsgutsverletzung vorliegt, der Wille zum aktuellen Zeitpunkt eine beachtliche Rolle spielt. Auch wenn Eltern ihren Kinderwunsch lediglich aufschieben, oder eine nicht abgeschlossene Familienplanung zumindest wahrscheinlich ist, kommt es für die Rechtsgutsverletzung auch darauf an, ob gerade im Zeitraum der Maßnahme eine Beeinträchtigung der Rechtsgüter zu verhindern war. Dieser Grundsatz gilt allgemein bei Verletzungen der Rechtsgüter Körper und Gesundheit. So bliebe z. B. eine ohne Einwilligung eines Patienten durchgeführte Operation auch dann eine Rechtsgutsverletzung, wenn der Patient zu einem späteren Zeitpunkt eingewilligt hätte, sie durchführen zu lassen.

Eine andere Lösung wäre nicht praktikabel, weil die Gerichte ihre Entscheidung sonst nur durch eine Analyse der persönlichen Lebensplanung der Eltern treffen könnten. Ob die Eltern später einmal einen etwaigen Entschluss, irgendwann ein Kind zu zeugen, tatsächlich in die Tat umgesetzt hätten, hängt außerdem von zahlreichen Faktoren ab und ist ungewiss.

---

[964] Zur Problematik: Teil 4 I 6 e aa.

[965] *OLG Braunschweig* v. 13.6.1990, VersR 1992, 91 (misslungener Schwangerschaftsabbruch bei Nichteintreffen der bei Indikationsstellung gemachten ungünstigen wirtschaftlichen Prognose); *BGH* v. 9.7.1985, BGHZ 95, 199 Leitsatz c (misslungener Schwangerschaftsabbruch, Nichteintreffen der bei Indikationsstellung gemachten ungünstigen Prognose).

Ist die Familienplanung nur vorübergehend, steht dies nach alledem einer Rechtsgutsverletzung durch die Schwangerschaft nicht entgegen.

g) Beweislast

Wurde ein schriftlicher Vertrag abgeschlossen, der auf die Verhinderung einer (so) nicht gewollten Empfängnis gerichtet ist, so ist grundsätzlich davon auszugehen, dass auch die Vermeidung von Rechtsgutsbeeinträchtigungen von den vertraglichen (und sich daraus ergebenden deliktischen) Pflichten erfasst sind. Ist die persönliche Motivation für den Eingriff nicht dokumentiert, müsste der Anspruchsgegner eine Einschränkung des Schutzzwecks der Verhaltensnorm (z. B. auf weit überdurchschnittliche körperliche und gesundheitliche Gefahren) beweisen, was kaum gelingen dürfte.

Besteht eine schwerwiegende Gefahr für Leib und Leben der Schwangeren, so ist dieses Interesse sicher Gegenstand schriftlich niedergelegter Gespräche vor Durchführung der Maßnahme geworden. Diese Unterlagen können den Beweis für eine Ausnahme der Rechtsgutsbeeinträchtigungen aus dem Schutzzweck der Pflichten erleichtern, wenn keine Anhaltspunkte dafür bestehen, dass die Eltern, die sich sozusagen notgedrungen für die erforderliche Maßnahme entscheiden, keine Kinder mehr wollten.[966]

Im Rahmen eines Kaufvertrags über Verhütungsmittel (z. B. in einer Apotheke) ist die Motivation zur Anwendung der Mittel nicht Gegenstand der vertraglichen Beziehung. Eine Einschränkung des Schutzzwecks kommt somit nicht in Betracht.

Wegen der Gefahr, eine Beschränkung der Verhaltenspflichten auf die Vermeidung bestimmter Gefahren, die nicht in der Beeinträchtigung der Rechtsgüter liegen, nicht beweisen zu können, empfiehlt sich für den Anspruchsgegner bei besonderer Motivation, wie sie z. B. einer medizinisch indizierten Maßnahme zugrunde liegt, die Risiken, die durch die Maßnahme verhindert werden sollen, zu präzisieren und eine etwaige Einschränkung des Schutzbereichs zu dokumentieren. Den Eltern steht es frei, alle Rechtsgüter in den Schutzbereich einbeziehen zu lassen.

Dies ist für den Anspruchsgegner, der aufgrund seiner beruflichen Tätigkeit mit Gefahren für Persönlichkeitsrechtsgüter rechnen muss und sich durch eine schriftliche Dokumentation besonderer Umstände im Einzelfall absichern kann, auch nicht unzumutbar.

---

[966] Vgl. *OLG Zweibrücken* v. 18.2.1997, NJW-RR 1997, 666 f.

h) Einfluss der Werteverwirklichung auf den Schutzzweck der Norm

Die Folgen von Schwangerschaft und Geburt mögen aus subjektiver Sicht der Eltern negative - weil nicht geplante - Umstände sein. Objektiv stellen jedoch die Zeugung menschlichen Lebens und die Geburt eines Kindes immer eine Verwirklichung ideeller Werte dar. Es stellt sich die Frage, ob dieser Umstand eine nachträgliche Korrektur der Zurechnung von Primärschäden an Rechtsgütern nach den oben gefundenen Ergebnissen erfordert und eine Ausgrenzung der individuellen Beeinträchtigungen der Eltern aus dem Schutzbereich der vertraglichen Pflichten notwendig ist, weil sie möglicherweise nicht auch auf die Vermeidung solcher (bei einer einheitlichen Gesamtbetrachtung positiven) Ereignisse ausgerichtet sind.

In Literatur und Rechtsprechung finden sich Ansätze, wie der Aspekt der Werteverwirklichung durch das Leben des Kindes zu berücksichtigen ist. Die Werteverwirklichung wird dabei schwerpunktmäßig bei der Frage, ob die Unterhaltslast einen ersatzfähigen Schaden darstellt, erörtert.[967] Vertreten werden die Ablehnung von Schadensersatzansprüchen (sog. Einheitslehre), die Bejahung vertraglicher und deliktischer Ansprüche (sog. Trennungslehre), als auch eine Differenzierung zwischen vertraglichen und deliktischen Ansprüchen.

aa) Ablehnung von Ansprüchen wegen Werteverwirklichung („Einheitslehre")

Im Zusammenhang mit dem Ersatz von Unterhaltsaufwendungen wird vertreten, die Geburt und die Existenz eines Kindes könnten unter keinem Gesichtspunkt als Schadensfall betrachtet werden, da sie eine Werteverwirklichung und keine Wertnegation darstellten.[968] Charakteristisch an dieser Ansicht ist, dass sie nicht zwischen der „Werteverwirklichung" und den einzelnen mit der Schwangerschaft zusammenhängenden Nachteilen trennt, sondern Schwangerschaft, Geburt und die Unterhaltsverpflichtung teilweise unter Berufung auf rechtspolitische Ar-

---

[967] Vgl. *Junker*, S. 522, die auf die Schwierigkeit hinweist, die Argumente im Zusammenhang mit der Trennungslehre dogmatisch bei der Frage der Körperverletzung einzuordnen.

[968] *LG Limburg* v. 18.6.1969, NJW 1969, 1574, 1575; *OLG Bamberg* v. 6.2.1978, NJW 1978, 1685 sub 4 a, 1687 sub c cc; *Diederichsen*, Die Haftung des Warenherstellers, S. 386; vgl. *Junker*, S. 355 aE mwN; *Lankers*, FamRZ 1969, 384, 386 f. sub III 1 b; vgl. *Laufs*, NJW 1998, 796 ff.; *Löwe*, VersR 1975, 432; *derselbe*, VersR 1970, 430; *derselbe*, VersR 1969, 573 f.; *Mannsdorfer* Rdn. 1000, S. 354; *Picker*, AcP 195 (1995), 483, 523 ff.; *derselbe*, „wrongful birth", S. 23; *Selb*, JZ 1971, 201, 204.

gumente[969] als untrennbare Einheit betrachtet, die insgesamt nicht negativ beurteilt werden könne.[970]

Die Argumente beziehen sich dabei fast ausschließlich auf die Betrachtung der Unterhaltsaufwendungen als Schaden. Eine Trennung zwischen dem Dasein des Kindes und dem Unterhaltsaufwand stelle einen unstatthaften Kunstgriff dar, da die Ersatzpflicht die „wirtschaftliche Unbill" des kindlichen Daseins wiedergutmachen solle. Es könne hingegen nicht darüber hinweggesehen werden, dass die Existenz des Kindes den Grund für die Ersatzpflicht bilde.[971] Die Befürworter der Trennungslehre umgingen mit ihrer Behauptung, das Kind selbst sei nicht der Schaden, das eigentliche Problem der Schadensfeststellung.[972] Häufig wird der Begriff der *„christlich-humanistischen Kulturvorstellungen"*[973] herangezogen, denen eine getrennte Sichtweise widerspreche.[974] In der christlichen Tradition, deren Grundlage in der Bibel zu finden ist, werden Kinder überwiegend, jedoch

---

[969] Siehe Teil 4 IV.

[970] *LG Limburg* v. 18.6.1969, NJW 1969, 1574, 1575; *OLG Bamberg* v. 6.2.1978, NJW 1978, 1685 sub 4 a, 1687 sub c cc; Literatur: *Adomeit*, Jura 1981, 196 ff.; *Diederichsen*, Die Haftung des Warenherstellers, S. 386; *Hauberichs*, S. 232 mwN in Fußnote 15; *Klimke*, VersR 1975, 1083 ff.; nur für Unterhaltsaufwendungen: *Backhaus*, MedR 1996, 201, 203 f. sub II 4, stellt auf die Kausalität zwischen Geburt und Unterhaltsaufwand ab und wirft dem *VI. Senat* ein „Pseudoargument" vor; *Lankers*, FamRZ 1969, 384, 386 f.; vgl. *Laufs*, NJW 1998, 796 ff.; *Löwe*, VersR 1970, 430; *derselbe*, VersR 1969, 573 f.; *Mannsdorfer* Rdn. 1000, S. 354; *Picker*, AcP 195 (1995), 483, 523 ff.; *derselbe*, „wrongful life" S. 28; *Roth*, NJW 1995, 2399, 2400; *derselbe*, NJW 1994, 2402; *Selb*, JZ 1971, 201, 204; vgl. *Schlund*, JR 1981, 238, 239 aE; vgl. *Stürner*, FamRZ 1985, 753, 760 sub V; *Zimmermann*, JZ 1981, 86, 89.

[971] *Laufs*, NJW 1998, 796, 797; *Mannsdorfer* Rdn. 999, S. 353. *Picker*, AcP 195 (1995), 483 ff., 501 ff. sub B I, II, III lehnt die getrennte Betrachtungsweise durch die Rechtsprechung im Zusammenhang mit den Unterhaltsaufwendungen als *„dogmatisch unrichtig"* und *„praktisch verfehlt"* ab. Unabhängig davon verbieten jedenfalls die dem Grundgesetz zugrunde liegenden Wertvorstellungen, insbesondere die Würde des Menschen, die Sicht, das Kind selbst sei ein Schaden.

[972] *Picker*, AcP 195 (1995), 483, 503 sub I 3; 512 sub II 1 c bb.

[973] *OLG Bamberg* v. 6.2.1978, NJW 1978, 1685 sub 4 a. Der Begriff der *„christlich-humanistischen Kulturvorstellungen"* wurde auch schon von *Diederichsen*, Die Haftung des Warenherstellers, S. 386 und vom *LG Limburg* (Urteil v. 18.6.1969, NJW 1969, 1574, 1575) verwendet. Damit sind vermutlich die zum damaligen Zeitpunkt in Westeuropa vorherrschenden Wertvorstellungen gemeint - eine Schnittmenge von einerseits *christlichen* und andererseits *humanistischen* Wertvorstellungen. An anderer Stelle (sub 4 a) ist die Rede von *„allgemeinen sittlichen, moralischen oder christlichen Grundsätzen"*. Vgl. auch *Klimke*, VersR 1975, 1083 *„christlich-abendländische Kulturvorstellungen"*; *Mannsdorfer* Rdn. 1000, S. 354 *„Kind in der christlichen Tradition ein ‚freudiges Ereignis'"*.

[974] *Picker*, AcP 195 (1995), 483, 495 sub A II 2 kritisiert den Begriff als abschreckend und weltanschaulich formuliert.

nicht immer als erwünscht beschrieben.[975] Die Gewährung eines Schadensersatzanspruchs wegen der Planwidrigkeit des Lebens führe unweigerlich dazu, dass der Mensch selbst - wenn auch nur mittelbar - als „Unwert“ bzw. als „Schaden“ bewertet werde und sein Dasein relativiert werde.[976] Wegen der unmittelbaren Kausalität zwischen Dasein des Kindes und Unterhaltsaufwand werde das Kind bei Bejahung eines Ersatzanspruchs faktisch zur „Quelle“ des Schadens.[977] Eine getrennte Beurteilung der sich aus der Unterhaltspflicht ergebenden finanziellen Nachteile ohne Aufhebung des Eltern-Kind-Verhältnisses bedeute „die personale Ganzheit des Kindes“ zu leugnen und das Kind zu „zergliedern“.[978] Dies sei mit der Komplexität des Eltern-Kind-Verhältnisses sowie mit der zwischen Zeugung und Geburt bestehenden „biologischen Konnexität“ nicht zu vereinbaren.[979]

Bei der Feststellung eines Primärschadens in Form einer Rechtsgutsverletzung geht es jedoch nicht darum, ob ein Verletzungsverhalten bei Gesamtwürdigung der Folgen einen (insgesamt negativ zu beurteilenden) Schaden herbeigeführt hat, sondern darum, ob es zu einer Beeinträchtigung von Rechtsgütern geführt hat, die zu verhindern der Anspruchsgegner verpflichtet war. In den hier behandelten Fällen erweisen sich somit die o. g. Argumente als weniger schlagkräftig. Die Rechtsgutsbeeinträchtigung hängt zwar auch mit der Zeugung und Geburt und somit mit der Existenz des Kindes zusammen, doch wird sie nicht dadurch relativiert, dass sich gleichzeitig der Wert neuen Lebens verwirklicht. Die Beeinträchtigung bleibt auch dann bestehen, wenn das Kind gleich nach der Geburt stirbt[980], oder die Mutter eine Fehlgeburt erleidet. Der Zusammenhang mit der Existenz ist ein anderer als bei den Unterhaltsaufwendungen. Diese knüpfen dauerhaft an das Leben und den Anspruch des Kindes auf Pflege und Versorgung an, können andererseits jedoch (theoretisch) durch eine Adoption vermieden werden, während die

[975] Zu nennen sind vor allem die Fälle der von ihren Eltern lang ersehnten Kinder wie z. B. *Isaak* (1. Mose, Kapitel 15, 17), *Samuel* (1. Samuel, Kapitel 1), *Johannes der Täufer* (Lukasevangelium, Kapitel 1 Verse 19 ff., 58). Siehe auch Lukasevangelium, Kapitel 1 Verse 38 f., 41 ff., 46 ff. Es finden sich jedoch auch Hinweise auf die Möglichkeit, dass ein Kind von den leiblichen Eltern nicht gewünscht sein kann, so z. B. Hesekiel, Kapitel 16, Vers 4 f. Auch die Namen einiger Personen drücken nicht immer nur Freude über ihr Dasein aus (so hingegen *Mannsdorfer* Fußnote 1787, S. 354). Siehe Bsp. in 1. Mose, Kapitel 35, Vers 18; 1. Chronik, Kapitel 3, Vers 9.

[976] *Picker*, AcP 195 (1995), 483, 501 sub I 1.

[977] *Picker*, AcP 195 (1995), 483, 519 sub II 2 a.

[978] *Lankers*, FamRZ 1969, 384, 386; kritisch zum Begriff der „personalen Ganzheit“ *Sigel*, NJW 1978, 2340, 2341 sub 1; *Reinelt*, FamRZ 1970, 572, 573.

[979] *Lankers* verweist auf die sich aus der biologischen Elternschaft ergebende Unterhaltspflicht.

[980] Vgl. *OLG Düsseldorf* v. 27.7.1995, NJW 1995, 3059 sub A I 2 (3.500 DM Schmerzensgeld bei Verlängerung einer Schwangerschaft infolge fehlerhafter genetischer Beratung und Geburt eines behinderten Kindes, das kurz nach der Geburt starb).

Eltern der Beeinträchtigung der Rechtsgüter grundsätzlich nicht ausweichen können.[981]

Die Abwägung zwischen den in einer Gesellschaft oder bei anderen Rechtssubjekten eintretenden Vorteilen und den beim Verletzten eintretenden Nachteilen, wie sie bei der Verletzung von Rahmenrechten (allgemeines Persönlichkeitsrecht und Recht am eingerichteten und ausgeübten Gewerbebetrieb) vorgenommen wird[982], ist bei der Prüfung der Verletzung von Körper und Gesundheit nicht notwendig. Allenfalls bei einer Beeinträchtigung des Rechts auf Familienplanung, die nur unter engen Voraussetzungen anzunehmen ist[983], kommt eine solche Abwägung in Betracht. Doch kann sich in diesen Fällen derjenige, der die Familienplanung zielgerichtet stört, nicht auf die Werteverwirklichung berufen.[984]

Die Verletzung der Rechtsgüter hängt entscheidend davon ab, ob die Beeinträchtigungen nicht mehr zum allgemeinen Lebensrisiko der Betroffenen gehören. Dass sich der Wert neuen Lebens verwirklicht hat, ändert nichts an einer zuvor festgelegten Risikoverteilung. Selbst wenn den Eltern die Empfängnis aufgrund einer im Nachhinein geänderten Familienplanung „entgegenkommt“ und für sie ein „freudiges Ereignis“ darstellt, stellt die Beeinträchtigung aufgrund der im Verhältnis der Vertragspartner nicht abgeänderten Risikotragung einen zurechenbaren Primärschaden dar.

Wollte man das Einheitsprinzip konsequent anwenden, könnte die Rechtsgutsbeeinträchtigung, die durch Schwangerschaft und Geburt eintritt, selbst im Fall

---

[981] Die Argumentation von *Diederichsen*, VersR 1981, 693, 695, nach der es widersprüchlich sei, wenn die Eltern bei Unterlassen der Freigabe zur Adoption Schadensersatzansprüche wegen der Unterhaltskosten verlangen, ist auf den Fall der Rechtsgutsbeeinträchtigung nicht anwendbar. Vgl. auch *Zimmermann*, JZ 1981, 86, 89 sub III, der die elterliche Pflicht, dem Kind Liebe und Fürsorge zukommen zu lassen, hervorhebt. Damit sei zwar kein Zwang zur Adoption vereinbar, dennoch könne ein „Sich-Abfinden“ mit dem Kind, wie es der *BGH* indirekt in seinem Urteil vom 18.3.1980 - VI 247/78, NJW 1980, 1452, 1454 sub II 2 gefordert habe, nicht belohnt werden.

[982] *BGH* v. 25.5.1954, BGHZ 13, 334, 338 (Schachtbriefe); *BGH* v. 2.4.1957, BGHZ 24, 72, 80 (Geheimhaltung ärztlicher Aufzeichnungen); *BGH* v. 21.6.1966, BGHZ 45, 296, 307 ff.(Gewerbeschädigendes Werturteil, „Höllenfeuer“); *BGH* v. 17.4.1984, BGHZ 91, 117, 121 ff. (Anti-Werbung mit Zigarettenreklame in Nichtraucherkalender); *BGH* v. 12.10.1993, NJW 1994, 124, 125 ff.(Greenpeace-Aktion); *BGH* v. 25.3.1997, NJW 1997, 2513 (Berufsehre); *BGH* v. 29.1.2002, NJW 2002, 1192, 1193 II 1 b (wertende Kritik an einem Literaturverlag); *Palandt/Thomas* § 823 Rdn. 126 mwN in Rdn. 129 ff. (Gewerbebetrieb); Rdn. 95 ff. mwN (Persönlichkeitsrecht); *Jauernig/Teichmann* § 823 Rdn. 99 (Gewerbebetrieb); Rdn. 67 (Persönlichkeitsrecht).

[983] Siehe Teil 3 I 9 c gg.

[984] Teil 3 I 9 c ee (3) (a), (e); vgl. auch Teil 4 I 6 h aa; Teil 5 I 1 b; Teil 6 IV 2.

eines Sexualdelikts gem. §§ 174 ff. StGB nicht geltend gemacht werden.[985] Auch dort müssten die damit zusammenhängenden Beeinträchtigungen konsequenterweise hinter der in der Geburt des Kindes liegenden Werteverwirklichung in den Hintergrund treten. Der Umstand, dass das Kind durch eine Vergewaltigung gezeugt wurde, mindert - auch wenn dieser Umstand die Mutter in Verzweiflung stürzt - nicht die in der Entstehung neuen Lebens liegende Werteverwirklichung.[986]

Die Unabhängigkeit der Werteverwirklichung von der Betroffenheit der Rechtsgüter Einzelner wird deutlich durch den Vergleich mit der Rettung Dritter durch (zwangsweise) Eingriffe in die körperliche Integrität bestimmter Personen. Nimmt ein Arzt Organe, Knochenmark oder Blut gegen/ohne den Willen des unfreiwilligen Spenders ab, um das Leben eines anderen zu bewahren, so ändert die Rettung des Begünstigten, die eine Bewahrung von Werten darstellt, nichts daran, dass der Eingriff eine (unbefugte) Körper- und Gesundheitsverletzung darstellt.

Die Annahme einer „notwendig einheitlichen Betrachtung" von Geburt und Existenz des Kindes mit den Rechtsgutsbeeinträchtigungen würde zu einer einseitigen Risikoverlagerung zu Lasten der Eltern führen, die auch bei gravierenden Beeinträchtigungen ihrer Rechtsgüter keine Ansprüche geltend machen könnten.

bb) Unabhängigkeit der Schadensersatzansprüche von der Werteverwirklichung (Trennungslehre)

Der *VI. Senat* des *BGH*[987], der *I. Senat* des *Bundesverfassungsgerichts*[988], eine Anzahl anderer Gerichte[989] und die überwiegende Literatur[990] trennen zwischen

---

985 Vgl. zum Argument, dass nach der „Lebenswertsperre" selbst der Sexualstraftäter keinen Schadensersatz im Hinblick auf den Kindesunterhalt leisten müsste: *Grunsky*, Jura 1987, 82, 83 sub II 1 b bb; vgl. *Hauberichs*, S. 247. Hingegen schuldet der Straftäter im Hinblick auf die biologische Vaterschaft solange Unterhalt, wie das Kind nicht von einem anderen Vater adoptiert wird.

986 Allgemein zur Unabhängigkeit des Wertes eines Kindes von den Umständen, die zu seiner Zeugung geführt haben: *Junker*, S. 582.

987 *BGH* v. 18.3.1980 – VI ZR 105/78, BGHZ 76, 249 = NJW 1980, 1450 ff.; *BGH* v. 18.3.1980 – VI ZR 247/78, BGHZ 76, 259 ff. = NJW 1980, 1452 ff.; *BGH* v. 2.12.1980, NJW 1981, 630, 632 sub III 2; *BGH* v. 19.6.1984, NJW 1984, 2625 f.; *BGH* v. 27.1.1984, NJW 1985, 671, 672; *BGH* v. 16.11.1993, BGHZ 124, 128, 140 ff.; *BGH* v. 28.3.1995, BGHZ 129, 178 ff. sub II 1 a (misslungener Schwangerschaftsabbruch); *BGH* v. 27.6.1995, NJW 1995, 2407, 2409; vgl. *BGH* v. 18.6.2002, BGHZ 151, 133, 143 sub II 4 (Unterhalt für geschädigtes Kind bei fehlerhafter genetischer Beratung).

988 *BVerfG*, Beschluss v. 12.11.1997, BVerfGE 96, 375.

989 Entscheidungen vor der Grundsatzentscheidung des *BGH*: *OLG Düsseldorf* v. 16.1.1975, NJW 1975, 595; *OLG Celle* v. 8.5.1978, NJW 1978, 1688; *OLG Zweibrücken* v. 14.7.1978,

der in Zeugung und Geburt liegenden Werteverwirklichung und dem Ersatz der aus Zeugung und Geburt resultierenden materiellen und immateriellen Nachteile. Im Fall einer pflichtwidrigen Herbeiführung einer Schwangerschaft werden Körper und Gesundheit umfassend geschützt, ohne dass die Werteverwirklichung als Hindernis diskutiert wird.[991] Die Argumente für die Trennung beziehen sich im Wesentlichen auf das Problem der Unterhaltsaufwendungen. Schaden sei insbesondere nicht die Existenz des Kindes. Die Unterhaltsaufwendungen seien getrennt von der Existenz des Kindes als Ergebnis einer wertneutralen Rechenoperation zu betrachten.[992] In Bezug auf die Rechtsgutsverletzung fehlt weitestgehend eine Begründung für die getrennte Betrachtungsweise. Es bleibt vielmehr bei der ursprünglichen Argumentation, die Schwangerschaft sei eine Körperverletzung, da sie der Mutter gegen ihren Willen nicht zuzumuten sei.[993] Der *I. Senat* des *Bundesverfassungsgerichts* beschränkte sich auf die Feststellung, die Bewertung der Schwangerschaft als Körperverletzung bewege *„sich im Rahmen herkömmlicher zivilrechtlicher Dogmatik.“*[994]

cc) Differenzierung: Trennungsprinzip nur bei Feststellung der Rechtsgutsverletzung

Neben den oben genannten Ansätzen wurde z. Teil in der Rechtsprechung[995] und Literatur zwischen den Unterhaltsaufwendungen (im Rahmen vertraglicher

---

NJW 1978, 2340. Danach haben sich die Oberlandesgerichte weitgehend dem *BGH* angeschlossen.

[990] *Deutsch*, NJW 1994, 776, 777; *Fikentscher*, Rdn. 548; *Fuchs*, NJW 1981, 610, 611 sub II; *Geigel/Schlegelmilch* Rdn. 250; *Giesen*, FamRZ 1970, 565, 567; *derselbe*, JZ 1994, 286, 289 ff.; *Grunsky*, Jura 1987, 82 ff.; vgl. wN bei *Hauberichs*, S. 231, Fußnote 19; *Heldrich*, JuS 1969, 455, 458 f.; *von Hippel*, FamRZ 1971, 409, 410; *Junker*, S. 343 ff. mwN in Fußnote 1436; *Lange*, § 5 II 1, S. 216 Fußnote 21, § 6 IX 7, S. 327 ff.; *Loewenheim*, NJW 1969, 1754, 1756; vgl. *Losch/Radau*, NJW 1999, 821, 822, 825 sub 1; *Mertens*, FamRZ 1969, 251, 254 sub IV; *Michalski*, JA 1979, 186 ff.; *G. Müller*, in: FS Steffen, S. 355, 357; z. T. kritisch: *Ostheide*, S. 43 ff.; *Reinhart*, S. 46 ff., 155, 227 ff.; *Schramm*, S. 162; *Staudinger/Medicus*, 12. Auflage, § 249 Rdn. 208; *Staudinger/Schiemann* § 249 Rdn. 204 ff., 208; *Steffen/Dressler* Rdn. 261 ff.; *Thür*, S. 99 ff. (für die Schweiz); *Waibl*, NJW 1987, 1513, 1516; *D. Weber*, S. 41; *Weiß*, JR 1994, 461, 462; *Winter*, S. 74 (mit Einschränkungen für rechtswidrige Maßnahmen nach § 218a StGB).

[991] Vgl. *BVerfG*, Beschluss v. 12.11.1997, BVerfGE 96, 375, 396 sub B I 2 a aE; in *BGH* v. 18.3.1980 - VI ZR 247/78, BGHZ 76, 259 ff. = NJW 1980, 1452 ff. wird das Problem nicht diskutiert; in *BGH* v. 16.11.1993, BGHZ 124, 128 setzt sich der *VI. Senat* nur mit der Unterhaltsproblematik auseinander.

[992] Vgl. *BGH* v. 18.3.1980 - VI ZR 105/78, BGHZ 76, 249, 253 = NJW 1980, 1450, 1451; *BGH* v. 16.11.1993, BGHZ 124, 128, 140.

[993] *BGH* v. 18.3.1980 – VI ZR 247/78, NJW 1980, 1452, 1453 sub 2 c.

[994] *BVerfG*, Beschluss v. 12.11.1997, BVerfGE 96, 375, 396 sub B I 2 b.

[995] *LG München I* v. 27.2.1970, VersR 1970, 428 = FamRZ 1970, 314.

Ansprüche aus positiver Vertragsverletzung bzw. nunmehr § 280 I) und Ansprüchen wegen Rechtsgutsverletzung differenziert und das Trennungsprinzip nur im Rahmen der Ansprüche wegen Rechtsgutsverletzung angewendet. So unerwünscht die Geburt auch sei, so stelle sie insgesamt wegen Fehlens einer „Einbuße" eine „Werteverwirklichung" und keine (teilweise) Wertnegation dar.[996] Dies schließe Ansprüche auf Ersatz der Unterhaltsaufwendungen aus.[997] Eine Rechtsgutsverletzung könne bejaht werden, da ein Schaden nicht in der Geburt des Kindes liege, sondern in der *„negativen Empfindung aus Anlaß des Mißlingens der Konzeptionsverhinderung"*[998] - nach Ansicht von *Lankers* ein besonderer Fall der Persönlichkeitsrechtsverletzung.

Teilweise wird nach der Art des Verletzungserfolges unterschieden. Bei Vertragsverletzungen könnten zur Feststellung eines Schadens wertende Gesichtspunkte einfließen. Anders hingegen sei bei § 823 I der Erfolg konkret, nämlich im Hinblick auf die hinreichend bestimmten absoluten Rechtsgüter, festzustellen.[999] Dieser Ansatz ist auf den vertraglich relevanten nicht weniger konkret festzustellenden Primärschaden, die Rechtsgutsverletzung, anzuwenden.

Im Übrigen spreche auch das entstehende Eltern-Kind-Verhältnis nicht gegen eine zurechenbare Rechtsgutsverletzung der Eltern. Bei deren Feststellung gehe es nicht um die Abwälzung der Kosten eines unerwünschten Kindes bei gleichzeitiger Beibehaltung des Eltern-Kind-Verhältnisses[1000], was in der Tat zweifelhaft ist. Auch ergeben sich im Hinblick auf die Feststellung der Rechtsgutsverletzung nicht die Schwierigkeiten und Bedenken, die durch den Versuch entstehen, den durch die Unterhaltsaufwendungen entstehenden Schaden im Wege des Vorteilsausgleichs nach herkömmlichen Methoden (Differenzrechnung) zu ermitteln.[1001] Weder findet hier ein Vergleich zweier Vermögenslagen zur Ermittlung der Höhe des Schadens statt, noch finden die später möglicherweise einmal eintretenden Vorteile für die Eltern gem. §§ 1649 II, 1601 ff., 1619, 1925, 2303 II Berücksichtigung für den (haftungsbegründenden) in der Rechtsgutsverletzung liegenden Primärschaden. Es führt zu weit zu behaupten, die körperlichen Beeinträchtigungen würden später einmal durch einen Unterhalts- bzw. Erbanspruch gegen das Kind aufgewogen und könnten deswegen kein Primärschaden sein.

---

[996] *Lankers*, FamRZ 1969, 384, 386 f.; *Löwe*, VersR 1970, 430.

[997] *Lankers*, FamRZ 1969, 384, 386 f.

[998] *Lankers*, FamRZ 1969, 385, 387.

[999] *Reinelt*, FamRZ 1970, 572 sub II.

[1000] *Geiger*, Jura 1987, 60, 62 spricht von „juristischer Manipulation" und stellt auf die Pflicht der Eltern zur Pflege und Erziehung der Kinder (Art. 6 II GG) ab; *Lankers*, FamRZ 1970, 384, 385; *Löwe*, VersR 1970, 430; *Selb*, JZ 1971, 201, 202.

[1001] Kritisch zu den seiner Ansicht nach inkonsequenten Einschränkungen bei der Ermittlung des Unterhaltsschadens durch die Rechtsprechung: *Diederichsen*, VersR 1981, 693 f. sub 2.

Hypothetische Vorteile durch das Dasein des Kindes können relevant sein für die Frage, ob die Zahlung eines Schmerzensgeldes gem. § 847 aF bzw. § 253 II nF billig ist.[1002]

Gleichgültig, ob man sich der These der „personalen Zergliederung"[1003] durch die Gewährung von Ansprüchen auf Ersatz der Unterhaltsaufwendungen anschließen mag oder nicht: Die Anerkennung der Beeinträchtigungen als Primärschaden in Form einer Rechtsgutsverletzung führt jedenfalls zu keiner (ideellen) „Zergliederung". Die Rechtsgutsbeeinträchtigungen sind unabhängig vom Entstehen oder Aufrechterhalten einer Eltern-Kind-Beziehung. Es macht auch keinen Unterschied für die Zurechenbarkeit einer wie auch immer gearteten Rechtsgutsverletzung, ob nach der Empfängnis ein Eltern-Kind-Verhältnis besteht. Die Beurteilung ist zum Zeitpunkt des Eintritts der Beeinträchtigung vorzunehmen.

Bei der Bewertung des Unterhaltsaufwands für ein Kind „als Schaden" spielen wertende Gesichtspunkte in der Tat eine größere Rolle als bei der Feststellung, ob eine bloße *Beeinträchtigung* der Rechtsgüter nach dem Schutzzweck der Norm zu verhindern war. Ob eine reine Beeinträchtigung der Rechtsgüter Leben, Körper, Gesundheit vorliegt, kann im Regelfall anhand einer naturwissenschaftlichen Betrachtung festgestellt werden, bei der Wertungen nur in begrenztem Umfang[1004] relevant sind. Wertende Gesichtspunkte spielen eine Rolle bei der Zurechenbarkeit – sie dienen allerdings der Lösung des Problems, ob die Beeinträchtigung im Einzelfall keinen Schaden, sondern ein allgemeines Lebensrisiko darstellt.

i) Zusammenfassung

Der Zurechnungszusammenhang zwischen Pflichtverletzung und Primärschaden (Rechtsgutsverletzung) ist anhand einer am Einzelfall orientierten Konkretisierung des Schutzzwecks der Verhaltensnorm, Maßnahmen zur Verhütung einer Empfängnis ordentlich durchzuführen, festzustellen, wobei die nach dem Vertrag zu vermeidenden Gefahren für die Rechtsgüter der Eltern festzustellen sind. Dabei ist nicht pauschal davon auszugehen, dass sämtliche durch die Empfängnis eingetretenen Rechtsgutsbeeinträchtigungen nach dem Schutzzweck der Norm zu vermeiden waren. Lassen sich keine Anhaltspunkte finden, dass nur besonders

---

[1002] Gegen eine Anrechnung der immateriellen Vorteile beim Vermögensschaden: *Heldrich*, JuS 1969, 455, 459 sub I 5. Ausführlich siehe unten Teil 6 II.

[1003] Vgl. oben Fußnote 978; *Picker*, AcP 195 (1995), 483, 523 B II 2 c bb 2 a warnt in diesem Zusammenhang vor einer voreiligen auf Angst vor „religiösen oder weltanschaulichen Doktrinarismen" beruhenden abqualifizierenden Kritik an diesen Begriffen.

[1004] Vgl. Teil 3 I 4, 5.

schwerwiegende Rechtsgutsbeeinträchtigungen oder ganz bestimmte, z. B. finanzielle Folgen der Empfängnis zu vermeiden waren, so ist der Schutzzweck der Norm grundsätzlich weit zu fassen.

Weder der Umstand, dass die Empfängnis zu einer bestimmten Zeit verhindert werden soll, noch die damit zusammenhängende Werteverwirklichung machen die Beeinträchtigungen zum allgemeinen Lebensrisiko. Beeinträchtigungen durch einen rechtswidrigen Schwangerschaftsabbruch i. S. von § 218a I StGB fallen nicht in den Bereich der aufgrund eines Vertrags über die Verhütung einer Schwangerschaft zu verhindernden Gefahren.

7. Rechtspolitische Argumente für und gegen die Haftung Angehöriger besonderer Berufsgruppen

a) Das Argument der Unangemessenheit eines Haftungsprivilegs zugunsten der Anspruchsgegner

Die Befürwortung einer Haftung für Rechtsgutsverletzungen steht im Einklang mit einer in Rechtsprechung und Literatur vertretenen Ansicht, die Ablehnung von Ansprüchen, bzw. eine enge Auslegung der Tatbestandsmerkmale der haftungsbegründenden bzw. -ausfüllenden Normen, hätten im Ergebnis eine unangemessene Haftungserleichterung zum Vorteil derer zur Folge, die sich auf dem Sektor der Familienplanung betätigen.[1005] Für die Notwendigkeit einer Haftung wird daher auch argumentiert, dass die Entstehung eines solchen Haftungsprivilegs zu vermeiden ist. Es sei nicht einzusehen, warum der Anspruchsgegner Interessen des Kindes vorschieben können soll, um sich seiner Haftung zu entziehen.[1006] Die Haftung trage überdies dazu bei, dass der Qualitätsstandard sich erhöhe.[1007] Selbst die Gegner von Schadensersatzansprüchen räumen ein, dass Dritte gut an der Familienplanung verdienen.[1008] Eine Erleichterung der Haftung stelle einen schweren Eingriff in das Gefüge der Interessen der Vertragsparteien

[1005] *LG München* I v. 16.1.1991 – 9 O 738/90; *OLG München* v. 20.2.1992 – 1 U 2278/91 (vgl. *BVerfG*, Beschluss v. 12.11.1997, BVerfGE 96, 375, 377 sub A I 2 a; *Fahrenhorst*, JR 1984, 417, 418 sub 2 für den Fall der fehlerhaften präkonzeptionellen Beratung; *Losch/Radau*, NJW 1999, 821, 826 sub 4; *Mertens*, FamRZ 1970, 251, 256; *Michalski*, JA 1979, 186, 189; *Reinelt*, FamRZ 1970, 572, 574. Kritisch: *Diederichsen*, VersR 1981, 693, 694.

[1006] Siehe Fußnote zuvor.

[1007] *Losch/Radau*, NJW 1999, 821, 826 sub 4. Differenzierter: *Winter*, S. 90.

[1008] *Roth-Stielow*, MDR 1971, 265, 266: *„Diese Industrie ihrerseits verdient daran. Sie lebt von der Familienplanung und dem Streben nach ungehemmtem Ausleben der eigenen Geschlechtlichkeit"*.

dar[1009] und bewirke stärkeres Misstrauen im Verhältnis zum Arzt.[1010] Als Konsequenz einer strikten Ablehnung der Haftung wird geltend gemacht, dass der Anspruchsgegner selbst bei Vorsatz nicht haften würde.[1011]

Die Gefahr der unangemessenen Privilegierung spricht grundsätzlich für eine weite Auslegung der Tatbestandsmerkmale der Rechtsgutsverletzung, sowie für eine Einbeziehung sämtlicher Nachteile in den Schutzbereich der Norm. Auch stellten sich die Vertragspartner in Widerspruch zu ihren wirtschaftlichen Interessen, wenn sie sich auf die rechtspolitischen und verfassungsrechtlichen Bedenken bzgl. einer Haftung berufen würden.

Das Argument wird insoweit abgeschwächt, als ein völliger Ausschluss der Haftung nicht entsteht, wenn der Anspruchsgegner Behandlungs- und Entbindungskosten übernehmen muss[1012], er seine Gegenleistung einbüßt und daneben Ersatzansprüche wegen eines ggf. notwendigen erneuten Eingriffs in Betracht kommen.[1013] Ist das Risiko durch eine Versicherung abgedeckt, werden etwaige Präventions- als auch Sanktionsgesichtspunkte, die grundsätzlich für eine Haftung sprechen[1014], relativiert.[1015] Darüber hinaus dient die Notwendigkeit einer angemessenen Haftung nicht schwerpunktmäßig der Prävention bzw. Sanktion, sondern auch einem angemessenen Ausgleich für die Verletzung der Rechtsgüter der Parteien.[1016] Ausschlaggebend ist nicht, ob Ärzte oder andere Dritte „zu gut dabei wegkommen". Dass Angehörige der gleichen Berufsgruppe zu fahrlässigem oder gar vorsätzlichem Verhalten ermutigt werden könnten, ist darüber hinaus - wie die Wirksamkeit des Präventionsgedankens - zweifelhaft und durch nichts belegt.[1017] Darüber hinaus ist eine präventive Funktion im Bereich der Haftung Dritter für die Herbeiführung einer Schwangerschaft kaum von Bedeutung, da die

---

[1009] Vgl. *BVerfG*, Beschluss v. 12.11.1997, BVerfGE 96, 375, 385; *BGH* v. 16.11.1993, BGHZ 123, 128, 139 sub II 3 c bb.

[1010] *Losch/Radau*, NJW 1999, 821, 826 sub 4.

[1011] *Deutsch*, NJW 1998, 510, der vor allem die Verlagerung der Problematik in das Verfassungsrecht kritisiert. Zur Haftung nach § 826: siehe auch *Deutsch*, JZ 1978, 532, 533 sub 4. Vgl. auch *Mertens*, FamRZ 1969, 251, 256 sub V; *Reinelt*, FamRZ 1970, 572, 574 spricht (im Zusammenhang mit der Unterhaltslast) vom „Freibrief" für schuldhaftes/arglistiges Verhalten; vgl. *Reinhart*, S. 61 für Haftung eines „Sittlichkeitstäters".

[1012] Vgl. *OLG Bamberg* v. 6.2.1978, NJW 1978, 1685, 1688 sub dd.

[1013] *OLG Frankfurt* v. 1.12.1982, NJW 1983, 341, 344 sub IV.

[1014] Allgemein zu den Funktionen des Hafungsrechts: *Kötz*, in: FS Steindorff, S. 643 ff.

[1015] Vgl. *Hauberichs*, S. 241 mwN; *Waibl*, S. 382 ff.; einschränkend: *Kötz*, in: FS Steindorff, S. 643, 653 ff.

[1016] Nach Ansicht des *OLG Bamberg* (Urteil v. 6.2.1978, NJW 1978, 1685, 1688 sub dd) sind präventive Gesichtspunkte lediglich ein positiver *Nebeneffekt*. Vgl. zum Nebeneinander von Straf- und Präventionsfunktionen und Ausgleichs- und Versorgungsfunktion: *Winter*, S. 87.

[1017] Vgl. *Esser/Schmidt*, SchuldR I/2, S. 51 Fußnote 1; *Winter*, S. 90.

entsprechenden Berufsgruppen anders als z. B. in den Fällen der vorsätzlichen Persönlichkeitsrechtsverletzung durch Medienunternehmen bereits im Hinblick auf ihr Berufsethos ein großes Interesse daran haben, keine Fehler in diesem Bereich zu begehen.[1018] Wichtiger als der Präventionsgedanke ist daher die Frage, ob eine Ablehnung der Haftung bei Verwirklichung der zu vermeidenden Gefahr den Rechtsgüter- und Interessenschutz der Eltern unverhältnismäßig einschränken und Risiken unangemessenerweise zu Lasten der Eltern verteilen würde.[1019] Letztendlich kann das Argument der ungemessenen Privilegierung nichts daran ändern, dass die Parteien mit ihrem Vertrag den verfassungsrechtlichen Grenzen unterliegen.[1020]

b) Berufsethische Grundsätze, Entstehen einer Abtreibungsobliegenheit?

Im Rahmen des Verfahrens I BvR 479/92, welches dem Beschluss des *I. Senats* des *Bundesverfassungsgerichts* zugrunde lag, hatte der Beschwerdeführer, ein Urologe, der für eine Schwangerschaft nach fehlerhafter Vasektomie verantwortlich gemacht worden war, einen Verstoß gegen Artt. 12, 14 GG durch die Haftung für die Unterhaltsaufwendungen geltend gemacht. Dadurch werde willkürlich ein neuer Haftungstatbestand geschaffen, der nicht nur sein Grundrecht aus Art. 12 GG verletzte, sondern darüber hinaus auch einen Eingriff in seinen ärztlichen Gewerbebetrieb darstelle.[1021] Zur Berufsausübung gehöre u. a. auch der Grundsatz, Leben zu erhalten, nicht es zu vernichten. Dieses Berufethos wird allerdings weder im vorliegenden Fall der fehlerhaften Vasektomie, noch in den anderen Fällen fehlgeschlagener Verhütungsmaßnahmen berührt. Es geht dort gerade nicht um die Verpflichtung, das Leben des Ungeborenen durch einen Schwangerschaftsabbruch zu beenden. Auch steht die Rechtmäßigkeit von Verträgen, die auf Sterilisation oder genetische Beratung ausgerichtet sind, grundsätzlich außer Frage.[1022] Sie kollidieren nicht mit dem Lebensrecht.

Die Verletzung der genannten Grundrechte wurde vom *I. Senat* des *Bundesverfassungsgerichts* bereits unter dem Gesichtpunkt abgelehnt, dass die Haftung wegen Vertragsverletzung und die deliktische Haftung keinen spezifischen Bezug zum Ärzteberuf aufwiesen, sondern allgemeiner Natur seien.[1023]

[1018] Vgl. *Winter*, S. 90, 105.
[1019] Vgl. *Winter*, S. 87.
[1020] *R. Weber*, VersR 1999, 389, 394 sub B 2 b.
[1021] *BVerfG*, Beschluss v. 12.11.1997, BVerfGE 96, 375, 379 sub A I 3.
[1022] *BVerfG*, Beschluss v. 12.11.1997, BVerfGE 96, 375, 400. Siehe Teil 4 I 1.
[1023] *BVerfG*, Beschluss v. 12.11.1997, BVerfGE 96, 375, 397.

Nicht auszuschließen ist die Gefahr, dass eine Schadensersatzpflicht eine lebensfeindliche Einstellung des Arztes fördert, ja es könnte sogar faktisch eine „Abtreibungsobliegenheit" entstehen, da die Ärzte in Zweifelsfällen gegen die Erhaltung des Lebens plädieren müssten, um so die eigene Haftung zu vermeiden.[1024] Dieses Argument ist schlagkräftig, soweit es um Unterhaltsaufwendungen geht. Im Zusammenhang mit Ansprüchen wegen der Verletzung der Rechtsgüter durch die Schwangerschaft, bei denen die von der Rechtsprechung gewährten Summen deutlich unter den Unterhaltsaufwendungen liegen, hat es weniger Gewicht. Außerdem könnten im Fall eines (rechtmäßigen) Schwangerschaftsabbruchs im Hinblick auf die körperlichen und seelischen Belastungen von den Gerichten sogar höhere Schadensersatzforderungen bejaht werden. Dass bestimmte Ärzte mit dem Ziel, sich finanziell abzusichern, im Zweifel (z. B. bei Unsicherheit über das Bestehen einer Behinderung) die Mutter in einer Weise beraten können, dass sie in ihrer vorläufigen Entscheidung gegen das Leben des Ungeborenen bestätigt wird, ist nicht zu widerlegen.[1025] Ein in Aussicht stehender Anspruch auf Schmerzensgeld zu Gunsten der Eltern dürfte kaum dazu führen, dass diese sich für das Kind entscheiden. Da nach § 218a II StGB der Mutter - nicht dem Arzt - die Entscheidung über das Leben des Ungeborenen eingeräumt wird, ist das Argument nicht stark genug, um eine allgemeine Gefahr für das Leben der Ungeborenen zu begründen und Schadensersatzansprüche unter diesem Aspekt auszuschließen.

8. Zusammenfassung

Eine vertragliche Haftung wegen Rechtsgutsverletzungen durch nicht verhinderte Schwangerschaft ist grundsätzlich zu bejahen. Die mit der Empfängnis einhergehende Werteverwirklichung ändert nichts an der Rechtsgutsbeeinträchtigung und hat auch keinen Einfluss auf deren Zurechnung als Primärschaden bzw. als Zweitverletzung. Die Zurechnung als Rechtsgutsverletzung ist objektiv durch eine Konkretisierung der nach dem Schutzzweck der vertraglichen Pflichten zu vermeidenden Gefahren zu bestimmen.

1024 *Laufs*, NJW 1985, 1361, 1364 f.; *Picker*, AcP 195 (1995), 483, 520 sub B II 2 b; *derselbe*, „wrongful birth", S. 21 f.; *derselbe*, „wrongful life", S. 36 (Gefahr eines lebensfeindlichen Haftungsrechts). Vgl. hierzu *Winter*, S. 104 ff. Ablehnend: *Holzwarth*, S. 60 ff.

1025 *Picker*, „wrongful life" (vgl. Fußnote 1024) spricht von einem *„lebensdezimierenden Sicherheitsdenken"* des Arztes, das einem *„Vollkaskodenken unfreiwilliger Eltern"* entspreche. Anders: *BVerfG*, Beschluss v. 12.11.1997, BVerfGE 96, 375, 403.

II. Deliktische Ansprüche

Vor Inkrafttreten der Schadensersatzrechtsreform stand der durch § 823 gewährte Rechtsgüterschutz eindeutig im Vordergrund, da der Verletzte nur bei Verwirklichung der Voraussetzungen des § 823 I Ersatz des immateriellen Schadens in Form eines Schmerzensgeldes gem. § 847 aF erlangen konnte.

Neben § 823 I kommen bei Verstoß gegen ein Schutzgesetz (insbes. §§ 174 ff. StGB) auch Ansprüche aus § 823 II in Betracht. Bei vermutetem Auswahl-, Ausrichtungs- oder Überwachungsverschulden des Geschäftsherrn hat § 831 I Relevanz, wenn der die Schwangerschaft Verursachende Verrichtungsgehilfe war. § 825 gewährt Schutz bei Verletzung des Rechts auf sexuelle Selbstbestimmung. § 826 schützt nicht nur das Vermögen, sondern auch die Rechtsgüter bei vorsätzlichem sittenwidrigem Verhalten.

1. Deliktische Ansprüche nach der Schadensersatzrechtsreform

Vor der Schadensersatzrechtsreform waren vertragliche Schadensersatzansprüche wegen Herbeiführung einer Schwangerschaft praktisch in erster Linie für den Ersatz der Unterhaltsaufwendungen von Bedeutung. Die Verletzung von Rechtsgütern wurde in diesem Zusammenhang nicht problematisiert. Schmerzensgeld konnte nur gem. § 847 aF geltend gemacht werden, der eine Feststellung der Voraussetzungen des § 823 I , nicht aber der des vertraglichen Haftungsgrundes notwendig machte. Bei der Verletzung des allgemeinen Persönlichkeitsrechts war (und ist) Rechtsgrundlage für den Ersatz immaterieller Schäden Artt. 1, 2 GG.

Nunmehr kann Haftungsgrund für den Ersatz immaterieller Schäden gem. § 253 II nF der vertragliche Anspruch gem. § 280 I, der deliktische Anspruch, sowie der Anspruch aus Gefährdungshaftung (vgl. § 8 ProdHaftG, § 87 AMG) sein. Voraussetzung ist wie bisher bei § 847 aF die Verletzung bestimmter Rechtsgüter. In diesem Punkt hat sich also nichts Wesentliches geändert.[1026]

Der deliktische Anspruch aus § 823 hat dadurch, dass der immaterielle Schaden infolge der Rechtsgutsverletzung nun auch gem. §§ 280 I, 253 II nF ersatzfähig ist, an Bedeutung verloren. Das ist der Fall, wenn eine vertragliche Haftung für einen Primärschaden, der in einer Verletzung der in § 253 II genannten Rechtsgüter liegt, zu bejahen ist (siehe oben Teil 4 I). §§ 823, 253 II kommen weiterhin als alleinige Anspruchsgrundlage für Schadensersatz wegen Rechtsgutsverletzungen in Betracht, wenn eine vertragliche Haftung ausscheidet, also

[1026] So ganz klar: *G. Müller*, VersR 2001, 1, 5, III 2 c.

bei fehlender Vertragsbeziehung, bei der Produzentenhaftung des Herstellers von Verhütungsmitteln, in den Fällen, in denen zwischen einem Elternteil und dem Arzt keine vertragliche Beziehung besteht, bzw. eine Einbeziehung in den Schutzbereich des Vertrags abzulehnen ist, sowie in den Fällen der Herbeiführung einer Schwangerschaft durch einen Elternteil.

2. Der Anspruch aus § 823 I

Während beim vertraglichen Anspruch umstritten ist, ob die Rechtsgutsverletzung zum Haftungsgrund oder zur haftungsausfüllenden Kausalität gehört[1027] ist sie beim Eingriffstatbestand des § 823 I eindeutig beim Haftungsgrund anzusiedeln. Schaden im Rahmen der haftungsausfüllenden Kausalität[1028] beim Anspruch aus § 823 I sind die Folgeschäden der Rechtsgutsverletzung, also der rechnerische Schaden und die immateriellen Nachteile, sowie nach überwiegender Ansicht auch die sogenannten „Zweitverletzungen“[1029].

a) Rechtsgutsverletzung

Wegen der Voraussetzungen für die Verletzung von Rechtsgütern wird verwiesen auf Teil 3. § 823 I schützt in den hier untersuchten Fällen die Rechtsgüter Leben, Körper und Gesundheit, sowie i. V. mit Artt 1 I, 2 I GG in besonderen Fällen das Recht auf Familienplanung.

b) Verletzungsverhalten

Als haftungsbegründendes Verletzungsverhalten kommen je nach Fallgruppe unterschiedliche Verhaltensweisen in Betracht. An erster Stelle steht der ärztliche Behandlungs- und Aufklärungsfehler, welcher die Schwangerschaft kausal adäquat herbeigeführt hat. Diesbezüglich wird auf die diversen Möglichkeiten von Pflichtverletzungen in Teil 4 I 3 verwiesen. Da vertragliche und deliktische Sorgfaltspflichten gerade im Bereich der Arzthaftung identisch („strukturgleich“) sind[1030], sind die vertraglichen Pflichtverletzungen in diesem Bereich gleichermaßen relevant für das Verletzungsverhalten bei den deliktischen Ansprüchen.[1031] Im Gegensatz zur allgemeinen Rechtspflicht, den Patienten nicht zu schädigen, gibt es abgesehen davon keine allgemeine Pflicht, Schwangerschaften mit den

---

[1027] Siehe oben Teil 4 I 6.

[1028] Vgl. *Deutsch*, Haftungsrecht Rdn. 113; *Hauberichs*, S. 191; *Winter*, S. 55 ff.

[1029] Siehe hierzu oben Teil 3 II.

[1030] *Palandt/Sprau* § 823 Rdn. 135.

[1031] Siehe Teil 4 I 3; Teil 4 II 2 g aa (3).

daraus entstehenden Konsequenzen zu verhüten. Die Betrachtung vertraglicher Pflichten, um deliktsrechtliche Pflichten zu konkretisieren, ist eine überzeugende Methode gerade im Bereich der Berufshaftung.[1032] Sie ist übertragbar auf die Pflichten des Apothekers, denn auch hier ist die vertragliche Pflicht ebenfalls Orientierungspunkt für das Verletzungsverhalten. Ohne Vertrag kann eine rein deliktische Haftung in verschiedenen Fällen eintreten. Zu nennen sind die Haftung des Arztes, der nicht Vertragspartner ist, die Haftung bei Verletzung von Verkehrspflichten bei Herstellung und Vertrieb von Verhütungs- oder Arzneimitteln, sowie die Haftung des Elternteils, welcher eine Empfängnis (zielgerichtet) verursacht hat. Auf Einzelheiten wird bei den einzelnen Fallgruppen (Teil 4 II 2 g) eingegangen.

c) Haftungsbegründende (adäquate) Kausalität

Die haftungsbegründende Kausalität betrifft den Zusammenhang zwischen der Handlung bzw. dem Unterlassen des Schädigers und der Rechtsgutsverletzung beim Geschädigten.[1033] Voraussetzung für den Haftungsgrund ist, dass das Verletzungsverhalten nicht hinweggedacht werden kann, ohne dass der Erfolg (die durch die Empfängnis bedingten Rechtsgutsbeeinträchtigungen) wegfiele.[1034] Beim Unterlassen darf das nach § 823 I aufgrund einer Pflicht gebotene und mögliche Tun nicht hinzugedacht werden, ohne dass der Erfolg so nicht eingetreten wäre.[1035] Auch muss das Verhalten generell geeignet sein, den Eintritt der Empfängnis und die damit zusammenhängenden Rechtsgutsbeeinträchtigungen herbeizuführen.[1036]

Die adäquate Kausalität zwischen Verletzungsverhalten und Rechtsgutsbeeinträchtigung unterliegt wegen der Strukturgleichheit der Haftung[1037] in diesem Gebiet grundsätzlich den gleichen Voraussetzungen wie die adäquate Kausalität zwischen der vertraglichen Pflichtverletzung und der Rechtsgutsverletzung (Pri-

---

[1032] *BGH* v. 25.2.1988, NJW 1988, 1380, 1381 sub III 2 (Balkonsturz): „Danach ist für die *delikts*rechtliche Haftung des Reiseveranstalters (...) von Bedeutung, welche *vertrags*rechtlichen Verpflichtungen ihm nach dem Gesetz und den von der Rechtsprechung entwickelten Grundsätzen typischerweise obliegen. Denn die gewerblichen Berufspflichten begründen und begrenzen zugleich auch Verkehrssicherungspflichten. Siehe auch *OLG Düsseldorf* v. 12.10.1989, NJW 1990, 1543 (Seelische Gesundheitsschädigung wegen Verstoßes gegen das in der Psychotherapie geltende Abstinenzverbot durch den Therapeuten).

[1033] *Jauernig/Teichmann* Vor §§ 249 - 253 Rdn. 24.

[1034] Siehe Teil 4 I 5 dort insbes. Fußnote 693.

[1035] *Palandt/Sprau* § 823 Rdn. 2; *Palandt/Heinrichs* Vorbem v § 249 Rdn. 84, 54 ff.

[1036] Siehe Teil 4 I 5 f.

[1037] Siehe Teil 4 II 2 d; dort insbesondere Fußnoten 1044 f.

märschaden) beim vertraglichen Anspruch.[1038] Beim Unterlassen ergibt sich die Pflicht zum Handeln aus dem Vertrag, bei der Schlechterfüllung bestimmt ebenfalls der Vertrag, wie zu handeln war. Auch hier gelten daher die oben in Teil 4 I 3 und 6 dargelegten Grundsätze.

d) Objektive Zurechnung, Schutzzweck der Norm

Wie oben[1039] erörtert bedarf die Zurechnung einer Rechtsgutsbeeiträchtigung neben der Adäquanztheorie u. U. weiterer wertender Kriterien. Der Erfolg ist vor allem nur dann als Rechtsgutsverletzung zurechenbar, wenn der Schutzzweck der Norm, in diesem Fall des § 823 I[1040], auch darauf ausgerichtet war, Verletzungen dieser Art, welche durch ein bestimmtes Risiko und nicht durch das allgemeine Lebensrisiko entstanden sind, zu vermeiden.

Als „Norm" ist § 823 I, sowie die daraus resultierende Pflicht anzusehen, eine Rechtsgutsverletzung durch Schaffen eines besonderen Risikos zu vermeiden. Besteht eine vertragliche Pflicht, eine Rechtsgutsbeeinträchtigung der eingetretenen Art zu vermeiden, liegt parallel dazu auch eine entsprechende (deliktische) Verhaltenspflicht gem. § 823 I vor.[1041] Dieser Grundsatz gilt (auch wenn es nicht immer um medizinische Vorbeugemaßnahmen geht) auch im Bereich der Empfängnisverhütung bzw. Familienplanung durch ärztliche oder ähnliche Maßnahmen.

Die Gefahrvermeidungspflichten, die für die Zurechnung von Rechtsgutsverletzungen erforderlich sind, sind daher aus den vertraglichen Pflichten abzuleiten, wenn ein Arztvertrag, ein Geschäftsbesorgungsvertrag[1042] über genetische Beratung[1043] oder ein ähnlicher Vertrag besteht. Die vertraglichen Verhaltenspflichten zielen ebenso auf den Schutz des Patienten (bzw. Kunden) ab, wie die deliktisch relevanten Pflichten.[1044] Der *VI. Senat* des *BGH* drückt dies in einer Entscheidung

---

[1038] Siehe Teil 4 I 5. Vgl. allgemein zur Übereinstimmung vertraglicher und deliktischer (Arzt-) Haftung im Hinblick auf Kausalität, Zurechnung zur Pflichtverletzung: *Deutsch/Spickhoff*, Medizinrecht Rdn. 134.

[1039] Teil 4 I 6.

[1040] Vgl. zu den Begriffen „Schutzzweck" und „Norm" die Beispiele in *Brox/Walker*, Besonderes SchuldR § 41 Rdn. 31.

[1041] Vgl. für die Arzthaftung: *Palandt/Sprau* § 823 Rdn. 135. Siehe auch Fußnote 1038.

[1042] Vgl. zur Möglichkeit von Ansprüchen aus unerlaubter Handlung bei Vorliegen eines Geschäftsbesorgungsvertrags: *Palandt/Sprau* § 675 Rdn. 28.

[1043] Siehe Teil 4 I 1 c.

[1044] *BGH* v. 24.6.1986, NJW 1987, 705, 706 sub II 2 b aa; vgl. auch *BGH* v. 20.9.1988, NJW 1989, 767, 768 sub II a b aa; *BGH* v. 29.11.1994, NJW 1995, 776; *OLG Saarbrücken* v. 26.8.1998, NJW-RR 1999, 176, 177 sub I 1; *Gehrlein*, S. 31 Rdn. 3 f.; *Palandt/Sprau* § 823 Rdn. 135; *Stoll*, AcP 176, 145, 192 ff.

aus dem Jahr 1986 folgendermaßen aus: *„Stimmen aber vertragliche und deliktische Verhaltenspflichten völlig überein bzw. besteht Strukturgleichheit von vertraglichen und deliktischen Sorgfaltspflichten, dann muss auch der Haftungsgrund in gleicher Weise abgegrenzt werden"*.[1045]

Die Mittelbarkeit der Verletzung steht wie oben bereits erörtert der Zurechnung nicht entgegen.[1046] Die Anwendung der Herausforderungskriterien zeigt, dass eine Zurechnung nicht daran scheitert, dass die Eltern im Vertrauen auf den Erfolg einer Maßnahme auf weitere Verhütungsmaßnahmen verzichten und so ein geringes Restrisiko in Kauf nehmen.[1047] Dies kann wegen der Strukturgleichheit der Pflichten bei der deliktischen Haftung nicht anders gesehen werden. Auch ist die Anwendung der Herausforderungskriterien auf Schwangerschaftsabbrüche hier ebenso wie bei der vertraglichen Haftung für Rechtsgutsbeeinträchtigungen[1048] zu beurteilen. Die Zurechnung orientiert sich auch hier maßgeblich daran, ob der auf eine pflichtwidrig nicht verhinderte Empfängnis folgende Schwangerschaftsabbruch rechtmäßig oder rechtswidrig ist, wobei eine Gefahrvermeidungspflicht nur bzgl. rechtmäßiger Maßnahmen anzunehmen ist.

Ebenso sind die Ausführungen zur Gefahrerhöhung, Konkretisierung des Inhalts der Gefahrvermeidungspflichten sowie des relevanten Zeitraums für die Verhinderung der Gefahren bei Vorliegen einer vertraglichen Regelung[1049] grundsätzlich auch für den Haftungsgrund des § 823 I relevant.[1050]

e) Rechtswidrigkeit

Die Begründung eines deliktischen Schadensersatzanspruchs setzt die Rechtswidrigkeit des schädigenden Verhaltens bzw. des Erfolgs voraus.[1051] Eine Einwilligung scheidet hier grundsätzlich aus.

Nach der Lehre vom Erfolgsunrecht[1052] besteht das dem Schädiger vorzuwerfende Verhalten darin, dass er den Erfolg verursacht bzw. nicht vermieden hat.[1053]

[1045] *BGH* v. 24.6.1986, NJW 1987, 705, 706 sub II 2 b aa.

[1046] Teil 4 I 6 b aa.

[1047] Siehe Teil 4 I 6 b bb.

[1048] Siehe Teil 4 I 6 b bb.

[1049] Siehe Teil 4 I 6 d - f; dort insbes. auch 7 e ee (5), auch wenn es in dem dort erörterten Urteil (BGH v. 15.2.2000, BGHZ 143, 389) um (Ablehnung der) Haftung wegen Nichterkennens einer Schwangerschaft ging.

[1050] Zur Übereinstimmung vertraglicher und deliktischer (Arzt-)Haftung im Hinblick auf die Zurechnung zur Pflichtverletzung: *Deutsch/Spickhoff*, Medizinrecht Rdn. 134.

[1051] RGRK/*Steffen*, § 823 Rdn. 106.

Die Rechtswidrigkeit des Verhaltens wäre demnach bei Eintreten der Rechtsgutsverletzung durch Schwangerschaft und Geburt als „zu vermeidender Erfolg" indiziert. Wie oben bereits dargestellt, sind weder die Existenz des Kindes, noch die Schwangerschaft und die Geburt in diesem Sinne als „Erfolg" anzusehen, sondern die dadurch bedingte Beeinträchtigung der Rechtsgüter. Nach der Lehre vom Handlungsunrecht[1054] ist die Rechtswidrigkeit nur bei vorsätzlichem Verhalten indiziert.[1055] Bei Fahrlässigkeit bedarf es eines Verstoßes gegen spezielle Verhaltensnormen.[1056] Der Streit hat keine Bedeutung für das Ergebnis. Die Problematik des Rechtswidrigkeitszusammenhangs ist bei mittelbaren Verletzungen bereits auf der Tatbestandsebene beim Zurechnungszusammenhang anzusiedeln.[1057] Bei unmittelbaren Eingriffen indiziert der Erfolg die Rechtswidrigkeit, bei (den hier in der Regel vorliegenden) mittelbar herbeigeführten Verletzungen indiziert *„die Verletzung der Gefahrvermeidungspflicht in Verbindung mit dem Erfolg"* die Rechtswidrigkeit.[1058]

f) Verschulden

Im Hinblick auf den Verschuldensmaßstab findet im Rahmen deliktischer Ansprüche § 276 Anwendung, so dass zum Teil auf das oben zum vertraglichen Anspruch Ausgeführte[1059] verwiesen werden kann.[1060]

[1052] *Baur*, AcP 160 (1960), 465, 486; *Brox/Walker*, Besonderes SchuldR § 41 Rdn. 47; differenzierend *Deutsch*, Haftungsrecht Rdn. 237 und 257; *Erman/Schiemann*, § 823 Rdn. 146; *Jauernig/Teichmann* § 823 Rdn. 50 mwN in Rdn 48; *Palandt/Sprau* § 823 Rdn. 24; RGRK/*Steffen* § 823 Rdn. 114 ff.

[1053] Vgl. *Jansen*, AcP 202 (2002), 517, 521 und S. 545 sub VII (Rechtswidrigkeitsurteil allein auf das „Handlungsresultat" - die Rechtsgutsverletzung - bezogen); *Larenz/ Canaris*, SchuldR II/2 § 75 II 3, S. 366.

[1054] *Enneccerus/Nipperdey*, Allg. Teil, 2. Halbband, § 209, S. 1277 ff.; *Esser/Weyers*, SchuldR II/2 § 55 II 3 c, S. 171; *Kötz/Wagner* Rdn. 98 ff.

[1055] Nachweise bei *Raab*, JuS 2002, 1041, 1042 sub III 2 b.

[1056] Vgl. Darstellung bei *Palandt/Heinrichs* § 276 Rdn. 9, der die Lehre ablehnt.

[1057] *Medicus*, BürgR Rdn. 647; *Larenz/Canaris*, SchuldR II/2 aaO; unklar: *Raab*, JuS 2002, 1041, 1046 sub 2 d aE. *Jansen*, AcP 202 (2002), 517, 544 ff., 553, tritt für eine „rechtsgutsbezogene Haftung" und eine Verlagerung der Rechtswidrigkeitsproblematik auf die Tatbestandsebene ein.

[1058] *Larenz/Canaris*, SchuldR II/2 § 75 II 2 c, S. 369, dem hier gefolgt wird. Ebenso: *Deckert*, Jura 1996, 348, 351, sub 3 d. Vgl. *Harrer*, S. 247; *Soergel/Zeuner* § 823 Rdn. 154 ff., 158 ff., die das Problem der Verkehrssicherungspflichten unter der Frage des Rechtswidrigkeitszusammenhangs erörtern.

[1059] Siehe Teil 4 I 4 b.

[1060] Zur Gleichheit der Anforderungen an das Verschulden bei vertraglicher und deliktischer Haftung im alten Recht: *Junker*, S. 558 sub bb mwN. Ähnlich für das neue Recht: *Wagner*, in: Das neue Schuldrecht in der Praxis, S. 221 sub V 3.

Bezugspunkt des Verschuldens ist anders als bei der Vertragshaftung der Erfolg, d. h. die Rechtsgutsverletzung.[1061] Die eingetretene Gefahr muss für den Anspruchsgegner vorhersehbar und vermeidbar gewesen sein.[1062] Im Fall eines Behandlungs- oder Aufklärungsfehlers (Verletzungsverhalten bzw. eine Verletzung einer Verkehrssicherungs- bzw. Gefahrvermeidungspflicht[1063]) werden die dadurch eingetretene Empfängnis und damit auch die damit zusammenhängenden Rechtsgutsbeeinträchtigungen auch vorhersehbar und vermeidbar gewesen sein.[1064] Andernfalls wäre (wie im Fall der Aufklärung über die Restrisiken einer Rekanalisation[1065]) bereits ein Verletzungsverhalten wegen Abweichens vom aktuellen Stand der Medizin abzulehnen.

Bei Ansprüchen aus Delikt hat der Geschädigte (anders als bei § 280 I Satz 2[1066]) grundsätzlich die Beweislast für das Verschulden, also in der Regel für die Fahrlässigkeit.[1067] Zugunsten des geschädigten Patienten ist eine Beweislastumkehr anerkannt, wenn es um die Verwirklichung von Risiken geht, die vollends vom Anspruchsgegner und seinen Gehilfen beherrscht werden.[1068] Außerdem gelten in diesem Bereich anders als bei der Feststellung des Verletzungsverhaltens die Grundsätze des Anscheinsbeweises.[1069] Diese Erleichterungen kommen den Eltern auch im Fall der durch einen Arzt vorwerfbar nicht verhinderten Empfängnis zu Gute.

Die Relevanz des Vorsatzes beschränkt sich praktisch auf die Fälle der bewusst herbeigeführten Schwangerschaft durch einen Elternteil. Der Vorsatz hat

---

[1061] *Spickhoff*, NJW 2002, 2530, 2535 sub 3 a, hebt hervor, dass das Verschulden bei vertraglichen und deliktischen Ansprüchen unterschiedliche Bezugspunkte aufweist. Bei Ansprüchen gem. § 280 I ist die *Pflichtverletzung* der Bezugspunkt des Verschuldens, nicht (wie im Deliktsrecht) der *Erfolg*.

[1062] *Palandt/Heinrichs* § 276 Rdn. 12, 20 f.

[1063] Zum gleichen Inhalt der Begriffe bei der Arzthaftung: *Wagner*, in: Das neue Schuldrecht in der Praxis, S. 221 sub V 3.

[1064] Vgl. *LG Freiburg* v. 18.11.1976, NJW 1977, 340 sub I 1; vgl. *OLG Karlsruhe* v. 19.10.1978, NJW 1979, 599 sub I 2.

[1065] Teil 4 I 3 a dd (2) (Grenzen der Aufklärungs- und Hinweispflicht).

[1066] Erhebliche Auswirkungen hat dieser Unterschied nicht, da wie in Teil 4 I 4 b erörtert das Verschulden bei Verstoß gegen die objektive (vom Anspruchsteller zu beweisende) Pflichtverletzung indiziert ist.

[1067] *Palandt/Sprau* § 823 Rdn. 80; *Wagner*, in: Das neue Schuldrecht in der Praxis, S. 222 sub V 3.

[1068] *Palandt/Sprau* § 823 Rdn. 164.

[1069] Zu den Grundsätzen des Anscheinsbeweises siehe Teil 4 I 3 a und dortige Nachweise. Vgl. zum Anscheinsbeweis für Verschulden: *Deuchler*, S. 105; *Hauberichs*, S. 156; *Sigel*, S. 41; *Waibl*, S. 43.

hier auch Bedeutung für die Verletzung des Rechts auf Familienplanung[1070], sowie für die Billigkeitserwägungen im Rahmen von § 847 aF bzw. § 253 II nF, insbesondere wegen der Genugtuungsfunktion[1071].

g) Besonderheiten in den Fällen der deliktischen Haftung

Deliktische Haftung ist in unterschiedlichen Fällen denkbar. Die Vertragsgestaltung spielt auch hier eine entscheidende Rolle.

aa) Deliktische Haftung des Arztes bei Bestehen eines Vertrags

(1) Aktivlegitimation

Haben Eheleute im Vertrauen auf die Verhütungsmaßnahme oder die Richtigkeit einer genetischen Beratung auf (weitere) Verhütungsmittel verzichtet und kommt es infolge des Misslingens aufgrund eines vorwerfbaren Verhaltens zu einer (so) nicht gewollten Schwangerschaft, genießen beide nicht nur vertraglichen, sondern auch deliktischen Rechtsgüterschutz.[1072] Schlägt also z. B. eine Vasektomie fehl, sind Rechtsgutsbeeinträchtigungen einer Ehefrau grundsätzlich Folgen dieses Fehlschlagens.[1073] Die Frage, ob die Norm, die Vasektomie den beruflichen Standards entsprechend durchzuführen, auch die Frau vor Beeinträchtigungen ihrer Rechtsgüter schützt, ist nach den gleichen Kriterien wie beim vertraglichen Anspruch[1074] zu beantworten und fällt mangels besonderer Umstände grundsätzlich positiv aus.

Haben andere Partner ein für den Anspruchsgegner erkennbares Interesse am Erfolg der Maßnahme, sind sie in den vertraglichen Schutz miteinbezogen. Damit bestehen ihnen gegenüber auch deliktische Gefahrvermeidungspflichten.[1075]

[1070] Siehe Teil 3 I 9 c ee (3).

[1071] Dazu Teil 6 IV 2.

[1072] Zum deliktischen Schutz des Ehepartners: *BGH* v. 27.6.1995, NJW 1995, 2407, 2408 sub II 1 c.

[1073] *OLG Braunschweig* v. 11.9.1979, NJW 1980, 643; vgl. *BGH* v. 30.6.1992, NJW 1992, 2961 f. (fehlerhafte Vasektomie, Mitverschulden des Ehemannes); *BGH* v. 27.6.1995, NJW 1995, 2407, 2408 sub II 1 c. Anders: *Schiemann*, JuS 1980, 709, 710.

[1074] Siehe Teil 4 I 2.

[1075] Für ein Recht auf Familienplanung bei unverheirateten Paaren: Vgl. *Junker*, S. 585.

(2) Passivlegitimation

Da es nicht selten um die Haftung für Fehler von Ärzten geht, die innerhalb einer juristischen Person eine leitende Position einnehmen und verfassungsmäßige Vertreter des Krankenhauses sind (Chefarzt, bzw. dessen Vertreter), finden §§ 31, 89 häufig Anwendung.[1076] Dann können Ansprüche je nach Vertragsgestaltung auch oder allein gegen den Krankenhausträger selbst geltend gemacht werden. Beim totalen Krankenhausvertrag und im Fall, dass ein angestellter Arzt handelt, bestehen keine vertraglichen Beziehungen zum behandelnden Arzt, so dass hier eine Passivlegitimation bzgl. deliktischer Ansprüche von besonderer Bedeutung ist.[1077]

Ist der handelnde Arzt weisungsgebunden, ist § 831[1078] zu beachten.

Besonderheiten ergeben sich beim gespaltenen Arzt-/Krankenhausvertrag[1079], bei dem der Belegarztvertrag bzw. der Vertrag mit einem selbstliquidierenden leitenden Arzt von dem Krankenhausvertrag zu trennen ist. Da Ansprüche aus dem Arztvertrag, der die Erbringung der Leistungen des Arztes[1080] regelt, nur gegen den Arzt selbst geltend gemacht werden können[1081], kann der Patient bei einem Verletzungsverhalten des (Beleg-)Arztes gegen den Krankenhausträger auch keine deliktischen Ansprüche geltend machen. Der (Beleg-)Arzt ist weder Organ noch Verrichtungsgehilfe, sondern handelt selbstverantwortlich.[1082]

(3) Vertrag als Grundlage für die Pflicht, eine Schwangerschaft zu verhindern

Bei ärztlichen Maßnahmen (z. B. einer Sterilisation) besteht die Pflicht, die Regeln der ärztlichen Kunst anzuwenden.[1083] Der Arzt, der die medizinische Ver-

---

[1076] Vgl. *BGH* v. 27.2.1952, BGHZ 5, 321, 325; *BGH* v. 21.9.1971, NJW 1972, 334 f. *Giesen*, Arzthaftungsrecht Rdn. 15 aE; *Hauberichs*, S. 45. Bei einer *ambulanten* Behandlung durch einen organschaftlichen Vertreter, die in keinem Zusammenhang mit seiner Stellung steht, finden §§ 31, 89 allerdings keine Anwendung *(OLG Braunschweig*, Beschluss v. 11.9.1979, NJW 1980, 643 sub III).

[1077] *Deutsch/Spickhoff*, Medizinrecht Rdn. 128.

[1078] Zu § 831 siehe Teil 4 II 4.

[1079] *Giesen*, Arzthaftungsrecht Rdn. 16; *Hart*, Jura 2000, 14, 17 sub 3; *Hauberichs*, S. 45. Vgl. oben Teil 4 I 1 b.

[1080] Die Leistungen fallen nicht in den Leistungsumfang der Krankenkasse: vgl. *Hauberichs*, S. 45.

[1081] Vgl. *Giesen*, Arzthaftungsrecht Rdn. 14; *Hart*, Jura 2000, 14, 17 sub 3; *Hauberichs*, S. 45.

[1082] *Gehrlein*, S. 23 Rdn. 43; *Laufs/Uhlenbruck* § 104 Rdn. 17.

[1083] *Soergel/Zeuner* § 823 Rdn. 161 ff.; vgl. *Hart*, Jura 2000, 64 ff.

sorgung eines Menschen tatsächlich und in der Regel auch vertraglich übernommen hat, wird durch diese Übernahme zum Garanten für die Rechtsgüter.[1084]

Hat der Arzt bzw. Krankenhausträger durch einen Behandlungsvertrag vertragliche Pflichten übernommen, orientieren sich die Sorgfaltspflichten sowohl in Bezug auf die vertragliche als auch die deliktische Haftung an den Regeln der ärztlichen Kunst nach dem aktuellen Stand der Wissenschaft.[1085] Führt eine nicht den Regeln der ärztlichen Kunst entsprechende Behandlung oder eine unzureichende therapeutische Beratung zu einer Rechtsgutsbeeinträchtigung, ist die Pflichtverletzung für die vertragliche, wie für die deliktische Haftung gleichermaßen relevant (Strukturgleichheit).[1086] Diese Grundsätze gelten auch, wenn die Körper-/ Gesundheitsverletzung im Rahmen einer ärztlichen Maßnahme der Familienplanung verursacht wurde.

bb) Haftung des Arztes ohne Vorliegen eines Arztvertrags

Die deliktische Haftung kommt auch in Betracht, wenn der Arzt die Behandlung oder einen Teil (z. B. Aufklärungspflichten) übernimmt, ohne persönlich Vertragspartner zu sein.[1087] Das ist z. B. der Fall beim totalen Krankenhausvertrag und im Fall, dass ein Arzt in einer Praxis angestellt ist: hier sind das Krankenhaus bzw. die Praxisinhaber Vertragspartner, nicht der Arzt.[1088] Auch ohne Vertrag mit dem Arzt kann eine nicht dem ärztlichen Standard entsprechende Behandlung bzw. Beratung ein Verletzungsverhalten im Sinne des § 823 I darstellen, welches kausal für die Beeinträchtigung von Rechtsgütern sein kann. In den Fällen der nicht verhinderten Schwangerschaft ist allerdings zu berücksichtigen, dass es keine allgemeine ärztliche Pflicht gibt, auf die Verhinderung einer Schwangerschaft hinzuwirken. Ein Verletzungsverhalten ist daher mangels Vorliegens eines auf die Verhinderung einer Schwangerschaft ausgericheten Vertrags (ggf. mit einem Krankenhaus oder einer Praxis) nur denkbar, wenn der Arzt ohne Vertrag Garant für die Verhinderung einer Empfängnis geworden ist.

[1084] *BGH* v. 20.9.1988, NJW 1989, 767, 768 sub II 1 b bb; *Junker* S. 520.

[1085] *BGH* v. 24.6.1986, NJW 1987, 705, 706 (Strukturgleichheit); *BGH* v. 20.9.1988, NJW 1989, 767, 768 sub II 1 b aa; *Gehrlein*, S. 31 Rdn. 3 f.; *Harrer*, S. 195 sub 1. Dazu siehe oben Teil 4 II 2 d, insbesondere auch Fußnote 1038.

[1086] *BGH* v. 24.6.1986, NJW 1987, 705, 706 (Strukturgleichheit); *OLG Saarbrücken* v. 26.8.1998, NJW-RR 1999, 176, 177 sub I 1; vgl. *Hauberichs*, S. 41; *Junker*, S. 558. Teil 4 II 2 d.

[1087] *BGH* v. 22.4.1980, NJW 1980, 1905, 1906 sub II 2 a bb; weitergehend: *OLG Oldenburg* v. 4.8.1998, VersR 1999, 1422 f. (Haftung für Therapieempfehlung bei unzureichender Risikoaufklärung); kritisch: *Rehborn*, MDR 2000, 1101, 1105 f. sub III.

[1088] Siehe oben Teil 4 II 2 g aa (2), vgl. *Deutsch/Spickhoff*, Medizinrecht Rdn. 128.

Fraglich ist, ob im Fall eines Vertrags mit einem Elternteil über eine Verhütungsmaßnahme gegenüber dem nicht in den Schutzbereich dieses Vertrags einbezogenen Dritten eine Garantenpflicht zur Verhinderung einer Empfängnis besteht und somit auch ihm gegenüber ein deliktisch relevantes Verletzungsverhalten vorliegt, wenn es zu einer Empfängnis kommt.

Anders als bei der Einschränkung des Personenkreises nach den Kriterien des Vertrags mit Schutzwirkung[1089], findet im Bereich des Deliktsrechts grundsätzlich keine Einschränkung des Personenkreises nach dem Kriterium der Erkennbarkeit der geschützten Personen[1090] für den Vertragspartner statt. In vielen Fällen können Dritte, die nicht in den vertraglichen Schutzbereich einbezogen sind, deliktischen Schutz genießen.[1091] Im Bereich des Arzthaftungsrechts wird man z. B. eine Verkehrssicherungspflicht eines Arztes gegenüber einem Dritten annehmen dürfen, der geschädigt wird, weil sich ein Patient ohne Aufklärung über seine Fahruntauglichkeit nach einer ärztlichen Maßnahme ans Steuer setzt und dadurch den Dritten verletzt. Dies kann als Ausdruck einer allgemeinen „Erfolgsvermeidungspflicht" angesehen werden.[1092]

Bei Annahme einer allgemeinen Pflicht, Schwangerschaften zu vermeiden, würden alle potenziellen Elternteile genauso geschützt, wie die Vertragspartner und zwar ohne Rücksicht auf ihre Einstellung zur Familienplanung. Ihnen gegenüber bestehen für die Annahme einer (gesetzlichen) Pflicht, eine Schwangerschaft zu verhüten, zunächst keine konkreten Anhaltspunkte, aus denen etwaige Gefahrvermeidungspflichten abzuleiten wären.[1093] Letztlich kann die Schwangerschaft von der dritten Person durchaus gewollt sein. Im Hinblick darauf, dass eine Schwangerschaft im Normalfall keine Rechtsgutsverletzung darstellt, sondern nur bei Bestehen einer besonders begründeten Pflicht, diese zu verhindern, bedarf es weiterer Gründe für den Ansatz, dass der Arzt jeder potenziellen Sexualpartnerin des Vertragspartners gegenüber eine Gefahrvermeidungspflicht im Hinblick auf schwangerschaftsbedingte Rechtsgutsbeeinträchtigungen haben sollte. Dieser Schutz kann für andere als den gegenwärtigen Partner, der für den Anspruchsgegner erkennbar geschützt werden soll, nicht schlechthin gelten.[1094] Ein solch

---

[1089] Vgl. Teil 4 I 2; Fußnote 512.

[1090] *BGH* v. 22.1.1968, BGHZ 49, 350, 354.

[1091] Vgl. *Deckert*, Jura 1996, 348 sub 1 a mwN; *Palandt/Sprau* § 823 Rdn. 185 ff.

[1092] Vgl. *Deutsch/Spickhoff* Rdn. 126.

[1093] Vgl. Teil 4 II 2 b. Zu weit geht hier MünchKomm/*Wagner*, 4. Aufl., § 823 Rdn. 86, der anscheinend für jeden potenziellen Sexualpartner einen Drittschutz bejaht.

[1094] Vgl. *Adomeit*, Jura 1981, 196, 197; so wohl auch: *Fischer*, JuS 1984, 434, 438 sub III 2, der im Hinblick auf eine Verletzung des Persönlichkeitsrechts auf Familienplanung nur einen Schutz des anderen Ehepartners bejaht. Allgemein zur Begrenztheit der rechtlichen Wirkungen der nichtehelichen Lebensgemeinschaft: *Diederichsen*, NJW 1983, 1017 ff.

weites Haftungsverständnis widerspricht vor allem dem persönlichen Arzt-Patienten-Verhältnis. Die Haftung erstreckt sich daher nur auf die dem Arzt bekannte Partnerin (z. B. Ehefrau oder aktuelle Lebensgefährtin), die zusammen mit dem Vertragspartner in eine auf die Vermeidung von Schwangerschaften ausgerichtete Familienplanung mit einbezogen wurde.

cc) Produzentenhaftung

Im Rahmen der deliktischen Produzentenhaftung ist ein Verletzungsverhalten vor allem beim Arzneimittelhersteller zu diskutieren. Zwar richtet sich dessen Haftung u. a. nach dem Arzneimittelgesetz (AMG)[1095], die Grundsätze der Produzentenhaftung gem. § 823 I sind aber daneben anwendbar.[1096]

Seit den sechziger Jahren wurde Herstellern von Anti-Baby-Pillen vorgeworfen, auf dem Beipackzettel nicht oder nur unzureichend auf das Versagerrisiko hingewiesen zu haben.[1097] Unzureichende Hinweise in Gebrauchsanweisungen können einen Instruktionsfehler darstellen.[1098] Der Fehler kann auch im Unterlassen eines Hinweises auf dem Beipackzettel eines anderen Präparates (z. B. Antibiotikum) liegen, dass die Wirkungen von Verhütungsmitteln bei gleichzeitiger Einnahme des Präparats aufgehoben bzw. beeinträchtigt werden.[1099] Das Verletzungsverhalten hängt davon ab, ob nach dem Stand der Wissenschaft bestimmte Risiken bekannt sind oder hätten bekannt sein müssen.

Ein Instruktionsfehler[1100] ist wie die Verletzung von Aufklärungs- und Hinweispflichten über Versagerrisiken kausal, wenn die Eltern bei richtiger Instruktion weitere Maßnahmen ergriffen hätten, die die Schwangerschaft mit an Sicherheit grenzender Wahrscheinlichkeit verhindert hätten.

Für eine Einschränkung der Gefahrvermeidungspflichten auf besondere Gefahren der Empfängnis gibt es hier keine Anhaltspunkte. Es besteht kein Vertrag, aus

---

[1095] Siehe Teil 4 III.

[1096] Vgl. *Dreihaupt*, S. 89 mwN.

[1097] *LG Limburg* v. 18.6.1969, NJW 1969, 1574 (Vorwurf des Fehlens eines Hinweises auf eine Versagerquote i. H. von 2 %); *OLG Köln* v. 9.1.1997, VersR 1997, 1006 (Vorwurf unzureichender Aufklärung über Risiken der Micropille); *Loewenheim*, NJW 1969, 1754 ff.

[1098] Vgl. *Loewenheim*, NJW 1969, 1754, 1755 sub 2.

[1099] *OLG Frankfurt* v. 25.6.1992, NJW 1993, 2388 f. Beeinträchtigung der Wirkung der Anti-Baby-Pille bei gleichzeitiger Verwendung von Antibiotika; *OLG Frankfurt* v. 3.2.1994, OLGR Frankfurt 1994, 75 f. = ArztR 1995, 118 f. (Ablehnung des Kausalzusammenhangs); *Holzwarth*, S. 163 f.

[1100] Vgl. zu *LG Limburg* v. 18.6.1969, NJW 1969, 1574: *Loewenheim*, NJW 1969, 1754, 1755.

dem sich ergeben könnte, dass nur ganz bestimmte Risiken zu vermeiden waren. Anders als beim Arzt, bei dem aus dem Kontakt zum Patienten keine unbegrenzte Haftung gegenüber einem unüberschaubaren Personenkreis entsteht, ist bei der Herstellerhaftung von vornherein klar, dass ein unüberschaubarer Personenkreis die Produkte verwenden wird und sich auf deren Wirksamkeit unter allen möglichen Gesichtspunkten verlassen können muss. Gegen eine zu weite Haftung kann und muss sich der Hersteller durch entsprechend strenge Entwicklungs- und Produktionskontrollen schützen.

dd) Haftung bei Bestehen von Aufsichts- und Fürsorgepflichten

Bei der Entstehung einer Schwangerschaft infolge der Verletzung von Fürsorgepflichten gegenüber Minderjährigen oder gegenüber Personen, die wegen ihres geistigen oder körperlichen Zustands beaufsichtigt werden[1101], begründet die (vertragliche) Fürsorgepflicht auch eine Garantenstellung bzgl. des Rechtsgüterschutzes. Somit kann die Verletzung der Pflichten auch deliktische Ansprüche[1102] begründen. Der Aufsichtspflichtige kann selbst unmittelbar die Schwangerschaft herbeigeführt haben. Abgesehen davon kann das Verletzungsverhalten im Unterlassen notwendiger Schutzmaßnahmen vor sexuellen Übergriffen liegen. Auch wenn ein freiwilliges Mitwirken des zu Beaufsichtigenden keine Änderung der Pflichten bewirkt, ist doch problematisch, ob ein Verletzungsverhalten i. S. von § 823 I vorliegt, bzw. ob die Empfängnis in diesem Fall unter den Schutzzweck des § 823 I fällt. Das Nichtverhindern einer Schwangerschaft kann nur Rechtsgutsverletzung sein, wenn eine Pflicht bestand, sie zu verhindern. Kann die zu beaufsichtigende Person ihren Willen gem. § 827 nicht frei betätigen bzw. besteht fehlende Einsichtsfähigkeit gem. § 828 III bzgl. der Folgen ihres (freiwilligen) Tuns, liegt kein sachlicher Grund vor, die deliktischen Verhaltenspflichten anders zu beurteilen und hier einen milderen Maßstab anzulegen. Somit besteht auch bei Freiwilligkeit im Hinblick auf § 823 I eine Pflicht, nicht an der Herbeiführung einer Schwangerschaft mit der zu beaufsichtigenden Person mitzuwirken und diese durch Ausübung der nach dem Vertrag gebotenen Aufsicht und Fürsorge vor einer Empfängnis zu bewahren. Eine Haftung setzt ferner voraus, dass der Anspruchsgegner die Willensschwäche bzw. mangelnde Einsichtsfähigkeit kannte oder bei Anwendung der im Verkehr notwendigen Sorgfalt (§ 276 II) hätte kennen müssen. Auch bei fahrlässiger Herbeiführung der Schwangerschaft ist somit eine Körper-/Gesundheitsverletzung möglich.

Neben der allgemeinen Haftung für die Verletzung von Rechtsgütern gem. § 823 I kommt hier auch eine Haftung wegen Verletzung der durch § 825 ge-

---

[1101] Siehe *RG* v. 22.2.1924, RGZ 108, 86 ff. (Teil 2 VII) und Teil 4 I 3 d.
[1102] Zu den vertraglichen Pflichtverletzungen: Siehe Teil 4 I 3 d.

schützten sexuellen Selbstbestimmung durch Missbrauch gem. § 825, sowie § 823 II i. V. mit §§ 174 ff. StGB in Betracht.[1103]

ee) Haftung bei einseitiger „Durchkreuzung" der Familienplanung durch einen Elternteil?

Bei der einseitigen Herbeiführung einer Empfängnis durch einen Elternteil kommt mangels rechtsgeschäftlicher Relevanz von Absprachen nur eine deliktische Haftung in Betracht. Es ist danach zu differenzieren, ob die Mutter in ihren Rechtsgütern Körper und Gesundheit, oder die Mutter bzw. der Vater in ihrem/seinem Recht auf Familienplanung betroffen sind.

(1) Verletzung des Rechts auf Familienplanung

Eine allgemeine gesetzliche Pflicht, an der Verhinderung einer Schwangerschaft mitzuwirken, gibt es nicht. Vertragliche Pflichten, Verhütungsmittel kontinuierlich zu benutzen, über die Nichtbenutzung aufzuklären, eine tatsächlich bestehende Fruchtbarkeit zu offenbaren, oder die Implantation eines Embryos gegen den Willen des Ehemanns[1104] zu unterlassen, sind ebenfalls abzulehnen.[1105]

Unproblematisch ist das Eingehen bewusster Risiken durch Anwendung unzuverlässiger Verhütungsmethoden: Entscheiden sich die Partner für unsichere Methoden, werden trotz eventueller Absprachen keine Gefahrvermeidungspflichten begründet, vielmehr hoffen die Eltern lediglich auf das Ausbleiben der Empfängnis. Es liegt weder ein pflichtwidriges Verletzungsverhalten vor, noch fallen Beeinträchtigungen der Rechtsgüter unter den Schutzzweck des § 823 I. Eine Untersuchung des Verhaltens im Rahmen der Rechtswidrigkeit oder im Rahmen von § 254 I wegen „Handelns auf eigene Gefahr"[1106] erübrigt sich damit[1107].

Stellen Schwangerschaft und Geburt im Fall des abredewidrigen Unterlassens von Verhütungsmaßnahmen[1108] nach dem oben Gesagten[1109] keine Persönlich-

---

[1103] Siehe Teil 4 II 3, 5.

[1104] Teil 2 VI; Teil 4 I 1 d bb.

[1105] Teil 4 I 1 d.

[1106] Das Handeln auf eigene Gefahr ist nach überwiegender Ansicht ein Problem des § 254; vgl. *Palandt/Heinrichs* § 254 Rdn. 76.

[1107] So aber *Junker*, S. 700, die das Problem unter den Aspekten der Einwilligung und des Handelns auf eigene Gefahr einordnet. Eine schuldhafte Selbstgefährdung i. S. von § 254 scheidet aus, weil keine Rechtsgutsverletzung vorliegt, bezüglich deren Folgeschäden eine Kürzung von Ansprüchen in Betracht käme.

[1108] *BGH* v. 17.4.1986, BGHZ 97, 372 ff. Siehe Teil 2 V.

[1109] Teil 3 I 9 c ee (3) (c).

keitsrechtsverletzung dar, erübrigt sich auch die Frage nach der deliktischen Haftung. Unabhängig davon könnte der Hinweis des *IX. Senats*, dass der Intimbereich bei Zeugung eines Kindes nach freiwilligem Geschlechtsverkehr nicht dem Deliktsrecht unterfällt, in Bezug auf die (vom Vater in diesem Fall nicht geltend gemachte) Verletzung von Persönlichkeitsrechtsgütern dahingehend präzisiert werden, dass der Erfolg, die Entstehung neuen Lebens, von ihm als allgemeines Lebensrisiko hinzunehmen sei und nicht in den Schutzbereich haftungsbegründender Normen falle, so dass ihm gegenüber auch keine Gefahrvermeidungspflichten bestünden. Eine Abwägung mit den Grundrechten des Kindes wäre überflüssig. Die Risikoverteilung würde sich bereits aufgrund der Abwägung der Rechtsgüter und Pflichten der Elternteile untereinander ergeben.[1110]

Die zielgerichtete Herbeiführung der Empfängnis kann dennoch aufgrund der Umstände des Einzelfalls eine Haftung aus § 823 I gegenüber dem anderen Partner auslösen. Im Fall der aktiven Herbeiführung der Zeugung durch Zuhilfenahme künstlicher Methoden begründen die Zielgerichtetheit des Handelns und die Mittel-Zweck-Relation unter Abwägung der Persönlichkeitsrechte beider Elternteile die (rechtswidrige) Verletzung des Rechts auf Familienplanung des Anderen.[1111] Aufgrund der Unmittelbarkeit der Verursachung ist die Zurechenbarkeit zu bejahen. Der notwendige Einsatz verwerflicher Methoden spricht ebenfalls dagegen, die Elternschaft als allgemeines Lebensrisiko des getäuschten Elternteils zu bezeichnen. Hierunter fällt u. a. die Herbeiführung einer Schwangerschaft durch Missbrauch von Keimzellen, nicht hingegen durch Einpflanzung eines mit Willen beider Elternteile bereits gezeugten Embryos[1112], nachdem der Vater sein Einverständnis zur Implantation zurückgezogen hat.

Eine Verletzung des Rechts auf Familienplanung kommt nach den oben[1113] genannten Abwägungen nur in Betracht, wenn der Schwerpunkt der Vorwerfbarkeit nicht auf dem Unterlassen der Anwendung verhütender Maßnahmen oder dem Verschweigen, dass solche Maßnahmen abgesetzt wurden, liegt. Erforderlich sind dazu hinzutretende Umstände, die im Rahmen der notwendigen Güter- und Interessenabwägung das Recht auf Zeugung von Nachwuchs gegenüber dem Recht des Anderen, vor einer Elternschaft bewahrt zu werden, in den Hintergrund treten lassen. Das ist zum einen der Fall bei einem aktiven Tun außerhalb des Geschlechtsverkehrs, das einen so starken Eingriff in die Entscheidungsfreiheit des Partners darstellt, dass das Verhalten und die zugrunde liegende Zweck-Mittel-

[1110] Teil 3 I 9 c ee (3) (c).
[1111] Teil 3 I 9 c ee (3) (e).
[1112] *BGH* v. 21.2.2001, BGHZ 146, 391, wo ein mit dem Willen beider Elternteile gezeugter Embryo vorlag. Vgl. Teil 2 VI; Teil 3 I 9 c ee (3) (e).
[1113] Siehe Teil 3 I 9 c gg.

Relation nach Abwägung der Interessen als unzulässiger Eingriff in das Persönlichkeitsrecht des anderen Elternteils angesehen werden kann[1114].

(2) Verletzung des Körpers und der Gesundheit der Mutter

Problematisch ist die Annahme einer Gefahrvermeidungspflicht bei falscher Handhabung von Verhütungsmitteln oder Falschauskunft über eine tatsächlich nicht bestehende Unfruchtbarkeit des Vaters.[1115] Abreden hierüber stellen keine verbindlichen Verträge dar (s. o.)[1116], so dass sich aus Vertrag keine solche Pflicht ergeben kann. Fraglich ist, ob dennoch eine deliktische Gefahrvermeidungspflicht im Hinblick auf den Schutz der Rechtsgüter der Mutter zu befürworten ist, deren Rechtsgüter Körper und Gesundheit sonst schutzlos wären. Anders als bei der Frage, ob ein Recht auf Familienplanung rechtswidrig verletzt ist, bedarf es keiner Güter- und Interessenabwägung unter Einbeziehung des Rechts auf Familienplanung des Vaters. Die Rechtsgüter Körper und Gesundheit sind anderer Qualität als das (Persönlichkeits-)Recht auf Zeugung eines Kindes, welches ebensowenig auf Kosten dieser Rechtsgüter durchgesetzt werden kann, wie der Schutz des eigenen Körpers bzw. der eigenen Gesundheit. Die Interessen des Vaters, sein Persönlichkeitsrecht auf Zeugung zu verwirklichen, sind daher nicht ausschlaggebend. Da beim freiwilligen Geschlechtsverkehr grundsätzlich beide Partner die Verantwortung für die Entstehung einer Empfängnis und deren Folgen tragen, kann die Beeinträchtigung der Rechtsgüter nur bei Vorliegen konkreter Anhaltspunkte unter den Schutzzweck des § 823 I fallen. Hat der Vater eine Art „Gewähr" dafür übernommen, dass dieses Risiko nicht eintritt, und kann die Mutter aufgrund dieser Risikoübernahme berechtigterweise auf das Ausbleiben der Empfängnis vertrauen, so dass sie keine weiteren Maßnahmen zum Schutz ihrer Rechtsgüter ergreifen musste, so stellt ein Verstoß des Vaters gegen die Absprache ein Verletzungsverhalten dar. Je größer die Gefahr z. B. für die Gesundheit der Mutter ist, desto wahrscheinlicher ist die Annahme einer solchen Risikoübernahme. Als Verletzungsverhalten kommt eine falsche Information über die Fruchtbarkeit des Vaters, oder die falsche Handhabung von Verhütungsmethoden in Betracht.

Dennoch ist nicht davon auszugehen, dass für Fahrlässigkeit bei der Anwendung von Verhütungsmethoden unter den Partnern gehaftet werden soll.[1117] Dafür spricht auch, dass keine z. B. dem Arztvertrag vergleichbare vertragliche Rege-

---

[1114] Vgl. *Junker*, S. 688 (Zerstechen von Kondomen).

[1115] Zur Verletzung von Körper und Gesundheit, wenn die Mutter getäuscht wurde: *Junker*, S. 699.

[1116] Siehe Teil 4 I 1 d.

[1117] Vgl. *Junker*, S. 700. Siehe Teil 4 II 2 f.

lung besteht. Bei Eheleuten ergibt sich im Regelfall leichter Fahrlässigkeit die Einschränkung der Haftung auf eigenübliche Sorgfalt aus §§ 1359, 277.

Bei vorsätzlicher Herbeiführung der Empfängnis durch Manipulation von Verhütungsmitteln oder Sexualdelikt stellen die Rechtsgutsbeeinträchtigungen allerdings ebenso wie die Verletzung der Rechts auf Familienplanung kein allgemeines Lebensrisiko der Mutter mehr dar, so dass die Zurechenbarkeit der dadurch verursachten Rechtsgutsbeeinträchtigungen zu bejahen ist.

3. Der Anspruch aus § 823 II i. V. mit einem Schutzgesetz

Die Haftung aus § 823 II i. V. mit einem Schutzgesetz hat in den hier behandelten Fällen neben § 823 I kaum eigenständige Bedeutung.[1118] Bejaht man die Voraussetzungen einer fahrlässigen oder vorsätzlichen Körperverletzung i. S. von §§ 223 ff. StGB, welche Schutzgesetze i. S. von § 823 II sind[1119], liegen auch die Voraussetzungen des § 823 I vor.

§ 823 II i. V. mit einem Schutzgesetz aus den §§ 174 ff. StGB ist Anspruchsgrundlage im Fall der Herbeiführung einer ungewollten Schwangerschaft durch ein Sexualdelikt. In diesen Kontext fallen neben der Vergewaltigung (§§ 177, 178 StGB) auch Fälle sexuellen Missbrauchs (§§ 174, 174a, 174b, 174c, 176a, 176b, 179 I, IV StGB).

Daneben ist an einen Anspruch aus § 823 II i. V. mit § 1 I ESchG zu denken, wenn man davon ausgeht, dass das Gesetz nicht nur dem Schutz der Embryonen, sondern auch der Mutter vor einer Verletzung ihrer Rechtsgüter z. B. durch Einpflanzen eines fremden Embryos dient.

4. Der Anspruch aus § 831 I Satz 1

Ein Anspruch aus § 831 I Satz 1 ist von Bedeutung, wenn nicht durch ein Verhalten des Vertragspartners, sondern seines Verrichtungsgehilfen eine Rechtsgutsverletzung verursacht wurde. Ist ein selbstliquidierender Arzt beteiligt, sind sowohl dieser selbst, als auch der Träger Geschäftsherren im Sinne von § 831 im Hinblick auf die weisungsgebundenen nachgeordneten Ärzte im Fachbereich des

---

[1118] *Harrer*, S. 249; *Hauberichs*, S. 153; zum Fall, dass die Schwangerschaft durch Nötigung i. S. von § 240 StGB herbeigeführt wird: *Junker*, S. 595; *Reinelt*, FamRZ 1970, 572, 576.
[1119] *Medicus*, SchuldR II Rdn. 822.

Arztes.[1120] Was das übrige Personal betrifft, ist der Träger Geschäftsherr i. S. von § 831. Erteilt der Arzt Weisungen gegenüber dem Krankenhauspersonal, wird er selbst zum Geschäftsherrn i. S. von § 831.[1121] Das gilt auch für den selbstliquidierenden Arzt, welcher Geschäftsherr ist, wenn er konkrete Weisungen erteilt hat.[1122]

Die Bedeutung der Exkulpationsmöglichkeit gem. § 831 I Satz 2 hat bei Vorliegen vertraglicher Haftung erheblich abgenommen, da diese nun trotz Exkulpation über die Zurechnungsnorm § 278 Ersatz der immateriellen Nachteile ermöglicht.[1123]

5. Anspruch aus § 825

Ansprüchen wegen der Bestimmung zu sexuellen Handlungen gem. § 825 in der Fassung seit 1.8.2002 kommt laut der Begründung in der BT-Drucksache[1124] keine eigenständige Bedeutung zu. § 825 gewährt keinen zusätzlichen Schutz, der nicht bereits durch den Schutz des Persönlichkeitsrechts durch § 823 I, sowie durch § 823 II i. V. mit §§ 174 ff. StGB gewährleistet wäre. Die Norm ist neben § 823 I, II anwendbar.[1125] Sie wurde aufrechterhalten, um nicht den Eindruck zu erwecken, die sexuelle Selbstbestimmung werde nicht mehr in dem Maße geschützt wie vor der Reform.[1126]

§ 825 ist anwendbar, wenn die Schwangerschaft durch sexuellen Missbrauch z. B. einer zu beaufsichtigenden Person herbeigeführt wurde.[1127] Die Rechtsgutsverletzung liegt nur vor, wenn eine sexuelle Handlung durch ein besonderes Verhalten herbeigeführt wurde.[1128]

1120 *Gehrlein*, S. 25 Rdn. 50.
1121 *Gehrlein*, S. 25 Rdn. 48; *OLG Stuttgart* v. 5.9.1996, NJWE-VHR 1997, 62.
1122 *Gehrlein*, S. 25 Rdn. 50.
1123 Siehe oben Teil 4 I 4 b.
1124 BT-Drs. 14/7752, S. 26.
1125 MünchKomm/*Wagner*, 4. Aufl., § 825 Rdn. 14 f.
1126 BT-Drs. 14/7752, S. 26: „*Dies* (die Aufhebung) *hätte (...) zu dem falschen Schluss geführt, dass der Gesetzgeber der sexuellen Selbstbestimmung der Frau (...) Bedeutung abspricht.*"
1127 Siehe Teil 2 VII; Teil 3 I 9; Teil 4 I 3 d; Teil 4 II 2 g dd.
1128 Siehe Teil 3 I 9.

§ 825 ist insbesondere auch Grundlage für Ansprüche auf Ersatz des immateriellen Schadens gem. § 253 II nF, was sich aus dem Wortlaut dieser Vorschrift ergibt. Dies wird durch die Begründung in der BT-Drucksache bestätigt.[1129]

6. Der Anspruch aus § 826

Ansprüche aus § 826 sind im Zusammenhang mit dem Schutz von Rechtsgütern[1130] neben § 823 nicht Gegenstand der Diskussion gewesen. Sie sind umstritten bei der Frage, ob der Partner, der abredewidrig auf Verhütungsmittel verzichtet, dem anderen gegenüber auf Ersatz der Unterhaltsaufwendungen für ein daraufhin geborenes Kind haftet.[1131] Im Bereich der Arzthaftung spielt § 826 mangels eigenen Interesses des Arztes an der Zeugung eines Kindes gegen den Willen der Eltern praktisch keine Rolle.[1132]

Gerade § 826 ist (auch innerhalb der Ehe) als Grundlage von Schadensersatzansprüchen umstritten. Die ältere Rechtsprechung betonte, dass die Erfüllung ehelicher Pflichten *„nur durch die auf freier sittlicher Entscheidung beruhende eheliche Gesinnung gewährleistet werden"* könne und jeder *„staatliche Zwang, etwa durch eine Schadensersatzleistung, ausgeschlossen sei."*[1133] Die neuere Rechtsprechung und ein Teil der Literatur bejahen allerdings bei Hinzutreten weiterer schädigender Umstände die Anwendung des § 826 als „Rechtsnorm höherer Art" auch im Verhältnis der Ehegatten untereinander.[1134] Die Kollision der

---

[1129] BT-Drs. 14/7752, S. 26.

[1130] Siehe unten Punkt 6. a).

[1131] Abgelehnt durch *BGH* v. 17.4.1986, BGHZ 97, 372 ff. Vgl. dazu Teil 2 VI; Teil 3 I 9 c ee (3) (c). Kritisch zum Urteil: MünchKomm/*Wagner*, 4. Aufl., § 826 Rdn. 124; *Staudinger/Oechsler* § 826 Rdn. 458. Zum Problem siehe auch *Junker*, S. 596, 683 ff. (Klage aus wrongful parenthood).

[1132] Gelegentlich wird über den Fall des Arztes, der möglicherweise aufgrund seiner persönlichen Einstellung vorsätzlich eine Schwangerschaft herbeiführen könnte, spekuliert; vgl. *Deutsch*, JZ 1978, 532, 533 sub 4; *Hauberichs*, S. 154; *Sigel*, S. 170. Aufgetaucht ist ein solcher Fall eines präkonzeptionellen Verletzungsverhaltens jedenfalls noch nie.

[1133] *BGH* v. 16.12.1960, BGHZ 34, 80, 85; *BGH* v. 13.10.1976, NJW 1977, 378; *BGH* v. 4.11.1987, NJW 1988, 2032, 2033; RGRK/*Steffen* § 823 Rdn. 66. Anders: *Looschelders*, Jura 2000, 169, 172 sub III 1 b mwN in Fußnote 66, der auch innerhalb der Ehe § 826 für anwendbar hält.

[1134] *BGH* v. 19.12.1989, NJW 1990, 706, 708 sub 3 a; ebenso: *Looschelders*, Jura 2000, 169, 173 sub III 1 b; differenzierend (§ 826 anwendbar, § 823 nicht anwendbar): *Erman/Heckelmann* Vor §§ 1353 – 1362 Rdn. 15 aE, § 1353 Rdn. 34: *„nur § 826 darf daher Anspruchsgrundlage im Deliktsrecht sein"*; *Giesen*, Familienrecht, Rdn. 197; *Ostheide*, S. 148. Grundsätzlich gegen Anwendbarkeit des § 826: *Erman/Schiemann* § 826 Rdn. 54; *Soergel/Hönn/Dönneweg* § 826 Rdn. 102 (§ 826 nur bei weiteren neben der Ehestörung vorliegenden Unlauterkeitselementen); *Soergel/Lange* § 1353 Rdn. 41. Nach Ansicht von *Staudin-*

Entscheidungsfreiheit, keinen Nachwuchs zu zeugen, mit der Entscheidungsfreiheit anderer wird auch in der Literatur nach § 826 beurteilt.[1135]

a) Schutz materieller und ideeller Interessen

Da § 826 neben materiellen auch ideelle Interessen schützt[1136], wozu der Schutz von Persönlichkeitsrechtsgütern gehört, ist er auch Grundlage für Ansprüche wegen Verletzung dieser Güter. Allerdings kommt ihr hier keine eigenständige Bedeutung zu, da sich ein Anspruch bereits aus § 823 I ergibt, dessen Voraussetzungen weniger umfangreich sind. Der Anspruch aus § 826 tritt dann neben den aus § 823 I oder § 823 II i. V. mit einem Schutzgesetz - er ist nicht etwa subsidiär.[1137] § 826 ist insoweit ungünstiger, als auf der Ebene des Anspruchsinhalts erforderlich ist, dass die adäquaten Folgeschäden vom Vorsatz umfasst sind.

Im Hinblick auf die möglicherweise verletzten Rechtsgüter wird verwiesen auf die in Teil 3 genannten Ergebnisse.

b) Sittenwidrige Schädigung

Objektive Voraussetzung für eine Haftung gem. § 826 ist eine sittenwidrige Schädigung. Anstelle auf das „Anstandsgefühl aller billig und gerecht Denkenden", welches heute wegen vielseitiger voneinander abweichender Vorstellungen kaum noch festzustellen ist[1138], abzustellen, ist die Sittenwidrigkeit durch eine alle Umstände des Einzelfalls berücksichtigende normative Wertung festzustellen.[1139] Das Ergebnis dieser Wertung wird letztendlich immer auch von den Maßstäben abhängen, die der Bewertung zugrundegelegt werden.[1140] Diese Wertungen können je nach Alter, Geschlecht, Herkunft des Bewertenden höchst unterschiedlich sein.

---

ger/Oechsler § 826 Rdn. 458 genügt es, Ansprüche des Vaters nur so lange zurückzustellen, wie das Kind gegenüber der Mutter unterhaltsbedürftig ist.

1135 *Larenz/Canaris*, SchuldR II/2 § 80 II 6 e (für nichteheliche Lebensgemeinschaft).

1136 *Erman/Schiemann* § 826 Rdn. 1; *Jauernig/Teichmann* § 826 Rdn. 1.

1137 *Erman/Schiemann* § 826 Rdn. 1 aE; allgemein zur Anspruchskonkurrenz: *Medicus*, SchuldR II Rdn. 835.

1138 *Erman/Schiemann* § 826 Rdn. 3; *Jauernig/Teichmann* § 826 Rdn. 3; *Staudinger/ Oechsler* § 826 Rdn. 43 mwN.

1139 *Jauernig/Teichmann* § 826 Rdn. 3. *Schiemann* (*Erman/Schiemann* § 826 Rdn. 3) spricht in diesem Zusammenhang von einem sozialethischen Minimum.

1140 Aus diesem Grund bezeichnet *Oechsler* (*Staudinger/Oechsler* § 826 Rdn. 47) den Versuch, den Sittenverstoß durch Formeln wie die der „verwerflichen Zweck-Mittel-Relation" pauschal festzulegen, als untauglich.

Die Verwerflichkeit kann sich aus der Zielsetzung, den dazu eingesetzten Mitteln und ggf. aus der Zweck-Mittel-Relation ergeben.[1141] Dies gilt zunächst für die sittenwidrige Schädigung der Rechtsgüter Körper und Gesundheit. Wegen der Schwierigkeit der Festlegung der Grenzen des Rechts auf Familienplanung zeigt sich, dass auch hier die Zweck-Mittel-Relation ein geeignetes Abgrenzungskriterium ist.

Zweifelhaft ist, ob die vorsätzliche Herbeiführung einer Schwangerschaft im Rahmen der Ehe als sittenwidrig i. S. von § 826 angesehen werden kann.[1142] Die Zielsetzung, ein Kind zu zeugen, ist - für sich betrachtet - nicht sittenwidrig. Das Absetzen von Verhütungsmitteln stellt isoliert betrachtet auch kein verwerfliches oder „sittenwidriges" Verhalten dar. Verwerflich könnte allerdings das Verschweigen des Absetzens der Mittel sein. Problematisch ist, ob der Umstand, dass das legitime Ziel einer Schwangerschaft nicht gegen den Willen des Partners herbeigeführt werden sollte, für die Sittenwidrigkeit genügt. Dagegen spricht das eigene Recht, Nachkommen zu zeugen.[1143] Die Täuschung des anderen allein genügt nicht, um daraus auf eine Sittenwidrigkeit des Ziels oder z. B. beim Verschweigen des Unterlassens von Verhütungsmitteln auf die Sittenwidrigkeit der Zweck-Mittel-Relation zu schließen. Auch wenn grundsätzlich ein Unterlassen einer Handlung oder Aufklärung sittenwidrig sein kann, so gilt dies jedoch nur, wenn eine „sittliche Pflicht" zum Handeln oder zur Aufklärung bestand.[1144] In bestimmten Situationen muss eine bewusste Täuschung nicht automatisch sittenwidrig sein. So ist z. B. nicht einmal die Täuschung über die finanzielle Situation eines Unternehmens[1145] sittenwidrig, wenn durch sie das Unternehmen gerettet werden soll. Daran wird deutlich, dass eine pauschale Beurteilung der Sittenwidrigkeit ohne Beurteilung sämtlicher Umstände des Einzelfalls nicht ohne Weiteres möglich ist.

Außerhalb der Ehe sprechen die Argumente, die oben gegen die Verletzung eines Rechts auf Familienplanung angeführt wurden[1146], ebenso gegen eine sittenwidrige Schädigung. Das gilt wie auch innerhalb der Ehe besonders für die Bedeutung des Rechts, eigene Nachkommen zu zeugen.[1147] Eine sittenwidrige Schädigung kann hier nicht allein damit begründet werden, der Vater habe sich durch

---

[1141] *Erman/Schiemann* § 826 Rdn. 8; *Esser/Weyers* SchuldR II/2 § 56 II 2; *Jauernig/Teichmann* § 826 Rdn. 3 mwN.
[1142] Siehe Teil 3 I 9 c ee (3) (c).
[1143] Vgl.: *Larenz/Canaris*, SchuldR II/2 § 80 II 6 e. Siehe oben Fußnote 354.
[1144] *Erman/Schiemann* § 826 Rdn. 13.
[1145] Beispiel aus *Staudinger/Oechsler* § 826 Rdn. 51, 162 mwN.
[1146] Siehe Teil 3 I 9 c ee (3) (c).
[1147] *Larenz/Canaris*, SchuldR II/2 § 80 II 6 e. Siehe oben Fußnote 354.

die Absprache der Verantwortung für die Zeugung eines Kindes entledigt.[1148] Eine solche Sicht berücksichtigt die Rechte der Mutter nicht angemessen. Weder aus dem Unterlassen der Unterdrückung der eigenen Fruchtbarkeit, noch aus dem Unterlassen der Aufklärung über die Absetzung von Verhütungsmitteln kann daher automatisch auf eine sittenwidrige Schädigung geschlossen werden.

Die oben erwähnte moralische Verurteilung des Verhaltens der Mutter ist zweifelhaft.[1149] Die innere Motivation einer Frau, die einen solchen Weg wählt, entzieht sich weitgehend dem Beurteilungsspielraum des Richters. Die Behauptung, es läge rücksichtloses und damit sittenwidriges Verhalten vor, ist pauschal. Auch die Bewertung eines Verhalten als „rücksichtslos" kann nicht ohne eine Berücksichtigung aller einzelnen Umstände und Motive vorgenommen werden.[1150] Bei der Auslegung des Begriffs der Sittenwidrigkeit sind auch Grundrechte der Parteien mit zu berücksichtigen.[1151] Der Kinderwunsch ist begründet im allgemeinen Persönlichkeitsrecht, welches auf Artt. 1 I, 2 I GG basiert. Geht es darüber hinaus der Mutter nicht nur um Rache, sondern darum, ihren eigenen Kinderwunsch durchzusetzen, so spricht auch dies eher gegen eine sittenwidrige, die Grenzen des sozialethischen Minimums überschreitende Gesinnung.

Ist der ungewollte Vater verheiratet, ist keine andere Beurteilung möglich, da die Umstände der Zeugung des Kindes nicht dadurch sittenwidrig werden können, dass der Vater ein Verhältnis außerhalb der Ehe einging. Dieses Verhalten fällt in seinen eigenen Verantwortungsbereich.[1152]

Die Umstände, die in Ausnahmefällen eine Verletzung des Rechts auf Familienplanung begründen[1153], sprechen zugleich auch für die Sittenwidrigkeit der Zweck-Mittel-Relation. Wurden ganz bestimmte Methoden angewendet, mit denen der andere Elternteil nicht rechnen konnte, dann ist dieses Verhalten nicht mehr durch das eigene Recht auf Nachwuchs gedeckt. Ergibt die Abwägung der Interessen des Anspruchsgegners und des Elternteils, dem die Elternschaft aufgezwungen wurde, dass dessen Persönlichkeitsrecht verletzt wurde, ist somit die Schädigung grundsätzlich auch sittenwidrig.

[1148] In diese Richtgung geht jedoch die Argumentation von MünchKomm/*Wagner*, 4. Aufl., § 826 Rdn. 124. Im Ergebnis auch *Junker*, S. 703 f.; *Ostheide*, S. 147 f.
[1149] Siehe oben Fußnote 356.
[1150] *Staudinger/Oechsler* § 826 Rdn. 51.
[1151] *Staudinger/Oechsler* § 826 Rdn. 55.
[1152] Siehe oben Teil 3 I 9 c ee (3) (c) aE.
[1153] Siehe oben Teil 3 I 9 c ee.

Anders zu beurteilen ist die Schädigung von Körper und Gesundheit der Mutter, im Ausnahmefall[1154] auch des Vaters. Die Zweck-Mittel-Relation ist dann verwerflich, wenn über den Bereich der Entschließungsfreiheit, dem das eigene Recht, Nachkommen zu zeugen gegenübersteht, auch Körper und Gesundheit des Elternteils, der keine Schwangerschaft riskieren wollte, beeinträchtigt werden. In Fällen, in denen z. B. gesundheitliche Schädigungen der Mutter in Kauf genommen werden, um das Recht auf eigene Nachkommen „um jeden Preis" durchzusetzen, wird deutlich, dass die Zweck-Mittel-Relation und damit die Schädigung sittenwidrig sind. Da die komplikationslose Beeinträchtigung des Körpers aber auch schon erheblich ist, kann hier nichts anderes gelten. Sittenwidrig ist auf der anderen Seite auch die vorsätzlich in Kauf genommene gesundheitliche Beeinträchtigung des Vaters (z. B. im Fall schwerer Depressionen).

Was den Schutz des Körpers betrifft, ist die Schwangerschaft ein erheblicher Eingriff, der die Sittenwidrigkeit einer vorsätzlichen Herbeiführung gegen den Willen der Mutter begründet. Das Recht, eigene Nachkommen zu zeugen, ist hier nicht höher zu bewerten als der Schutz des Körpers.

c) Rechtswidrigkeit, Vorsatz

Die Rechtswidrigkeit des Verhaltens ist durch die Sittenwidrigkeit indiziert.[1155] Hier ergeben sich keine besonderen Probleme.

Ein Schadensersatzanspruch gem. § 826 erfordert Vorsatz. Dieser muss sich neben der Schädigung[1156] auch auf die Umstände beziehen, aus denen sich die Sittenwidrigkeit der Schädigung ergibt.[1157] Bei Verletzung des Körpers und der Gesundheit der Mutter ist daher ein vorsätzliches Hinwegsetzen über deren Willen notwendig. Die Verletzung eines Rechts auf Familienplanung der Mutter oder des Vaters setzt einen unmittelbaren, also zielgerichteten (und damit vorsätzlichen) Angriff auf die Entscheidungsfreiheit bei gleichzeitiger Verwerflichkeit der Mittel-Zweck-Relation voraus.[1158] Der Einsatz des Mittels muss vorsätzlich sein. Dass der Anspruchsgegner daraus einen Schluss auf die Sittenwidrigkeit zieht, ist nicht notwendig, denn nur die Umstände müssen bekannt sein.

[1154] Zur psychischen Gesundheitsbeeinträchtigung: Teil 3 I 4 b.
[1155] Vgl. *Jauernig/Teichmann* § 826 Rdn. 8.
[1156] *Medicus*, SchuldR I Rdn. 316.
[1157] *Medicus*, SchuldR II Rdn. 838.
[1158] Siehe Teil 3 I 9 c ee (3) (e); Teil 3 I 9 c gg.

d) Zusammenfassung:

Ein Anspruch aus § 826 wegen Verletzung der Rechtsgüter Körper und Gesundheit setzt das Vorliegen sittenwidriger Umstände sowie Vorsatz voraus. Die Sittenwidrigkeit ist im Fall vorsätzlicher Herbeiführung durch Dritte immer zu bejahen. Ist Anspruchsgegner ein Elternteil mit eigenem Kinderwunsch, kann sich die Sittenwidrigkeit aus der Verwerflichkeit der Zweck-Mittel-Relation ergeben. Die Voraussetzungen der Verletzung des Rechts auf Familienplanung decken sich insoweit mit denen des Anspruchs aus § 826, als eine sittenwidrige Schädigung durch einen Elternteil eine die Interessen der Parteien berücksichtigende Einzelfallabwägung erfordert und darüber hinaus zielgerichtetes, also vorsätzliches Verhalten erforderlich ist. Die Verwerflichkeit der Zweck-Mittel-Relation begründet regelmäßig auch die Sittenwidrigkeit der Schädigung i. S. von § 826.

III. Ansprüche aus Gefährdungshaftung (§ 84 I AMG, § 1 ProdHaftG)

In den Fällen ungewollter Empfängnis hat die Gefährdungshaftung des ein Arzneimittel in den Verkehr bringenden Herstellers gem. § 84 AMG[1159] geringere praktische Bedeutung. § 84 I AMG begründet (anders als die Produzentenhaftung) gem. § 84 I S. 2 Nr. 1 AMG keine Haftung für die Wirkungs*losigkeit* von Verhütungsmitteln[1160], sondern für aktive *schädliche* Wirkungen von Arzneimitteln.[1161] Die Norm gewährt also einen verschuldens*un*abhängigen Anspruch bei Gefährlichkeit eines Arzneimittels. In dem hier untersuchten Zusammenhang ist zu denken an eine Haftung des Herstellers von Antibiotika in den Fällen, in denen die Schwangerschaft auf dem Fehlschlagen der Antibabypille aufgrund gleichzeitiger Einnahme von Antibiotika beruht.[1162]

Die Anspruchsnorm § 84 AMG wurde durch Art. 1 Nr. 1 des Zweiten Gesetzes zur Änderung schadensersatzrechtlicher Vorschriften[1163] geändert. Insbeson-

---

[1159] Arzneimittelgesetz in der Fassung der Bekanntmachung vom 11.12.1998, BGBl. 1998 I, S. 3586, geändert durch Art. 2 § 10 des Gesetzes vom 20.7.2000 (BGBl. I, S. 1045), zuletzt geändert durch Art. 1 des Zweiten Gesetzes zur Änderung schadensersatzrechtlicher Vorschriften vom 19.7.2002, BGBl. I, S. 2674 ff.

[1160] Verhütungsmittel wie die Antibabypille sind Arzneimittel i. S. von § 2 AMG, vgl. *Dreihaupt*, S. 86 f.

[1161] *Kullmann/Pfister* Ordnungszahl 3800, S. 33 sub C I 2 a ee; *Taschner/Frietsch* § 15 Rdn. 31. Wird der Konsument geschädigt, weil z. B. die Dosierung zu knapp angegeben ist oder kein Hinweis auf zu geringe Wirksamkeit bei Genuss anderer Mittel vorliegt, so kommt eine Haftung gem. § 84 Satz 2 Nr. 2 AMG in Betracht. Hierzu: *Kullmann/Pfister* Ordnungszahl 3800, S. 38 sub C I 2 b dd.

[1162] Vgl. *Holzwarth*, S. 163 f.

[1163] Gesetz vom 19.7.2002, BGBl. I, S. 2674.

dere sind die Kausalitätsvermutung für die Eignung zur Herbeiführung der eingetretenen Rechtsgutsverletzung sowie der Auskunftsanspruch des Geschädigten zu erwähnen.[1164] Der neue § 84 II Satz 1 AMG enthält eine Vermutung dahingehend, dass das Mittel unter der Voraussetzung, dass es generell dazu geeignet erscheint, auch im Einzelfall die eingetretene Rechtsgutsverletzung kausal verursacht hat.[1165] Die Beweislast für die generelle Eignung zur Schädigung hat zwar der Geschädigte. Um diesen Beweis erbringen zu können, kann er jedoch Auskunft vom Hersteller über die diesem bekannten Neben-/Wechselwirkungen des Arzneimittels verlangen (§ 84a I AMG).[1166] Der Geschädigte kann Informationen u. a. über *„bekannte Wirkungen, Nebenwirkungen und Wechselwirkungen und sämtliche weiteren Erkenntnisse, die für die Bewertung der Vertretbarkeit schädlicher Wirkungen von Bedeutung sein können"* verlangen.[1167]

Hat der Hersteller z. B. Informationen über eine die Verhütungswirkung von Präparaten beeinträchtigende Wirkung seines Produkts, so hat er den Anspruchsteller darüber zu informieren.

Die Beweislast dafür, dass die schädlichen Wirkungen des Arzneimittels ihre Ursache im Bereich des Herstellers haben, wurde vom Geschädigten auf den Hersteller verlagert. Dieser muss nun einen entsprechenden Entlastungsbeweis erbringen (§ 84 III AMG nF).[1168]

Der Inhalt des Anspruchs aus § 84 AMG ist in §§ 86, 87 AMG geregelt. Im Falle des Todes (in diesem Fall der Schwangeren)[1169] sind gem. § 86 I AMG Kosten der versuchten Heilung, Vermögensnachteile durch Aufhebung oder Minderung der Erwerbstätigkeit, sowie Beerdigungskosten zu erstatten. Ansonsten enthält § 87 Satz 1 AMG für die Fälle der Körper-/Gesundheitsverletzung eine Beschränkung der Haftung auf Heilungskosten, sowie auf besondere Vermögensnachteile, die infolge einer Aufhebung oder Minderung der Erwerbsfähigkeit entstehen. Gemäß § 87 Satz 2 AMG nF[1170] kann nun bei immateriellen Schäden infolge der Körper-/Gesundheitsverletzung auch eine billige Entschädigung in Geld

[1164] Hierzu: *Wagner*, NJW 2002, 2049, 2050 ff. sub II 1, 3 und 4.
[1165] *Wagner*, NJW 2002, 2049, 2051 sub II 3 a. Ist hingegen ein anderer Umstand geeignet, die Verletzung zu verursachen, gilt die Vermutung gem. § 84 II Satz 3 AMG nicht.
[1166] Vgl. BT-Drs. 14/7752, S. 20.
[1167] Vgl. *Wagner*, NJW 2002, 2049, 2052 sub II 4 b.
[1168] Hierzu: *Wagner*, NJW 2002, 2049, 2050 sub II 2.
[1169] Teil 3 I 6.
[1170] Satz 2 wurde hinzugefügt durch Art. 1 Nr. 3 des Zweiten Gesetzes zur Änderung schadensersatzrechtlicher Vorschriften vom 19.7.2002, BGBl. I, S. 2674.

(nun geregelt in § 253 II nF) verlangt werden.[1171] § 254 ist gem. § 85 AMG anwendbar.

Gemäß § 15 I ProdHG ist das Arzneimittelgesetz im Verhältnis zum Produkthaftungsgesetz spezieller, soweit eine Haftung nach dem AMG vorliegt. Eine Gefährdungshaftung außerhalb des AMG gem. § 1 I ProdHG kommt für den Hersteller von für die Verhütung vorgesehenen i. S. von § 3 ProdHaftG fehlerhaften Arzneimitteln mit unzureichender Verhütungswirkung, sowie für den Hersteller i. S. von § 3 ProdHaftG fehlerhafter Verhütungsmittel, die nicht Arzneimittel sind (z. B. für den Hersteller fehlerhafter Kondome[1172]), in Betracht. Der Inhalt des sich daraus ergebenden Anspruchs ist in §§ 7, 8 ProdHaftG geregelt, welche im Wesentlichen §§ 86, 87 AMG entsprechen. § 254 ist beschränkt anwendbar (vgl. § 6 ProdHaftG).

IV. Einschränkung der Haftung aufgrund allgemeiner rechtpolitischer Erwägungen

Nach den Ergebnissen in Teil 4 I - III ist eine Haftung Dritter wie auch eines Elternteils für Rechtsgutsverletzungen aufgrund nicht verhinderter bzw. vorsätzlich herbeigeführter Empfängnis grundsätzlich möglich. Zu kontrollieren ist, ob diese Haftung „als solche“ aus Gründen allgemeiner Art abzulehnen ist.

Zum Teil wurde argumentiert, dass sich die misslungene Maßnahme im Falle der Haftung nachträglich, wenn auch lediglich ideell, gegen das Leben des Kindes richte.[1173] Dass eine solche Rückwirkung nicht überzeugend ist, wurde bereits oben beim Merkmal der Pflichtverletzung ausgeführt.[1174] Das Argument ließe sich aber auch allgemein auf die Haftung übertragen.

Ein weiteres allgemeines Argument gegen eine Haftung im Zusammenhang mit ungewollten Schwangerschaften nach misslungener Sterilisation bzw. falscher Beratung ist das der unerwünschten Auswirkungen auf ähnliche Fälle der nicht verhinderten Schwangerschaft. Nach der früheren Ansicht des *OLG Frankfurt*[1175] könne die missglückte Sterilisation oder die falsche Beratung nicht anders behandelt werden, als die mangelhafte Belehrung über empfängnisverhütende Maßnahmen oder Produkte, sowie die Herstellung und der Vertrieb fehlerhafter emp-

---

[1171] Vgl. zur Änderung der Arzneimittelhaftung: *Deutsch*, JZ 2002, 588, 592.
[1172] Vgl. *Holzwarth*, S. 90 f.
[1173] *OLG Frankfurt* v. 1.12.1982, NJW 1983, 341, 342.
[1174] Siehe Teil 4 I 3 f.
[1175] *OLG Frankfurt* v. 1.12.1982, NJW 1983, 341, 343 sub III 5.

fängnisverhütender Mittel und letztendlich sogar das Nichteinhalten interner Absprachen der Partner über empfängnisverhütende Maßnahmen[1176]. Da dort Schadensersatzansprüche nicht bejaht werden könnten, könne auch bei einer missglückten Sterilisation ein Schadensersatzanspruch nicht zugesprochen werden. Bereits *Schlund* hatte geltend gemacht, dass in Konsequenz zu der Rechtsprechung des *VI. Senats* des *BGH* auch der Ehemann oder „Liebhaber" Gefahr liefe, im Fall einer fahrlässigen Verursachung einer Schwangerschaft gegen den Willen der Partnerin, Schmerzensgeld zahlen zu müssen.[1177]

Die Haftung des Herstellers empfängnisverhütender Produkte oder des Arztes unterliegt keinen Bedenken, wenn die Empfängnis adäquat kausal, zurechenbar und ggf. schuldhaft verursacht wurde. Eine Haftung wirft allenfalls Probleme der Finanzierbarkeit auf, wenn z. B. eine ganze Produktserie fehlerhaft gewesen ist. Die Haftung des Partners bei Verstößen gegen Absprachen über die Benutzung von Verhütungsmitteln ist mit den Fällen, in denen ein Arzt aufgrund eines Verstoßes gegen seine Berufspflicht haftet, nicht zu vergleichen. Sie sind weder mit dem verschuldensunabhängigen Hersteller von Produkten/Arzneimitteln, noch mit Personen zu vergleichen, die aufgrund ihres Berufes und eines Vertrags bestimmte Pflichten übernommen haben. Absprachen unter den Elternteilen begründen gerade keine vertraglichen Pflichten und auch keine Fahrlässigkeitshaftung.[1178] Eine Haftung ist hier nur in eng begrenzten Ausnahmefällen zu bejahen.[1179]

V. Die Beurteilung der Haftung wegen Rechtsgutsverletzungen unter Berücksichtigung der Grenzen der Rechtsanwendung (Art. 20 II, III GG)

Eine Auslegung der oben untersuchten Anspruchsgrundlagen sowie des § 253 II nF in dem Sinne, dass die Folgen von Konzeption und Geburt eines Kindes als Rechtsgutsverletzung zu betrachten sind, und folglich für die entstandenen materiellen und immateriellen Nachteile eine Entschädigung in Geld zu gewähren wäre, muss sich innerhalb der Grundentscheidung des Gesetzgebers sowie in den Grenzen richterlicher Rechtsfortbildung bewegen. Die Auslegung von Normen durch den Richter darf nicht die Grenzen der Rechtsanwendung überschreiten; er darf sich nicht an die Stelle des Gesetzgebers setzen.[1180] Durch eine Überschrei-

---

[1176] Vgl. *BGH* v. 17.4.1986, BGHZ 97, 372 ff. Siehe oben Teil 2 V.

[1177] *Schlund*, JR 1980, 369, 370 sub III aE.

[1178] Siehe oben Teil 4 I 1 d; Teil 4 II 2 g ee.

[1179] Siehe Teil 3 I 9 c gg, hh; Teil 4 II 2 g ee.

[1180] *BVerfG* v. 21.7.1955, BVerfGE 4, 219, 234 sub B 2; *BVerfG*, Beschluss v. 12.11.1997, 1 BvR 479/92 u. 307/94, BVerfGE 96, 375, 394 sub B I 2 a (ständige Rechtsprechung).

tung der durch Art. 20 II, III GG gesetzten Grenzen könnte der zum Schadensersatz Verurteilte in seinem Grundrecht aus Art. 2 GG (allgemeine Handlungsfreiheit) verletzt sein.

Der *I. Senat* des *Bundesverfassungsgerichts* lehnte im Rahmen zweier Verfassungsbeschwerden seitens zum Schadensersatz verurteilter Ärzte einen Verstoß gegen Art. 20 II, III GG ab.[1181] Im Verfahren 1 BvR 479/92 hatte der Beschwerdeführer u. a. geltend gemacht, Schwangerschaft und Geburt eines gesunden Kindes könnten angesichts des Willkürverbotes und unter Beachtung anerkannter Grundsätze des Schadensersatzrechts und juristischer Dogmatik nicht als Schaden im zivilrechtlichen Sinne bewertet werden.[1182] Die Anerkennung einer Körperverletzung der Mutter sowie die eines Schmerzensgeldes sprenge die Grenzen der Rechtsfortbildung, sei mit dem numerus clausus der Schadensersatzansprüche in § 253 (aF) unvereinbar, willkürlich und schaffe einen weiteren Haftungstatbestand.[1183] Im Verfahren 1 BvR 307/94[1184] rügten die Beklagten des Ausgangsverfahrens, der *BGH* habe durch seine Auslegung des Begriffs „Schaden" und die Trennung zwischen Dasein und Unterhaltslast Art. 1 I GG „*grundlegend unzutreffend bewertet*" wodurch gegen Art. 20 III GG verstoßen werde. Entsprechend Leitsatz 14 der Entscheidung des *II. Senats* des *Bundesverfassungsgerichts*[1185] komme hingegen das Dasein eines Kindes nicht als Schadensquelle in Betracht.

Der Fortschritt im Bereich der Verhütungsmedizin und der Gentechnik erfordert eine angemessene Lösung für den Fall, dass die Eltern z. B. durch Aufklärungs- oder Behandlungsfehler in ihren Rechtsgütern beeinträchtigt werden. Unabhängig davon, ob bzgl. der Anerkennung eines Anspruchs auf Ersatz von Unterhaltsaufwendungen von einem Verstoß gegen Art. 20 II, III GG auszugehen ist; in Anbetracht der Anerkennung einer Verletzung von Rechtsgütern der Eltern ist diese Befürchtung nicht begründet. Die Anerkennung einer Rechtsgutsverletzung durch die infolge von Schwangerschaft und Geburt hervorgerufenen Beein-

---

[1181] *BVerfG* v. 12.11.1997, BVerfGE 96, 375. Der Beschwerdeführer im Verfahren 1 BvR 479/92 (misslungene Vasektomie) hatte einen Verstoß gegen Artt. 2 I, 6 und Art. 12 GG sowie gegen Art. 2 I i. V. mit Art. 20 III GG geltend gemacht (BVerfGE 96, 375, 378). Die Beschwerdeführer im Verfahren 1 BvR 307/94 (fehlerhafte präkonzeptionelle genetische Beratung) machten einen Verstoß gegen Art. 2 I i. V. mit Art. 20 III GG, Art. 2 I i. V. mit Art. 1 I GG, sowie gegen Art. 12 und Art. 14 GG geltend. Vgl. hierzu u. a. Teil 4 VI 3 d.

[1182] Vgl. *BVerfG* v. 12.11.1997, BVerfGE 96, 375, 378 ff. sub A I 3.

[1183] *BVerfG* v. 12.11.1997, BVerfGE 96, 375, 380 sub A I 3.

[1184] Zuvor *BGH* v. 16.11.1993, BGHZ 124, 128 ff.

[1185] *BVerfG* v. 28.5.1993, BVerfGE 88, 203. Der *II. Senat* hat sich nicht zu Art. 20 GG geäußert. Er hat deliktische Ansprüche wegen schlechter Beratung bzw. Behandlung bei fehlgeschlagenem Schwangerschaftsabbruch und bei der Geburt eines behinderten Kindes nicht ausgeschlossen (S. 296).

trächtigungen ist nach Ansicht des I. Senats des Bundesverfassungsgerichts weder willkürlich, noch befindet sie sich außerhalb anerkannter Grundsätze des Schadensersatzrechts.[1186] Die Untätigkeit des Gesetzgebers über mehrere Jahre zeigt, dass auch dieser es für angemessen hält, die Lösung der Rechtsprechung durch Anwendung der Normen des Schadensersatzrechts zu überlassen. Die §§ 280 I, 823, 847 aF und § 253 II nF können in diesem Zusammenhang herangezogen werden, ohne dass sich damit der Richter Gesetzgebungskompetenzen anmaßen oder sich über den Willen des Gesetzgebers hinwegsetzen würde.

Dies gilt aus den oben bereits erwähnten Gründen[1187] auch im Hinblick auf die Anerkennung einer Persönlichkeitsrechtsverletzung in besonders schweren Fällen unmittelbarer vorsätzlicher Eingriffe. Die enge Begrenzung auf die Fälle unmittelbarer und damit vorsätzlicher Eingriffe hält der Überprüfung gem. Art. 20 GG stand.

VI. Die Berücksichtigung der Grundrechte des Kindes (Artt. 1 I, 2 II GG)

Die Bejahung der Haftung wegen einer Rechtsgutsverletzung infolge von Schwangerschaft und Geburt bedarf (wie auch die Frage nach der Abwälzbarkeit der Unterhaltslast) einer Überprüfung dahingehend, ob Grundrechte des Kindes betroffen und ggf. durch Anerkennung von Ansprüchen bzw. durch bestimmte Tatbestandsvoraussetzungen verletzt sind. In diesem Zusammenhang ist auch zu klären, ob die Grundrechte im Rechtsverhältnis zwischen den Eltern und dem Anspruchsgegner relevant sind und wenn ja, ob sie dem Geltendmachen von Schadensersatzansprüchen entgegenstehen.

Die Grundrechte des Kindes werden von den Gegnern von Schadensersatzansprüchen im Zusammenhang mit dem Ersatz der Unterhaltsaufwendungen - nicht dem Vorliegen einer Rechtsgutsverletzung - diskutiert.[1188] Schließlich ist aufgrund der Bestimmtheit der Rechtsgüter die Feststellung einer Rechtsgutsverletzung unabhängiger von der mit der Empfängnis und Geburt eintretenden Werteverwirklichung, als die Bewertung der Unterhaltsaufwendungen als „Schaden".[1189] Es ist allerdings nicht von vornherein auszuschließen, dass die Grundrechte des Kindes (trotz Verstoßes gegen konkrete Gefahrvermeidungspflichten)

[1186] *BVerfG* v. 12.11.1997, BVerfGE 96, 375, 393 ff. sub B I; ausdrücklich für Schmerzensgeld: S. 395 sub B I 2 b.
[1187] Siehe Teil 3 I 9 c, 9.
[1188] Z. B. *Picker*, AcP 195 (1995), 483 ff.; *Roth-Stielow*, MDR 1971, 265, 267. *Ostheide*, S. 15 ff., sieht die „Kind-als-Schaden-Problematik" als verfassungsrechtliches Problem.
[1189] *Reinelt*, FamRZ 1970, 572; siehe oben Teil 4 I 6 h cc.

auch der Annahme einer Rechtsgutsverletzung oder der Ersatzfähigkeit von Folgeschäden, die aus der Rechtsgutsverletzung resultieren, entgegenstehen, bzw. im Rahmen der Prüfung des § 847 aF bzw. § 253 II nF[1190] zu berücksichtigen sind.[1191] Die Berücksichtigung der Grundrechte darf jedoch nicht dazu führen, dass die Rechtsfragen sich aus dem Zivilrecht heraus in das allgemeine Verfassungsrecht verlagern.[1192]

1. Grundrechte des Kindes im Verhältnis Anspruchsteller/-gegner

Die Grundrechte bilden über die Funktion als Abwehrrechte hinaus eine objektive Werteordnung und haben nach überwiegender Ansicht auch im Verhältnis der Privatrechtssubjekte untereinander eine Ausstrahlungswirkung (mittelbare Drittwirkung).[1193] Nicht nur die von vornherein ausfüllungsbedürftigen Generalklauseln, sondern Privatrechtsnormen im Allgemeinen sind verfassungs- also auch grundrechtskonform auszulegen; die Grundrechte sind als „Richtlinien" mit Ausstrahlungswirkung zu beachten.[1194] Diese Wirkung lässt sich auch aus Schutzpflichten des Staates gegenüber dem Einzelnen ableiten.[1195] Teilweise wird eine (horizontale) Drittwirkung der Grundrechte abgelehnt und deren unmittelbare Wirkung damit begründet, dass Privatrechtsnormen bereits wegen Art. 1 III GG einer Grundrechtsbindung unterlägen.[1196] Im Rahmen der hier zu erörternden Problematik wird auch eine *„atypische Einbeziehung von Drittinteressen"* erwogen.[1197] Überzeugend ist die Ansicht, dass Grundrechte als Interessenwertungs-

---

1190 Siehe Teil 6 II.

1191 Vgl. *Ostheide*, S. 20.

1192 So z. B. *Deutsch*, NJW 1998, 510. Vgl. auch *Giesen*, JZ 1994, 286, 292 sub V, der vor dem *„schweren Geschütz des vermeintlichen Menschenwürdeverstoßes"* warnt.

1193 *BVerfG* v. 23.10.1952, BVerfGE 2, 1, 12 sub E; *BVerfG* v. 15.1.1958, BVerfGE 7, 198, 205 ff. sub B II 1 (*Lüth*); *BGH* v. 26.6.1952, BGHZ 6, 360, 365 f. (Schutz der Ehewohnung vor Ehebrecherin); *Erichsen*, Jura 1996, 527, 530 sub V 1; *von Münch/Kunig*, Vorb. Art. 1-19 Rdn. 22, 31; vgl. *Lepa*, in: FS Steffen, S. 261. Zweifelnd: *Kolb*, S. 133 Fußnote 377.

1194 *BVerfG* v. 15.1.1958, BVerfGE 7, 198, 206 (*Lüth*); *BVerfG* v. 19.10.1993, BVerfGE 89, 214, 229 (Inhaltskontrolle bei Brügschaftsverträgen); *BVerfG*, Beschluss v. 12.11.1997, BVerfGE 96, 375, 398 f. sub B II 3 a, b; *BGH* v. 28.4.1986, NJW 1986, 2944 sub 3 mwN; *Lepa*, in: FS Steffen, S. 261, 262; *von Münch/Kunig* Vorb. Art. 1-19 Rdn. 22, 31; *Sachs*, Vor Art. 1 Rdn. 32; *Waibl*, NJW 1987, 1513, 1515, 1516 sub 5 a (verfassungskonforme Auslegung des Schadensbegriffs); zum normativen Schadensbegriff: *Winter*, S. 98 f.

1195 Differenzierend: *von Münch/Kunig*, Vorb. Art. 1-19 Rdn. 22; Nachweise bei *Sachs* Vor Art. 1 Rdn. 32 in Fußnote 56 und Rdn. 35; *Canaris*, AcP 184 (1984), 201 ff.; *derselbe*, AcP 185 (1985), 9.

1196 Vgl. *Hager*, JZ 1994, 373 ff.; *Schwabe*, NJW 1973, 229, 230; *derselbe*, AcP 185 (1985), 1 ff.

1197 Vgl. *Waibl*, S. 64 f. *„(...) da eine Grundrechtsverletzung auch im Wege eines Reflexes denkbar erscheint (...)"*; *dieselbe*, NJW 1987, 1513, 1515, 1516 sub 5 a.

kriterien herangezogen werden können, wenn es um grundrechtlich geschützte Interessen der Parteien geht.[1198] Es kommt hier nicht darauf an, *wie* man die Wirkung der Grundrechte begründet[1199], sondern darauf, *dass* es eine solche gibt, unabhängig davon, ob sie sich aus einer Drittwirkung, einer Schutzgebotsfunktion oder (unmittelbar) aus Art. 1 III GG ergibt.

Obwohl das Kind selbst nicht Partei des Rechtsverhältnisses oder eines diesbezüglich begonnenen Verfahrens ist, haben der Staat und somit auch die rechtsprechende Gewalt die Grundrechte des Kindes vor Beeinträchtigungen durch das Verhalten Dritter, in diesem Fall der Eltern, die wegen seiner Zeugung und Geburt Schadensersatz bzw. Schmerzensgeld verlangen, zu schützen.[1200] Das Recht des Kindes auf Leben und seine Würde sind bei der Anwendung und Auslegung der Privatrechtsnormen, sowie der Bestimmung des Schadens zu berücksichtigen.[1201] In besonderen Fällen können Grundrechte bei der Anwendung des Zivilrechts nicht normerweiternd, sondern normausschließend wirken, so dass bereits die Anwendung sonst einschlägiger Normen in Frage steht.[1202] In den hier vorliegenden Fällen wird dieser Aspekt relevant, denn es geht auch darum, ob aufgrund von Grundrechten vom Grundsatz, dass kausal adäquat und zurechenbar herbeigeführte Nachteile im Wege des Schadensersatzes auszugleichen sind, abgewichen werden soll.

Ein verfassungsgerichtlich nachprüfbarer Verstoß gegen ein Grundrecht liegt allerdings nur dann vor, wenn die angegriffene Entscheidung Auslegungsfehler erkennen lässt, die auf einer „*grundsätzlich unrichtigen Auffassung von der Bedeutung eines Grundrechts, insbesondere vom Umfang seines Schutzbereichs, beruhen und auch in ihrer materiellen Bedeutung für den konkreten Rechtsfall von einigem Gewicht sind*"[1203]. Durch einen Verstoß gegen objektives Verfassungsrecht und zwar insbesondere gegen die Würde des Menschen[1204], die ober-

---

[1198] *Looschelders*, in: *Wolter/Riedel/Taupitz*, S. 93, 96.

[1199] Vgl. *Lepa*, in: FS Steffen, S. 261, 272 sub III, der dem Streit zwischen mittelbarer und unmittelbarer Drittwirkung kaum praktische Bedeutung beimisst.

[1200] Für eine Berücksichtigung der Grundrechte des Kindes im Verhältnis Eltern - Anspruchsgegner: *Looschelders*, in: *Wolter/Riedel/Taupitz*, S. 93, 108 ff.

[1201] *Looschelders*, in: *Wolter/Riedel/Taupitz*, S. 93, 108 ff. Zu grundrechtlichen Wertungen gegenüber offenem „normativen Schadensbegriff": *Winter*, S. 99; zur Korrektur einer „*ausschließlich haftungsrechtlichen Betrachtung*": *derselbe*, S. 103 ff.

[1202] *Lepa*, in: FS Steffen, S. 261, 267 und 272 sub III, der für die normausschließende Wirkung das Beispiel der abredewidrigen Absetzung von Verhütungsmitteln nennt (*BGH* v. 17.4.1984, BGHZ 97, 372, 379).

[1203] *BVerfG* v. 19.10.1993, BVerfGE 89, 214, 230 (Inhaltskontrolle von Bürgschaftsverträgen); ähnlich: *BVerfG*, Beschluss v. 12.11.1997, BVerfGE 96, 375, 399 sub B II 3 a mwN.

[1204] Teil 4 VI 3.

sten Verfassungsrang[1205] hat, kann der Beschwerdeführer (z. B. ein zur Zahlung von Schadensersatz und Schmerzensgeld verurteilter Arzt) in seinem Grundrecht aus Art. 2 I GG verletzt sein.[1206]

2. Das Lebensrecht des Kindes (Art. 2 II GG)

Das *OLG Frankfurt*[1207] lehnte neben den Ansprüchen auf Ersatz der Unterhaltsaufwendungen auch deliktische Ansprüche aus §§ 823, 847 aF ab, da das Leben des Kindes akzeptiert werden müsse und die Schwangerschaft eine vom Dasein des Kindes nicht zu trennende Begleiterscheinung sei.[1208] Darüber hinaus dürfe die Rechtsordnung nicht zulassen, dass ein Vorwurf gegen Dritte geltend gemacht werde, sie hätten das Leben des Kindes pflichtwidrig nicht verhindert (siehe Teil 4 I 3 f).[1209] Die Tatsache, dass die Nachteile (Unterhaltsaufwendungen, Schwangerschaft und Geburt) durch die Existenz des „planwidrig gezeugten Kindes“ bedingt sind, gebiete eine differenziertere, das Leben des Kindes bejahende Sicht der Situation.[1210] In dem Zeitpunkt, in dem es planwidrig zur Zeugung und Geburt des Kindes komme, würden sich - wenn man Ansprüche bejaht - die Verhütungsmaßnahmen, *„als gegen dieses Menschenleben gerichtete Maßnahmen konkretisieren“*[1211]. Die Argumentation deutet neben dem Verstoß gegen die Würde des Kindes[1212] auch die Gefahr einer Missachtung seines Lebensrechts (Art. 2 II GG) an.[1213] Der *VI. Senat*[1214] hielt demgegenüber an seiner bisherigen Rechtsprechung[1215] fest und lehnte den Ausschluss von Schadensersatzansprüchen unter dem Aspekt, dass sich Maßnahmen der Empfängnisverhütung im Fall

---

1205 *BVerfG* v. 16.1.1957, BVerfGE 6, 32, 36 (Ausreisefreiheit); *BVerfG* v. 21.6.1977, BVerfGE 45, 187, 227 (lebenslange Freiheitsstrafe für Mord); *BVerfG* Beschluss v. 17.1.1979, BVerfGE 50, 166, 175 (Ausweisung wegen unerlaubten Waffenbesitzes); *BVerfG* Beschluss v. 20.10.1992, BVerfGE 87, 209, 228 (Horrorfilm).

1206 *BVerfG* v. 28.1.1992, BVerfGE 85, 191, 205 f. (Verstoß gegen Nachtarbeitsverbot für Arbeiterinnen); *BVerfG*, Beschluss v. 12.11.1997, BVerfGE 96, 375, 398 sub B II3.

1207 *OLG Frankfurt* v. 1.12.1982, NJW 1983, 341 ff., insbesondere S. 342 sub I und II.

1208 Vgl. auch *LG Düsseldorf* v. 2.12.1993, NJW 1994, 805, 807; vgl. *Junker*, S. 515 f.

1209 *OLG Frankfurt* v. 1.12.1982, NJW 1983, 341, 342 sub I: Das Gericht nahm grundsätzlich eine objektive Pflichtverletzung an.

1210 *OLG Frankfurt* v. 1.12.1982, NJW 1983, 341, 342.

1211 *OLG Frankfurt* v. 1.12.1982, NJW 1983, 341, 342 sub I.

1212 Dazu Teil 4 VI 3.

1213 Anders: *Schöbener*, JR 1996, 89, 92 sub IV 3 a, der das Lebensrecht als Unterpunkt der Verletzung der Würde nach der Objektformel behandelt. Vgl. auch *BVerfG* v. 28.5.1993, BVerfGE 88, 203, 296 sub D V 6, wo nur Art. 1 I GG diskutiert wird.

1214 *BGH* v. 19.6.1984, NJW 1984, 2625 f.

1215 *BGH* v. 18.3.1980 - VI ZR 105/78, BGHZ 76, 249 = NJW 1980, 1450; *BGH* v. 18.3.1980 - VI 247/78, BGHZ 76, 259 = NJW 1980, 1452.

der Bejahung von Ansprüchen wegen der planwidrigen Geburt als gegen das geborene Leben gerichtet konkretisieren würden, ab.[1216] Die Anwendung von Verhütungsmaßnahmen einschließlich der Sterilisation sei unter keinem Gesichtspunkt als „Angriff" gegen das Leben zu verstehen.

Das durch Art. 2 II GG geschützte Lebensrecht des Kindes könnte insoweit berührt sein, als die Gefahr besteht, dass der Anspruchsgegner, um sich der Haftung zu entziehen, der Mutter im Zweifel zu einem Schwangerschaftsabbruch rät.[1217] Die Wirkung des Art. 2 II Satz 1 GG besteht auch darin, dass vor der Geburt kein Druck auf die Mutter ausgeübt werden darf, sich gegen das Leben des Ungeborenen zu wenden.[1218] Eine solche Gefahr liegt jedoch im Hinblick auf das geborene Kind gerade *nicht* mehr vor.[1219] Verträge, die auf die Verhinderung der Zeugung menschlichen Lebens gerichtet sind, sind wirksam[1220] und das Interesse der Mutter bzw. der Eltern, eine Empfängnis zu verhindern, ist rechtlich anerkannt und geschützt.[1221] Vor seiner Zeugung existiert das Kind nicht als Grundrechtsträger, so dass auf seine (zukünftigen) Rechte und Interessen keine Rücksicht genommen werden muss.[1222] Ab dem Zeitpunkt der Zeugung wird der Umgang mit dem Ungeborenen durch §§ 218 ff. StGB geregelt; der Staat ist u. a. durch entsprechende Gesetzgebung zu dessen Schutz verpflichtet.[1223] Das Ungeborene wird unter anderem auch durch § 823[1224] geschützt und zwar unabhängig von den Umständen der Zeugung und der Frage, ob die Eltern das Leben des Kindes akzeptiert ha-

---

[1216] *BGH* v. 19.6.1984, NJW 1984, 2625 sub 1 b; S. 2626 sub 3; *BGH* v. 16.11.1993, BGHZ 124, 128, 142 sub 3 c bb c1 (bezogen auf Unterhaltsaufwendungen); *BGH* v. 27.6.1995, NJW 1995, 2407, 2409 sub II 2 a.

[1217] Vgl. Teil 4 I 6 e ee (4) (c); *Picker*, „wrongful life", S. 36; *Puhl*, in: *Wolter/Riedel/ Taupitz*, S. 197, 209 mwN in Fußnoten 81, 82.

[1218] *Puhl*, in: *Wolter/Riedel/Taupitz*, S. 197, 210.

[1219] Vgl. *Harrer*, S. 35: Art. 2 II GG schütze ausschließlich die *„biologische und physiologische Existenz des Menschen"*; unklar: *Winter*, S. 106.

[1220] Siehe Teil 4 I 1.

[1221] *BGH* v. 29.6.1976, BGHZ 67, 48, 49 ff.; *BGH* v. 16.11.1993, BGHZ 124, 128, 137 sub 3 c aa; *BGH* v. 27.6.1995, NJW 1995, 2407, 2409; *BVerfG* v. 28.5.1993, BVerfGE 88, 203, 295 sub D V 6.

[1222] *Puhl*, in: *Wolter/Riedel/Taupitz*, S. 197, 208.

[1223] *BVerfG* v. 28.5.1993, BVerfGE 88, 203 ff. Leitsätze 1, 6; *Geiger*, Jura 1987, 60, 64 f. sub V. Mit der neuen Fassung des § 219 StGB wohl nicht mehr zu vereinbaren ist die Behauptung von *Geiger/von Lampe*, Jura 1994, 20, 22 sub I 2 b, das Ungeborene könne wegen seiner Abhängigkeit von der Mutter während der Schwangerschaft noch nicht Träger des Grundrechts aus Art. 2 II GG sein.

[1224] Vgl. *BGH* v. 20.12.1952, BGHZ 8, 243 (pränatale Schädigung durch Luesinfektion); *OLG Düsseldorf* v. 31.1.1991, VersR 1992, 494, 495 sub II (Schädigung eines Kindes durch Unterlassen einer gebotenen Kontrolluntersuchung durch den Frauenarzt); MünchKomm/*Wagner*, 4. Aufl., § 823 Rdn. 87. Vgl. zum Problem der sog. „Nachkommenschaftsschäden": *D. Weber*, S. 7 ff.

ben.[1225] Das mit der Zeugung entstehende Recht auf Leben wirkt jedoch nicht auf den Zeitpunkt vor der Zeugung zurück. Die Geltendmachung von Ansprüchen wegen seiner Zeugung und Geburt richtet sich weder gegen das Leben des ungeborenen, noch des geborenen Kindes.[1226] Nach der Geburt ist ein früher vorhandenes Interesse der Eltern, die Zeugung oder auch die Geburt des Kindes zu verhindern, gegenstandslos geworden. Es wäre darüber hinaus widersprüchlich, Ansprüche insbesondere der Mutter, die auf Kosten ihrer körperlichen Integrität, ihrer Familienplanung, möglicherweise auch ihrer Gesundheit das Leben des Kindes ermöglicht hat, mit dem Argument zu versagen, das Lebensrecht des Kindes werde nicht hinreichend berücksichtigt.

Bejahte man wie das OLG Frankfurt eine Art Konkretisierung der Verhütungsmaßnahme gegen das Leben, so wäre eine Beeinträchtigung der Würde des Ungeborenen bzw. des Kindes in Erwägung zu ziehen.[1227]

3. Die Würde des Kindes (Art. 1 I GG) und sein Recht auf bedingungslose Anerkennung

Ein Aspekt des schwierig zu konkretisierenden Grundrechts aus Art. 1 I GG[1228] ist das Recht des Menschen auf bedingungslose Anerkennung[1229] seiner selbst. Da Anspruchsvoraussetzung ist, dass die Zeugung des Kindes aufgrund eines Verletzungsverhaltens nicht verhindert wurde, ist eine Verletzung der Würde des Kindes durch die Annahme einer Rechtsgutsverletzung nicht abwegig. Darüber hinaus ist die Gefahr einer Kommerzialisierung menschlichen Daseins nicht ausgeschlossen.[1230] Sowohl die von der Rechtsprechung geforderte Unerwünschtheit des Kindes nach der Familienplanung[1231], als auch die Gefahr, dass

---

[1225] *BVerfG* v. 28.5.1993, BVerfGE 88, 203 ff. Leitsatz 1.

[1226] Mit abweichender Begründung: *Waibl*, S. 68, meint, die Unerwünschtheit richte *„sich nicht gegen dieses bestimmte Kind, sondern gegen ein weiteres Kind als Abstraktum"*; *dieselbe*, NJW 1987, 1513, 1516 sub II 5 a bb.

[1227] So zu Recht der *BGH* v. 19.6.1984, NJW 1984, 2625 sub 1.

[1228] Zur Schwierigkeit der „Trennschärfe" des Würdebegriffs: *Von Münch/Kunig* Art. 1 Rdn. 22; *Pahmeier*, S. 32; *Puhl*, in: *Wolter/Riedel/Taupitz*, S. 197, 223 sub IV. *Schöbener*, JR 1996, 89, 91, weist darauf hin, dass außerrechtliche Aspekte *„den Kern des Menschenwürde-Begriffs eher" „verschleiern als" „erhellen"*.

[1229] Zum Recht auf Anerkennung vgl.: *BVerfG* v. 10.10.1992, BVerfGE 87, 209, 228 sub C II 2 b aa; *BVerfG*, Beschluss v. 12.11.1997, BVerfGE 96, 375, 399 sub B II 3 b.

[1230] *BVerfG*, Beschluss v. 12.11.1997, BVerfGE 96, 375, 400 sub B II 3 b (1) aE; *Schöbener*, JR 1996, 89, 93 sub IV 3 b. Anders: *Staudinger/Schiemann* § 249 Rdn. 209.

[1231] *BGH* v. 18.3.1980 – VI ZR 105/78, BGHZ 76, 249 = NJW 1980, 1450; *BGH* v. 19.6.1984, NJW 1984, 2625 f. Siehe oben Teil 4 I 6 e aa.

das Dasein des Kindes mittelbar als Schadensursache eingeordnet wird[1232], sind im Hinblick auf dieses Grundrecht nicht unbedenklich. Es besteht die Gefahr, dass das Kind zum Streitobjekt wird.[1233] Nicht umstritten ist, dass der Mensch selbst auch nicht mittelbar ein „Schaden“ sein kann[1234] und auch kein immaterieller Nachteil.[1235] Umstritten ist jedoch, ob andere im Zusammenhang mit der Zeugung und Geburt stehende „Begleiterscheinungen“, wie die Unterhaltspflicht oder die körperlichen Beeinträchtigungen Ursachen für einen Schadensersatzanspruch sein können, ohne dass bei einer solchen Bewertung gegen die Würde des Kindes bzw. gegen dessen Persönlichkeitsrecht[1236] verstoßen wird. Die beiden Senate des *Bundesverfassungsgerichts* sind diesbezüglich bis heute zu keiner einheitlichen Beurteilung gelangt.[1237]

Relativ früh wurden Stimmen in Rechtsprechung[1238] und Literatur[1239] laut, die in der Gewährung von Ansprüchen eine Einordnung der Zeugung und Geburt als „Schadensfall“[1240] und darin einen Verstoß gegen die Würde des Kindes gesehen haben.

[1232] Vgl. *BVerfG* v. 28.5.1993, BVerfGE 88, 203, 296; *OLG Frankfurt* v. 1.12.1982, NJW 1983, 341, 342; vgl. *Hauberichs*, S. 244; *Picker*, AcP 1995 (1995), 483, 519; vgl. *Quass*, MedR 1997, 360, 363 sub c.

[1233] *Roth-Stielow*, MDR 1971, 265, 267: *„(...) wobei dem ungewollten Kind die Rolle eines bloßen Objektes für das Geltendmachen von Aufwendungsansprüchen zufällt (Art. 1 Abs. 1 GG)“.*

[1234] *BGH* v. 16.11.1993, BGHZ 124, 128, 139 sub 3 c bb a1; *Giesen*, JZ 1994, 286, 290 sub IV 1; *Picker*, AcP 195 (1995), 483, 501 mwN in Fußnote 51.

[1235] *BGH* v. 16.11.1993, BGHZ 124, 128, 141 f.

[1236] Gegen einen Verstoß gegen das allgemeine Persönlichkeitsrecht des Kindes: *Puhl*, in: *Wolter/Riedel/Taupitz*, S. 197, 220 ff. und *Winter*, S. 124, der vor einem „staatlichen Wächteramt“ warnt.

[1237] Eine „Pattsituation“ entsteht dadurch allerdings nicht. Der *I. Senat* des *Bundesverfassungsgerichts* ist für Verfassungsbeschwerden gegen Entscheidungen der ordentlichen Gerichte zuständig. Vgl. hierzu *Deutsch*, NJW 2003, 26, 27 sub II. Zum Streit der Senate ebenfalls: *Rehborn*, MDR 1998, 221 f.; ausführlich zum „Krieg der Richter“: *Sangmeister*, JuS 1999, 21 ff.

[1238] *OLG Bamberg* v. 6.2.1978, NJW 1978, 1685 sub 4 a; *OLG Frankfurt* v. 1.12.1982, NJW 1983, 341.

[1239] *Selb*, JZ 1971, 201, 204; *Stürner*, JZ 1998, 317, 324 sub 2, der allerdings entscheidend auf die durch Art. 6 II Satz 1 GG verstärkende Wirkung und die Abhängigkeit der Würde von der Annahme des Kindes durch die Eltern abstellt. Vgl. aus neuerer Zeit: *Papsthart*, NJW-Echo Heft 19/1998, XXV; *Picker*, AcP 195 (1995), 483, 519; *Quass*, MedR 1997, 360, 363 sub c.

[1240] *Adomeit*, Jura 1981, 196, 198, sieht in der Argumentation des *VI. Senats* in *BGH* v. 18.3.1980 – VI ZR 247/78, NJW 1980, 1452, 1454 „implizit“ eine Einordnung des Kindes als Schaden, zumal der Senat auf die Fragen einging, ob die unterlassene Abtreibung oder das Unterlassen der Freigabe zur Adoption ein Mitverschulden i. S. von § 254 sei, sowie ob das Versterben eines der schon vorhandenen Kinder während der Schwangerschaft zu einem

a) Die Objektformel

Die Beurteilung der mit Schwangerschaft und Geburt zusammenhängenden Nachteile als Ursache einer Rechtsgutsverletzung, sowie die Gewährung eines Schmerzensgeldes dürfen nicht gegen die Objektformel[1241] verstoßen, wonach der Mensch nicht wie ein Objekt behandelt werden dürfe. Teilweise wird vertreten, durch die Beurteilung der Geburt des Kindes als Schadensfall werde dieses wie ein Objekt eingestuft.[1242] Durch die Anerkennung einer infolge der Zeugung und Geburt eintretenden Rechtsgutsverletzung wird das Kind aber nur dann wie ein (Streit-)Objekt behandelt, wenn seine Existenz als solche als Schaden betrachtet wird.[1243] Diese Gefahr tritt aber bei der Gewährung von Schadensersatz- und Schmerzensgeldansprüchen wegen einer Beeinträchtigung von Rechtsgütern nicht automatisch ein, weil nur die mit der Existenz zusammenhängenden Nachteile, die der Anspruchsgegner aufgrund besonders festzustellender Verhaltenspflichten zu verhindern hatte, ausgeglichen werden. Die Trennung zwischen Existenz und Rechtsgutsverletzung ist nicht nur ein zweckmäßiger Weg, einen angemessenen Ausgleich für diese Nachteile (nicht für die Existenz des Kindes!) zu erhalten, sie ist notwendig, *weil* sich die Beurteilung der Existenz als Schaden verbietet. Der Ausgleich für Schäden infolge der Körperverletzung dient auch nicht dazu, dass das Dasein des Kindes *„relativiert"* oder die *„Unbill seines Daseins"* *„wieder gutgemacht"*[1244] werden soll. Er dient der Wiederherstellung des beeinträchtigten Rechtsguts bzw. den durch die Beeinträchtigung entstandenen materiellen und immateriellen Nachteilen. Darauf, dass einer Behandlung als Objekt die Aufnahme in die Familie und die Sorge für das Kind entgegenstehen[1245], kommt es nicht entscheidend an.

Ein weiterer Aspekt, der für eine Gefahr der Behandlung als Objekt spricht, ist die Gefahr der Kommerzialisierung des Daseins des Kindes.[1246] Diese Gefahr besteht jedoch durch die Bejahung der Haftung wegen Rechtsgutsverletzung nicht.

„nachträglichen Sinneswandel" der Art führe, dass das ungeplante Kind nachträglich zum „erwünschten" werde (*BGH* aaO sub 2 b).

[1241] Nach dieser von *Dürig* geprägten Formel sei die Menschenwürde betroffen, wenn *„der konkrete Mensch zum Objekt, zu einem bloßen Mittel, zur vertretbaren Größe herabgewürdigt wird"*: *Maunz/Dürig*, Art. 1 Rdn. 28. Vgl. *BVerfG* v. 21.6.1977, BVerfGE 45, 187, 228 sub C II 1; *BVerfG* v. 20.10.1992, BVerfGE 87, 209, 228 sub C II 2 b aa; *Laufs*, Fortpflanzungsmedizin und Arztrecht, S. 21; *Pieroth/Schlink*, Rdn. 359 ff., § 7 III; *Puhl*, in: *Wolter/Riedel/Taupitz*, S. 197, 225. Zur Geeignetheit der Objektformel zur Lösung der Problematik: *Schöbener*, JR 1996, 89, 92 sub IV 2.

[1242] Vgl. *Picker*, AcP 195 (1995), 483, 527 sub B II 2 c cc und S. 538 sub C I c.

[1243] Vgl. *Looschelders*, in: *Wolter/Riedel/Taupitz*, S. 93, 109; vgl. *Reinhart*, S. 47 f.

[1244] So aber wohl *Picker*, AcP 195 (1995), 483, 527 sub B II 2.

[1245] *Winter*, S. 128.

[1246] Siehe auch *Schöbener*, JR 1996, 89, 93 sub IV 3 b aa.

Von einer Kommerzialisierung des Daseins könnte höchstens gesprochen werden, wenn die Unterhaltsaufwendungen als Folge einer Rechtsgutsverletzung angesehen werden. Insbesondere ist fragwürdig, ob die Unterhaltsaufwendungen als Folgeschaden der Verletzung von Persönlichkeitsrechtsgütern anzusehen sind.[1247]

b) Das Recht des Kindes auf uneingeschränkte Anerkennung in Familie und Gesellschaft, Gefahr späterer Stigmatisierung

Greifbarer ist die Gefahr, dass die Gewährung von Schadensersatzansprüchen zu einer negativen, die Wertschätzung beeinträchtigenden Bewertung des Kindes führt, so dass über dessen Interesse auf uneingeschränkte Akzeptanz hinaus Art. 1 I GG verletzt würde.[1248] Die Würde des Kindes steht einer Schadensersatzpflicht entgegen, wenn diese nach dem Menschenbild des Grundgesetzes „schlechterdings unerträglich“ wäre.[1249] Obwohl diese Gefahren im Zusammenhang mit der Ersatzfähigkeit der Unterhaltsaufwendungen erörtert werden, kann der Ansatz auch so verstanden werden, dass die Schadensersatzhaftung als solche die Interessen des Kindes auf uneingeschränkte Anerkennung verletze[1250] und jede Haftung, die an die ungewollte Schwangerschaft bzw. Geburt anknüpft (auch die Haftung wegen Verletzung von Rechtsgütern), verneint werden müsste.

In diesen Kontext gehören auch die Bedenken, die Anerkennung von Schadensersatzansprüchen führe zu einer Stigmatisierung des Kindes. Diese bestehe in den negativen Auswirkungen auf das Kind, die einträten, wenn die Eltern gegen einen Dritten erfolgreich Schadensersatzansprüche geltend machen könnten.[1251] Die Eltern müssten vor Gericht die „Planwidrigkeit" des Kindes geltend machen. Dem Kind könne, wenn es davon erfahre, deutlich vor Augen geführt werden, dass es in den Augen der Eltern eine Art „Betriebsunfall" war, bzw. dass die El-

---

[1247] Dazu Teil 5 I 1.

[1248] *Picker*, AcP 195 (1995), 483, 501, 503 sub B II 1, 3 und S. 507 sub B II 1 b aa und S. 523 sub B II 2 c. Vgl. auch *Schöbener*, JR 1996, 89, 93 sub IV 3 b bb, der die persönliche Akzeptanz unter dem Aspekt der Objektformel behandelt und das vom *BGH* entwickelte Tatbestandsmerkmal der „Unerwünschtheit" des Kindes als Verstoß gegen Art. 1 I GG ansieht.

[1249] *Looschelders*, in: *Wolter/Riedel/Taupitz*, S. 93, 109.

[1250] *Picker*, AcP 195 (1995), 483, 523 sub B II 2 c aa: *„Schon die Verbindung der Ermöglichung oder Erhaltung menschlichen Lebens mit einer Haftung auf Schadensersatz begegnet als solche schwersten Bedenken. Schon sie verletzt elementarste Kindesinteressen.“*

[1251] Vgl. *OLG Bamberg* v. 6.2.1978, NJW 1978, 1685, 1687 sub cc; *Adomeit*, Jura 1981, 196, 198; *Backhaus*, MedR 1996, 201, 203 sub II 2; *Laufs*, NJW 1998, 796, 797; *Picker*, AcP 195 (1995), 483, 523; *Stürner*, JZ 1998, 317, 325 sub 3 b: *„(...) das Kind muss die Tatsache verarbeiten, davon zu leben und gelebt zu haben, daß man es nicht gewollt hat. Darin steckt ein solcher Eingriff der Rechtsordnung in das persönliche Selbstverständnis und die Psyche des Menschen, (...)“.*

tern seine Existenz mit allen Mitteln verhindern wollten.[1252] Wenn dem Kind klar werde, dass seine Existenz nicht nur von den Eltern, sondern auch von der Rechtsordnung als Grundlage für Schadensersatzansprüche gewertet werde, drohten schwerwiegende seelische Belastungen.[1253] Hinzu komme das Gefühl, den Eltern keinen aus eigenen Mitteln erbrachten Unterhalt wert zu sein.[1254] Dieser Aspekt ist gerade aus der kindlichen Perspektive nicht zu unterschätzen. In Bezug auf das Problem der Rechtsgutsverletzung ist jedoch zu beachten, dass es hier abgesehen von der Frage, ob Unterhaltaufwendungen Folge der Rechtsgutsverletzung sind, nicht wie bei der Ersatzfähigkeit der Unterhaltsaufwendungen als Schaden primär auf die Bereitschaft ankommt, die Annahme des Kindes dadurch auszudrücken, dass es mit eigenen Mitteln versorgt wird.

Im Zusammenhang mit dem Gefühl der Annahme und dem daraus wachsenden Selbstverständnis des Kindes ist am Rande zu erwähnen, dass das *Bundesverfassungsgericht* ein Recht auf Kenntnis der eigenen Abstammung des Kindes unter dem Gesichtspunkt anerkannt hat, dass die Entfaltung der Persönlichkeit eng mit der Kenntnis der Herkunft als Voraussetzung für das eigene Selbstverständnis verbunden ist.[1255] Stellt die Unkenntnis von der Herkunft eine Gefahr für das eigene Selbstverständnis dar, so wird man eine solche Gefahr bei Kenntnis des Umstandes, Anlass für Schadensersatzforderungen der Eltern gegenüber einem Dritten (oder gar untereinander) gewesen zu sein, nicht verharmlosen können .[1256]

[1252] Vgl. zum hohen Gewicht dieses Arguments in der schottischen Rechtsprechung (*McFarlane* v. *Tayside Health Board*, Scots Law Times Reports 1997, 211): *Von Bar*, ZEuP 1998, 327, 330 sub IV, V: *„McFarlane gehört damit in die Reihe jener Urteile, in denen sich die Richter nicht gescheut haben, auch auf durchaus ‚emotionale' Gründe zurückzugreifen"*.

[1253] Vgl. *BGH* v. 17.4.1986, BGHZ 97, 372, 380 für den Fall, des abredewidrigen Absetzens der Anti-Baby-Pille; *OLG Bamberg* v. 6.2.1978, NJW 1978, 1685, 1687 sub cc; *Adomeit*, Jura 1981, 196, 198; vgl. *Ostheide*, S. 168 und *Pahmeier*, S. 33, die eine seelische Belastung bejahen, darin aber keinen Verstoß gegen Art. 1 I GG sehen. Vgl. auch *Schlund*, JR 1981, 238, 239 aE; *Stürner*, JZ 1998, 317, 325 sub 3 b; vgl. *Winter*, S. 122, der zwar eine Störung des familiären Verhältnisses der Eltern zum Kind leugnet (S. 121), Nachteile für die „Individualitätsfindung", das Selbstverständnis des Kindes, jedoch einräumt. Anders: *Waibl*, S. 69: *„Da die Familienplanung häufig allein von finanziellen Erwägungen abhängig gemacht wird, wird mit der ‚Unerwünschtheit', wie sie hier zu verstehen ist, nicht einmal notwendigerweise die emotionale Einstellung der Eltern zu einem weiterem Kind überhaupt ausgedrückt."*

[1254] *Laufs*, NJW 1998, 796, 797; vgl. *Stürner*, JZ 1998, 317, 325 sub 3 b.

[1255] *BVerfG* v. 31.1.1989, BVerfGE 79, 256, 268 f.; *BVerfG* v. 26.4.1994, BVerfGE 90, 263, 270 sub C I. Aus Art. 2 I i. V. mit Art. 1 I GG ergibt sich kein Anspruch auf Verschaffung von Kenntnissen über die eigene Abstammung. Die staatlichen Organe dürfen jedoch Informationen nicht vorenthalten. Vgl.: *Brohm*, JuS 1998, 197, 202 sub III 1 d.

[1256] Vgl. *Winter*, S. 122.

Besonders dürfte sich auswirken, wenn es den Eltern nicht darum ging, dass sie gar kein Kind mehr wollten, sondern wie im Fall der fehlerhaften genetischen Beratung gerade dieses letztendlich geborene Kind nicht wollten, weil es geschädigt ist.[1257] Sollte sich in Zukunft die Präimplantationsdiagnostik (PID)[1258] durchsetzen, so besteht diese Gefahr auch im Hinblick auf den infolge eines Fehlers bei der PID „falsch ausgesuchten“ geschädigten Embryo. Verlangen die Eltern in solchen Fällen Schmerzensgeld, weil das infolge eines solchen Fehlers geborene Kind, das trotz „Fahndung”[1259] nach genetischen Fehldispositionen nicht als ungeeignet verworfen wurde, ausgewählt wurde, wird niemand mehr glaubhaft machen können, es sei (mittlerweile) ebenso anerkannt wie ein Wunschkind.

Durch Verzicht auf das (ungeschriebene) Tatbestandsmerkmal der Durchkreuzung der Familienplanung[1260] verringert sich allerdings die Gefahr der Stigmatisierung. Zwar kann das Kind zum Zeitpunkt der Begründung der Pflichten für den Anspruchsgegner ungeplant gewesen sein, dies ist aber nicht mehr notwendig im Zeitpunkt der Zeugung bzw. der Geburt. Es kann zu diesem Zeitpunkt sogar erwünscht gewesen sein. Dies hat den Vorteil, dass die Rechtsgüter der Eltern ausreichend geschützt werden, ohne dass daraus auf eine Ablehnung des Kindes zu irgendeinem Zeitpunkt geschlossen werden muss. Eine Distanzierung der Eltern aufgrund der gerichtlichen Geltendmachung des „Ungewolltseins nach der Familienplanung“[1261], durch die eine uneingeschränkte Akzeptanz gefährdet wird, wird auf diese Weise vermieden.

Letztlich ist nicht zu vernachlässigen, dass auch die Interessen der Eltern auf Schutz ihrer Persönlichkeitsrechtsgüter verfassungsrechtlich abgesichert sind. Dies gilt auch für den Fall, dass die vorsätzlich herbeigeführte Zeugung des Kindes als Persönlichkeitsrechtsverletzung geltend gemacht wird. Hier ist nicht die Ablehnung des Kindes, sondern der Umstand, dass seine Zeugung in einer besonderen nicht hinzunehmenden Art und Weise herbeigeführt wurde, entscheidend für die Beurteilung der Rechtsgutsverletzung. Für die Annahme eines Verstoßes gegen Art. 1 I GG reicht die Beurteilung der mit Schwangerschaft und Geburt zusammenhängenden Beeinträchtigungen als Rechtsgutsverletzung jedenfalls nicht aus. Auch die Gewährung eines Schmerzensgeldes verstößt nicht per se ge-

---

[1257] Vgl. Teil 4 VI 3 a aE.

[1258] Siehe oben Teil 1 II. Vgl. zu Zweifeln an der Verfassungsmäßigkeit der PID unter Berücksichtigung der §§ 218a ff. StGB: *Sendler*, NJW 2001, 2148 ff. Einen Verstoß gegen Art. 1 I GG bejaht auch *Beckmann*, MedR 2001, 169, 171 f. sub III 1, 2.

[1259] Vgl. *Beckmann*, MedR 2001, 169, 173 sub 4 b.

[1260] Siehe Teil 4 I 6 e aa; S. 139 f. Ähnlich wie hier auch *Winter*, S. 72, 73, 123.

[1261] Vgl. *BGH* v. 19.6.1984, NJW 1984, 2625, 2626. Der *VI. Senat* meint aber, durch die Geltendmachung einer Störung der Familienplanung trete keine Distanzierung ein.

gen Art. 1 I GG, wenn die Existenz des Kindes bei der Billigkeitsabwägung angemessen berücksichtigt wird.[1262]

aa) Verstärkende Wirkung des Art. 6 II Satz 1 GG?

Die Geltendmachung aller Arten von Schadensersatz- und Schmerzensgeldansprüchen wegen seiner Existenz kann das Selbstwertgefühl des Kindes als eines um seiner selbst willen akzeptierten Familienmitgliedes beeinträchtigen.[1263] Teilweise wird vertreten, dass dadurch eine Distanzierung vom Kind mit Geld belohnt werde *„und zur Vermeidung des Anspruchsverlustes und von Abänderungsklagen geradezu geboten"*[1264] sei - ein Argument, das im Hinblick auf die von der Rechtsprechung geforderte Durchkreuzung der Familienplanung nicht von der Hand zu weisen ist.

Da die Stellung in der Familie betroffen und der Schutz der Familie im Rahmen einer verfassungskonformen Auslegung der entsprechenden schadensersatzrechtlichen Vorschriften heranzuziehen ist, wird zum Teil eine Verstärkung der Wirkung des Art. 1 I GG durch Art. 6 II Satz 1 GG vertreten: Art. 6 II Satz 1 GG und die Pflicht der Eltern, das Kind zu pflegen, verstärke die Würde des Kindes gegenüber der elterlichen Freiheit. Die Würde des Kindes hänge *„weithin von der Annahme (...) durch die Eltern"*[1265] ab. Die Würde des Kindes kommt diesem jedoch wegen seines Menschseins zu und ist nicht primär abhängig von der Annahme durch die leiblichen Eltern[1266] bzw. speziell durch die Mutter.[1267] Die Freigabe zur Adoption, die mit einer endgültigen und vollständigen Aufgabe der familiären und persönlichen Beziehung zum Kind einhergeht, kann, wenn das

---

[1262] Hierzu Teil 6 II.

[1263] Vgl. *Heldrich*, JuS 1969, 455, 459, der dennoch für Ersatz der Unterhaltsaufwendungen plädiert; ebenso: *Winter*, S. 122; anders: *BGH* v. 19.6.1984, NJW 1984, 2625 sub 1.

[1264] *OLG Frankfurt* v. 1.12.1982, NJW 1983, 341, 343 sub 3; *Backhaus*, MedR 1996, 201, 203 sub II; *Laufs*, NJW 1998, 796, 797; vgl. auch *Picker*, AcP 195 (1995), 483, 523 ff. sub B II 2 c.

[1265] Im Zusammenhang mit Unterhaltsaufwendungen: *Stürner*, JZ 1998, 317, 324 sub 2. Der *VI. Senat* bestreitet bereits im Grundsatz, dass die Geltendmachung von Ansprüchen irgendeinen negativen Einfluss auf die Annahme des Kindes habe: *BGH* v. 19.6.1984, NJW 1984, 2625 sub 1. Im Verfahren 1 BvR 479/92 (*BVerfG*, Beschluss v. 12.11.1997, BVerfGE 96, 375, 379 f. sub A I 3 hatte der Beschwerdeführer im Hinblick auf die Zahlung eines Schmerzensgeldes neben Art. 1 I GG auch einen Verstoß gegen Art. 6 GG aufgrund einer *„Durchbrechung des geschlossenen familienrechtlichen Regelsystems"* geltend gemacht, den der *I. Senat* ablehnte (*BVerfG*, Beschluss v. 12.11.1997, BVerfGE 96, 375, 398 sub B II 3).

[1266] Für die Unabhängigkeit der personalen Anerkennung des Kindes von der Übernahme von Unterhaltspflichten: *BVerfG* Beschluss v. 12.11.1997, BVerfGE 96, 375, 402 sub B II 3 b (2).

[1267] Vgl. *Starck*, JZ 1993, 816 sub I, der die Garantie der Menschenwürde bereits vor der Geburt hervorhebt.

Kind davon erfährt, ebenfalls schwere seelische Belastungen auslösen. Dennoch liegt darin kein Verstoß gegen dessen Würde. Eher besteht eine Gefahr einer Beeinträchtigung seines Selbstverständnisses, seines Gefühls, eine Daseinsberechtigung zu haben, sowie seines Wohlbefindens durch das Bewusstsein kein ganz und gar gewolltes Mitglied der Ursprungsfamilie zu sein.

Unabhängig davon ist die Belastung des Eltern-Kind-Verhältnisses stark einzelfallabhängig. Werden schwere Komplikationen bei der Geburt als Rechtsgutsverletzung geltend gemacht, dürfte dies die Eltern-Kind-Beziehung kaum berühren, weil dann nicht die notwendigerweise mit der Geburt eintretenden Schmerzen im Vordergrund stehen. Werden aber schon aufgrund „normaler" Belastungen Schadensersatz und Schmerzensgeld gewährt, so entsteht der Eindruck, dass nach Auffassung der Mutter und des Gerichts das Kind diese Belastungen, die zwangsläufig mit seinem Heranwachsen und seinem Auf-die-Welt-Kommen zusammenhängen, „nicht wert" ist und die Mutter dieses im Verhältnis zum Leben des Kindes relativ geringe Opfer nicht ersatzlos hinnehmen will. Die Gefahr, dass dadurch Gefühle des Abgelehntwerdens entstehen und eine Beeinträchtigung des Verhältnisses bleibt, ist nicht zu widerlegen. Dennoch kommt es auf sämtliche Umstände des Einzelfalls an, sowie auf die Frage, ob die Eltern eine eher ablehnende Einstellung beibehalten, oder ob zum Zeitpunkt der Zeugung der Kinderwunsch lediglich auf einen späteren Zeitpunkt hinausgeschoben worden war. Der angeblich positive Einfluss von Ersatzansprüchen auf die Akzeptanz des Kindes in der Familie, wie er in der Rechtsprechung und in der Literatur[1268] behauptet wird, ist hingegen fragwürdig[1269] und empirisch nicht belegt. Sollte dieser Einfluss in Einzelfällen zu bejahen sein, fragt sich, ob er durch die gleichzeitig entstehenden negativen Auswirkungen nicht wieder aufgehoben wird.

[1268] *BGH* v. 16.11.1993, BGHZ 124, 128, 143 f. sub II 3 c bb cl; *BVerfG*, Beschluss v. 12.11.1997, BVerfGE 96, 375, 402 sub B II 3 b (2); ebenso *LG München* I v. 16.1.1991 – 9 O 738/90 und *OLG München* v. 20.2.1992 – 1 U 2278/91 (vgl. BVerfGE 96, 375, 377); in der Literatur: *Deutsch*, NJW 1994, 776, 777 sub VI; *Giesen*, JZ 1994, 286, 291; vgl. Nachweise bei *Hauberichs*, S. 239 Fußnote 72; vgl. *Holzwarth*, S. 57; *Mertens*, FamRZ 1969, 251, 256; *Ostheide*, S. 57; *Reinelt*, FamRZ 1970, 572, 574; *Reinhart*, S. 58; *Sigel*, NJW 1978, 2340, 2341 sub 1; vgl. *Winter*, S. 119 f. Vgl. *Losch/Radau*, NJW 1999, 821, 826 sub 3, nach deren Ansicht sich das Kind mit der „normalen" Tatsache, ungeplant gewesen zu sein, abzufinden habe. Zustimmung verdient *Heldrich*, JuS 1969, 455, 459 sub 5, der die Gefahren für das Kind bejaht, hingegen meint, diese müsse in Kauf genommen werden, weil sonst die wirtschaftlichen Bedürfnisse des Kindes und seiner Geschwister gefährdet würden.

[1269] Vgl. die berechtigten Bedenken *gegen* die Abwälzung der Unterhaltsaufwendungen: *Laufs*, NJW 1998, 796, 797. Vgl. auch *Picker*, „*wrongful birth*", S. 24 f., der die Behauptung rein spekulativ und fragwürdig nennt und den Befürwortern vorwirft, „*eine fehlende Bindung der Familienmitglieder durch pekuniäre Reize zu wecken*" und so „*die Möglichkeit eines innerfamiliären Anerkennungs- oder gar Liebeserkaufs*" zu vertreten. Das Kind werde so in eine „*verrentete Opferrolle*" gedrängt.

Die Belastung der Eltern-Kind-Beziehung durch eine ablehnende Einstellung zum Kind ist nicht hinreichend konkret und hängt vom individuellen Einzelfall ab. Sie reicht nicht aus, um im Fall der Anerkennung einer Rechtsgutsverletzung der Eltern über eine verstärkende Wirkung des Art. 6 II GG eine Verletzung der Würde des Kindes zu begründen.

bb) Verletzung der Würde durch Anerkennung von Ansprüchen der Eltern untereinander?

Fraglich ist, inwieweit der Fall, dass ein Elternteil gegen den anderen Schadensersatzansprüche wegen der Zeugung und Geburt des Kindes geltend macht, anders zu beurteilen ist. Anders als in den vom *VI. Senat* des *BGH* entschiedenen Fällen, in denen dieser zwischen Konzeption und Geburt auf der einen Seite und der Gewährung von Schadensersatzansprüchen auf der anderen Seite trennte, lehnte der *IX. Senat* des *BGH* Ansprüche des Vaters gegen die Mutter u. a. wegen der Würde des Kindes strikt ab.[1270] Das Kind sei bei Anerkennung deliktischer Ansprüche[1271] (aus § 826)[1272] in seiner Würde verletzt, da es die Geltendmachung von Schadensersatzansprüchen des Vaters gegen die Mutter als „*erhebliche persönliche, psychische und wirtschaftliche Beeinträchtigungen erleiden*" müsse.[1273]

Ausschlaggebend für die Bewertung war die enge Verbundenheit zwischen dem Kind und seiner Mutter, unter deren finanziellen und seelischen Belastungen das Kind bei einer Anerkennung deliktischer Ansprüche (gem. § 826) hätte leiden müssen. Insbesondere die spätere Erkenntnis des Kindes, selbst Ursache für diese Belastungen zu sein, betreffe dieses in seiner Menschenwürde. Der *IX. Senat* behauptete hingegen nicht, durch die Zuerkennung von Schadensersatzansprüchen werde ein Unwerturteil über das Kind gefällt. Vielmehr wird aus Art. 1 I i. V. mit Art. 2 I GG ein Recht des Kindes auf Schutz vor wirtschaftlichen und psychischen Belastungen - vermittelt durch die Inanspruchnahme der Mutter, die das Kind gewollt hat - hergeleitet.

Durch die Annahme eines Unwerturteils über das Kind wäre der *IX. Senat* vom *VI. Senat* abgewichen, der ein solches Unwerturteil sogar dann nicht für gegeben

---

[1270] *BGH* v. 17.4.1986, BGHZ 97, 372, 380 sub 2. Vgl. oben Teil 2 V; Teil 3 I 9 c gg (1); Teil 4 II 2 g ee.

[1271] Vertragliche Ansprüche scheiterten nach Auffassung des *VI. Senats* (*BGH* v. 17.4.1986, BGHZ 97, 372, 381) daran, dass in Anlehnung an *BGH* v. 24.3.1980, NJW 1980, 1520, 1521 die Abrede angesichts des Verzichts auf eine Ehe als nicht rechtsgeschäftlich verbindlich angesehen wurde. Vgl. Teil 4 I 1 d aa; zu deliktischen Ansprüchen: Teil 4 II 2 g ee.

[1272] Siehe Teil 4 II 6.

[1273] *BGH* v. 17.4.1986, BGHZ 97, 372, 380 sub 2.

hält, wenn beide Elternteile die Unerwünschtheit des Kindes unter dem Aspekt der Familienplanung geltend machen.[1274] Im vorliegenden Fall liegt ein solches Unwerturteil noch ferner, da immerhin ein Elternteil sich das Kind wünschte.[1275]

Andererseits trennte der *IX. Senat* in dieser Entscheidung nicht strikt zwischen dem Dasein und den sich für die Eltern daraus ergebenden negativen Folgen. Er stellte vielmehr fest, dass die für die Mutter entstehenden negativen finanziellen Folgen sich wegen der engen Verbundenheit nicht nur wirtschaftlich, sondern auch psychisch auswirken würden.

Der Rechtsprechung des *VI. Senats* und den Gründen des Urteils des *IX. Senats* lässt sich eine nicht ausdrücklich ausgesprochene aber dennoch vorhandene pragmatische Tendenz entnehmen. Der Verstoß gegen die Würde des Kindes sowie die Gewährung oder die Versagung von Ersatzansprüchen wegen seiner Geburt werden (ergebnisorientiert) von den wirtschaftlichen Folgen für das Kind und die das Kind versorgenden Eltern(teile) abhängig gemacht: Fließt der Geldstrom in Form eines Schadensersatzanspruchs zu den Eltern(teilen), die das Kind versorgen, werden gleichzeitig negative psychische Auswirkungen auf das Kind und eine Beeinträchtigung seines Rechts, um seiner selbst willen akzeptiert zu werden, relativiert. Schadensersatzansprüchen wird auf diese Weise der Weg geebnet. Der Umstand, dass die Eltern selbst die Unerwünschtheit des Kindes nach der Familienplanung geltend machen müssen, sei nicht relevant. Der finanzielle Vorteil wird schließlich von der überwiegenden Rechtsprechung und einem Teil der Literatur als ein die Akzeptanz des Kindes seitens der Eltern fördernder Gesichtspunkt genannt.[1276] Wenn hingegen den versorgenden Elternteilen wirtschaftliche Nachteile entstünden, weil sie selbst Anspruchsgegner wären, dann werden psychische Nachteile für das Kind sowie ein Verstoß gegen seine Würde bejaht, weil es in dem Bewusstsein aufwüchse, eine Haftung gegen den ihn versorgenden Elternteil ausgelöst zu haben. Das Kind soll also nicht ansehen müssen, wie der ihn versorgende Elternteil, der seine Existenz von vornherein bejaht hat, finanzielle Einbußen erfährt.

Auch wenn die Entscheidung im Ergebnis richtig ist: Das Abstellen auf das subjektive Empfinden des Kindes ist nicht entscheidend. Auch wenn das geborene Kind z. B. aufgrund einer geistigen Behinderung gar nicht fähig wäre, zu erkennen, dass seine Geburt mitursächlich für eine wirtschaftliche Not der Mutter ist, es also deswegen nicht „leiden" könnte, dürfte nicht anders entschieden werden. Ausschlaggebend ist, dass weder eine vertraglich noch deliktisch erhebliche

---

[1274] Vgl. *BGH* v. 19.6.1984, NJW 1984, 2625.
[1275] Vgl. *Kolb*, S. 134 sub b.
[1276] Siehe Fußnote 1268.

Pflicht für die Mutter bestand, auch weiterhin Verhütungsmittel anzuwenden, bzw. über die unterlassene Anwendung aufzuklären, um den Vater vor Unterhaltsansprüchen zu bewahren, und die Zeugung des Kindes in das allgemeine Lebensrisiko des Vaters fiel.[1277] Auf diesen Aspekt kommt es auch in den anderen Fällen an. Die Gewährung von Schadensersatz wegen der Geltendmachung der Planwidrigkeit des Kindes mag das Verhältnis zu den Eltern sowie das psychische Wohlergehen belasten. Diese Nachteile verletzen jedoch nicht seine Würde.

cc) Die Würde des geschädigten Kindes

Problematisch ist, wie die Würde des geschädigten Kindes in den Fällen zu berücksichtigen ist, in denen Eltern überhaupt kein Kind wollten, sowie in den Fällen, in denen ausschließlich die Geburt eines geschädigten bzw. behinderten Kindes durch präkonzeptionelle genetische Beratung oder (hypothetisch) Präimplantationsdiagnostik (PID) verhindert werden sollte, sonst aber ein gesundes Kind gewünscht war.[1278]

Die Fälle der Geburt behinderter Kinder infolge fehlerhafter genetischer Beratung und (hypothetischer) PID sind deshalb so problematisch, weil die Eltern die Beschwerden für ein gesundes Kind auf sich genommen hätten, nicht aber für ein behindertes. Würde man *sämtliche* Beschwerden als Rechtsgutsverletzung bewerten, weil die Schwangerschaft mit *diesem* Kind bei pflichtgemäßer Beratung oder bestimmungsmäßiger Selektion unterblieben wäre, so würden die Nachteile für Mutter und Vater deshalb als Rechtsgutsverletzungen betrachtet, weil gerade *dieses* bestimmte Kind von ihren Vorstellungen abweicht. Diesen Umstand als maßgeblich zu betrachten, ist im Hinblick auf die Würde des behinderten Kindes problematisch.

Eine Abgrenzung danach, ob die mit der Schwangerschaft und Geburt zusammenhängenden Nachteile über ein „normales" bzw. im Zusammenhang mit dem Dasein des Kindes unbedingt erforderliches Maß hinausgehen, ist zweifelhaft. Zum einen lässt sich so eine Grenze nicht immer ohne Weiteres bestimmen. Für die erhöhte *finanzielle* Belastung hat die Rechtsprechung im Zusammenhang mit den Fällen der nicht verhinderten Geburt behinderter Kinder eine Trennung in Grund- und Mehrbedarf abgelehnt und auch im Hinblick auf Art. 1 I GG den Unterhalt als von verschiedenen Umständen abhängige letztendlich aber *einheitliche* Größe verstanden.[1279] Es spricht einiges dafür, in Bezug auf die schwanger-

---

[1277] Siehe Teil 3 I 9 c gg (1); Teil 4 I 1 d aa; Teil 4 II 2 g ee.
[1278] Vgl. Teil 4 I 6 e ee (3) (a).
[1279] *OLG Hamm* v. 25.1.1982, VersR 1983, 402, 403; *BGH* v. 22.11.1983; NJW 1984, 658, 660; *BGH* v. 16.11.1993, NJW 1994, 788, 793; vgl. *BGH* v. 18.6.2002, BGHZ 151, 133, 143

schafts- und geburtsbedingten Rechtsgutsbeeinträchtigungen ebenso zu verfahren. Verschiedenste Arten von Komplikationen können in diesem Zusammenhang auftauchen; sie hängen nicht weniger mit dem Dasein des Kindes zusammen, als ein Mindestmaß von Beschwerden. Alle Nachteile, die mit der Schwangerschaft und Geburt eines Kindes zusammenhängen, beruhen auf dessen Dasein, d. h. auch auf der physischen Verfassung des Kindes. Ebenso wie das Dasein des Kindes nicht aufgespalten werden kann in ein „normales" Dasein und eine Behinderung, ist auch die durch die Geburt eintretende Gesamtheit an Rechtsgutsbeeinträchtigungen grundsätzlich als Einheit anzusehen.

Gegen eine differenzierte Betrachtung spricht auch der Umstand, dass das behinderte Kind so wie es ist zu akzeptieren ist. Eine Differenzierung steht nicht in Einklang damit, dass jeder Mensch ein Recht auf Achtung *„in seinem Dasein um seiner selbst willen"*[1280] hat. Diese Achtung bezieht sich auch auf die Art, wie das Kind herangewachsen und auf die Welt gekommen ist.

Eine Aufteilung in normale Beschwerden und solche, die durch die Behinderung des Kindes hervorgerufen wurden und deshalb einen Ersatzanspruch bzw. ein Schmerzensgeld rechtfertigen sollen[1281], kann (wenn auch auf eine subtile Art und Weise) die Würde des Kindes verletzen.[1282] Die Beurteilung gewisser zusätzlicher Komplikationen als Rechtsgutsverletzung wäre Ausdruck einer Sicht, dass gerade die Schädigung des Kindes - somit aber auch das Kind selbst - als entscheidende Voraussetzung von Schadensersatzforderungen angesehen wird. Im Zusammenhang mit den Folgen der Rechtsgutsverletzung lässt sich auch nicht damit argumentieren, dass der Schadensersatz letztlich die Existenz des Kindes

---

sub II 4 (voller Unterhalt bei Geburt eines geschädigten Kindes nach fehlerhafter genetischer Beratung). Anders noch *BGH* v. 18.1.1983, BGHZ 86, 240 (Röteln); *OLG Nürnberg* 15.9.1993, MedR 1994, 200 (Unterhalt als Einheit, jedoch kein Ersatz unter Berücksichtigung von *BVerfG* v. 28.5.1993, BVerfGE 88, 203 ff.). Vgl. *LG Köln* v. 10.12.1997, MedR 1999, 323, 327 für den Fall des nicht durchgeführten Schwangerschaftsabbruchs wegen Nichterkennen einer Behinderung, wenn sonst ein (gesundes) Kind gewollt war und der Schutzzweck des Beratungsvertrages auf die Verhinderung der Geburt eines *behinderten* Kindes ausgerichtet war. Das *LG Köln* teilt die Bedenken des *BGH* in Bezug auf Art. 1 I GG nicht.

[1280] *BVerfG* v. 28.5.1993, BVerfGE 88, 203, 296.

[1281] *BVerfG* v. 28.5.1993, BVerfGE 88, 203.

[1282] Vgl. im Zusammenhang mit den Unterhaltsaufwendungen: *Hennies*, ArztR 1998, 263, 265 f.: *„Mit der Achtung vor der Person des behinderten Kindes im Sinne des Art. 1 Abs. 1 GG ist es unvereinbar, an seine Existenz und die sich hieraus ergebenden Bedürfnisse den Maßstab eines ‚normalen' Kindes anzulegen und die Kosten der behinderungsbedingten Aufwendungen gesondert zu veranschlagen."* Ebenso *Waibl*, NJW 1987, 1513, 1516 sub II 5 a bb, die ein Unwerturteil (über das geschädigte Kind) darin sieht, dass Ansprüche nur im Fall der Schädigung zugesprochen würden.

wirtschaftlich sichere – ein Aspekt, der ansonsten gerade bei der Geburt behinderter Kinder nicht zu vernachlässigen ist.[1283]

Etwas anderes kann gelten, wenn die ärztliche fehlgeschlagene Maßnahme gerade eine eingetretene überdurchschnittliche Beeinträchtigung der Rechtsgüter verhindern sollte. Schadensersatz und Schmerzensgeld sind dann nicht wegen der Schädigung des Kindes zu leisten, sondern wegen der Verletzung der Pflicht, besondere Gefahren für die Mutter zu vermeiden. Die Würde des Kindes wird dadurch nicht beeinträchtigt.

Durch eine Trennung zwischen dem Dasein und sämtlichen - nicht nur einzelnen - sich daraus ergebenden Nachteilen als „Quelle des Schadens" wie sie der *VI. Senat*[1284] und die Vertreter der Trennungslehre vornehmen, wird kein Unwerturteil über das Kind bzw. dessen Behinderung gefällt. Verzichtet man darüber hinaus auch auf das Merkmal der Durchkreuzung der Familienplanung im Zeitpunkt von Zeugung und Geburt, was hier befürwortet wird, besteht keine Gefahr eines Unwerturteils über das Dasein des Kindes.

Diese Beurteilung gilt erst Recht in dem Fall, wenn überhaupt kein Kind geboren werden sollte und dann das gezeugte Kind geschädigt ist. Hier hätten die Eltern eine Beeinträchtigung ihrer Rechtsgüter überhaupt nicht gewollt, so dass das Problem der Trennung zwischen normalen und behinderungsbedingten Belastungen von Anfang an in den Hintergrund tritt.

c) Die Entscheidung des *II. Senats* des *Bundesverfassungsgerichts* vom 28.5.1993

Neben der grundlegenden Ablehnung vertraglicher und deliktischer Ansprüche hat es (wie oben[1285] bereits ausgeführt) differenzierende Ansätze gegeben. Ein solcher differenzierender Ansatz liegt auch der Entscheidung des *II. Senats* des *Bundesverfassungsgerichts* vom 28.5.1993[1286] zugrunde, in der die Anerkennung von Ansprüchen wegen Rechtsgutsverletzungen (nur) in besonderen Fällen bejaht wird. In dieser Entscheidung (u. a. in Leitsatz Nr. 14) hat der *II. Senat* im Zusammenhang mit dem Anspruch auf Ersatz von Unterhaltsaufwendungen im Rahmen von Verträgen über Schwangerschaftsabbrüche geäußert, „*die rechtliche Qualifikation des Daseins eines Kindes als Schadensquelle*" komme „*von Verfassungs wegen (Art. 1 I GG) nicht in Betracht*" und die Unterhaltspflicht für ein

[1283] *Hennies*, ArztR 1998, 263, 265.
[1284] Teil 4 I 6 h bb.
[1285] Siehe Teil 4 I 6 h cc.
[1286] *BVerfG* v. 28.5.1993, BVerfGE 88, 203 ff.

Kind sei deshalb nicht „*als Schaden zu begreifen*".[1287] Gleichzeitig differenzierte der *II. Senat* nach vertraglichen und deliktischen Ansprüchen sowie nach der Art und Weise eines Eingriffs in die körperliche Integrität:

> „*Eine zivilrechtliche Sanktion für die Schlechterfüllung des Vertrages und für eine deliktische Beeinträchtigung der körperlichen Integrität der Frau ist grundsätzlich erforderlich; dies betrifft nicht nur eine Verpflichtung zur Rückzahlung der vergeblich geleisteten Vergütung, sondern auch den Ersatz von Schäden einschließlich - im Rahmen der §§ 823, 847 BGB - einer billigen Entschädigung der Frau für die immateriellen Belastungen, die mit dem fehlgeschlagenen Schwangerschaftsabbruch oder mit der Geburt eines behinderten Kindes für sie verbunden waren. Eine rechtliche Qualifikation des Daseins eines Kindes als Schadensquelle kommt hingegen von Verfassungs wegen (Art. 1 I GG) nicht in Betracht. Die Verpflichtung aller staatlichen Gewalt, jeden Menschen in seinem Dasein um seiner selbst willen zu achten (...), verbietet es, die Unterhaltspflicht für ein Kind als Schaden zu begreifen. Die Rechtsprechung der Zivilgerichte zur Haftung für ärztliche Beratungsfehler oder für fehlgeschlagene Schwangerschaftsabbrüche (...) ist im Blick darauf der Überprüfung bedürftig. (...)*"[1288]

[1287] *BVerfG* v. 28.5.1993, BVerfGE 88, 203 ff., Leitsatz 14; ebenso: *LG Düsseldorf* v. 2.12.1993, NJW 1994, 805, 807 unter Hinweis auf eine Einheit der Nachteile mit dem Leben des Kindes aufgrund der Komplexität des Eltern-Kind-Verhältnisses.

[1288] *BVerfG* v. 28.5.1993, BVerfGE 88, 203, 295, 296 sub D V 6. Dass der Senat zu diesem Problem Stellung nahm, ist nicht selbstverständlich. Es ging in diesem Normenkontrollverfahren um die verfassungsrechtliche Prüfung der Frage, ob die straf-, sozialversicherungs- und organisationsrechtlichen Änderungen der Regelungen über den Schwangerschaftsabbruch durch das *15. Strafrechtsänderungsgesetz*, das *Strafrechtsreform-Ergänzungsgesetz* sowie das neu erlassene *Schwangeren- und Familienhilfegesetz* mit dem Schutz des ungeborenen Lebens vereinbar sind. In diesem Zusammenhang werden in den Gründen allgemein Aussagen bezüglich deliktischer Ansprüche im Zusammenhang mit der Geburt von Kindern gemacht, die nach überwiegender Ansicht ein *obiter dictum* darstellen, da sie nicht durch den Streitgegenstand veranlasst waren.

Siehe abweichende Voten der Richter *Mahrenholz* und *Sommer*, in: *BVerfG* v. 28.5.1993, BVerfGE 88, 203, 358; ebenfalls für obiter dictum: *BGH* v. 16.11.1993, BGHZ 124, 128, 136; *LG Düsseldorf* v. 2.12.1993, NJW 1994, 805, 806; *OLG Oldenburg* v. 30.5.1995, OLGR Oldenburg 1996, 100 Leitsatz 2; *BVerfG*, Beschluss v. 12.11.1997, BVerfGE 96, 375, 403 ff. sub C II c mwN. Für ein obiter dictum spreche der Gegenstand der Entscheidung (Normenkontrolle in Bezug auf Vorschriften des Beratungsmodells bei Schwangerschaftsabbrüchen) wie er auch in den Entscheidungsgründen ausführlich behandelt wird. Sollten sich Ausführungen nicht auf dieses Thema beziehen, seien diese nicht tragend und somit nicht bindend i. S. von § 31 I BVerfGG. Ebenfalls für obiter dictum: *Boin*, JA 1995, 425, 427 f.; *Deutsch*, NJW 1993, 2361 sub II; *derselbe*, NJW 1994, 776, 777 sub IV; *derselbe*, NJW 1998, 510; *derselbe*, in: FS Geiß, S. 367, 373; *Giesen*, JZ 1994, 286, 288 f. sub III; *Hauberichs*, S. 1 f., 103 ff.;

Vertrags- sowie deliktsrechtliche Sanktionen sind nach Auffassung des *II. Senats* im Zusammenhang mit Verträgen, die auf Schwangerschaftsabbrüche gerichtet sind, erlaubt. Es ist kein Grund ersichtlich, warum bei den hier untersuchten Verträgen, die auf die Verhütung einer Empfängnis gerichtete Maßnahmen zum Inhalt haben, etwas anderes gelten sollte, auch wenn der *II. Senat* sich dazu nicht ausdrücklich geäußert hat.[1289] Die körperliche Integrität könne in zwei - vermutlich abschließend gemeinten - Fällen betroffen sein: Durch die immaterielle Belastung aufgrund des fehlgeschlagenen nicht lege artis vorgenommen (und daher nicht von der Einwilligung der Betroffenen gedeckten) Schwangerschaftsabbruchs sowie durch die immaterielle Belastung aufgrund der Geburt eines behinderten Kindes. Die mit der Geburt eines jeden Kindes - also mit seinem reinen Dasein - einhergehenden Beeinträchtigungen genügen nach Auffassung des *II. Senats* nicht. Sie seien vielmehr im Hinblick auf die Würde des Kindes nicht ausschlaggebend.

In Leitsatz Nr. 14 kommt zum Ausdruck, dass der *II. Senat* bei der Beurteilung eines Anspruchs auf Ersatz der Unterhaltsaufwendungen den Schadensbegriff nicht getrennt vom Dasein des Kindes definiert, sondern unter Einbeziehung desselben und der erwünschten Wertschätzung seitens Familie und Gesellschaft.[1290] Dieser Auffassung schlossen sich zunächst einige andere Gerichte an.[1291]

Die Bejahung einer Körperverletzung wegen der Geburt eines behinderten Kindes, welches aufgrund einer „Pflichtverletzung" des Arztes gezeugt bzw. nicht vor seiner Geburt abgetrieben worden ist, steht im Widerspruch zu dem in

---

Ostheide, S. 155; *Palandt/Heinrichs* Vor § 249 Rdn. 47; *Schiemann*, LM § 249 BGB (A) Nr. 109/1995; *Schöbener*, JR 1996, 89; *Weiß*, JR 1994, 461, 462. Anderer Ansicht (gegen ein *obiter dictum*): *BVerfG*, Beschluss (Stellungnahme) des *II. Senats* v. 22.10.1997 zum Verfahren des *I. Senats* - 1 BvR 479/92 u. 1 BvR 307/94, NJW 1998, 523, 524; *Laufs*, NJW 1998, 796, 797; *Stürner*, JZ 1998, 317, 319 sub II 2 b; kritisch zum Streit: *Picker*, AcP 195 (1995), 483, 499 sub A III 2 c; *derselbe*, *„wrongful birth"*, S. 23 Fußnote 28; zweifelnd wegen der Aufnahme der Frage in den Leitsatz: *Rehborn*, MDR 1998, 221, 222 sub 2.

1289 Vgl. *R. Weber*, VersR 1999, 389, 395 sub B II 1, nach dessen Ansicht Leitsatz 14 auch für die Fälle der nicht verhinderten Schwangerschaft und den Verkauf ungeeigneter Verhütungsmittel gilt.

1290 *Deutsch*, NJW 1993, 2361, 2362 sub II 2 kritisiert daher, der Schaden werde *„unter fundamentalistischem Aspekt"* (...) *„rein normativ gesehen"*; vgl. *derselbe*, NJW 1994, 776, 777 sub V.

1291 Das *LG Düsseldorf* v. 2.12.1993, NJW 1994, 805, 806 f. entschied, dass wegen der Komplexität des Eltern-Kind-Verhältnisses und der „biologischen Einheit" Schwangerschaft und Geburt ersatzlos hinzunehmen seien. Vgl. auch *OLG Nürnberg* v. 15.9.1993, MedR 1994, 200, 201; *LG Bonn* v. 7.12.1993 – 2 O 314/93 zitiert in Anmerkung von *Ratzel* zu *OLG Nürnberg* v. 15.9.1993, MedR 1994, 200. Hierzu auch *Hauberichs*, S. 105 aE mwN in Fußnote 38.

Leitsatz Nr. 14[1292] ausgesprochenen Grundsatz. Als „Quelle" für die immaterielle Belastung der Mutter kommt nämlich, wenn man wie der *II. Senat* eine einheitliche Betrachtung zwischen dem Dasein und den damit zusammenhängenden Nachteilen zugrunde legt, nur das Geschädigtsein des behinderten Kindes in Betracht. Diese Schädigung bestimmt aber gerade das Dasein entscheidend mit.[1293] Die Art und Weise der Differenzierung des *II. Senats* bietet Angriffsfläche und stellt keinen idealen Lösungsweg dar.[1294] Der *VI. Senat* des *BGH* hat daher zu Recht bemerkt, dass der *II. Senat* des *Bundesverfassungsgerichts* insoweit im Widerspruch zum Leitsatz Schäden zugebilligt hat, obwohl die Quelle dieser Schäden die Geburt des Kindes gewesen ist.[1295]

Naheliegend ist, die Ausführungen des *II. Senats* so zu deuten, dass nicht die zwingend mit dem Dasein eines Kindes zusammenhängenden, sehr wohl aber die aufgrund besonderer Umstände hervorgerufenen Nachteile als Schaden geltend gemacht werden können sollen.[1296] Besondere Nachteile sind dann die eine komplikationslose Geburt übersteigenden körperlichen Beschwerden oder der aufgrund einer Behinderung bedingte finanzielle Mehrbedarf.[1297] Gerade in Bezug auf diesen Mehrbedarf sei der Mensch nicht *„in seinem Dasein um seiner selbst willen betroffen"*.[1298] Diese Deutung macht plausibel, warum der *II. Senat* Rechtsgutsverletzungen und deliktische Ansprüche aufgrund der durch die Geburt eines behinderten Kindes bedingten erhöhten körperlichen Belastungen bejaht hat, obwohl auch sie mit dem Dasein des Kindes zusammenhängen.

Die Differenzierung ist jedoch aufgrund der oben angestellten Abwägungen im Hinblick auf die Würde des behinderten Kindes eher abzulehnen.[1299]

d) Grundrechtskonformität der Haftung

Der überwiegende Teil der Rechtsprechung[1300] und der größere Teil der Literatur[1301] lehnen einen Verstoß gegen die Würde des Kindes durch die Gewährung von Schadensersatzansprüchen[1302] grundsätzlich ab.

[1292] *BVerfG* v. 28.5.1993, BVerfGE 88, 203.

[1293] Siehe Teil 4 IV 3 b cc.

[1294] Selbst *Picker*, AcP 195 (1995), 483, 497 sub A III 1, kritisiert die Begründung durch Leitsatz Nr. 14 als „lapidar"; ebenso: *Backhaus*, MedR 1996, 201, 203 sub II.

[1295] *BGH* v. 16.11.1993, BGHZ 124, 128, 141 sub 3 c bb b1.

[1296] Zu dieser Interpretation gelangt z. B. *Deutsch*, NJW 1993, 2361 ff.

[1297] *Deutsch*, NJW 1993, 2361, 2362 sub II 3.

[1298] *Deutsch*, NJW 1993, 2361, 2362 sub II 3d.

[1299] Teil 4 IV 3 b cc.

[1300] Teil 4 I 6 h bb.

Teilweise wird von den Gegnern der These, die Gewährung von Schadensersatzansprüchen verletze die Würde des Kindes, allgemein vor einer Verlagerung der Problematik ins Verfassungsrecht gewarnt.[1303] Hier gehe es um eine reine Frage der Berufshaftung des Arztes für Vertragsverletzungen bzw. unerlaubte Handlungen, die ausschließlich vor die ordentlichen Gerichte gehöre, wenn auch rechtspolitische Erwägungen nicht ausgeschlossen seien.[1304]

Im Übrigen ist die Ansicht eine (wenn auch keine zwingende) Konsequenz der Trennungslehre[1305]. Zusätzlich wird (im Hinblick auf Unterhaltsaufwendungen) auch rechtspolitisch gegen eine Verletzung der Würde argumentiert, indem die positiven Aspekte der finanziellen Vorteile auch für das Kind hervorgehoben werden.[1306]

Bereits in der Entscheidung vom 19.6.1984 und auch in späteren Urteilen bestritt der *VI. Senat*, durch Anerkennung von Schadensersatz- und Schmerzensgeldansprüchen werde das Lebensrecht des Kindes nicht gewürdigt, bzw. beeinträchtigt und in dessen Würde eingegriffen.[1307] Die gesellschaftliche und familiäre Anerkennung des Kindes werde hierdurch sowie durch den Vorwurf gegenüber Dritten, sie hätten sein Leben pflichtwidrig nicht verhindert, nicht beeinträchtigt.[1308] Vielmehr seien unplanmäßig geborene Kinder ebenso anerkannt wie Wunschkinder. In Bezug auf die Unterhaltsaufwendungen sei nicht das Kind,

---

[1301] *Deutsch*, NJW 1994, 776, 777 sub V; *derselbe*, NJW 1998, 510; *Grunsky*, Jura 1987, 82, 83 sub II 1 b bb; *Looschelders*, in: *Wolter/Riedel/Taupitz*, S. 93, 111; *Losch/Radau*, NJW 1999, 821, 825; *Ostheide*, S. 165; *Puhl*, in: *Wolter/Riedel/Taupitz*, S. 197, 228; *Reinhart*, S. 47 f.; *Waibl*, S. 68; *Winter*, S. 127.

[1302] Die Diskussion bezieht sich durchweg schwerpunktmäßig auf die Unterhaltsaufwendungen, nicht auf die Rechtsgutsverletzung.

[1303] *Deutsch*, NJW 1998, 510; vgl. *Diederichsen*, AcP 198 (1998), 171, 220 ff.; *Winter*, S. 128: *„Sämtliche Bemühungen, die Lösung der Kind als Schaden Fälle unmittelbar aus der Verfassung abzuleiten und in Abweichung zur hergebrachten zivilrechtlichen Dogmatik rechtlich zu begründen, erweisen sich (...) als untauglich"*.

[1304] *Winter*, S. 128 aE.

[1305] Siehe Darstellung in Teil 4 I 6 h bb.

[1306] *BVerfG*, Beschluss v. 12.11.1997, BVerfGE 96, 375, 402 sub B II 3 b (2); wN siehe oben Fußnote 1268.

[1307] *BGH* v. 19.6.1984, NJW 1984, 2625 sub 1 b, 2626 sub 3. Anders zuvor: *OLG Frankfurt* v. 1.12.1982, NJW 1983, 341 ff. *BGH* v. 16.11.1993, BGHZ 124, 128 ff. (fehlerhafte präkonzeptionelle genetische Beratung, Geburt eines behinderten Kindes); nachgehend: *BVerfG*, Beschluss v. 12.11.1997, BVerfGE 96, 375 ff.; *BGH* v. 27.6.1995, NJW 1995, 2407 ff. (Schmerzensgeld für die Mutter nach Schwangerschaft infolge fehlgeschlagener Vasektomie). Zur Reaktion des *BGH* auf das Urteil des *II. Senats*: vgl. *Hauberichs*, S. 104 ff.

[1308] *BGH* v. 19.6.1984, NJW 1984, 2625 sub 1 b, 2626 sub 3.

sondern der isoliert zu betrachtende Unterhaltsaufwand der geltend gemachte Schaden.[1309]

Der *VI. Senat* stimmt mit dem *II. Senat* des *Bundesverfassungsgerichts* lediglich darin überein, dass das Kind selbst aufgrund seiner Würde nicht als Schaden angesehen werden könne.[1310] Die Gewährung von Ansprüchen habe jedoch nicht diese Wirkung. Der Schaden liege allein in der Unterhaltsverpflichtung.[1311] Dass dieser durch die Existenz des Kindes hervorgerufen sei, stelle lediglich einen „naturwissenschaftlichen Kausalzusammenhang" dar.[1312] Der Schaden ergebe sich hier wie auch sonst aus der Differenz der Vermögenslagen mit und ohne das schädigende Ereignis.[1313] Dieser Schadensbegriff sei wertfrei und stelle weder eine Missachtung noch ein Unwerturteil über das Kind dar.[1314] Die Anerkennung von Ansprüchen wirke sich vielmehr positiv aus, da sie die Integration des Kindes in der Familie fördern könne – ein Umstand, der gerade bei der Geburt behinderter Kinder zu berücksichtigen sei (s. o.).[1315] Inwieweit gerade die Bejahung einer Körper-/Gesundheitsverletzung gegen die Würde des Kindes verstoßen könnte, problematisiert der *VI. Senat* hingegen nicht.[1316] Der Senat geht auf deliktische Ansprüche insoweit ein, als er die von einem Teil der Literatur in Erwägung gezogene Verletzung des Persönlichkeitsrechts und die Betrachtung der vermögensrechtlichen Nachteile als Folgeschäden ablehnte. Bei einer solchen Betrachtung liege der immaterielle Nachteil der Eltern viel eher in der Person des Kindes, als bei einer Anknüpfung an die Unterhaltsbelastung.[1317]

1309 *BGH* v. 19.6.1984, NJW 1984, 2526 sub 2. In Nr. 3 der Gründe wird nur auf Nr. 1 der Gründe verwiesen.

1310 *BGH* v. 16.11.1993, BGHZ 124, 128, 139 sub 3 c bb; *BGH* v. 27.6.1995, NJW 1995, 2407, 2409 sub 2 b.

1311 *BGH* v. 16.11.1993, BGHZ 124, 128, 140 sub 3 c bb a1; *BGH* v. 27.6.1995, NJW 1995, 2407, 2409 sub 2 b

1312 *BGH* v. 16.11.1993, BGHZ 124, 128, 141 sub b; *BGH* v. 27.6.1995, NJW 1995, 2407, 2410.

1313 Vgl. *BGH* v. 16.11.1993, BGHZ 124, 128, 142 sub 3 c bb c1; *BGH* v. 27.6.1995, NJW 1995, 2407, 2410.

1314 *BGH* v. 16.11.1993, BGHZ 124, 128, 144; *BGH* v. 27.6.1995, NJW 1995, 2407, 2410.

1315 *BGH* v. 16.11.1993, BGHZ 124, 128, 143 f.

1316 *BGH* v. 16.11.1993, BGHZ 124, 128, 141, 142 sub 3 c bb b1. In Bezug auf das Schmerzensgeld, welches das *OLG Stuttgart* (Urteil v. 19.3.1992 – 14 U 57/89) zugesprochen hatte, war die Revision vom *BGH* nicht angenommen worden, vgl. *BVerfG*, Beschluss v. 12.11.1997, BVerfGE 96, 375, 384.

1317 Siehe Fußnote zuvor.

Im Beschluss vom 12.11.1997[1318] stellte sich der *I. Senat* des *Bundesverfassungsgerichts* teilweise in Übereinstimmung mit dem *VI. Senat* des *BGH* gegen die Ansicht des *II. Senats* des *Bundesverfassungsgerichts*[1319]. Die Gewährung von Schadensersatz- und Schmerzensgeld gem. §§ 823, 847 wegen Herbeiführung einer ungewollten Schwangerschaft bewege sich innerhalb herkömmlicher zivilrechtlicher Dogmatik und stelle keinen Verstoß gegen Grundrechte - insbesondere nicht gegen Art. 1 I GG - dar.[1320] Nach Auffassung des *I. Senats* führt die Anerkennung von Schadensersatzansprüchen weder dazu, dass das ungewollte Kind zum Objekt werde, noch zu einer Infragestellung seiner Subjektsqualität durch eine Kommerzialisierung seines Daseins.[1321] Auch wenn ein Schadensersatzanspruch unmittelbar an die Existenz eines Menschen anknüpfe, werde dieser dadurch weder zum Objekt, noch in seiner personalen Anerkennung berührt.[1322] Auf der anderen Seite sei geboten, die Partner, die sich im Rahmen des Bereichs der Zeugung rechtmäßig medizinischer Hilfeleistung bedienen und dadurch in ihrem Persönlichkeitsrecht, der körperlichen Unversehrtheit und dem persönlichen Selbstbestimmungsrecht gefährdet seien, durch das Delikts- und Vertragsrecht hinreichend abzusichern.[1323] Die Möglichkeit, dass das Kind psychisch belastet werde, wenn es später davon erfahre, dass es unerwünscht war, sei hypothetisch und hänge von der Ausgestaltung des Eltern-Kind-Verhältnisses ab. Die Erfüllung der Pflichten elterlicher Fürsorge würde im Gegenteil gerade bei begrenzten wirtschaftlichen Möglichkeiten durch Zahlungen des Anspruchsgegners „entscheidend erleichtert".[1324] Sollte es doch zu psychischen Belastungen kommen, sei die Würde des Kindes dadurch nicht betroffen. Der Schadensersatzanspruch setze

---

[1318] *BVerfG*, Beschluss v. 12.11.1997, BVerfGE 96, 375, 396. Zu beiden Verfahren siehe oben Teil 4 V. Im Verfahren 307/94 hatte das *OLG Stuttgart* (Urteil vom 19.3.1992 - 14 U 57/89) 10.000 DM wegen einiger Komplikationen (Kaiserschnitt u. a.) Schmerzensgeld zugesprochen, im Verfahren 479/92 hatte das *OLG München* (Urteil vom 20.2.1992 – 1 U 2278/91) das vom *LG München I* mit Urteil v. 16.1.1991 – 9 O 738/90 gewährte Schmerzensgeld i. H. v. 6.000 DM bestätigt.

[1319] *BVerfG* v. 28.5.1993, BVerfGE 88, 203.

[1320] *BVerfG*, Beschluss v. 12.11.1997, BVerfGE 96, 375, 396 sub B I. Über diesen Punkt war zu entscheiden, da im Rahmen der Verfassungsbeschwerde im Verfahren 479/92 (vorgehend: *OLG München* v. 20.2.1992 – 1 U 2278/91) der Beschwerdeführer in der Zuerkennung des Schmerzensgeldes wegen der Schwangerschaft und Geburt einen Verstoß gegen die Würde des Kindes geltend gemacht hatte, da das Kind dadurch erfahre, dass seine Existenz auf einen Schädiger zurückzuführen sei: *BVerfG*, Beschluss v. 12.11.1997, BVerfGE 96, 375, 380.

[1321] *BVerfG*, Beschluss v. 12.11.1997, BVerfGE 96, 375, 399 f. sub B II 3 b (1).

[1322] *BVerfG*, Beschluss v. 12.11.1997, BVerfGE 96, 375, 400 sub B II 3 b (2).

[1323] *BVerfG*, Beschluss v. 12.11.1997, BVerfGE 96, 375, 399 sub B II 3 a.

[1324] *BVerfG*, Beschluss v. 12.11.1997, BVerfGE 96, 375, 402; vgl. auch *BGH* v. 18.3.1980 – VI ZR 105/78, BGHZ 76, 249, 264; wN siehe oben Fußnote 1268.

schließlich keine Abwendung vom Kind voraus[1325], sondern lediglich eine durchkreuzte Familienplanung.[1326]

Der *I. Senat* behandelt deliktische und vertragliche Schadensersatzansprüche einheitlich. Die oben ausgeführte Argumentation des *I. Senats* und der anderen Gerichte bzgl. der Unabhängigkeit der personalen Anerkennung des Kindes von der Übernahme der Unterhaltslast ist jedoch nicht ohne Weiteres auf das Problem der Rechtsgutsverletzung anwendbar, da diese unabhängig vom Entstehen einer Eltern-Kind-Beziehung ist. Ebenso ist die These von der Zergliederung der personalen Ganzheit durch die Gewährung von Schadensersatz für den Unterhaltsaufwand[1327] beschränkt auf das Problem, ob die Unterhaltsaufwendungen einen Schaden darstellen. Der Annahme einer Rechtsgutsverletzung steht sie nicht entgegen. Die Eltern-Kind-Beziehung ist insoweit zu berücksichtigen, als es um die Ersatzfähigkeit von Unterhaltsaufwendungen und immateriellen Nachteilen als Folgeschaden von Rechtsgutsverletzungen geht.

4. Zusammenfassung

Das Risiko einer Rechtsgutsbeeinträchtigung durch Zeugung und Geburt eines Kindes kann nicht mit dem Argument, die Grundrechte des Kindes aus Art. 2 II bzw. Art. 1 I GG seien anderenfalls verletzt, auf die Eltern (insbesondere auf die primär in ihren Rechtsgütern betroffene Mutter) verlagert werden. Die jeweiligen die Familienplanung betreffenden Verträge richten sich jedenfalls in Fällen der nicht verhinderten Geburt nicht gegen das Leben des später gezeugten Kindes, gleich, ob es geschädigt ist oder gesund.

Ansprüche auf Schadensersatz und Schmerzensgeld wegen einer Rechtsgutsverletzung bewirken nicht grundsätzlich ein „Unwerturteil" über das Kind und schränken dessen Recht, um seiner selbst willen bedingungslos akzeptiert zu werden, auch nicht in einer Weise, die dessen Grundrechte verletzen würde, ein.

[1325] *BVerfG*, Beschluss v. 12.11.1997, BVerfGE 96, 375, 402 f.; vgl. *BGH* v. 18.3.1980 – VI ZR 105/78, BGHZ 76, 249, 258; *BGH* v. 18.3.1980 – VI ZR 247/78, BGHZ 76, 259, 264; *BGH* v. 16.11.1993, BGHZ 124, 128, 143 sub 3 c bb c1.

[1326] *BVerfG*, Beschluss v. 12.11.1997 - 1 BvR 479/92 u. 307/94, BVerfGE 96, 375, 402 aE. vgl. auch *BGH* v. 18.3.1980 - VI ZR 247/78, BGHZ 76, 259, 264: *„(...) Aufwachsen im Familienverband (...) kann (...) nicht wiederum das Kind nachträglich in dem Sinne zu einem ‚erwünschten' machen, dass diese Ersatzpflicht wegfiele"*.

[1327] Vgl. *Lankers*, FamRZ 1969, 384, 386, der darüber hinaus auch keine Stigmatisierung für gegeben hält. Das *BVerfG* (Beschluss v. 12.11.1997, BVerfGE 96, 375, 402 sub B II 3 b [2]) lehnt den automatischen Eintritt psychischer Schäden ab. Vgl. auch *Roth*, NJW 1994, 2402, 2403.

Daran ändert auch ein möglicherweise durch die Geltendmachung von Ansprüchen entstehender Makel des Ungeplantseins nichts. Dieser kann auch entstehen, wenn das Kind oder Dritte von den Umständen der Zeugung erfahren, ohne dass Schadensersatz geltend gemacht wurde.

Es bleibt ein „übler Beigeschmack", da der Vorwurf dahin geht, das Leben des Kindes pflichtwidrig nicht verhindert zu haben. Dieser genügt jedoch nicht für einen Verstoß gegen Art. 1 I GG. Dieser Beigeschmack ist es vermutlich, der den *VI. Senat*, die ihm folgende Rechtsprechung und einen Teil der Literatur zu ihren Vermutungen bezüglich der Förderung der Anerkennung des Kindes bei Gewährung von Schadensersatz veranlasst hat.[1328] Diese Vermutung mag im Einzelfall zutreffen oder auch nicht.

Die Beeinträchtigung der Rechtsgüter durch die Zeugung und Geburt des Kindes ist primär als Ergebnis einer Verletzung bestimmter vertraglicher oder deliktischer Verhaltenspflichten oder im Extremfall eines unmittelbaren Eingriffs z. B. durch vorsätzliches Verhalten (i. d. Regel eines Elternteils) zu betrachten. Bei der Beurteilung der Rechtsgutsverletzung können wie auch bei der Beurteilung der Unterhaltsaufwendungen als Schaden bestimmte wertende Kriterien nicht ausgeklammert werden. Auf das Erfordernis der Durchkreuzung der Familienplanung, die auf eine dauerhafte, Wirkung entfaltende Geltendmachung der Unerwünschtheit des Kindes hinausläuft, kann und sollte im Hinblick auf die Würde des Kindes verzichtet werden.

In den Fällen, in denen ein später behindertes Kind infolge falscher genetischer Beratung[1329] oder fehlgeschlagener Verhütung gezeugt wird, sowie in den bei Zulassung der Präimplantationsdiagnostik[1330] in Deutschland denkbaren Fälle des Einpflanzens eines Embryos, der einen erkennbaren genetischen Defekt aufwies, ist eine Differenzierung nach normalen und behinderungsbedingten Nachteilen für die Rechtsgüter ähnlich problematisch wie die Frage, ob nur der Mehrbedarf für den Unterhalt einen „Schaden" darstellt.[1331] Eine solche Differenzierung ist abzulehnen, wenn bezüglich dieser besonderen Belastungen keine konkreten Gefahrvermeidungspflichten zum Schutz der Mutter begründet wurden.

[1328] Siehe oben Fußnote 1268.

[1329] Teil 2 III 5; Teil 4 I 3 b; Teil 4 I 6 e ee (3) (a).

[1330] Zur PID siehe oben Teil 1 II.

[1331] Vgl. Fußnote 1279. Vgl. *Holzwarth*, S. 104 f., der den Fall der „so nicht gewollten Schwangerschaft" ebenso wie den der überhaupt nicht gewollten Schwangerschaft behandelt.

Teil 5: Inhalt und Umfang des Schadensersatzanspruchs

Ist eine Haftung für die Verletzung von Rechtsgütern durch die Empfängnis dem Grunde nach zu bejahen, besteht also ein Haftungsgrund für solche Primärschäden, kommen als Folgeschäden materielle wie auch immaterielle Nachteile in Betracht. Zu ersetzen sind solche Folgeschäden, vor denen das Gebot, die Rechtsgutsverletzung (hier die Empfängnis und die damit zusammenhängenden Beeinträchtigungen) zu verhindern, schützen sollte und die nicht der Risikosphäre des Geschädigten zuzurechnen sind.[1332] Bei Ansprüchen aus § 826[1333] sind nur solche Folgeschäden zu ersetzen, auf die sich der Vorsatz des Schädigers bezog.[1334] Bezüglich der Ansprüche aus Gefährdungshaftung wird auf Ausführungen zum besonders geregelten Inhalt dieser Ansprüche[1335] verwiesen. Die immateriellen Schäden werden in Teil 6 untersucht.

I. Materielle Einbußen

Gemäß § 249 II Satz 1 kann der Gläubiger bei Verletzung einer Person statt der Herstellung des Zustands, der bestehen würde, wenn der zum Ersatz verpflichtende Umstand nicht eingetreten wäre, den dazu erforderlichen Geldbetrag verlangen. Ähnliche Regelungen finden sich in § 87 Satz 1 AMG, § 8 Satz 1 ProdHaftG.[1336] Als materielle Einbußen kommen Unterhaltsaufwendungen, Behandlungskosten und ähnliche mit der Entbindung zusammenhängende Kosten in Betracht. Bei schwerwiegenden langandauernden Folgen einer Empfängnis oder gar Versterben der Schwangeren sind §§ 842 ff. zu beachten.

1. Unterhaltsaufwendungen

Bei der Beurteilung der Unterhaltsaufwendungen als Folgeschaden einer Rechtsgutsverletzung ist nach der Art des verletzten Rechtsguts zu differenzieren.

[1332] Allgemein: *Jauernig/Teichmann* Vor §§ 249 Rdn. 31 f. mwN. Zur Schutzzwecklehre siehe Teil 4 I 6; Teil 4 II 2 d.
[1333] Teil 4 II 6.
[1334] *Medicus*, SchuldR II Rdn. 835.
[1335] Teil 4 III.
[1336] Siehe Teil 4 III.

a) Unterhaltsaufwendungen als Folge einer Körper-/Gesundheitsverletzung?

Die überwiegende Ansicht in Rechtsprechung und Literatur bejaht die Ersatzfähigkeit der Unterhaltsaufwendungen als Vermögensschaden und Folge einer vertraglichen Pflichtverletzung.[1337] Unabhängig davon, ob sie Folge einer Pflichtverletzung i. S. von § 280 I Satz 1[1338] sein können, sind sie nach überwiegender Ansicht keine zurechenbaren Folgen einer Körper- bzw. Gesundheitsverletzung.[1339] Die Unterhaltsaufwendungen knüpfen an die Existenz des Kindes an und stehen - anders als z. B. die Arztkosten - nicht in engerem Zusammenhang mit der Verletzung von Körper und Gesundheit der Eltern.[1340] Inhalt einer Pflicht, diese Rechtsgüter zu bewahren, ist nicht, die mit der Existenz des Kindes entstehende Unterhaltspflicht zu vermeiden, welche vielmehr als zusätzliche, das Vermögen betreffende Folge der Pflichtverletzung *neben* die Verletzung der Rechtsgüter tritt.

b) Unterhaltsaufwendungen als Folge einer Verletzung eines Rechts auf Familienplanung

Der überwiegende Teil der Befürworter des Rechts auf Familienplanung bejaht die Ersatzfähigkeit der Unterhaltsaufwendungen als Folgeschaden der Verletzung dieses Rechts[1341], u. a. um einen effektiven Schutz zu gewährleisten.[1342]

[1337] Siehe Fußnoten 987 bis 990.

[1338] Siehe Teil 4 I 3 und 6.

[1339] Offen gelassen in *BGH* v. 18.3.1980, NJW 1980, 1452, 1454 sub II 1. Wie hier gehen von einem fehlenden Zurechnungszusammenhang im Hinblick auf den Schutzzweck der Norm aus: *OLG München* v. 27.2.1981, NJW 1981, 2012, 2014; *OLG Frankfurt* v. 25.6.1992, NJW 1993, 2388, 2389 sub 3 b; *OLG Düsseldorf* v. 9.7.1992, VersR 1993, 883, 884; *OLG Köln* v. 9.1.1997, VersR 1997, 1006; *von Bar*, ZEuP 1998, 324, 329 sub III; *Debo*, S. 77; vgl. *Emmerich*, JuS 2000, 919, 920; *Heldrich*, JuS 1969, 455, 460, 461 sub II; *Holzwarth*, S. 108; *Mertens*, FamRZ 1969, 251, 252 sub II; *Ostheide*, S. 111 f.; *Reinhart*, S. 79 mwN in Fußnote 327; *Staudinger/Hager* § 823 Rdn. B 14. Anders: *Deuchler*, S. 121 f.

[1340] *Debo*, S. 78; *Holzwarth*, S. 108; *Mertens*, FamRZ 1969, 251, 252. Anders: *Deuchler*, S. 122 ff., der die Unterhaltsaufwendungen von einigen Ausnahmen abgesehen ebenso wie die Kosten der Entbindung behandelt. Wenig überzeugend: *Dreihaupt*, S. 93, der im Fall der Haftung für wirkungslose Verhütungsmittel die Unterhaltsaufwendungen als Folge eines Eingriffs in die Gesundheit der Mutter und in das Recht auf Familienplanung behandelt.

[1341] Vgl. *Bruns*, S. 88, für den über Verhütungsmaßnahmen täuschenden Ehegatten; *Debo*, S. 82; *Fischer*, JuS 1984, 434, 437 f. Vgl. *Giesen*, FamRZ 1970, 565, 571 sub C II 1: *„Zwar kann wegen des in § 253 die Rechtsprechung bindend ausgesprochenen Verbots entgegen der Auffassung des BGH kein Ersatz des entstandenen immateriellen Schadens - kein Schmerzensgeld - verlangt werden, wohl aber Ersatz des durch Verletzung des Elternrechts auf Familienplanung entstandenen Vermögensschadens, zu dem (...) wohl auch die Abwälzung der Unterhaltskosten auf den Schädiger gehört"*; *Harrer*, S. 119, 121 f.: *„effektiver Schutz vor unberechtigten Eingriffen durch Dritte wird aber nur durch eine vollständige Abwälzung der ungewollten Unterhaltsbelastung erreicht"*; *derselbe*, S. 237 ff.; *Holzwarth*, S. 108 f. (Unter-

Dagegen spricht, dass das Recht auf Familienplanung möglicherweise auch bei der haftungsausfüllenden Kausalität, also der Bestimmung des Anspruchs*inhalts*[1343] einer Einschränkung bedarf, um uferlosem Rechtsgüterschutz entgegenzuwirken. Eine angemessene Beschränkung des Rechtsgüterschutzes könnte durch eine Begrenzung auf unmittelbare mit der Beeinträchtigung der Persönlichkeit zusammenhängende immaterielle Nachteile (z. B. die Enttäuschung wegen der Störung der Lebensplanung oder die Reduzierung der Vater-Kind-Beziehung auf die Zahlvaterschaft) bewirkt werden.

Grundsätzlich können auch materielle Nachteile, wie die Verletzung kommerzieller Interessen, als Folgeschaden einer Persönlichkeitsrechtsverletzung geltend gemacht werden, wie der *BGH* 1999 in der Marlene-Dietrich-Entscheidung festgestellt hat.[1344] In solchen Fällen liegt die Verletzung in der Regel darin, dass sich der Schädiger auf Kosten des Geschützten einen wirtschaftlichen Vorteil verschafft[1345], da mit der Verwertung bestimmter Merkmale prominenter Persönlichkeiten erhebliche Gewinne erzielt werden können. Die Verpflichtung, Unterhalt zu gewähren, ist zunächst eine familienrechtlich (§§ 1601 ff.) zu beurteilende Rechtsfolge der Verwandtschaft zum Kind.[1346] Durch die Verletzung des Persönlichkeitsrechts auf Familienplanung wird nicht unmittelbar ein „Marktwert der Person" ausgenutzt. Ist der Schädiger Arzt, entstehen sogar Nachteile wegen der Arzthaftung und der damit möglicherweise zusammenhängenden Rufschädigung.

Gegen einen Ersatz der Unterhaltsaufwendungen spricht auch, dass das Recht auf Selbstbestimmung im Bereich der Familienplanung anders als z. B. das Interesse an der ordnungsgemäßen Erfüllung der Vertragspflichten primär immate-

---

halt als Folge einer Persönlichkeitsrechtsverletzung, nicht als Folge der Körperverletzung); *Junker*, S. 583, 593; *Lange* § 6 IX 7 h, S. 339; *Poll/Jurisic*, JR 1999, 226, 229 sub II 2, stellen auf die Identität der Sorgfaltspflichten ab; *A. Roth*, FuR 1993, 305, 309 sub III 5; *Reinhart*, S. 88; vgl. auch *Schiemann*, LM § 249 BGB (A) Nr. 109/1995; *Stieglitz*, S. 152 f.; *Stoll*, Haftungsfolgen, S. 277 ff. Rdn. 232. Anders: *Lankers*, FamRZ 1970, 384, 387 sub III 1 c, sieht den Schaden, der aus einer Persönlichkeitsrechtsverletzung resultiert, als immateriellen Schaden an und zwar als *„die negative Empfindung aus Anlaß des Mißlingens der Konzeptionsverhinderung"*; *derselbe*, S. 388 sub V (§ 847 aF analog).

1342 *Debo*, S. 85; *Harrer*, S. 122; *Junker* stellt u. a. darauf ab, dass auch finanzielle Erwägungen die Entscheidung gegen ein Kind bestimmten: S. 594.

1343 Zu den Einschränkungen bzgl. der Voraussetzungen einer Verletzung dieses Rechts siehe Teil 3 I 9 c.

1344 *BGH* v. 1.12.1999, BGHZ 143, 214, 219 (*Marlene Dietrich*).

1345 Siehe Fußnote zuvor. Im *Marlene-Dietrich*-Fall bestand der Vorteil in einer gewerblichen Nutzung des Bildnisses und des Namens von *Marlene Dietrich* u. a. für Merchandisingartikel, woraufhin die Tochter auf Unterlassung, Feststellung der Schadensersatzpflicht und Auskunfterteilung klagte.

1346 *Ostheide*, S. 112; *Reinhart*, S. 80 mwN in Fußnote 329.

rieller Natur ist, da der Rechtsgüterschutz in diesen Fällen nicht der Verwirklichung kommerzieller Interessen dient, sondern dem Schutz der Integrität der Persönlichkeit.

Für einen Ersatz der Unterhaltsaufwendungen in den Fällen der Verletzung des Rechts auf Familienplanung spricht jedoch, dass in der Regel finanzielle Gründe zumindest mit ausschlaggebend für die Familienplanung sein werden.[1347] Auch wird durch die Ersatzfähigkeit die Gefahr vermieden, eine finanzielle Motivation verhütender Paare zu missachten.[1348] Entscheidend dürfte jedoch sein, dass es keiner weiteren Einschränkung des Schutzes des Rechts auf Familienplanung im Hinblick auf die Gefahr einer Sprengung des Schadensersatzrechts bedarf. Die Anforderungen für die Verletzung dieses Rechtsguts sind bereits so eng[1349], dass in der Praxis nur in Ausnahmefällen von einer Verletzung dieses Rechts auszugehen ist. In diesen gravierenden Fällen ist es letztlich gerechtfertigt, Ersatz für die Unterhaltaufwendungen zuzusprechen.

Wenn ein Elternteil die Schwangerschaft gegen den Willen des Anderen herbeigeführt hat, sprechen gegen die Abwälzbarkeit der Unterhaltskosten auf den das Kind versorgenden Elternteil die vom *IX. Senat* angestellten rechtspolitischen Erwägungen.[1350] Das Kindeswohl ist ebenso gefährdet, wenn ein Elternteil bei einseitiger Herbeiführung der Empfängnis Schadensersatz wegen einer Persönlichkeitsrechtsverletzung geltend macht. Dadurch entsteht in Fällen begrenzter Budgets ohnehin eine wenn auch eher faktische Schranke bzgl. zu umfangreicher Schadensersatzansprüche, da der Elternteil, der vorsätzlich gegen das Persönlichkeitsrecht des anderen Partners verstößt, in der Regel wegen der Notwendigkeit der Sicherung des Unterhalts gegenüber dem Kind keinen Ersatz leisten muss.

Fraglich ist, ob die immateriellen Vorteile, die der Elternteil ggf. als Gegenstück zu den Unterhaltslasten durch die entstehende Eltern-Kind-Beziehung genießt, gegen die Ersatzfähigkeit sprechen. Hier ist Vorsicht geboten, da möglicherweise keine solche Beziehung entsteht und der Ersatz auch nicht von der Qualität dieser Beziehung - sozusagen als Entschädigung für die ungewollte Elternschaft - abhängig gemacht werden kann, ohne dass der Richter in einen persönlichen Bereich eindringen müsste, dessen Beurteilung sich ihm entziehen dürfte.

1347 Siehe *Junker*, S. 594.
1348 So z. B. *Holzwarth*, S. 133.
1349 Siehe Teil 3 I 9 c gg.
1350 *BGH* v. 17.4.1986, BGHZ 97, 372 ff. Siehe Teil 3 I 9 c gg (1).

Gegen die Ersatzfähigkeit der Unterhaltsaufwendungen als Folgeschaden könnte geltend gemacht werden, dass auf diese Art und Weise das Dasein des Kindes, wenn auch nur mittelbar, mitursächlich für den Folgeschaden gemacht würde. Die Verletzung des Rechts auf Familienplanung ginge so möglicherweise über die Sanktion des vorsätzlichen Eingreifens in dieses Recht hinaus und würde Schadensersatzzahlungen gerade auch davon abhängig machen, dass das Kind existiert.

Diesem Einwand kann jedoch dadurch begegnet werden, dass die Wertschätzung des Kindes sowie sein Recht auf unbedingte Annahme nicht in Frage gestellt werden, wenn auch hier, wie bereits bei der Feststellung der Rechtsgutsverletzung ausgeführt wurde, auf die Durchkreuzung der Familienplanung und somit auf das Ungewolltsein des Kindes als Tatbestandsvoraussetzung verzichtet wird.[1351] Auch auf der Ebene des Anspruchs*inhalts* könnte der Ersatz der Unterhaltsaufwendungen als Folgeschaden bejaht werden, selbst wenn das Kind nach seiner Zeugung oder Geburt ein „nach der Planung gewolltes“ wird. Sanktioniert werden dann nicht (mittelbar) die Existenz des Kindes, sondern ausschließlich die negativen Umstände, unter denen es gezeugt wurde. Auf die Existenz kann sich der oder die Schädigerin nicht berufen, wenn er/sie diese durch einen zielgerichteten Eingriff in das Recht auf Familienplanung mit herbeigeführt hat.[1352]

Von der überwiegenden Ansicht abgelehnt wird die Ersatzfähigkeit der Nachteile, die infolge einer Entscheidung eines Elternteils entstehen, wegen des Kindes die Berufstätigkeit aufzugeben oder einzuschränken.[1353] Gleichgültig, ob man diese Einbußen als Folgeschaden der Vertragsverletzung ansieht[1354], was zweifelhaft[1355] ist, sind sie wenn auch kausal adäquat herbeigeführt keine zurechenbare Folge der Rechtsgutsverletzung. Der Arzt haftet nicht für sämtliche sich aus der Geburt ergebenden Konsequenzen aufgrund persönlicher Entscheidungen der Eltern. Dies ginge über den Zweck seiner Inanspruchnahme hinaus.[1356]

[1351] Teil 4 I 6 e aa.

[1352] Vgl. Teil 3 I 9 c gg; Teil 4 I 6 h aa.

[1353] Vgl. die ähnlichen Fälle *BGH* v. 4.3.1997, NJW 1997, 1638; *OLG Saarbrücken* v. 25.9.1985, NJW 1986, 1549, 1550; *OLG Düsseldorf* v. 9.7.1992, VersR 1993, 883, 885 sub IV; anders: *OLG Stuttgart* v. 28.1.1987, NJW 1987, 2934, 2935 I 2; vgl. *Schiemann*, LM § 823 (Aa) Nr. 171/1997, der auf Wertungswidersprüche im Fall der Geburt eines pflegebedürftigen geschädigten Kindes hinweist.

[1354] Nachweise bei *Hauberichs*, S. 257 f.

[1355] *OLG Saarbrücken* vom 25.9.1985, NJW 1986, 1549 f.; *BGH* v. 4.3.1997, NJW 1997, 1638, 1640 sub II 3 a aE (Verdienstausfall bei Geburt eines schwerstbehinderten Kindes nach fehlerhafter vorgeburtlicher Untersuchung).

[1356] *BGH* v. 4.3.1997, NJW 1997, 1638, 1640 sub II 3 c.

Bei einem Anspruch aus § 84 AMG[1357] ist zu beachten, dass gemäß § 87 Satz 1 AMG ohnehin nur die Vermögensnachteile zu ersetzen sind, die dadurch entstehen, dass infolge der Rechtsgutsverletzung eine Aufhebung oder Minderung der Erwerbstätigkeit entsteht. Dazu gehört nicht die Belastung mit Unterhaltsaufwendungen.[1358] Auch Nachteile durch die Entscheidung, die Berufstätigkeit aufzugeben, fallen nicht darunter, da die Erwerbstätigkeit weder aufgehoben noch gemindert wird. Dies gilt im Übrigen auch für Ansprüche aus § 1 ProdHaftG.

2. Behandlungskosten, Aufwendungen

Zu den ersatzfähigen Schäden[1359] bei einer Körper-/Gesundheitsverletzung gehören die unmittelbar zur Wiederherstellung der Rechtsgüter notwendigen Heilungs- bzw. Behandlungskosten, sowie freiwillige Aufwendungen des Verletzten oder seiner Angehörigen zur Schadensfeststellung und –minderung.[1360] Dem steht nicht entgegen, dass Schwangerschaft und Geburt keine krankhaften sondern natürliche Vorgänge sind. Sie müssen nur zu einer Rechtsgutsverletzung geführt haben.[1361]

Die infolge der Schwangerschaft und Geburt anfallenden Behandlungskosten[1362] betreffen in erster Linie präventive Untersuchungen und Maßnahmen, die der Aufrechterhaltung und ggf. Wiederherstellung der körperlichen Integrität der Mutter, also der allgemeinen medizinischen Versorgung dienen. Weitere materielle Einbußen sind medizinisch notwendige bzw. sinnvolle Besuchs- und Babysitterkosten[1363], Kosten für Haushaltshilfen[1364], sowie gem. § 252 der entgangene Gewinn einer Mutter in der Zeit, während sie schwangerschaftsbedingt ihrer

---

1357 Siehe Teil 4 III.

1358 *OLG Frankfurt* vom 25.6.1992, NJW 1993, 2388, 2389 sub 2; *Holzwarth*, S. 163 f.

1359 Vgl. *Deutsch*, Haftungsrecht Rdn. 788 f., der zwischen unmittelbarem Rechtsgutsschaden (Heilungskosten) und Folgeschaden (z. B. Verdienstausfall) differenziert.

1360 *Jauernig/Teichmann* § 249 Rdn. 6 mwN.

1361 Vgl. *Junker*, S. 594, die aus Delikt wie auch aus einem Recht auf Familienplanung einen Ersatz der Kosten der medizinischen Versorgung als Folgeschaden bejaht.

1362 Vgl. zum Ersatz wegen Schlechterfüllung des Vertrags: *BVerfG* v. 28.5.1993, BVerfGE 88, 203, 295 sub D V 6; allgemein: *Deuchler*, S. 122; *Hauberichs*, S. 257; *Harrer*, S. 82, 120; *Lankers*, FamRZ 1969, 384, 387; *Sigel*, S. 123.

1363 *BGH* v. 21.5.1985, NJW 1985, 2757, 2758 (Anspruch des Verletzten bei Verdienstausfall des Vaters wegen heilungsfördernder Besuche); *BGH* v. 22.11.1988, BGHZ 106, 28, 29 f.; *BGH* v. 24.10.1989, NJW 1990, 1037 f. (Babysitterkosten); *BGH* v. 19.2.1991, NJW 1991, 23240, 2341 (Fahrt-, Übernachtungs-, Verpflegungskosten, unvermeidbarer Verdienstausfall).

1364 *LG Duisburg* v. 13.7.1977, VersR 1978, 262, 263.

selbständigen Tätigkeit nicht nachgehen konnte.[1365] In den Fällen einer komplizierten Schwangerschaft können besondere Kosten entstehen, z. B. durch einen Kaiserschnitt sowie damit zusammenhängende Komplikationen. Diese Einbußen sind durch Zeugung, Schwangerschaft und Geburt adäquat kausal verursacht. Besonders hohe Kosten aufgrund besonderer Schadensanlagen stellen grundsätzlich zurechenbare Folgeschäden dar.[1366]

Wie oben bereits ausgeführt[1367], ist die Haftung wegen Rechtsgutsverletzung *un*abhängig von einer Änderung der Familienplanung zugunsten des Kindes vor oder nach der Zeugung. Das gilt aus den oben genannten Gründen auch für den Ersatz von Unterhaltsaufwendungen als Folge der Verletzung des Rechts auf Familienplanung. Gleiches muss daher auch für die anderen Kosten der Schwangerschaft und Entbindung gelten.

War die Maßnahme (auch) darauf gerichtet, gerade die Rechtsgutsbeeinträchtigung zu verhindern und treten infolge dieser Kosten auf, so darf es wie auch bei der Frage, ob Rechtsgüter verletzt sind[1368] nicht darauf ankommen, ob die Eltern die Familienplanung geändert haben und das Kind nunmehr akzeptieren. Folgeschäden sind hier die in der Praxis von der Krankenversicherung getragene Belastung mit Arztkosten, sowie andere zurechenbare Aufwendungen und nicht die Existenz des Kindes. Die Akzeptanz bzw. das Entstehen einer Eltern-Kind-Beziehung sind Umstände, die materielle Aufwendungen und Lasten nicht berühren und den Haftenden nicht entlasten. Diese Trennung vermeidet auch den Zwang zur öffentlichen Distanzierung vom Kind, was dessen Recht auf uneingeschränkte Akzeptanz entgegenkommt.

3. Kosten eines nicht rechtswidrigen Schwangerschaftsabbruchs

Die Nachteile der Schwangeren aufgrund eines nicht rechtswidrigen Schwangerschaftsabbruch sind möglicherweise wegen der Entscheidung des Gesetzgebers, in besonderen Konfliktfällen den Schutz der Rechtsgüter der Schwangeren über den Schutz des Lebens des Ungeborenen zu stellen[1369], als zurechenbare

---

[1365] *Debo*, S. 77; *Deuchler*, S. 122; *Ostheide*, S. 76 f.; vgl. im Zusammenhang mit der Vertragsverletzung: *Sigel*, S. 124. Weitergehend: *Harrer*, S. 82 f., der mit Einschränkungen grundsätzlich auch den infolge der Aufgabe der Berufstätigkeit entstehenden Verdienstausfall für ersatzfähig hält.

[1366] *Erman/Kuckuk* Vor §§ 249-253 Rdn. 52 f.; *Palandt/Heinrichs* Vor 249 Rdn. 67, 68.

[1367] Siehe Teil 4 I 6 e aa.

[1368] Teil 4 I 6 e aa.

[1369] Siehe Teil 4 I 6 e ee (4) (c) (bb).

Folgeschäden anzusehen.[1370] Da notwendige Folge der Fassung des § 218a StGB die Anerkennung der Rechtsgutsverletzung durch den rechtmäßigen Schwangerschaftsabbruch ist[1371], sind konsequenterweise auch die dadurch entstehenden Kosten zu ersetzen. Der Schwangerschaftsabbruch bleibt trotz Rechtmäßigkeit eine Tötungshandlung[1372], durch die das Recht des Ungeborenen auf Leben und körperliche Unversehrtheit verletzt wird.[1373] Da die Rechtsordnung den Rechtsgüterschutz der Mutter über das Leben des Ungeborenen stellt, müssen die mit dem Schwangerschaftsabbruch zusammenhängenden Nachteile unter den Schutzzweck der Norm gefasst werden.

Anders liegt es beim rechtswidrigen Schwangerschaftsabbruch, dessen Umstände bereits keine Körperverletzung durch denjenigen darstellen, der die Schwangerschaft nicht verhindert hat.[1374]

4. Kosten bei Versterben der Mutter nach Schwangerschaft oder Geburt

Im Extremfall können die Schwangerschaft oder die Geburt zum Tod der Mutter[1375] führen. Ursache hierfür kann immer nur eine vorangegangene Körper- bzw. eine sich physisch oder psychisch äußernde Gesundheitsverletzung sein. Ist diese zu bejahen, sind auch die durch den Tod der Mutter entstehenden Folgeschäden ersatzfähig. Anspruchsberechtigt sind diejenigen, welche die Beerdigungskosten tragen (vgl. § 844 I, § 7 I Satz 2 ProdHaftG, § 86 I Satz 2 AMG), sowie diejenigen, welche der Verstorbenen gegenüber unterhaltsberechtigt waren. Der Inhalt dieser Ansprüche richtet sich nach § 844 II, § 7 II ProdHaftG, § 86 II AMG.

II. Argumente gegen die Ersatzfähigkeit materieller Einbußen

Von Teilen der Rechtsprechung bzw. Literatur wurden verschiedene Argumente schwerpunktmäßig gegen die Ersatzfähigkeit der Unterhaltsaufwendungen als Folgeschaden einer Vertragsverletzung vorgebracht. Nachfolgend wird untersucht, ob diese Argumente auf die Ersatzfähigkeit der aus Rechtsgutsverletzungen

---

[1370] Vgl. zum alten Recht: *OLG Braunschweig*, Beschluss v. 11.9.1979, NJW 1980, 643 (Maßnahmen nach § 218a StGB nach fehlgeschlagener Vasektomie beim Ehemann).

[1371] Siehe Teil 4 I 6 e ee (4) (c) (bb).

[1372] Vgl. *BVerfG* v. 25.1.1975, BVerfGE 39, 1, 43, 46; *Klawki*, ZfL 1003, 41.

[1373] *OLG München* vom 27.2.1981, NJW 1981, 2012, 2013 sub III 1 a γ.

[1374] Siehe Teil 4 I 6 e ee (4) (c) (aa).

[1375] Siehe Teil 4 I 5.

als Haftungsgrund resultierenden materiellen Einbußen als Folgeschaden übertragbar sind.

1. Schutz von Konzeption und Geburt als Hindernis für den Ausgleich der Nachteile wegen der dogmatischen Struktur der Naturalrestitution?

Nach Ansicht des *LG München I*[1376] könnten Konzeption und Geburt des Kindes auch wenn sie durch pflichtwidriges Handeln herbeigeführt wurden, nicht Grundlage für Ansprüche auf Ersatz der Unterhaltsaufwendungen für das Kind sein. Aus dem Grundsatz der Naturalrestitution, wonach der Zustand ohne das schädigende Ereignis wiederherzustellen ist, schloss das Gericht: Nur wenn dieser Zustand zwar erreicht werden *solle* oder *dürfe*, letztendlich aber nicht erreicht werden *könne* (weil dies aus tatsächlichen oder rechtlichen Gründen nicht möglich sei), habe der Ersatzpflichtige den Gläubiger in Geld zu entschädigen.[1377] Im Fall der Geburt eines (ungewollten) Kindes seien die Konzeption und Geburt der eigentliche unmittelbare „Schaden". Da diese jedoch durch die Rechtsordnung geschützt seien und deren „Beseitigung" sich verbiete, könnten weder der „unmittelbare Erfolg" selbst, noch die sich daraus ergebenden „adäquat ursächlichen Folgen" bzw. der „mittelbare" Vermögensschaden Grundlage für Schadensersatzansprüche sein.[1378] Nach Ansicht des Gerichts stellten somit die Zeugung und Geburt des Kindes ein Schadensereignis dar, das jedoch keine Ersatzpflicht begründe.[1379]

Ähnlich argumentierte das *OLG Frankfurt*.[1380] Bei Geburt eines Kindes könne jedenfalls, nachdem eine Maßnahme i. S. von § 218a StGB nicht mehr zulässig sei, der daraus resultierende Schaden nicht wie in den Fällen, in denen ein Rechtsobjekt einen Schaden verursacht, dadurch verhindert werden, dass man das Rechtsobjekt vernichtet.[1381] Die Grundsätze der Schadensminderungspflicht seien damit auf die Unterhaltsaufwendungen nicht anzuwenden, weshalb der Schadensersatzanspruch ganz abzulehnen sei.

[1376] *LG München I* v. 27.2.1970, VersR 1970, 428, 429 = FamRZ 1970, 314, 315.

[1377] *LG München I* v.27.2.1970, VersR 1970, 428, 429 = FamRZ 1970, 314, 315, vgl. auch eigene (ablehnende) Darstellung des Gedankengangs des Gerichts von *Reinelt*, FamRZ 1970, 572; *derselbe*, NJW-Echo, Heft 19/1998, XXIV. Vgl. zu den Unterhaltsaufwendungen: *Zimmermann*, JZ 1981, 86, 89, der betont, dass es sich bei einem Schaden um einen Nachteil handeln müsse, der nach Möglichkeit zu beseitigen sei.

[1378] *LG München* I v.27.2.1970, VersR 1970, 428, 429 aE.

[1379] *Selb*, JZ 1971, 202, 203 sub II.

[1380] *OLG Frankfurt* v. 1.12.1982, NJW 1983, 341, 342 sub III 1 a.

[1381] Vgl. *Picker*, „wrongful life", S. 32 f. sub bb (1); *Zimmermann*, JZ 1997, 131, 132.

Das *LG München I* hat seine Argumentation jedoch *nicht* auf Ansprüche wegen Rechtsgutsverletzung angewendet.[1382] Bei den Schadensersatzforderungen wegen einer Rechtsgutsverletzung gehe es schließlich nicht darum, die Folgen der Existenz des gezeugten und geborenen Kindes zu beseitigen.

Darüber hinaus geht es auch nicht darum, *immaterielle* Nachteile[1383] aufgrund der *Existenz des Kindes* auszugleichen. Auch die immateriellen Nachteile resultieren aus der *Rechtsgutsbeeinträchtigung*.

Ansonsten spricht gegen diesen Ansatz allgemein, dass es nicht darauf ankommt, dass eine Naturalrestitution in Form der „Beseitigung" des Kindes als „Schadensursache" nicht möglich ist.[1384] Das Kind ist Rechtssubjekt und nicht Schadensobjekt. Daher spricht die Argumentation auch nicht gegen die Ersatzfähigkeit der Unterhaltsaufwendungen.

2. Berücksichtigung der Komplexität des Eltern-Kind-Verhältnisses und der durch Zeugung und Geburt entstehenden Vorteile

Gegen Schadensersatzansprüche auf Ersatz von Unterhaltsaufwendungen wird u. a. geltend gemacht, es ließen sich aus der komplexen Eltern-Kind-Beziehung nicht einzelne Belastungen herausgreifen und bei gesonderter Betrachtung als Schadensposten darstellen.[1385] Umstritten ist auch die Möglichkeit einer Vorteilsausgleichung bei der Ermittlung eines etwaigen Schadens.[1386] Werde ein Gegenstand aufgedrängt, aus dem sich rechtliche Nachteile ergeben, so gelte der im Schadensrecht anerkannte Grundsatz, dass im Rahmen der Berechnung des Schadens die Vorteile zu berücksichtigen seien, um so (im Wege der Differenzhypothese) den eigentlichen Schaden zu ermitteln. Diese Rechnung könne in diesem Fall nicht angewendet werden, da ein Kind nicht wie ein Rechtsobjekt behandelt werden könne und etwaige erst nach Jahren in Betracht kommende Ansprüche

---

[1382] Siehe Fußnote 1378.

[1383] Dazu Teil 6.

[1384] Kritisch zur Argumentation des *LG München I*: *Löwe*, VersR 1970, 430, 431; *Michalski*, JA 1979, 186, 188 sub III; *Ostheide*, S. 38 f.; *Reinelt*, FamRZ 1970, 572; *Selb*, JZ 1971, 201, 203. Vgl. auch *Grunsky*, Jura 1987, 82, 83 sub II 1 b bb: *„(...) niemand kommt auf den Gedanken, das Kind im Wege der Naturalrestitution umzubringen (...)"*.

[1385] *OLG Frankfurt* v. 1.12.1982, NJW 1983, 341, 343 sub 1 b; *Backhaus*, MedR 1996, 201, 203 sub II 3; vgl. *Hauberichs*, S. 259 ff.; vgl. *Lankers*, FamRZ 1969, 384, 386; *Roth*, NJW 1994, 2402, 2403.

[1386] Dagegen: *OLG Frankfurt* v. 1.12.1982, NJW 1983, 341, 343 sub III 1 b; *Heldrich*, JuS 1969, 455, 459 sub I 5; differenzierend: *Ostheide*, S. 134; *Selb*, JZ 1971, 201, 202. AA: *Harrer*, S. 87 ff., 88 (Anrechenbarkeit materieller Vorteile auf Unterhaltsaufwand).

der Eltern gegen das Kind (z. B. auf Unterhalt, Beistand bzw. Dienstleistungen gem. § 1601, § 1618a, § 1619) zum aktuellen Zeitpunkt nicht mit in die Schadensrechnung einbezogen werden können.[1387] Andererseits gibt es auch Vorteile, die sofort eintreten, wie z. B. Kindergeld, erhöhte Ortszuschläge usw.[1388] Diese Vorteile sind grundsätzlich im Wege des Vorteilsausgleichs anzurechnen.[1389] Als Folgeschaden kommen nur die konkreten finanziellen Belastungen in Betracht. Keineswegs darf der Anspruchsteller durch die Schadensersatzleistung besser stehen. Etwaige materielle sofort eintretende Vorteile sind daher schadensmindernd zu berücksichtigen. Dies muss trotz der zielgerichteten Herbeiführung der Empfängnis auch bei der Verletzung des Rechts auf Familienplanung gelten.

Nicht in allen Fällen ist das Argument der komplexen Eltern-Kind-Beziehung anwendbar. Bei Verletzung eines Rechts auf Familienplanung durch das Verhalten eines Elternteils wird es in der Regel nicht zu einer Eltern-Kind-Beziehung mit dem anderen Elternteil kommen. Außerdem könnte sich der Schädiger darauf billigerweise nicht berufen.

Zweifelhaft ist, ob sich das Problem der Abwägung und Ausgleichung der durch die Zeugung und Geburt verursachten Vor- und Nachteile bei den aufgrund einer Körper- oder Gesundheitsverletzung eintretenden materiellen Schäden (Arztkosten usw.) stellt. Zwischen solchen Einbußen und den materiellen Vorteilen durch die Existenz des Kindes besteht kein hinreichend enger Zusammenhang. Zwar sind sowohl die materiellen Nachteile als auch die Vorteile kausal durch die Zeugung und Geburt des Kindes bedingt, doch stellen diese materiellen Nachteile einen Folgeschaden der Rechtsgutsverletzung dar, der anders als die Unterhaltsaufwendungen selbständig und unabhängig von der Existenz des Kindes zu betrachten ist.

Ebenso wie sich eine Anrechnung der immateriellen Vorteile der Zeugung und Geburt auf einen etwaigen von der Existenz des Kindes zu trennenden Unterhaltsanspruch verbietet[1390], so sind die immateriellen Vorteile auch nicht auf (materielle) Folgeschäden der Rechtsgutsverletzung anzurechnen.[1391]

[1387] Vgl. *BGH* v. 18.3.1980 – VI ZR 247/78, BGHZ 76, 259, 263 = NJW 1980, 1452, 1454 sub II 1; *OLG Düsseldorf* v. 16.1.1975, NJW 1975, 595, 596; *OLG Karlsruhe* v. 19.10.1978, NJW 1979, 599, 600 sub II 2 a; *OLG Frankfurt* v. 1.12.1982, NJW 1983, 341, 343 sub III; im Ergebnis: *OLG Köln* v. 25.2.1985, VersR 1988, 43, 44 aE; *LG Freiburg* v. 18.11.1976, NJW 1977, 340 sub I 2 b; *Heldrich*, JuS 1969, 455, 459 sub I 5; vgl. *Lange* § 6 IX 7, S. 336 aE.

[1388] Vgl. *Harrer*, S. 89 ff.; *Hauberichs*, S. 259 Fußnote 200.

[1389] Hierzu: *Hauberichs*, S. 259 mwN in Fußnote 206; *Ostheide*, S. 134.

[1390] Für die (hier nicht behandelte Frage), ob Unterhaltaufwendungen als Folge der vertraglichen Pflichtverletzung ersatzfähig sind: Vgl. *Adomeit*, Jura 1981, 196, 198; *Hauberichs*, S. 261; *Harrer*, S. 94; *Heldrich*, JuS 1969, 455, 459 sub I 5; *Giesen*, FamRZ 1970, 565, 568

III. Der Umfang des Anspruchs unter Berücksichtigung eines Mitverschuldens gem. § 254

Fälle, in denen Ansprüche wegen Mitverschuldens erheblich gekürzt wurden, haben in der Praxis keine allzu große Bedeutung gehabt.[1392]

1. Mitverschulden gem. § 254

§ 254 ist bei vertraglicher und deliktischer Haftung und (zum Teil) über die Verweisungen in § 6 ProdHaftG und § 85 AMG bei der Gefährdungshaftung anwendbar. Tritt die Rechtsgutsverletzung bei der Person ein, die durch ihr Verhalten maßgeblich zu dem Erfolg beigetragen hat, sind etwaige Ansprüche ggf. schon auf der Ebene des Haftungsgrundes gem. § 254 I zu kürzen. Der Verletzte muss diejenige Sorgfalt missachtet haben, die nach der Verkehrsanschauung ein ordentlicher und verständiger Mensch anwendet, um sich vor Schaden zu bewahren (Verschulden gegen sich selbst)[1393], bzw. für die Gefahr einzustehen haben.[1394] Darüber hinaus müssen diese Voraussetzungen zum Schaden geführt haben.[1395] Da Patienten die Obliegenheit haben, an einer Heilung mitzuwirken, sind die Grundsätze auch bei der Verletzung einer ärztlichen Fürsorgepflicht anzuwenden.[1396] Sie sind darüber hinaus aber auch auf ärztliche Maßnahmen, die nicht

---

f.; *Lange* § 6 IX 7, S. 336 aE; *Loewenheim*, NJW 1969, 1754, 1756; *Mertens*, FamRZ 1969, 251, 254 sub IV 1; *Michalski*, JA 1979, 186 sub B II 1; *Ostheide*, S. 134 f.; *Sigel*, S. 109 f., der darauf hinweist, dass bei Anwendung des Trennungsprinzips eine Vorteilsanrechnung von vornherein nicht in Betracht kommt; *Waibl*, S. 175 f. AA: *von Hippel*, FamRZ 1971, 409, der eine Anrechnung immaterieller Vorteile auf den Unterhalt (nur) in den „Pillenfällen" bejaht.

1391 *Giesen*, FamRZ 1970, 565, 568 sub VI 1; *Selb*, JZ 1971, 201, 208 sub XI erkennt zwar im Grundsatz an, dass immaterielle Vorteile beim Schmerzensgeld zu berücksichtigen sind, lehnt aber die Bestimmbarkeit des immateriellen Wertes des Kindes ab.

1392 *BGH* v. 30.6.1992, NJW 1992, 2961 f. (vgl. oben Teil 2 II 1). Der Ehemann hatte nach Vornahme der nicht den Regeln ärztlicher Kunst entsprechenden Vasektomie nicht die erforderlichen Nachuntersuchungen wahrgenommen. Über die Kürzung der Ansprüche der Ehefrau wurde nicht entschieden, da zurückverwiesen wurde. In *OLG Düsseldorf* v. 9.7.1992, VersR 1993, 883 machte die Mutter eine falsche Angabe über eine angeblich zuvor vorgenommene Sterilisation am linken (tatsächlich war es der rechte) Eileiter, was eine Kürzung des Schmerzensgeldes um 20 % nach sich zog. In *LG Itzehoe* v. 21.11.1968, FamRZ 1969, 90, siehe oben Teil 2, bemerkte die Ehefrau nicht, dass es sich bei dem entsprechend der Einnahmevorschriften angewendeten Präparat um ein Magenmittel handelte.

1393 *BGH* v. 2.10.1990, VersR 1990, 1362; *Staudinger/Schiemann* § 254 Rdn. 30 mwN zu den verschiedenen terminologischen Ansätzen; *Medicus*, SchuldR I Rdn. 676.

1394 *Medicus*, SchuldR I Rdn. 673, 677.

1395 *Medicus*, SchuldR I Rdn. 673, 678.

1396 *BGH* v. 25.6.1985, NJW 1985, 2749, 2750 sub A 3 b; *BGH* v. 8.10.1985, BGHZ 96, 98, 100 mwN (Selbsttötungsversuch während stationärer Behandlung).

der Heilung dienen - wie z. B. die Sterilisation[1397] - anwendbar, so dass die Ansprüche der Eltern bei Mitverschulden bei der Herbeiführung der Schwangerschaft entsprechend zu kürzen waren.

Das *LG Itzehoe* nahm in dem berühmten „Apothekerfall“[1398] eine Mitverschuldensquote i. H. von 50 % an, weil die Mutter nicht erkannt hatte, dass es sich anstelle der Pille um ein Magenmittel handelte.[1399] Dies ist nicht selbstverständlich. Gerade im Hinblick darauf, dass damals noch keine Erfahrungen im Umgang mit der Pille vorauszusetzen waren und an die potenziellen Benutzerinnen kein allzu hoher Maßstab angelegt werden dufte, hätte man hier durchaus anders entscheiden können.[1400] Die einem Juristen geläufige kritischere Herangehensweise bei ärztlichen Maßnahmen und Ratschlägen darf in der breiten Bevölkerung nicht erwartet werden, da sie vermutlich dort längst nicht so ausgeprägt ist.[1401] Bei dem Fall, den der *BGH* 1992 an das *OLG Düsseldorf* zurückverwies[1402], hatte die Revision eine Mitverschuldensquote i. H. von 25 % geltend gemacht, da der Vater nach einer Vasektomie trotz Warnung über die Möglichkeit bestehender Zeugungsfähigkeit die ihm angeratene Nachuntersuchung nach 6 Wochen nicht wahrgenommen hatte. Das *OLG Düsseldorf*[1403] gewährte einer Mutter bei einer Quote von 20 % 4.000 DM Schmerzensgeld, weil sie bei der Angabe eines bereits sterilisierten Eileiters links und rechts verwechselt hatte.

Besondere Probleme ergeben sich, wenn eine Empfängnis unter Verletzung von Aufsichts- und Fürsorgepflichten über eine minderjährige bzw. geisteskranke Person herbeigeführt wurde und diese Person freiwillig daran mitgewirkt hat.[1404] Ein Mitverschulden i. S. von § 254 ist unter den Voraussetzungen der §§ 827, 828 zu bejahen, die auch im Rahmen vertraglicher Haftung[1405] anwendbar sind

---

[1397] *BGH* v. 30.6.1992, NJW 1992, 2961 sub II a; siehe Teil 2 IV.

[1398] Siehe Teil 2.

[1399] *LG Itzehoe* v. 21.11.1968, FamRZ 1969, 90. *Löwe*, VersR 1969, 573, 574 und *Michalski*, JA 1979, 186, 190 sub D II 1 erwägen hingegen wegen des „groben eigenen Verschuldens" ein Entfallen des Anspruchs auf Ersatz der Unterhaltsaufwendungen. Entsprechendes müsste auch für Ansprüche wegen Körperverletzung gelten. *Reinhart*, S. 105, nimmt jedenfalls vom heutigen Standpunkt aus gesehen ein überwiegendes Mitverschulden der Frau an, lehnt jedoch wegen des strengeren Fahrlässigkeitsmaßstabes für professionelles Verhalten ein vollständiges Entfallen von Ansprüchen ab.

[1400] Vgl. *D. Giesen/A. Giesen*, FamRZ 1969, 319.

[1401] Vgl. zum „Glauben“ an den Arzt und Apotheker: *D. Giesen/A. Giesen*, FamRZ 1969, 319; *Ostheide*, S. 139.

[1402] *BGH* v. 30.6.1992, NJW 1992, 2961 f. Vgl. hierzu *Junker*, S. 509, Fußnote 2128.

[1403] *OLG Düsseldorf* v. 9.7.1992, VersR 1993, 883 ff. Vgl. hierzu *Junker*, S. 509, Fußnote 2129.

[1404] *RG* v. 22.2.1924, RGZ 108, 86, 88.

[1405] Siehe Teil 4 I 3 d.

(vgl. § 276 I Satz 3).[1406] Eine Verantwortlichkeit der geisteskranken Person scheidet demnach nur aus, wenn sie bei ihrer Handlung *„in einem die freie Willensbestimmung ausschließenden Zustande gehandelt hat"*, was festzustellen ist.[1407] Die minderjährige Person ist mitverantwortlich, wenn sie bei der Handlung die zur Erkenntnis der Verantwortlichkeit erforderliche Einsicht hatte (§ 828 III).

2. Mitverschulden i. S. von § 254 II Satz 1 Alt. 2 wegen Nichtvornahme eines Schwangerschaftsabbruchs gem. §§ 218a ff. StGB?

Würde man ein Mitverschulden i. S. von § 254 II Satz 1 Alt. 2 in dem Fall bejahen, dass die Mutter keine Maßnahmen i. S. von § 218a StGB ergreift, müsste konsequenterweise eine Pflicht der Mutter (gegen sich selbst) zur Durchführung eines Schwangerschaftsabbruchs unter dem Gesichtspunkt des § 254 bejaht werden, was jedenfalls in der Rechtswissenschaft (noch!)[1408] niemand ernsthaft vertritt. Gegen eine solche Obliegenheit spricht, dass präkonzeptionelle Maßnahmen zur Empfängnisverhütung anders als ein Schwangerschaftsabbruch einzuordnen sind.[1409] Auch der Umstand, dass es sich um eine höchstpersönliche Entscheidung der Mutter handelt, ist mit einer derartigen Obliegenheit nicht zu vereinbaren.[1410] Unter Berücksichtigung des Wertes des ungeborenen Lebens[1411] und des Rechts des Ungeborenen auf Leben und körperliche Unversehrtheit[1412] (vgl. § 219 StGB)

[1406] *RG* v. 22.2.1924, RGZ 108, 86, 89 (für § 827); *Palandt/Sprau* § 827 Rdn. 1.

[1407] *RG* v. 22.2.1924, RGZ 108, 86, 89.

[1408] Vgl. in diesem Zusammenhang das Vorbringen des beklagten Ehemanns in *OLG Stuttgart* v. 13.5.1986, FamRZ 1987, 700, 701, der Trennungsunterhalt für seine Ehefrau mit dem Argument abwälzen wollte, sie habe sich nach abredewidriger Nichtbenutzung von Verhütungsmitteln geweigert, einen Schwangerschaftsabbruch durchzuführen. Bezeichnend für die Tendenzen, die Abtreibung als normalen sozialen Vorgang zu klassifizieren, ist auch die ernsthafte Anfrage eines Sozialarbeiters während der öffentlichen Diskussion nach dem Vortrag von *G. Müller* in der *Berlin-Brandenburgischen Akademie der Wissenschaften* am 22.01.2003 zum Thema „Unterhalt für das Kind als Schaden?", ob der Vater eines behinderten Kindes wegen der von ihm geschuldeten Unterhaltslast Schadensersatz von der Mutter verlangen könne, die sich gegen seinen Willen entschlossen hat, das behinderte ungeborene Kind nicht abzutreiben. Die Frage löste einige Empörung bei den Zuhörern aus.

[1409] *BGH* v. 18.3.1980 – VI ZR 105/78, BGHZ 76, 249, 257 = NJW 1980, 1450, 1452 sub 6; *BGH* v. 18.3.1980 – VI ZR 247/78, BGHZ 76, 259, 264 = NJW 1980, 1452, 1454 sub II 2.

[1410] *Schramm*, S. 180 und *Stürner*, FamRZ 1985, 753, 758 sub IV 1 verneinen eine Obliegenheit zur Abtreibung im Fall des erstmaligen Fehlschlagens u. a. wegen der Höchstpersönlichkeit der Entscheidung. Dieses Argument gilt hier um so mehr.

[1411] Vgl. *BVerfG* v. 25.1.1975, BVerfGE 39, 1, 37; *BVerfG* v. 28.5.1993, BVerfGE 88, 203, 251; *Winter*, S. 70.

[1412] Vgl *OLG Celle* v. 8.5.1978, NJW 1978, 1688; *Hauberichs*, S. 207; *Michalski*, JA 1979, 186, 190 sub D II 2; *Reinhart*, S. 104; *Schramm*, S. 180; *Sigel*, S. 112; *derselbe*, NJW 1978, 2340, 2341 sub 3. Vgl. Teil 4 VI 2.

stellt der Entschluss gegen einen Schwangerschaftsabbruch kein „Verschulden gegen sich selbst“ dar.[1413] Ansprüche der Mutter können nicht im Hinblick auf § 254 II Satz 1 Alt. 2 ausgeschlossen werden, weil sie im Einklang mit der Rechtsordnung das Leben des Kindes respektiert hat.[1414] Somit ist der Entschluss, keinen Schwangerschaftsabbruch durchzuführen, unabhängig von der zugrunde liegenden Motivation ohne Einschränkung zu akzeptieren.[1415] Eine Obliegenheit zum Schwangerschaftsabbruch ist nicht nur ausgeschlossen, wenn dieser gem. § 218a I StGB rechtswidrig wäre[1416], sie besteht auch dann nicht, wenn er nach § 218a II, III StGB rechtmäßig wäre.[1417]

3. Mitverschulden des anderen Elternteils (§ 254 II Satz 2 i. V. mit § 278)

In Fällen, in denen die Empfängnis auch auf einem Mitverschulden des anderen Elternteils beruht, ist zu untersuchen, ob und wenn ja wie sich dieses auf die Haftung auswirkt. Als Rechtsgrundlage für die Zurechnung des Verschuldens kommt § 254 II Satz 2[1418] i. V. mit § 278 in Betracht. Nach überwiegender Ansicht[1419] handelt es sich bei der Verweisung auf § 278 um eine Rechts*grund*verweisung, so dass das Vorliegen eines Vertrags oder einer rechtlichen Sonderbeziehung zwischen dem Geschädigten und dem Anspruchsgegner Voraussetzung für dessen Anwendbarkeit ist.[1420] Nach der Gegenansicht[1421], die eine Rechts*folge*verweisung annimmt, haftet die geschädigte Person für ihre Hilfspersonen auch ohne Sonderverbindung.

[1413] Im Ergebnis auch *Holzwarth*, S. 58 f.; *Ostheide*, S. 135; *Schiemann*, JuS 1980, 709, 711 sub II 2 b und 712 sub III. *Schöbener*, JR 1996, 89, 94 sub IV 3 b dd, sieht in der Annahme einer wie auch immer gearteten Obliegenheit zur Abtreibung einen deutlichen Verstoß gegen Art. 1 I GG.

[1414] Vgl. oben Fußnote 712, wo das Problem bei der Frage der Unterbrechung des Zurechnungszusammenhangs erörtert wird.

[1415] Siehe Teil 4 I 5 b aa. Problematisch: *BGH* v. 27.11.1984, NJW 1985, 671, 672 (misslungener Schwangerschaftsabbruch bei sozialer Indikation). Wie hier: *Grunsky*, Jura 1987, 82, 85 sub II 4; *Harrer*, S. 138 f.; vgl. *Hauberichs*, S. 206; *Reinhart*, S. 104. *Schramm*, S. 180; *Stürner*, FamRZ 1985, 753, 758 sub IV 1.

[1416] *Winter*, S. 70.

[1417] Vgl. Teil 4 I 6 e ee (4) (c) (bb).

[1418] § 254 Abs. 2 Satz 2 ist nach allg. Ansicht wie ein selbständiger Absatz 3 zu lesen und nicht auf die Verletzung der Schadensabwendungs- und Minderungspflicht gem. § 254 Abs. 2 Satz 1 beschränkt: RGZ 62, 107; *Medicus*, SchuldR I Rdn. 679; *Palandt/Heinrichs* § 254 Rdn. 60.

[1419] *BGH* v. 28.5.1957, BGHZ 24, 325; *BGH* v. 12.11.1991, BGHZ 116, 60, 74.

[1420] *Erman/Kuckuk* Vor §§ 249-253 Rdn. 72 mwN; *Medicus*, SchuldR I Rdn. 680; *Palandt/Heinrichs* § 254 Rdn. 60 mwN; vgl. auch Rechtsprechung in Fußnote 1430. AA: *Lange* § 10 XI 6, S. 603 f., der auf das Bestehen eines verbindlichkeitsähnlichen Verhältnisses verzichtet.

[1421] Vgl. Nachweise in *Medicus*, SchuldR I Rdn. 680.

a) Vertragliche Haftung

Bei Verträgen im Zusammenhang mit der Familienplanung erstrecken sich die Wirkungen des Vertrags mit einem Ehegatten in der Regel auf den anderen, wenn sich der Schutz nicht bereits aus § 1357 ergibt.[1422] Das Vorliegen einer Sonderbeziehung zwischen dem Geschädigten und dem Anspruchsgegner und somit die Anwendung von § 254 II Satz 2 i. V. mit § 278 bereiten daher kein Problem.[1423] Der Anspruchsteller hat sich das Mitverschulden des Partners im Hinblick auf die Mitwirkung am Erfolg der Maßnahme gem. § 254 II Satz 2 i. V. mit § 278 wie eigenes Verschulden anrechnen zu lassen.[1424]

Für die gem. § 278 erforderliche Sonderbeziehung genügt die Einbeziehung des Geschädigten in den Schutzbereich des Vertrags.[1425] Somit sind auch auf den Verletzten, der nicht Ehegatte ist, bei Einbeziehung in den Schutzbereich § 254 II Satz 2 i. V. mit § 278 anwendbar.

b) Deliktische Haftung

Ist der geschädigte Elternteil nicht selbst Vertragspartner[1426], oder in den vertraglichen Schutz einbezogen, besteht grundsätzlich kein Anspruch, der zu kürzen wäre.[1427] In den Fällen, in denen ohne vertragliche Sonderbeziehung eine deliktische Pflicht zur Verhinderung von Rechtsgutsbeeinträchtigungen durch eine Empfängnis besteht (z. B. beim angestellten Arzt oder beim Hersteller von Verhütungsmitteln)[1428] bedarf die Kürzung eines Anspruchs aufgrund des Mitverschuldens des anderen Elternteils weiterer Erwägungen. Folgt man der Ansicht, wonach es sich bei § 254 II Satz 2 um eine Rechts*grund*verweisung handelt, so wäre § 278 im Rahmen der deliktischen Haftung grundsätzlich nicht anwendbar, da hier kein Schuldverhältnis vorliegt.

Bei Ansprüchen wegen Rechtsgutsverletzungen i. S. von § 823 wird § 254 II Satz 2 für anwendbar gehalten, soweit diese zumindest aus demselben Sachver-

---

1422 Siehe Teil 4 I 2 (Aktivlegitimation).

1423 Vgl. *LG Itzehoe* v. 21.11.1968, FamRZ 1969, 90, 91 für den Fall des § 1357 (Kauf einer Verhütungspille, Schutz des Ehemanns, der sich Mitverschulden seiner Ehefrau anrechnen lassen musste).

1424 Vgl. *LG Itzehoe* v. 21.11.1968, FamRZ 1969, 90, 91; *Michalski*, JA 1979, 186, 190 sub D II 1.

1425 Vgl. *BGH* v. 28.5.1957, BGHZ 54, 325, 328 (Schädigung eines Kindes während einer Bahnreise); *Erman/Kuckuk* Vor §§ 249-253 Rdn. Rdn. 74; *Jauernig/Teichmann* § 254 Rdn. 11 mwN.

1426 Vgl. Teil 4 I.

1427 Siehe oben Teil 4 II 2 b.

1428 Teil 4 II 2 g bb und cc.

halt, der der rechtlichen Sonderbeziehung zu Grunde liegt, abzuleiten sind.[1429] Tritt die deliktische Haftung neben die vertragliche Haftung aufgrund derselben Pflichtverletzung, wie es bei den Fällen der Herbeiführung einer Empfängnis durch pflichtwidrige Behandlung und Beratung in der Regel der Fall ist, so wäre § 254 II Satz 2 nach dieser Ansicht auch auf die deliktische Haftung anwendbar, so dass Ansprüche bei Mitverschulden des Partners entsprechend zu kürzen wären.

Eine rechtliche Sonderbeziehung wird außerdem unabhängig von vertraglichen oder vertragsähnlichen Beziehungen auch dann bejaht, wenn *„die unerlaubte Handlung des Schädigers die Schadensentwicklung schon auf den Weg gebracht“* hat und es um ein Mitverschulden beim haftungs*ausfüllenden* Vorgang, also in Bezug auf die Schadensminderungs- und Schadensabwendungspflicht geht.[1430] Da der Verletzungserfolg bereits mit der (ungewollten) Empfängnis eintritt, es also um ein Mitverschulden des anderen Elternteils beim haftungs*begründenden* Tatbestand geht, gelangt man über die Schadensminderungs-/Schadensabwendungspflicht nicht zur Anwendung des § 278.

Ein Teil der Literatur[1431] wendet § 254 II Satz 2 i. V. mit § 278 als Rechts*folgen*verweisung auch außerhalb von Sonderbeziehungen an. Da jedoch bei der Haftungsbegründung gem. § 278 ein Schuldverhältnis erforderlich ist (bei fehlender Sonderverbindung ist vielmehr § 831 entsprechend anwendbar[1432]), ist kein triftiger Grund ersichtlich, warum dies bei der Haftungsbeschränkung anders sein sollte.[1433] Da der andere Elternteil nicht weisungsgebundener Verrichtungsgehilfe ist, kommt eine Kürzung analog § 831 nicht in Betracht.

[1429] *Jauernig/Teichmann* § 254 Rdn. 11.

[1430] *BGH* v. 1.3.1988, BGHZ 103, 338, 343 sub b (Verkehrssicherungspflicht auf Kinderspielplatz); *BGH* v. 12.11.1991, BGHZ 116, 60, 74 (Produkthaftung für gesüßten Kindertee); *Erman/Kuckuk* Vor §§ 249-253 Rdn. 80; *Medicus*, SchuldR I Rdn. 680 aE; *Palandt/Heinrichs* § 254 Rdn. 61 ff., 66.

[1431] *Gernhuber*, AcP 152 (1952/1953) 69, 82 f. sub V; *Deutsch*, Haftungsrecht Rdn. 576 f. mwN in Fußnote 55.

[1432] *BGH* v. 1.3.1988, BGHZ 103, 338, 342; *Palandt/Heinrichs* § 254 Rdn. 60; *Jauernig/Teichmann* § 254 Rdn. 11.

[1433] *Palandt/Heinrichs* § 254 Rdn. 60 aE.

Teil 6: Der Ersatz der immateriellen Nachteile

Die Höhe der nach § 847 aF gewährten Schmerzensgelder[1434] ist im Laufe der Jahre seit den ersten Entscheidungen stetig gestiegen, wobei die Bemessung sich danach richtet, ob die Schwangerschaft mit oder ohne Komplikationen verlief.[1435] Der *VI. Senat* bestätigte in seiner Grundsatzentscheidung 1980 den *„nur noch geforderten"* Betrag i. H. von 1.000 DM.[1436] Das *OLG Hamm* gewährte 1997 und 1999 bereits 10.000 DM bei komplikationslos verlaufender Schwangerschaft.[1437]

I. Grundlagen des Ersatzes immaterieller Schäden vor und nach Inkrafttreten der Schadensersatzrechtsreform

Rechtsgrundlagen für den Ersatz immaterieller Schäden bei Verletzung der Rechtsgüter Körper und Gesundheit sind § 847 aF[1438] und § 253 II nF.[1439] Der

---

[1434] Vgl. allgemein zur Höhe von Schmerzensgeldern bei Körperverletzung: *Ott/Schäfer*, JZ 1990, 563 ff.

[1435] 10.000 DM (seelische Belastung wegen Versterbens der unter starken Schmerzen nach fehlgeschlagener Sterilisation geborenen Zwillinge): *LG Duisburg* v. 13.7.1977, VersR 1978, 262 f. 10.000 DM (Unterlassen einer Abtreibung infolge Nichterkennen der Schwangerschaft, schwere psychische Beeinträchtigung der Mutter, Umstellung des Lebensplans): *LG Berlin* v. 17.1.1985, NJW 1985, 2200; 4.000 DM (Notwendigkeit eines erneuten Sterilisationseingriffs): *OLG Köln* v. 25.2.1985, VersR 1988, 43. 3.000 DM + 1.000 DM (normale Geburt eines gesunden Kindes und Notwendigkeit neuer Sterilisation): *OLG Köln* v. 18.3.1985, VersR 1987, 187 f. 2.000 DM (Normale Geburt bei Fortbestehen einer Zwillingsschwangerschaft): *OLG Stuttgart* v. 28.1.1987, 2934. 6.000 DM (normale Geburt eines gesunden Kindes): *OLG München* v. 20.2.1992 – 1 U 2278/91; *LG München* I v. 16.1.1993 – 9 O 738/90, hierzu: *BVerfG*, Beschluss v. 12.11.1997, BVerfGE 96, 375, 376 f. 10.000 DM (stationärer Klinikaufenthalt und Kaiserschnitt wegen Behinderung des Kindes): *OLG Stuttgart* v. 19.3.1992 (14 U 57/89); hierzu: *BVerfG*, Beschluss v. 12.11.1997, BVerfGE 96, 375, 383 und *BGH* v. 16.11.1993, BGHZ 124, 128. In *OLG Düsseldorf* v. 9.7.1992, VersR 1993, 883 ff. wurden wegen einer Mitverschuldensquote von 20 % „nur" 4000 DM zugesprochen. In *OLG Düsseldorf* v. 15.12.1994, NJW 1995, 788 wurden 1500 DM zugesprochen, mehr war aber von den Parteien auch nicht eingeklagt worden. Vgl. hierzu Nachweise bei *Junker*, Fußnote 2146.

[1436] *BGH* v. 18.3.1980 - VI ZR 247/78, NJW 1980, 1452, 1453 sub 1 3.

[1437] *OLG Hamm* v. 23.6.1997, NJWE-VHR 1997, 281 f.; *OLG Hamm* v. 27.1.1999, NJW 1999, 1787, 1788 (Zwillinge).

[1438] Aufgehoben durch Art. 2 Nr. 7 des Zweiten Gesetzes zur Änderung schadensersatzrechtlicher Vorschriften vom 19.7.2002, BGBl. I, S. 2674, 2675.

[1439] Eingeführt durch Art. 2 Nr. 2 b des Zweiten Gesetzes zur Änderung schadensersatzrechtlicher Vorschriften vom 19.7.2002, BGBl. I, S. 2674, 2675.

neue § 253 II ist auf Fälle anwendbar, in denen das schädigende Ereignis am 1.8.2002 oder danach stattgefunden hat (Art. 229 § 8[1440] I EGBGB).

Der Ersatz immaterieller Nachteile bei Rechtsgutsverletzungen hat durch das Zweite Gesetz zur Änderung schadensersatzrechtlicher Vorschriften vom 19.7.2002[1441] und den neu eingeführten Absatz 2 des § 253 an Bedeutung gewonnen. Zwar setzt der Ersatz immaterieller Schäden wie bisher eine Rechtsgutsverletzung voraus. Auch schützt § 253 II wie § 823 die Rechtsgüter Körper und Gesundheit, sowie darüber hinaus die sexuelle Selbstbestimmung (§ 825). Jedoch sollte die Diskrepanz zwischen deliktischer Haftung auf der einen und vertraglicher und Gefährdungshaftung auf der anderen Seite beseitigt werden, so dass nun auch in den letzten beiden Kategorien der Haftung Schmerzensgeld verlangt werden kann.[1442] Hat z. B. ein Erfüllungsgehilfe die Rechtsgutsverletzung verursacht, der auch Verrichtungsgehilfe ist, kann im Fall, dass die Exkulpation gem. § 831 I Satz 2 gelingt, der Beklagte über § 278 nun auch für die immateriellen Schäden in Anspruch genommen werden, wenn die Pflichtverletzung eine Verletzung der in § 253 II nF genannten Rechtsgüter zur Folge hat.[1443]

Durch § 8 Satz 2 ProdHaftG und § 87 Satz 2 AMG kann wegen der Rechtsgutsverletzung im Bereich der Gefährdungshaftung grundsätzlich auch Ersatz immaterieller Nachteile verlangt werden.

Die bereits unter altem Recht geführte Diskussion, ob § 847 ein eigenständiger Anspruch ist, oder den Umfang eines sich aus einer anderen Anspruchsgrundlage (z. B. § 823 I) ergebenden Anspruchs regelt[1444], besteht weiterhin. Zwar soll nach Ansicht des Gesetzgebers § 253 II (trotz der systematischen Einordnung bei

---

[1440] Der § 8 des Art. 229 EGBGB wurde nach Inkrafttreten des Zweiten Gesetzes zur Änderung schadensersatzrechtlicher Vorschriften versehentlich noch einmal vergeben und zwar als Übergangsvorschrift für das OLG-Vertretungsänderungsgesetz.

[1441] BGBl. I, S. 2674 ff.

[1442] Vgl. BT-Drs. 14/7752 S. 14 sub 3; *Deutsch*, ZRP 1998, 291, 293 sub IV; *derselbe*, JZ 2002, 588, 589 sub II 2; *Jaeger*, ZGS 2002, 54, 53. Im Bereich der reinen Vertragshaftung war das bisher grundsätzlich nicht, im Bereich der Gefährdungshaftung vereinzelt möglich (§ 833). Die Streitfrage, ob bei Verletzungen von Verträgen, die bestimmte Immaterialgüterinteressen des Geschädigten fördern sollten, eine Abbedingung des § 253 (nunmehr Abs. 1) in Erwägung zu ziehen ist (vgl. *Braschos*, S. 118 ff.; *Schiemann*, JuS 1980, 709, 713 sub IV; *Stoll*, JZ 1975, 252, 255 [zur Frage des Schadensersatzes für nutzlos aufgewendete Urlaubszeit]; *Voß*, S. 187 ff.; *derselbe*, ZRP 1999, 452 ff.), ist durch die neue Gesetzeslage teilweise entschärft, da der Schutz der Rechtsgüter nunmehr ausdrücklich geregelt ist.

[1443] Vgl. hierzu die Regierungsbegründung BT-Drs. 14/7752, S. 25; vgl. auch *Spickhoff*, NJW 2002, 1758, 1765 sub V aE.

[1444] Gegen einen eigenständigen Anspruch: MünchKomm/*Stein*, 3. Aufl. 1997, § 847 Rdn. 10; MünchKomm/*Oetker*, § 253 Rdn. 15. Vgl. auch *Coester-Waltjen*, Jura 2001, 133 sub 2.

§§ 249 ff.) ein eigenständiger Anspruch sein.[1445] Dennoch ist eine der Voraussetzungen das Vorliegen einer Rechtsgutsverletzung und das Bestehen eines anderen, Schadensersatz gewährenden Anspruchs.[1446] Zum Teil wird die Rechtsgutsverletzung als Anspruchsvoraussetzung des § 253 II angesehen und nicht bei der Problematik des Primärschadens im Zusammenhang mit dem (z. B. vertraglichen) Anspruch auf Schadensersatz erörtert.[1447] Das spricht für einen eigenständigen Anspruch.[1448]

Der Anspruch auf Ersatz der infolge einer Beeinträchtigung von Persönlichkeitsrechtsgütern entstandenen mittelbaren Schäden (Vermögensfolgeschäden, immaterielle Schäden) setzt zunächst die Feststellung eines Primärschadens (zurechenbare Verletzung von Rechtsgütern) voraus. Dieser Bestandteil des Haftungsgrunds ist also bereits im Rahmen des Anspruchs gem. § 280 I (siehe oben Teil 4 I 6) bzw. des § 823 I festzustellen.[1449] Das spricht eher gegen den Charakter des § 253 II als eigenständige Anspruchsgrundlage.[1450] Schwer nachzuvollziehen ist der vom Gesetzgeber gewollte Charakter als Anspruchsgrundlage im Hinblick darauf, dass der Wortlaut der Norm dem des § 249 II Satz 1 gleicht. Auch dort ergibt sich die Verpflichtung, Schadensersatz wegen Verletzung einer Person oder Beschädigung einer Sache zu leisten, aus anderen eigenständigen Anspruchsnormen, ohne dass § 249 II Satz 1 Anspruchsgrundlage ist.

Die Notwendigkeit, die Verletzung von Persönlichkeitsrechtgütern als Primärschaden und Ursache von Folgeschäden bereits beim Haftungsgrund festzustellen,

---

1445 In BT-Drs. 14/7752, S. 24, wird diese Stellung mit dem „*umfassenden Charakter der Regelung*" erklärt, die sich auch auf die Gefährdungshaftung erstreckt: „*Im deutschen Recht wird erstmals ein umfassender, d. h. vom Haftungsgrund unabhängiger Anspruch auf Schmerzensgeld bei Verletzung dieser Rechtsgüter geschaffen.*" Ohne Begründung für einen eigenständigen Anspruch: *Palandt/Heinrichs* § 253 Rdn. 4.

1446 *Erman/Kuckuk* § 253 Rdn. 11, 13: Die Rechtsgutsverletzung sei „anspruchsauslösend". MünchKomm/*Stein*, 3. Aufl., § 847 Rdn. 10: Anspruchsvoraussetzungen seien die des § 823; MünchKomm/*Oetker* § 253 Rdn. 15: „Anspruchsgrundlage § 823 i. V. mit. § 847"; so wohl auch: *OLG Düsseldorf* v. 12.10.1989, NJW 1990, 1543 (Gesundheitsverletzung durch Psychotherapeuten).

1447 *Fritzsche*, S. 24 f.; *Jauernig/Teichmann* § 253 Rdn. 4 ff.

1448 Anders *Fritsche*, S. 24 f., der zwar die Rechtsgutsverletzung der Prüfung des § 253 II zuordnet und trotzdem gegen eine Anspruchsgrundlage plädiert.

1449 Vgl. MünchKomm/*Oetker* § 253 Rdn. 16.

1450 Nach Ansicht von *Rauscher*, Jura 2002, 577, 579 sub II 2 c bb ist § 253 im Rahmen der anderen Ansprüche zu prüfen. Unklar in diesem Zusammenhang: *Bamberger/Roth/Spindler* § 253 Rdn. 10 aE, der darauf hinweist, dass die vertragliche Pflicht den Schutz der in § 253 II genannten Rechtsgüter beinhalten muss, aber nicht klar äußert, ob diese Feststellung im Rahmen des § 280 I Satz 1 oder erst im Rahmen von § 253 II vorzunehmen ist. Für die erste Möglichkeit spricht Rdn. 23, wonach für die Konkretisierung der Rechtsgüter „*auf die jeweiligen Anspruchsgrundlagen (...) insbes. § 823 Abs. 1*" zurückzugreifen sei.

schließt eine nochmalige Einordnung als Voraussetzung eines eigenständigen Anspruchs aus § 253 II dennoch möglicherweise nicht aus. Bezüglich der Feststellung der Verletzung der in § 253 II genannten Rechtsgüter könnte auf die zuvor durchgeführte Prüfung verwiesen werden.[1451] Aus der systematischen Einordnung des § 253 II in den §§ 249 ff. wird man ebenfalls nicht maßgeblich auf eine ausschließlich den Haftungsumfang regelnde Norm schließen können.[1452] Diese Systematik hat der Gesetzgeber verständlicherweise damit begründet, dass Schmerzensgeld auf verschiedene Haftungssysteme erweitert wurde, weshalb ein Verbleiben der Regelung im Abschnitt der unerlaubten Handlungen nicht mehr sinnvoll war.[1453] Schließlich regeln §§ 249 ff. nicht ausschließlich den Inhalt der Haftung: § 254 I ist zwar keine eigenständige Anspruchsgrundlage, gehört aber dogmatisch zum Haftungsgrund der jeweiligen Anspruchsgrundlage, was zur Folge hat, dass die Mitverursachung des (Primär-) Schadens ebenso wie der Zusammenhang zwischen Primärschaden und Verletzungsverhalten/Pflichtverletzung nach § 286 ZPO zu beweisen ist.[1454]

Besteht die Rechtsgutsverletzung in der schwerwiegenden und nicht auf andere Weise auszugleichenden Verletzung des Persönlichkeitsrechts, ist Rechtsgrundlage für den Ersatz immaterieller Schäden nicht § 253 II nF, sondern (wie bisher) Artt. 1 I, 2 I GG.[1455] Hier gelten allerdings ähnliche Maßstäbe, wie bei der Bemessung des Schmerzensgeldanspruchs gem. §§ 847 aF, 253 II nF.[1456] Da das Recht auf Familienplanung aus dem allgemeinen Persönlichkeitsrecht abgeleitet ist, ist Grundlage für den Ersatz immaterieller Nachteile bei Verletzung dieses Rechts nicht §§ 847 aF, 253 II nF, sondern Artt. 1 I, 2 I GG.

Durch ein Verständnis des § 253 II als Regelung des Inhalts eines Anspruchs auf Schadensersatz wegen Verletzung der dort genannten Rechtsgüter würde eine

---

1451 So könnte man auch *Bamberger/Roth/Spindler* § 253 Rdn. 23 verstehen.

1452 So aber MünchKomm/*Oetker* § 253 Rdn. 16.

1453 BT-Drs. 14/7752 S. 24 rechte Spalte, fünfter Absatz; *Erman/Kuckuk* § 253 Rdn. 12.

1454 *Thomas/Putzo* § 287 Rdn. 4 mwN.

1455 So ausdrücklich BT-Drs. 14/7752 S. 24 f. Vgl. auch *Bamberger/Roth/Spindler* § 253 Rdn. 24; *Däubler*, JuS 2002, 627; *Erman/Kuckuk* § 253 Rdn. 15; *Haas/Horcher*, DStR 2001, 2120; *Katzenmeier*, JZ 2002, 1029, 1033 (kritisch); *Palandt/Heinrichs* § 253 Rdn. 10; *Wagner*, NJW 2002, 2049, 2056. Die Rechtsprechung, dass nicht § 847 Anspruchsgrundlage sei, ist seit langem durch das *Bundesverfassungsgericht* abgesegnet: *BVerfG* vom 14.12.1973, NJW 1973, 1221 (*Soraya*), *BVerfG*, Beschluss vom 8.3.2000, NJW 2000, 2187 f. (Schmerzensgeldbemessung bei Schockschäden). Noch für § 847 analog: *BGH* v. 14.2.1958, BGHZ 26, 394 (Herrenreiter). Vgl. zur analogen Heranziehung des § 847: *Schiemann*, JuS 1980, 709, 711 f. sub III; *G. Müller*, VersR 2001, 1, 2 sub III 1 b.

1456 Zur Präventivfunktion, die nur bei Schmerzensgeld wegen schwerwiegender Persönlichkeitsrechtsverletzungen anerkannt wird: *BGH* v. 15.11.1994, BGHZ 128, 1, 15 f. (*Caroline von Monaco*), siehe auch Teil 6 IV 3.

erhebliche Ungleichbehandlung zum eigenständigen Anspruch auf Ersatz immaterieller Schäden wegen Verletzung des Persönlichkeitsrechts entstehen. Letztlich handelt es sich jedoch um eine rein dogmatische Streitfrage ohne Auswirkungen auf das Ergebnis, weshalb hier auf eine Entscheidung verzichtet wird.

II. Ansichten zum Problem der Ersatzfähigkeit immaterieller Schäden bei Herbeiführung einer Schwangerschaft

1. Uneingeschränkter Ersatz immaterieller Schäden

Die ständige höchstrichterliche Rechtsprechung[1457] und ein Teil der Literatur[1458] bejahen in den Fällen der Rechtsgutsverletzung durch Schwangerschaft und Geburt den vollen Ausgleich der immateriellen Benachteiligung (gem. § 847 aF).[1459] Der *VI. Senat*[1460] berücksichtigt die Achtung des Lebens und den Wert des Kindes, wendet aber die strikte Trennung zwischen der Existenz des Kindes und den damit verbundenen Nachteilen auch bei der Lösung des Problems an, ob und in welcher Höhe immaterielle Nachteile billigerweise zu ersetzen sind. Die Würde des Kindes werde dadurch nicht berührt. Dass Beeinträchtigungen durch Schwangerschaft und Geburt der Mutter gegen ihren Willen nicht zuzumuten seien[1461], genügt aus Sicht des Senats, um die Billigkeit eines Schmerzensgeldes zu bejahen. Von der konkret geforderten Summe in der Grundsatzentscheidung[1462] aus gesehen, in der die Mutter nur noch 1.000 DM Schmerzensgeld gefordert

[1457] Ständige Rechtsprechung seit *BGH* v. 18.3.1980 - VI ZR 247/78, NJW 1980, 1452, 1453; *BGH* v. 26.6.1984, NJW 1984, 2625; *BVerfG*, Beschluss v. 12.11.1997, BVerfGE 96, 375, 396 sub B I 2 b; vgl. oben Fußnoten 1435 - 1437; wN in MünchKomm/*Oetker* § 253 Rdn. 22 Fußnoten 52 ff.

[1458] *Adomeit*, Jura 1981, 196, 199; *Bamberger/Roth/Spindler* § 253 Rdn. 23; *Debo*, S. 92, will inbesondere die Last durch die Geburt eines infolge fehlerhafter genetischer Beratung geborenen behinderten Kindes durch Schmerzensgeld ausgleichen; *Harrer*, S. 253 ff., 258 (§ 847 analog für die Verletzung des Rechts auf Familienplanung); *Holzwarth*, S. 138 ff. (Schmerzensgeld bei Körperverletzung und Verletzung des Persönlichkeitsrechts); *Junker*, S. 523, 590 ff. (Recht auf Familienplanung) mwN in Fußnote 2440; MünchKomm/*Oetker* § 253 Rdn. 22; *Lankers*, FamRZ 1969, 384, 388; *Reinhart*, S. 94 f., 135 f., 175; vgl. *Schünemann*, JZ 1981, 574, 577 sub II 2, der bei der Geburt eines behinderten infolge fehlerhafter postkonzeptioneller genetischer Beratung geborenen Kindes ein Schmerzensgeld wegen der Einbußen der Eltern an Lebensfreude befürwortet; *Staudinger/Hager* § 823 Rdn. B 15; *Stieglitz*, S. 156, 160 (Schmerzensgeld für Persönlichkeitsrechtsverletzung); *Winter*, S. 53.

[1459] Fälle, in denen § 253 II nF zur Anwendung kommt, sind bisher noch nicht höchstrichterlich entschieden, eine Änderung im Vergleich zu § 847 ist allerdings nach dem oben Gesagten auch nicht zu erwarten.

[1460] *BGH* v. 19.6.1984, NJW 1984, 2625 f.

[1461] *BGH* v. 18.3.1980 - VI ZR 247/78, NJW 1980, 1452, 1453.

[1462] *BGH* v. 18.3.1980 - VI ZR 247/78, NJW 1980, 1452, 1453 sub 2, 3.

hatte[1463], ist verständlich, dass man es für unbedenklich hielt, einen Ausgleich für die durch die Schwangerschaft erlittene Beeinträchtigung zuzusprechen.[1464]

Ein Teil der Literatur[1465] qualifiziert den Unterhaltsaufwand als immateriellen Folgeschaden einer Persönlichkeitsrechtsverletzung. Dies lehnt der BGH ab: Ein solcher Ansatz *„würde unmittelbarer und gravierender auf die Person des Kindes ausstrahlen als die Feststellung der wirtschaftlichen Belastung"*.[1466]

Auch die Ansicht, dass - unabhängig von den Unterhaltsaufwendungen - Schmerzensgeld wegen der unplanmäßigen, pflichtwidrig verursachten Geburt eines Kindes auf Grundlage eines verletzten Rechts auf Familienplanung zu gewähren sei[1467], ist bedenklich. Diese Ansicht birgt die Gefahr einer negativen Haltung gegenüber der Geburt eines ungeplanten Kindes[1468] in sich, die eine positive Entwicklung nach der Geburt, sowie den unabhängig vom Geplantsein des Kindes bestehenden Wert seines Lebens nicht hinreichend berücksichtigt. *Junker* entscheidet sich z. B. für einen mit 20.000 DM zu bewertenden „Lebensumstellungsschaden", der neben den Unterhaltsschaden trete.[1469] Die Anrechnung der Freude am Kind sei nicht „zumutbar", weil die Eltern kein Kind gewollt hätten.[1470] Im Fall der durch einen Elternteil herbeigeführten Elternschaft stehe das Schmerzensgeld für die erzwungene Lebensumstellung dem Elternteil zu, der das Kind betreue.[1471] Durch derartige Erwägungen wird das ungeplant geborene Kind praktisch doch zum Schadensfall. Erwägungen, wie sich die angebliche „Unzumutbarkeit" der Berücksichtigung des Wertes des Kindes aus dessen Sicht dar-

---

[1463] *BGH* v. 18.3.1980 - VI ZR 247/78, NJW 1980, 1452, 1453 sub 3.

[1464] Vgl. auch *G. Müller*, in: FS Steffen, S. 355, 365.

[1465] Vgl. z. B. *Lange*, LM § 823 (Aa) BGB Nr. 154/1994; *A. Roth*, FuR 1993, 305, 309 f. (Nichtvermögensschaden wegen Beeinträchtigung der Möglichkeit, selbst über Zeugung und Geburt zu entscheiden = Verletzung des Rechts auf Familienplanung); *Lankers*, FamRZ 1969, 384, 388, die vertragliche Ansprüche auf Unterhaltsaufwendungen ablehnen, ein Schmerzensgeld diesbezüglich hingegen bejahen. Vgl. *Brüggemeier* Rdn. 715 ff.; *Deutsch*, VersR 1995, 609, 614; *Fischer*, JuS 1984, 434, 437 f.; *Harrer*, S. 121 f., 247; *Holzwarth*, S. 144; *Junker*, S. 590 ff. mwN in Fußnote 2449; *Reinhart*, S. 135 f.; *Stieglitz*, S. 161, die neben einem vertraglichen Anspruch auch einen deliktischen Anspruch auf Ersatz der Unterhaltsaufwendungen aus der Verletzung eines Rechts auf Familienplanung bejahen.

[1466] *BGH* v. 16.11.1993, BGHZ 124, 128, 141 f. sub b 1.

[1467] *Brüggemeier* Rdn. 716 f.; *Harrer*, S. 256 ff.; *Holzwarth*, S. 144; *Junker*, S. 590 ff. mwN in Fußnote 2440, S. 701 für „wrongful parenthood"; *Stieglitz*, S. 161.

[1468] So meint z. B. *Holzwarth*, S. 144 f., dass die Geburt eines ungewollten Kindes *„grundsätzlich"* eine *„erhebliche Verletzung des Familienplanungsrechts"* darstellt und man *„nur im extremen Einzelfall"* anders entscheiden könne.

[1469] *Junker*, S. 591 f.

[1470] *Junker*, S. 592.

[1471] *Junker*, S. 704 („wrongful parenthood").

stellt, werden dabei zugunsten einer finanziell vorteilhaften Lösung für die Eltern, die das Ungewolltsein des Kindes geltend machen, in den Hintergrund gedrängt.

2. Kein Ersatz der immateriellen Schäden wegen des Daseins des Kindes

Neben der Ansicht, uneingeschränkten Ersatz immaterieller Schäden zu gewähren, gibt es differenzierende Ansätze. So lehnt der *II. Senat* des *Bundesverfassungsgerichts* Schmerzensgeld nicht grundsätzlich ab.[1472] Ein immaterieller Schaden dürfe allerdings nicht aus dem *Dasein* des Kindes hergeleitet werden, wohingegen Schmerzensgeld bei besonderen Belastungen im Zusammenhang mit der Geburt eines geschädigten Kindes unbedenklich sei.[1473] Das *LG Düsseldorf*[1474] schloss u. a. unter Berufung auf dieses Urteil Schmerzensgeld wegen der Komplexität des Eltern-Kind-Verhältnisses und der sich daraus ergebenden untrennbaren Einheit der Nachteile mit dem Leben des Kindes aus. Wenn aus der Existenz des Kindes keine (mittelbaren) Ersatzansprüche abgeleitet werden könnten, könnten jedenfalls bei der komplikationslosen Schwangerschaft ebenfalls keine Ansprüche (gleich welcher Art) geltend gemacht werden.[1475]

3. Ablehnung des Ersatzes immaterieller Schäden

Das *OLG Karlsruhe* lehnte Schmerzensgeld u. a. auch mit dem Argument ab, eine Entschädigung sei nicht billig, da eine eventuelle Beeinträchtigung durch die immaterielle Werteverwirklichung wieder aufgewogen werde.[1476] *Canaris* bezweifelt die Ersatzfähigkeit, weil es mit den Grundrechten des Kindes *„kaum zu vereinbaren"* sei, dass die Mutter mit Hilfe der Rechtsordnung ihre Beschwerden *„versilbere"*.[1477] *Selb* erkennt im Grundsatz die Erheblichkeit vorteilhafter Entwicklungen im immateriellen Bereich an, hält jedoch eine Berücksichtigung bei der Bemessung der Geldansprüche der Eltern im Hinblick auf die Geburt eines Kindes nicht für feststellbar, ohne eine „unmenschliche Rechnung" anzustel-

---

[1472] *BVerfG* v. 28.5.1993, BVerfGE 88, 203, 295 f.
[1473] Teil 4 VI 3 c.
[1474] *LG Düsseldorf* v. 2.12.1993, NJW 1994, 805 ff.
[1475] *LG Düsseldorf* v. 2.12.1993, NJW 1994, 805, 807.
[1476] *OLG Karlsruhe* v. 19.10.1978, NJW 1979, 599. Dagegen: *Bamberger/Roth/Spindler* § 253 Rdn. 23.
[1477] *Larenz/Canaris*, SchuldR II/2 § 76 II 1 f., S. 383. Ähnlich für die Gewährung einer Genugtuung nach schweizerischem Recht: *Mannsdorfer* Rdn. 1007, 1089 ff. für den Fall der komplikationslos verlaufenden Geburt eines gesunden oder eines behinderten Kindes. Anders: *Junker*, S. 523.

len.[1478] *Deuchler* bejaht einen Schmerzensgeldanspruch wegen Körperverletzung[1479], verneint diesen hingegen bei einer Persönlichkeitsrechtsverletzung.[1480] Ähnlich wie *Selb* begründet er dies mit den Schwierigkeiten eines befriedigenden Vorteilsausgleichs.

4. Die Problematik des Vorteilsausgleichs durch Anrechnung immaterieller Vorteile

Die Art und Weise der Berücksichtigung immaterieller Vorteile ist allgemein umstritten. Teilweise wird die Anwendung der Grundsätze des Vorteilsausgleichs befürwortet.[1481] Dafür spricht der Charakter des Schmerzensgeldanspruchs als einer Art Schadensersatzanspruch.[1482] Schwierig ist die Festlegung der Grenzen, innerhalb derer eine Vorteilsausgleichung gerecht erscheint. Teilweise wird darauf abgestellt, dass sich die Umstände objektiv günstig auf den Verletzten ausgewirkt haben müssen.[1483] Im Falle der Einbuße eines Körperglieds oder Organs sei die Bewahrung vor der Sorge, dass an dem Glied oder Organ Krebs hätte entstehen können, daher z. B. nicht anzurechnen.[1484] Nach anderer Ansicht wird die Vorteilsausgleichung beim Schmerzensgeld grundsätzlich abgelehnt. Diese setze nämlich voraus, dass einem „an sich" bestehenden Schaden ein isoliert zu ermittelnder Vorteil gegenüberstehe, was nicht der Fall sei, da es kein „an sich" angemessenes Schmerzensgeld gebe.[1485] Für diese Ansicht spricht, dass das Schmerzensgeld Ergebnis einer Abwägung zahlreicher Billigkeitsgesichtspunkte ist. Dies kommt schließlich auch dadurch zum Ausdruck, dass beim Schmerzensgeldanspruch keine Quoten i. S. von § 254 zu bilden sind.[1486]

[1478] *Selb*, JZ 1971, 201, 208 sub XI aE mwN.

[1479] *Deuchler*, S. 183.

[1480] *Deuchler*, S. 188 ff., S. 193. Die Persönlichkeitsrechtsverletzung wird darüber hinaus schon im Grunde abgelehnt. Die Schwierigkeiten eines Vorteilsausgleichs sprechen seiner Ansicht nach auch gegen die Verletzung des Persönlichkeitsrechts (S. 192 f.).

[1481] Allgemein für eine Berücksichtigung immaterieller Vorteile im Wege des Vorteilsausgleichs wegen des „Austauschs von Unlustgefühlen": *Klimke*, VersR 1969, 111; *derselbe*, VersR 1969, 785. Für eine Beschränkung der Grundsätze des Vorteilsausgleichs auf Vermögensschäden: *Hüffner*, VersR 1969, 500 ff.

[1482] *Staudinger/Schäfer*, 12. Auflage, § 847 Rdn. 76.

[1483] *Staudinger/Schäfer*, 12. Auflage, § 847 Rdn. 76, nennt das Beispiel, dass der Verletzte durch die Verletzung die Sprache wieder gewonnen hat.

[1484] *Staudinger/Schäfer*, 12. Auflage, § 847 Rdn. 76.

[1485] *Hüffer*, VersR 1969, 500 ff.; *derselbe*, VersR 1970, 209 ff.

[1486] *Palandt/Heinrichs* § 253 Rdn. 17, 30.

In den Fällen der pflichtwidrig herbeigeführten Schwangerschaft ist das Kind (auch im positiven Sinne) nicht als isolierter „Vorteilsposten" einzustufen.[1487] Vielmehr sind zur Feststellung der Billigkeit eines Schmerzensgeldes alle positiven und negativen Umstände im Zusammenhang mit der Schwangerschaft abzuwägen. Das eigentliche Problem liegt jedenfalls in den hier behandelten Fällen in der Frage, ob die Berücksichtigung immaterieller Vorteile durch das Kind daran scheitert, dass diese mit den Nachteilen in Bezug auf die Rechtsgutsverletzung nicht vergleichbar sind.[1488]

Der Teil der Literatur, der die Anrechnung der immateriellen Vorteile auf den Unterhaltsanspruch ablehnt, berücksichtigt diese auch nicht bei der Feststellung des Schmerzensgeldes wegen der Rechtsgutsverletzung.[1489] Diejenigen, die betonen, dass der Schädiger unbillig entlastet werde, weil die Eltern für die mit dem Haben des Kindes verbundenen Sorgen auch nicht entschädigt würden[1490], müssten diese Argumentation entsprechend weiterverfolgen und hier die Anrechnung auch, bzw. erst Recht ablehnen.

Ob die immateriellen Vorteile der Geburt die durch die Rechtsgutsverletzung verursachten immateriellen Nachteile überwiegen, kann von der Einstellung der Eltern zum Kind abhängen. Auf Basis solcher rein subjektiven Umstände kann der Richter jedoch nicht entscheiden. Grundsätzlich spricht das Belassen des Kindes in der Familie allerdings dafür, dass Eltern sich aufgrund des Überwiegens der immateriellen Vorteile für das Kind entschieden haben. Dass Sorgen nicht ersatzfähig sind, ist unerheblich, denn hier geht es um eine Gesamtabwägung der Umstände. In besonderen Fällen[1491] kann ein Ersatz jedoch angemessen sein, ohne dass dies einem „*Versilbern*"[1492] der Beschwerden gleichkäme.

[1487] Vgl. *Selb*, JZ 1971, 201, 208 sub XI, der von einer „unmenschlichen Rechnung" spricht. Gegen Vorteilsausgleich auch: *Junker*, S. 523, die auch im Rahmen der Billigkeitsprüfung die Freude am Kind nicht einfließen lässt.

[1488] *Staudinger/Schäfer*, 12. Auflage, § 847 Rdn. 77. Gegen eine Berücksichtigung der Vorteile durch das Kind beim Schmerzensgeld für die Gesundheitsverletzung: MünchKomm/*Stein*, 3. Aufl., § 847 Rdn. 10.

[1489] *Harrer*, S. 260; *Waibl*, S. 175 f. *Sigel*, S. 175, verneint eine Anrechenbarkeit in Bezug auf die körperlichen Beschwerden, bejaht diese hingegen bei der Verletzung des Persönlichkeitsrechts, wegen der nach seiner Ansicht allerdings von vornherein kein Schmerzensgeldanspruch bestehe.

[1490] *Waibl*, S. 176.

[1491] Dazu unten Teil 6 IV 1 (Fehl-/Totgeburt).

[1492] Siehe Fußnote 1477.

5. Einmalige Geldzahlung anstelle von Unterhaltsaufwendungen

Ein Teil der Literatur schlägt vor, anstelle der Unterhaltsaufwendungen eine einmalige Geldzahlung als Entschädigung für die ungewünschte Schwangerschaft und Geburt zu zahlen.[1493] Eine solche Entschädigung könnte im Gegensatz zu den Unterhaltsaufwendungen an die Rechtsgutsverletzungen anknüpfen. Die aufgrund von Billigkeitserwägungen im Einzelfall zu bemessende Entschädigung hätte den Vorteil, dass die Schwierigkeiten, die bei der Schadensermittlung im Wege der Differenzrechnung auftreten, umgangen würden[1494] und die Eltern nicht wie bei monatlichen Zahlungen dauerhaft an die Umstände der Zeugung des Kindes erinnert werden würden.[1495]

Gegen eine einmalige Geldzahlung als Ausgleich für die Unterhaltsaufwendungen sprechen die oben genannten Bedenken.[1496] Die Unterhaltsbelastung als materielle Einbuße und die billige Entschädigung für erlittene immaterielle Einbußen sind zu trennen. Berücksichtigt man hingegen die Belastung mit der Unterhaltspflicht beim Ausgleich der immateriellen Nachteile durch Zeugung und Geburt des Kindes, wird das Kind eher in die Kategorie des Schadens gerückt, als beim Ausgleich der getrennt beurteilten Unterhaltsaufwendungen aufgrund einer Vertragsverletzung bzw. als Folgeschaden einer Verletzung des Rechts auf Familienplanung. Auch praktische Erwägungen sprechen gegen die Gewährung einer einmaligen Geldzahlung. So könnten die Eltern z. B. das Geld verschwenden, so dass eine sinnvolle Verwendung auch zugunsten des Kindes von vornherein verhindert würde.[1497]

III. Kriterien zur Feststellung der Billigkeit des Schmerzensgeldes

Bei der Bestimmung der Höhe einer billigen Entschädigung gem. § 287 ZPO[1498] können nach der Rechtsprechung[1499] grundsätzlich alle einzelnen Umstände Berücksichtigung finden, insbesondere Art und Ausmaß der Beeinträchti-

---

[1493] Vgl. Nachweise bei *Hauberichs*, S. 254 f.; *Adomeit*, Jura 1981, 196, 199; *Grunsky*, Jura 1987, 82, 83 sub II 1 b cc; *Lange*, LM § 823 (Aa) BGB Nr. 154/1994 sub 2 c; *derselbe*, § 6 IX 7 h, S. 340 aE; *Lankers*, FamRZ 1970, 384, 388 sub V; *Stürner*, FamRZ 1985, 753, 760 sub V 3; *derselbe*, VersR 1984, 297, 305 sub c.

[1494] Vgl. *Stoll*, Haftungsfolgen Rdn. 230; *Stürner*, FamRZ 1985, 753, 760 sub V 3.

[1495] *Adomeit*, Jura 1981, 196, 199.

[1496] Teil 6 II 1.

[1497] *Harrer*, S. 56; *Reinhart*, S. 96 (im Zusammenhang mit der Frage, ob anstelle laufender Unterhaltszahlungen eine einmalige Zahlung geleistet werden sollte).

[1498] Die Höhe ist im Wege freien richterlichen Ermessens zu bestimmen.

[1499] *BGH GSZ, Beschluss* v. 6.7.1955, BGHZ 18, 149, 154 sub I 2 c aE.

gung, daneben auch der Grad des Verschuldens[1500] sowie u. U. die wirtschaftlichen Verhältnisse.[1501] Diese Umstände sind im Licht der Funktionen des Schmerzensgeldes (siehe unten) zu bewerten.[1502] Die Untersuchung dieser Kriterien unter Berücksichtigung der Funktionen des Schmerzensgeldes gibt Aufschluss, in welchen Fällen der nicht verhinderten Schwangerschaft ein Schmerzensgeld billigerweise zu bejahen und wie es zu bemessen ist.

Bei Art und Ausmaß der Beeinträchtigung ist danach zu differenzieren, ob Geschädigte(r) die Mutter oder der Vater ist. Die Beeinträchtigung bei der Mutter ist in erster Linie körperlicher, möglicherweise auch gesundheitlicher Art. Die Beeinträchtigungen des Körpers sind unabhängig von etwaigen Komplikationen aufgrund der Dauer und Intensität des Zustands gravierend und übersteigen zweifellos die durch die bisherige Rechtsprechung im Rahmen von § 847 aF angewendete, weiterhin[1503] zu berücksichtigende Bagatellschwelle.[1504] Eine Verletzung des Persönlichkeitsrechts, welche ein Schmerzensgeld gem. § 823 I i. V. mit Artt. 1 I, 2 I GG bei schweren Eingriffen[1505] rechtfertigen kann, liegt sowohl beim Vater als auch bei der Mutter nur in besonders schweren Ausnahmefällen vor[1506], die eine nicht unerhebliche Beeinträchtigung darstellen.

Besonders bei psychisch bedingten gesundheitlichen Problemen der Eltern ist - wenn sie überhaupt als Rechtsgutsverletzung anzusehen sind – zu kontrollieren, ob sie sich unterhalb der Bagatellschwelle bewegen. Entsteht - obwohl vom Vater gewünscht - keine Vater-Kind-Beziehung, kommt eine weitere möglicherweise dauerhafte Belastung dadurch hinzu, dass der Vater keine Möglichkeit hat, eine Beziehung zu dem Kind aufzubauen und die undankbare Rolle des reinen Zahlvaters hat. Hat er eine eigene Familie, oder möchte er eine gründen, kann sich die Verletzung seines Selbstbestimmungsrechts durch die aufgezwungene Vaterschaft möglicherweise auch dahingehend negativ auswirken, dass das Wissen um das durch eine vorsätzliche Rechtsgutsverletzung gezeugte „auch noch existierende

---

1500 Vgl. MünchKomm/*Stein*, 3. Aufl., § 847 Rdn. 34.

1501 Vgl. Fußnoten 1510 ff.

1502 Vgl. *OLG Köln* v. 18.5.1999, NJW-RR 2000, 470, 471.

1503 Siehe BT-Drs. 14/8780 (Beschlussempfehlung des Rechtsausschusses) S. 21. Vgl. auch BT-Drs. 14/7752, S. 25. Nach dem Wortlaut des § 253 II im Regierungsentwurf (S. 6) sollte eine Entschädigung nur dann gefordert werden können wenn „*1. die Verletzung vorsätzlich herbeigeführt wurde oder 2. der Schaden unter Berücksichtigung seiner Art und Dauer nicht unerheblich ist.*" Auf diese ausdrückliche Regelung wurde mit dem Argument, dass die Rechtsprechung auch nach bisherigem Recht aufgrund des Erfordernisses der Billigkeit zu angemessenen Ergebnissen kam, verzichtet: BT-Drs. 14/8780 (Beschlussempfehlung des Rechtsausschusses), S. 21. Hierzu: *Katzenmeier*, JZ 2002, 1029, 1033 f. sub V.

1504 Zur Bagatellschwelle: *Palandt/Heinrichs*, 61. Auflage, § 847 Rdn. 5.

1505 *Erman/Kuckuk* § 253 Rdn. 22 aE.

1506 Siehe Teil 3 I 9 c gg.

Kind" über Jahre dessen Familienleben mit beeinflusst. Hier ist nicht die Existenz des Kindes maßgeblich, die in diesem Zusammenhang nicht als Negativfaktor berücksichtigt werden darf, sondern der Umstand, dass die Existenz den Vater kontinuierlich an die Missachtung seines Persönlichkeitsrechts erinnert und ein Gefühl des Missbrauchtwordenseins hervorrufen kann.

Die Zielrichtung des Verhaltens ist nicht nur bei der Frage, ob überhaupt eine Rechtsgutsverletzung vorliegt, relevant[1507], sondern kann darüber hinaus die Höhe des Schmerzensgeldes mitbestimmen. Die Argumente, die im Rahmen der Güter- und Interessenabwägung für das Vorliegen einer Persönlichkeitsrechtsverletzung im Fall zielgerichteten Handelns sprechen[1508], sprechen auch für die Billigkeit des Schmerzensgeldes. Die Bedeutung der Genugtuungsfunktion bei vorsätzlichem Verhalten wird weiter unten erörtert.[1509]

Nach überwiegender Ansicht sind gute wirtschaftliche Verhältnisse und insbesondere das Bestehen einer Haftpflichtversicherung auf Seiten des Anspruchsgegners bei der Bemessung des Schmerzensgeldes in Ansatz zu bringen.[1510] Umstritten ist die Bedeutung der wirtschaftlichen Verhältnisse des Geschädigten.[1511] Der *Große Senat* vertrat in seinem Beschluss vom 6.7.1955, dass auch diese zu berücksichtigen seien.[1512] Als Vergleich wird der Anspruch aus § 829 herangezogen, bei dem die Vermögensverhältnisse sowohl des Geschädigten als auch des Schädigers zu berücksichtigen sind.[1513] In den Fällen, in denen wirtschaftlich schwache Eltern einem wirtschaftlich durch eine Haftpflichtversicherung abgesicherten Arzt oder einer Institution des Gesundheitswesens gegenüberstehen, könnte sich die Auffassung durchaus zugunsten der schwächeren Eltern auswirken. Die wirtschaftlichen Verhältnisse und das Argument, dass zugunsten des wirtschaftlich stärkeren Anspruchsgegners eine unangemessene Haftungserleichterung zu vermeiden ist[1514], sollten jedoch nicht überbewertet werden. Vor allem dürfte sich in den Fällen der nicht verhinderten Schwangerschaft die gesellschaft-

---

1507 Teil 3 I 9 c ee (3).

1508 Siehe Teil 3 I 9 c ee (3), insb. (a), (e).

1509 Siehe Teil 6 IV 2.

1510 *BGH GSZ*, Beschluss v. 6.7.1955, BGHZ 18, 149, 157 ff., 165 f.; *Ott/Schäfer*, JZ 1990, 563, 565 sub 2 d. Vgl. auch S. 568 sub 4, wonach sich Schmerzensgeldzahlungen an den statistisch aufgewendeten Versicherungsbeiträgen derer, die sich gegen bestimmte Schäden versichern, orientieren sollten.

1511 Keine Berücksichtigung: *OLG Schleswig*, NJW-RR 1990, 470, 471; MünchKomm/*Stein*, 3. Aufl., § 847 Rdn. 20 - 22 mwN; *Palandt/Heinrichs* § 253 Rdn. 19. Für begrenzte Beeinflussung: MünchKomm/*Oetker* § 253 Rdn. 38.

1512 *BGH GSZ*, Beschluss v. 6.7.1955, BGHZ 18, 149, 152 f.

1513 *BGH GSZ*, Beschluss v. 6.7.1955, BGHZ 18, 149, 152 sub I 2 b.

1514 Siehe Teil 4 I 7 a.

liche Stellung der Anspruchsteller anders als in den Fällen der Ehrverletzung[1515] nicht auf die Höhe des Schmerzensgeldes auswirken.

Im Fall zielgerichteten bzw. vorsätzlichen Handelns können möglicherweise die Genugtuungs- und bei Persönlichkeitsrechtsverletzungen zusätzlich die Präventivfunktion[1516] des Schmerzensgeldes den Ersatz immaterieller Schäden rechtfertigen.

Ein etwaiges Mitverschulden i. S. von § 254 ist anders als bei der Feststellung des Umfangs von Schadensersatzansprüchen durch Quotenbildung bereits bei der Abwägung zu berücksichtigen, inwieweit und in welcher Höhe angesichts des eigenen Verursachungsbeitrags ein Schmerzensgeld „billig" ist.[1517] So kann das Mitverschulden der Eltern auch zum Ausschluss von Schmerzensgeld führen.

IV. Die Funktionen des Schmerzensgeldes

Bei der Bestimmung, ob und wenn ja in welcher Höhe eine billige Entschädigung auf der Grundlage des § 253 II nF oder der Art. 1 I, 2 I GG[1518] zu zahlen ist, sind schwerpunktmäßig die Funktionen des Schmerzensgeldes zu beachten.[1519] Die Bedeutung der Funktionen ist umstritten.[1520] Anerkannt ist die im Vordergrund stehende Ausgleichsfunktion, nach der ein materieller Ausgleich für die erlittenen Schmerzen gewährt werden soll.[1521] Daneben hat der *BGH* eine Genugtuungsfunktion *„für das, was der Schädiger dem Geschädigten angetan hat"*,

---

[1515] In *BGH* v. 14.2.1958, BGHZ 26, 349, 359 (Herrenreiter) wurde die hohe gesellschaftliche Stellung eines vermögenden Brauereibesitzers berücksichtigt. In *BGH* v. 5.1.1962, NJW 1962, 1004 bekam ein in einer Wochenschau als „Doppelmörder" bezichtigter Seemann nur 1.000 DM Schmerzensgeld. Kritisch zu dieser Schlechterstellung: *Köndgen*, Haftpflichtfunktionen, S. 72 sub 3 mwN.

[1516] Siehe Teil 6 IV 3.

[1517] *Erman/Kuckuk* § 253 Rdn. 26; *Palandt/Heinrichs* § 253 Rdn. 17, 20, 30 mwN.

[1518] Die Funktionen des Schmerzensgeldes sind gleichgültig, ob es aus § 253 II oder Artt. 1 I, 2 I GG abgeleistet wird, grundsätzlich auf die Bemessung des Schmerzensgeldes anwendbar: *Erman/Kuckuk* § 253 Rdn. 18.

[1519] *Harrer*, S. 259; allgemein: *Ott/Schäfer*, JZ 1990, 563, 564 ff.

[1520] Vgl. *Funkel*, S. 154 ff. und S. 163 ff.; *Köndgen*, Haftpflichtfunktionen, S. 67 ff.; vgl. *Kötz*, in: FS Steindorff, S. 643 ff.; MünchKomm/*Stein*, 3. Aufl., § 847 Rdn. 3 f. hält die Doppelfunktion für einen „Deckmantel" für die Berücksichtigung diverser Billigkeitsgesichtspunkte; *Schiemann*, JuS 1980, 709, 712 sub III.

[1521] *BGH GSZ*, Beschluss v. 6.7.1955, BGHZ 18, 149, 154; *BGH* v. 16.12.1975, NJW 1976, 1147, 1148 sub II 1; *Canaris*, in: FS Deutsch, S. 84, 102; *Jauernig/Teichmann* § 253 Rdn. 3; *Köndgen*, Haftpflichtfunktionen, S. 74 ff. sub § 6 I, der neben der Ausgleichs- eine Überwindungsfunktion nennt; *Palandt/Heinrichs* § 253 Rdn. 11.

bejaht.[1522] Bei vorsätzlichen Persönlichkeitsrechtsverletzungen tritt diese Funktion in den Vordergrund.[1523] Die Literatur ist dem *BGH* überwiegend gefolgt[1524]; teilweise ist die Genugtuungsfunktion aber auch auf Ablehnung und Kritik gestoßen.[1525]

Darüber hinaus erkennen Rechtsprechung und ein Teil der Literatur in Fällen der Persönlichkeitsrechtsverletzung auch eine Präventivfunktion an.[1526] Gerade hier spielen neben dem Grad des Verschuldens auch Anlass und Beweggrund des Verhaltens eine Rolle bei der Bemessung.[1527]

1. Die Relevanz der Ausgleichsfunktion

Der Ausgleich für die erlittenen immateriellen Nachteile entspricht dem Prinzip der Schadenskompensation (§ 251).[1528] Bei der Frage, inwieweit immaterielle Nachteile zu ersetzen sind, ist in einer Gesamtschau unter Berücksichtigung aller einzelnen Umstände abzuwägen, ob angesichts der durch Zeugung und Geburt eintretenden immateriellen Vor- und Nachteile ein Schmerzensgeld billig sein kann. Die Existenz des Kindes, die auch immaterielle Vorteile mit sich bringt, kann bei der Frage, ob eine Entschädigung in Geld „billig", also notwendig und zweckmäßig ist, nicht ohne Weiteres außer Acht gelassen werden. Das Trennungsprinzip mag bei der Feststellung einer Rechtsgutsverletzung zweckmäßig sein, bei der Billigkeitsabwägung geht es hingegen nicht um die Feststellung, ob ein klar eingrenzbares Rechtsgut zurechenbar verletzt wurde. Dort ist vielmehr

---

1522 *BGH*, Beschluss aaO Leitsatz 1. Zur „Doppelfunktion" des Schmerzensgeldes, vgl. *BGH* v. 16.12.1975, NJW 1976, 1147, 1148 sub II; *BGH* v. 13.10.1992, NJW 1993, 781, 782 sub II 2.

1523 *OLG Köln* v. 18.5.1999, NJW-RR 2000, 470, 471 sub 3; *Erman/Kuckuk* § 253 Rdn. 18.

1524 *Coester-Waltjen*, Jura 2001, 133, 135 sub 3 b; vgl. Nachweise bei *Hirsch*, in: FS Engisch S. 304, 305 Fußnote 6 ff.; *Rauscher*, Jura 2002, 577, 579; *Staudinger/Schäfer* § 847 Rdn. 9; vgl. Nachweise bei RGRK/*Kreft* § 847 Rdn. 8. Für Unabhängigkeit zwischen Vorsatz und Genugtuungsfunktion: MünchKomm/*Stein* § 847 Rdn. 3 (siehe oben Fußnote 1520).

1525 Kritisch: *Esser/Weyers*, SchuldR II/2 § 61 II 1 b, S. 245. *Hirsch*, in: FS Engisch, S. 304, 309 sieht in der Genugtuungsfunktion eine Form einer (ebenfalls abzulehnenden) Privatstrafe. Ablehnend: *Hirsch* in: FS Engisch, S. 304 ff., 327; *Funkel*, S. 159 sub dd; *Schwerdtner*, JuS 1978, 289, 296 sub 3, der eine Sprengung des zivilrechtlichen Haftungssystems befürchtet. Vgl. *Stoll*, Haftungsfolgen Rdn. 177 ff.: *„Genugtuungsgedanke (...) entbehrlich und ohne jede sachliche Bedeutung"*. WN in: RGRK/*Kreft* § 847 Rdn. 8.

1526 *BGH* v. 19.9.1961, BGHZ 35, 363, 367 f. (*Ginseng*); *BGH* v. 15.11.1995, BGHZ 128, 1 ff. (*Caroline von Monaco*); ebenso *OLG Köln* v. 18.5.1999, NJW-RR 2000, 470, 472; vgl. *Ott/Schäfer*, JZ 1990, 563, 564 sub 2 a.

1527 *BGH* v. 15.11.1995, BGHZ 128, 1, 12; *OLG Köln* v. 18.5.1999, NJW-RR 2000, 470, 471 sub 3.

1528 *Haas/Horcher*, DStR 2001, 2118, 2120 sub 3.3. mwN in Fußnote 44.

eine Gesamtabwägung der mit der Empfängnis und Geburt zusammenhängenden immateriellen Vor- und Nachteile vorzunehmen.

Teilweise wird im Hinblick auf die Ausgleichsfunktion beim Schmerzensgeld betont, der Ausgleich in Geld habe die Funktion, „Unlustgefühle" durch „Lustgefühle" auszugleichen[1529], bzw. „Leid in Freud" umzuwandeln.[1530] Die Gewährung von Schmerzensgeld unter dieser Prämisse würde bedeuten, die Folgen der Geburt auf die mit der Beeinträchtigung des Körpers und der Gesundheit entstehenden „Unlustgefühle" zu reduzieren. Dies hieße, die Freude am Kind und dessen immateriellen Wert auszuklammern. Die immateriellen Nachteile durch die Rechtsgutsbeeinträchtigung hängen mit der Existenz des Kindes zusammen, durch die verfassungsrechtlich geschützte hochrangige Werte (Leben, Entstehen einer Eltern-Kind-Beziehung) hervorgerufen werden. Fraglich ist, ob eine Berücksichtigung immaterieller Vorteile nur dann in Betracht kommt, wenn die Eltern Zeugung und Geburt als persönlichen Vorteil empfinden[1531], oder ob eine objektive vom Empfinden der Eltern unabhängige Sicht zweckmäßiger ist. Es entspricht der objektiven Betrachtung der Sachverhalte und ist außerdem auch der Wertung nach angemessen, nicht nur die mit der Existenz des Kindes verbundenen immateriellen Belastungen zu berücksichtigen. Zum Zeitpunkt der Geltendmachung von Schadensersatzansprüchen ist zwar noch nicht deutlich vorhersehbar, welche positiven immateriellen Vorteile seine Existenz später noch mit sich bringen kann.[1532] Doch kommt es darauf nicht an, da sich schon mit der Geburt ein immaterieller Vorteil verwirklicht. Auch ist der Umstand, dass Eltern das Kind in der Familie belassen und nicht zur Adoption freigeben, ein Indiz, dass aus ihrer Sicht die immateriellen Vorteile seiner Existenz nicht zu ignorieren sind, so dass eine isolierte Geltendmachung der Nachteile nicht akzeptabel ist.

Darüber hinaus spricht auch die von Befürwortern einer pragmatischen Lösung vorgebrachte Behauptung, Schadensersatzansprüche der Eltern förderten letztendlich die Akzeptanz des Kindes[1533], nicht für die isolierte Geltendmachung der immateriellen Nachteile. Die Behauptung ist nicht belegt[1534] und außerhalb der

[1529] *Ott/Schäfer*, JZ 1990, 563, 565 sub 2 b.
[1530] Vgl. *Steffen*, in: FS Odersky, S. 723, 727. Kritisch: *Canaris*, in: FS Deutsch, S. 85, 102, der zu Recht betont, die Rechtsordnung könne nicht gewährleisten, dass der Geschädigte Freude aufgrund der Geldzahlung empfindet.
[1531] Vgl. *Lankers*, FamRZ 1970, 384, 387 sub 1 c, der allein die negative Reaktion der Eltern anlässlich des Misslingens der Konzeptionsverhinderung für maßgeblich hält.
[1532] Vgl. auch *Selb*, JZ 1971, 201, 208 sub XI, der das Problem der Bemessung im Rahmen der Ausgleichsfunktion für unlösbar hält, weil nicht feststellbar sei, welche immateriellen Lasten oder Vorteile das Kind den Eltern in Zukunft einbringen würde.
[1533] Fußnote 1268.
[1534] Vgl. zur Kritik an dieser Behauptung: Fußnote 1269.

Unterhaltsproblematik auch nicht einschlägig, da sich eine einmalige Schmerzensgeldzahlung (wenn überhaupt) kaum dauerhaft auf die Akzeptanz des Kindes auswirken wird.

Die oben genannten Aspekte haben allerdings nur Bedeutung in Fällen, in denen sich der immaterielle Wert auch verwirklicht. Im Fall einer Fehl-/ Totgeburt, die sich gerade bei Mehrlingen sogar auf alle Kinder beziehen kann, wird sich die immaterielle Belastung der Mutter noch erheblich verstärken. Daher ist hier zweifelhaft, ob die vor der Geburt mit der Zeugung eingetretene Werteverwirklichung als immaterieller Vorteil angerechnet werden kann. Letztlich muss diese Frage nicht entschieden werden. Selbst wenn man im Hinblick auf den Wert des ungeborenen Lebens eine (immaterielle) Werteverwirklichung vor der Geburt anerkennt, so könnte sich im Fall der Fehlgeburt der Anspruchsgegner aus Billigkeitsgründen darauf nicht berufen.

Wird gegen den Willen eines der Elternteile ein Kind gezeugt und dessen Recht auf Familienplanung verletzt und kommt dann (ggf. auf das Verhalten des verletzenden Elternteils hin) keine Eltern-Kind-Beziehung zwischen dem verletzten Elternteil und dem Kind zustande, kann für diesen sogar eine weitere immaterielle Benachteiligung entstehen. Die Existenz des Kindes kann unter derartigen Umständen nicht als immaterieller Vorteil anzurechnen sein.

Wird das Kind zur Adoption freigegeben, entsteht zwar auch keine dauerhafte Eltern-Kind-Beziehung. Dennoch stellt auch in einem solchen Fall das Kind objektiv einen immateriellen Wert dar. Die Wertschätzung des Kindes durch die Rechtsordnung ist unabhängig davon, ob die Eltern das Kind geplant haben, bzw. ob diese dessen Leben als immateriellen Wert akzeptieren. Sollten die Eltern von ihrem subjektiven Standpunkt aus das Kind nicht als immateriellen Wert ansehen, was im Übrigen aus der Freigabe zur Adoption nicht notwendigerweise geschlossen werden kann, so spricht dies nicht dagegen, diesen Wert dennoch als Vorteil zu berücksichtigen. Entscheidend ist jedoch, dass die Freigabe zur Adoption nicht durch Schmerzensgeld „entlohnt" werden darf. Hinge das Schmerzensgeld von der Freigabe zur Adoption ab, bekäme es den Charakter eines „Entgelts" für das Kind[1535], was mit Art. 1 I GG nicht zu vereinbaren ist.

Eine Besonderheit gilt im Fall, dass ein falscher Embryo eingepflanzt wurde.[1536] Eine Anrechnung des immateriellen Wertes des fremden Kindes ist mit

---

[1535] Vgl. die Kritik von *Uhlenbruck*, NJW-Echo Heft 19/1998, XXV, an dem Argument, die Eltern müssten das Kind zur Adoption freigeben, um ihrer Schadensminderungspflicht bzgl. der Unterhaltsaufwendungen nachzukommen.

[1536] Siehe Teil 2 V, Teil 4 I 3 a cc.

dem Verbot der Leihmutterschaft (§ 1 I Nr. 1 ESchG) nicht zu vereinbaren. Außerdem wäre eine Anrechnung hier aus Billigkeitsgründen schlichtweg unzumutbar.

2. Die Relevanz der Genugtuungsfunktion

In Literatur und Rechtsprechung werden verschiedene Ansätze zur Bedeutung der Genugtuungsfunktion vertreten: Genugtuung sei erforderlich für das, was der Schädiger dem Geschädigten „angetan" habe[1537], als Sühne (nicht Rache) für begangenes Unrecht[1538], als Besänftigung[1539], als Buße[1540], als Prävention und Sanktion[1541], dafür, dass sich der Schädiger *„in flagranter Weise über das Recht hinweggesetzt"*[1542] hat. Auch die Funktion einer Privatstrafe wird (kritisch) diskutiert.[1543] Die mit dem Zweiten Gesetz zur Änderung schadensersatzrechtlicher Vorschriften[1544] eingeführte Erweiterung des Ersatzes immaterieller Nachteile auf die Fälle der Gefährdungshaftung führte nach Ansicht des Gesetzgebers nicht zu einer Aufgabe, sondern lediglich zu einer Abnahme der praktischen Bedeutung der Genugtuungsfunktion.[1545] In der Literatur wurde für einen Schmerzensgeldanspruch bei Verschuldens- und Gefährdungshaftung die Notwendigkeit einer „zweispurigen" Konzeption mit und ohne Genugtuungsfunktion diskutiert. Letztere „vertrage" sich nicht mit der Gefährdungshaftung.[1546]

[1537] *BGH GSZ*, Beschluss v. 6.7.1955, BGHZ 18, 149, 154, vgl. *BGH* v. 13.10.1992, NJW 1993, 781, 782 sub II 2; *Haas/Horcher*, DStR 2001, 2118, 2120 sub 3.3.

[1538] Vgl. *Stoll*, Gutachten, S. 152; kritisch zur Sühnefunktion: *Canaris*, in: FS Deutsch, S. 85, 103; *Köndgen*, Haftpflichtfunktionen, S. 96 f. mwN.

[1539] Nachweise bei *Köndgen*, Haftpflichtfunktionen, S. 84 sub B I 1.

[1540] *BGH GSZ*, Beschluss v. 6.7.1955, BGHZ 18, 149, 155; *BGH* v. 16.12.1975, NJW 1976, 1148, 1149 sub II 2 a.

[1541] *BGH* v. 16.12.1975, NJW 1976, 1147, 1148 sub II 2 a; *Deutsch*, JuS 1969, 197, 201, 202; *derselbe*, Haftungsrecht Rdn. 908, 911; kritisch: *Köndgen*, Haftpflichtfunktionen, S. 101 f. mwN; *Thüsing*, ZRP 2001, 126, 127 sub II.

[1542] *Deutsch/Spickhoff*, Medizinrecht Rdn. 332.

[1543] Ansätze zusammengefasst bei *Schwerdtner*, JuS 1978, 289, 296 sub 3 mwN und *Funkel*, S. 155 Fußnote 259 und 159 sub dd („Privatstrafe"); *Pecher* AcP 171 (1971), 44, 63. Kritisch zur Tendenz der Privatstrafe: *Canaris*, in: FS Deutsch, S. 85, 103 ff.; MünchKomm/*Stein*, 3. Aufl., § 847 Rdn. 3. Deutlich gegen Sanktionszweck: *Thüsing*, ZRP 2001, 126, 127 sub II.

[1544] Gesetz vom 19.7.2002, BGBl. I, S. 2674 ff.

[1545] BT-Drs. 14/7752 S. 14 sub 3., S. 25; ebenso: *Erman/Kuckuk* § 253 Rdn. 18.

[1546] *Schwerdtner*, JuS 1978, 289, 296 sub 2; *Köndgen*, Haftpflichtfunktionen, S. 121 ff.

Die Genugtuungsfunktion ist im Schadensrecht weiterhin bei Vorsatz[1547] und grober Fahrlässigkeit zu berücksichtigen[1548]; daher ist sie gerade in den Fällen der durch einen Dritten bzw. durch einen Elternteil vorsätzlich herbeigeführten Schwangerschaft relevant. Wendet man die oben genannten Deutungen der Genugtuungsfunktion auf die hier behandelten Fälle an[1549], um den Ersatz der immateriellen Nachteile zu begründen oder zu erhöhen, besteht die Gefahr einer subtilen Form eines Unwerturteils über die Empfängnis. Die Genugtuung ist „schadensfern" und „sanktionsnah".[1550] Sieht man die Funktion der Genugtuung in einer Besänftigung womöglich eines Rachegefühls[1551], als Sühne für Unrecht[1552], bzw. als Prävention oder Sanktion, so kann man sie allenfalls auf ein Unrecht selbständiger Art beziehen, welches nicht in der (fahrlässigen) Herbeiführung der Existenz des Kindes liegt, sondern z. B. in einem zielgerichteten Angriff auf die Rechtsgüter eines oder beider Elternteile. Hierfür kann Genugtuung erforderlich sein, unabhängig davon, ob die Geburt des Kindes negativ oder positiv erlebt wird.

Im Fall der vorsätzlichen Herbeiführung der Empfängnis, z. B. durch einen Elternteil, liegt der Vorwurf gegenüber dem Schädiger nicht in der Herbeiführung der Existenz. Schwangerschaft und Geburt können theoretisch sogar erwünscht gewesen sein. Der Vorwurf gegenüber dem Schädiger, die Rechtsgüter zielgerichtet und vorsätzlich verletzt zu haben, spricht hier grundsätzlich für die Billigkeit einer Entschädigung. Auf die gleichzeitig herbeigeführte Werteverwirklichung durch die Zeugung und Geburt des Kindes kann und darf sich der Schädiger nach Treu und Glauben nicht zu seinen Gunsten berufen.[1553]

1547 Dies gilt gerade im Hinblick auf die Fälle vorsätzlicher Verletzungen des Persönlichkeitsrechts im Medienbereich: *Erman/Kuckuk* § 253 Rdn. 18.
1548 BT-Drs. 14/7752 S. 25.
1549 Vgl. *Harrer*, S. 259; *Stieglitz* S. 157 ff.
1550 *Deutsch*, Haftungsrecht Rdn. 908.
1551 Vgl. Nachweise bei *Deutsch*, JuS 1969, 201 sub III; vgl. auch *Pecher* AcP 171 (1971), 44, 62 *„Die Genugtuung (...) beruht auf der Vorstellung, dass dem Schädiger ein Übel zugefügt werden muß, das seiner bösen Tat und der darin hervortretenden Mißachtung des Verletzten entspricht und diesen in seinem gekränkten Rechtsgefühl besänftigen kann."*
1552 *Pecher*, AcP 171 (1971), 44, 62.
1553 Vgl. oben Teil 3 I 9 c; Teil 4 I 6 h aa; Teil 5 I 1 b.

3. Relevanz der Präventivfunktion bei Persönlichkeitsrechtsverletzungen

Seit der Ginsengentscheidung[1554] haben Rechtsprechung[1555] und Literatur[1556] in den Fällen der schweren Persönlichkeitsrechtsverletzung (in erster Linie durch „Vermarktung" des Privatlebens von Prominenten) neben Genugtuungs- und Ausgleichsfunktion eine Präventivfunktion des Schmerzensgeldes bejaht. In der Literatur wird zum Teil eine Sprengung der Grenzen des Schadensrechts und die Einführung strafrechtlicher Grundsätze diskutiert.[1557] In den Fällen der Körper- und Gesundheitsverletzung ist (noch) keine Präventivfunktion anerkannt.[1558]

In den bisher entschiedenen Fällen der pflichtwidrigen Herbeiführung einer Schwangerschaft durch Dritte lag Fahrlässigkeit[1559] vor, außerdem wurde eine Verletzung des Persönlichkeitsrechts nicht anerkannt, so dass eine Präventivfunktion im Hinblick auf die Verletzung dieses Rechts keine Rolle spielte. Dies gilt um so mehr deshalb, weil der Dritte von vornherein keinen Vorteil aus einer Schwangerschaft zieht und die Eltern den Anspruchsgegner kaum noch einmal bei ihrer Familienplanung in Anspruch nehmen werden. Eine Präventivfunktion oder - sollte man eine solche bejahen - eine Privatstrafe büßen in den Fällen fahrlässigen

---

[1554] *BGH* v. 19.6.1961, BGHZ 35, 363, 369: *„(...) Unlauterem Gewinnstreben kann wirksam nur entgegengetreten werden, wenn es mit dem Risiko eines fühlbaren materiellen Verlustes belastet wird (...)"*..

[1555] *BGH* v. 15.11.1994, BGHZ 126, 1, 15 f. (*Caroline von Monaco*); *OLG Köln* v. 18.5.1999, NJW-RR 2000, 470, 472. Die Rechtsprechung und insbesondere die Beschränkung der Präventivfunktion auf Fälle der Persönlichkeitsrechtsverletzung mit Gewinnerzielungsabsicht, ist mittlerweile durch das *BVerfG* bestätigt worden: *BVerfG*, Beschluss vom 8.3.2000, NJW 2000, 2187, 2188; hierzu: *Coester-Waltjen*, Jura 2001, 133, 134.

[1556] *Körner*, NJW 2000, 241, 246 sub V; *Prinz*, NJW 1995, 817, 820 sub II 3; *Rosengarten*, NJW 1996, 1935 f.; *Steffen*, NJW 1997, 10.

[1557] *Canaris*, in: FS Deutsch 1999, S. 85, 105 ff.; *Funkel*, S. 165 sub c und S. 167 sub d; kritisch bereits zur Genugtuungsfunktion als einer Art Privatstrafe: *Hirsch*, in: FS Engisch, S. 304, 327; *Hoppe*, S. 140, der erhebliche verfassungsrechtliche Bedenken gegen die Präventivfunktion erhebt; *Köndgen*, Haftpflichtfunktionen, S. 69 ff., der im Schmerzensgeld mit Präventivfunktion eine Privatstrafe sieht, die geeignet ist, die durch den unzureichenden Persönlichkeitsschutz durch das Strafrecht entstehende Lücke zu schließen; *K. W. Lange*, VersR 1999, 274, 277; vgl. *Schwerdtner*, JuS 1978, 289, 296 sub 3.

[1558] *BVerfG*, Beschluss vom 8.3.2000, NJW 2000, 2187, 2188. Kritisch: *Coester-Waltjen*, Jura 2001, 133, 136 sub 4. *Palandt/Heinrichs* § 253 Rdn. 10 aE bezeichnet die Präventivfunktion beim Schmerzensgeld wegen Verletzung der in § 253 II genannten Rechtsgüter als „erwünschte Nebenfolge".

[1559] In *BGH* v. 17.4.1986, BGHZ 97, 372 lag zwar Vorsatz der Mutter vor, doch beruhte die Schwangerschaft nicht auf einer Pflichtverletzung, da Pflichten nicht begründet worden waren. Zudem wurde auch keine Rechtsgutsverletzung geltend gemacht.

Verhaltens auch dadurch Wirkung ein, dass die Folgen der Haftung durch das Eintreten einer Haftpflichtversicherung gemildert werden.[1560]

Die Präventivfunktion könnte im Fall der durch einen Elternteil oder einen Dritten absichtlich herbeigeführten Schwangerschaft[1561] heranzuziehen sein. Liegt eine Persönlichkeitsrechtsverletzung[1562] vor, weil einer der Partner die Schwangerschaft in einer Art und Weise herbeiführt, die nach Abwägung der Persönlichkeitsrechte beider nicht mehr in das Lebensrisiko des verletzten Elternteils fällt[1563], spricht dies grundsätzlich für die Heranziehung der Präventivfunktion. Es stellt schließlich einen schweren Eingriff in das Persönlichkeitsrecht des Betroffenen dar, wenn er in solcher Weise behandelt wird, um an ein Kind zu kommen. Auch aus rechtspolitischer Sicht ist ein solches Verhalten nicht zu schützen. Auch wenn eine „vollständige" Familie entstehen kann, so haben doch auf solche Art und Weise gezeugte Kinder eher geringere Chancen, eine gesunde Beziehung zum biologischen Vater aufzubauen und in der Geborgenheit einer intakten Familie aufzuwachsen. Hinzu kommen die möglichen negativen Auswirkungen auf das Kind, wenn es eines Tages von der Art und Weise seiner Zeugung und dem Umstand, dass seine Existenz einem Elternteil „aufgedrängt" wurde, erfährt.

Gegen die Inanspruchnahme des Elternteils, der das Kind gewollt hat und nun allein großzieht, sprechen allerdings u. a. auch die Erwägungen des *IX. Senats* des *BGH* in seiner Entscheidung vom 17.4.1986[1564]. Auch wenn dort über Schmerzensgeld nicht zu entscheiden war, so wird in der Entscheidung die Gefahr für das Kind deutlich, zu erfahren, dass seinetwegen ein Elternteil den anderen verklagt hat, so dass es indirekt unter der finanziellen Belastung des Elternteils, welcher sein Leben „wollte", leiden müsste. Während es jedoch in der o. g. Entscheidung um die Unterhaltsaufwendungen ging, die direkt an die Existenz des Kindes und die Verwandtschaft anknüpfen, geht es hier nicht primär um das Kind oder seinen Unterhalt, sondern um die Verletzung der Rechtsgüter eines Elternteils durch ein schwerwiegendes, zielgerichtetes Verhalten.

[1560] *Schiemann*, JuS 1980, 709, 712 sub III. Vgl. zur Einschränkung - nicht Aufhebung - der sanktionierenden Wirkung des Haftungsrechts bei bestehendem Versicherungsschutz: *Körner*, NJW 2000, 241, 243.

[1561] Dazu Teil 3 I 9 c; Teil 4 II 2 g ee. Vgl. *Roth-Stielow*, JR 1987, 7 ff., der in seiner Kritik an *BGH* v. 17.4.1986, BGHZ 97, 372 ff. zwar nicht auf diesen damals noch nicht diskutierten Aspekt eingeht, jedoch Sanktionen für die Mutter im Fall der „heimtückisch" herbeigeführten Schwangerschaft befürwortet. Der *VI. Senat* hat sich zu dem hypothetischen Fall geäußert, dass einer Frau ohne ihr Wissen ein befruchtetes Ei eingeplanzt wird: *BGH* v. 16.11.1993, BGHZ 124, 128, 144 f. sub 3 c bb d1.

[1562] Vgl. Teil 3 I 9 c und *Roth-Stielow*, JR 1987, 7, 8 sub II 1 mwN.

[1563] Teil 4 II 2 g ee.

[1564] *BGH* v. 17.4.1986, BGHZ 97, 372 ff. Teil 2 V; Teil 3 I 9 c ee (3) (e); Teil 4 II 2 g ee.

Die finanzielle Belastung des Elternteils, der in Anspruch genommen wird, muss darüber hinaus vom Kind nicht unbedingt negativ erlebt werden, zumal es nicht um die Rückerstattung der Unterhaltskosten geht und das Kind eine etwaige Zahlung in den ersten Lebensmonaten nicht bewusst miterlebt. Bei der Bemessung des Schmerzensgeldes sind auch die wirtschaftlichen Verhältnisse zu berücksichtigen, die auf Seiten des Schädigers nicht unbedingt schlechter als auf Seiten des Geschädigten sein müssen.

Da sich der Schädiger bei zielgerichtetem Verhalten nicht auf den Wert der Existenz des Kindes zu seinen Gunsten berufen kann[1565], ist das Existieren des Kindes nach der Zeugung für die Frage ob und wenn ja in welcher Höhe Schmerzensgeld zu gewähren ist, nicht zum Nachteil des Anspruchsstellers zu berücksichtigen.

4. Die Funktionen des Schmerzensgeldes bei der Geburt eines behinderten Kindes

Die Geburt eines behinderten Kindes kann für Eltern eine immense Belastung darstellen, die ihre gesamte Lebensplanung beeinträchtigen kann. Der Wunsch, die Eltern durch eine strenge Haftung finanziell zu entlasten, darf jedoch weder unmittelbar, noch mittelbar dazu führen, ein Unwerturteil über das behinderte Kind zu fällen.

Bei der Berücksichtigung des Wertes des behinderten Kindes, welches wie das gesunde durch Artt. 1 I, 2 I GG geschützt ist, ist eine Interessenabwägung zwischen den Belangen des Kindes und dessen Eltern vorzunehmen. Die Würde des behinderten Kindes legt nahe, sein Leben im Rahmen der Ausgleichsfunktion als immaterielle Werteverwirklichung grundsätzlich ebenso in Ansatz zu bringen, wie das Leben des gesunden Kindes. Die immaterielle Last der Eltern kann - so groß sie auch sein mag - den immateriellen Wert des Kindes nicht übersteigen, denn im Ergebnis liefe dies darauf hinaus, dass die Werteverwirklichung, die auch in der Geburt eines behinderten Kindes liegt, nicht hinreichend gewürdigt wird.[1566] Das Verbot der Unterscheidung zwischen „lebenswertem" und „lebensunwertem" Dasein[1567] spricht gegen ein Schmerzensgeld allein wegen der immateriellen Be-

---

[1565] Siehe Teil 3 I 9 c, Teil 4 I 6 h aa; Teil 5 I 1 b; Teil 6 IV 2.

[1566] Vgl. hingegen *BVerfG*, Beschluss v. 12.11.1997, BVerfGE 96, 375, 383 sub II 2 b. Zur Kritik an dieser Entscheidung siehe oben Teil 4 VI 3 c. Der *I. Senat* kommt dennoch zum Ergebnis, dass ein Schmerzensgeld geschuldet wird. Vgl. *Reinhart*, S. 174 f., der eine Anrechnung der Vorteile generell verneint und einen Anspruch auf Schmerzensgeld wegen der Geburt eines behinderten Kindes bejaht.

[1567] *Geiger*, FamRZ 1986, 1, 4 aE.

lastung mit der Geburt eines behinderten Kindes. Die immateriellen Nachteile der Eltern werden dadurch auch nicht „bagatellisiert".[1568] Vielmehr wird hier die praktische Notwendigkeit deutlich, Eltern behinderter Kinder auf andere Weise zu entlasten. Dies kann möglicherweise durch Ersatz von Unterhaltsaufwendungen oder auf andere Art und Weise, z. B. mit den Mitteln des Sozialstaates geschehen. Hier sind der Gesetzgeber bzw. die Gesellschaft gefordert. Die Entlastung der Eltern durch Zahlung von Schmerzensgeld wegen der Verletzung ihrer Rechtsgüter überzeugt hingegen nicht.

V. Zusammenfassung

Unter Berücksichtigung der Funktionen des Schmerzensgeldes, sowie der verschiedenen einzelnen Umstände in Fällen ungewollter Schwangerschaft, ist die Zahlung eines Schmerzensgeldes nur in besonderen Fällen zu befürworten. Ein Ausgleich der erlittenen Nachteile ist grundsätzlich geboten, wenn die Werteverwirklichung, die in der Zeugung und Geburt des Kindes liegt, dem in seinen Rechtsgütern verletzten Elternteil billigerweise nicht entgegengehalten werden kann (z. B. bei Totgeburt). In den Fällen, in denen die Empfängnis durch eine zielgerichtete Verletzung des Rechts auf Familienplanung herbeigeführt wurde, steht der immaterielle Wert des Kindes einem Schmerzensgeld nicht entgegen. Auch die Genugtuungsfunktion spricht in Fällen zielgerichteter Eingriffe in die Familienplanung für diese Lösung. Der Heranziehung einer Präventivfunktion bedarf es nicht, auch sie spräche jedoch für die hier vorgeschlagene Lösung.

Ansonsten ist die Gewährung eines Schmerzensgeldes aufgrund der Wertschätzung, die Zeugung und Geburt des Kindes genießen, sowie aufgrund der immateriellen Vorteile für die Eltern unbillig. Die Grundrechte des Kindes sind auch dahingehend zu berücksichtigen, dass die Eltern ihre immateriellen Nachteile bei fahrlässiger Herbeiführung einer Schwangerschaft nicht zu Geld machen können.[1569] Auch wenn es nicht gegen Art. 1 I GG verstößt, materielle Belastungen durch die Rechtsgutsverletzung als Folgeschaden anzuerkennen, so wäre es mit der Würde des Kindes nicht zu vereinbaren, seine Existenz im Rahmen der Abwägung immaterieller Vor- und Nachteile nur als Negativposten zu berücksichtigen.[1570] Schließlich möchte man sich nicht vorstellen, das Kind erführe eines Tages davon, dass seine Eltern wegen der Nachteile, die ihnen dadurch entstan-

---

[1568] So jedoch *Stieglitz*, S. 158.

[1569] *Larenz/Canaris*, SchuldR II/2 § 76 II 1 f., S. 383.

[1570] Vgl. im Zusammenhang mit der Prüfung des Verstoßes von Schadensersatzansprüchen gegen Art. 1 I GG: *Looschelders*, in: *Wolter/Riedel/Taupitz*, S. 93, 109.

den, dass es auf die Welt kam, wie bei einem gewöhnlichen Verkehrsunfall in Geld entschädigt wurden.[1571]

[1571] Vgl. *Larenz/Canaris,* SchuldR II/2 § 76 II 1 f., S. 383. Selbst *Winter*, der die These der Förderung der Akzeptanz des Kindes in der Familie vertritt (S. 119 f.) gibt zu, dass das Kind, welches von der Art seiner Entstehung und dem Umstand, dass seinetwegen regelmäßig Geld an seine Eltern gezahlt wird, erfährt, „*an seiner Akzeptanz durch die Eltern zumindest zweifeln wird*", vgl. S. 122. Zweifelhaft: *Losch/Radau*, NJW 1999, 821, 826 sub 3.

Teil 7: Durchsetzbarkeit von Schadensersatzansprüchen

Die in Teil 4 und 6 untersuchten in Betracht kommenden Schadensersatz- und Schmerzensgeldansprüche wegen der Verletzung von Rechtsgütern infolge der Herbeiführung von Empfängnis, Schwangerschaft und Geburt verjähren gem. §§ 195 ff., wobei es u. a. auch auf die Art des verletzten Rechtsguts ankommt.

I. Verjährung von Ansprüchen aus § 280 I Satz 1

Für vertragliche Schadensersatzansprüche aus § 280 I Satz 1[1572] wegen der Verletzung von Pflichten gem. § 241 I oder II gilt mangels besonderer Regelung die mit der Schuldrechtsmodernisierung eingeführte regelmäßige Verjährungsfrist von drei Jahren (§ 195)[1573].[1574] Die Frist beginnt gem. § 199 I mit dem Schluss des Jahres, in dem der Anspruch entstanden ist und der Gläubiger Kenntnis[1575] bzw. grob fahrlässige Unkenntnis[1576] bzgl. der Umstände seiner Entstehung, der Pflichtverletzung, sowie von der Person des Schädigers[1577] hatte.[1578] Die Unkenntnis ist grob fahrlässig, wenn der Geschädigte die im Verkehr erforderliche Sorgfalt besonders schwer vernachlässigt hat.[1579] Dabei ist nicht zu vergessen, dass hier nicht ein zu hoher Maßstab (z. B. der eines Juristen) angelegt werden darf.[1580] Geht es wie in den hier untersuchten Fällen häufig um Behandlungsfehler eines Arztes, so muss auch diesbezüglich Kenntnis bzw. grob fahrlässige Unkenntnis vorliegen und zwar in einer Form, die es auch dem medizinischen Laien ermöglicht, zu erkennen, dass der Arzt vom geschuldeten medizinischen Standard abgewichen ist.[1581] Bei einem Aufklärungsfehler muss der Berechtigte (wie nach

---

[1572] Teil 4 I.

[1573] Zum Hintergrund der Norm: *Leenen*, DStR 2002, 34 sub 2; *derselbe*, in: Das neue Schuldrecht in der Praxis, S. 105 sub I 1: *„(...) dem Gläubiger eine faire Chance gegeben werden müsse, seine Rechte zu verfolgen und durchzusetzen"* mwN in Fußnote 3.

[1574] Vgl. *Soergel/Niedenführ* § 199 Rdn. 23.

[1575] Vgl. zu diesem „subjektiven" System: *Leenen*, JZ 2001, 552 sub I; *Zimmermann/Leenen/Mansel/Ernst*, JZ 2001, 684, 686 sub III 1.

[1576] Zur Kritik an der Formulierung des Erkennbarkeitskriteriums: siehe *Zimmermann/Leenen/Mansel/Ernst*, JZ 2001, 684, 687 sub III 3.

[1577] Im Einzelnen: *Palandt/Heinrichs* § 199 Rdn. 32.

[1578] *Deutsch/Spickhoff*, Medizinrecht Rdn. 352; *Soergel/Niedenführ* § 199 Rdn. 39.

[1579] Diesbezüglich ist auch an die Rechtsprechung zu § 852 aF anzuknüpfen, die einen Verjährungsbeginn bejahte, wenn sich der Geschädigte Kenntnis in zumutbarer Weise und ohne große Mühe hätte verschaffen können: Nachweise in: *Deutsch/Spickhoff*, Medizinrecht Rdn. 352; *Palandt/Heinrichs* § 199 Rdn. 36.

[1580] *Deutsch/Spickhoff*, Medizinrecht Rdn. 352.

[1581] Für deliktischen Anspruch aus § 823: *Palandt/Heinrichs* § 199 Rdn. 27 mwN; allgemein: *Soergel/Niedenführ* § 199 Rdn. 41.

§ 852 aF) Kenntnis über die Umstände haben, aus denen sich die Aufklärungspflicht ergibt.[1582] Kenntnis über den Schadenshergang in den Einzelheiten ist dagegen nicht nötig; es genügt die Kenntnis, dass ein (Primär-) Schaden durch eine Pflichtverletzung entstanden ist, und die Kenntnis, gegen wen sich etwaige Ansprüche richten, so dass die Möglichkeit einer Feststellungsklage besteht.[1583] Im Hinblick auf die Verschuldensvermutung des § 280 I Satz 2 ist anzumerken, dass aufgrund der Beweislastverteilung die Kenntnis des Geschädigten bzgl. der Tatsachen, aus denen sich das Nichtvertretenmüssen ergibt, grundsätzlich *nicht* erforderlich ist.[1584] Erlangt die geschädigte Person bei Verletzung der Rechtsgüter Körper und Gesundheit keine Kenntnis über die Person des Schädigers bzw. die Umstände, die die Haftung wegen Pflichtverletzung begründen und beruht diese Unkenntnis nicht auf grober Fahrlässigkeit, so greift die (objektive) 30jährige Maximalfrist gem. § 199 II[1585] ein. Hierbei ist zu beachten, dass diese Frist bereits mit der Begehung der Pflichtverletzung beginnt.[1586]

Trifft die vertragliche Pflichtverletzung zusammen mit einer Verletzung der sexuellen Selbstbestimmung[1587], so gilt für diese Verletzung als „Deckelung" die 10-Jahresfrist ab Entstehung des Anspruchs gem. § 199 III Nr. 1.[1588] Ferner ist die Hemmung der Verjährung bis zur Vollendung des 21. Lebensjahres der geschädigten Person gem. § 208 zu beachten. Zu beachten ist allerdings, dass die Herbeiführung der Empfängnis nicht selbst eine Verletzung der sexuellen Selbstbestimmung, sondern eine Folge davon ist[1589], so dass bzgl. der durch die Empfängnis eingetretenen Körper-/Gesundheitsverletzung nicht die 10-jährige Maximalfrist, sondern die 30-jährige gem. § 199 II gilt.

Beruft sich der Schädiger auf Verjährung wegen grob fahrlässiger Unkenntnis, so muss er die Umstände, aus denen sich diese ergibt, beweisen. Der Geschädigte muss diesbezüglich substantiiert vortragen, warum seine Unkenntnis nicht auf grober Fahrlässigkeit beruhte.[1590]

[1582] *Palandt/Heinrichs* § 199 Rdn. 28; *Soergel/Niedenführ* § 199 Rdn. 43.

[1583] *Palandt/Heinrichs* § 199 Rdn. 27 mwN zum alten Recht; *Soergel/Niedenführ* § 199 Rdn. 39.

[1584] Speziell für § 280 I Satz 2: *Palandt/Heinrichs* § 199 Rdn. 27; *Soergel/Niedenführ* § 199 Rdn. 41.

[1585] Zur Kombination von subjektiven und objektiven Fristen nach der Schuldrechtsmodernisierung: *Leenen*, DStR 2002, 34, 35 sub 2.1.; S. 36 sub 2.4.

[1586] Vgl. hierzu *Palandt/Heinrichs* § 199 Rdn. 42.

[1587] Vgl. *RG* v. 22.2.1924, RGZ 108, 86 ff. (Teil 2 VII) und Teil 3 I 9; Teil 4 I 3 d.

[1588] Vgl. *Palandt/Heinrichs* § 253 Rdn. 27.

[1589] Teil 3 I 8; Teil 3 II 5; vgl. auch Teil 4 II 5.

[1590] *Palandt/Heinrichs* § 199 Rdn. 46.

II. Verjährung deliktischer Ansprüche

Deliktische Ansprüche aus §§ 823 ff. unterliegen ebenfalls der regelmäßigen dreijährigen Verjährungsfrist gem. § 195.[1591] Für die deliktischen Ansprüche wegen Verletzung der Rechtsgüter Köper und Gesundheit gilt das unter I. Ausgeführte daher entsprechend. Für die Verletzung des Rechts auf sexuelle Selbstbestimmung (§ 825) gelten auch die unter I. gemachten Ausführungen.

III. Verjährung von Ansprüchen wegen Verletzung des Rechts auf Familienplanung

Das aus dem allgemeinen Persönlichkeitsrecht und somit aus § 823 I i. V. mit Artt. 1 I, 2 I GG abgeleitete Recht auf Familienplanung[1592] unterliegt mangels besonderer Regelung ebenfalls der Verjährung gem. §§ 195, 199 I. Fraglich ist die Anwendung von § 199 II, dessen Wortlaut gegen eine Anwendung auf das allgemeine Persönlichkeitsrecht spricht. Da Kenntnis der Problematik des allgemeinen Persönlichkeitsrechts beim Gesetzgeber vorauszusetzen ist[1593], scheidet mangels Bestehens einer Regelungslücke auch eine analoge Anwendung auf Verletzungen des allgemeinen Persönlichkeitsrechts aus.[1594] Dies würde dann auch für die Verletzung des Rechts auf Familienplanung gelten. Somit gilt hier die zehnjährige objektive Maximalfrist für sonstige Schadensersatzansprüche gem. § 199 III.

Mangels Anerkennung des Anspruchs ungeklärt ist die Verjährung des Anspruchs auf Ersatz regelmäßig entstehender Unterhaltsaufwendungen als Folgeschaden einer Persönlichkeitsrechtsverletzung. Hier entsteht der Schaden durch die zu Beginn des Monats fälligen Unterhaltsansprüche i. S. von § 1601 ff. immer wieder neu. Eine entsprechende Anwendung von §§ 197 II, 200 mit der Folge, dass die dreijährige Verjährungsfrist gem. § 200 mit Entstehung des Unterhaltsanspruchs beginnen würde[1595], scheitert am Bestehen einer Regelungslücke, da der Ersatz von Unterhaltsaufwendungen, wenn auch als Folge einer vertraglichen Pflichtverletzung, dem Gesetzgeber als Problem bekannt gewesen sein dürfte. Der Grundsatz der Schadenseinheit wirkt sich bei der Verjährung von Schadensersatzansprüchen so aus, dass die Verjährung einheitlich mit dem ersten Schaden beginnt, wenn weitere Schadensfolgen vorhersehbar sind.[1596] Dies ist bei den

[1591] Vgl. *Soergel/Niedenführ* § 199 Rdn. 30.
[1592] Teil 3 I 9 c.
[1593] Siehe z. B. BT-Drs. 14/7752 S. 24.
[1594] So im Ergebnis jedenfalls: *Palandt/Heinrichs* § 199 Rdn. 41.
[1595] Zur Anwendbarkeit des § 200 auf die Verjährung von Ansprüchen i. S. von § 197 II: *Palandt/Heinrichs* § 197 Rdn. 7.
[1596] *Soergel/Niedenführ* § 199 Rdn. 20 mwN.

Unterhaltaufwendungen der Fall. Der Geschädigte sollte die Schadensersatzpflicht gem. § 197 I Nr. 3 daher alsbald durch Feststellungsklage titulieren lassen.

IV. Verjährung von Ansprüchen aus Gefährdungshaftung

Ansprüche wegen Verletzung von Körper und Gesundheit aus § 84 AMG[1597] verjähren abweichend von § 199 gem. § 90 AMG in 3 Jahren ab Kenntnis von den Umständen des Schadenshergangs und der Person des Ersatzpflichtigen. Grobe Fahrlässigkeit setzt also die Frist nicht in Gang. Ansonsten gilt wie bei § 199 II die objektive Maximalfrist von 30 Jahren.

Für den Anspruch nach § 1 ProdHaftG[1598] richtet sich die Verjährung nach § 12 ProdHaftG. Die Norm entspricht mit einer Abweichung § 90 AMG. Die Verjährungsfrist setzt auch bei grobfahrlässiger Unkenntnis vom Schaden bzw. der Person des Schädigers ein.

V. Verjährung von Schmerzensgeldansprüchen

Die Verjährung der Ansprüche auf Ersatz des immateriellen Schadens gem. § 253 II nF bzw. gem. Artt. 1 I, 2 I GG richtet sich nach der Regelverjährung.[1599] Die Maximalfristen richten sich auch hier nach dem verletzten Rechtsgut.[1600] Bei immateriellen Schäden wegen einer Körper- bzw. Gesundheitsverletzung gilt daher die 30jährige Maximalfrist (§ 199 II). Für die immateriellen Schäden infolge einer Verletzung des Rechts auf Familienplanung gilt hingegen die 10jährige Maximalfrist (§ 199 III Nr. 1).

Im Fall der Herbeiführung einer Empfängnis durch Verletzung des Rechts auf sexuelle Selbstbestimmung gilt nur für diese „Erstverletzung"[1601] (nicht für die eingetretene Körper-/Gesundheitsverletzung) die objektive Maximalfrist von 10 Jahren.

[1597] Siehe oben Teil 4 III.
[1598] Siehe oben Teil 4 III.
[1599] *Palandt/Heinrichs* § 253 Rdn. 27.
[1600] Wie Fußnote zuvor.
[1601] Siehe Teil 3 II 5; Teil 7 I.

Zusammenfassung in Leitsätzen und Thesen

Die wesentlichen Aussagen und Ergebnisse dieser Arbeit lassen sich wie folgt zusammenfassen:

I. Zu den beeinträchtigten Rechtsgütern

1. Bei einer Empfängnis und dadurch eintretender Schwangerschaft wird der Körper der Mutter beeinträchtigt. Eine Gesundheitsbeeinträchtigung der Mutter oder des Vaters ist bei Störungen physischen als auch psychischen Ursprungs ab einem bestimmten Erheblichkeitsgrad anzunehmen. Die Herbeiführung der Empfängnis stellt selbst keine Verletzung der sexuellen Selbstbestimmung dar. Doch können die durch eine Empfängnis hervorgerufenen Körper- bzw. Gesundheitsverletzungen Folge einer solchen Verletzung sein.

2. Die Möglichkeit einer Verletzung eines Rechts auf Familienplanung als Ausprägung des allgemeinen Persönlichkeitsrechts ist grundsätzlich anzuerkennen. Die Voraussetzungen sind unabhängig vom Eingriff in Körper und Gesundheit. Sie stellen eine zusätzliche Belastung durch einen Eingriff in ein weiteres Persönlichkeitsrechtsgut dar. Eine Verletzung ist nicht bei jeder (fahrlässigen) Verursachung einer ungewollten Schwangerschaft zu bejahen. Die praktisch nie vorkommende zielgerichtete Verursachung durch einen Dritten (z. B. Arzt) stellt eine Verletzung dieses Rechtsguts dar. Praktisch relevant wird die Verletzung dieses Rechts bei vorsätzlicher Herbeiführung einer Schwangerschaft durch einen Elternteil gegen den Willen des anderen. Eine Verletzung setzt einen unmittelbaren, zielgerichteten Eingriff voraus. Da zusätzlich eine Güter- und Interessenabwägung vorzunehmen ist, die auch die Interessen des Partners, der eine Empfängnis wünschte, zu berücksichtigen hat, kommt eine Verletzung nur im Ausnahmefall in Betracht. Ein deutliches Indiz für eine Verletzung ist ähnlich wie bei § 826 die Relation des eingesetzten Mittels zum angestrebten Zweck. Das (vorsätzliche) Unterlassen der zuvor versprochenen Anwendung von Verhütungsmitteln bzw. die (vorsätzliche) unterlassene Aufklärung darüber genügen nicht. Die Einpflanzung eines mit dem Willen des Vaters gezeugten Embryos verletzt das Persönlichkeitsrecht nicht, da der Vater nach der Zeugung nicht mehr gegen den Willen der Mutter dessen Menschwerdung verhindern kann.

II. Zu den Anspruchsgrundlagen

1. Als Grundlage der Haftung für Rechtsgutsverletzungen wegen Herbeiführung einer Empfängnis kommen vertragliche Ansprüche aus § 280 I Satz 1, deliktische Ansprüche aus §§ 823 I, II, 831, 825, 826, sowie Ansprüche aus Gefährdungshaftung (§ 84 AMG, § 1 ProdHaftG) in Betracht.

2. Der vertragliche Anspruch aus § 280 I Satz 1 ist im Hinblick auf die Haftung wegen Rechtsgutsverletzungen wichtig, da mit Inkrafttreten des Zweiten Gesetzes zur Änderung schadensersatzrechtlicher Vorschriften gem. § 253 II nF immaterielle Nachteile auch auf Grundlage vertraglicher Schadensersatzansprüche ersatzfähig sind.

3. Vertragliche Ansprüche beschränken sich im Wesentlichen auf die Haftung bestimmter Berufsgruppen, welche aufgrund vertraglicher Vereinbarungen verpflichtet sind, eine Empfängnis bzw. eine Schwangerschaft generell oder den Eintritt einer „so nicht gewollten" Schwangerschaft zu verhindern. Absprachen unter den Eltern stellen keine Verträge dar. Für die Frage, ob ein Elternteil, der nicht Vertragspartner ist, auch vertraglichen Schutz genießt, gelten die allgemeinen Kriterien über die Einbeziehung Dritter in den Schutzbereich von Verträgen, sowie § 1357 bei Geschäften zur Deckung des allgemeinen Lebensbedarfs.

4. Das Vorliegen objektiver Pflichtverletzungen ist nach den dem Geschädigten gegenüber geschuldeten beruflichen, d. h. in der Regel aktuellen medizinischen Standards, zu beurteilen. Im Vordergrund stehen Behandlungs- und Aufklärungsfehler, die zu einer (so) nicht gewünschten Schwangerschaft geführt haben.

5. Ob die vertragliche Haftung wegen einer Pflichtverletzung auch die Haftung für Rechtsgutsbeeinträchtigungen als „Primärschaden" infolge einer Empfängnis und Schwangerschaft umfasst, ist auf der Ebene des Haftungsgrunds, welcher nach § 286 ZPO zu beweisen ist, festzustellen. Der Haftungsgrund hängt abgesehen vom Erfordernis adäquater Kausalität entscheidend davon ab, ob der Schutzzweck der verletzten vertraglichen Pflicht gerade auch darauf gerichtet war, eine (so) eingetretene Empfängnis, bzw. ganz bestimmte Rechtsgutsbeeinträchtigungen zu verhindern.

a) Die Entscheidung der Mutter, die Schwangerschaft trotz Möglichkeit zu einem rechtswidrigen jedoch straffreien oder rechtmäßigen Schwangerschaftsabbruch im Sinne des § 218a I, II, III StGB fortzusetzen, steht der Zurechenbarkeit nicht entgegen.

b) Die Frage, ob das Kind zum Zeitpunkt der Empfängnis oder später zu einem nach der Familienplanung erwünschten wurde, ist dann erheblich, wenn die geänderte Planung für den Anspruchsgegner erkennbare Auswirkungen auf seine Pflichten hatte.

c) Der Umstand, dass sich infolge der Empfängnis der Wert des ungeborenen Lebens verwirklicht hat, bzw. zum Zeitpunkt der gerichtlichen Geltendmachung von Ansprüchen ein Kind geboren wurde, dessen Leben nun nicht mehr in Frage gestellt werden darf, ist für die Zurechnung unbeachtlich.

d) Der haftungsbegründende Zusammenhang zwischen Pflichtverletzung und „Primärschaden“ ist zu verneinen, wenn die verletzte Pflicht ausschließlich auf die Verhinderung konkret bestimmbarer anderer Gefahren (z. B. bestimmte Gesundheitsbeschädigung der Mutter, Abwendung finanzieller Not) oder überhaupt nicht auf die Verwirklichung familienplanerischer Maßnahmen gerichtet war.

e) Diente die Einhaltung der beruflichen Standards allgemein der Verhinderung einer Empfängnis und kann mangels konkreter Anhaltspunkte nicht angenommen werden, dass die Vermeidung von Gefahren für die Beeinträchtigung der Rechtsgüter der Eltern nicht Schutzzweck der vertraglichen Verhaltenspflichten war, stellt die adäquat kausal herbeigeführte Beeinträchtigung der Rechtsgüter Körper und Gesundheit einen zurechenbaren Primärschaden dar, für deren materielle und immaterielle Folgen der vertraglich Haftende grundsätzlich einstehen muss.

f) Bei der Geburt eines behinderten Kindes sind bei der Zurechenbarkeit der Rechtsgutsbeeinträchtigungen als Folge der Pflichtverletzung zusätzliche wertende Kriterien zu berücksichtigen. Sollte eine Schwangerschaft an sich verhindert werden, so stellen sämtliche auch mit der Empfängnis und Geburt eines geschädigten Kindes zusammenhängenden Beeinträchtigungen – nicht nur die „Mehrbelastungen" - zurechenbare Rechtsgutsverletzungen dar. War ausschließlich die Empfängnis eines behinderten Kindes zu verhindern, ansonsten aber eine Empfängnis gewünscht, wie bei der genetischen Beratung über die Gefahren der Zeugung geschädigter Kinder, oder in den (noch hypothetischen) Fällen der Präimplantationsdiagnostik (PID), ist im Hinblick auf die Würde des Kindes gem. Art. 1 I GG ein Vergleich der Schwangerschaft mit einem gewollten gesunden und dem geborenen geschädigten Kind abzulehnen. Auch in diesem Fall sind sämtliche mit der Empfängnis, Schwangerschaft und Geburt entstehenden Rechtsgutsbeeinträchtigungen zurechenbare Folgen der Pflichtverletzung, nicht nur die sogenannten „Mehrbelastungen".

g) In den Fällen der unerwünschten Mehrlingsschwangerschaften fehlt es im Normalfall bereits an einer nachweisbaren Pflichtverletzung, sowie an einer messbaren „Mehrbelastung“ der Rechtsgüter. Sollte es dennoch zu einer erheblichen Mehrbelastung oder einer eigenständigen Beeinträchtigung des Körpers oder der Gesundheit kommen, ist die Zurechnung als Primärschaden grundsätzlich zu bejahen.

h) Im Fall der Beeinträchtigung des Körpers und der Gesundheit durch einen auf eine pflichtwidrig herbeigeführte Empfängnis folgenden Schwangerschaftsabbruch kommt es für die Zurechnung als Folgeverletzung darauf an, ob dieser recht*mäßig* gewesen ist. Bei einem rechts*widrigen* Schwangerschaftsabbruch ist die Zurechnung abzulehnen.

6. Deliktische Ansprüche kommen sowohl neben den vertraglichen Ansprüchen als auch als alleinige Ansprüche in Betracht.

a) Die Voraussetzungen der haftungsbegründenden Kausalität decken sich insoweit mit denen der haftungsbegründenden Kausalität beim vertraglichen Anspruch aus § 280 I Satz 1, als bei Vorliegen einer objektiven Pflichtverletzung aufgrund Abweichens vom geschuldeten beruflichen Standard gleichzeitig ein Verletzungsverhalten i. S. von § 823 I vorliegt. Ebenfalls gleich zu beurteilen ist die Problematik der Zurechnung bestimmter Rechtsgutsbeeinträchtigungen („Primärschaden"). Ist die vertragliche Pflicht auch gerade auf die Vermeidung bestimmter Rechtsgutsbeeinträchtigungen ausgerichtet gewesen, so ist wegen der Strukturgleichheit der Arzthaftung eine entsprechende Gefahrvermeidungspflicht i. S. von § 823 I anzunehmen. Die Pflicht, eine Rechtsgutsbeeinträchtigung durch eine Schwangerschaft zu vermeiden, beruht im Fall der Arzthaftung gerade auf dem Vertrag, so dass hier für ein Abweichen des Umfangs der Pflichten kein Anlass besteht.

b) Auch ohne Vorliegen eines Vertrags kommt eine reine deliktische Haftung für Rechtsgutsbeeinträchtigungen wegen Herbeiführung einer Schwangerschaft in Betracht. Das ist der Fall, wenn der beeinträchtigte Elternteil keinen vertraglichen Schutz genießt, weil der Arzt als Angestellter handelte, oder der Schutz sich nicht auf den Elternteil erstreckt, bei Sexualdelikten, oder in den Fällen, in denen die Schwangerschaft durch einen Elternteil zielgerichtet herbeigeführt wird.

c) Auch bei der deliktischen Haftung kommt es auf den Schutzzweck der Pflichten an, nicht darauf, ob das Kind von den Eltern unerwünscht ist.

d) Trotz Bestehens eines Vertrags mit einem der Elternteile besteht gegenüber demjenigen, der nicht in dessen Schutzbereich einbezogen ist, keine (deliktische) Gefahrvermeidungspflicht, eine Schwangerschaft zu verhüten.

e) Im (hypothetischen) Fall vorsätzlicher Herbeiführung einer Empfängnis durch das Verhalten eines Dritten gegen den Willen der Eltern sind eine Verletzung des Körpers der Schwangeren, ggf. der Gesundheit und des Rechts auf Familienplanung der Mutter und des Vaters zu bejahen.

f) In den überwiegenden Fällen mittelbarer, fahrlässiger Verursachung durch Dritte kommt auch bei deliktischen Ansprüchen dem Schutzzweck der Norm die entscheidende Bedeutung für die Haftung zu. Fehlt es an einer vertraglichen Vereinbarung, kann sich aus anderen Aspekten eine Gefahrvermeidungspflicht im Hinblick auf die Vermeidung von Rechtsgutsverletzungen durch Schwangerschaften ergeben. Der Produzent von Verhütungsmitteln hat die Produkte z. B. so herzustellen, dass sie Schwangerschaften und alle damit zusammenhängenden

Folgen – also auch Rechtsgutsbeeinträchtigungen - verhindern. Diese Gefahrvermeidungspflicht gilt gegenüber allen Personen, die die in den Verkehr gebrachten Produkte verwenden.

g) Aus der Aufnahme intimer Beziehungen ohne Verwendung von Verhütungsmitteln oder diesbezüglich getroffenen Abreden ergeben sich grundsätzlich keine über reine Gefälligkeitsversprechen hinausgehenden Gefahrvermeidungspflichten. Ausnahmen können vorliegen, wenn die Rechtsgüter des anderen Elternteils erkennbar eines besonderen Schutzes bedürfen. Das ist z. B. der Fall, wenn eine Schwangerschaft die Mutter erheblich in ihrer Gesundheit gefährden würde. Abgesehen davon ist nicht anzunehmen, dass eventuelle Abreden der Partner eine Haftung für Fahrlässigkeit begründen. Die Verletzung des Körpers und ggf. der Gesundheit der Mutter kann jedoch bei einem aktiven vorsätzlichen Verletzungsverhalten des Vaters gegen den Willen der Mutter zu bejahen sein.

7. § 823 II i. V. mit §§ 174 ff. StGB stellt in den Fällen der Herbeiführung der Empfängnis durch ein Sexualdelikt eine weitere Anspruchsgrundlage dar. Folgeverletzung kann insbesondere ein Schwangerschaftsabbruch i. S. von § 218 a III StGB sein. Bei Einpflanzung eines „falschen Embryos“ in den Körper der Mutter ist Haftungsgrund § 823 II i. V. mit § 1 I ESchG.

8. Der Anspruch aus § 831 I Satz 1 und die Möglichkeit der Exkulpation gem. § 831 I Satz 2 haben durch die Schadensersatzrechtsreform und die dadurch bedingte Erweiterung der Haftung für Rechtsgutsverletzungen durch § 280 I Satz 1, § 253 II in den Fällen des Verschuldens eines Erfüllungsgehilfen (§ 278) an Bedeutung verloren.

9. § 825 ist bei Verletzung des Rechts auf sexuelle Selbstbestimmung einschlägig. Diese Verletzung kann eine durch die Empfängnis bedingte Körper-/Gesundheitsverletzung, sowie einen Schwangerschaftsabbruch i. S. von § 218a III StGB nach sich ziehen.

10. Ansprüche aus § 826 sind in den Fällen vorsätzlicher Verletzung sämtlicher Rechtsgüter zu bejahen, wenn die Schädigung sittenwidrig ist, was bei einer vorsätzlichen Verursachung durch Dritte immer, bei einer (vorsätzlichen) Verursachung durch einen der Elternteile hingegen nur im Ausnahmefall anzunehmen ist. Die Voraussetzungen einer sittenwidrigen Schädigung im Bereich der Familienplanung sind ähnlich zu beurteilen wie die Voraussetzungen der Verletzung des Rechts auf Familienplanung selbst. Aus dem Vorsatz kann nicht automatisch auf die Sittenwidrigkeit geschlossen werden, welche selbständig anhand einer Güter- und Interessenabwägung, sowie einer Untersuchung der Zweck-Mittel-Relation festzustellen ist.

11. Ansprüche aus § 84 I AMG kommen in Betracht, wenn von einem Arzneimittel eine die Verhütungswirkung eines anderen Mittels beeinträchtigende Wirkung ausgeht und sich der Vorwurf gegen den Hersteller nicht auf die Wirkungslosigkeit eines Verhütungsmittels beschränkt. Ansprüche aus § 1 ProdHaftG kommen in Betracht, wenn der Hersteller ein fehlerhaftes Verhütungsmittel auf den Markt gebracht hat.

12. Die Haftung für die pflichtwidrig (so) nicht verhinderte Schwangerschaft hält einer Prüfung anhand allgemeiner rechtspolitischer Erwägungen, verfassungsrechtlicher Anforderungen gem. Art. 20 II, III GG und vor allem der Grundrechte des Kindes stand.

a) Die Akzeptanz einer Haftung führt zu keiner sich gegen das Kind bzw. dessen Leben richtenden ideellen Abwertung. Auch führt die Haftung bestimmter Berufsgruppen nicht zu der Konsequenz, die Haftung der Eltern untereinander auch im Fall reiner Fahrlässigkeit bejahen zu müssen.

b) Die Haftung bewegt sich innerhalb der Grenzen der Rechtsanwendung und stellt keine Überschreitung der Grenzen richterlicher Rechtsfortbildung dar. Dies gilt wegen der strengen Voraussetzungen auch für die Anerkennung des Rechts auf Familienplanung.

c) Die Haftung wegen Rechtsgutsverletzungen führt nicht notwendigerweise zu einer Verletzung der Grundrechte des Kindes aus Artt. 1 I, 2 GG. Das Recht des geborenen Kindes auf Leben und körperliche Unversehrtheit aus Art. 2 II GG ist durch eine Haftung, die darauf abstellt, dass seine Zeugung hätte verhindert werden sollen, nicht berührt. Die Würde des Kindes beeinflusst die Auslegung bestimmter Tatbestandsmerkmale, doch stellt die Haftung als solche nicht bereits einen Verstoß gegen die Würde des Kindes bzw. dessen Persönlichkeitsrecht dar. Das Kind wird durch eine Haftung auch nicht wie ein Objekt behandelt. Auch wenn die Gefahren einer Beeinträchtigung des Rechts auf uneingeschränkte Anerkennung und die Gefahr einer späteren Stigmatisierung durch die Anerkennung einer Haftung nicht von der Hand zu weisen sind, so begründen diese Gefahren auch unter Berücksichtigung von Art. 6 II Satz 1 GG keinen Verstoß gegen die Würde und das Recht auf bedingungslose Anerkennung. Die Anerkennung einer Haftung der Eltern untereinander begründet ebenfalls keinen Verstoß gegen die Würde des Kindes. Die Würde des geschädigten Kindes verbietet einen Vergleich zwischen den Rechtsgutsbeeinträchtigungen im Falle der Geburt eines gesunden Kindes mit den bei seiner Geburt entstandenen „Mehrbelastungen". Die Auffassung des *II. Senats* des *Bundesverfassungsgerichts* vom 28.5.1993, BVerfGE 88, 203 ff., das einen solchen Vergleich unter dem Gesichtspunkt anstellt, dass lediglich das reine Dasein des Kindes nicht Anknüpfungspunkt für eine Haftung sein dürfe, ist gerade wegen Art. 1 I GG einer kritischen Würdigung zu unterziehen.

III. Zum Inhalt und Umfang von Schadensersatzansprüchen wegen Rechtsgutsverletzungen

Inhalt und Umfang der Schadensersatzansprüche wegen Rechtsgutsverletzungen aus vertraglichem und deliktischem Haftungsgrund sind gleichermaßen nach §§ 249 ff. zu behandeln. Im hier untersuchten Zusammenhang sind die zurechenbaren Folgeschäden des vertraglichen/deliktischen Haftungsgrundes zu nennen. Daneben gelten speziell für die deliktische Haftung die §§ 842 ff., sowie für die Gefährdungshaftung §§ 86, 87 AMG; §§ 6, 7 ProdHaftG.

1. Zu den ersatzfähigen materiellen Nachteilen gehören die Behandlungskosten und anderen Aufwendungen, die im Zusammenhang mit der Empfängnis und Geburt entstanden sind. Ebenfalls ersatzfähig sind die Kosten und Aufwendungen im Zusammenhang mit einem rechtmäßigen Schwangerschaftsabbruch (§ 218a II, III StGB).

2. Die Unterhaltsaufwendungen für das Kind sind keine Folgeschäden der Verletzung der Rechtsgüter Körper und Gesundheit. Der Zweck der Pflicht, das Recht auf Familienplanung nicht zu verletzen, ist anders zu beurteilen. Hier kann gerade die Vermeidung von Unterhaltspflichten die Entscheidung gegen ein Kind mitbestimmen, so dass eine Ersatzfähigkeit zu bejahen ist. Eine „Sprengung des Haftungsrechts" tritt wegen der strengen Anforderungen an eine Verletzung dieses Rechts nicht ein. Einbußen infolge freiwilliger Entscheidungen, die Berufstätigkeit aufzugeben oder einzuschränken, gehören auch nicht zu den Folgeschäden der Rechtsgutsverletzungen.

3. Der Grundsatz der Naturalrestitution steht einer Ersatzfähigkeit der Nachteile nicht entgegen. Es kommt nicht darauf an, dass nur die (unzulässige) Tötung des Ungeborenen bestimmte Nachteile der Eltern verhindert hätte. Auch stehen die Komplexität des Eltern-Kind-Verhältnisses, sowie die immateriellen und später möglicherweise entstehenden materiellen Vorteile der Ersatzfähigkeit materieller Nachteile nicht entgegen.

4. Eine Kürzung der Ansprüche wegen Mitverschuldens des geschädigten Elternteils gem. § 254 ist nach allgemeinen Grundsätzen zu beurteilen, wobei die Mitverursachung des Primärschadens (durch Vernachlässigung der notwendigen Kontrollspermiogramme oder Nichterkennen des falsch ausgehändigten Verhütungspräparats), die zur Ebene des Haftungsgrundes gehört, zu einer Kürzung des Anspruchs führt. Die Nichtvornahme eines rechtmäßigen oder rechtswidrigen Schwangerschaftsabbruchs gem. § 218a StGB stellt kein Mitverschulden i. S. von § 254 dar. Bei Vorliegen eines Sonderrechtsverhältnisses mit dem Geschädigten

kommt eine Zurechnung der Mitverursachung der Empfängnis durch den anderen Elternteil gem. § 254 II Satz 2 i. V. mit § 278 in Betracht.

IV. Zum Ersatz der immateriellen Nachteile

Der Ersatz immaterieller Nachteile gem. § 253 II nF hat infolge der Schadensersatzrechtsreform an Bedeutung gewonnen, da nun Ersatz auch bei Vorliegen vertraglicher Ansprüche und bei Ansprüchen aus Gefährdungshaftung möglich ist.

1. Der Ersatz immaterieller Nachteile ist unter Berücksichtigung der mit der Existenz des Kindes zusammenhängenden immateriellen Vorteile zu bewerten. Anders als bei der Beurteilung der materiellen Schäden ist eine Gesamtabwägung der immateriellen Vor- und Nachteile unter Berücksichtigung sämtlicher objektiv feststellbarer Umstände des Einzelfalls vorzunehmen, die den Wert des Kindes, wie auch die Entstehung einer Eltern-Kind-Beziehung zu berücksichtigen hat. Die Funktionen des Schmerzensgeldes sind wie nach altem Recht auch bei § 253 II nF mitentscheidend bei der Billigkeitsabwägung. So kommt bei fahrlässiger Verursachung der Empfängnis oder bei Gefährdungshaftung allein die Ausgleichsfunktion des Schmerzensgeldes zum Tragen. Die mit der Geburt des Kindes und der entstehenden Eltern-Kind-Beziehung eintretenden immateriellen Vorteile führen grundsätzlich zu einer Unbilligkeit des Schmerzensgeldes. Auch bei Freigabe zur Adoption ist ein Schmerzensgeld abzulehnen. Die Genugtuungsfunktion wird bei grober Fahrlässigkeit und bei Vorsatz relevant und kann einen Ersatz für immaterielle Nachteile rechtfertigen.

2. Bei Verletzungen des Rechts auf Familienplanung ist Grundlage des Ersatzes immaterieller Schäden nicht § 253 II nF, sondern weiterhin Artt. 1 I, 2 I GG. Neben der Ausgleichs- und Genugtuungsfunktion des Schmerzensgeldes spricht hier wie auch sonst bei vorsätzlichen Verletzungen des allgemeinen Persönlichkeitsrechts die Präventivfunktion für die Billigkeit des Ersatzes. Auch kann sich der Schädiger in solchen Fällen aus Billigkeitsgründen nicht zu seiner Entlastung auf die immateriellen mit der Empfängnis und Geburt zusammenhängenden Vorteile berufen.

3. Auch im Fall der Geburt eines behinderten Kindes spricht die Ausgleichsfunktion gegen den Ersatz immaterieller Nachteile in Geld. Auch hier ist nicht zwischen den normalen „Mindestbelastungen" und der infolge der Schädigung des Kindes entstehenden „Mehrbelastung" zu differenzieren. Kann sich der Anspruchsgegner jedoch wegen vorsätzlicher Herbeiführung der Empfängnis oder infolge einer Fehlgeburt nicht auf den immateriellen Wert des Kindes berufen, so

stellt die gesamte infolge der Behinderung des Kindes erhöhte immaterielle Belastung einen ersatzfähigen immateriellen Schaden dar.

4. Bei Einpflanzen eines fremden Embryos ist eine Berücksichtigung des immateriellen Wertes des Kindes im Rahmen der Ausgleichsfunktion des Schmerzensgeldes bereits wegen des gesetzlichen Verbots der Leihmutterschaft von vornherein ausgeschlossen.

V. Zur Verjährung von Ansprüchen wegen Rechtsgutsverletzungen

Vertragliche und deliktische Schadensersatzansprüche wegen Verletzung von Rechtsgütern infolge einer („so") nicht verhinderten Empfängnis verjähren nach der subjektiven regelmäßigen Verjährungsfrist gem. §§ 195, 199 I. Die Anwendung der objektiven Höchstfristen gem. § 199 II, III richtet sich nach der Art des verletzten Rechtsguts. Ansprüche aus Gefährdungshaftung verjähren nach § 90 AMG, § 12 ProdHaftG. Die Verjährung der Ansprüche aus § 253 II nF richtet sich nach der der Haftung zugrunde liegenden Schadensersatznorm und dem verletzten Rechtgut.

VI. Konsequenzen für die in Teil 2 genannten Fallgruppen

Die Anwendung der unter I. – V. dargestellten Ergebnisse[1602] ergibt für die in Teil 2 der Arbeit geschilderten Fallgruppen folgendes:

1. Fehlerhafte Sterilisation

Sind Körper und Gesundheit der Mutter infolge einer fehlerhaften Sterilisation beeinträchtigt, kann grundsätzlich Schadensersatz sowohl auf vertraglicher (§ 280 I), als auch auf deliktischer Grundlage (§ 823 I, § 831, hierzu II 8) geltend gemacht werden. Vorsätzliches Handeln eines Arztes scheidet praktisch aus, doch kommen dann als weitere Anspruchsgrundlagen § 826 (II 10), sowie wegen einer dadurch begründeten Verletzung des Persönlichkeitsrechts Artt. 1 I, 2 I GG i. V. mit § 823 I (siehe I 2) in Betracht.

Die objektive Pflichtverletzung i. S. von § 280 I beim Sterilisations(dienst)vertrag (§ 611) liegt in der fehlerhaften, gegen die Regeln der ärztlichen Kunst verstoßenden Behandlung (II 4), die auch ein Verletzungsverhalten i.

[1602] Die folgenden Hinweise beziehen sich auf die Ziffern im vorangehenden Teil I - V.

S. von § 823 I (II 6 a) darstellt. Zusammen mit dem Pflichtverstoß liegt regelmäßig auch ein Außerachtlassen der im Verkehr erforderlichen Sorgfalt (§ 276 II) vor, so dass ein Vertretenmüssen der objektiven Pflichtverletzung gem. § 280 I Satz 2 regelmäßig zu bejahen ist. Der Haftungsgrund setzt voraus, dass durch die Pflichtverletzung ein (nach § 286 ZPO zu beweisender) „Primärschaden", der hier in der Verletzung der Rechtsgüter liegt, zurechenbar herbeigeführt wurde (siehe II 5). Im Regelfall dient die Pflicht zur ordnungsgemäßen Sterilisation nicht nur der Vermeidung von Belastungen mit Unterhaltsaufwendungen, sondern auch dem Schutz der Rechtsgüter, der nicht ausdrücklich als Schutzzweck vereinbart werden muss (II 5 e). Eine Zurechnung ist abzulehnen, wenn die Maßnahme ausschließlich auf die Vermeidung besonderer Gefahren gerichtet war, die nicht eingetreten sind (Hauptfall: medizinisch indizierte Sterilisation), siehe II 5 d. Eine Entscheidung der Mutter, trotz Möglichkeit keinen straffreien Schwangerschaftsabbruch durchzuführen (II 5 a), die Entscheidung der Eltern, das Kind nach ihrer Familienplanung nun doch „zu wollen" (II 5 b) und letztlich auch der Wert des verfassungsrechtlich geschützten Lebens des Kindes (II 5 c) stehen der Zurechnung nicht entgegen. Auch hält die Haftung für Rechtsgutsverletzungen rechtspolitischen Erwägungen sowie einer verfassungsrechtlichen Kontrolle stand (II 12).

Die Voraussetzungen der deliktischen Ansprüche (§ 823 I bzw. § 831) sind in den genannten Fallgruppen im Wesentlichen strukturgleich mit denen der vertraglichen Ansprüche (II 6 a). Die Missachtung beruflicher Verhaltensnormen begründet das für § 823 I relevante Verletzungsverhalten. Die Zurechnungsproblematik gehört ebenfalls zu dem nach § 286 ZPO zu beweisenden Haftungsgrund, und zwar zum Zusammenhang zwischen Verletzungsverhalten und Rechtsgutsverletzung als „Primärschaden" (vgl. II 6 a, f). Die Rechtswidrigkeit ist indiziert, das Verschulden unterliegt den gleichen objektiven Maßstäben wie bei § 280 I Satz 2 mit dem Unterschied, dass es sich auch auf die Rechtsgutsverletzung beziehen muss und vom Geschädigten zu beweisen ist, soweit nicht aufgrund besonderer Umstände eine Beweislastumkehr eingreift.

Die durch die zu vermeidenden Rechtsgutsverletzungen entstandenen, nach § 287 ZPO zu beweisenden materiellen Folgeschäden (III 1) sind bei vertraglichem und deliktischem Haftungsgrund gem. § 249 II Satz 1 ersatzfähig. Der immaterielle Wert des Kindes steht dem nicht entgegen. Insbesondere sind durch den Ersatz der Folgeschäden weder das Grundrecht des Kindes aus Art. 2 II GG, noch dessen Würde (Art. 1 I GG) bzw. sein Persönlichkeitsrecht verletzt (siehe II 12).

Wird die pflichtwidrig nicht verhinderte Schwangerschaft abgebrochen, hängt die Schadensersatzpflicht wegen der damit zusammenhängenden Beeinträchtigungen von Körper und Gesundheit von der Rechtmäßigkeit des Schwangerschaftsabbruchs ab (II 5 h, III 1).

Kein Folgeschaden der Verletzung von Rechtsgütern („Primärschaden") ist der Unterhalts(vermögens)schaden (III 2), der allerdings bei vorsätzlicher Verletzung des Persönlichkeitsrechts (auf Familienplanung) ersatzfähig ist.

Vermögensnachteile infolge der Entscheidung, die Berufstätigkeit zugunsten der Kindererziehung aufzugeben oder einzuschränken, unterfallen nicht dem Schutzzweck der Norm und sind daher nicht ersatzfähig (III 2).

Im Fall, dass die Mutter infolge der Schwangerschaft Verletzungen erleidet, die Erwerbsnachteile nach sich ziehen, oder im Fall ihres Todes, richtet sich die Ersatzpflicht bei deliktischen Ansprüchen nach §§ 842 ff.

Die Nichtvornahme eines rechtmäßigen Schwangerschaftsabbruchs (§ 218a StGB) stellt kein Mitverschulden i. S. von § 254 I dar (III 4).

Im Gegensatz zur überwiegenden Ansicht in der Rechtsprechung und Literatur erhält die Mutter für ihre Beeinträchtigungen infolge der Schwangerschaft und Geburt nur ausnahmsweise ein Schmerzensgeld gem. § 253 II, da der immaterielle Wert des Kindes im Rahmen der Billigkeitsabwägung als Vorteil einzubeziehen ist (IV 1). Dies gilt auch, wenn das Kind behindert ist. Ausgeschlossen ist die Anrechnung des immateriellen Wertes des Kindes, wenn sich dieser nicht verwirklicht, weil das Kind z. B. nicht lebend geboren wird. In solchen Fällen kann Schmerzensgeld verlangt werden. Auch bei Vorsatz ist Schmerzensgeld zu zahlen, da sich der Schädiger dann nicht auf den immateriellen Wert des Kindes zu seinen Gunsten berufen kann. Dies gilt auch, wenn wegen zielgerichteten Eingriffs das Recht auf Familienplanung verletzt ist (I 2, IV 2).

Schadensersatzansprüche aus Vertrag/Delikt wegen eines Primärschadens in Form der Rechtsgutsverletzung aufgrund fehlerhafter Sterilisation kann auch der Partner geltend machen, wenn er z. B. eine psychisch bedingte Gesundheitsverletzung erlitten hat, in den Schutzbereich des Vertrags mit der Schwangeren einbezogen ist (III 3) und nicht auszuschließen ist, dass der Schutzzweck der Pflicht, die Sterilisation lege artis auszuführen nicht auch diesen vor Beeinträchtigungen bewahren soll.

2. Fehlerhafte Vasektomie

Bei der vertraglichen bzw. deliktischen Haftung für fehlerhafte Vasektomie kommt als „Primärschaden" im Fall psychischer Beeinträchtigungen des Vaters (I 1) eine Gesundheitsverletzung und bei Vorsatz eine Verletzung des Persönlichkeitsrechts auf Familienplanung (I 2) in Betracht.

Als Folgeschaden einer Gesundheitsbeeinträchtigung (vgl. II 5) sind Behandlungskosten des Vaters nach § 249 II Satz 1 ersatzfähig. Nicht ersatzfähig sind die Vermögensnachteile, die infolge der Entscheidung, den Beruf zugunsten der Kindererziehung einzuschränken oder aufzugeben, entstehen (III 2). Trotz fehlerhafter Vasektomie kann die Haftung gem. § 254 I dem Grunde nach eingeschränkt sein, wenn die Empfängnis auch auf dem Unterlassen der notwendigen Kontrolluntersuchungen (Spermiogramme) beruht (III 4). Schmerzensgeld gem. § 253 II ist - wenn es nicht schon an der Erheblichkeit der Beeinträchtigung scheitert - jedenfalls aus den gleichen Gründen wie bei der Sterilisation grundsätzlich abzulehnen (IV 1).

Die Schwangere kann in gleicher Weise wie der Vater bei der Sterilisation vertraglich mitgeschützt sein (II 3). Ist das der Fall und war die Maßnahme erkennbar nicht ausschließlich auf die Vermeidung anderer Gefahren ausgerichtet, wie bei der rein medizinisch indizierten Maßnahme, ist eine Haftung wegen Verletzung geschützter Rechtsgüter der Mutter dem Grunde nach ebenfalls zu bejahen. Beruht die Empfängnis wie z. B. bei Unterlassen der Nachuntersuchungen auf einem Verhalten des Vertragspartners, sind etwaige Ansprüche nach § 254 II Satz 2 i. V. mit § 278 zu kürzen (III 4). Als Folgeschaden ersatzfähig sind wie bei der Sterilisation die Behandlungskosten (§ 249 II Satz 1) und weitere mit der Schwangerschaft und Geburt direkt zusammenhängende Kosten.

Schmerzensgeld für beide Elternteile scheitert nach der hier vertretenen Ansicht regelmäßig am immateriellen Wert des Kindes, der im Rahmen der Billigkeitsabwägung bei der Ausgleichsfunktion zu berücksichtigen ist (IV 1).

3. Falsche Beratung bzw. Information über die Risiken einer (so eingetretenen) Schwangerschaft

Die Rechtsgutsverletzung kann durch eine fehlerhafte, nicht dem aktuellen Stand der Wissenschaft entsprechende Beratung über die Restrisiken einer Schwangerschaft trotz ordnungsgemäßer Operation oder andere Aufklärungsfehler verursacht werden. Hat die fehlerhafte Beratung kausal adäquat und zurechenbar zu einer Rechtsgutsverletzung des Vertragspartners bzw. des in den Schutzbereich des Vertrags einbezogenen Elternteils geführt, weil die richtige Beratung auch Beeinträchtigungen der Rechtsgüter verhindern sollte und die Partner bei richtiger Aufklärung weitere empfängnisverhütende Maßnahmen ergriffen hätten, haftet der Anspruchsgegner für den dadurch verursachten Primärschaden sowohl aus § 280 I, als auch aus § 823 I. Wie in den Fällen der fehlerhaften Sterilisation bzw. Vasektomie sind vertragliche und deliktische Haftung auch hier strukturgleich (II 6 a). Auch liegt regelmäßig Verschulden vor. Die Ersatzfähigkeit der dem Primärschaden „Rechtsgutsverletzung" zurechenbaren Folgeschäden, sowie der Ersatz immaterieller Nachteile sind wie in den oben genannten Fallgruppen zu beurteilen.

Eine besondere Gruppe bilden Fälle falscher bzw. unterlassener Informationen über mögliche Erbkrankheiten und andere gesundheitliche Gefahren für das später geborene Kind (Teil 2 III 5), welches bei richtiger Information nicht gezeugt worden wäre.

Fehlerhafte Informationen, die nicht geeignet sind, den Eltern eine Entscheidung über die Zeugung auf Basis der nach dem aktuellen Stand der Wissenschaft ermittelbaren Fakten zu ermöglichen, stellen eine objektive Verletzung der Pflichten aus diesen Geschäftsbesorgungsverträgen i. S. von § 280 I dar. Die Pflicht, richtig zu informieren, umfasst insoweit den Schutz absoluter Rechtsgüter, als gesundheitliche, vor allem psychische Beeinträchtigungen infolge der Geburt eines geschädigten Kindes vermieden werden sollen. Primärschaden ist nicht nur die durch die Behinderung verursachte seelische bzw. körperliche Mehrbelastung der Eltern, sondern die gesamte Belastung infolge Schwangerschaft und Geburt. Den Vergleich zwischen der Beeinträchtigung der Rechtsgüter bei Geburt eines behinderten mit der Beeinträchtigung bei Geburt eines gesunden Kindes verbietet die Würde des Kindes (II 5 f). Da zugunsten der Eltern zu vermuten ist, dass diese sich bei einer hohen Wahrscheinlichkeit „aufklärungsrichtig" gegen die Zeugung entschieden hätten, wären die Beeinträchtigungen insgesamt unterblieben. Während die durch die Beeinträchtigung der Rechtsgüter entstehenden Vermögensschäden nach § 249 II Satz 1 ersatzfähig sind, scheitern Ansprüche auf Schmerzensgeld, wenn sich der immaterielle Wert des (behinderten bzw. gesundheitlich gefährdeten) Kindes verwirklicht (IV 1, 3).

Ebenso sind die seltenen Fälle der fehlerhaften Beratung über sonstige gesundheitliche Gefahren für das Kind, wie z. B. die Lebensgefahr bei Blutgruppenunverträglichkeit zu beurteilen.

Entsprechendes würde bei Zulassung der Präimplantationsdiagnostik für die Fälle der Geburt eines geschädigten Kindes nach fehlerhafter Auswahl eines geschädigten Embryos gelten.

Parallel zur vertraglichen Haftung besteht auch deliktischer Schutz für die Rechtsgüter der Eltern gem. § 823 I (II 6). Die in falscher Information über genetische Schäden der Eltern, in der Nichtaufklärung über Gefahren für das Kind oder fehlerhafter Auswahl des geschädigten Embryos liegende objektive Pflichtverletzung stellt ein deliktisches Verletzungsverhalten (vgl. II 6 a) dar. Für die Verletzung der in § 823 I genannten Rechtsgüter ist erforderlich, dass das Gebot, die Eltern (richtig) zu informieren, bzw. die Auswahl eines geschädigten Embryos zu unterlassen, auch auf den Schutz der Rechtsgüter gerichtet war. Dies wird regelmäßig besonders bzgl. seelischer Belastungen zu bejahen sein. Der Inhalt der Schadensersatzpflicht wegen der durch die Rechtsgutsverletzung vermittelten Folgeschäden ist wie in den oben genannten Fällen der fehlerhaften Sterilisation bzw. Vasektomie oder fehlerhaften Beratung über Restrisiken zu behandeln. Ein Mitverschulden i. S. von § 254 I ist hier kaum denkbar. Auch ist der Ersatz immaterieller Nachteile grundsätzlich ausgeschlossen.

Auch außerhalb der oben genannten Verträge mit familienplanerischem Bezug kommt eine Haftung wegen unzureichender Aufklärung über verbleibende Risiken einer Empfängnis in Betracht. Gehört die Vermeidung einer Empfängnis jedoch nicht zu den durch pflichtgemäßes Handeln zu vermeidenden Risiken (vgl. II 6 a, c, f), scheitert eine Haftung trotz Beeinträchtigung absoluter Rechtsgüter ähnlich wie in den Sterilisations- und Beratungsfehlerfällen, da der Primärschaden nicht unter den Schutzzweck der verletzten Pflicht fällt. Auch hier sind die vertragliche und deliktische Haftung strukturgleich.

4. Fehlschläge bei Anwendung zeitlich begrenzter Verhütungsmittel

Beruht die Schwangerschaft auf einem Fehlschlag bei der Anwendung von Verhütungsmitteln (z. B. „Pille"), können vertragliche und deliktische Ansprüche wegen Rechtsgutsverletzung z. B. gegen den Apotheker, der ein falsches Mittel aushändigt, bestehen. Gegen den Hersteller fehlerhafter Verhütungsmittel (vgl. II 6 f), bzw. gegen den Arzneimittelhersteller, dessen Produkt ohne Hinweis die Verhütungswirkung anderer Mittel beeinträchtigt, kommen deliktische Schadensersatzansprüche sowie solche aus § 1 ProdHaftG, § 84 AMG in Betracht (II 11).

Der Apotheker, der ein falsches Präparat aushändigt oder der Arzt, der falsch über die Eigenarten des Verhütungsmittels informiert, hat die objektive Pflichtverletzung regelmäßig i. S. von § 280 I Satz 2 zu vertreten. Auch bestehen hier keine Anhaltspunkte für eine Einschränkung des Schutzzwecks der vertraglichen Pflicht z. B. auf die Verhinderung nur ganz konkreter gesundheitlicher Risiken.

Beim Kauf von Verhütungsmitteln ist der Ehegatte gem. § 1357 berechtigt und geschützt. Für die Erstreckung des Schutzes auf andere Partner gelten die allgemeinen Grundsätze der Einbeziehung in den Schutzbereich von Verträgen (III 3).

Die deliktische Haftung ist bei Bestehen vertraglicher Schadensersatzansprüche wie in den oben genannten Fällen strukturgleich. War die vertragliche (berufsbezogene) Pflicht auf den Schutz der Rechtsgüter vor einer ungewollten Empfängnis gerichtet, liegt auch ein deliktisches Verletzungsverhalten vor, das den Erfolg – die Rechtsgutsverletzung – verursacht hat (II 6 a). Der bei einem Vertrag über Verhütungsmaßnahmen (z. B. Pillenkauf, ärztliche Beratung über Verhütungsmittel) nicht geschützte Dritte hat keinen deliktischen Anspruch (II 6 d).

Unabhängig von vertraglichen Beziehungen können deliktische Ansprüche aus §§ 823 I, 831 I Satz 1 bzw. Ansprüche aus § 1 ProdHaftG gegenüber dem Hersteller von Verhütungsmitteln bestehen (II 6 f; II 11). Die Gefahrvermeidungspflicht ist hier nicht auf die Vermeidung spezieller Nachteile einzugrenzen. Verwender von Verhütungsmitteln müssen sich darauf verlassen können, dass die Produkte sicher sind und sämtliche Folgen einer Empfängnis verhüten. Der Schutz der Rechtsgüter ist hier mit umfasst (II 6 f).

Der Arzneimittelhersteller haftet verschuldensunabhängig gem. § 84 AMG, wenn die Empfängnis darauf beruht, dass dessen in den Verkehr gebrachtes Arzneimittel (z. B. Antibiotikum) die Verhütungswirkung anderer Mittel beeinträchtigt, ohne dass auf dieses Risiko ausreichend hingewiesen wurde (II 11).

Der Inhalt der o. g. Ansprüche wegen Verletzung von Rechtsgütern ist wie in den unter 1. und 2. genannten Fällen zu beurteilen. Der Ersatz der Heilungskosten richtet sich bei der Gefährdungshaftung u. a. nach § 8 Satz 1 ProdHaftG, § 87 Satz 1 AMG; im Todesfall sind Beerdigungskosten gem. § 7 I Satz 2 ProdHaftG bzw. § 86 I Satz 2 AMG zu ersetzen und Unterhaltsansprüche Dritter gem. § 7 II ProdHaftG, § 86 II AMG zu sichern.

Die Gefahr eines Mitverschuldens (III 4) durch Fehler bei der Anwendung der Mittel ist höher als bei medizinischen Maßnahmen.

Immaterielle Nachteile i. S. von § 253 II sind bei der vertraglichen und deliktischen Haftung ersatzfähig, sowie auch bei der Gefährdungshaftung (§ 8 Satz 2 ProdHaftG, § 87 Satz 2 AMG), siehe IV. Der Ersatz immaterieller Nachteile scheidet entgegen der überwiegenden Ansicht auch hier wegen der Berücksichtigung des immateriellen Wertes des Kindes grundsätzlich aus (IV 1).

5. Herbeiführung einer Schwangerschaft gegen den Willen des anderen Elternteils

Vertragliche Schadensersatzansprüche gem. § 280 I kommen in den Fällen der Herbeiführung einer Schwangerschaft gegen den Willen des anderen Elternteils nicht in Betracht, da Absprachen über die Anwendung von Verhütungsmitteln keinen schuldrechtlichen Vertrag darstellen (II 3, II 6 g).

Führt die Mutter die Schwangerschaft gegen den Willen des Vaters herbei, können nur in Ausnahmefällen die Gesundheit oder das allgemeine Persönlichkeitsrecht in Form eines Rechts auf Familienplanung verletzt sein (I 2). Ein Anspruch wegen Gesundheitsverletzung aus § 823 I scheitert im Regelfall an einer Gefahrvermeidungspflicht, da auch ohne Vertrag dem Vater gegenüber keine rechtserhebliche Verhaltenspflicht besteht, Unfruchtbarkeit aufrechtzuerhalten, oder über die Möglichkeit einer Schwangerschaft aufzuklären, um potenzielle psychische Belastungen des Vaters zu verhindern (vgl. II 6 g).

Bei einem Verstoß gegen Absprachen über Verhütung oder falsche Informationen über eine tatsächlich nicht bestehende Unfruchtbarkeit durch den Vater kann die Mutter allerdings Ansprüche wegen Körper- und Gesundheitsverletzung aus § 823 I haben (II 6 g). Ein Verletzungsverhalten i. S. von § 823 I setzt voraus, dass der Vater Garant für die Verhinderung von Rechtsgutsbeeinträchtigungen durch eine Empfängnis war. Davon ist *nicht* auszugehen, wenn die getroffenen Maßnahmen nicht geeignet sind, die Empfängnis mit hinreichender Wahrscheinlichkeit zu verhindern. Je größer die Gefahren für die Rechtsgüter der Mutter im Fall einer Empfängnis sind, desto wahrscheinlicher ist die Annahme einer solchen Garantenstellung. Die Rechtsgutsbeeinträchtigungen fallen unter den Schutzzweck der Norm, wenn die Verhaltenspflicht auch die mit der ungewollten Empfängnis zusammenhängenden Rechtsgutsbeeinträchtigungen der Mutter verhindern sollte. Bei Fahrlässigkeit ist eine Haftung ausgeschlossen, weil nicht davon auszugehen ist, dass die Partner bei Fahrlässigkeit haften.

Ein Anspruch wegen einer Verletzung des Rechts auf Familienplanung aus Artt. 1 I, 2 I GG, § 823 I besteht, wenn die Mutter (oder der Vater) zielgerichtete

Maßnahmen zur Herbeiführung der Empfängnis ergreifen, die nach Abwägung der Interessen der Elternteile unter Berücksichtigung der Zweck-Mittel-Relation einen so deutlichen Eingriff in die Entscheidungsfreiheit des Partners darstellen, dass sie nicht mehr dem allgemeinen Lebensrisiko des anderen Elternteils zuzurechnen ist (I 2). Keine Persönlichkeitsrechtsverletzung liegt vor, wenn die Mutter sich gegen den Willen des Vaters einen mit Einverständnis des Vaters bereits gezeugten Embryo einpflanzen lässt (I 2), siehe auch unten Punkt 6.

In den Fällen vorsätzlicher Schädigung bestehen Ansprüche gem. § 826, der nicht nur das Vermögen, sondern auch die Rechtsgüter schützt. Die Sittenwidrigkeit der Schädigung ist bei Vorsatz der Eltern positiv durch eine Interessenabwägung unter Berücksichtigung der Zweck-Mittel-Relation festzustellen (siehe Absatz zuvor, sowie II 10).

Der Inhalt des Anspruchs wegen Verletzung des Persönlichkeitsrechts auf Familienplanung umfasst wie bei der vorsätzlichen Verursachung durch Dritte (z. B. Ärzte) grundsätzlich den Ersatz der Vermögensnachteile durch die Unterhaltspflicht (III 2). Im Normalfall ist eine Zahlungspflicht des Elternteils, bei dem das Kind lebt, jedoch wegen der Grundrechte des Kindes aus Art. 1 I, 2 I GG abzulehnen, wenn das Kind spüren müsste, dass es die Ursache für Schadensersatzansprüche gegen den versorgenden Elternteil ist und die wirtschaftliche Belastung mit erfahren müsste.

Immaterielle Nachteile sind gem. Artt. 1 I, 2 I GG grundsätzlich ersatzfähig. Auf die Verwirklichung des immateriellen Wertes des Kindes kann sich der Partner bei Vorsatz nicht berufen.

Beruht die Schwangerschaft auf einer Verletzung des Rechts auf sexuelle Selbstbestimmung bzw. auf einem Sexualdelikt i. S. von §§ 174 ff. StGB, sind die mit der Empfängnis eintretenden Beeinträchtigungen des Körpers und der Gesundheit Folgen einer Verletzung dieses besonderen Persönlichkeitsrechts. Deliktische Ansprüche ergeben sich aus § 823 I, § 823 II i. V. mit §§ 174 ff. StGB, § 825. Materielle Schäden sind nach § 249 II Satz 1 voll ersatzfähig. Auch Beeinträchtigungen durch einen rechtmäßigen Schwangerschaftsabbruch (§ 218a II, III StGB) sind zurechenbarer Schaden, die damit zusammenhängenden Kosten sind ersatzfähig. Der immaterielle Schaden ist gem. § 253 II ersatzfähig, ohne dass sich der Schädiger auf den immateriellen Wert des Kindes berufen könnte.

6. Herbeiführung einer („so") nicht gewollten Schwangerschaft bei Anwendung künstlicher Fortpflanzungsmethoden

Körperverletzungen und physisch vermittelte Gesundheitsverletzungen als Folge von Pflichtverletzungen (II 5 g) bei der Anwendung künstlicher Methoden der Fortpflanzung mit der Folge ungewollter Mehrlingsgeburten sind eher unwahrscheinlich. Da die Schwangerschaft hier gewollt ist, treten die mit der Schwangerschaft einhergehenden Beeinträchtigungen nicht gegen den Willen der Mutter ein. Eine etwaige Mehrbelastung des Körpers z. B. im Fall einer Vierlingsschwangerschaft anstelle einer Zwillingsschwangerschaft stellt nur dann einen Primärschaden dar, wenn die Beeinträchtigungen eigenständigen Charakter aufweisen und von denen bei einer „normalen Schwangerschaft" deutlich abgrenzbar sind (II 5 g). Die Gesundheit ist verletzt, wenn infolge einer Totgeburt wegen der Mehrlingsschwangerschaft eine behandlungsbedürftige seelische Störung (vgl. I 1) auftritt. Hier kommen also Ansprüche aus §§ 280 I, 823 I in Betracht.

Zu ersetzen sind Heilungskosten gem. § 249 II Satz 1. Ein Mitverschulden i. S. von § 254 I ist unwahrscheinlich. Schmerzensgeld i. S. von § 253 II ist bei einer seelisch begründeten Gesundheitsverletzung infolge des Versterbens eines oder mehrerer Kinder zu gewähren. Für die Anrechnung des immateriellen Vorteils durch die Geburt der Kinder gilt im Übrigen das oben Gesagte (IV 1).

Das künstliche Einpflanzen eines im Einverständnis des Vaters gezeugten Embryos auf Initiative der Mutter (siehe oben 5) stellt keine Persönlichkeitsrechtsverletzung des Vaters dar (I 2), so dass weder die daran beteiligten Ärzte, noch die veranlassende Mutter haften.

Hingegen sind im Fall einer Verletzung der (vertraglichen) Pflicht, der Mutter keinen „fremden Embryo" einzupflanzen, die Rechtsgüter Körper und Gesundheit geschützt. Schadensersatzansprüche ergeben sich aus § 280 I, § 823 I, § 823 II i. V. mit § 1 I ESchG. Der materielle Schaden richtet sich nach § 249 II Satz 1; der immaterielle Wert des Kindes ist der Schwangeren mit Rücksicht auf das Verbot der Leihmutterschaft nicht als immaterieller Vorteil anzurechnen.

7. Die aufgrund einer Aufsichtspflichtverletzung nicht verhinderte Schwangerschaft

Bei einer unzureichenden Erfüllung vertraglicher Aufsichtspflichten kann Haftungsgrund eine durch die zu vertretende objektive Pflichtverletzung verursachte Verletzung von Körper und Gesundheit durch eine Schwangerschaft sein. Das ist der Fall, wenn die Aufsichtspflicht auch auf den Schutz der Rechtsgüter der zu beaufsichtigenden Person vor den Gefahren im Zusammenhang mit einer Empfängnis gerichtet war. Dann ist auch eine deliktische Garantenpflicht zu bejahen und der Tatbestand des § 823 I erfüllt.

Eine Persönlichkeitsrechtsverletzung setzt auch hier einen zielgerichteten Eingriff voraus, der bereits vorliegt, wenn die Aufsichtspflicht vorsätzlich verletzt wurde, die Pflicht auf den Schutz des Rechts auf Familienplanung ausgerichtet war und die Empfängnis in Kauf genommen wurde. Liegt auch eine Verletzung der sexuellen Selbstbestimmung vor, liegt darin eine weitere (vorgelagerte) Rechtsgutsverletzung.

Die materiellen Behandlungskosten sind nach § 249 II Satz 1 zu ersetzen. Ein Mitverschulden der zu beaufsichtigenden Person (durch freiwilliges Mitwirken) ist nach § 254 i. V. mit § 827 S. 1, § 828 III zu beurteilen; bzw. steht es im Rahmen der Güter- und Interessenabwägung einer Persönlichkeitsrechtsverletzung von vornherein entgegen.

Der Ersatz immaterieller Beeinträchtigungen scheitert grundsätzlich an der Werteverwirklichung durch die Geburt eines Kindes, auf die sich der vorsätzlich Handelnde jedoch nicht berufen kann.

Literaturverzeichnis

Aden, Menno, Schadensersatz und Schmerzensgeld bei Ehebruch? - Überlegungen an Hand des Römisch-Holländischen Rechts Südafrikas, MDR 1978, 536 ff.

Adomeit, Klaus, Die besondere Entscheidung: Die mißglückte Sterilisation, Anm. zu BGH v. 18.3.80, NJW 1980, 1450 u. 1452, Jura 1981, 196 ff.

Alken, Peter, Sterilisation beim Mann, in: Eser, Albin; Hirsch, Hans A. (Hrsg.); Sterilisation und Schwangerschaftsabbruch, 1980 (zitiert: *Alken,* in: *Eser/Hirsch,* Sterilisation und Schwangerschaftsabbruch).

Ankermann, Ernst, Haftung für fehlerhaften oder fehlenden ärztlichen Rat, in: Festschrift für Erich Steffen zum 65. Geburtstag am 28. Mai 1995 – Der Schadensersatz und seine Deckung, hrsg. von Erwin Deutsch, Ernst Klingmüller, Hans Josef Kullmann, 1995, S. 1 ff. (zitiert: *Ankermann,* in: FS Steffen).

Arens, Peter, Dogmatik und Praxis der Schadensschätzung – Ein Diskussionsbeitrag zur Auslegung des § 287 ZPO, ZZP 88 (1975), 1 ff.

Backhaus, Ralph, Inwieweit darf die Unterhaltspflicht für ein Kind als Schaden bewertet werden?, MedR 1996, 201 ff.

Bamberger, Heinz Georg; Roth, Herbert, Kommentar zum Bürgerlichen Gesetzbuch, Band 1, §§ 1 – 610, 2003.

Bar, Christian von, Anmerkung zu Neuen Urteilen des niederländischen Hoge Raad sowie von Gerichten aus Deutschland, England und Schottland – „Schadensersatz für das unerwünschte Kind", ZEuP 1998, 327 ff.

Baumgärtel, Gottfried, Die Beweislastverteilung im Arzthaftungsprozeß, JA 1979, 113 ff.

derselbe, Beweislastpraxis im Privatrecht: die Schwierigkeiten der Beweislastverteilung und die Möglichkeiten ihrer Überwindung, 1996 (zitiert: *Baumgärtel,* Beweislastpraxis).

Baur, Fritz, Der Beseitigungsanspruch nach § 1004 BGB - zugleich ein Beitrag zum Problem der Rechtswidrigkeit auf dem Gebiet des Güterschutzes, AcP 160 (1961), 465 ff.

Beckmann, Rainer, Rechtsfragen der Präimplantationsdiagnostik, MedR 2001, 169 ff.

Beitzke, Günther, Anmerkung zu BGH v. 6.2.1957 - IV ZR 263/56 (OLG München), MDR 1957, 408 ff.

Boin, Kai T., Unterhaltsbelastung für ein Kind als Schaden - Eine unendliche Geschichte?, JA 1995, 425 ff.

Born, Winfried, Anmerkung zu BGH, Urt. v. 21.2.2001 - XII ZR 34/99 (OLG Stuttgart), MDR 2001, 693 f.

Braschos, Franz-Joseph, Der Ersatz immaterieller Schäden im Vertragsrecht, 1979

Brohm, Winfried, Forum: Humanbiotechnik, Eigentum und Menschenwürde, JuS 1998, 198 ff.

Brox, Hans, Allgemeiner Teil des BGB, 26. Auflage 2002 (zitiert: *Brox,* Allg. Teil).

Brox, Hans/Walker, Wolf-Dietrich, Allgemeines Schuldrecht, 30. Auflage 2004 (zitiert: *Brox/Walker,* Allgemeines SchuldR).

dieselben, Besonderes Schuldrecht, 29. Auflage, 2003 (zitiert: *Brox/Walker,* Besonderes SchuldR).

Brüggemeier, Gerd, Deliktsrecht, 1986.

Bruns, Annegret, Absprachen unter Ehegatten über die Familienplanung und rechtliche Auswirkungen eines vorsätzlichen bzw. fahrlässigen Verstoßes dagegen, 1990.

Caemmerer, Ernst von, Wandlungen des Deliktsrechts, in: Hundert Jahre Deutsches Rechtsleben, Festschrift zum Deutschen Juristentag 1960, Band 2, S. 49 ff. (zitiert: *Von Caemmerer*, in: FS Dt. Juristentag 1960, Bd. 2).

derselbe, Die Bedeutung des Schutzbereichs einer Rechtsnorm für die Geltendmachung von Schadensersatzansprüchen aus Verkehrsunfällen, DAR 1970, 283 ff.

Canaris, Claus-Wilhelm, Grundrechte und Privatrecht, AcP 184 (1984), 201 ff.

derselbe, Erwiderung auf Schwabe, Jürgen, Grundrechte und Privatrecht (AcP 185 [1985], 1 ff.), AcP 185 (1985) 9 ff.

derselbe, Grundrechtswirkungen und Verhältnismäßigkeitsprinzip in der richterlichen Anwendung und Fortbildung des Privatrechts, JuS 1989, 161 ff.

derselbe, Gewinnabschöpfung bei Verletzung des allgemeinen Persönlichkeitsrechtes, in Festschrift für Erwin Deutsch zum 70. Geburtstag, hrsg. von Hans-Jürgen Ahrens, Christian von Bar, Gerfried Fischer, Andreas Spickhoff, Joachim Taupitz, 1999, S. 85 ff. (zitiert: *Canaris* in: FS Deutsch).

Coester-Waltjen, Dagmar, Der Ersatz immaterieller Schäden im Deliktsrecht, Jura 2001, 133 ff.

dieselbe, Probleme der Zurechenbarkeit bei Eigenschädigung und Fehlverhalten Dritter, Jura 2001, 412 ff.

dieselbe, Anmerkung zu BGH v. 21.2.2001 - XII ZR 34/99 (OLG Stuttgart), LM § 1353 Nr. 36/2001.

dieselbe, Unterhaltsschaden nach unterbliebener Abtreibung eines behinderten Zwillings, Jura-Karteikarte Heft 10/2002, BGB § 249/33 (zitiert: *Coester-Waltjen*, Jura-Kartei 10/02, BGB § 249/33).

Dannemann, Gerhard, Arzthaftung für die unerwünschte Geburt eines Kindes, VersR 1989, 676 ff.

Däubler, Wolfgang, Die Reform des Schadensersatzrechts, JuS 2002, 625 ff.

Debo, Arno, Der unterbliebene Schwangerschaftsabbruch als zivilrechtlicher Haftungsgrund, 1986.

Depping, Bernd, Die Menschenwürde des nichtehelichen Kindes im Spannungsfeld zwischen Unterhalts- und Deliktsrecht, JuS Echo zu Fehn, JuS 1988, 602 ff, JuS 1988, 922.

Deuchler, Wolfgang, Die Haftung des Arztes für die unerwünschte Geburt eines Kindes („wrongful birth") - Eine rechtsvergleichende Darstellung des amerikanischen und deutschen Rechts, 1984.

Deutsch, Erwin, Schmerzensgeld und Genugtuung, JuS 1969, 197 ff.

derselbe, Anmerkung zu *OLG Bamberg* vom 6.2.78 und *OLG Celle* vom 8.5.78, JZ 1978, 532 ff.

derselbe, Unerwünschte Empfängnis, unerwünschte Geburt und unerwünschtes Leben verglichen mit wrongful conception, wrongful birth und wrongful life des anglo-amerikanischen Rechts, MDR 1984, 793 ff.

derselbe, Anmerkung zu BGH, Urteil v. 22.11.1983 - VI ZR 85/82 (OLG Hamm), JZ 1984, 889 f.

derselbe, Artifizielle Wege menschlicher Reproduktion: Rechtsgrundsätze - Konservierung von Sperma, Eiern und Embryonen; künstliche Insemination und außerkörperliche Fertilisation; Embryotransfer, MDR 1985, 177 ff.

derselbe, Anmerkung zu *BGH* v. 27.11.1984 - VI ZR 43/83, NJW 1985, 674.

derselbe, Des Menschen Vater und Mutter, Die künstliche Befruchtung beim Menschen - Zulässigkeit und zivilrechtliche Folgen, NJW 1986, 1971.

derselbe, Aufklärungspflicht und Zurechnungszusammenhang, NJW 1989, 2313 f.

derselbe, Die neue Entscheidung des BGH zur AIDS-Haftung, Anmerkung zu BGH, NJW 1991, 1948, NJW 1991, 1937 f.

derselbe, Das Persönlichkeitsrecht des Patienten, AcP 192 (1992), 161 ff.

derselbe, Neues Verfassungszivilrecht: Rechtswidriger Abtreibungsvertrag gültig - Unterhaltspflicht kein Schaden, NJW 1993, 2361 ff.

derselbe, Schadensrecht und Verfassungsrecht: Akt II (Unterhalt oder Kind als Schaden: Der BGH unterscheidet Fallgruppen und weicht vom BVerfG ab), NJW 1994, 776 ff.

derselbe, Unerlaubte Handlungen, Schadensersatz und Schmerzensgeld, 3. Auflage 1995 (zitiert: *Deutsch*, Unerlaubte Handlungen).

derselbe, Das Kind oder sein Unterhalt als Schaden - Eine methodische Grundfrage des geltenden Rechts, VersR 1995, 609 ff.

derselbe, Allgemeines Haftungsrecht, 2. Auflage 1996 (zitiert: *Deutsch*, Haftungsrecht).

derselbe, Berufshaftung und Menschenwürde: Akt III, NJW 1998, 510 f.

derselbe, Über die Zukunft des Schmerzensgeldes - Pläne zur Reform des Haftungsrechts, ZRP 1998, 291 ff.

derselbe, Kausalität und Schutzbereich der Norm im Arzthaftungsrecht, in: Festschrift für Karlmann Geiß zum 65. Geburtstag am 31. Mai 2000, hrsg. von Hans Erich Brandner, Horst Hagen, Rolf Stürner, 2000, S. 367 ff. (zitiert: *Deutsch*, in: FS Geiß).

derselbe, Die Medizinhaftung nach dem neuen Schuldrecht und dem neuen Schadensrecht, JZ 2002, 588 ff.

derselbe, Das behindert geborene Kind als Anspruchsberechtigter, NJW 2003, 26 ff.

Deutsch, Erwin, Ahrens, Hans-Jürgen, Deliktsrecht, 4. Auflage 2002 (zitiert: *Deutsch/Ahrens*).

Deutsch, Erwin; Spickhoff, Andreas, Medizinrecht, 5. Auflage 2003 (zitiert: *Deutsch/Spickhoff*, Medizinrecht).

Diederichsen, Uwe, Die Haftung des Warenherstellers, 1967 (zitiert: *Diederichsen*, Die Haftung des Warenherstellers).

derselbe, Unterhaltskosten als Vermögensschäden in: VersR 1981, 693 ff.

derselbe, Die nichteheliche Lebensgemeinschaft im Zivilrecht, NJW 1983, 1017.

derselbe, Das Bundesverfassungsgericht als oberstes Zivilgericht – ein Lehrstück der juristischen Methodenlehre, AcP 198 (1998), 171 ff.

Djerassi, Carl, Der entmachtete Mann - Die Reproduktionsmedizin macht Frauen unabhängiger vom starken Geschlecht. Ein Essay über Sex im Zeitalter der technisierten Fortpflanzung, Die Zeit v. 1.7.1999.

Dreier, Horst, Stufungen des vorgeburtlichen Lebensschutzes, ZRP 2002, 377 ff.

Dreihaupt, Hermann, Schadensersatz für das unerwünschte Kind, 2001.

Dulitz, Stephan, Anmerkung zu BGH , Urteil vom 15.2.2000 - VI ZR 135/99 (OLG Karlsruhe), JA 2000, 620 ff.

Dunz, Walter, Anmerkung zum Urteil des BGH v. 17.4.1986 (IX ZR 200/85, Düsseldorf), VersR 1986, 819 f.

Eberle, Ute, Eier mit der Note Eins - Kinderlose Amerikaner wollen schlauen Nachwuchs und bieten Elite-Studentinnen dafür ein Vermögen, Süddeutsche Zeitung v. 3.8.1999.

Eckert, Jörn, Der Begriff der Freiheit im Recht der unerlaubten Handlungen, JuS 1994, 625 ff.

Ehmann, Horst; Sutschet, Holger, Modernisiertes Schuldrecht – Lehrbuch der Grundsätze des neuen Rechts und seiner Besonderheiten, 2002.

Emert, Monika, Die Auswahl von guten Embryonen empfohlen, Süddeutsche Zeitung v. 13.7.1999.
Emmerich, Volker, Anmerkung zu BGH, Urt. v. 9.11.1993 - VI ZR 62/93 (Frankfurt a.M.), JuS 1994, 351.
derselbe, Anmerkung zu BGH, Urt. v. 15.2.2000 - VI ZR 135/99 (Karlsruhe), JuS 2000, 919.
Engelhardt, Hanns, Kind als Schaden?, VersR 1988, 540 ff.
Enneccerus, Ludwig, Nipperdey, Hans Karl, Allgemeiner Teil des Bürgerlichen Rechts, zweiter Halbband, 15. Auflage 1960 (zitiert: *Enneccerus/Nipperdey*, Allg. Teil, 2. Halbband).
Erichsen, Hans-Uwe, Die Drittwirkung der Grundrechte, Jura 1996, 527 ff.
Erman, Walter, Handkommentar zum Bürgerlichen Gesetzbuch.
Band I: §§ 1 - 811, UKlaG, 11. Auflage 2004.
Band II: §§ 812 – 2385, EGBGB, ErbbauVO, HausratsVO, LPartG, ProdHaftG; VAHRG, WEG, 11. Auflage 2004.
Eser, Albin, Das neue Schwangerschaftsabbruchsstrafrecht auf dem Prüfstand, NJW 1992, 2913.
Eser, Albin; Koch, Hans-Georg, Aktuelle Rechtsprobleme der Sterilisation, MedR 1984, 6 ff.
Esser, Josef; Schmidt, Eike, Schuldrecht Band I Allgemeiner Teil Teilband 2, 8. Auflage 2000 (zitiert: *Esser/Schmidt*, SchuldR I/2).
Esser, Josef; Weyers, Hans-Leo, Schuldrecht Band II Besonderer Teil Teilband 2 – Gesetzliche Schuldverhältnisse, 8. Auflage 2000 (zitiert: *Esser/Weyers*, SchuldR II/2).

Fabio, Udo di, Der Schutz von Ehe und Familie: Verfassungsentscheidung für die vitale Gesellschaft, NJW 2003, 993 ff.
Fahrenhorst, J., Anmerkung zu BGH v. 22.11.1983 - VI ZR 85/82, JR 1984, 417 f.
Fehn, Bernd J., Die Menschenwürde des nichtehelichen Kindes im Spannungsfeld zwischen Unterhalts- und Deliktsrecht – BGH, NJW 1986, 2043, JuS 1988, 602 ff.
Fikentscher, Wolfgang, Schuldrecht, 9. Auflage 1997.
Fischer, Gerfried, Anmerkung zu BGH v. 10.3.1981 - VI ZR 202/79, JR 1981, 501 ff.
derselbe, „Wrongful life“: Haftung für die Geburt eines behinderten Kindes - BGHZ 86, 240, JuS 1984, 434 ff.
derselbe, Schadensersatz wegen Unterhaltsverpflichtungen, in: Festschrift für Walter Rolland zum 70. Geburtstag, hrsg. von Uwe Diederichsen, Gerfried Fischer, Dieter Medicus, Jörg Pirrung, Thomas Wagenitz, 1999, S. 103 ff. (zitiert: *Fischer*, in: FS Rolland).
Foerste, Ulrich, Anmerkung zu BGH v. 21.2.2001 - XII ZR 34/99, JZ 2001, 986 ff.
Franzki, Harald, Neue Dimensionen in der Arzthaftung: Schäden bei der Geburtshilfe und Wrongful life als Exponenten einer Entwicklung?, VersR 1990, 1181 ff.
Fritzsche, Jörg, Fälle zum Schuldrecht I, 2003.
Frydman, René; Haug, Verena; Klar, Maximilian, Nah am britischen Vorbild - Ein Gespräch mit dem Pariser Gynäkologen *René Frydman* über die neue französische Biopolitik, Die Zeit v. 23.5.2001.
Fuchs, Maximilian, Die zivilrechtliche Haftung des Arztes aus der Aufklärung über Genschäden, NJW 1981, 610 ff.
derselbe, Versicherungsschutz und Versicherbarkeit als Argumente bei der Schadensverteilung, AcP 191 (1991), 318 ff.
Funkel, Thorsten, Schutz der Persönlichkeit durch Ersatz immaterieller Schäden in Geld, München 2001

Gehrlein, Markus, Leitfaden zur Arzthaftpflicht nach der Rechtsprechung des Bundesgerichtshofes, 2001.
derselbe, Grenzen der Schadensersatzpflicht des Arztes für Unterhaltsaufwand bei ungewollter Schwangerschaft, NJW 2000, 1771 f.
derselbe, Zulässiger Abbruch einer Zwillingsschwangerschaft? NJW 2002, 870 f.
Geigel, Reinhard, Der Haftpflichtprozeß, hrsg. von Schlegelmilch, Günther, 22. Auflage 1997 (zitiert: *Geigel/Bearbeiter*).
Geiger, Willi, Die Rechtswidrigkeit des Schwangerschaftsabbruchs, FamRZ 1986, 1 ff.
derselbe, Abtreibung und Rechtsordnung, Jura 1987, 60 ff.
Geiger, Jutta; Lampe, Claudia von, Das Zweite Urteil des Bundesverfassungsgerichts zum Schwangerschaftsabbruch: - BVerfG, Urteil vom 28. Mai 1993 - 2 BvR 2/90, 4/92, 5/92 - Ein Schritt vorwärts, zwei Schritte zurück, Jura 1994, 20 ff.
Gernhuber, Joachim, Die Haftung für Hilfspersonen innerhalb des mitwirkenden Verschuldens, AcP 152 (1952/1953), 69 ff.
Gernhuber, Joachim; Coester-Waltjen, Dagmar, Lehrbuch des Familienrechts, 4. Auflage 1994 (zitiert: *Gernhuber/Coester-Waltjen*, Familienrecht).
Giesen, Dieter, Geburt eines ungewollten Kindes - Wertverwirklichung oder Schadensereignis? Zur Problematik einer Gerichtsentscheidung über die Abgrenzung zwischen unmittelbarem und mittelbarem Schaden, FamRZ 1970, 565 ff.
derselbe, Grundzüge der zivilrechtlichen Arzthaftung, Jura 1981, 10 ff.
derselbe, Recht und medizinischer Fortschritt. Höchstrichterliche Entscheidungen zur Arzthaftung im Zeitalter der Entfaltung neuer biomedizinischer Technologien, JR 1984, 221 ff.
derselbe, Anmerkung zu BGH v. 27.11.84 - VI ZR 43/83 (KG Berlin), JZ 1985, 334 ff.
derselbe, Probleme künstlicher Befruchtungsmethoden beim Menschen, JZ 1985, 652 ff.
derselbe, International Medical Malpractice Law - A Comparative Study of Civil Liability Arising from Medical Care, 1988 (zitiert: *Giesen*, MML).
derselbe, Schadenbegriff und Menschenwürde - Zur schadenrechtlichen Qualifikation der Unterhaltspflicht für ein ungewolltes Kind, JZ 1994, 286 ff.
derselbe, Arzthaftungsrecht, 4. Auflage 1995.
derselbe, Familienrecht, 2. Auflage 1997.
Giesen, Dieter; Giesen, Angelika, „Enzynorm statt Eugynon" und die Folgen aus § 254 BGB - Zu LG Itzehoe, FamRZ 1969, 90 und Mertens, FamRZ 1969, 251, FamRZ 1969, 319 f.
Gottwald, Peter Schadenszurechnung und Schadensersatz, 1979 (zitiert: *Gottwald*, Schadenszurechnung).
Gottwald, Stefan, Das allgemeine Persönlichkeitsrecht – Ein zeitgeschichtliches Erklärungsmodell, 1996.
Greiner, Hans-Peter, Aufklärung über „Behandlungsschritte" und „Behandlungstechniken"? - Die Rechtsprechungsgrundsätze zur Aufklärung über Behandlungsalternativen, in: Festschrift für Karlmann Geiß zum 65. Geburtstag am 31. Mai 2000, hrsg. von Hans Erich Brandner, Horst Hagen, Rolf Stürner, 2000, S. 411 ff. (zitiert: *Greiner*, in: FS Geiß).
Grimm, Dieter, Die Meinungsfreiheit in der Rechtsprechung des Bundesverfassungsgerichtes, NJW 1995, 1697 ff.
Grunsky, Wolfgang, „Kind als Schaden", Jura 1987, 82 ff.

Haas, Ulrich, Horcher, Michael; Überblick über das 2. Gesetz zur Änderung schadensersatzrechtlicher Vorschriften, DStR 2001, 2118 ff.
Hager, Johannes, Grundrechte im Privatrecht, JZ 1994, 373 ff.

Hanau, Peter, Kausalität der Pflichtwidrigkeit, 1971.

Harrer, Herbert, Zivilrechtliche Haftung bei durchkreuzter Familienplanung, 1989.

Hart, Dieter, Grundlagen des Arzthaftungsrechts: Leistungs- und Haftungsschuldner, Jura 2000, 14 ff.

derselbe, Grundlagen des Arzthaftungsrechts: Pflichtengefüge, Jura 2000, 64 ff.

Hauberichs, Sabine, Haftung für neues Leben im deutschen und englischen Recht – Eine Darstellung am Beispiel der unerwünschten Geburt eines gesunden Kindes, 1998.

Heldrich, Andreas, Schadensersatz bei fehlgeschlagener Familienplanung - *LG Itzehohe,* FamRZ 1969, 90, JuS 1969, 455 ff.

Hennies, G., Das „Kind als Schadensquelle"? - Diskrepanzen in der Rechtsprechung des Bundesverfassungsgerichtes, ArztR 1998, 263 ff.

Heun, Werner, Embryonenforschung und Verfassung - Lebensrecht und Menschenwürde des Embryos, JZ 2002, 517 ff.

Hippel, Eike von, Schadensersatz für unerwünschte Kinder? FamRZ 1971, 409 f.

Hirsch, Christoph, Schadensersatz statt Leistung, Jura 2003, 289 ff.

Hirsch, Hans A., Chirurgische Methoden, in: Eser, Albin; Hirsch, Hans A. (Hrsg.); Sterilisation und Schwangerschaftsabbruch, 1980, § 5 Schwangerschaftsabbruch: Medizinische Methoden, (zitiert: *Hirsch,* in: *Eser/Hirsch,* Sterilisation und Schwangerschaftsabbruch).

Hirsch, Hans Joachim, Zur Abgrenzung von Strafrecht und Zivilrecht, in Festschrift für Karl Engisch zum 70. Geburtstag 1969, hrsg. von Paul Bockelmann, Arthur Kaufmann, Ulrich Kling, S. 304 ff. (zitiert: *Hirsch,* in: FS Engisch).

Hoerster, Norbert, Forum: Das "Recht auf Leben" der menschlichen Leibesfrucht - Rechtswirklichkeit oder Verfassungslyrik? JuS 1995, 192 ff.

Hofmann, Gunter, Die Schlacht am Rubikon - Ethik gegen Ethik: Im Berliner Streit um die Biomedizin wächst die Angst vor dem moralischen Bürgerkrieg, Die Zeit v. 23.5.2001

Hohloch, Gerhard, Unterhalt nach künstlicher Befruchtung bei "homologer In-Vitro-Fertilisation", Anmerkung zu BGH v. 21.2.2001 - XII ZR 34/99, JuS 2001, 711 f.

Holzwarth, Andreas, Das Recht auf ungestörte Familienplanung als Konkretisierung des zivilrechtlichen allgemeinen Persönlichkeitsrechtsschutzes, 1997.

Hoppe, Tilman, Persönlichkeitsschutz durch Haftungsrecht, 2001.

Huber, Ulrich, Normzwecktheorie und Adäquanztheorie – zugleich Besprechung des Urteils des BGH v. 7.6.1968, JZ 1969, 677 ff.

Huber, Peter; Faust, Florian, Schuldrechtsmodernisierung, Einführung in das neue Recht, 2002.

Hüffer, Uwe, Vorteilsausgleich und Schmerzensgeld, VersR 1969, 500 ff.

derselbe, Nochmals: Vorteilsausgleich und Schmerzensgeld, VersR 1970, 209 ff.

Ipsen, Jörn, Der „verfassungsrechtliche Status" des Embryos in vitro - Anmerkungen zu einer aktuellen Debatte, JZ 2001, 989 ff.

Jaeger, Lothar, Verlagerung der Schmerzensgeldregelung vom Deliktsrecht in das allgemeine Schuldrecht, ZGS 2002, 54 ff.

Jakobs, Günther, Rechtmäßige Abtreibung von Personen? JR 2000, 404 ff.

Jansen, Nils, Das Problem der Rechtswidrigkeit bei § 823 Abs. 1 BGB, AcP 202 (2002), 517 ff.

Jardine, Anja, Das perfekte Kind, Spiegel Reporter Heft 1, 2001, S. 24 ff.

Jauernig, Othmar, Bürgerliches Gesetzbuch, 11. Auflage 2004.

Jayme, Erik, Die Familie im Recht der unerlaubten Handlungen, 1971.

Junker, Claudia, Pflichtverletzung, Kindesexistenz und Schadensersatz, 2002

Kaiser, Heinrich; Dunkl, Hans; Hold, Dieter; Kleinsorge, Georg, Entgeltfortzahlungsgesetz, 4. Auflage 1997 (zitiert: *Kaiser/Dunkl/Hold/ Kleinsorge*).

Kamps, Hans, Das Recht der Reproduktionsmedizin - Ein Überblick, MedR 1994, 339 ff.

Katzenmeier, Christian, Arzthaftungsrecht, 2002 (zitiert: *Katzenmeier*, Arzthaftungsrecht).

Katzenstein, Matthias, Die Systematik des Schadenshaftungsrechts, Jura 2004, 584 ff.

derselbe, Die Neuregelung des Anspruchs auf Schmerzensgeld, JZ 2002, 1029 ff.

Kekulé, Alexander, Wie Wünsche wahr werden - Geschwisterdienste: Es kommt auf das Gewebe an, Tagesspiegel v. 20.2.2002 (zitiert: *Kekulé*, Tagesspiegel).

Keller, Rolf; Günther, Hans-Ludwig; Kaiser, Peter, Kommentar zum Embryonenschutzgesetz, 1992 (zitiert: *Keller/Günther/Kaiser*).

Kerschbaum, Alfred, Die Waffengleichheit im Arzthaftungsprozeß unter besonderer Berücksichtigung der Aufklärungspflichtverletzung und der Rechtsprechung des Bundesgerichtshofes, 2000.

Kienle, Thomas, Das Verbot des Klonens von Menschen, ZRP 1998, 186 ff.

Klawki, Rainer, Frau, Kind, Arzt und Staat – Ein aktueller Überblick nach dem Karlsruher Urteil, ZfL 1993, 41 ff.

Klimke, Manfred, Vorteilsausgleich im immateriellen Bereich, VersR 1969, 111.

derselbe, Nochmals: Vorteilsausgleich im immateriellen Bereich, VersR 1969, 785.

derselbe, Kann die Geburt eines Kindes ein Schadensereignis sein?, VersR 1975, 1083 ff.

Koch, Elisabeth, Anmerkung zu BGH v. 15.2.2000 – VI ZR 135/99, JR 2000, 465.

dieselbe, Anmerkung zu BGH v. 21.2.2001 - XII ZR 34/99, JR 2002, 105 f.

Köhler, Helmut, BGB Allgemeiner Teil, 26. Auflage 2002 (zitiert: *Köhler*, Allg. Teil).

Kolb, Knut, Absprachen über die Verwendung empfängnisverhütender Mittel, 1993.

Köndgen, Johannes, Haftpflichtfunktionen und Immaterialschaden am Beispiel von Schmerzensgeld bei Gefährdungshaftung, 1976

Körner, Marita, Zur Aufgabe des Haftungsrechts – Bedeutungsgewinn präventiver und punitiver Elemente, NJW 2000, 241 ff.

Kötz, Hein, in: Festschrift für Ernst Steindorff zum 70. Geburtstag am 13. März 1990 – Ziele des Haftungsrechts, hrsg. von Jürgen F. Baur, Klaus J. Hopt, Mailänder, S. 643 ff. (zitiert: *Kötz*, in: FS Steindorff).

Kötz Hein; Wagner Gerhard, Deliktsrecht, 9. Auflage 2001.

Krauskopf, H., in: Festschrift für Herrmann Lange zum 70. Geburtstag 1992 - Die Haftung des Kassenarztes, hrsg. von Dieter Medicus, Hans-Joachim Mertens u. a., S. 523 ff. (zitiert: *Krauskopf*, in: FS Lange).

Kullmann, Hans Josef; Pfister, Bernhard, Produzentenhaftung, Stand: 2003.

Lange, Hermann, Schadensersatz 2. Auflage 1990.

derselbe, Anmerkung zu BGH v. 16.11.1993, LM Nr. 154/1994 zu § 823 (Aa) BGB.

Lange, Knut Werner, Schutz des allgemeinen Persönlichkeitsrechtes durch zivilrechtliche Prävention?, VersR 1999, 274 ff.

Lankers, Winfried, Zur Abwälzung von Unterhaltskosten, FamRZ 1969, 385 ff.

Larenz, Karl, Das „allgemeine Persönlichkeitsrecht" im Recht der unerlaubten Handlungen, NJW 1955, 521 ff.

derselbe, Allgemeiner Teil des BGB, 7. Auflage 1989 (zitiert: *Larenz*, Allg. Teil).

derselbe, Lehrbuch des Schuldrechts Bd. 1, Allgemeiner Teil, 14. Auflage 1987 (zitiert: *Larenz*, SchuldR I).

Larenz, Karl; Canaris, Claus-Wilhelm, Lehrbuch des Schuldrechts Band 2, Besonderer Teil, 2. Halbband, 13. Auflage 1994 (zitiert: *Larenz/Canaris* Schuldrecht II/2).
dieselben, Methodenlehre der Rechtswissenschaft, 3. Auflage 1995 (zitiert: *Larenz/Canaris*, Methodenlehre).
Larenz, Karl; Wolf, Manfred, Allgemeiner Teil des Bürgerlichen Rechts, 8. Auflage 1997.
Laufs, Adolf, Die Verletzung der Aufklärungspflicht und ihre deliktische Rechtsfolge, NJW 1974, 2025 ff.
derselbe, Die Entwicklung des Arztrechts 1984/85, NJW 1985, 1361 ff.
derselbe, Fortpflanzungsmedizin und Arztrecht, 1992 (zitiert: *Laufs*, Fortpflanzungsmedizin und Arztrecht).
derselbe, Arztrecht, 5. Auflage 1993 (zitiert: *Laufs*, Arztrecht).
derselbe, Schädliche Geburten - und kein Ende, NJW 1998, 796 ff.
derselbe, Arzt, Patient und Recht am Ende des Jahrhunderts, NJW 1999, 1758 ff.
Laufs, Adolf; Reiling, Emil, Schmerzensgeld wegen schuldhafter Vernichtung deponierten Spermas? NJW 1994, 775 f.
Laufs Adolf; Uhlenbruck, Wilhelm, Handbuch des Arztrechts, 3. Auflage 2002 (zitiert: *Laufs/Uhlenbruck/Bearbeiter*).
Leenen, Detlef, Die Neuregelung der Verjährung, JZ 2001, 552 ff.
derselbe, Die Neugestaltung des Verjährungsrechts durch das Schuldrechtsmodernisierungsgesetz, DStR 2002, 34 ff.
derselbe, Die Verjährung von Mängelansprüchen, in: Das neue Schuldrecht in der Praxis –Akzente – Brennpunkte – Ausblick, hrsg. von Barbara Dauner-Lieb; Horst Konzen; Karsten Schmidt, 2003, S. 105 ff.
Lepa, Manfred, Die Einwirkung der Grundrechte auf die Anwendung des Deliktsrechts in der Rechtsprechung des Bundesgerichtshofes, in: Festschrift für Erich Steffen zum 65. Geburtstag am 28. Mai 1995 – Der Schadensersatz und seine Deckung, hrsg. von Erwin Deutsch, Ernst Klingmüller, Hans Josef Kullmann, 1995, S. 261 ff. (zitiert: *Lepa*, in: FS Steffen).
derselbe, Beweisprobleme beim Schadensersatzanspruch aus Verletzung der Verpflichtung des Arztes zur Risikoaufklärung, in: Festschrift für Karlmann Geiß zum 65. Geburtstag am 31. Mai 2000, hrsg. von Hans Erich Brandner, Horst Hagen, Rolf Stürner, 2000, S. 449 ff. (zitiert: *Lepa*, in: FS Geiß).
Loewenheim, Ulrich, Probleme der Produzentenhaftung - Betrachtungen zum Urteil des LG Limburg v. 18.6.1969, NJW 1969, 1754 f.
Looschelders, Dirk, Die Ausstrahlung der Grundrechte auf das Schadensrecht, in: Einwirkungen der Grundrechte auf das Zivilrecht, Öffentliche Recht und Strafrecht - Mannheimer Fakultätstagung über 50 Jahre Grundgesetz, 1999, hrsg. von Jürgen Wolter, Eibe Riedel, Jochen Taupitz (zitiert: *Looschelders*, in: *Wolter/Riedel/Taupitz*).
derselbe, Schadensersatz bei „einseitiger" Durchkreuzung der Familienplanung durch den kinderwilligen (Ehe-)Partner? Jura 2000, 169 ff.
Lorenz, Werner, Anmerkung zu BGH 8.1.1963 – VI ZR 80/62, JZ 1964, 179 ff.
Losch, Bernhard, Lebensschutz am Lebensbeginn: Verfassungsrechtliche Probleme des Embryonenschutzes, NJW 1992, 2926 ff.
Losch, Bernhard, Radau, Wiltrud Christine, Die „Kind als Schaden"- Diskussion, NJW 1999, 821 ff.
Löwe, Walter, Anmerkung zu LG Itzehoe v. 21.11.1968, VersR 1969, 573 ff.
derselbe, Anmerkung zu LG München I v. 27.2.1970, VersR 1970, 430 f.
derselbe, Anmerkung zu LG Duisburg v. 7.3.1974 (8 O 349/73), VersR 1975, 432.

Lüderitz, Alexander, Familienrecht, 27. Auflage 1999.

Mannsdorfer, Thomas, Pränatale Schädigung - Ausservertragliche Ansprüche pränatal geschädigter Personen, 2000.

Matthies, Karl-Heinz, Anmerkung zur Entscheidung des BGH VI ZR 157/88, JR 1990, 25 ff.

Medicus, Dieter, Der Grundsatz der Verhältnismäßigkeit im Privatrecht, AcP 192 (1992), 35 ff.

derselbe, Entscheidungen des BGH als Merksteine für die Entwicklung des allgemeinen Zivilrechts, NJW 2000, 2921 ff.

derselbe, Schuldrecht I, Allgemeiner Teil, 15. Auflage 2004 (zitiert: *Medicus*, SchuldR I).

derselbe, Schuldrecht II, Besonderer Teil, 12. Auflage 2004 (zitiert: *Medicus*, SchuldR II).

derselbe, Bürgerliches Recht, 19. Auflage 2002 (zitiert: *Medicus*, BürgR).

Mertens, Hans-Joachim, Ein Kind als Schadensfall? Betrachtungen zum Urteil des LG Itzehoe vom 21.11.1968 - FamRZ 1969, 90, FamRZ 1969, 251 ff.

Meyer, Susanne, Deutschland, armes Kinderland – Wie die Ego - Gesellschaft unsere Zukunft verspielt, 2002.

Michalski, Lutz, Des Apothekers Kind, JA 1979, 186 ff.

Müller, Gerda, Fortpflanzung und ärztliche Haftung, in: Festschrift für Erich Steffen zum 65. Geburtstag am 28. Mai 1995 – Der Schadensersatz und seine Deckung, hrsg. von Erwin Deutsch, Ernst Klingmüller, Hans Josef Kullmann, 1995, S. 355 ff. (zitiert: *G. Müller*, in: FS Steffen).

dieselbe, Beweislast und Beweisführung im Arzthaftungsprozeß, NJW 1997, 3049 ff.

dieselbe, Aufklärungsfehler als Grundlage ärztlicher Haftung, in: Festschrift für Karlmann Geiß zum 65. Geburtstag am 31. Mai 2000, hrsg. von Hans Erich Brandner, Horst Hagen, Rolf Stürner, 2000, S. 461 ff. (zitiert: *G. Müller*, in: FS Geiß).

dieselbe, Das reformierte Schadensersatzrecht, VersR 2003, 1 ff.

dieselbe, Unterhalt für ein Kind als Schaden, NJW 2003, 697 ff.

Müller-Lissner, Adelheid, Schutz für Ungeborene, Tagesspiegel v. 26.6.2003.

Münch, Ingo von; Kunig, Philip (Hrsg.), Grundgesetzkommentar Band 1, 5. Auflage 2000.

Münchener Kommentar zum Bürgerlichen Gesetzbuch (zitiert: MünchKomm/*Bearbeiter*):

3. Auflage (zitiert: MünchKomm/Bearbeiter, 3. Auflage).
   Band 1 Allgemeiner Teil, §§ 1 - 240, ABG-Gesetz, 3. Auflage 1993.
   Band 5 Schuldrecht Besonderer Teil III, §§ 705 - 853, Partnerschaftsgesellschaftsgesetz, Produkthaftungsgesetz, 3. Auflage 1997.

4. Auflage (zitiert: MünchKomm/Bearbeiter, 4. Auflage).
   Band 1 Allgemeiner Teil: §§ 1 - 240, AGB-Gesetz, 4. Auflage 2001.
   Band 2a Schuldrecht Allgemeiner Teil, §§ 241 - 432, 4. Auflage 2003.
   Band 5 Schuldrecht Besonderer Teil §§ 705 –853, 4. Auflage 2004.
   Band 7 Familienrecht, VAHRG, VAÜG, HausratsV, §§ 1297 - 1598, 4. Auflage 2000.

Münchener Kommentar zur Zivilprozessordnung, hrsg. von Gerhard Lüke; Peter Wax, 2. Auflage 2000 Bd. 1, §§ 1 - 354 (zitiert: MünchKomm/ZPO/*Bearbeiter*).

Musielak, Hans-Joachim, Die Grundlagen der Beweislast im Zivilprozeß, 1975 (zitiert: *Musielak*, Beweislast).

derselbe, Die Beweislastregelung bei Zweifeln an der Prozeßfähigkeit, NJW 1997, 1736 ff.

Ostheide, Stefan, Die schadensersatzrechtliche Problematik des unerwünschten Kindes im deutschen Zivilrecht, 2000.

Ott, Claus; Schäfer, Hans-Bernd, Schmerzensgeld bei Körperverletzungen, JZ 1990, 563 ff.

Pahmeier, Lydia, Die Geburt eines Kindes als Quelle eines Schadens, 1997.

Palandt, Otto, BGB, 61. Auflage 2002 (zitiert: *Palandt/Bearbeiter,* 61. Auflage 2002).

derselbe, BGB, 63. Auflage 2004 (zitiert: *Palandt/Bearbeiter*).

Papsthart, Alexander, Verstoß gegen die Menschenwürde durch Behandlung eines Kindes als „Schaden", NJW-Echo Heft 19/1998, S. XXV.

Pecher, Hans Peter, Der Anspruch auf Genugtuung als Vermögenswert, AcP 171 (1971), 44 ff.

Peter, Jürgen, Schlüsselgewalt bei Arzt- und Krankenhausverträgen - Ein Beitrag zum Anwendungsbereich des § 1357 BGB im Arztrecht, NJW 1993, 1949 ff.

Petersen, Anne, Comeback des Kindersegens, Welt am Sonntag v. 25.5.2003.

Pfeiffer, Thomas, Anmerkung zu *BGH* v. 9.11.1993, BGHZ 124, 52, LM § 823 Aa Nr. 151/1994.

Picker, Eduard, Schadensersatz für das unerwünschte Kind („Wrongful birth") - Medizinischer Fortschritt als zivilisatorischer Rückschritt?, AcP 195 (1995), 483 ff.

derselbe, Schadensersatz für das unerwünschte eigene Leben – „wrongful life", 1995 (zitiert: *Picker,* „wrongful life").

derselbe, Schadenshaftung für unerwünschte Nachkommenschaft („Wrongful birth") - Medizinischer Fortschritt als zivilisatorischer Rückschritt?, Schriften der Juristischen Studiengesellschaft Regensburg e. V., Heft 16, 1997 (zitiert: *Picker,* „wrongful birth").

Pieroth, Bodo; Schlink, Bernhard, Grundrechte Staatsrecht II, 17. Auflage 2001 (zitiert: *Pieroth/Schlink*).

Poll, Jens; Jurisic, Zaklina, Recht und medizinischer Fortschritt - Die höchstrichterliche deutsche Zivilrechtsprechung zu neuen biomedizinischen Technologien, JR 1999, 226 ff.

Prinz, Matthias, Der Schutz der Persönlichkeit vor Verletzungen durch die Medien, NJW 1995, 817 ff.

Prölss, Jürgen, Beweiserleichterungen im Schadensersatzprozeß, 1971.

Puhl, Thomas, Der Unterhaltsanspruch des Kindes - unter dem Grundgesetz ein ersatzfähiger „Schaden"?, in: Einwirkungen der Grundrechte auf das Zivilrecht, Öffentliche Recht und Strafrecht - Mannheimer Fakultätstagung über 50 Jahre Grundgesetz, 1999, hrsg. von Jürgen Wolter, Eibe Riedel, Jochen Taupitz (zitiert: *Puhl,* in: *Wolter/Riedel/Taupitz*).

Puhl, Wolfhart; Dierks, Christian, Der Einfluss der Zivilgerichtsbarkeit auf die Qualität medizinischer Versorgung, in: Festschrift für Karlmann Geiß zum 65. Geburtstag am 31. Mai 2000, hrsg. von Hans Erich Brandner, Horst Hagen, Rolf Stürner, 2000, S. 477 ff. (zitiert: *Puhl/Dierks,* in: FS Geiß).

Raab, Thomas, Die Bedeutung der Verkehrspflichten und ihre systematische Stellung im Deliktsrecht, JuS 2002,1041 ff.

Rabel, Ernst, Recht des Warenkaufs 1. Band 1936, Neudruck 1964 (zitiert: *Rabel,* Recht des Warenkaufs).

Ramm, Thilo, Anmerkung zu BGH v. 17.4.1984 - IX ZR, BGHZ 97, 372 ff., JZ 1986, 1011 ff.

derselbe, Die Fortpflanzung - ein Freiheitsrecht?, JZ 1989, 861 ff.

Rauscher, Thomas, Die Schadensersatzreform - Vergleich der neuen Regelungen mit der alten Rechtslage, Jura 2002, 577 ff.

Recker, Wilfried, Schadensersatz statt der Leistung – oder: Mangelschaden und Mangelfolgeschaden, NJW 2002, 1247 f.

Rehborn, Martin, Anmerkung zu BVerfG, Beschluss vom 12.11.1997 - 1 BvR 479/92 u.a., MDR 1998, 221 f.

derselbe, Aktuelle Entwicklungen im Arzthaftungsrecht, MDR 2000, 1101 ff.

Reinhart, Andreas, Familienplanungsschaden; Wrongful birth, wrongful life, wrongful conception, wrongful pregnancy - Eine rechtsvergleichende Untersuchung anhand des deutschen und anglo-amerikanischen Rechts, 1999.

Reinelt, Ekko, Schadensersatz beim Kauf empfängnisverhütender Mittel - Zugleich eine Besprechung von LG München I, FamRZ 1970, 314 - 316, FamRZ 1970, 572 ff.

derselbe, Denkfehler bei Behandlung eines Kindes als „Schaden", NJW-Echo Heft 19/1998, S.XXIV.

RGRK BGB: Reichsgerichtsrätekommentar. Das Bürgerliche Gesetzbuch mit besonderer Berücksichtigung der Rechtsprechung des Reichsgerichts und des Bundesgerichtshofs (zitiert: RGRK/*Bearbeiter*):
Band II, 5. Teil, §§ 812 – 831, 12. Auflage 1989.
Band II, 6. Teil, §§ 832 - 853, 12. Auflage 1989.

Rögener, Wiebke, Geburt nach Wahl und Kind nach Maß - Immer häufiger klagen Eltern gegen Ärzte, wenn der Nachwuchs nicht den gewünschten Anforderungen entspricht, Süddeutsche Zeitung v. 10.8.1999.

Rohe, Mathias, Anmerkung zu *BGH* v. 9.11.1993, BGHZ 124, 52, JZ 1994, 465 ff.

derselbe, Gründe und Grenzen deliktischer Haftung – die Ordnungsaufgabe des Deliktsrechts (einschließlich der Haftung ohne Verschulden) in rechtsvergleichender Betrachtung, AcP 201 (2001), 117 ff.

Rosenberg, Leo, Die Beweislast auf der Grundlage des Bürgerlichen Gesetzbuchs und der Zivilprozeßordnung, 5. Auflage 1965.

Rosenberg, Leo; Schwab, Karl-Heinz; Gottwald, Peter, Zivilprozessordnung, 16. Auflage 2004 (zitiert: *Rosenberg/Schwab/Gottwald*, ZPO).

Rosengarten, Joachim, Der Präventionsgedanke im deutschen Zivilrecht - Höheres Schmerzensgeld, aber keine Anerkennung und Vollstreckung US-amerikanischer punitive damages?, NJW 1996, 1935 ff.

Roth, Andreas, Zivilrechtliche Folgerungen aus dem Urteil des BVerfG vom 28.5.1993 zum Schwangerschaftsabbruch, FuR 1993, 305 ff.

derselbe, Unterhaltspflicht für ein Kind als Schaden? – Besprechung von BGH, Urt. v. 16.11.1993 – VI ZR 105/92, NJW 1994, 788; NJW 1994, 2402 ff.

derselbe, Kindesunterhalt als Schaden, NJW 1995, 2399 f.

Roth-Stielow, Hans, Ersatzansprüche für den Lebensbedarf eines ungewollten Kindes – eine Lücke im Gesetz?, MDR 1971, 265 ff.

derselbe, Das „erschlichene" Kind als Heiratsköder, JR 1987, 7 ff.

Sachs, Michael (Hrsg.), Grundgesetz, 3. Auflage 2003.

Sangmeister, Bernd, „Der Krieg der Richter" - BVerfG, NJW 1998, 519, JuS 1999, 21 ff.

Schellhammer, Kurt, Schuldrecht nach Anspruchsgrundlagen samt BGB Allgemeiner Teil, 5. Auflage 2003.

Scherer, Inge, Schwangerschaftsabbruch bei Minderjährigen und elterliche Zustimmung, FamRZ 1997, 589 ff.

Schiemann, Gottfried, Schmerzensgeld für fehlgeschlagene Sterilisation - OLG Braunschweig, NJW 1980, 643, JuS 1980, 709 ff.

derselbe, Anmerkung zu BGH v. 27.6.1995, - VI ZR 32/94, NJW 1995, 2707, LM § 249 (A) BGB, Nr. 109/1995.

derselbe, Anmerkung zu BGH v. 4.3.1997 - VI ZR 354/95, NJW 1997, 1638, LM § 823 (Aa) BGB, Nr. 171/1997.

Schlosshauer-Selbach, Stefan; Buchbesprechung zum Werk „Vorgeburtliche Medizin zwischen Heilungsauftrag und Selektion", hrsg. von Ingolf Schmidt-Tannwald und Maria Overdick-Gulden, 2001, in: NJW 2002, 1776 f.

Schlund, Gerhard, Anmerkung zu BGH v. 18.3.1980 - VI ZR 105/78 (Bamberg), JR 1980, 369 f.

derselbe, Anmerkung zu BGH v. 2.12.1980 - VI 175/78 (Karlsruhe), JR 1981, 238 f.

derselbe, Anmerkung zu BGH v. 17.4.1986 - IX ZR 200/85, JR 1986, 455 f.

Schöbener, Burkhard, Menschliche Existenz als Schadensquelle? - Verfassungsrechtliche Aspekte der Rechtsprechung des BGH zur Geburt eines unerwünschten Kindes, JR 1996, 89 ff.

Schönke, Adolf; Schröder, Horst, Strafgesetzbuch Kommentar, 26. Auflage 2001.

Schrader, Christopher, Kinder gezeugt zu einem Zweck, Süddeutsche Zeitung v. 10.10.2000.

Schramm, Stephan, Der Schutzbereich der Norm im Arzthaftungsrecht, Karlsruhe 1992.

Schünemann, Hermann, Schadensersatz für mißgebildete Kinder bei fehlerhafter genetischer Beratung Schwangerer? - Zugleich Anmerkung zum Urteil des OLG München vom 27.2.1981, JZ 1981, 586, JZ 1981, 574 ff.

Schuh, Hans, Erbgut-Check für Embryonen - Die Zukunftstechnik PID könnte viel Leid lindern, *Die Zeit* Nr. 10/2000 v. 2.3.2000.

Schulz, Roland, Optimierte Produkte, Der Tagesspiegel v. 11./12.6.2000.

Schwab, Dieter, Familienrecht, 11. Auflage 2001.

Schwab, Martin, Das neue Schuldrecht im Überblick, JuS 2002, 1 ff.

Schwab, Martin; Witt, Carl-Heinz, Einführung in das neue Schuldrecht, 2002.

Schwabe, Jürgen, Drittwirkung und kein Ende, NJW 1973, 229 f.

derselbe, Grundrechte und Privatrecht, AcP 185 (1985), 1 ff.

Schwerdtner, Peter, Der zivilrechtliche Persönlichkeitsschutz, JuS 1978, 289 ff.

Selb, Walter, Eltern wider Willen - Geburtenplanung und Schadenersatzrecht, JZ 1971, 201 ff.

Sendler, Horst, Menschenwürde, PID und Schwangerschaftsabbruch, NJW 2001, 2148 ff.

Sigel, Walter, Zivilrechtliche Haftung bei fehlgeschlagener Sterilisation, 1978

derselbe, Anmerkung zu *OLG Bamberg* v. 6.2.1978 - 4 U 141/77 und *OLG Celle* v. 8.5.1978 – 1 U 37/77, NJW 1978, 2340 f.

Soergel, Theodor, Bürgerliches Gesetzbuch (zitiert: *Soergel/Bearbeiter*):
Band 2, Schuldrecht I, §§ 241 - 432, 12. Auflage 1990.
Band 2a, Allgemeiner Teil 3, §§ 13, 14, 126a 127, 194 – 225, 13. Auflage 2002
Band 5/2, Schuldrecht IV/2, §§ 823 - 853, 12. Auflage 1999.
Band 7, Familienrecht, §§ 1297 - 1588, VAHRG, Nichteheliche Lebensgemeinschaft, 12. Auflage 1988.

Sonnenberger, Hans Jürgen, Ersatzansprüche trotz pränataler Schäden nach ärztlicher Fehldiagnose ausgetragener Kinder, FamRZ 2001, 1414 ff.

Spickhoff, Andreas, Medizin und Recht zu Beginn des neuen Jahrhunderts, NJW 2001, 1757 ff.

derselbe, Die Entwicklung des Arztrechts 2001/2002, NJW 2002, 1758 ff.
derselbe, Das System der Arzthaftung im reformierten Schuldrecht, NJW 2002, 2530.
Starck, Christian, Der verfassungsrechtliche Schutz des ungeborenen menschlichen Lebens - Zum zweiten Abtreibungsurteil des BVerfG, JZ 1993, 816 ff.
derselbe, Verfassungsrechtliche Grenzen der Biowissenschaft und Fortpflanzungsmedizin, JZ 2002, 1065 ff.

Staudinger, J. von, Kommentar zum Bürgerlichen Gesetzbuch mit Einführungsgesetz und Nebengesetzen.

13. Bearbeitung (zitiert: *Staudinger/Bearbeiter*):
Erstes Buch. Allgemeiner Teil, §§ 21 - 103, 13. Bearbeitung 1995.
Zweites Buch. Recht der Schuldverhältnisse, §§ 249 - 254, 13. Bearbeitung 1998.
Zweites Buch. Recht der Schuldverhältnisse, §§ 255 – 304, Neubearbeitung 2004.
Zweites Buch. Recht der Schuldverhältnisse, §§ 823 - 825, 13. Bearbeitung 1999.
Zweites Buch. Recht der Schuldverhältnisse, §§ 826 - 829, Produkthaftungsgesetz, Neubearbeitung 2003.
Viertes Buch. Familienrecht, Einleitung zu §§ 1297 ff.; §§ 1297 – 1302; Nichteheliche Lebensgemeinschaft (Anhang zu §§ 1297 ff.); §§ 1303 – 1362, 13. Bearbeitung 2000.

12. Auflage (zitiert: *Staudinger/Bearbeiter*, 12. Auflage):
Zweites Buch, Recht der Schuldverhältnisse, §§ 243 - 254, 12. Auflage 1983.
Zweites Buch, Recht der Schuldverhältnisse §§ 833 - 853, 12. Auflage 1986.

Steffen, Erich, Verkehrspflichten im Spannungsfeld von Bestandsschutz und Handlungsfreiheit, VersR 1980, 409 ff.
derselbe, Die Aushilfeaufgaben des Schmerzensgeldes, Festschrift für Walter Odersky zum 65. Geburtstag am 17. Juli 1996, hrsg. von Reinhard Böttcher, Götz Hueck, Burkhard Jähnke, 1996, S. 723 ff. (zitiert: *Steffen*, in: FS Odersky).
derselbe, Schmerzensgeld bei Persönlichkeitsrechtsverletzungen durch Medien - Ein Plädoyer gegen formelhafte Berechnungsmethoden bei der Geldentschädigung, NJW 1997, 10 ff.
Steffen, Erich; Dressler, Wolf-Dieter, Arzthaftungsrecht, 9. Auflage 2002 (zitiert: *Steffen/Dressler*).
Stein, Friedrich; Jonas, Kommentar zur Zivilprozeßordnung, Bd. 3, §§ 253 – 299a, 21. Auflage 1997 (zitiert: *Stein/Jonas/Bearbeiter*).
Stieglitz, Susanne, Die wrongful birth und wrongful life Problematik im deutschen Deliktsrecht, 1989.
Stoll, Hans, Empfiehlt sich eine Neuregelung der Verpflichtung zum Geldersatz für immateriellen Schaden? Gutachten zum 45. Deutschen Juristentag, in : Verhandlungen des 45. DJT, Band I 1, 1964 (zitiert: *Stoll*, Gutachten).
derselbe, Kausalzusammenhang und Normzweck im Deliktsrecht 1968, Recht und Staat Heft 364/364 (zitiert: *Stoll*, Kausalzusammenhang und Normzweck).
derselbe, Anmerkung zu BGH, Urteil v. 10.10.1974 - VII ZR 231/73 (OLG Hamm), JZ 1975, 252 ff.
derselbe, Haftungsverlagerung durch beweisrechtliche Mittel, AcP 176 (1976), 145 ff.
derselbe, Anmerkung zu BGH v. 30.6.1986, BGHZ 101, 215 ff. (Nierenspendeentscheidung), JZ 1988, 153 ff.

derselbe, Haftungsfolgen im bürgerlichen Recht. Eine Darstellung auf rechtsvergleichender Grundlage, 1993 - Freiburger rechts- und staatswissenschaftliche Abhandlungen, Band 58 (zitiert: *Stoll*, Haftungsfolgen).
Ströfer, Joachim, „Beratungspflicht" und Haftung beim Sterilisationsvertrag – „neue" Wege im Arzthaftungsrecht?, VersR 1981, 796 ff.
derselbe, Schadensersatz und Kommerzialisierung – Grundprobleme der Grenzbereiche von materiellem und immateriellem Schaden unter besonderer Berücksichtigung des Vertragsrechts, 1982 (zitiert: *Ströfer*, Schadensersatz und Kommerzialisierung).
Stürner, Rolf, Zur Gerechtigkeit richterlicher Schadenzuweisung, VersR 1984, 297 ff.
derselbe, Das nicht abgetriebene Wunschkind als Schaden, FamRZ 1985, 753 ff.
derselbe, Schadensersatz für mißglückte Abtreibung - ein Problem der Schadenszurechnung? - Zugleich zu BGH, Urteile v. 25.6.1985 - VI ZR 270/83 - VI ZR 244/83 = JZ 1986, 137 u. 140, JZ 1986, 122 ff.
derselbe, Der Schutz des ungeborenen Kindes im Zivilrecht, Jura 1987, 75 ff.
derselbe, Das Bundesverfassungsgericht und das frühe menschliche Leben - Schadensdogmatik als Ausformung humaner Rechtskultur?, JZ 1998, 317 ff.
derselbe, Anmerkung zu BGH v. 18.6.2002 – VI ZR 136/01 (OLG München), JZ 2003, 155 ff.

Taschner, Hans Claudius; Frietsch, Edwin, Produkthaftungsgesetz und EG-Produkthaftungsrichtlinie, 2. Auflage 1990 (zitiert: *Taschner/Frietsch*).
Taupitz, Jochen, Rechtliche Bindungen des Arztes; Erscheinungsweisen, Funktionen, Sanktionen, NJW 1986, 2851 ff.
derselbe, Wem gebührt der Schatz im menschlichen Körper? - Zur Beteiligung des Patienten an der kommerziellen Nutzung seiner Körpersubstanzen, AcP 191 (1991) 201 ff.
derselbe, Der deliktsrechtliche Schutz des menschlichen Körpers und seiner Teile - zugleich Anmerkung zu *BGH*, Urt. v. 9.11.1993 - VI ZR 62/93, NJW 1994, 127, NJW 1995, 745 ff.
Teubner, Gunther, Standards und Direktiven in Generalklauseln, Studien und Texte zur Theorie und Methodologie des Rechts, 1971.
Thomas, Heinz; Putzo, Hans, Zivilprozessordnung mit Gerichtsverfassungsgesetz und den Einführungsgesetzen, 25. Auflage 2003.
Thür, Rolf, Schadensersatz bei durchkreuzter Familienplanung unter Berücksichtigung der Rechtsprechung in Deutschland, England und den USA, 1996.
Thüsing, Gregor, Das Schadensrecht zwischen Beständigkeit und Wandel, ZRP 2001, 126 ff.
Tröndle, Herbert, „Soziale Indikation" – Rechtfertigungsgrund?, Jura 1987, 66 ff.
derselbe, Das Schwangeren- und Familienhilfeänderungsgesetz, NJW 1995, 3009 ff.

Uhlenbruck, Thomas, Pflicht zur Vermeidung des Unterhaltsschadens durch Abtreibung des ungewollten Kindes?, NJW-Echo Heft 19/1998, S. XXIV f.
Uhlenbruck, Wilhelm, Die rechtlichen Auswirkungen der neuen Bundespflegesatzverordnung auf den Krankenhausaufnahmevertrag, NJW 1973, 1399 ff.

Vogel, Hans-Jochen; Graupner, Heidrun, Interview: „Der Mensch wird zum Ding", Süddeutsche Zeitung v. 23.1.2003.
Voß, Andreas, Ersatz immaterieller Schäden im Rahmen höchstpersönlicher Verträge, ZRP 1999, 452 ff.
derselbe, Vernichtung tiefgefrorenen Spermas als Körperverletzung? - Deliktsrechtliche Probleme ausgelagerter Körpersubstanzen des Menschen, 1997.

Wagner, Gerhard, Das Zweite Schadensersatzrechtsänderungsgesetz, NJW 2002, 2049 ff.

derselbe, Schuldrechtsreform und Deliktsrecht, in: Das neue Schuldrecht in der Praxis – Akzente – Brennpunkte – Ausblick, hrsg. von Barbara Dauner-Lieb; Horst Konzen; Karsten Schmidt, 2003, S. 203 ff.

Waibl, Katharina, Kindesunterhalt als Schaden: Fehlgeschlagene Familienplanung und heterologe Insemination - zugl. e. Beitr. zum Arzthaftungsrecht, 1986.

dieselbe, Kindesunterhalt als Schaden („wrongful birth"), Vertragliche Ansprüche der Eltern im Falle fehlgeschlagener Familienplanung, NJW 1987, 1513 ff.

Weber, Dieter, Arzthaftpflicht für Nachkommenschaftsschäden?, 1988.

Weber, Reinhold, Schadensersatzrechtliche Folgen der Geburt eines unerwünschten Kindes? - Zur Rechtsentwicklung und zur Rechtsprechung des BVerfG, VersR 1999, 389 ff.

Wilhelm, Jan, Schuldrechtsreform 2001, JZ 2001, 861 ff.

Wilmowsky, Peter, Pflichtverletzungen im Schuldverhältnis - Die Anspruchs- und Rechtsgrundlagen des neuen Schuldrechts, Beilage zu JuS Heft 1/2002.

Winter, Thomas, „Bébé préjudice" und „Kind als Schaden" - Eine rechtsvergleichende Untersuchung zur Haftung für neues Leben in Deutschland und Frankreich, 2002.

derselbe, Leben als Schaden? Vom Ende eines französischen Sonderwegs, JZ 2002, 330 ff.

Weiß, Axel, Anmerkung zu BGH v. 16.11.1993 - VI ZR 105/92 (BGHZ 124, 128), JR 1994, 461 ff.

Wolf, Ernst, Das Recht am eingerichteten und ausgeübten Gewerbebetrieb, Festschrift für von Hippel zum 70. Geburtstag, hrsg. von Josef Esser und Hans Thieme, 1967, S. 665 ff. (zitiert: *Ernst Wolf*, in: FS von Hippel).

derselbe, Allgemeiner Teil des bürgerlichen Rechts, 3. Auflage 1982 (zitiert: *Ernst Wolf*, Allg. Teil).

Wormer, Holger, Gesundes Kind als Anspruch, Süddeutsche Zeitung v. 26.6.2003.

Zimmer, Dieter E., Wir wissen zuviel - Biomedizin stellt die Menschen vor Entscheidungen, die sie nicht treffen können, Die Zeit v. 7.1.1999.

Zimmermann, Reinhard, Schadensbemessung nach Billigkeit: die Entscheidungen des BGH zum Ladendiebstahl und zur fehlgeschlagenen Familienplanung, JZ 1981, 86 ff.

derselbe, „Wrongful life" und „wrongful birth", JZ 1997, 131 f.

Zimmermann, Reinhard; Leenen, Detlef; Mansel, Heinz-Peter; Ernst, Wolfgang, Finis Litium? Zum Verjährungsrecht nach dem Regierungsentwurf eines Schuldrechtsmodernisierungsgesetzes.

Zöller, Richard, Zivilprozessordnung, 24. Auflage 2003.

Entscheidungsverzeichnis

1. Bundesverfassungsgericht
- Beschluss vom 28.5.1993 - 2 BvF 2/90 u. a., BVerfGE 88, 203 = NJW 1993, 1751 (Beschluss zum Schwangeren- und Familienhilfegesetz vom 27.7.1992)
- Beschluss vom 12.11.1997 - 1 BvR 479/92 und 307/94, BVerfGE 96, 375 = NJW 1998, 519 Verfahren: 1 BvR 479/92 (Beratungsfehler bei Vasektomie, Geburt eines gesunden Kindes, vgl. OLG München vom 20.2.1992 – 1 U 2278/91) und:
Verfahren: 1 BvR 307/94 (Zeugung und Geburt eines behinderten Kindes nach fehlerhafter genetischer Beratung, vgl. BGH vom 16.11.1993, BGHZ 124, 128 und OLG Stuttgart vom 19.3.1992 – 14 U 57/89)

2. Reichsgericht
- Urteil vom 22.2.1924 - III 259/23 (OLG Celle), RGZ 108, 86 (Vaterschaft eines nicht hinreichend beaufsichtigten Insassen einer Anstalt)

3. Bundesgerichtshof
- Urteil vom 18.3.1980 - VI ZR 105/78 (Bamberg), BGHZ 76, 249
(Fehlerhafte Sterilisation, Geburt gesunder Zwillinge)
- Urteil vom 18.3.1980 - VI ZR 247/78 (Karlsruhe), BGHZ 76, 259, vollständig abgedruckt in: NJW 1980, 1452 (Fehlerhafte Sterilisation, Geburt eines gesunden Kindes)
- Urteil vom 18.3.1980 - VI 17/78 (LG Münster), VersR 1980, 719 (Fehlerhafte Sterilisation, Geburt eines gesunden Kindes)
- Urteil vom 2.12.1980 - VI ZR 175/78 (Karlsruhe), NJW 1981, 630 (Verletzung der Beratungspflicht bzgl. Restrisiken bei Sterilisation, Geburt eines gesunden Kindes)
- Urteil vom 10.3.1981 - VI ZR 202/79 (Hamm), NJW 1981, 2002 (Verletzung der Belehrungspflicht bzgl. Restrisiken bei Sterilisation, Geburt eines gesunden Kindes)
- Urteil vom 18.1.1983 - VI ZR 114/81 (OLG München), BGHZ 86, 240 = NJW 1983, 1371 (Unterlassener Schwangerschaftsabbruch bei falscher genetischer Beratung, Röteln)
- Urteil vom 22.11.1983 - VI ZR 85/82 (Hamm), BGHZ 89, 107 = NJW 1984, 658 (Unterlassener Schwangerschaftsabbruch bei falscher genetischer Beratung, Mongolismus)
- Urteil vom 19.6.1984 - VI ZR 76/83 (Frankfurt a. M.), NJW 1984, 2625 (Fehlerhafte Sterilisation, Geburt eines gesunden Kindes)
- Urteil vom 27.11.1984 - VI ZR 43/83 (Berlin), NJW 1985, 671 (Misslungener Schwangerschaftsabbruch)
- Urteil vom 25.6.1985 - VI ZR 270/83 (Zweibrücken), NJW 1985, 2749 (Misslungener Schwangerschaftsabbruch)
- Urteil vom 9.7.1985 - VI ZR 244/83 (Bremen), BGHZ 95, 199 = NJW 1985, 2752 (Misslungener Schwangerschaftsabbruch)
- Urteil vom 15.4.1986 - VI ZR 72/85 (Bremen), VersR 1986, 203 (Misslungener Schwangerschaftsabbruch)
- Urteil vom 17.4.1986 - IX ZR 200/85 (Düsseldorf), BGHZ 97, 372 = NJW 1986, 2043 (Verstoß gegen eine Abrede über den Gebrauch der Anti-Baby-Pille durch die Mutter)
- Urteil vom 7.7.1987 - VI ZR 193/86 (Bremen), NJW 1987, 2923 (Unterlassener Schwangerschaftsabbruch bei fehlerhafter Beratung)
- Urteil vom 8.11.1988 - VI ZR 320/87 (Hamm), NJW 1989, 1536 (Unterlassener Schwangerschaftsabbruch bei fehlerhafter Beratung, Aufschieben der Amniozentese)

- Urteil vom 28.3.1989 - VI ZR 157/88 (Oldenburg), NJW 1989, 2320 (Zeugung und Geburt eines Kindes nach fehlerhafter Beratung über Risiken durch Antikörperbildung im Blut der Mutter, Tod des Kindes durch Anämie, Beschwerden infolge der Schwangerschaft)
- Urteil vom 30.6.1992 - VI ZR 337/91 (Düsseldorf), NJW 1992, 2961 (Fehlerhafte Vasektomie, Nichtinanspruchnahme einer Nachuntersuchung)
- Urteil vom 9.11.1993 – VI ZR 62/93, BGHZ 124, 52 ff. = NJW 1993, 127 (Vernichtung einer Spermakonserve)
- Urteil vom 16.11.1993 - VI ZR 105/92 (Stuttgart), BGHZ 124, 128 = NJW 1994, 788 (Zeugung und Geburt eines behinderten Kindes nach fehlerhafter genetischer Beratung, vgl. BVerfG, Beschluss vom 12.11.1997 - 1 BvF 479/92 und 307/94, BerfGE 96, 375)
- Urteil vom 28.3.1995 - VI ZR 356/93 (Bremen), NJW 1995, 1609 (Misslungener Schwangerschaftsabbruch)
- Urteil vom 30.5.1995 - VI ZR 68/94 (Hamburg), NJW 1995, 2412 (Psychische und physische Belastungen bei einer verspätet festgestellten Schwangerschaft)
- Urteil vom 27.6.1995 - VI ZR 32/94 (Frankfurt a. M.), NJW 1995, 2407 (Fehlerhafte Beratung bzgl. der Notwendigkeit eines Spermiogramms)
- Urteil vom 4.3.1997 - VI ZR 354/95 (Karlsruhe), NJW 1997, 1638 (Unterlassener Schwangerschaftsabbruch bei fehlerhafter genetischer Beratung)
- Urteil vom 3.6.1997 - VI ZR 133/96 (Hamm), NJW 1998, 155 (Fehlerhafte Beratung bei Verschreibung von Hormonsubstitutionspräparaten ohne ausreichende empfängnisverhütende Wirkung)
- Urteil vom 15.2.2000 - VI ZR 135/99 (Karlsruhe), BGHZ 143, 389 = NJW 2000, 1782 (Unterlassener Schwangerschaftsabbruch bei unterlassenem Hinweises auf eine Schwangerschaft, Schutzzweck eines Vertrages über eine orthopädische Operation)
- Urteil vom 21.2.2001 - XII ZR 34/99 (OLG Stuttgart), BGHZ 146, 391 = NJW 2001, 1789 (Nachehelicher Betreuungsunterhalt nach Herbeiführung einer Schwangerschaft durch homologe In-vitro-Fertilisation trotz Zurücknahme des Einverständnisses des Ehemanns nach Herstellung des Embryos)
- Urteil vom 4.12.2001 - VI ZR 213/00 (Braunschweig), BGHZ 149, 236 = NJW 2002, 886 (Unterlassener Schwangerschaftsabbruch, behinderter Zwilling)
- Urteil vom 19.2.2002 - VI ZR 190/01 (Celle), NJW 2002, 1489 (Nicht festgestellte Schwangerschaft, keine Schutzwirkung des Arztvertrages für nichtehelichen Vater)
- Urteil vom 18.6.2002 - VI ZR 136/01 (München), BGHZ 151, 133 = NJW 2002, 2636 (Unterlassener Schwangerschaftsabbruch aufgrund fehlerhafter Beratung bzgl. schwerer Missbildungen trotz Ultraschalluntersuchung)
- Beschluss vom 24.6.2003 – VI ZR 130/03 (Misslungener rechtswidriger Schwangerschaftsabbruch)
- Urteil vom 15.7.2003 – VI ZR 203/02 (KG Berlin), NJW 2003, 3411 (Unterlassener Schwangerschaftsabbruch aufgrund fehlerhafter Beratung bzgl. schwerer Missbildungen trotz Ultraschalluntersuchung)

4. Oberlandesgerichte

Bamberg
- Urteil vom 6.2.1978 - 4 U 141/77, NJW 1978, 1685 (Fehlerhafte Sterilisation, Geburt gesunder Zwillinge)
- Urteil vom 18.2.2002 - 4 U 126/01 (Unterlassener Schwangerschaftsabbruch aufgrund fehlerhafter pränataler Betreuung)

Berlin (Kammergericht)
- Urteil vom 18.3.2002 - 20 U 10/01, KGR Berlin 2002, 214 (Unterlassener Schwangerschaftsabbruch aufgrund fehlerhafter pränataler Untersuchung)

Braunschweig
- Beschluss vom 11.9.1979 - 2 W 82/79, NJW 1980, 643 (Schwangerschaftsabbruch infolge fehlerhafter Vasektomie beim Ehemann, Beweislast für Behandlungsfehler, Adäquanz, Zurechnungszusammenhang)
- Urteil vom 13.6.1990 - 3 U 23/90, VersR 1992, 91 (Misslungener Schwangerschaftsabbruch)

Bremen
- Urteil vom 24.11.1981 - 1 U 107/80, VersR 1982, 959 (Umfang der Hinweispflicht auf die Notwendigkeit einer Kontrolluntersuchung)

Celle
- Urteil vom 8.5.1978 - 1 U 37/77, NJW 1978, 1688 (Fehlgeschlagene Sterilisation)
- Urteil vom 26.3.2001 - 1 U 63/99, RdLH 2001, 87 (Unterlassener Schwangerschaftsabbruch bei fehlerhafter genetischer Beratung, Mongolismus)

Düsseldorf
- Urteil vom 31.1.1974 - 8 U 123/73, NJW 1975, 595 (Fehlgeschlagene Vasektomie)
- Urteil vom 16.1.1975 – 8 U 109/74, VersR 1975, 432 (Unzureichende Aufklärung über Risiken einer Schwangerschaft nach Operation)
- Urteil vom 14.6.1984 - 8 U 166/83, NJW 1984, 2635 (Unzulässiger Beweisantrag zum Beweis einer angeblich fehlerhaften Sterilisation)
- Urteil vom 19.12.1985 - 8 U 155/84, VersR 1987, 414 (Unterlassener Schwangerschaftsabbruch bei fehlerhafter genetischer Beratung, Röteln)
- Urteil vom 3.6.1985 - 8 U 137/84, VersR 1987, 412 (Geltendmachung eines Beratungsfehlers bzgl. der Restrisiken bei einer Sterilisation)
- Urteil vom 20.12.1990 - 8 U 206/89, VersR 1992, 751 (Kein Anscheinsbeweis für fehlerhafte Sterilisation trotz Komplikationen, keine Schwangerschaft)
- Urteil vom 12.7.1990 - 8 U 128/89, VersR 1992, 493 (Unterlassener Schwangerschaftsabbruch bei fehlerhafter Beratung, Röteln)
- Urteil vom 14.2.1991 - 8 U 42/90, VersR 1992, 317 (Fehlgeschlagene Vasektomie)
- Urteil vom 26.9.1991 - 8 U 85/90 (Fehlerhafte Vasektomie, Nichtinanspruchnahme der Nachuntersuchung, vgl. BGH vom 30.6.1992, NJW 1992, 2961)
- Urteil vom 9.7.1992 - 8 U 196/90, VersR 1993, 883 (Fehlerhafte Sterilisation, Geburt eines gesunden Kindes)
- Urteil vom 17.6.1993 - 8 U 32/92, OLGR Düsseldorf 1993, 354 = VersR 1995, 542 (Fehlgeschlagene Sterilisation, Beweislast für hinreichende Aufklärung über eine aus medizinischen Gründen auf einen Eileiter beschränkte Sterilisation)
- Beschluss vom 6.7.1994 - 8 W 17/94, NJW 1995, 1622 (Misslungener Schwangerschaftsabbruch)
- Urteil vom 14.7.1994 - 8 U 48/93, OLGR Düsseldorf 1994, 294 = VersR 1995, 1498 (Unterlassen von Verhütungsmaßnahmen infolge fehlerhafter genetischer Beratung, Ersatzansprüche des Kindes)
- Urteil vom 15.12.1994 - 8 U 41/93, NJW 1995, 788 (Fehlerhafte Sterilisation, Geburt eines gesunden Kindes)

- Urteil vom 16.2.1995 - 8 U 40/94, NJW 1995, 1620 (Unterlassener Schwangerschaftsabbruch bei fehlerhafter Beratung)
- Urteil vom 27.7.1995 - 8 U 139/94, NJW 1995, 3059 (Unterlassener Schwangerschaftsabbruch, Tod des missgebildeten Kindes gleich nach Geburt)
- Urteil vom 15.8.1996 - 8 U 135/95, OLGR Düsseldorf 1997, 31 (Unterlassener Schwangerschaftsabbruch bei unterlassener Amniozentese, Mongolismus)
- Urteil vom 14.2.2000 - 8 U 5/00, NJW-RR 2001, 959 = VersR 2001, 1117 (Kein Anscheinsbeweis für Fehlerhaftigkeit des Sterilisationseingriffs)
- Urteil vom 25.10.2001 - 8 U 13/01, OLGR Düsseldorf 2002, 352 f. (Geltendmachung eines Behandlungs- und Beratungsfehlers bzgl. Restrisiken im Rahmen einer Sterilisation)
- Urteil vom 10.1.2002 - 8 U 79/01, OLGR Düsseldorf 2002, 402 (Unterlassener Schwangerschaftsabbruch aufgrund fehlerhafter genetischer Beratung)

Frankfurt am Main
- Urteil vom 1.12.1982 - 13 U 171/81, NJW 1983, 341 (Fehlerhafte Sterilisation, Geburt eines gesunden Kindes)
- Urteil vom 27.6.1985 - 15 U 59/84, VersR 1987, 416 (Misslungener Schwangerschaftsabbruch)
- Urteil vom 13.2.1987 - 10 U 83/86, VersR 1988, 637 (Misslungener Schwangerschaftsabbruch, Geburt eines behinderten Kindes)
- (Teil-)Urteil vom 25.6.1992 - 3 U 121/91, NJW 1993, 2388 (Pflicht zu Warnung vor Wechselwirkungen mit Antibiotika)
- Urteil vom 3.2.1994 - 3 U 121/91, OLGR Frankfurt 1994, 75 = ArztR 1995, 118 (Darlegungs- und Beweislast für Kausalität eines unterlassenen Warnhinweises auf Wechselwirkungen mit anderen Medikamenten)
- Urteil vom 24.4.2001 - 8 U 206/00, OLGR Frankfurt 2001, 175 ff. (Vierlingsschwangerschaft nach In-vitro-Fertilisation)

Hamburg
- Urteil vom 26.6.1987 - 1 U 49/86, VersR 1989, 147 = ArztR 1989, 294 (Geltendmachung eines Beratungsfehlers bzgl. Restrisiken bei Sterilisation, Entscheidungsfreiheit in Bezug auf Sterilisationsmethode)

Hamm
- Urteil vom 25.1.1982 - 3 U 107/81, VersR 1983, 402 (Unterlassener Schwangerschaftsabbruch bei falscher genetischer Beratung, Mongolismus)
- Urteil vom 4.4.1984 - 3 U 326/83, r + s 1985, 216 (Geltendmachung eines Behandlungs- und Beratungsfehlers bzgl. Restrisiken im Rahmen einer Sterilisation)
- Urteil vom 23.9.1987 - 3 U 129/85 (vgl. BGH vom 8.11.1988, NJW 1989, 1536)
- Urteil vom 30.11.1988 - 3 U 249/87, VersR 1989, 1298 (Geltendmachung eines Beratungsfehlers bzgl. Restrisiken bei Sterilisation)
- Urteil vom 20.3.1991 - 3 U 258/90 (Beratungsfehler bzgl. Restrisiken bei Sterilisation)
- Urteil vom 22.4.1991 - 3 U 129/85, VersR 1992, 876 (Seelische Belastung ohne Krankheitswert infolge der Geburt eines behinderten Kindes nach Unterlassen einer Fruchtwasseruntersuchung)
- Urteil vom 5.2.1992 - 3 U 3/91, VersR 1993, 484 (Geltendmachung eines Behandlungs- und Beratungsfehlers bei einer Vasektomie)
- Urteil vom 30.9.1992 - 3 U 13/92, NJW 1993, 795 f. (kein Unterhalt für „überzählige" Kinder bei Vierlingsgeburt)

- Urteil vom 23.6.1997 - 3 U 206/96, NJW-VHR 1997, 281 (Beratungsfehler bzgl. Restrisiken bei Sterilisation)
- Urteil vom 27.1.1999 - 3 U 127/97, NJW 1999, 1787 (Unzulässiger Beweisantrag bzgl. einer angeblich fehlerhaften Sterilisation)
- Urteil vom 15.11.2000 - 3 U 85/00, NJW 2001, 3417 (Unterlassener Schwangerschaftsabbruch, Vorwurf fehlerhafter genetischer Beratung)
- Urteil vom 21.2.2001 - 3 U 125/00, VersR 2002, 1562 f. (Geltendmachung eines Behandlungs- und Beratungsfehlers bzgl. Restrisiken im Rahmen einer Vasektomie)

Karlsruhe
- Urteil vom 19.10.1978 - 4 U 3/77, NJW 1979, 599 (Fehlerhafte Sterilisation)
- Urteil vom 10.3.1999 - 7 U 204/96 (vgl. *BGH* vom 15.2.2000 - VI ZR 135/99, BGHZ 143, 389)
- Urteil v. 11.4.2002 - 7 U 171/00, OLGR Karlsruhe 2002, 394 (Geltendmachung eines Beratungsfehlers bzgl. Restrisiken im Rahmen einer Sterilisation)

Köln
- Urteil vom 25.2.1985 - 7 U 50/82, VersR 1988, 43 (Fehlerhafte Sterilisation, Geburt eines gesunden Kindes)
- Urteil vom 18.3.1985 - 7 U 219/83, VersR 1987, 187 (Verletzung der Belehrungspflicht über Restrisiken bei Sterilisation durch Methode Madlener, Geburt eines gesunden Kindes)
- Urteil vom 23.6.1994 - 5 U 22/94, VersR 1995, 967 (Geltendmachung eines Beratungsfehlers bzgl. Restrisiken bei Sterilisation, Beweislast)
- Urteil vom 28.9.1995 - 5 U 214/94, NJW-VHR 1997, 64 (Bestehende Schwangerschaft zum Zeitpunkt der Sterilisation, unterlassener Hinweis auf Schwangerschaft als Pflichtverletzung, Darlegungspflicht in Bezug auf Voraussetzungen einer straffreien Tötung des Ungeborenen)
- Urteil vom 9.1.1997 - 7 U 85/96, VersR 1997, 1006 = MDR 1997 940 = OLGR Köln 1997, 189 (Schwangerschaft infolge Versagens eines Verhütungsmittels)

Koblenz
- Urteil vom 24.6.1982 - 5 U 570/79, VersR 1984, 371 (Geltendmachung eines Behandlungsfehlers und eines Beratungsfehlers, Kausalität bei Möglichkeit einer im Zeitpunkt der Sterilisation bestehenden Schwangerschaft)

München
- Urteil vom 27.2.1981 - 5 U 2993/80, NJW 1981, 1991 (Unterlassener Schwangerschaftsabbruch bei falscher genetischer Beratung, Röteln)
- Urteil vom 3.12.1992 - 1 U 4143/91, OLGR München 1993, 159 (Geltendmachung eines Beratungsfehlers bzgl. Restrisiken bei Sterilisation)
- Urteil vom 20.2.1992 - 1 U 2278/91, OLGR München 1992, 68 (Beratungsfehler bei Vasektomie, Geburt eines gesunden Kindes; vgl. BVerfG, Beschluss vom 12.11.1997 - 1 BvR 479/92, BVerfGE 96, 375 ff)
- Urteil vom 24.9.1992 - 1 U 5502/91, OLGR München 1993, 175 (Geltendmachung eines Behandlungs- und Beratungsfehlers bei Vasektomie)

Naumburg
- Urteil vom 26.5.1998 - 11 U 2100/97, VersR 1999, 1244 (Unterlassener Schwangerschaftsabbruch nach Nichterkennen einer Schwangerschaft im Rahmen einer allgemeinen gynäkologischen Untersuchung)

Nürnberg
- Urteil vom 15.9.1993 - 4 U 1138/93, MedR 1994, 200 (Unterlassener Schwangerschaftsabbruch bei fehlerhafter genetischer Beratung, Mongolismus)

Oldenburg
- Beschluss vom 3.3.1993 - 5 W 20/93, NJW 1993, 2997 (Misslungener Schwangerschaftsabbruch bei Zwillingsschwangerschaft, Geburt des nicht getöteten Zwillings)
- Urteil vom 26.10.1993 - 5 U 70/93, VersR 1994, 1348 (Geltendmachung eines Behandlungs- und Beratungsfehlers bei Vasektomie, Aufklärungspflicht über Spätrekanalisation im Jahr 1984)
- Urteil vom 30.5.1995 - 5 U 38/95, OLGR Oldenburg 1996, 100 (Misslungener Schwangerschaftsabbruch)
- Urteil vom 21.5.1996 - 5 U 7/96, NJW 1996, 2432 (Misslungener Schwangerschaftsabbruch, Körperverletzung)
- Urteil vom 16.12.1997 - 5 U 65/97, OLGR Oldenburg 1998, 78 (Beweislast und Darlegungspflicht bei Geltendmachung eines Behandlungs- und Aufklärungsfehlers im Rahmen einer Sterilisation)
- Urteil vom 3.11.1998 - 5 U 67/98, NJW-RR 2000, 240 (Fehlgeschlagene Vasektomie, Spätrekanalisation)
- Urteil vom 4.3.2003 – 12 U 36/02 (Misslungener Schwangerschaftsabbruch, Unterhaltsschaden)

Saarbrücken
- Urteil vom 25.9.1985 - 1 U 42/85, NJW 1986, 1549 (Fehlerhafte Sterilisation, Geburt eines gesunden Kindes, Geltendmachung entgangener Einkünfte wegen Aufgabe der Berufstätigkeit der Mutter)
- Urteil vom 10.6.1987 - 1 U 97/85, VersR 1988, 831 (Kein Anscheinsbeweis für Behandlungsfehler, Schwangerschaft 9 Monate nach Sterilisation)
- Urteil vom 16.7.1997 - 1 U 957/96, MDR 1998, 104 (Geburt behinderter Zwillinge, Änderung der Familienplanung, Unerwünschtheit wegen Behinderung)

Schleswig-Holstein
- Urteil vom 24.4.1985 - 4 U 84/82, VersR 1987, 419 (Geltendmachung eines Beratungsfehlers bzgl. Restrisiken bei einer Sterilisation)
- Beschluss vom 27.6.2001 - 4 W 2/01, NJW-RR 2001, 1391 (Nicht festgestellte Schwangerschaft, missglückter bzw. unterlassener Schwangerschaftsabbruch)

Stuttgart
- Urteil vom 19.3.1992 – 14 U 57/89 (Zeugung und Geburt eines behinderten Kindes, nach fehlerhafter genetischer Beratung, vgl. BVerfG, Beschluss vom 12.11.1997 - 1 BvF 307/94, BerfGE 96, 375 und BGH vom 16.11.1993, BGHZ 124, 128)
- Urteil vom 25.3.2003 - 1 U 125/02, NJW-RR 2003, 1257 f. = OLGR Stuttgart 2003, 380 ff. (Unterlassener Schwangerschaftsabbruch nach fehlerhafter postkonzeptioneller genetischer Beratung, Geburt eines schwer behinderten Kindes)

Zweibrücken
- Urteil vom 14.7.1978 - 1 U 116/77, NJW 1978, 2340 (Fehlgeschlagene Vasektomie)
- Urteil vom 6.12.1983 - 5 U 101/83, NJW 1984, 1824 (Misslungener Schwangerschaftsabbruch)

- Urteil vom 18.2.1997 - 5 U 46/95, NJW-RR 1997, 666 = VersR 1997, 1009 (Fehlerhafte Sterilisation, Geburt eines gesunden Kindes)

5. Landgerichte

Aachen
- Urteil vom 21.9.1988 - 4 O 430/85, VersR 1989, 633 (Kein Anscheinsbeweis für fehlerhafte Sterilisation wegen der Geburt eines Kindes)

Arnsberg
- Urteil vom 8.1.1991 - 1 O 288/91, NJW 1992, 759 (Kein Unterhalt für „überzählige" Kinder bei Geburt von Vierlingen)

Berlin
- Urteil vom 17.1.1985 - 20 O 142/84, NJW 1985, 2200 (Fehler bei Einsetzen der Spirale, Nichterkennen der Schwangerschaft, unterlassener Schwangerschaftsabbruch)

Düsseldorf
- Urteil vom 2.12.1993 - 17 O 92/86, NJW 1994, 805 (Fehlerhafte Vasektomie, kein Schmerzensgeld bei komplikationsloser Geburt)

Duisburg
- Urteil vom 7.3.1974 – 8 O 349/73, VersR 1975, 432 (Unzureichende Aufklärung über Risiken einer Schwangerschaft nach Operation)
- Urteil vom 13.7.1977 - 17 O 249/75, VersR 1978, 262 (Fehlschlagen einer Sterilisation, Versterben von Zwillingen nach der Geburt)

Freiburg
- Urteil vom 18.11.1976 - 7 O 117/76, NJW 1977, 340 (Fehlerhafte Sterilisation, vgl. BGH vom 18.3.1980 - VI ZR 247/78, BGHZ 76, 259)

Itzehoe
- Urteil vom 21.11.1968 - 6 O 66/68, FamRZ 1969, 90 (Schwangerschaft nach versehentlicher Aushändigung eines Magenmittels anstatt einer Anti-Baby-Pille durch Apothekenangestellten)

Kassel
- Urteil vom 17.1.1984 - 7 O 287/83, NJW 1984, 1411 (Misslungener Schwangerschaftsabbruch)

Köln
- Urteil vom 10.12.1997 - 25 O 240/95, MedR 1999, 323 (Unterlassener Schwangerschaftsabbruch bei fehlerhafter Beratung, Geburt eines behinderten Kindes)

Limburg
- Urteil vom 18.6.1969 - 2 O 11/69, NJW 1969, 1574 (Fehlender Hinweis auf Restrisiken einer Empfängnis trotz Einnahme der Antibabypille „Eugynon")

München I
- Urteil vom 27.2.1970 - 17 O 771/69, VersR 1970, 428 = FamRZ 1970, 314 (Schwangerschaft nach Aushändigung einer weniger wirksamen Anti-Baby-Pille)

Kolibri 360 GmbH
Ferdinand-Jühlke-Straße 7
99095 Erfurt, Deutschland
produktsicherheit@kolibri360.de

Druck:
CPI Druckdienstleistungen GmbH
im Auftrag der
Kolibri 360 GmbH
Ferdinand-Jühlke-Str. 7
99095 Erfurt